Suma
contra os
Gentios

II

Tomás de Aquino

Tomás de Aquino

Suma
contra os
Gentios

Volume II

O PRINCÍPIO DA EXISTÊNCIA DAS COISAS

A DISTINÇÃO E DIVERSIDADE DAS COISAS

A NATUREZA DAS COISAS ENQUANTO SE REFERE À LUZ DA FÉ

Edições Loyola

Título original:
Summa contra gentiles

O texto latino é o da Editio Leonina.

Dados Internacionais de Catalogação na Publicação (CIP)
(Câmara Brasileira do Livro, SP, Brasil)

Tomás de Aquino, Santo, 1225-1274.
Suma contra os gentios, 2 / Santo Tomás de Aquino ; tradução Maurílio José de Oliveira Camello. -- São Paulo : Edições Loyola, 2015.

Título original: Summa contra gentiles.
ISBN 978-85-15-04320-0

1. Apologética - História - Idade Média, 600-1500 2. Igreja Católica - Doutrinas - Obras anteriores a 1800 3. Tomás de Aquino, Santo, 1225?-1274. Suma de teologia I. Título.

15-07626 CDD-189.4

Índices para catálogo sistemático:
1. Tomismo : Filosofia escolástica 189.4

Edições Loyola Jesuítas
Rua 1822, 341 – Ipiranga
04216-000 São Paulo, SP
T 55 11 3385 8500/8501 • 2063 4275
editorial@loyola.com.br
vendas@loyola.com.br
www.loyola.com.br

ISBN 978-85-15-04320-0

2ª edição: 2021

Plano geral da obra

Tradutores da edição brasileira

Tradutores:

Volume I	Joaquim F. Pereira
Volume II	Maurílio José de Oliveira Camello
Volume III	Maurílio José de Oliveira Camello
Volume IV	Joaquim F. Pereira

Ordem e método desta obra

A intenção do sábio deve tratar das **duas verdades** sobre as coisas divinas e da destruição dos erros contrários. **Uma** dessas verdades **pode ser investigada pela razão**, mas **a outra excede toda sua capacidade. Digo duas verdades** sobre as coisas divinas em relação ao nosso conhecimento, que conhece as coisas divinas de várias maneiras.

Procede-se no tratado da **primeira verdade** [que pode ser investigada pela razão] por razões demonstrativas que possam convencer o adversário.

Mas, no tratado da **segunda verdade** [que excede a razão], não se pretende convencer o adversário com razões, mas resolver as razões que ele tem contra a verdade, uma vez que **a razão natural** não pode contradizer **a verdade de fé.**

Portanto, em **primeiro lugar** trataremos da verdade que a fé professa e **a razão investiga**, com demonstrativas e prováveis razões, recolhidas dos livros dos filósofos e dos santos.

Depois, prosseguindo do mais conhecido ao menos conhecido, trataremos da **verdade que excede a razão**, resolvendo as razões dos adversários e declarando, ajudados por Deus, a verdade de fé com argumentos prováveis e de autoridade.

Entre as verdades sobre Deus deve ter prioridade, como fundamento de toda obra, o **tratado da existência de Deus**. Se isso não é estabelecido, toda consideração sobre as coisas divinas é necessariamente eliminada.

Pretendendo, portanto, descobrir, por via racional, as verdades sobre Deus que **a razão humana pode investigar**, ocorre:

- em **primeiro lugar**, considerar aquelas que lhe convém em si mesmo — LIVRO I,
- em **segundo lugar**, como as criaturas procedem dEle — LIVRO II, e
- em **terceiro lugar**, a ordenação das criaturas a Ele, como fim — LIVRO III.

As verdades sobre Deus que **excedem a razão** serão o objeto do LIVRO IV.

Ordem deste volume

Não se pode ter o perfeito conhecimento de uma coisa a não ser que se conheça **a sua operação**. É, porém, dupla a operação da coisa, como ensina o Filósofo[1]: **uma**, que permanece no próprio operante e é perfeição dele, como sentir, entender e querer; **outra**, que passa para o exterior, e é perfeição do efeito, que por ela é realizado, como aquecer, cortar e edificar.

A respeito da primeira operação já dissemos, no livro precedente[2], **onde se tratou do conhecimento e da vontade divina.** Daí que, para uma completa consideração da verdade divina, resta agora tratar **da segunda operação**, pela qual as coisas são produzidas e governadas por Deus.

Seguia, então, falando da meditação sobre a "feitura", quando diz "e meditarei nos feitos de tuas mãos", de modo que **"por obras das mãos de Deus"** entendamos o céu e a terra; e todas as coisas que **procedem de Deus no existir**, como as coisas manufaturadas procedem do artífice.

Será esta a ordem de prosseguimento, de modo que, **primeiro**, tratemos da produção das coisas no existir (VI-XXXVIII.), **segundo**, da distinção delas (XXXIX-XLV); **e terceiro**, da natureza das mesmas coisas produzidas e distintas, enquanto pertence à verdade da fé (XLVI-CI).

1 Aristóteles (384-322 a.C.), em Metafísica IX, 8, 1050a, 23b, 2.

2 Livro I.

SUMMA CONTRA GENTILES

LIBER II

SUMA CONTRA OS GENTIOS

LIVRO II

INTRODUÇÃO (1 a 5)

Capitulum I

Continuatio sequentium ad praecedentia

Meditatus sum in omnibus operibus tuis, et in factis manuum tuarum meditabar. Psalm. 142,5.

Rei cuiuslibet perfecta cognitio haberi non potest nisi eius operatio cognoscatur.

Ex modo enim operationis et specie mensura et qualitas virtutis pensatur, virtus vero naturam rei monstrat: secundum hoc enim unumquodque natum est operari quod actu talem naturam sortitur.

Est autem duplex rei operatio, ut Philosophus tradit, in IX metaphysicae: una quidem quae in ipso operante manet et est ipsius operantis perfectio, ut sentire, intelligere et velle; alia vero quae in exteriorem rem transit, quae est perfectio facti quod per ipsam constituitur, ut calefacere, secare et aedificare.

Utraque autem dictarum operationum competit Deo: prima quidem in eo quod intelligit, vult, gaudet et amat; alia vero in eo quod res in esse producit, et eas conservat et regit. Quia vero prima operatio perfectio operantis est, secunda vero perfectio facti; agens autem naturaliter prius est facto et causa ipsius: oportet quod prima dictarum operationum sit ratio secundae et eam praecedat naturaliter, sicut causa effectum. Quod quidem in rebus humanis manifeste apparet: consideratio enim et voluntas artificis principium est et ratio aedificationis.

Prima igitur dictarum operationum, tanquam simplex operantis perfectio, operationis vindicat sibi nomen, vel etiam actionis: secunda vero, eo quod sit perfectio facti, factionis nomen assumit; unde manufacta dicuntur quae per actionem huiusmodi ab artifice in esse procedunt.

Capítulo 1

Continuação do Livro precedente

Meditei em todas as tuas obras, e meditarei nos feitos de tuas mãos[1].

Não se pode ter o perfeito conhecimento de uma coisa a não ser que se conheça a sua operação. Com efeito, do modo e da espécie da operação se avalia a medida e a qualidade da potência, já a potência mostra a natureza da coisa; segundo isso, qualquer coisa está destinada a operar o que em ato lhe cabe por tal natureza.

É, porém, dupla a operação da coisa, como ensina o Filósofo[2]: uma, que permanece no próprio operante e é perfeição dele, como sentir, entender e querer; outra, que passa para o exterior, e é perfeição do efeito, que por ela é realizado, como aquecer, cortar e edificar.

Uma e outra das mencionadas operações competem a Deus; a primeira, enquanto entende, quer, tem prazer e ama; a outra, enquanto dá às coisas o existir, conserva-as e governa-as. Uma vez que a primeira operação é perfeição do operante e a segunda é perfeição do efeito, o agente é, naturalmente, anterior ao efeito e sua causa, é necessário, pois, que a primeira das mencionadas operações seja a razão da segunda e a preceda naturalmente, como a causa ao efeito. Isso aparece, manifestamente, nas coisas humanas, pois a consideração e a vontade do artífice são o princípio e a razão da edificação.

Portanto, a primeira das ditas operações, como simples perfeição do operante, requer para si o nome de "operação" ou também de "ação"; já a segunda, por ser perfeição do efeito, toma o nome de "feitura" e daí são ditas "manufaturas" aquelas coisas que, por tal ação, são realizadas pelo artífice.

1 Salmo 142,5.

2 Aristóteles (384-322 a.C.), em *Metafísica IX*, 8, 1050a, 23b, 2.

De prima quidem Dei operatione in praecedenti libro iam diximus, ubi est actum de cognitione et voluntate divina. Unde, ad completam divinae veritatis considerationem, restát nunc de secunda operatione tractare, per quam scilicet res producuntur et gubernantur a Deo.

Quem quidem ordinem ex praemissis verbis sumere possumus. Praemittit namque primae operationis meditationem, cum dicit, meditatus sum in omnibus operibus tuis: ut operatio ad divinum intelligere et velle referatur. Subiungit vero de factionis meditatione, cum dicit, et in factis manuum tuarum meditabar: ut per facta manuum ipsius intelligamus caelum et terram, et omnia quae procedunt in esse a Deo sicut ab artifice manufacta procedunt.

A respeito da primeira operação já dissemos, no livro precedente[3], no qual se tratou do conhecimento e da vontade divina. Daí que, para uma completa consideração da verdade divina, resta agora tratar da segunda operação, pela qual as coisas são produzidas e governadas por Deus.

Esta ordem podemos tomar das palavras postas acima. Com efeito, fala-se da primeira operação, quando diz "Meditei em todas as tuas obras", de modo que "operação" se refira ao divino entender e querer. Segue falando da meditação sobre a "feitura", quando diz "e meditarei nos feitos de tuas mãos", de modo que "por obras das mãos dele" entendamos o céu e a terra; e todas as coisas que procedem de Deus no existir, como as coisas manufaturadas procedem do artífice.

Capitulum II

Quod consideratio creaturarum utilis est ad fidei instructionem

Huiusmodi quidem divinorum factorum meditatio ad fidem humanam instruendam de Deo necessaria est.

Primo quidem, quia ex factorum meditatione divinam sapientiam utcumque possumus admirari et considerare. Ea enim quae arte fiunt, ipsius artis sunt repraesentativa, utpote ad similitudinem artis facta. Deus autem sua sapientia res in esse produxit: propter quod in Psalmo dicitur: omnia in sapientia fecisti. Unde ex factorum consideratione divinam sapientiam colligere possumus, sicut in rebus factis per quandam communicationem suae similitudinis sparsam. Dicitur enim Eccli. 1,10: effudit illam, scilicet sapientiam, super omnia opera sua. Unde, cum Psalmus diceret, mirabilis facta est scientia tua ex me: confortata est, et non potero ad eam: et adiungeret divinae illuminationis auxilium cum dicit. Nox illuminatio mea etc.; ex consi-

Capítulo 2

A consideração das criaturas é útil para a instrução da fé

A meditação de tais obras divinas é necessária para a instrução da fé humana a respeito de Deus.

Em primeiro lugar, porque pela meditação dessas obras podemos de qualquer modo admirar e considerar a sabedoria divina. Aquelas coisas que se fazem pela arte, dessa mesma arte são representativas, como feitas à semelhança dela. Ora, Deus por sua sabedoria produz no existir as coisas. Por causa disso, se diz *Todas as coisas fizeste com sabedoria*[4]. Daí que da consideração das obras podemos inferir a sabedoria divina, como que espalhada, por uma comunicação de sua semelhança, nas coisas feitas. Diz o livro do Eclesiástico: *Derramou-a*, a saber, a sabedoria, *sobre todas as suas obras*[5]. E no Salmo: *Admirável se fez a tua ciência em mim, fortaleceu-se e não poderei com ela*[6], e acrescenta o auxílio da divina iluminação, ao dizer *A noite, minha iluminação*[7]

3 Cf. caps. 44-102.
4 Salmo 103,24.
5 Eclesiástico 1,10.
6 Salmo 138,6 ss.
7 Salmo 138,11.

deratione divinorum operum se adiutum ad divinam sapientiam cognoscendam confitetur, dicens: mirabilia opera tua, et anima mea cognoscet nimis.

Secundo, haec consideratio in admirationem altissimae Dei virtutis ducit: et per consequens in cordibus hominum reverentiam Dei parit. Oportet enim quod virtus facientis eminentior rebus factis intelligatur. Et ideo dicitur Sap. 13,4: si virtutem et opera eorum, scilicet caeli et stellarum et elementorum mundi, mirati sunt, scilicet Philosophi, intelligant quoniam qui fecit haec, fortior est illis. Et Rom. 1,20 dicitur: invisibilia Dei per ea quae facta sunt intellecta conspiciuntur: sempiterna quoque virtus eius et divinitas. Ex hac autem admiratione Dei timor procedit et reverentia. Unde dicitur Ierem. 10,6 magnum est nomen tuum in fortitudine. Quis non timebit te, o rex gentium?

Tertio, haec consideratio animas hominum in amorem divinae bonitatis accendit. Quicquid enim bonitatis et perfectionis in diversis creaturis particulariter distributum est, totum in ipso universaliter est adunatum, sicut in fonte totius bonitatis, ut in primo libro ostensum est. Si igitur creaturarum bonitas, pulchritudo et suavitas sic animos hominum allicit, ipsius Dei fontana bonitas, rivulis bonitatum in singulis creaturis repertis diligenter comparata, animas hominum inflammatas totaliter ad se trahet. Unde in Psalmo dicitur: delectasti me, Domine, in factura tua, et in operibus manuum tuarum exsultabo. Et alibi de filiis hominum dicitur: inebriabuntur ab ubertate domus tuae, quasi totius creaturae, et sicut torrente voluptatis tuae potabis eos: quoniam apud te est fons vitae. Et Sap. 13,1, dicitur contra quosdam: ex his quae videntur

etc.; da consideração das obras divinas, confessa a ajuda para conhecer a sabedoria divina, dizendo: *Admiráveis as tuas obras e minha alma muito as conhece*[8].

Em segundo lugar, esta consideração leva à admiração da altíssima potência de Deus e, por conseguinte, gera no coração dos homens a reverência a Deus. É preciso, com efeito, que se entenda como mais eminente a potência de quem faz do que as obras feitas. E assim se diz no livro da Sabedoria: *Se da potência e das obras deles*, a saber, do céu e das estrelas e dos elementos do mundo, *ficaram admirados*, isto é, os filósofos, *entendem que quem fez essas coisas é mais forte do que elas*[9]. E se diz em Romanos: *As coisas invisíveis de Deus se alcançam pelo conhecimento daquelas que foram feitas, como sua potência e divindade*[10]. De tal admiração procede o temor de Deus e a reverência. Donde se diz em Jeremias: *Grande é teu nome em fortaleza. Quem não te temerá, ó Rei dos povos?*[11].

Em terceiro lugar, essa consideração acende na alma dos homens o amor da bondade divina. Com efeito, qualquer coisa de bondade e perfeição que seja distribuída particularmente nas diferentes criaturas, toda se acha universalmente unificada n'Ele, como na fonte de toda a bondade, segundo se mostrou no Livro Primeiro[12]. Se, então, a bondade das criaturas, a beleza e a suavidade tanto aliciam os ânimos dos homens, a bondade fontal de Deus, comparada diligentemente com os regatos de bondade encontrados, atrai a si as almas dos homens totalmente inflamadas. Donde no Salmo se diz: *Deleitaste-me, Senhor, com tua obra, e exultarei nas obras de tuas mãos*[13]. E em outro lugar se diz dos filhos dos homens: *Serão inebriados com a abundância de tua casa*, ou seja, de toda a criatura, *e os dessedentarás na torrente de tuas delicias, pois está junto de*

8 Salmo 138,14.
9 Sabedoria 13,4.
10 Romanos 1,20.
11 Jeremias 10,6-7.
12 Livro I, caps. 28 e 40.
13 Salmo 91,5.

bona, scilicet creaturis, quae sunt bona per quandam participationem, non potuerunt intelligere eum qui est, scilicet vere bonus, immo ipsa bonitas, ut in primo ostensum est.

ti a fonte da vida[14]. E em outro Salmo se diz contra alguns: *Por aquelas coisas que parecem boas*, isto é, das criaturas, que são boas por alguma participação, *não puderam entender aquele que é*[15], isto é, o verdadeiramente bom, antes a própria bondade, como se mostrou no livro primeiro[16].

Quarto, haec consideratio homines in quadam similitudine divinae perfectionis constituit. Ostensum est enim in primo libro quod Deus, cognoscendo seipsum, in se omnia alia intuetur. Cum igitur christiana fides hominem de Deo principaliter instruit, et per lumen divinae revelationis eum creaturarum cognitorem facit, fit in homine quaedam divinae sapientiae similitudo. Hinc est quod dicitur 2 Cor. 3,18: nos vero omnes, revelata facie gloriam Domini speculantes, in eandem imaginem transformamur.

Em quarto lugar, essa consideração constitui os homens numa semelhança da divina perfeição. Mostrou-se, com efeito, no livro primeiro[17] que Deus, conhecendo a si mesmo, intui em si todas as outras coisas. Como, pois, a fé cristã instrui principalmente a respeito de Deus, e pelo lume da revelação divina o fez conhecedor das criaturas, realiza-se no homem uma semelhança da sabedoria divina. Daqui é que o Apóstolo diz: *Todos nós, contemplando com a face descoberta a glória do Senhor, somos transformados na mesma imagem*[18].

Sic igitur patet quod consideratio creaturarum pertinet ad instructionem fidei christianae. Et ideo dicitur Eccli. 42,15: memor ero operum Domini, et quae vidi annuntiabo: in sermonibus Domini opera eius.

Evidencia-se assim que a consideração das criaturas pertence à instrução da fé cristã. E desse modo o Eclesiástico diz: *Lembrar-me-ei das obras do Senhor, e anunciarei o que vi: nas palavras do Senhor, as suas obras*[19].

Capitulum III

Quod cognoscere naturam creaturarum valet ad destruendum errores qui sunt circa Deum

Est etiam necessaria creaturarum consideratio non solum ad veritatis instructionem, sed etiam ad errores excludendos. Errores namque qui circa creaturam sunt, interdum a fidei veritate abducunt, secundum quod verae Dei cognitioni repugnant. Hoc autem multipliciter contingit.

Primo quidem, ex hoc quod creaturarum naturam ignorantes in hoc pervertuntur quandoque quod id quod non potest nisi ab alio esse, primam causam et Deum constituunt, nihil ultra creaturas quae videntur aestimantes: sicut fuerunt illi qui corpus quodcumque

Capítulo 3

Conhecer a natureza das criaturas tem valor para destruir os erros a respeito de Deus

A consideração das criaturas é necessária não só para a instrução da verdade, mas também para excluir os erros. Com efeito, os erros, que são a respeito da criatura, muitas vezes afastam da verdade da fé na medida em que repugnam ao verdadeiro conhecimento de Deus. Isso ocorre de muitos modos.

Primeiro, pelo fato de que ignorando a natureza das criaturas se pervertem enquanto erigem o que não pode ser senão de outro como primeira causa e Deus, julgando nada haver além das criaturas que se veem: como foram os que julgaram Deus um corpo; deles

14 Salmo 35,9-10.
15 Salmo 13,1.
16 Livro I, cap. 38.
17 Livro I, caps. 49 ss.
18 2 Coríntios 3,18.
19 Eclesiástico 42,15.

Deum aestimaverunt; de quibus dicitur Sap. 13,2: qui aut ignem, aut spiritum, aut citatum aerem, aut gyrum stellarum, aut nimiam aquam, aut solem et lunam, deos putaverunt.

Secundo, ex hoc quod id quod Dei solius est creaturis aliquibus adscribunt. Quod etiam ex errore circa creaturas contingit. Quod enim natura rei alicuius non patitur, ei non attribuitur nisi quia eius natura ignoratur: sicut si homini attribueretur habere tres pedes. Quod autem solius Dei est natura creaturae non patitur: sicut quod solius hominis est non patitur alterius rei natura. Ex hoc ergo quod natura creaturae ignoratur, praedictus error contingit. Et contra hunc errorem dicitur Sap. 14,21: incommunicabile nomen lignis et lapidibus imposuerunt. In hunc errorem labuntur qui rerum creationem, vel futurorum cognitionem, vel miraculorum operationem, aliis causis quam Deo adscribunt.

Tertio vero, ex hoc quod divinae virtuti in creaturas operanti aliquid detrahitur per hoc quod creaturae natura ignoratur. Sicut patet in his qui duo rerum principia constituunt; et qui res non ex divina voluntate, sed ex necessitate naturae a Deo procedere asserunt; et illi etiam qui res, vel omnes vel quasdam, divinae providentiae subtrahunt; aut eam posse praeter solitum cursum operari negant. Haec enim omnia divinae derogant potestati. Contra quos dicitur iob 22,17: quasi nihil possit facere omnipotens, aestimabant eum; et Sap. 12,17: virtutem ostendis tu, qui non crederis esse in virtute consummatus.

Quarto. Homo, qui per fidem in Deum ducitur sicut in ultimum finem, ex hoc quod ignorat naturas rerum, et per consequens gradum sui ordinis in universo, aliquibus creaturis se putat esse subiectum quibus superior est: ut patet in illis qui voluntates hominum astris supponunt, contra quos dicitur Ierem.

se diz no livro da Sabedoria: *Alguns julgaram por deuses o fogo, o vento, o ar sutil, o curso das estrelas, a água volumosa, ou o sol e a lua*[20].

Segundo, pelo fato de atribuir-se a algumas criaturas aquilo que é só de Deus. Isso ocorre também a partir do erro a respeito das criaturas. Aquilo que não é compatível à natureza de alguma coisa, não se lhe atribui, a não ser porque se ignora sua natureza, como se se atribuísse ao homem ter três pés. Aquilo que é só de Deus não é compatível com a natureza de outra coisa. De que se ignora a natureza da criatura é que acontece o mencionado erro. Contra esse erro, diz-se no livro da Sabedoria: *O nome incomunicável puseram nas madeiras e nas pedras*[21]. Incorrem nesse erro os que atribuíram a outras causas, que não Deus, a criação das coisas, o conhecimento das coisas futuras, ou a realização dos milagres.

Terceiro, subtraindo-se algo da potência divina que opera nas criaturas, ao ignorar-se a natureza da criatura. É o que se evidencia naqueles que sustentam dois princípios para as coisas, e nos que afirmam que as coisas procedem não da vontade divina, mas da necessidade da natureza de Deus; e também os que subtraem as coisas, todas ou algumas, da providência divina; ou que negam que ela possa operar fora do curso habitual da natureza. Derrogam todas essas coisas ao poder divino. Contra eles diz-se em Jó: *julgam que o Onipotente nada pode fazer*[22], e no livro da Sabedoria: *Tu mostras teu poder, quando não te creem consumado em poder*[23].

Quarto, o homem, que pela fé é conduzido para Deus, como fim último, do fato de ignorar as naturezas das coisas, e, por conseguinte, o grau de sua ordem no universo, julga-se estar sujeito a algumas criaturas às quais é superior, como é manifesto nos que subordinam a vontade dos homens aos astros, contra os

20 Sabedoria 13,2.
21 Sabedoria 14,21.
22 Jó 22,17.
23 Sabedoria 12,17.

10,2, a signis caeli nolite metuere, quae gentes timent; et in illis qui Angelos creatores animarum existimant; et animas hominum esse mortales; et si qua similia hominum derogant dignitati.

Sic ergo patet falsam esse quorundam sententiam qui dicebant nihil interesse ad fidei veritatem quid de creaturis quisque sentiret, dummodo circa Deum recte sentiatur, ut Augustinus narrat in libro de origine animae: nam error circa creaturas redundat in falsam de Deo sententiam, et hominum mentes a Deo abducit, in quem fides dirigere nititur, dum ipsas quibusdam aliis causis supponit.

Et ideo illis qui circa creaturas errant poenas sicut infidelibus Scriptura comminatur, dicens in Psalmo: quoniam non intellexerunt opera Domini et in opera manuum eius, destrues illos et non aedificabis eos; et Sap. 2,21 haec cogitaverunt et erraverunt, et subiungit, 22 non iudicaverunt honorem animarum sanctarum.

quais se diz em Jeremias: *Não tenhais o medo que os gentios têm dos sinais do céu*[24], e nos que julgam que os anjos são os criadores das almas; e que são mortais as almas dos homens, e por coisas semelhantes derrogam a dignidade dos homens.

Assim, pois, evidencia-se que é falsa a sentença de alguns que diziam nada interessar à verdade da fé o que alguém pense a respeito das criaturas, enquanto pensa corretamente a respeito de Deus, como relata Agostinho[25], pois o erro a respeito das criaturas redunda em falsa sentença sobre Deus, e afasta a mente dos homens de Deus, para o qual a fé esforça-se por dirigir, enquanto a submete a algumas outras causas.

E assim àqueles que erram a respeito das criaturas, como a infiéis, a Escritura comina penas, como se diz no Salmo: *porque não entenderam as obras do Senhor, as obras de suas mãos, os destruirás e não os edificarás*[26], e no livro da Sabedoria: *Tais coisas pensaram e erraram*, e acrescenta, *Não estimaram a honra das almas santas*[27].

Capitulum IV
Quod aliter considerat de creaturis Philosophus et theologus

Manifestum est autem ex praedictis quod considerationem circa creaturas habet doctrina fidei christianae inquantum in eis resultat quaedam Dei similitudo, et inquantum error in ipsis inducit in divinorum errorem. Et sic alia ratione subiiciuntur praedictae doctrinae, et philosophiae humanae. Nam philosophia humana eas considerat secundum quod huiusmodi sunt: unde et secundum diversa rerum genera diversae partes philosophiae inveniuntur. Fides autem christiana eas considerat, non inquantum huiusmodi, utpote ignem inquantum ignis est, sed inquantum divinam altitudinem repraesentat, et in ipsum

Capítulo 4
O filósofo e o teólogo consideram de modo diverso as criaturas

Do que foi dito é manifesto que a doutrina da fé cristã comporta a consideração sobre as criaturas, enquanto nelas resulta alguma semelhança de Deus, e enquanto o erro nelas induz ao erro em coisas divinas. E assim por outra razão se submetem aquelas doutrinas à filosofia humana. Com efeito, a filosofia humana considera-as tais como são; donde, segundo os diversos gêneros das coisas acham-se as diversas partes da filosofia. Já a fé cristã as considera, não enquanto tais, como o fogo enquanto fogo, mas enquanto representa a transcendência divina, e de algum modo se ordena ao próprio Deus. Como se diz no livro

24 Jeremias 10,12.
25 Santo Agostinho (354-431), em Sobre a Origem da Alma IV, cap. 4, ML 44, 527.
26 Salmo 27,5.
27 Sabedoria 2,21.

Deum quoquo modo ordinatur. Ut enim Eccli. 42 dicitur: gloria Domini plenum est opus eius. Nonne Dominus fecit enarrare sanctos omnia mirabilia sua?

Et propter hoc etiam alia circa creaturas et Philosophus et fidelis considerat. Philosophus namque considerat illa quae eis secundum naturam propriam conveniunt: sicut igni ferri sursum. Fidelis autem ea solum considerat circa creaturas quae eis conveniunt secundum quod sunt ad Deum relata: utpote, quod sunt a Deo creata, quod sunt Deo subiecta, et huiusmodi.

Unde non est ad imperfectionem doctrinae fidei imputandum si multas rerum proprietates praetermittat: ut caeli figuram, et motus qualitatem. Sic enim nec naturalis circa lineam illas passiones considerat quas geometra: sed solum ea quae accidunt sibi inquantum est terminus corporis naturalis.

Si qua vero circa creaturas communiter a Philosopho et fideli considerantur, per alia et alia principia traduntur. Nam Philosophus argumentum assumit ex propriis rerum causis: fidelis autem ex causa prima; ut puta, quia sic divinitus est traditum; vel quia hoc in gloriam Dei cedit; vel quia Dei potestas est infinita.

Unde et ipsa maxima sapientia dici debet, utpote super altissimam causam considerans: secundum illud Deut. 4,6: haec est sapientia vestra et intellectus coram populis. Et propter hoc sibi, quasi principali, philosophia humana deservit. Et ideo interdum ex principiis philosophiae humanae, sapientia divina procedit. Nam et apud Philosophos prima philosophia utitur omnium scientiarum documentis ad suum propositum ostendendum.

Exinde etiam est quod non eodem ordine utraque doctrina procedit. Nam in doctrina philosophiae, quae creaturas secundum se

do Eclesiástico: *sua obra está cheia da glória de Deus. Não fez Deus que os santos enumerassem todas as suas maravilhas?*[28]

Por causa disso também o Filósofo e o fiel consideram coisas diversas a respeito das criaturas. O Filósofo, com efeito, considera aquilo que a elas convém segundo sua natureza própria: como ao fogo o elevar-se para cima; o crente, entretanto, só vê nas criaturas aquilo que a elas convêm segundo são referidas a Deus, por exemplo, como são criadas por Deus, como são a Deus subordinadas, e assim por diante. — Donde não é de imputar-se à imperfeição da doutrina da fé que deixe de fora muitas propriedades das coisas, como a figura do céu e a qualidade do movimento. Assim também o filósofo da natureza não considera a respeito da linha as mesmas propriedades que o geômetra, mas apenas aquelas que nela ocorrem segundo é termo do corpo natural.

Se Filósofo e fiéis consideram acerca das criaturas algo de modo comum, são, porém, levados por diferentes princípios, pois o Filósofo assume argumento das próprias causas das coisas; o fiel, porém, da causa primeira, como, por exemplo, se foi divinamente transmitido; ou porque isso resulta na glória de Deus, ou porque é infinito o poder de Deus.

Donde se deve chamar de máxima a sabedoria, enquanto considera a causa altíssima, segundo aquilo do Deuteronômio: *esta é a vossa sabedoria e inteligência diante dos povos*[29]. E, por causa disso, serve-a, como a principal, a filosofia humana. E pelo mesmo motivo a sabedoria divina procede às vezes pelos princípios da filosofia humana. Com efeito, com os Filósofos a filosofia primeira usa de provas de todas as ciências para mostrar seu propósito.

Daqui também é que uma e outra doutrina não procedem pela mesma ordem. Com efeito, na doutrina da filosofia, que considera

---

[28] Eclesiástico 42,16.17.
[29] Deuteronômio 4,6.

considerat et ex eis, in Dei cognitionem perducit, prima est consideratio de creaturis et ultima de Deo. In doctrina vero fidei, quae creaturas non nisi in ordine ad Deum considerat, primo est consideratio Dei et postmodum creaturarum.

Et sic est perfectior: utpote Dei cognitioni similior, qui seipsum cognoscens alia intuetur.

Unde, secundum hunc ordinem, post ea quae de Deo in se in primo libro sunt dicta, de his quae ab ipso sunt restat prosequendum.

as criaturas segundo elas mesmas e a partir delas, conduz ao conhecimento de Deus, primeira é a consideração sobre as criaturas e última, a sobre Deus. Já na doutrina da fé, que não considera as criaturas a não ser em ordem a Deus, primeiro é a consideração de Deus e depois das criaturas.

E assim é mais perfeita, dado que é mais semelhante ao conhecimento de Deus, que conhecendo a si mesmo, intui as outras coisas.

Portanto, de acordo com essa ordem, depois que se tratou no Primeiro Livro de Deus em si mesmo, fica por tratar das coisas que procedem de Deus[30].

Capitulum V

Ordo dicendorum

Erit autem hic prosecutionis ordo, ut primo agamus de productione rerum in esse; secundo, de earum distinctione; tertio vero de ipsarum rerum productarum et distinctarum natura, quantum ad fidei pertinet veritatem.

Capítulo 5

Ordem do que se vai dizer

Será esta a ordem de prosseguimento, de modo que, por primeiro, tratemos da produção das coisas no existir (6–38), em segundo, da distinção delas (39–45); em terceiro, da natureza das mesmas coisas produzidas e distintas, enquanto pertence à verdade da fé (46–101).

30 Livro I, cap. 1.

O PRINCÍPIO DA EXISTÊNCIA DAS COISAS (6 a 38)

Capitulum VI

Quod Deo competit ut sit aliis principium essendi

Supponentes igitur quae in superioribus ostensa sunt, ostendamus nunc quod competit Deo ut sit aliis essendi principium et causa.

Ostensum est enim supra, per demonstrationem Aristotelis, esse aliquam primam causam efficientem, quam Deum dicimus. Efficiens autem causa suos effectus ad esse conducit. Deus igitur aliis essendi causa existit.

Item. Ostensum est in primo libro, per rationem eiusdem, esse aliquod primum movens immobile, quod Deum dicimus. Primum autem movens in quolibet ordine motuum est causa omnium motuum qui sunt illius ordinis. Cum igitur multa ex motibus caeli producantur in esse, in quorum ordine Deum esse primum movens ostensum est, oportet quod Deus sit multis rebus causa essendi.

Amplius. Quod per se alicui convenit, universaliter ei inesse necesse est: sicut homini rationale, et igni sursum moveri. Agere autem aliquem effectum per se convenit enti in actu: nam unumquodque agens secundum hoc agit quod in actu est. Omne igitur ens actu natum est agere aliquid actu existens. Sed Deus est ens actu, ut in primo libro ostensum est. Igitur sibi competit agere aliquid ens actu, cui sit causa essendi.

Adhuc. Signum perfectionis in rebus inferioribus est quod possunt sibi similia facere: ut patet per Philosophum, in IV meteororum. Deus autem est maxime perfectus, ut in primo libro ostensum est. Ipsi igitur competit facere

Capítulo 6

Compete a Deus que seja princípio da existência das coisas

Supondo, então, o que foi demonstrado, mostremos agora que a Deus compete que seja princípio e causa da existência das coisas.

Com efeito, mostrou-se, por demonstração de Aristóteles[1], que existe uma primeira causa eficiente, que chamamos Deus. Ora, a causa eficiente conduz à existência seus efeitos. Deus, pois, existe como causa da existência das outras realidades.

Igualmente. Mostrou-se no Livro Primeiro[2], por razão do mesmo Filósofo, que o primeiro movente é imóvel, o qual chamamos Deus. Ora, o primeiro movente em qualquer ordem dos movimentos é causa de todos os movimentos que são daquela ordem. Como, pois, muitas coisas são produzidas no existir pelos movimentos do céu, em cuja ordem mostrou-se que Deus é o primeiro movente, é necessário que Deus seja causa da existência para muitas realidades.

Ademais. O que convém por si mesmo a algo, é necessário que lhe pertença universalmente, como ao homem o racional, e ao fogo que se mova para cima. Ora, produzir um efeito por si mesmo convém ao ente em ato; com efeito, qualquer agente age enquanto é em ato. Todo ente, de fato, é destinado a produzir algo que exista em ato. Ora, Deus é ente em ato, como foi mostrado no Livro Primeiro[3]. Portanto, compete-lhe produzir um ente em ato, para o qual seja causa do existir.

Ainda. Segundo o Filósofo[4] é sinal de perfeição nas coisas inferiores o poder fazer coisas semelhantes a elas. Ora, Deus é o mais perfeito, como se demonstrou no Livro Primeiro[5]. Portanto, compete a Ele produzir algum ente

1 Livro I, cap. 13.
2 Ibidem.
3 Livro I, cap. 16.
4 Aristóteles (384-322 a.C.), em *Sobre os Meteoros* IV, 3, 380a, 13-15.
5 Livro I, cap. 28.

aliquid sibi simile ens in actu, ut sic sit causa essendi.

Item. Ostensum est in primo libro quod Deus vult suum esse aliis communicare per modum similitudinis. De perfectione autem voluntatis est quod sit actionis et motus principium: ut patet in III de anima. Cum igitur divina voluntas sit perfecta, non deerit ei virtus communicandi esse suum alicui per modum similitudinis.Et sic erit ei causa essendi.

Adhuc. Quanto alicuius actionis principium est perfectius, tanto actionem suam potest in plura extendere et magis remota: ignis enim, si sit debilis, solum propinqua calefacit; si autem sit fortis, etiam remota. Actus autem purus, qui Deus est, perfectior est quam actus potentiae permixtus, sicut in nobis est. Actus autem actionis principium est. Cum igitur per actum qui in nobis est possumus non solum in actiones in nobis manentes, sicut sunt intelligere et velle, sed etiam in actiones quae in exteriora tendunt, per quas aliqua facta producimus; multo magis Deus potest, per hoc quod actu est, non solum intelligere et velle, sed etiam producere effectum. Et sic potest aliis esse causa essendi.

Hinc est quod dicitur iob 5,9: qui facit magna et mirabilia et inscrutabilia absque numero.

em ato semelhante a si, e assim ser a causa de sua existência.

Igualmente. Mostrou-se no Livro Primeiro[6] que Deus quer comunicar a outras realidades seu ser a modo de semelhança. Ora, pertence à perfeição da vontade que seja principio da ação e do movimento, como se evidencia no livro *Sobre a alma*[7]. Como, pois, a vontade divina é perfeita, não lhe faltará a potência de comunicar seu ser a algo a modo de semelhança. E dessa maneira será para ela causa de ser.

Ainda. Quanto mais é perfeito o princípio de alguma ação, tanto mais pode estender sua ação para várias coisas e mais remotas: o fogo, por exemplo, se é débil, só aquece as coisas próximas, se é forte, também as afastadas. Ora, o Ato Puro, que Deus é, é mais perfeito que o ato misturado com potência, como se dá em nós. O ato, com efeito, é o princípio da ação. Se, pois, pelo ato, que é em nós, temos poder não apenas sobre ações que permanecem em nós, como são o entender e o querer, mas também sobre ações que tendem para o exterior, pelas quais produzimos outras obras, muito mais pode Deus, porque é em ato, não só entender e querer, mas também produzir o efeito. E assim pode ser causa de ser para outras coisas.

Daí que se diz em Jó: *ele que faz grandes coisas, admiráveis e inescrutáveis sem número*[8].

Capitulum VII
Quod in Deo sit potentia activa

Ex hoc autem apparet quod Deus est potens, et quod ei convenienter potentia activa attribuitur.

Potentia enim activa est principium agendi in aliud secundum quod est aliud. Deo autem convenit esse aliis principium essendi. Ergo convenit sibi esse potentem.

Amplius. Sicut potentia passiva sequitur ens in potentia, ita potentia activa sequitur ens in actu: unumquodque enim ex hoc agit

Capítulo 7
Em Deus existe potência ativa

Disso se manifesta que Deus é potente, e que se lhe atribui convenientemente a potência ativa.

Com efeito, a potência de agir é o princípio de agir em outro enquanto é outro. Convém a Deus ser o princípio de ser em outras coisas. Logo, convém-lhe ser potente.

Ademais. Assim como a potência passiva segue o ente em potência, assim a potência ativa segue o ente em ato: cada qual age, com

6 Livro I, cap. 75.
7 Aristóteles (384-322 a.C.), em Sobre a Alma III, 10, 433a, 14-31.
8 Jó 5,9.

quod est actu, patitur vero ex hoc quod est potentia. Sed Deo convenit esse actu. Igitur convenit sibi potentia activa.

Adhuc. Divina perfectio omnium perfectiones in se includit, ut in primo libro ostensum est. Virtus autem activa de perfectione rei est: unumquodque enim tanto maioris virtutis invenitur quanto perfectius est. Virtus igitur activa Deo non potest deesse.

Praeterea. Omne quod agit potens est agere: nam quod non potest agere, impossibile est agere; et quod impossibile est agere, necesse est non agere. Deus autem est agens et movens, ut supra ostensum est. Igitur potens est agere: et potentia ei convenienter adscribitur activa, sed non passiva.

Hinc est quod in Psalmo dicitur: potens es, Domine. Et alibi: potentiam tuam Deus, et iustitiam tuam usque in altissima quae fecisti magnalia.

efeito, na medida em que é em ato, recebe na medida em que é em potência. Ora, a Deus convém ser em ato. Logo, convém-lhe a potência ativa.

Ainda. A perfeição divina inclui em si a perfeição de todas as coisas, como ficou mostrado no Livro Primeiro[9]. A potência ativa, com efeito, é da perfeição da coisa: cada um se acha com potência tanto maior, quanto é mais perfeito. Por isso a potência ativa não pode faltar a Deus.

Além disso. Todo aquele que age é potente para agir: com efeito, o que não pode agir é impossível que aja; e o que é impossível para agir é necessário que não aja. Deus, porém, é agente e movente, como foi mostrado[10]. Logo, é potente para agir, e convenientemente se lhe atribui a potência ativa, mas não a passiva.

Por isso, se diz no Salmo: *tu és, potente, ó Senhor*[11]. E em outro lugar: *tua potência e tua justiça estendem-se até as mais altas maravilhas que fizeste*[12].

Capitulum VIII

Quod Dei potentia sit eius substantia

Ex hoc autem ulterius concludi potest quod divina potentia sit ipsa Dei substantia.

Potentia enim activa competit alicui secundum quod est actu. Deus autem est actus ipse, non autem est ens actu per aliquem actum qui non sit quod est ipse: cum in eo nulla sit potentialitas, ut in primo libro ostensum est. Est igitur ipse sua potentia.

Adhuc. Omnis potens qui non est sua potentia, est potens participatione potentiae alicuius. De Deo autem nihil potest dici participative: cum sit ipsum suum esse, ut in primo libro ostensum est. Est igitur ipse sua potentia.

Capítulo 8

A potência de Deus é sua substância

Disso pode-se ulteriormente concluir que a potência divina é a própria substância de Deus.

Com efeito, a potência ativa compete a alguém que está em ato. Ora, Deus é o próprio ato, porém não é um ente em ato por outro ato que não seja o que ele mesmo é, pois nele não há nenhuma potencialidade, como foi mostrado no Livro Primeiro[13]. Logo, Ele é sua potência.

Ainda. Todo potente que não é sua potência, é potente por participação da potência de outro. De Deus, contudo, nada pode ser dito por participação, uma vez que ele é seu próprio ser, como foi mostrado no Livro Primeiro[14]. Logo, Ele é sua potência.

9 Livro I, cap. 28.
10 Livro I, cap. 13.
11 Salmo 88,9.
12 Salmo 70,18-19.
13 Livro I, cap. 16.
14 Livro I, cap. 22.

Amplius. Potentia activa ad perfectionem rei pertinet, ut ex praedictis patet. Omnis autem divina perfectio in ipso suo esse continetur, ut in primo libro ostensum est. Divina igitur potentia non est aliud ab ipso esse eius. Deus autem est suum esse, ut in primo libro ostensum est. Est igitur sua potentia.

Item. In rebus quarum potentiae non sunt earum substantiae, ipsae potentiae sunt accidentia: unde potentia naturalis in secunda specie qualitatis ponitur. In Deo autem non potest esse aliquod accidens: ut in primo ostensum est.Deus igitur est sua potentia.

Praeterea. Omne quod est per aliud, reducitur ad id quod est per se sicut ad primum. Alia vero agentia reducuntur in Deum sicut in primum agens. Est igitur agens per se. Quod autem per se agit, per suam essentiam agit. Id autem quo quis agit, est eius activa potentia. Ipsa igitur Dei essentia est eius activa potentia.

Ademais. A potência ativa pertence à perfeição da coisa, como se evidencia do que foi dito[15]. Toda a divina potência, com efeito, contém-se em seu próprio ser, como foi mostrado no Livro Primeiro[16]. Logo, a divina potência não é coisa diversa de seu próprio ser. Deus, porém, é seu ser, como foi mostrado no Livro Primeiro[17]. Logo, é sua potência.

Igualmente. Nas coisas cujas potências não são suas substâncias, as mesmas potências são acidentes; donde a potência natural se coloca na segunda espécie de qualidade. Ora, em Deus não pode haver nenhum acidente, como foi mostrado no Livro Primeiro[18]. Logo, Deus é sua potência.

Além disso. Tudo aquilo que é por outro, se reduz ao que é por si, como ao primeiro. Os outros agentes, porém, reduzem-se a Deus como primeiro agente. É assim agente por si. Aquele que age por si, age por sua essência. Aquilo, porém, pelo que alguém age, é sua potência ativa. A essência de Deus, portanto, é sua potência ativa.

Capitulum IX
Quod Dei potentia sit eius actio

Ex hoc autem ostendi potest quod potentia Dei non sit aliud quam sua actio.

Quae enim uni et eidem sunt eadem, sibi invicem sunt eadem. Divina autem potentia est eius substantia, ut ostensum est. Eius etiam actio est eius substantia, ut in primo libro ostensum est de intellectuali operatione: eadem enim ratio in aliis competit. Igitur in Deo non est aliud potentia et aliud actio.

Item. Actio alicuius rei est complementum quoddam potentiae eius: comparatur enim ad potentiam sicut actus secundus ad primum. Divina autem potentia non completur alio quam seipso: cum sit ipsa Dei es-

Capítulo 9
A potência de Deus é sua ação

Disso se pode mostrar que a potência de Deus não é outra coisa que sua ação.

Aquelas coisas que são idênticas a uma terceira, são idênticas entre si. A potência divina é sua substância, como foi mostrado[19]. Com efeito, sua ação é sua substância, como foi mostrado no Livro Primeiro[20] a respeito da operação intelectual: a mesma razão compete nas demais coisas. Logo, em Deus a potência e a ação não são coisas diversas.

Igualmente. A ação de alguma realidade é um complemento de sua potência: compara-se à potência como o ato segundo ao primeiro. Ora, a potência divina não se completa com outra coisa senão com Deus mesmo, pois é a

15 Cf. capítulo anterior.
16 Livro I, cap. 28.
17 Livro I, cap. 22.
18 Livro I, cap. 23.
19 Cf. capítulo anterior.
20 Livro I, cap. 45.

sentia. In Deo igitur non est aliud potentia et aliud actio.

Amplius. Sicut potentia activa est aliquid agens, ita essentia eius est aliquid ens. Sed divina potentia est eius essentia, ut ostensum est. Ergo suum agere est suum esse. Sed eius esse est sua substantia. Et sic ut prius.

Adhuc. Actio quae non est substantia agentis, inest ei sicut accidens subiecto: unde et actio unum inter novem praedicamenta accidentis computatur. In Deo autem non potest esse aliquid per modum accidentis. In Deo igitur sua actio non est aliud a sua substantia et sua potentia.

Capitulum X

Qualiter potentia in Deo dicatur

Quia vero nihil est sui ipsius principium, cum divina actio non sit aliud quam eius potentia, manifestum est ex praedictis quod potentia non dicitur in Deo sicut principium actionis, sed sicut principium facti. Et quia potentia respectum ad alterum importat in ratione principii, est enim potentia activa principium agendi in aliud, ut patet per Philosophum in V metaph.; manifestum est quod potentia dicitur in Deo per respectum ad facta, secundum rei veritatem; non per respectum ad actionem nisi secundum modum intelligendi, prout intellectus noster diversis conceptionibus utrumque considerat, divinam scilicet potentiam et eius actionem. Unde, si aliquae actiones Deo conveniant quae non in aliquod factum transeant sed maneant in agente, respectu harum non dicetur in Deo potentia nisi secundum modum intelligendi, non secundum rei veritatem. Huiusmodi autem actiones sunt intelligere et velle. Potentia igitur Dei, proprie loquendo, non respicit huiusmodi actiones, sed solos effectus. Intellectus igitur et voluntas in Deo non sunt ut potentiae, sed solum ut actiones.

Patet etiam ex praedictis quod multitudo actionum quae Deo attribuitur, ut intelligere,

própria essência de Deus. Logo, em Deus não são diversas sua potência e sua ação.

Ademais. Assim como a potência ativa é um agente, assim a sua essência é um ente. Mas a potência divina é sua essência, como foi mostrado[21]. Logo, seu agir é seu ser. Mas seu ser é sua substância. E assim como anteriormente.

Ainda. A ação que não é substância do agente, nele inere como o acidente ao sujeito; donde também a *ação* é computada entre os nove predicamentos do acidente. Ora, em Deus não pode ser algo a modo de acidente. Logo, em Deus sua ação não é diferente de sua substância e de sua potência.

Capítulo 10

De que modo se atribui potência a Deus

Uma vez que nada é princípio de si mesmo e como a ação divina outra coisa não é senão sua potência, é manifesto do anteriormente dito que a potência não se diz em Deus como princípio da ação, mas como princípio do efeito. E porque a potência com relação a outro importa razão de princípio, a potência ativa é *princípio do agir em outro*, como o Filósofo[22] deixa claro. É manifesto que a potência se diz em Deus com relação às obras, segundo a verdade da coisa e não com relação à ação, a não ser enquanto modo de entender, conforme nosso intelecto considera uma e outra em diversas concepções, a saber, a potência divina e sua ação. Donde, se convêm a Deus algumas ações, que não passam a alguma obra, mas permanecem no agente, com relação a elas não se dirá potência em Deus, senão segundo o modo de entender, não segundo a verdade da coisa. Essas ações são entender e querer. A potência de Deus, portanto, propriamente falando, não diz respeito a essas ações, mas só aos efeitos. Logo, o intelecto e a vontade não estão em Deus como potências, mas só como ações.

É evidente, também, do acima dito que a multiplicidade de ações que se atribuem a

21 Cf. capítulo anterior.

22 Aristóteles (384-322 a.C.), em Metafísica V, 12, 1019a, 15-20. 1020a, 1-2, 5-6.

velle, producere res, et similia, non sunt diversae res: cum quaelibet harum actionum in Deo sit ipsum eius esse, quod est unum et idem. Quomodo autem multiplicitas significationis unius rei veritati non praeiudicet, ex his quae in primo libro ostensa sunt, manifestum esse potest.

Capitulum XI

Quod de Deo dicitur aliquid relative ad creaturas

Cum autem potentia Deo conveniat respectu suorum effectuum; potentia autem rationem principii habeat, ut dictum est; principium autem relative ad principiatum dicitur: manifestum est quod aliquid relative potest dici de Deo in respectu suorum effectuum.

Item. Non potest intelligi aliquid relative dici ad alterum nisi e converso illud relative diceretur ad ipsum. Sed res aliae relative dicuntur ad Deum: utpote secundum suum esse, quod a Deo habent, ut ostensum est, ab ipso dependentes. Deus igitur e converso relative ad creaturas dicetur.

Adhuc. Similitudo est relatio quaedam. Deus autem, sicut et cetera agentia, sibi simile agit. Dicitur igitur aliquid relative de ipso.

Amplius. Scientia ad scitum relative dicitur. Deus autem non solum sui ipsius, sed etiam aliorum scientiam habet.Igitur aliquid relative dicitur de Deo ad alia.

Adhuc. Movens dicitur relative ad motum, et agens ad factum. Deus autem est agens et movens non motum, ut ostensum est. Dicuntur igitur de ipso relationes.

Item. Primum relationem quandam importat similiter summum. Ostensum est autem in primo ipsum esse primum ens et summum

Deus, como entender, querer, produzir coisas e semelhantes, não são coisas diversas, uma vez que qualquer dessas ações em Deus é o próprio ser d'Ele, que é uno e o mesmo. De que modo, porém, a multiplicidade de significação de uma mesma coisa não prejudica a verdade, pode ser esclarecido pelo que no Livro Primeiro[23] foi mostrado.

Capítulo 11

A Deus se atribui algo relativamente às criaturas

Uma vez que a potência convém a Deus com relação a seus efeitos, pois a potência tem razão de princípio, como foi dito[24], e o princípio se diz relativamente ao principiado: é manifesto que algo pode ser atribuído relativamente de Deus, com relação a seus efeitos.

Igualmente. Não se pode entender que alguma coisa se diz relativamente à outra coisa a não ser que, por sua vez, essa se disser relativamente àquela. Ora, coisas distintas se dizem relativamente a Deus, porque, segundo o seu ser, que têm de Deus, como foi demonstrado[25], dele dependem. Logo, Deus, por sua vez, se diz relativamente às criaturas.

Ainda. A semelhança é uma relação. Ora, Deus, assim como os outros agentes, produz algo semelhante a si. Logo, algo se diz relativamente a Ele.

Ademais. A ciência se diz relativamente ao conhecido. Ora, Deus tem ciência não apenas de si mesmo, mas das outras coisas. Logo, algo se diz de Deus relativamente às outras coisas.

Ainda. O movente se diz relativamente ao movido, e o agente à obra. Ora, Deus é agente e movente não movido, como foi demonstrado[26]. Logo, atribuem-se a Ele relações.

Igualmente. O *primeiro* importa certa relação, semelhantemente o *sumo*. Ora, mostrou-se no Primeiro Livro[27] que Ele é o primeiro ente

23 Livro I, caps. 31 e 35.
24 Cf. capítulo anterior.
25 Cf. cap. 6.
26 Livro I, cap. 13.
27 Livro I, caps. 13 e 41.

bonum. Patet igitur quod multa de Deo relative dicuntur.

Capitulum XII
Quod relationes dictae de Deo ad creaturas non sunt realiter in Deo

Huiusmodi autem relationes quae sunt ad suos effectus, realiter in Deo esse non possunt.

Non enim in eo esse possent sicut accidentia in subiecto: cum in ipso nullum sit accidens ut in primo libro ostensum est. Nec etiam possent esse ipsa Dei substantia. Cum enim relativa sint quae secundum suum esse ad aliud quodammodo se habent, ut Philosophus dicit in praedicamentis, oporteret quod Dei substantia hoc ipsum quod est ad aliud diceretur. Quod autem ipsum quod est ad aliud dicitur, quodammodo ab ipso dependet: cum nec esse nec intelligi sine eo possit. Oporteret igitur quod Dei substantia ab alio extrinseco esset dependens. Et sic non esset per seipsum necesse-esse, ut in primo libro ostensum est. Non sunt igitur huiusmodi relationes secundum rem in Deo.

Item. Ostensum est in primo quod Deus omnium entium est prima mensura. Comparatur igitur Deus ad alia entia sicut scibile ad scientiam nostram, quod eius mensura est: nam ex eo quod res est vel non est, opinio et oratio vera vel falsa est, secundum Philosophum in praedicamentis.

Scibile autem licet ad scientiam relative dicatur, tamen relatio secundum rem in scibili non est, sed in scientia tantum: unde secundum Philosophum, in V metaph., scibile dicitur relative, non quia ipsum referatur, sed quia aliud refertur ad ipsum. Dictae igitur relationes in Deo non sunt realiter.

Adhuc. Relationes praedictae dicuntur de Deo non solum respectu eorum quae sunt

e o sumo bem. Logo, fica evidente que muitas coisas se dizem de Deus relativamente.

Capítulo 12
As relações atribuídas a Deus em ordem às criaturas não existem realmente em Deus

As relações que são relacionadas aos seus efeitos, não podem existir realmente em Deus.

Com efeito, não poderiam ser n'Ele como os acidentes no sujeito, pois n'Ele não há nenhum acidente, como foi mostrado no Livro Primeiro[28]. Nem poderiam ser também a própria substância de Deus. Uma vez que são relativas àquelas coisas, como diz o Filósofo, que segundo seu ser *têm de algum modo relação ao outro*[29], seria necessário que a substância de Deus, no que é em si mesma, se dissesse de outro. Ora, aquilo que se diz em ordem a outro, de certo modo dele depende, dado que sem ele nem pode ser, nem pode ser entendido. Portanto, seria necessário que a substância de Deus fosse dependente de algo extrínseco. E assim não seria por si ser necessária, como foi demonstrado no Livro Primeiro[30]. Logo, não são reais essas relações em Deus.

Igualmente. Mostrou-se no Livro Primeiro[31] que Deus é a medida primeira de todos os entes. Compara-se, pois, Deus aos outros entes como o que é conhecível com nossa ciência, que é sua medida. Com efeito, segundo o Filósofo, *pelo que a coisa é ou não é, a opinião e a proposição é verdadeira ou falsa*[32].

O que é conhecível, embora se diga relativamente à ciência, entretanto a relação real não está no conhecível, mas só na ciência; por isso segundo o Filósofo, *o conhecível se diz relativamente não porque é ele mesmo referido, mas porque outra coisa se refere a ele*[33]. Portanto, ditas relações não são reais em Deus.

Ainda. As relações acima ditas se dizem de Deus não apenas em relação àquelas coisas

28 Livro I, cap. 13.
29 Aristóteles (384-322 a.C.), em *Predicamentos*, 7, 6a, 36-37, 6-8.
30 Livro I, cap. 13.
31 Ibidem.
32 Aristóteles (384-322 a.C.), em *Predicamentos*, 5, 4b, 8-10.
33 Aristóteles (384-322 a.C.), em *Metafísica* V, 15, 1021a -29-30.

actu, sed respectu eorum quae sunt in potentia: quia et eorum scientiam habet, et respectu eorum dicitur et primum ens et summum bonum. Sed eius quod est actu ad id quod non est actu sed potentia, non sunt relationes reales: alias sequeretur quod essent infinitae relationes actu in eodem, cum numeri infiniti in potentia sint maiores binario, quibus omnibus ipse est prior. Deus autem non aliter refertur ad ea quae sunt actu quam ad ea quae sunt potentia: quia non mutatur ex hoc quod aliqua producit. Non igitur refertur ad alia per relationem realiter in ipso existentem.

Amplius. Cuicumque aliquid de novo advenit, necesse est illud mutari, vel per se vel per accidens. Relationes autem quaedam de novo dicuntur de Deo: sicut quod est Dominus aut gubernator huius rei quae de novo incipit esse. Si igitur praedicaretur aliqua relatio realiter in Deo existens, sequeretur quod aliquid Deo de novo adveniret, et sic quod mutaretur vel per se vel per accidens. Cuius contrarium in primo libro ostensum est.

Capitulum XIII

Quomodo praedictae relationes de Deo dicantur

Non autem potest dici quod relationes praedictae sint existentes exterius quasi res aliquae extra Deum.

Cum enim Deus sit primum entium et summum bonorum, oporteret ad illas etiam relationes, quae sunt aliquae res, Dei relationes alias considerare. Et si illae iterum sint res aliquae, oportebit iterum tertias relationes adinvenire. Et sic in infinitum. Non igitur relationes quibus Deus ad res alias refertur, sunt res aliquae extra Deum existentes.

Item. Duplex est modus quo aliquid denominative praedicatur.

Denominatur enim aliquid ab eo quod extra ipsum est, sicut a loco dicitur aliquis

que estão em ato, mas em relação àquelas que estão em potência, porque delas também tem ciência, e em relação a elas se diz tanto ente primeiro como sumo bem. Ora, do que está em ato para aquilo que não está em ato, mas em potência não há relações reais; do contrário, se seguiria que haveria relações em ato infinitas no mesmo sujeito, uma vez que os números infinitos em potência são maiores que o dois, que é anterior a todos eles. Deus, porém, não se refere diferentemente àquelas coisas que estão em ato e àquelas que estão em potência, pois não muda pelo fato de que produz algumas coisas. Portanto, não se refere às outras coisas por relação real nele existente.

Ademais. A qualquer um ao qual algo novo advenha, é necessário que se mude, ou por si ou por acidente. Ora, algumas relações se dizem de Deus como novas, como, por exemplo, que é Senhor ou governador dessa coisa que de novo começa a ser. Se, pois, se predicasse uma relação existente realmente em Deus, seguir-se-ia que algo adviria de novo a Deus, e assim que se mudaria ou por si ou por acidente. O contrário disso se mostrou no Livro Primeiro[34].

Capítulos 13 e 14

De que modo se dizem de Deus as relações mencionadas

Não se pode dizer, com efeito, que as relações mencionadas são existentes externamente, como algumas coisas fora de Deus.

Como Deus é o ente primeiro e o sumo bem, seria necessário considerar como outras relações de Deus aquelas que são algumas coisas. E se essas, do novo, são algumas coisas, será necessário de novo que avenham terceiras relações. E assim ao infinito. Portanto, as relações segundo as quais Deus se refere a outras realidades, não são algumas coisas existentes fora de Deus.

Igualmente. É duplo o modo pelo qual se predica algo por denominação. Denomina-se, com efeito, algo pelo que está fora dele, por exemplo do lugar se diz que alguém está "em

34 Livro I, cap. 13.

esse alicubi, et a tempore aliquando: aliquid vero denominatur ab eo quod inest, sicut ab albedine albus. A relatione vero non invenitur aliquid denominari quasi exterius existente, sed inhaerente: non enim denominatur aliquis pater nisi a paternitate quae ei inest. Non igitur potest esse quod relationes quibus Deus ad creaturas refertur, sint res aliquae extra ipsum.

Cum igitur ostensum sit quod non sint in ipso realiter, et tamen dicuntur de eo, relinquitur quod et attribuantur solum secundum intelligentiae modum, ex eo quod alia referuntur ad ipsum. Intellectus enim noster, intelligendo aliquid referri ad alterum, cointelligit relationem illius ad ipsum: quamvis secundum rem quandoque non referatur.

Et sic etiam patet quod alio modo dicuntur de Deo praedictae relationes, et alia quae de Deo praedicantur. Nam omnia alia, ut sapientia, voluntas, eius essentiam praedicant: relationes vero praedictae minime, sed secundum modum intelligendi tantum. Nec tamen intellectus est falsus. Ex hoc enim ipso quod intellectus noster intelligit relationes divinorum effectuum terminari in ipsum Deum, aliqua praedicat relative de ipso: sicut et scibile relative intelligimus et significamus ex hoc quod scientia refertur ad ipsum.

[Capitulum XIV] Patet etiam ex his quod divinae simplicitati non derogat si multae relationes de ipso dicuntur, quamvis eius essentiam non significent: quia sequuntur intelligendi modum. Nihil enim prohibet intellectum nostrum intelligere multa, et multipliciter referri ad id quod est in se simplex, ut sic ipsum simplex sub multiplici relatione consideret. Et quanto aliquid est magis simplex, tanto est maioris virtutis et plurium principium, ac per hoc multiplicius relatum intelligitur: sicut punctum plurium est principium quam linea, et linea quam superficies.

alguma parte", do tempo, "alguma vez", e de alguma coisa que lhe é inerente, como da brancura o branco. Ora, na relação não se encontra algo que se denomine como existente externamente, mas inerente: não se denomina, com efeito, alguém de pai a não ser pela paternidade que lhe é inerente. Portanto, é impossível que relações, pelas quais Deus se refere às criaturas, sejam algumas coisas fora d'Ele.

Como, pois, foi mostrado[35] que não são n'Ele realmente, e entretanto se dizem d'Ele, resta que lhe sejam atribuídas somente segundo o modo da inteligência, pelo fato de que outras coisas são referidas a Ele. Com efeito, nosso intelecto, entendendo que uma coisa se refere a outra, coentende a relação dessa com aquela: embora segundo a coisa às vezes não se refira.

E assim também fica claro que as relações mencionadas se dizem de Deus, de modo diverso das outras que se predicam de Deus. Com efeito, todas, como sabedoria, vontade predicam de sua essência; mas as relações mencionadas, de modo nenhum, mas apenas segundo o modo de entender. Nem também o intelecto é falso. Pelo mesmo fato de que nosso intelecto entende que as relações dos efeitos divinos terminam no próprio Deus, predica algumas coisas relativamente a Ele, como também entendemos e significamos o conhecível relativamente, pelo fato de a ciência se referir a ele.

[Capítulo 14] Evidencia-se também disso que não se derroga a divina simplicidade se muitas relações se dizem de Deus, embora não signifiquem sua essência, pois seguem o modo de entender. Com efeito, nada impede que nosso intelecto entenda muitas coisas e de múltiplos modos se refira ao que é em si simples, como considere o mesmo simples sob múltipla relação. E quanto algo é mais simples, tanto mais é princípio de maior potência e de muitas relações, e por isso se entende de mais multiplamente o relacionado, como o ponto é princípio de muitas coisas mais do

35 Cf. capítulo anterior.

Hoc igitur ipsum quod multa relative de Deo dicuntur, eius summae simplicitati attestatur.

Capitulum XV
Quod Deus sit omnibus causa essendi

Quia vero ostensum est quod Deus est aliquibus essendi principium, oportet ulterius ostendere quod nihil praeter ipsum est nisi ab ipso.

Omne enim quod alicui convenit non secundum quod ipsum est, per aliquam causam convenit ei, sicut album homini: nam quod causam non habet, primum et immediatum est, unde necesse est ut sit per se et secundum quod ipsum. Impossibile est autem aliquod unum duobus convenire et utrique secundum quod ipsum.

Quod enim de aliquo secundum quod ipsum dicitur, ipsum non excedit: sicut habere tres angulos duobus rectis aequales non excedit triangulum. Si igitur aliquid duobus conveniat, non conveniet utrique secundum quod ipsum est. Impossibile est igitur aliquod unum de duobus praedicari ita quod de neutro per causam dicatur, sed oportet vel unum esse alterius causam, sicut ignis est causa caloris corpori mixto, cum tamen utrumque calidum dicatur; vel oportet quod aliquod tertium sit causa utrique, sicut duabus candelis ignis est causa lucendi.

Esse autem dicitur de omni eo quod est.

Impossibile est igitur esse aliqua duo quorum neutrum habeat causam essendi, sed oportet utrumque acceptorum esse per causam, vel alterum alteri esse causam essendi.

Oportet igitur quod ab illo cui nihil est causa essendi, sit omne illud quod quocumque modo est. Deum autem supra ostendimus huiusmodi ens esse cui nihil sit causa essendi. Ab eo igitur est omne quod quocumque modo est.

que a linha, e a linha mais do que a superfície. Portanto, o fato mesmo de que muitas coisas se dizem relativamente de Deus, atesta a suma simplicidade d'Ele.

Capítulo 15
Deus é a causa de ser para todas as coisas

Dado que foi mostrado[36] que Deus é princípio de ser para algumas coisas, é preciso ulteriormente mostrar que nada existe fora d'Ele, senão é por Ele.

Tudo o que convém a alguém não segundo o que ele é, convém-lhe por alguma causa, como o branco ao homem: com efeito, o que não tem causa, é primeiro e imediato; por isso é necessário que seja por si e segundo ele mesmo. É impossível, porém, que algo uno convenha a dois e a cada um segundo ele mesmo.

O que se diz, com efeito, de algo segundo ele mesmo, a si mesmo não excede, por exemplo ter três ângulos iguais a dois retos não excede o triângulo. Se, portanto, algo convém a dois, não convirá a um e outro segundo ele mesmo. É impossível, portanto, que uma coisa se predique de duas, de modo que nem de uma nem de outra se diga como causa, mas é necessário ou que uma seja a causa de outra, como o fogo é causa do calor a um corpo misto, uma vez que ambos se dizem quentes; ou é necessário que uma terceira seja causa de ambas, como o fogo é causa do luzir de duas velas.

Com efeito, ser se diz de tudo aquilo que é. Portanto, é impossível haver duas coisas, das quais nem uma nem outra tenha causa do ser, mas é necessário que ambas tenham causa, ou que uma seja causa do ser da outra.

É necessário, portanto, que tudo aquilo, que de certo modo é, proceda daquilo que não tem causa de ser. Mostramos[37], porém, que Deus é este ente, que não tem causa nenhuma de ser. Portanto, procede d'Ele tudo aquilo que de certo modo é.

36 Cf. cap. 6.
37 Livro I, cap. 13.

Si autem dicatur quod ens non est praedicatum univocum, nihil minus praedicta conclusio sequitur. Non enim de multis aequivoce dicitur, sed per analogiam: et sic oportet fieri reductionem in unum.

Amplius. Quod alicui convenit ex sua natura, non ex alia causa, minoratum in eo et deficiens esse non potest. Si enim naturae aliquid essentiale subtrahitur vel additur, iam altera natura erit: sicut et in numeris accidit, in quibus unitas addita vel subtracta speciem variat. Si autem, natura vel quidditate rei integra manente, aliquid minoratum inveniatur, iam patet quod illud non simpliciter dependet ex illa natura, sed ex aliquo alio, per cuius remotionem minoratur. Quod igitur alicui minus convenit quam aliis, non convenit ei ex sua natura tantum, sed ex alia causa.

Illud igitur erit causa omnium in aliquo genere cui maxime competit illius generis praedicatio: unde et quod maxime calidum est videmus esse causam caloris in omnibus calidis, et quod maxime lucidum causam omnium lucidorum. Deus autem est maxime ens, ut in primo libro ostensum est. Ipse igitur est causa omnium de quibus ens praedicatur.

Adhuc. Secundum ordinem effectuum oportet esse ordinem causarum: eo quod effectus causis suis proportionati sunt. Unde oportet quod, sicut effectus proprii reducuntur in causas proprias, ita id quod commune est in effectibus propriis, reducatur in aliquam causam communem: sicut supra particulares causas generationis huius vel illius est sol universalis causa generationis; et rex est universalis causa regiminis in regno, supra praepositos regni et etiam urbium singularium. Omnibus autem commune est esse. Oportet igitur quod supra omnes causas sit aliqua causa cuius sit dare esse. Prima autem causa Deus est, ut su-

Se, porém, se disser que o ente não é predicado unívoco, em nada diminui a conclusão acima dita. Com efeito, não se diz equivocamente de muitos, mas por analogia: e assim é necessário fazer-se a redução a um só.

Ademais. O que a outro convém por sua natureza e não por outra causa, não pode achar-se nele diminuído e deficiente. Se, com efeito, se subtrai algo de essencial à natureza ou se acrescenta, já será outra natureza: como sucede nos números, nos quais a unidade somada ou subtraída varia a espécie. Se, porém, permanecendo íntegra a natureza ou a quididade da coisa, achar-se nela algo de diminuído, é manifesto que aquela coisa não depende de modo absoluto daquela natureza, mas de alguma outra coisa, cuja remoção é causa da diminuição. O que, portanto, convém menos a alguma coisa que a outras, não lhe convém por sua natureza apenas, mas por outra causa.

Aquilo, portanto, será causa de todas as coisas em algum gênero ao qual maximamente compete a predicação desse gênero: donde, o que é maximamente quente vemos ser causa do calor em todas as coisas quentes, e o que é maximamente luminoso é causa de todas as luzes. Deus, porém, é ente ao máximo, como se mostrou no Livro Primeiro[38]. Portanto, Ele mesmo é causa de todas as coisas às quais o *ente* predica.

Ainda. Segundo a ordem dos efeitos é necessário que seja a ordem das causas, pois os efeitos são proporcionados às suas causas. Donde é necessário que, assim como os efeitos próprios se reduzem a causas próprias, assim o que é comum nos efeitos próprios se reduza a alguma causa comum; assim como o sol é causa universal da geração, superior às causas particulares da geração disto ou daquilo, e assim como o rei é causa universal do regime no reino, superior aos prepostos do reino e também das cidades singulares. A todas as coisas é comum o ser. É necessário, portanto, que sobre todas as causas esteja uma causa à qual

38 Livro I, cap. 13.

pra ostensum est. Oportet igitur omnia quae sunt a Deo esse.

Item. Quod per essentiam dicitur, est causa omnium quae per participationem dicuntur: sicut ignis est causa omnium ignitorum inquantum huiusmodi. Deus autem est ens per essentiam suam: quia est ipsum esse. Omne autem aliud ens est ens per participationem: quia ens quod sit suum esse non potest esse nisi unum ut in primo ostensum est. Deus igitur est causa essendi omnibus aliis.

Praeterea. Omne quod est possibile esse et non esse, habet causam aliquam: quia in se consideratum ad utrumlibet se habet; et sic oportet esse aliquod aliud quod ipsum ad unum determinet. Unde, cum in infinitum procedi non possit, oportet quod sit aliquid necessarium quod sit causa omnium possibilium esse et non esse. Necessarium autem quoddam est habens causam suae necessitatis: in quo etiam in infinitum procedi non potest; et sic est devenire ad aliquid quod est per se necesse-esse. Hoc autem non potest esse nisi unum, ut in primo libro ostensum est. Et hoc est Deus. Oportet igitur omne aliud ab ipso reduci in ipsum sicut in causam essendi.

Amplius. Deus secundum hoc factivus est rerum quod actu est, ut supra ostensum est. Ipse autem sua actualitate et perfectione omnes rerum perfectiones comprehendit, ut in primo probatum est: et sic est virtualiter omnia. Est igitur ipse omnium factivus. Hoc autem non esset si aliquid aliud esset natum esse non ab ipso: nihil enim natum est esse ab alio et non ab alio; quia, si natum est non ab alio esse, est per seipsum necesse-esse, quod numquam potest ab alio esse. Nihil igitur potest esse nisi a Deo.

pertença dar o ser. A causa primeira é Deus, como foi mostrado[39]. É necessário, pois, que todas as coisas que são, procedam de Deus.

Igualmente. O que se diz por essência, é causa de todas as coisas que se dizem por participação: como o fogo é causa de tudo o que é inflamado enquanto tal. Deus, porém é ente por sua essência, porque é o próprio ser. Todo outro ente é ente por participação, porque ente que é seu ser não pode ser senão único, como foi mostrado no Livro Primeiro[40]. Deus, portanto, é causa do ser para todas as outras coisas.

Além disso. Tudo o que é possível ser e não ser tem uma causa, porque considerado em si é indiferente a um e outro, e assim é necessário que haja alguma coisa que o determine a uma das possibilidades. Donde, uma vez que não se pode proceder ao infinito, é preciso que exista algo necessário que seja causa de todos os que podem ser ou não ser. Necessário é o que tem a causa de sua necessidade: nisso também não se pode proceder ao infinito; e assim se chega a algo que é necessariamente ser por si. Este não pode ser senão único, como foi mostrado no Livro Primeiro[41]. E este é Deus. Portanto, é preciso que tudo aquilo que procede d'Ele se reduza a Ele mesmo, como causa de ser.

Ademais. Deus entanto é produtor das coisas enquanto é em ato, como foi mostrado[42]. Ele, com efeito, compreende em sua atualidade e perfeição todas as perfeições das coisas, como foi provado no Livro Primeiro[43], e assim é virtualmente todas as coisas. É, portanto, produtor de todas as coisas. Ora, não seria tal, se houvesse alguma outra coisa determinada a ser não dependente d'Ele, pois nada se determina a ser dependente de outro e não dependente de outro, porque, se se determinou a ser não dependente de outro, é por si mesmo necessariamente ser, que jamais pode ser dependente de outro. Portanto, nada pode ser senão é por Deus.

39 Ibidem.
40 Livro I, cap. 42.
41 Ibidem.
42 Cf. cap. 7.
43 Livro I, cap. 28.

Item. Imperfecta a perfectis sumunt originem: ut semen ab animali. Deus autem est perfectissimum ens et summum bonum, ut in primo ostensum est. Ipse igitur est omnibus causa essendi: praecipue cum ostensum sit quod tale non possit esse nisi unum.

Igualmente. As coisas imperfeitas tomam origem das perfeitas, como o sêmen do animal. Ora, Deus é o ente perfeitíssimo e o sumo bem, como foi mostrado no Livro Primeiro[44]. Portanto, Ele é causa de ser para todas as coisas: de modo principal, como foi mostrado[45] que tal não pode ser senão único.

Hoc autem divina confirmat auctoritas. Dicitur enim in Psalmo: qui fecit caelum et terram, mare, et omnia quae in eis sunt. Et Ioan. 1,3: omnia per ipsum facta sunt, et sine ipso factum est nihil. Et Rom. 11,36: ex quo omnia, per quem omnia, et in quo omnia, ipsi gloria in saecula.

Ora, confirma isso a autoridade divina. Diz-se, com efeito, no Salmo: *Ele fez o céu, a terra, o mar, e todas as coisas que estão neles*[46]. E em João: *Todas as coisas foram feitas por ele, e sem ele nada foi feito*[47], e em Romanos: *Dele todas as coisas, por ele todas, e nele todas, a ele glória pelos séculos*[48].

Per hoc autem excluditur antiquorum naturalium error, qui ponebant corpora quaedam non habere causam essendi. Et etiam quorundam qui dicunt Deum non esse causam substantiae caeli, sed solum motus.

Por isso exclui-se o erro dos antigos filósofos naturalistas, que defendiam que alguns corpos não tinham causa de ser. E também de alguns que dizem que Deus não é causa da substância do céu, mas só do movimento.

Capitulum XVI
Quod Deus ex nihilo produxit res in esse

Ex hoc autem apparet quod Deus res in esse produxit ex nullo praeexistente sicut ex materia.

Si enim est aliquid effectus Dei, aut praeexistit aliquid illi, aut non. Si non, habetur propositum: scilicet quod Deus aliquem effectum producat ex nullo praeexistente. — Si autem aliquid illi praeexistit, aut est procedere in infinitum, quod non est possibile in causis naturalibus, ut Philosophus probat in II metaphysicae: aut erit devenire ad aliquod primum quod aliud non praesupponit. Quod quidem non potest esse nisi ipse Deus. Ostensum est enim in primo libro quod ipse non est materia alicuius rei: nec potest esse aliud a Deo cui Deus non sit causa essendi, ut osten-

Capítulo 16
Deus produziu do nada as coisas no ser

Disso é manifesto que Deus não produziu as coisas no ser a partir de algo preexistente, como da matéria.

Se, pois, há algum efeito de Deus, ou algo preexiste a ele, ou não. Se não, tem-se o proposto, ou seja, que Deus produz algum efeito sem nada preexistente. — Mas se algo preexiste, ou é proceder ao infinito, o que não é possível nas causas naturais, como prova o Filósofo[49]; ou será chegar a algo primeiro que outra coisa não pressupõe. O que não pode ser senão Deus. Mostrou-se, com efeito, no Livro Primeiro[50] que Ele não é matéria de coisa nenhuma, nem pode ser algo diverso de Deus, ao qual Deus não seja causa de ser, como foi mostrado[51]. Resta, portanto, que Deus não re-

44 Livro I, caps. 28 e 42.
45 Livro I, cap. 42.
46 Salmo 145,6.
47 João 1,3.
48 Romanos 11,36.
49 Aristóteles (384-322 a.C.), em *Metafísica* II, 994a, 1-22.
50 Livro I, cap. 17.
51 Cf. capítulo anterior.

sum est. Relinquitur igitur quod Deus in productione sui effectus non requirit materiam praeiacentem ex qua operetur.

Adhuc. Unaquaeque materia per formam superinductam contrahitur ad aliquam speciem. Operari ergo ex materia praeiacente superinducendo formam quocumque modo, est agentis ad aliquam determinatam speciem. Tale autem agens est agens particulare: causae enim causatis proportionales sunt. Agens igitur quod requirit ex necessitate materiam praeiacentem ex qua operetur, est agens particulare. Deus autem est agens sicut causa universalis essendi, ut supra ostensum est. Igitur ipse in sua actione materiam praeiacentem non requirit.

Item. Quanto aliquis effectus est universalior, tanto habet propriam causam altiorem: quia quanto causa est altior, tanto ad plura virtus eius extenditur. Esse autem est universalius quam moveri: sunt enim quaedam entium immobilia, ut etiam Philosophi tradunt, ut lapides et huiusmodi. Oportet ergo quod supra causam quae non agit nisi movendo et transmutando, sit illa causa quae est primum essendi principium. Hoc autem ostendimus esse Deum. Deus igitur non agit tantum movendo et transmutando. Omne autem quod non potest producere res in esse nisi ex materia praeiacente, agit solum movendo et transmutando: facere enim aliquid ex materia est per motum vel mutationem quandam. Non ergo impossibile est producere res in esse sine materia praeiacente.

Praeterea. Quod agit tantum per motum et mutationem non competit universali causae eius quod est esse: non enim per motum et mutationem fit ens ex non ente simpliciter, sed ens hoc ex non ente hoc. Deus autem est universale essendi principium, ut ostensum est. Non igitur sibi competit agere tantum per motum aut per mutationem. Neque igitur sibi competit indigere praeiacenti materia ad aliquid faciendum.

quer matéria preexistente com a qual opere na produção de seu efeito.

Ainda. Cada matéria é contraída a alguma espécie pela forma sobrevinda. Produzir, pois, de matéria preexistente sobrevindo de algum modo a forma, é próprio do agente para alguma determinada espécie. Esse agente, porém, é agente particular: as causas são proporcionais aos efeitos. O agente, pois, que necessariamente requer a matéria preexistente da qual opere, é agente particular. Ora, Deus é agente como causa universal do ser, como foi mostrado[52]. Logo, não requer em sua ação matéria preexistente.

Igualmente. Quanto mais universal é o efeito, tanto mais alta tem sua própria causa, porque quanto mais alta é a causa, tanto a mais coisas se estende sua potência. Ser, porém, é mais universal do que mover-se: existem, com efeito, alguns entes imóveis, como também os Filósofos ensinam, como as pedras e semelhantes. É necessário, portanto, que sobre a causa que não age a não ser movendo e transmudando, exista outra causa que é o primeiro princípio do ser. Mostramos que esse é Deus. Deus, pois, não age só movendo e transmudando. Todo aquele que não pode produzir as coisas no ser senão de matéria preexistente, só age movendo e transmudando: com efeito, fazer algo da matéria é por movimento ou alguma mutação. Não é, portanto, impossível produzir as coisas no ser sem a matéria preexistente.

Além disso. Agir só pelo movimento e mutação não compete à causa universal do que é, pois não se faz o ente do não ente absoluto por movimento e mutação, mas tal ente de tal não ente. Ora, Deus é princípio universal do ser, como foi mostrado[53]. Portanto, não lhe compete agir somente por movimento ou por mutação. Nem, portanto, lhe compete precisar de matéria preexistente para fazer algo.

52 Ibidem.
53 Cf. cap. 15.

Amplius. Unumquodque agens sibi simile agit, quoquo modo. Agit autem unumquodque agens secundum quod actu est. Illius igitur agentis erit producere effectum causando aliquo modo formam materiae inhaerentem quod est actu per formam sibi inhaerentem, et non per totam substantiam suam: unde Philosophus, in VII metaph., probat quod res materiales, habentes formas in materiis, generantur a materialibus agentibus habentibus formas in materia, non a formis per se existentibus. Deus autem non est ens actu per aliquid sibi inhaerens, sed per totam suam substantiam, ut supra probatum est. Igitur proprius modus suae actionis est ut producat rem subsistentem totam, non solum rem inhaerentem, scilicet formam in materia. Per hunc autem modum agit omne agens quod materiam in agendo non requirit. Deus igitur materiam praeiacentem non requirit in sua actione.

Item. Materia comparatur ad agens sicut recipiens actionem quae ab ipso est: actus enim qui est agentis ut a quo, est patientis ut in quo. Igitur requiritur materia ab aliquo agente ut recipiat actionem ipsius: ipsa enim actio agentis in patiente recepta est actus patientis et forma, aut aliqua inchoatio formae, in ipso. Deus autem non agit actione aliqua quam necesse sit in aliquo patiente recipi: quia sua actio est sua substantia, ut supra probatum est. Non igitur ad producendum effectum requirit materiam praeiacentem.

Praeterea. Omne agens quod in agendo requirit materiam praeiacentem, habet materiam proportionatam suae actioni, ut quicquid est in virtute agentis, totum sit in potentia materiae: alias non posset in actum producere quicquid est in sua virtute activa, et sic frustra haberet virtutem ad illa. Materia autem non habet talem proportionem ad Deum. Non

Ademais. *Todo agente produz, de algum modo, o que é semelhante a si*[54]. Ora, todo agente produz segundo está em ato. A esse agente caberá produzir o efeito, causando de algum modo a forma inerente à matéria, que está em ato pela forma em si inerente, e não por toda a sua substância; por isso, o Filósofo[55] prova que as coisas materiais que têm formas nas matérias são geradas por agentes materiais que têm suas formas na matéria, não pelas formas existentes por si. Ora, Deus não é ente em ato por algo inerente em si, mas por toda a sua substância, como foi provado[56] Logo, o modo próprio de sua ação é que produza toda a coisa subsistente e não só a coisa inerente, a saber a forma na matéria. Por esse modo age todo agente que não requer a matéria no agir. Deus, portanto, não requer matéria preexistente em sua ação.

Igualmente. Compara-se a matéria ao agente como o que recebe a ação que é dele: o ato, com efeito, que é próprio do agente, como princípio *a quo*, é do paciente como sujeito *in quo*. Logo, a matéria é requerida por um agente para que dele receba a ação: a mesma ação do agente recebida no paciente é ato do paciente e forma, ou um começo da forma, nele. Deus, porém, não age por uma ação que deva ser recebida em um paciente, porque sua ação é sua substância, como foi provado[57]. Portanto, não requer matéria preexistente para produzir o efeito.

Além disso. Todo agente que no agir requer matéria preexistente, tem a matéria proporcionada à sua ação, de modo que qualquer coisa que esteja na potência do agente, toda está na potência da matéria; do contrário, não poderia em ato produzir o que quer que fosse em sua potência ativa, e assim em vão teria potência para essas coisas. A matéria, porém,

54 Este princípio é um dos princípios fundamentais do pensamento metafísico medieval. Entretanto, sua justificação é muito raramente explicitada. Cita-se Aristóteles que, quando trata da causalidade unívoca, escreve o seu célebre aforismo: "Um homem gera um homem com a ajuda do sol".

55 Aristóteles (384-322 a.C.), em *Metafísica* VII, 8, 1033, 19-29.

56 Livro I, caps. 22 e 23.

57 Caps 8-9.

enim in materia est potentia ad quantitatem quamcumque, ut patet per Philosophum, in III physicorum: cum tamen divina potentia sit simpliciter infinita, ut in primo ostensum est. Deus igitur non requirit materiam praeiacentem ex qua de necessitate agat.

Adhuc. Diversarum rerum diversae sunt materiae: non enim est eadem materia spiritualium et corporalium, nec corporum caelestium et corruptibilium. Quod quidem ex hoc patet quod recipere, quod est proprietas materiae, non eiusdem rationis est in praedictis: nam receptio quae est in spiritualibus est intelligibilis, sicut intellectus recipit species intelligibilium non secundum esse materiale; corpora vero caelestia recipiunt innovationem situs, non autem innovationem essendi, sicut corpora inferiora. Non est igitur una materia quae sit in potentia ad esse universale. Ipse autem Deus est totius esse activus universaliter. Ipsi igitur nulla materia proportionaliter respondet. Non igitur materiam ex necessitate requirit.

Amplius. Quorumcumque in rerum natura est aliqua proportio et aliquis ordo, oportet unum eorum esse ab alio, vel ambo ab aliquo uno: oportet enim ordinem in uno constitui respondendo ad aliud; alias ordo vel proportio esset a casu, quem in primis rerum principiis ponere est impossibile, quia sequeretur magis omnia alia esse a casu. Si igitur sit aliqua materia divinae actioni proportionata, oportet vel quod alterum sit ab altero, vel utrumque a tertio. Sed cum Deus sit primum ens et prima causa, nec potest esse ab aliqua tertia causa. Relinquitur igitur, si invenitur aliqua materia proportionata divinae actioni, quod illius ipse sit causa.

não tem tal proporção em relação a Deus. Não existe na matéria a potência para alguma quantidade, como é manifesto pelo Filósofo[58]: pois a potência divina é em absoluto infinita, como foi mostrado no Livro Primeiro[59]. Deus, portanto, não requer matéria preexistente da qual produza por necessidade.

Ainda. De coisas diversas são diversas as matérias, pois não é a mesma a matéria das coisas espirituais e a das corporais, nem dos corpos celestes e dos corruptíveis. O que se evidencia porque o receber, que é propriedade da matéria, não é da mesma razão nas coisas acima ditas; com efeito, a recepção que há nas coisas espirituais é inteligível, como o intelecto recebe as espécies dos inteligíveis não segundo o ser material; os corpos celestes, porém, recebem a inovação do lugar, não a inovação do ser, como os corpos inferiores. Portanto, não há uma matéria que esteja em potência para o ser universal. O próprio Deus, porém, é causa de todo ser, universalmente. A Ele, pois, nenhuma matéria corresponde proporcionalmente. Logo, não requer a matéria por necessidade.

Ademais. Quando na natureza há uma proporção e uma ordem nas coisas, é necessário que uma delas dependa da outra ou que ambas dependam de alguma outra; com efeito, é necessário que a ordem em uma seja constituída correspondendo à outra; do contrário, a ordem ou proporção seria por acaso, o que é impossível afirmar nos primeiros princípios das coisas, porque seguir-se-ia que todas as coisas seriam mais ainda por acaso. Se, portanto, há uma matéria proporcionada à ação divina, é necessário ou que uma dependa da outra, ou ambas de uma terceira. Ora, como Deus é o primeiro ente e a primeira causa, não pode ser dependente de uma terceira causa. Resta, portanto, se houver uma matéria proporcionada à ação divina, que Ele próprio seja a causa dela.

---

[58] Aristóteles (384-322 a.C.), em Física III, 6, 206b,20-27.
[59] Livro I, cap. 43.

Adhuc. Quod est in entibus primum, oportet esse causam eorum quae sunt: si enim non essent causata, non essent ab ipso ordinata, ut iam ostensum est.

Inter actum autem et potentiam talis est ordo quod, licet in uno et eodem quod quandoque est potentia quandoque actu, potentia sit prior tempore quam actus, licet actus sit prior natura; tamen simpliciter loquendo, oportet actum potentia priorem esse, quod patet ex hoc, quod potentia non reducitur in actum nisi per ens actu. Sed materia est ens in potentia. Ergo oportet quod Deus, qui est actus purus, sit simpliciter ea prior: et per consequens causa ipsius. Non ergo suae actioni praesupponitur materia ex necessitate.

Item. Materia prima aliquo modo est: quia est ens in potentia. Deus autem est causa omnium quae sunt, ut supra ostensum est. Deus igitur est causa materiae primae. Cui nulla praeexistit. Divina igitur actio naturam praeexistentem non requirit.

Hanc autem veritatem divina Scriptura confirmat, dicens, Gen. 1,1: in principio creavit Deus caelum et terram. Nihil enim est aliud creare quam absque materia praeiacenti aliquid in esse producere. Ex hoc autem confutatur error antiquorum Philosophorum qui ponebant materiae omnino nullam causam esse, eo quod actionibus particularium agentium semper videbant aliquid actioni praeiacere: ex quo opinionem sumpserunt, omnibus communem, quod ex nihilo nihil fit. Quod quidem in particularibus agentibus verum est. Ad universalis autem agentis, quod est totius esse activum, cognitionem nondum pervenerant, quem nihil in sua actione praesupponere necesse est.

Ainda. É necessário que o que é primeiro entre os entes seja a causa dos que são: com efeito, se não fossem causados, não seriam ordenados por ele, como já foi mostrado[60]. Ora, entre o ato e a potência a ordem é tal que, mesmo que em um e o mesmo às vezes esteja em potência, às vezes em ato, a potência é anterior no tempo ao ato, embora o ato seja anterior por natureza; entretanto, falando em absoluto, é necessário que o ato seja anterior à potência, o que é claro pelo fato de que a potência não se reduz ao ato a não ser por um ente em ato. Ora, a matéria é ente em potência. Logo, é necessário que Deus, que é ato puro, seja em absoluto anterior a ela: e, por conseguinte, sua causa. Portanto, para sua ação não se pressupõe a matéria por necessidade.

Igualmente. A matéria-prima de certo modo é, porque é ente em potência. Deus, porém, é causa de todas as coisas que são, como foi mostrado[61]. Deus, portanto, é causa da matéria primeira. A Ele nenhuma preexiste. Logo, a ação divina não requer uma natureza preexistente.

Esta verdade a Escritura divina confirma, dizendo em Gênesis[62]: *No princípio criou Deus o céu e a terra.* E criar não é outro ato que produzir alguma coisa no ser sem matéria preexistente.

Por isso se refuta o erro dos antigos Filósofos que sustentavam que não havia em absoluto nenhuma causa da matéria, pelo fato de que sempre viam nas ações dos agentes particulares preexistir alguma coisa à ação: disso tomaram a opinião, comum a todos, que do nada nada se faz. Isso é verdadeiro nos agentes particulares. Não haviam ainda chegado ao conhecimento do agente universal, que é causa de todo o ser, e para o qual nada é necessário pressupor em sua ação.

60 Livro I, cap. 13.
61 Cf. capítulo anterior.
62 Gênesis 1,1.

Capitulum XVII

Quod creatio non est motus neque mutatio

Hoc autem ostenso, manifestum est quod Dei actio, quae est absque materia praeiacente et creatio vocatur, non sit motus neque mutatio, proprie loquendo.

Motus enim omnis vel mutatio est actus existentis in potentia secundum quod huiusmodi. In hac autem actione non praeexistit aliquid in potentia quod suscipiat actionem, ut iam ostensum est. Igitur non est motus neque mutatio.

Item. Extrema motus vel mutationis cadunt in eundem ordinem: vel quia sunt sub uno genere, sicut contraria, ut patet in motu augmenti et alterationis et secundum locum lationis; vel quia communicant in una potentia materiae, ut privatio et forma in generatione et corruptione. Neutrum autem potest dici in creatione: potentia enim ibi non est, nec aliquid eiusdem generis quod praesupponatur creationi, ut probatum est. Igitur non est ibi neque motus neque mutatio.

Praeterea. In omni mutatione vel motu oportet esse aliquid aliter se habens nunc et prius: hoc enim ipsum nomen mutationis ostendit. Ubi autem tota substantia rei in esse producitur, non potest esse aliquod idem aliter et aliter se habens: quia illud esset non productum, sed productioni praesuppositum. Non est ergo creatio mutatio.

Adhuc. Oportet quod motus vel mutatio duratione praecedat id quod fit per mutationem vel motum: quia factum esse est principium quietis et terminus motus. Unde oportet omnem mutationem esse motum vel terminum motus, qui est successivus. Et propter hoc, quod fit non est: quia, quandiu durat motus, aliquid fit et non est; in ipso autem termino motus, in quo incipit quies, iam non fit aliquid, sed factum est. In creatione autem non potest hoc esse: quia, si ipsa creatio prae-

Capítulo 17

A criação não é movimento nem mutação

Mostrado isso, é manifesto que a ação de Deus, que é sem matéria preexistente e se chama criação, não é movimento nem mutação propriamente falando.

Com efeito, todo movimento ou mutação é ato do existente em potência enquanto tal. Nessa ação, porém, não preexiste alguma coisa em potência que receba a ação, como já foi mostrado[63]. Logo, não é movimento nem mutação.

Igualmente. Os extremos do movimento ou da mutação caem na mesma ordem: ou porque estão sob um único gênero, como os contrários, como é evidente no movimento de aumento e alteração e de deslocamento, ou porque coincidem em uma única potência da matéria, como a privação e a forma na geração e na corrupção. Nem um nem outro se podem afirmar na criação: a potência, com efeito, aí não está, nem algo do mesmo gênero, que se pressuponha à criação, como foi provado. Logo, não existe aí nem movimento nem criação.

Além disso. Em toda mutação ou movimento é necessário que haja uma coisa que se tenha diferentemente agora e antes: isso mesmo mostra o nome de mutação. Onde, contudo, se produz no ser toda a substância da coisa, não pode haver uma mesma coisa que se tenha de diversa maneira: porque ela não seria produzida, mas pressuposta à produção. Logo, a criação não é mutação.

Ainda. É necessário que o movimento ou a mutação preceda na duração aquilo que se faz por mutação ou movimento: ser feito é princípio do repouso e termo do movimento. Por isso, é necessário que toda mutação seja movimento ou termo do movimento, que é sucessivo. E, por causa disso, o que se faz não é: porque, enquanto dura o movimento, alguma coisa está-se fazendo e não é; mas, no próprio termo do movimento, em que começa o repouso, já não se está fazendo a coisa, mas foi

63 Cf. cap. 16.

cederet ut motus vel mutatio, oporteret sibi praestitui aliquod subiectum; quod est contra rationem creationis. Creatio igitur non est motus neque mutatio.

feita. Na criação, porém, isso não pode dar-se, porque, se a mesma criação precedesse como movimento ou mutação, seria necessário que a ela preexistisse um sujeito; o que é contra a razão de criação. A criação, portanto, não é movimento nem mutação.

Capitulum XVIII

Quomodo solvantur ea quae contra creationem obiiciuntur

Ex hoc autem apparet vanitas impugnantium creationem per rationes sumptas ex natura motus vel mutationis: utpote quod oportet creationem, sicut ceteros motus vel mutationes, esse in aliquo subiecto; et quod oportet non esse transmutari in esse, sicut ignis transmutatur in aerem.

Non enim est creatio mutatio, sed ipsa dependentia esse creati ad principium a quo statuitur. Et sic est de genere relationis. Unde nihil prohibet eam in creato esse sicut in subiecto.

Videtur tamen creatio esse mutatio quaedam secundum modum intelligendi tantum: inquantum scilicet intellectus noster accipit unam et eandem rem ut non existentem prius, et postea existentem.

Apparet autem, si creatio relatio quaedam est, quod res quaedam est: et neque increata est; neque alia relatione creata. Cum enim effectus creatus realiter dependeat a creante, oportet huiusmodi relationem esse rem quandam. Omnis autem res a Deo in esse producitur. Est igitur in esse a Deo producta. Non tamen alia creatione creata, quam ipsa creatura prima quae per eam creata dicitur. Quia accidentia et formae, sicut per se non sunt, ita nec per se creantur, cum creatio sit productio entis: sed, sicut in alio sunt, ita aliis creatis creantur.

Praeterea. Relatio non refertur per aliam relationem, quia sic esset abire in infinitum: sed per seipsam refertur, quia essentialiter relatio est. Non igitur alia creatione opus est, qua ipsa creatio creetur, et sic in infinitum procedatur.

Capítulo 18

Como se resolve o que se objeta contra a criação

Disso manifesta-se a vacuidade dos que impugnam a criação por razões tomadas da natureza do movimento ou da mutação, como, por exemplo, que é necessário que a criação, como outros movimentos ou mutações, seja em algum sujeito, ou que o não ser se transmude em ser, como o fogo é transmudado em ar.

A criação, com efeito, não é mutação, mas a própria dependência do ser criado com relação ao princípio pelo qual é originado. E assim é do gênero da relação. Por isso, nada impede que ela esteja no criado, como num sujeito.

Vê-se, não obstante, que a criação é certa mutação apenas segundo o modo de entender, a saber, enquanto nosso intelecto concebe uma e a mesma coisa como não existindo antes, e depois existente.

Manifesta-se, contudo, que se a criação é certa relação, que ela é alguma coisa: e não é incriada; nem criada por outra relação. Como, então, o efeito criado realmente depende do criador, é necessário que semelhante relação seja alguma coisa. Toda coisa é produzida por Deus no ser. Ela é, portanto, produzida no ser por Deus. Não, porém, criada por criação diferente daquela pela qual foi criada a primeira criatura, que por ela se diz criada. Porque os acidentes e as formas, como não são por si, assim não são criados por si, pois a criação é produção do ente, mas, como são em outro, assim são criados em outros criados.

Além disso. Uma relação não se refere por outra relação, porque assim seria ir ao infinito: mas refere-se por si mesma, pois é essencialmente relação. Portanto, não se tem necessidade de outra criação, pela qual a própria criação é criada, e assim se proceda ao infinito.

Capitulum XIX

Quod in creatione non sit successio

Apparet etiam ex praedictis quod omnis creatio absque successione est.

Nam successio propria est motui. Creatio autem non est motus; nec terminus motus, sicut mutatio. Igitur nulla est in ipsa successio.

Item. In omni motu successivo est aliquid medium inter eius extrema: quia medium est ad quod continue motum primo venit quam ad ultimum. Inter esse autem et non esse, quae sunt quasi extrema creationis, non potest esse aliquid medium. Igitur non est ibi aliqua successio.

Adhuc. In omni factione in qua est successio, fieri est ante factum esse: ut probatur in VI physicorum. Hoc autem in creatione non potest accidere. Quia fieri quod praecederet factum esse creaturae, indigeret aliquo subiecto. Quod non posset esse ipsa creatura de cuius creatione loquimur, quia illa non est ante factum esse: nec etiam in factore, non enim moveri est actus moventis, sed moti. Relinqueretur igitur quod fieri haberet pro subiecto aliquam materiam facti praeexistentem. Quod est contra creationis rationem. Impossibile est igitur in creatione successionem esse.

Amplius. Omnem factionem successivam in tempore oportet esse: prius enim et posterius in motu numerantur tempore.

Simul autem dividitur tempus, et motus, et id super quod transit motus. Quod quidem in motu locali manifestum est: nam in medietate temporis regulariter motum pertransit medium magnitudinis. Divisio autem in formis respondens divisioni temporis attenditur secundum intensionem et remissionem: ut, si aliquid in tanto tempore tantum calefit, in minori minus. Secundum hoc igitur potest esse successio in motu, vel quacumque factione, quod id secundum quod est motus, est divisibile: vel secundum quantitatem, sicut in motu locali et in augmento; vel se-

Capítulo 19

Na criação não há sucessão

Manifesta-se do que foi dito que toda criação é sem sucessão.

A sucessão, com efeito, é própria ao movimento. Já a criação não é movimento, nem termo do movimento, como a mutação. Portanto, não há nela nenhuma sucessão.

Igualmente. Em todo movimento sucessivo há um meio entre seus extremos, porque o meio é aquilo para o qual sem interrupção o movimento primeiro vem antes do último. Entre ser e não ser, que são como que os extremos da criação, não pode haver um meio. Portanto, não há aí sucessão nenhuma.

Ainda. Em toda produção em que há sucessão, o fazer-se é antes do estar feito, como se prova no livro da *Física*[64]. Isso, porém, não pode acontecer na criação. Porque o estar fazendo-se, que precederia o estar feito da criatura, precisaria de um sujeito. Esse não poderia ser a mesma criatura, de cuja criação falamos, porque ela não é antes de estar feita, nem também em quem faz, pois o mover-se não é ato do movente, mas do movido. Restaria, portanto, que o fazer-se tivesse como sujeito alguma matéria preexistente ao efeito. Isso é contra a razão de criação. É, pois, impossível que haja sucessão na criação.

Ademais. É necessário que toda produção seja sucessiva no tempo, pois no movimento o anterior e o posterior são numerados pelo tempo. Simultaneamente, com efeito, divide-se o tempo, o movimento e aquilo sobre o qual passa o movimento. Isso é manifesto no movimento local, pois na metade do tempo regularmente o movimento percorre a metade da extensão. A divisão em formas, porém, correspondendo à divisão do tempo, é considerada segundo a intensidade e a diminuição, de modo que, se alguma coisa se aquece em tanto tempo, em menos tempo, menos. De acordo com isso, pode, pois, haver sucessão no movimento, ou em qualquer produção, enquanto aquilo de acordo com o qual é o movi-

64 Aristóteles (384-322 a.C.), em *Física* VI, 6, 237b.

cundum intensionem et remissionem, sicut in alteratione.

Hoc autem secundum contingit dupliciter: uno modo, quia ipsa forma quae est terminus motus, est divisibilis secundum intensionem et remissionem, sicut patet cum aliquid movetur ad albedinem; alio modo, quia talis divisio contingit in dispositionibus ad talem formam, sicut fieri ignis successivum est propter alterationem praecedentem circa dispositiones ad formam. Ipsum autem esse substantiale creaturae non est divisibile modo praedicto: quia substantia non suscipit magis et minus. Nec in creatione praecedunt dispositiones, materia non praeexistente: nam dispositio ex parte materiae est. Relinquitur igitur quod in creatione non possit esse aliqua successio.

Praeterea. Successio in rerum factionibus ex defectu materiae provenit, quae non convenienter est a principio ad receptionem formae disposita: unde, quando materia iam perfecte disposita est ad formam, eam recipit in instanti. Et inde est quod, quia diaphanum semper est in ultima dispositione ad lucem, statim ad praesentiam lucidi in actu illuminatur; nec aliquis motus praecedit ex parte illuminabilis, sed solum motus localis ex parte illuminantis, per quem fit praesens.

In creatione autem nihil praeexigitur ex parte materiae: nec aliquid deest agenti ad agendum quod postea per motum ei adveniat, cum sit immobilis, ut in primo huius operis ostensum est. Relinquitur igitur quod creatio sit in instanti. Unde simul aliquid, dum creatur, creatum est: sicut simul illuminatur et illuminatum est.

Et inde est quod Scriptura divina creationem rerum in indivisibili factam pronunciat, dicens: in principio creavit Deus caelum et ter-

mento, é divisível: ou segundo a quantidade, como no movimento local, e no aumento; ou segundo a intensidade e a diminuição, como na alteração.

Esse segundo movimento pode dar-se de duas maneiras: — de uma, porque a própria forma, que é termo do movimento, é divisível segundo a intensidade e a diminuição, como é manifesto quando alguma coisa se move para a brancura; — de outra, porque essa divisão acontece nas disposições para tal forma, como o estar-se fazendo do fogo é sucessivo por causa da alteração precedente acerca das disposições para a forma. Entretanto, o próprio ser substancial da criatura não é divisível pela maneira acima dita, porque a substância não recebe mais ou menos. Nem as disposições precedem na criatura, não preexistindo a matéria, pois a disposição é da parte da matéria. Resta, portanto, que na criação não pode haver sucessão nenhuma.

Além disso. A sucessão nas produções das coisas provém de defeito da matéria, que não está desde o princípio convenientemente disposta para a recepção da forma; por isso, quando a matéria já está perfeitamente disposta para a forma, recebe-a imediatamente. E daí é que, como o diáfano sempre está na última disposição para a luz, imediatamente é iluminado pela presença da luz em ato; nem movimento nenhum precede da parte do iluminável, mas apenas o movimento local da parte do iluminante, pelo qual se faz presente.

Na criação, porém, nada é exigido antes, da parte da matéria, nem falta coisa nenhuma ao agente para agir que depois lhe advenha pelo movimento, uma vez que é imóvel, como no primeiro capítulo desta obra foi mostrado[65]. Resta, portanto, que a criação é instantânea. Por isso, simultaneamente a coisa, enquanto é criada, foi criada, como simultaneamente ilumina-se e foi iluminado.

E daí é que a divina Escritura declara que a criação das coisas foi feita no momento indivisível, dizendo: *no princípio criou Deus o*

65 Cf. cap. 13.

ram; quod quidem principium basilius principium temporis exponit; quod oportet esse indivisibile, ut in VI physicorum probatur.

céu e a terra[66]; Basílio expõe o que é princípio como princípio do tempo[67]; o que é necessário ser indivisível, como se prova no livro da *Física*[68].

Capitulum XX

Quod nullum corpus potest creare

Ex hoc autem evidenter apparet quod nullum corpus potest aliquid per modum creationis producere.

Nullum enim corpus agit nisi moveatur: eo quod oporteat agens et patiens esse simul, vel faciens et factum; simul autem sunt quae in eodem loco sunt, ut habetur in V phys.; locum autem non acquirit corpus nisi per motum. Nullum autem corpus movetur nisi in tempore. Quicquid igitur fit per actionem corporis, fit successive. Creatio autem, ut ostensum est non habet successionem. Nihil igitur potest a corpore quocumque per modum creationis produci.

Praeterea. Omne agens quod agit inquantum movetur, de necessitate movet illud in quod agit: factum enim et passum consequitur dispositionem facientis et agentis, eo quod omne agens agit sibi simile, unde, si agens, non in eadem dispositione se habens, agit inquantum per motum variatur, oportet quod etiam in patiente et facto quaedam renovatio dispositionum fiat, quod sine motu esse non potest. Omne autem corpus non movet nisi motum, ut probatum est. Nihil igitur fit a corporis actione nisi per motum vel mutationem facti. Creatio autem non est mutatio nec motus, ut ostensum est. Igitur nullum corpus potest aliquid causare creando.

Capítulo 20

Nenhum corpo pode criar

Disso aparece evidentemente que nenhum corpo pode produzir algo pelo modo de criação.

Com efeito, nenhum corpo age se não é movido, uma vez que é necessário que agente e paciente existam simultaneamente, ou o que produz e o produzido; ora, *são simultâneas aquelas coisas que estão no mesmo lugar,* como se tem no livro da Física[69]; mas o corpo não adquire lugar senão pelo movimento. E nenhum corpo se move senão no tempo. Portanto, tudo aquilo que é feito por ação do corpo, é feito sucessivamente. A criação, porém, como foi mostrado[70], não tem sucessão. Nada, portanto, pode ser produzido por qualquer corpo pelo modo de criação.

Além disso. Todo agente que age enquanto se move, necessariamente move aquilo em que age: pois o ser feito e o ser paciente seguem a disposição do que faz e do agente, porque *Todo agente produz, de algum modo, o que é semelhante a si*; donde, se o agente, não estando na mesma disposição, age enquanto muda pelo movimento, é necessário que também se faça uma renovação das disposições no paciente e no que é feito, o que não pode ser sem o movimento. Ora, todo corpo não move a não ser movido, como foi provado[71]. Nada, portanto, se faz pela ação do corpo a não ser pelo movimento ou pela mutação do que é feito. A criação, porém, não é mutação nem movimento, como foi mostrado[72]. Portanto, nenhum corpo pode causar alguma coisa criando.

66 Gênesis 1,1.
67 São Basílio (319-379), em *Hora dos Seis Dias*, Homilia I.
68 Aristóteles (384-322 a.C.), em *Física* VI, 3, 233b.
69 Aristóteles (384-322 a.C.), em *Física* VI, 3, 226b, 21-22.
70 Cf. capítulo anterior.
71 Livro I, cap. 13.
72 Cf. cap. 17.

Item. Cum agens et factum oporteat sibi esse similia, non potest esse productivum totius substantiae facti quod non tota sua substantia agit: sicut e converso probat Philosophus, in VII metaph., quod forma sine materia, quae tota se agit, non potest esse causa proxima generationis, secundum quam sola forma in actum educitur. Nullum autem corpus tota sua substantia agit, etsi totum agat: quia, cum omne agens agat per formam qua actu est, illud solum per totam suam substantiam agere poterit cuius est tota substantia forma; quod de nullo corpore potest dici, cum omne corpus habeat materiam, eo quod omne corpus est mutabile. Ergo nullum corpus potest aliquid producere secundum totam eius substantiam: quod est de ratione creationis.

Igualmente. Como é necessário que o movente e o efeito sejam semelhantes entre si, aquilo que não age com toda a sua substância não pode ser produtor de toda a substância do efeito, assim como, ao contrário, prova o Filósofo[73] que a forma sem a matéria, que age com todo o seu ser, não pode ser causa próxima da geração, na qual só a forma é posta em ato. Nenhum corpo, porém, age com toda a sua substância, mesmo que aja todo, porque, como todo agente age pela forma na qual está em ato, só poderia agir com toda a sua substância aquilo do qual a forma é toda a substância, o que não pode ser afirmado de nenhum corpo, pois todo corpo tem matéria, e todo corpo é mutável. Logo, nenhum corpo pode produzir uma coisa segundo toda a sua substância, o que é próprio da razão da criação.

Amplius. Creare non est nisi potentiae infinitae. Tanto enim est maioris potentiae agens aliquod, quanto potentiam magis ab actu distantem in actum reducere potest: ut quod potest ex aqua ignem facere, quam quod ex aere. Unde, ubi omnino potentia praeexistens subtrahitur, exceditur omnis determinatae distantiae proportio, et sic necesse est potentiam agentis quae aliquid instituit nulla potentia praeexistente, excedere omnem proportionem quae posset considerari ad potentiam agentis aliquid ex materia facientis. Nulla autem potentia corporis est infinita: ut probatur a Philosopho in VIII physicorum. Nullum igitur corpus potest aliquid creare, quod est ex nihilo aliquid facere.

Ademais. Criar não é próprio senão da potência infinita. Com efeito, tanto maior é a potência do que faz algo, quanto pode reduzir a ato a potência mais distante do ato, como o que pode da água fazer fogo, mais do que o que o faz do ar. Daí que, onde a potência preexistente é totalmente subtraída, excede-se toda proporção de determinada distância, e assim é necessário que a potência do agente, que produz alguma coisa sem nenhuma potência preexistente, exceda toda proporção que pode ser considerada em relação à potência do agente que produz alguma coisa da matéria. Nenhuma potência do corpo, porém, é infinita, como está provado pelo Filósofo[74]. Portanto, nenhum corpo pode criar alguma coisa, o que é fazer algo do nada.

Adhuc. Movens et motum, faciens et factum, oportet simul esse: ut probatur in VII physicorum. Corpus autem agens non potest adesse suo effectui nisi per contactum, quo tangentium ultima fiunt simul. Unde impossibile est aliquod corpus agere nisi tangendo. Tactus autem alicuius ad alterum est. Et sic, ubi non est aliquid praeexistens praeter

Ainda. É necessário que movente e movido, produtor e produzido, existam simultaneamente como se prova no livro da *Física*[75]. O corpo agente, contudo, não pode estar presente a seu efeito a não ser por contato, pelo qual os extremos dos corpos que se tocam se tornam simultâneos. Por isso, é impossível que um corpo produza, a não ser tocando. O

73 Aristóteles (384-322 a.C.), em *Metafísica* VII, 8, 1033b, 19-29.

74 Aristóteles (384-322 a.C.), em *Física* VIII, 10, 266a, 24-8.

75 Aristóteles (384-322 a.C.), em *Física* VII, 2, 243a, 3-4.

agens, sicut in creatione accidit, tactus esse non potest. Nullum igitur corpus potest agere creando.

Patet igitur falsitas positionis quorundam dicentium substantiam caelestium corporum causam materiae elementorum esse: cum materia causam habere non possit nisi id quod creando agit; eo quod ipsa est primum motus et mutationis subiectum.

contato de algum corpo, contudo, é relativo a outro. E assim, onde não há algo preexistente além do agente, como acontece na criação, não pode haver contato. Portanto, nenhum corpo pode produzir criando.

Evidencia-se, assim, a falsidade da posição de alguns que dizem que a substância dos corpos celestes é causa da matéria dos elementos, uma vez que a matéria não pode ter causa, a não ser por algo que age criando, por ser ela mesma primeiro sujeito do movimento e da mutação.

Capitulum XXI

Quod solius Dei est creare

Ex praemissis etiam ostendi potest ulterius quod creatio est propria Dei actio, et quod eius solius est creare.

Cum enim secundum ordinem agentium sit ordo actionum, eo quod nobilioris agentis nobilior est actio: oportet quod prima actio sit primi agentis propria. Creatio autem est prima actio: eo quod nullam aliam praesupponit, omnes autem aliae praesupponunt eam. Est igitur creatio propria Dei solius actio, qui est agens primum.

Item. Ex hoc ostensum est quod Deus creat res, quia nihil potest esse praeter ipsum ab eo non causatum. Hoc autem nulli alii convenire potest: cum nihil aliud sit universalis causa essendi. Soli igitur Deo competit creatio, sicut propria eius actio.

Adhuc. Effectus suis causis proportionaliter respondent: ut scilicet effectus in actu causis actualibus attribuamus, et effectus in potentia causis quae sunt in potentia; et similiter effectus particulares causis particularibus, universalibus vero universales; ut docet Philosophus, in II physicorum. Esse autem est causatum primum: quod ex ratione suae communitatis apparet. Causa igitur propria essendi est agens primum et universale, quod Deus est. Alia vero agentia non sunt causa essendi simpliciter, sed causa essendi hoc, ut hominem vel album. Esse autem simpliciter per

Capítulo 21

Só a Deus pertence criar

Do exposto, pode-se ulteriormente mostrar também que a criação é ação própria de Deus, e que só a Ele pertence criar.

Como a ordem das ações é segundo a ordem dos agentes, por isso a ação mais nobre pertence ao agente mais nobre, é necessário que a primeira ação seja própria do agente primeiro. Ora, a criação é a primeira ação, pois não pressupõe nenhuma outra, e todas as outras a pressupõem. Logo, a criação é ação própria de Deus, que é o agente primeiro.

Igualmente. Demonstrou-se que Deus cria as coisas, porque nada pode ser, exceto Ele, que não seja causado por Ele. Ora, isso não pode convir a nenhum outro, pois nada diferente é causa universal de ser. Logo, só a Deus compete a criação, como sua ação própria.

Ainda. Os efeitos correspondem proporcionalmente a suas causas, ou seja, atribuímos o efeito em ato a causas atuais, e os efeitos em potência a causas que estão em potência; e semelhantemente os efeitos particulares a causas particulares, as universais a universais, como ensina o Filósofo[76]. Ora, o ser é o primeiro causado, o que aparece em razão de sua universalidade. Portanto, a causa própria do ser é o agente primeiro e universal, que é Deus. Outros agentes, porém, não são causa do ser em absoluto, mas causa de um ser determinado, como homem ou branco. O

76 Aristóteles (384-322 a.C.), em *Física* II, 3, 195b, 25-28.

creationem causatur, quae nihil praesupponit: quia non potest aliquid praeexistere quod sit extra ens simpliciter. Per alias factiones fit hoc ens vel tale: nam ex ente praeexistente fit hoc ens vel tale. Ergo creatio est propria Dei actio.

Amplius. Quicquid est causatum secundum aliquam naturam, non potest esse prima causa illius naturae, sed secunda et instrumentalis. Socrates enim, quia habet suae humanitatis causam, non potest esse prima humanitatis causa: quia, cum humanitas sua sit ab aliquo causata, sequeretur quod esset sui ipsius causa, cum sit id quod est per humanitatem. Et ideo oportet quod generans univocum sit quasi agens instrumentale respectu eius quod est causa primaria totius speciei. Et inde est quod oportet omnes causas inferiores agentes reduci in causas superiores sicut instrumentales in primarias. Omnis autem alia substantia praeter Deum habet esse causatum ab alio, ut supra probatum est. Impossibile est igitur quod sit causa essendi nisi sicut instrumentalis et agens in virtute alterius. Instrumentum autem nunquam adhibetur nisi ad causandum aliquid per viam motus: est enim ratio instrumenti quod sit movens motum. Creatio autem non est motus, ut ostensum est. Nulla igitur substantia praeter Deum potest aliquid creare.

Item. Instrumentum adhibetur propter convenientiam eius cum causato, ut sit medium inter causam primam et causatum et attingat utrumque, et sic influentia primi perveniat ad causatum per instrumentum. Unde oportet quod sit aliquid recipiens primi influentiam in eo quod per instrumentum causatur. Quod est contra rationem creationis: nam nihil praesupponit. Relinquitur igitur quod nihil aliud praeter Deum potest crea-

ser, porém, é causado de modo absoluto pela criação, que nada pressupõe, pois não pode alguma coisa preexistir que esteja em absoluto fora do ente. Por outras produções faz-se este ente ou tal; com efeito, do ente preexistente se faz este ente ou tal. Logo, a criação é ação própria de Deus.

Ademais. Qualquer coisa que seja causada segundo uma natureza, não pode ser a primeira causa dessa natureza, mas a segunda e instrumental. Sócrates, com efeito, porque tem a causa de sua humanidade, não pode ser a primeira causa da humanidade, pois, como sua humanidade é causada por outro, seguir-se-ia que seria causa de si mesmo, uma vez que é o que é pela humanidade. E assim é necessário que o gerador unívoco seja como um agente instrumental com respeito àquilo que é causa primeira de toda a espécie. E daí é necessário que todas as causas inferiores agentes sejam reduzidas às causas superiores como as instrumentais às primárias. Ora, toda outra substância, exceto Deus, tem seu ser causado por outro, como foi provado[77]. Logo, é impossível que seja causa do ser, se não é como instrumental e agindo em potência de outro. Ora, o instrumento nunca se emprega senão para causar alguma coisa por via do movimento; com efeito, a razão de instrumento é que seja movente movido. Ora, a criação não é movimento, como foi mostrado[78]. Portanto, nenhuma substância, exceto Deus, pode criar alguma coisa.

Igualmente. Emprega-se o instrumento em razão de sua conveniência com o causado, a fim de ser intermediário entre a causa primeira e o causado e atinja a ambos, e assim a influência do primeiro chegue ao causado pelo instrumento. Por isso, é necessário que seja alguma coisa que recebe a influência do primeiro, enquanto é causado pelo instrumento. Isso é contra a razão de criação, pois ela nada pressupõe. Resta, portanto, que nada,

77 Cf. cap. 15.
78 Cf. cap. 17.

re, neque sicut principale agens neque sicut instrumentum.

Praeterea. Omne agens instrumentale exequitur actionem principalis agentis per aliquam actionem propriam et connaturalem sibi: sicut calor naturalis generat carnem dissolvendo et digerendo, et serra operatur ad perfectionem scamni secando. Si igitur aliqua creatura sit quae operatur ad creationem sicut instrumentum primi creantis, oportet quod hoc operetur per aliquam actionem debitam et propriam suae naturae. Effectus autem respondens actioni propriae instrumenti est prior in via generationis quam effectus respondens principali agenti, ex quo provenit quod primo agenti finis ultimus respondet: prius enim est sectio ligni quam forma scamni, et digestio cibi quam generatio carnis. Oportebit igitur aliquid esse effectum per propriam operationem instrumentalis creantis quod sit prius in via generationis quam esse, quod est effectus respondens actioni primi creantis. Hoc autem est impossibile: nam quanto aliquid est communius, tanto est prius in via generationis; sicut prius est animal quam homo in generatione hominis, ut Philosophus dicit, in libro de generatione animalium. Impossibile est ergo quod aliqua creatura creet, neque sicut principale agens neque instrumentaliter.

Item. Quod est secundum aliquam naturam causatum, non potest esse simpliciter illius naturae causa, esset enim sui ipsius causa: potest autem esse causa illius naturae in hoc, sicut Plato est causa humanae naturae in socrate, non autem simpliciter, eo quod ipse est causatus in humana natura. Quod autem est causa alicuius in hoc, est attribuens naturam communem alicui per quod specificatur vel individuatur. Quod non potest esse per creationem, quae nihil praesupponit cui aliquid attribuatur per actionem. Impossibile est igitur aliquod ens creatum esse causam alterius per creationem.

Amplius. Cum omne agens agat secundum quod actu est, oportet modum actionis

exceto Deus, pode criar, nem como agente principal, nem como instrumento.

Além disso. Todo agente instrumental executa a ação do agente principal por uma ação própria e conatural a si, como o calor natural produz a carne dissolvendo e digerindo, e a serra opera para a perfeição do banco, serrando. Se, portanto, alguma criatura opera na criação como instrumento do primeiro criador, é necessário que isso seja operado por uma ação devida e própria de sua natureza. Ora, o efeito correspondente à ação própria do instrumento é anterior na via da geração ao efeito correspondente ao agente principal, do que provém que ao agente primeiro corresponda o fim último; com efeito, o corte da madeira, na via da geração, é anterior à forma do banco, e a digestão do alimento à geração da carne. Seria necessário, portanto, que houvesse um efeito por operação própria do criador instrumental, que fosse anterior na via da geração ao ser, que é efeito correspondente à ação do primeiro criador. Mas, isso é impossível pois quanto mais uma coisa é comum, tanto mais é anterior na via da geração, como o animal é anterior ao homem na geração do homem, como diz o Filósofo[79]. Logo, é impossível que uma criatura crie, nem como agente principal nem instrumentalmente.

Igualmente. O que é causado segundo uma natureza, não pode ser em absoluto causa dessa natureza; seria, com efeito, causa de si mesmo; pode, porém, ser causa dessa natureza nisto, como Platão é causa da natureza humana em Sócrates, não, porém, em absoluto, enquanto ele mesmo é causado na natureza humana. O que, porém, é causa de uma coisa em algo determinado, confere-lhe a natureza comum, pela qual é especificado ou individualizado. Isso não pode ser por criação, que nada pressupõe àquilo a que algo é atribuído por ação. Logo, é impossível que um ente criado seja causa de outro, por criação.

Ademais. Como todo agente age enquanto está em ato, é necessário que o modo da ação

79 Aristóteles (384-322 a.C.), em *Da Geração dos animais* II, 3, 736b, 2.

esse secundum modum actus ipsius rei: unde calidum quod magis est in actu caloris, magis calefacit. Cuiuscumque igitur actus determinatur ad genus et speciem et accidens, eius virtutem oportet esse determinatam ad effectus similes agenti inquantum huiusmodi: eo quod omne agens agit sibi simile. Nihil autem quod habet esse determinatum, potest esse simile alteri eiusdem generis vel speciei nisi secundum rationem generis vel speciei: nam secundum quod est hoc aliquid, unumquodque est ab alio distinctum. Nihil igitur cuius esse finitum est, potest per suam actionem esse causa alterius nisi quantum ad hoc quod habet genus vel speciem: non autem quantum ad hoc quod subsistit ab aliis distinctum. Omne igitur agens finitum praesupponit ad suam actionem hoc unde causatum suum individualiter subsistit. Non ergo creat: sed solum hoc est agentis cuius esse est infinitum, quod est omnis entis comprehendens similitudinem, ut supra ostensum est.

Adhuc. Cum omne quod fit ad hoc fiat ut sit, oportet, si aliquid fieri dicatur quod prius fuerit, quod hoc non fiat per se, sed per accidens, per se vero illud quod prius non fuit: ut, si ex albo fiat nigrum, fit quidem et nigrum et coloratum, sed nigrum per se, quia fit ex non nigro, coloratum autem per accidens, nam prius coloratum erat. Sic igitur, cum fit aliquod ens, ut homo vel lapis, homo quidem fit per se, quia ex non homine: ens autem per accidens, quia non ex non ente simpliciter, sed ex non ente hoc, ut Philosophus dicit, in I physicorum. Cum igitur aliquid fit omnino ex non ente, ens per se fiet. Oportet igitur quod ab eo quod est per se causa essendi: nam effectus proportionaliter reducuntur in causas. Hoc autem est primum ens solum, quod est causa entis inquantum huiusmodi: alia vero sunt causa essendi per accidens, et huius esse per se. Cum igitur producere ens non ex ente praeexistente sit creare, oportet quod solius Dei sit creare.

seja segundo o modo do ato da própria coisa; por isso, o quente que mais está em ato do calor, mais aquece. De qualquer coisa, portanto, o ato é determinado em relação ao gênero e espécie e acidente, é necessário que sua potência seja determinada em relação aos efeitos semelhantes ao agente, enquanto tal, uma vez que *todo agente produz, de algum modo, o que é semelhante a si.* Ora, coisa nenhuma que tem o ser determinado, pode ser semelhante a outra do mesmo gênero ou espécie, a não ser segundo a razão do gênero ou espécie; com efeito, na medida em que é algo determinado, nesta medida é distinto do outro. Portanto, coisa nenhuma cujo ser é finito, pode, por sua ação, ser causa de outra, a não ser conferindo-lhe o gênero ou espécie que tem; não, porém, o que o faz subsistir distinto de outras. Logo, todo agente finito pressupõe para sua ação aquilo pelo que seu efeito subsiste individualmente. Portanto, não cria, mas isso só compete ao agente cujo ser é infinito, que é compreensivo da semelhança de todo agente, como foi mostrado[80].

Ainda. Como tudo o que se faz se faz para que exista, é necessário, se se diz que algo se faça que antes não fora, que isto não se faça por si, mas por acidente, e por si certamente aquilo que não foi antes; por exemplo, se do branco se faz o negro, faz-se tanto o negro quanto o colorido, mas o negro por si, porque se faz do não negro, e o colorido, por acidente, pois antes era colorido. Assim, portanto, quando um ente se faz, como o homem ou uma pedra, o homem se faz por si, porque de não homem; o ente, porém, por acidente, porque não do não ente em absoluto, mas deste não ente, como o Filósofo diz[81]. Quando, portanto, alguma coisa se faz totalmente do não ente, se fará o ente por si. É necessário, então, que seja por aquele que por si é causa do ser, pois os efeitos proporcionalmente se reduzem às causas. Este, porém, é só o primeiro ente, que é causa do ente enquanto tal; já os outros são causa do ser por acidente, e por si deste

80 Livro I, caps. 49 ss.

81 Aristóteles (384-322 a.C.), em Física I, 8, 191b, 13-24.

Huic autem veritati sacrae Scripturae auctoritas attestatur, quae Deum omnia creasse affirmat, Gen. 1,1: in principio creavit Deus caelum et terram. Damascenus etiam, in secundo sui libri, dicit: quicumque vero aiunt Angelos creatores esse cuiuscumque substantiae, hi omnes sunt patris sui diaboli: creaturae enim existentes non sunt creatores.

Per haec autem destruitur quorundam Philosophorum error qui dixerunt Deum creasse primam substantiam separatam, et ab ea fuisse creatam secundam, et sic quodam ordine usque ad ultimam.

ente. Portanto, como produzir o ente do não ente preexistente é criar, é necessário que só a Deus pertença criar.

A autoridade da sagrada Escritura confirma esta verdade, que afirma que Deus criou todas as coisas: *no princípio criou Deus o céu e a terra*[82]. Damasceno também diz: *todos os que dizem que os Anjos são criadores de qualquer substância, todos esses têm o diabo como pai; as criaturas existentes, com efeito, não são criadoras*[83].

Por meio disso destrói-se o erro de alguns Filósofos, que disseram que Deus criou a primeira substância separada, e por essa foi criada a segunda, e assim por ordem, até a última.

Capitulum XXII
Quod Deus omnia possit

Ex hoc autem apparet quod divina virtus non determinatur ad aliquem unum effectum.

Si enim solius Dei creare est, ab ipso immediate producta esse oportet quaecumque a sua causa produci non possunt nisi per modum creationis. Huiusmodi autem sunt omnes substantiae separatae, quae non sunt compositae ex materia et forma, quas esse nunc supponatur; et similiter omnis materia corporalis. Haec igitur, tam diversa existentia, praedictae virtutis immediatus effectus sunt. Nulla autem virtus producens immediate plures effectus non ex materia, est determinata ad unum effectum. — Dico autem immediate: quia, si per media produceret, posset provenire diversitas ex parte mediarum causarum. — Dico etiam non ex materia: quia idem agens et eadem actione causat diversos effectus secundum materiae diversitatem, sicut calor ignis, qui indurat lutum et dissolvit ceram. Dei igitur virtus non est determinata ad unum effectum.

Capítulo 22
Deus pode tudo

Com isso é manifesto que a potência divina não está determinada a um só efeito.

Com efeito, se só a Deus pertence criar, é necessário que por Ele imediatamente sejam produzidas todas as coisas que, por sua causa, não podem ser produzidas senão por modo de criação. Tais, porém, são todas as substâncias separadas, que não são compostas de matéria e forma, as quais se supõem que agora são, e igualmente toda a matéria corporal. Portanto, esses tão diversos existentes são efeito imediato da referida potência. Ora, nenhuma potência que produz imediatamente vários efeitos não da matéria, está determinada a um efeito único. — Digo, porém, imediatamente, pois, se produzisse por intermediários, poderia a diversidade da parte provir das causas intermédias. — Digo, também, não da matéria, pois o mesmo agente e na mesma ação, causa efeitos diversos segundo a diversidade da matéria, como o calor do fogo, que endurece o barro e dissolve a cera. Portanto, a potência de Deus não está determinada a um efeito único.

82 Gênesis 1,1.
83 São João Damasceno (675-749), em A Fé Ortodoxa II, 3, MG 94, 874C.

Item. Omnis virtus perfecta ad ea omnia se extendit ad quae suus per se et proprius effectus se extendere potest: sicut aedificativa ad omnia se extendit, si perfecta sit, quae possunt rationem habere domus. Virtus autem divina est per se causa essendi, et esse est eius proprius effectus, ut ex dictis patet. Ergo ad omnia illa se extendit quae rationi entis non repugnant: si enim in quendam tantum effectum virtus eius posset, non esset per se causa entis inquantum huiusmodi, sed huius entis. Rationi autem entis repugnat oppositum entis, quod est non ens. Omnia igitur Deus potest quae in se rationem non entis non includunt. Haec autem sunt quae contradictionem implicant. Relinquitur igitur quod quicquid contradictionem non implicat, Deus potest.

Adhuc. Omne agens agit inquantum actu est. Secundum igitur modum actus uniuscuiusque agentis est modus suae virtutis in agendo: homo enim generat hominem, et ignis ignem. Deus autem est actus perfectus, in se omnium perfectiones habens, ut supra ostensum est. Est igitur sua virtus activa perfecta, ad omnia se habens quaecumque non repugnant rationi eius quod est esse in actu. Hoc autem est solum quod contradictionem implicat. Omnia igitur praeter haec Deus potest.

Amplius. Omni potentiae passivae respondet potentia activa. Potentia enim propter actum est, sicut materia propter formam. Non potest autem ens in potentia consequi quod sit actu nisi per virtutem alicuius existentis in actu. Otiosa igitur esset potentia nisi esset virtus activa agentis quae eam in actum reducere posset: cum tamen nihil sit otiosum in rebus naturae. Et per hunc modum videmus quod omnia quae sunt in potentia materiae generabilium et corruptibilium, possunt reduci in actum per virtutem activam quae est in corpore caelesti, quod est primum activum in natura. Sicut autem corpus caeleste est primum agens respectu corporum inferiorum, ita Deus est primum agens respectu totius entis creati.

Igualmente. Toda potência perfeita se estende a todas aquelas coisas para as quais pode estender-se seu efeito próprio e por si, como a da construção, se é perfeita, se estende a todas as coisas, que podem ter razão de casa. Ora, a potência divina é por si causa do ser, e o ser é seu efeito próprio, como se evidencia do que foi dito[84]. Logo, estende-se a todas aquelas coisas que não repugnam à razão de ente; se, com efeito, sua potência tivesse poder para um efeito apenas, não seria por si causa do ente enquanto tal, mas deste ente. Ora, à razão de ente repugna o oposto de ente, que é o não ente. Logo, Deus pode tudo o que em si não inclui a razão de não ente. Resta, portanto, que Deus pode tudo o que não implica contradição.

Ainda. Todo agente age enquanto está em ato. Portanto, segundo o modo de ato de qualquer agente é o modo de sua potência ao agir: o homem, com efeito, gera o homem, e o fogo, o fogo. Ora, Deus é ato perfeito, tendo em si as perfeições de todas as coisas, como foi mostrado[85]. É, portanto, perfeita sua potência ativa, estendendo-se a todas aquelas coisas que não repugnam à sua razão, que é ser em ato. Isso, porém, é só o que não implica contradição. Exceto isso, Deus pode tudo.

Ademais. A toda potência passiva corresponde uma potência ativa. Com efeito, a potência está em razão do ato, como a matéria em razão da forma. Um ente em potência, porém, não pode conseguir que esteja em ato, a não ser pela potência de um existente em ato. Seria, portanto, supérflua a potência se não fosse a potência ativa do agente, que pudesse reduzi-la ao ato, pois nada é supérfluo nas coisas da natureza. E por esse modo vemos que todas as coisas que há na potência da matéria dos geráveis e corruptíveis, podem reduzir-se ao ato pela potência ativa que existe no corpo celeste, que é o primeiro ativo na natureza. Assim como o corpo celeste é o primeiro agente com respeito aos corpos inferiores, Deus é o

84 Cf. capítulo anterior.
85 Livro I, cap. 28.

Quicquid igitur est in potentia entis creati, totum hoc Deus per suam virtutem activam facere potest. In potentia autem entis creati est omne quod enti creato non repugnat: sicut in potentia naturae humanae sunt omnia quae naturam humanam non tollunt. Omnia igitur Deus potest.

Praeterea. Quod effectus aliquis non subsit potentiae alicuius agentis, potest ex tribus contingere.

Uno modo, per hoc quod non habet cum agente affinitatem vel similitudinem: agens enim omne agit sibi simile aliquo modo. Unde virtus quae est in semine hominis, non potest producere brutum vel plantam: hominem autem potest, qui tamen praedicta excedit.

Alio modo, propter excellentiam effectus, qui transcendit proportionem virtutis activae: sicut virtus activa corporalis non potest producere substantiam separatam.

Tertio modo, propter materiam determinatam ad effectum, in quam agens agere non potest: sicut carpentarius non potest facere serram, quia sua arte non potest agere in ferrum, ex quo fit serra.

Nullo autem istorum modorum potest aliquis effectus subtrahi divinae virtuti. Neque enim propter dissimilitudinem effectus aliquid ei impossibile esse potest: cum omne ens, inquantum habet esse, sit ei simile, ut supra ostensum est. Nec etiam propter effectus excellentiam: cum ostensum sit quod Deus est supra omnia entia in bonitate et perfectione. Nec iterum propter defectum materiae: cum ipse sit causa materiae, quae non possibilis est causari nisi per creationem. Ipse etiam in agendo non requirit materiam: cum, nullo praeexistente, rem in esse producat. Et sic propter materiae defectum eius actio impediri non potest ab effectus productione.

Restat igitur quod divina virtus non determinetur ad aliquem effectum, sed sim-

primeiro agente com respeito a todo ente criado. Qualquer coisa que está na potência do ente criado, tudo isso Deus pode fazer, por sua potência ativa. Ora, na potência do ente criado está tudo o que não repugna ao ente criado, como na potência da natureza humana estão todas as coisas que não eliminam a natureza humana. Deus, portanto, pode tudo.

Além disso. Pode acontecer de três modos que um efeito não se submeta à potência de um agente.

De um modo, pelo fato de não ter com o agente afinidade ou semelhança: pois *todo agente produz, de algum modo, o que é semelhante a si*. Daí a potência que está no sêmen do homem não pode produzir um animal ou uma planta, mas pode um homem, que excede a ambos.

Doutro modo, em razão da excelência do efeito, que transcende a proporção da potência ativa; por exemplo, a potência ativa corporal não pode produzir uma substância separada.

Num terceiro modo, em razão de a matéria estar determinada ao efeito, na qual o agente não pode agir; por exemplo, o carpinteiro não pode fazer a serra, pois por sua arte não pode agir no ferro, do qual se faz a serra.

Em nenhum desses modos pode um efeito subtrair-se à potência divina. Nem, portanto, em razão da dessemelhança do efeito pode algo ser impossível a ela, pois todo ente, enquanto tem ser, é a ela semelhante, como foi mostrado[86]. Nem também em razão da excelência do efeito, pois foi mostrado[87] que Deus está acima de todas as coisas em bondade e perfeição. Nem, ainda, em razão do defeito da matéria, pois Ele é a causa da matéria, a qual é impossível que seja causada a não ser por criação. Ele também ao agir não requer a matéria, uma vez que produz a coisa no ser sem nada preexistente. E assim em razão do defeito da matéria não pode sua ação ser impedida na produção do efeito. Resta, portanto, que a potência divina não está determinada a

86 Cf. caps. 6 e 15.
87 Livro I, caps. 27 e 41.

pliciter omnia potest: quod est eum esse omnipotentem.

Hinc est quod etiam divina Scriptura fide tenendum hoc tradit. Dicitur enim Gen. 17,1, ex ore Dei: ego Deus omnipotens: ambula coram me et esto perfectus; et iob 42,2: scio quia omnia potes; et Lucae 1,37, ex ore Angeli: non erit impossibile apud Deum omne verbum.

Per hoc autem evacuatur quorundam Philosophorum error qui posuerunt a Deo immediate produci unum effectum tantum, quasi virtus eius ad illius productionem determinata esset; et quod Deus non potest aliud facere nisi secundum quod cursus rerum naturalium se habet; de quibus dicitur iob 22,17: quasi nihil posset omnipotens, aestimabant eum.

Capitulum XXIII

Quod Deus non agat ex necessitate naturae

Ex hoc autem ostenditur quod Deus agit in creaturis non per necessitatem naturae, sed per arbitrium voluntatis.

Omnis enim agentis per necessitatem naturae virtus determinatur ad unum effectum. Et inde est quod omnia naturalia semper eveniunt eodem modo, nisi sit impedimentum: non autem voluntaria. Divina autem virtus non ordinatur ad unum effectum tantum, ut supra ostensum est. Deus igitur non agit per necessitatem naturae, sed per voluntatem.

Adhuc. Quicquid non implicat contradictionem, subest divinae potentiae, ut ostensum est. Multa autem non sunt in rebus creatis quae tamen, si essent, contradictionem non implicarent: sicut patet praecipue circa numerum, quantitates et distantias stellarum et aliorum corporum, in quibus si aliter se haberet ordo rerum, contradictio non implicaretur. Multa igitur subsunt divinae virtuti quae in rerum

um efeito, mas em absoluto pode tudo, o que significa ser Ele onipotente.

Daí é que também a divina Escritura propõe que isto seja mantido pela fé. Diz-se, com efeito, pela boca de Deus: *eu, Deus onipotente: anda em presença de mim e sê perfeito*[88], e em Jó: *Sei que tudo podes*[89]; e em Lucas, por boca do Anjo: *Não será impossível junto de Deus nenhuma obra*[90].

Com isso, pois, esvazia-se o erro de alguns Filósofos que sustentaram que só pode ser produzido por Deus um efeito apenas, como se sua potência fosse determinada à sua produção; e que Deus não pode fazer algo, senão o que está segundo o curso das coisas naturais; deles se diz em Jó: *Consideravam-no, como se nada pudesse o onipotente*[91].

Capítulo 23

Deus não age por necessidade da natureza

Com isso se mostra que Deus age nas criaturas, não por necessidade da natureza, mas pelo arbítrio da vontade.

A potência de todo agente se determina, por necessidade da natureza, a um único efeito. É por isso que todas as coisas naturais sempre acontecem do mesmo modo, a não ser que haja impedimento; não, porém, as voluntárias. Ora, a potência divina não se ordena a um efeito apenas, como foi mostrado[92]. Deus, portanto, não age por necessidade da natureza, mas por vontade.

Ainda. Tudo o que não implica contradição, submete-se à potência divina, como foi mostrado[93]. Muitas coisas, porém, não existem nas criaturas, as quais, no entanto, se existissem, não implicariam contradição, como se evidencia, sobretudo, a respeito do número, das quantidades e distâncias das estrelas e de outros corpos, nos quais, se de outra maneira se apresentasse a ordem das coisas, não se im-

88 Gênesis 17,1.
89 Jó 42,2.
90 Lucas 1,37.
91 Jó 22, 17.
92 Cf. capítulo anterior.
93 Ibidem.

natura non inveniuntur. Quicumque autem eorum quae potest facere quaedam facit et quaedam non facit, agit per electionem voluntatis, et non per necessitatem naturae. Deus igitur non agit per necessitatem naturae, sed per voluntatem.

Item. Unumquodque agens hoc modo agit secundum quod similitudo facti est in ipso: omne enim agens agit sibi simile. — Omne autem quod est in altero, est in eo per modum eius in quo est. Cum igitur Deus sit per essentiam suam intelligens, ut supra probatum est, oportet quod similitudo effectus sui sit in eo per modum intelligibilem. Igitur per intellectum agit. Intellectus autem non agit aliquem effectum nisi mediante voluntate, cuius obiectum est bonum intellectum, quod movet agentem ut finis. Deus igitur per voluntatem agit, non per necessitatem naturae.

Amplius. Secundum Philosophum, in IX metaph., duplex est actio: una quae manet in agente et est perfectio ipsius, ut videre: alia quae transit in exteriora et est perfectio facti, sicut comburere in igne. Divina autem actio non potest esse de genere illarum actionum quae non sunt in agente: cum sua actio sit sua substantia, ut supra ostensum est. Oportet igitur quod sit de genere illarum actionum quae sunt in agente et sunt quasi perfectio ipsius. Huiusmodi autem non sunt nisi actiones cognoscentis et appetentis, Deus igitur cognoscendo et volendo operatur. Non igitur per necessitatem naturae, sed per arbitrium voluntatis.

Adhuc. Deum agere propter finem ex hoc manifestum esse potest quod universum non est a casu, sed ad aliquod bonum ordinatur: ut per Philosophum patet, in XI metaphysicae. Primum autem agens propter finem oportet esse agens per intellectum et voluntatem: ea enim quae intellectu carent, agunt propter fi-

plicaria contradição. Muitas coisas, que não se acham na natureza, se submetem à potência divina. Todo aquele que, das coisas que pode fazer, faz algumas e algumas não faz, age por eleição da vontade, e não por necessidade da natureza. Deus, portanto, não age por necessidade da natureza, mas por vontade.

Igualmente. Todo agente age no modo pelo qual a semelhança da obra está nele: pois *todo agente produz, de algum modo, o que é semelhante a si*. — Tudo, porém, que está em outro, nele está segundo o modo daquele em que está. Dado que Deus é por sua essência inteligente, como foi provado[94], é necessário que a semelhança de seu efeito nele esteja pelo modo inteligível. Logo, age pelo intelecto. Ora, o intelecto não produz um efeito senão mediante a vontade, cujo objeto é o bem conhecido, que move o agente como fim. Portanto, Deus age por vontade, não por necessidade da natureza.

Ademais. Segundo o Filósofo[95], a ação é dupla: uma que permanece no agente e é perfeição dele, como ver; outra que passa ao exterior e é perfeição da obra, como o queimar do fogo. A ação divina, porém, não pode ser do gênero dessas ações, que não estão no agente: pois sua ação é sua substância, como foi mostrado[96]. É necessário, portanto, que seja do gênero daquelas ações que estão no agente e são como que perfeição dele. Tais, porém, não são senão as ações de quem conhece e deseja, Deus, portanto, opera conhecendo e querendo. Não, portanto, por necessidade da natureza, mas por arbítrio da vontade.

Ainda. Que age Deus por causa de um fim é manifesto pelo fato de que o universo não existe por acaso, mas se ordena a algum bem, como se evidencia pelo Filósofo[97]. O primeiro que age por causa de um fim é necessário que aja pelo intelecto e pela vontade: com efeito, aquelas coisas que carecem de intelecto, agem

---

[94] Livro I, cap. 45.
[95] Aristóteles (384-322 a.C.), em *Metafísica* IX, 8, 1050a. 23b.2.
[96] Cf. cap. 9.
[97] Aristóteles (384-322 a.C.), em *Metafísica* XII, 10, 1075a, 11-15.

nem sicut in finem ab alio directa. Quod quidem in artificialibus patet: nam sagittae motus est ad determinatum signum ex directione sagittantis. — Simile autem esse oportet et in naturalibus. Ad hoc enim quod aliquid directe in finem debitum ordinetur, requiritur cognitio ipsius finis, et eius quod est ad finem, et debitae proportionis inter utrumque: quod solum intelligentis est. Cum igitur Deus sit primum agens, non agit per necessitatem naturae, sed intellectum et voluntatem.

Praeterea. Quod per se agit, prius est eo quod per aliud agit: omne enim quod est per aliud, reduci oportet in id quod per se est, ne in infinitum procedatur. Quod autem suae actionis non est Dominus, non per se agit: agit enim quasi ab alio actus, non quasi seipsum agens. Oportet igitur primum agens hoc modo agere quod sui actus Dominus sit. Non est autem aliquis sui Dominus actus nisi per voluntatem. Oportet igitur Deum, qui est primum agens, per voluntatem agere, non per naturae necessitatem.

Adhuc. Primo agenti debetur prima actio: sicut et primo mobili primus motus. Sed naturaliter actio voluntatis est prior quam actio naturae. Illud enim naturaliter prius est quod est perfectius: licet in uno quodam sit tempore posterius. Actio autem agentis per voluntatem est perfectior: quod ex hoc patet quod perfectiora sunt ea apud nos quae per voluntatem agunt, quam quae per naturae necessitatem. Ergo Deo, qui est primus agens, debetur actio quae est per voluntatem.

Amplius. Ex hoc idem apparet quod, ubi coniungitur utraque actio, superior est virtus quae agit per voluntatem ea quae agit per naturam et utitur ea quasi instrumento: nam in homine superior est intellectus, qui agit per voluntatem, quam anima vegetabilis, quae agit per naturae necessitatem. Divina autem virtus est suprema in omnibus entibus. Ergo ipsa agit in res omnes per voluntatem, non per naturae necessitatem.

por causa de um fim como dirigidas por outro para o fim. Isso está claro nas coisas artificiais: com efeito, o movimento da seta é para algo determinado, por direção do seteiro. — Semelhantemente deve ser também nas coisas naturais. Para que algo diretamente se ordene a um fim devido, requer-se conhecimento desse fim, e daquilo que é para o fim, e da devida proporção entre um e outro, o que cabe apenas ao inteligente. Como, portanto, Deus é o primeiro agente, não age por necessidade da natureza, mas pelo intelecto e pela vontade.

Além disso. O que age por si, é anterior àquele que age por outro; com efeito, todo o que é por outro, é necessário que se reduza àquele que é por si, para que não se proceda ao infinito. O que não é senhor de sua ação, não age por si; age, com efeito, como que agindo por outro, não como agindo por si mesmo. É necessário, pois, que o primeiro agente aja de modo que seja senhor de seu ato. Ora, ninguém é senhor de seu ato, senão por vontade. É necessário, portanto, que Deus, que é o primeiro agente, aja por vontade, não por necessidade da natureza.

Ainda. Ao agente primeiro é devida a primeira ação, como ao primeiro móvel o primeiro movimento. Mas naturalmente a ação da vontade é anterior à ação da natureza. Com efeito, é naturalmente anterior aquilo que é o mais perfeito: embora em alguma coisa seja posterior no tempo. Ora, a ação do agente pela vontade é mais perfeita, o que se evidencia porque são mais perfeitas aquelas coisas que, em nós, agem por vontade do que as por necessidade da natureza. Logo, a Deus, que é o primeiro agente, se deve a ação que é por vontade.

Ademais. Do mesmo modo aparece que, quando ambas as ações se unem, a potência que age por vontade é superior àquela que age por natureza e dela se usa como de um instrumento; com efeito, no homem o intelecto, que age pela vontade é superior à alma vegetativa, que age por necessidade da natureza. Ora, a potência divina é suprema em todos os entes. Logo, ela age em todas as coisas por vontade, não por necessidade da natureza.

Item. Voluntas habet pro obiecto bonum secundum rationem boni: natura autem non attingit ad communem boni rationem, sed ad hoc bonum quod est sua perfectio. Cum igitur omne agens agat secundum quod ad bonum intendit, quia finis movet agentem; oportet quod agens per voluntatem ad agens per necessitatem naturae comparetur sicut agens universale ad agens particulare. Agens autem particulare se habet ad agens universale sicut eo posterius, et sicut eius instrumentum. Ergo oportet quod primum agens sit voluntarium, et non per necessitatem naturae agens.

Hanc etiam veritatem divina Scriptura nos docet. Dicitur enim in Psalmo: omnia quaecumque voluit Dominus fecit; et Ephes. 1,11: qui operatur omnia secundum propositum voluntatis suae. Et Hilarius, in libro de synodis: omnibus creaturis substantiam voluntas Dei attulit. Et infra: talia enim cuncta creata sunt, qualia Deus ea esse voluit.

Per haec autem removetur error quorundam Philosophorum qui dicebant Deum agere per naturae necessitatem.

Igualmente. A vontade tem por objeto o bem segundo a razão de bem; a natureza, porém, não atinge a comum razão de bem, mas este bem que é sua perfeição. Como todo agente age segundo tende ao bem, pois o fim move o agente, é necessário que o agente por vontade se compare ao agente por necessidade da natureza como o agente universal ao agente particular. O agente particular, porém, se tem em relação ao agente universal como posterior a ele, e como seu instrumento. Logo, é necessário que o primeiro agente seja voluntário, e não agente por necessidade da natureza.

Essa verdade a divina Escritura nos ensina. Diz-se, com efeito, no Salmo: *todas as coisas que Deus quis, fez*[98] e em Efésios: *Aquele que faz todas as coisas segundo o propósito de sua vontade*[99]. E Hilário: *A todas as criaturas a vontade de Deus conferiu substância*[100]. E embaixo: *As coisas restantes foram criadas tais como Deus quis que fossem*[101].

Remove-se a partir disso o erro de alguns filósofos que diziam que Deus age por necessidade da natureza.

Capitulum XXIV
Quod Deus agit secundum suam sapientiam

Ex hoc autem apparet quod Deus effectus suos producit secundum suam sapientiam.

Voluntas enim ad agendum ex aliqua apprehensione movetur: bonum enim apprehensum est obiectum voluntatis. Deus autem est agens per voluntatem, ut ostensum est. Cum igitur in Deo non sit nisi intellectualis apprehensio; nihilque intelligat nisi intelligendo se, quem intelligere est sapientem esse: relinquitur quod omnia Deus secundum suam sapientiam operatur.

Item. Omne agens agit sibi simile. Unde oportet quod secundum hoc agat unumquodque agens secundum quod habet simi-

Capítulo 24
Deus age segundo sua sabedoria

Do exposto, é manifesto que Deus produz seus efeitos segundo sua sabedoria.

Com efeito, a vontade para agir é movida por alguma apreensão, pois o objeto da vontade é o bem apreendido. Ora, Deus é agente por vontade, como se mostrou[102]. Portanto, dado que em Deus não há senão apreensão intelectual e nada entende senão entendendo-se[103], e entende-lo é ser sábio, resta que Deus produz todas as coisas segundo sua sabedoria.

Igualmente *Todo agente produz, de algum modo, o que é semelhante a si.* Por isso, é necessário que, segundo esse princípio, qualquer

98 Salmo 134,6.
99 Efésios 1,11.
100 Santo Hilário (315-367), em *Sobre os Sínodos* 58, ML 50, 520C.
101 Ibidem.
102 Cf. capítulo anterior.
103 Livro I, cap. 46.

litudinem sui effectus: sicut ignis calefacit secundum modum sui caloris. Sed in quolibet agente per voluntatem, inquantum huiusmodi, est similitudo sui effectus secundum intellectus apprehensionem: si enim secundum naturae dispositionem solum inesset similitudo effectus agenti voluntario, non ageret nisi unum, quia ratio naturalis unius est una tantum. Omne igitur agens voluntarium producit effectum secundum rationem sui intellectus. Deus autem agit per voluntatem, ut ostensum est. Igitur per sapientiam sui intellectus res in esse producit.

agente produza segundo o que tem de semelhança com o seu efeito, como o fogo aquece segundo o modo de seu calor. Mas em qualquer agente por vontade, enquanto tal, há a semelhança de seu efeito segundo a apreensão do intelecto; se, com efeito, só estivesse presente no agente voluntário a semelhança do efeito segundo a disposição da natureza, não produziria senão um efeito, porque a razão natural de uma coisa é uma só. Logo, todo agente voluntário produz o efeito segundo a razão de seu intelecto. Ora, Deus age por vontade, como foi mostrado. Portanto, produz as coisas no ser pela sabedoria de seu intelecto.

Amplius. Secundum Philosophum, in I metaph., ordinare sapientis est: ordinatio enim aliquorum fieri non potest nisi per cognitionem habitudinis et proportionis ordinatorum ad invicem, et ad aliquid altius eius, quod est finis eorum; ordo enim aliquorum ad invicem est propter ordinem eorum ad finem. Cognoscere autem habitudines et proportiones aliquorum ad invicem est solius habentis intellectum; iudicare autem de aliquibus per causam altissimam sapientiae est. Et sic oportet quod omnis ordinatio per sapientiam alicuius intelligentis fiat. Unde et in mechanicis ordinatores aedificiorum sapientes illius artificii dicuntur.

Ademais. Segundo o Filósofo[104], ordenar pertence ao sábio, pois a ordenação de outros não pode fazer-se senão por conhecimento da relação e da proporção dos ordenados reciprocamente, e em relação com algo mais alto, que é o fim deles; com efeito, a ordem das coisas entre si é em razão da ordem delas ao fim. Conhecer, porém, as relações e proporções das coisas entre si pertence somente ao que tem intelecto; julgar, porém, das coisas pela causa mais alta é próprio da sabedoria. E assim é necessário que toda ordenação se faça pela sabedoria de alguém inteligente. Donde, nas artes mecânicas, os ordenadores dos edifícios se dizem sábios quanto àquele artifício.

Res autem quae sunt a Deo productae, ordinem ad invicem habent non casualem, cum sit semper vel in pluribus. Et sic patet quod Deus res in esse produxit eas ordinando. Deus igitur per suam sapientiam res in esse produxit.

Ora, as coisas produzidas por Deus têm ordem entre si não casual, pois se dá sempre ou no mais das vezes. E assim evidencia-se que Deus produziu as coisas no ser, ordenando-as. Deus, portanto, produziu as coisas no ser por sua sabedoria.

Adhuc. Ea quae sunt a voluntate, vel sunt agibilia, sicut actus virtutum, qui sunt perfectiones operantis: vel transeunt in exteriorem materiam, quae factibiles dicuntur.

Ainda. As coisas que são da vontade, ou são "ações", como os atos das potências, que são perfeições de quem opera, ou passam à matéria exterior, e se dizem "produções".

Et sic patet quod res creatae sunt a Deo sicut factae. Factibilium autem ratio est ars, sicut Philosophus dicit. Comparantur igitur omnes res creatae ad Deum sicut artificiata ad artificem. Sed artifex per ordinem suae sa-

Evidencia-se assim que as coisas criadas são como produzidas por Deus. Ora, *a arte é razão das coisas produzidas*, como diz o Filósofo[105]. Comparam-se, portanto, todas as coisas criadas com relação a Deus como artefatos em

104 Aristóteles (384-322 a.C.), em *Metafísica* I, 2, 982a, 18.
105 Aristóteles (384-322 a.C.), em *Ética* VI, 4, 1140a, 3-5.

pientiae et intellectus artificiata in esse producit. Ergo et Deus omnes creaturas per ordinem sui intellectus fecit.

Hoc autem divina auctoritate confirmatur. Nam dicitur in Psalmo: omnia in sapientia fecisti; et Proverb. 3,19: Dominus sapientia fundavit terram.

Per haec autem excluditur quorundam error qui dicebant omnia ex simplici divina voluntate dependere, absque aliqua ratione.

relação ao artífice. Mas o artífice produz no ser os artefatos por ordem de sua sabedoria e intelecto. Logo, também Deus fez todas as criaturas por ordem de seu intelecto.

Ora, isso é confirmado pela divina autoridade. Com efeito, diz-se no Salmo: *Fizeste todas as coisas na sabedoria*[106], e em Provérbios: *Deus fundou a terra com sabedoria*[107].

Por isso se exclui o erro de alguns que diziam que todas as coisas dependem da simples vontade divina, excluída a razão.

Capitulum XXV

Qualiter omnipotens dicatur quaedam non posse

Ex praemissis autem accipi potest quod, quamvis Deus sit omnipotens, aliqua tamen dicitur non posse.

Ostensum enim est supra in Deo esse potentiam activam: potentiam vero passivam in eo non esse iam supra in primo fuerat probatum. Secundum autem utramque potentiam dicimur posse. Illa igitur Deus non potest quae posse potentiae passivae est. Quae autem huiusmodi sint, investigandum est.

Primo quidem igitur potentia activa ad agere est, potentia autem passiva ad esse. Unde in illis solis est potentia ad esse quae materiam habent contrarietati subiectam. Cum igitur in Deo passiva potentia non sit, quicquid ad suum esse pertinet, Deus non potest. Non potest igitur Deus esse corpus, aut aliquid huiusmodi.

Adhuc. Huius potentiae passivae motus actus est. Deus igitur, cui potentia passiva non competit, mutari non potest. Potest autem ulterius concludi quod non potest mutari secundum singulas mutationis species: ut quod non potest augeri vel minui, aut alterari, aut generari aut corrumpi.

Amplius. Cum deficere quoddam corrumpi sit, sequitur quod in nullo deficere potest.

Capítulo 25

Coisas que o onipotente não pode fazer

Do exposto, pode-se aceitar que, embora Deus seja onipotente, se diz que não pode algumas coisas.

Mostrou-se que em Deus existe a potência ativa[108]; que a potência passiva nele não existe já fora provado, no Livro Primeiro[109]. Ora, dizemos que podemos segundo ambas as potências. Deus, portanto, não pode o que é próprio do poder da potência passiva. Que coisas são essas, deve-se investigar.

Em primeiro lugar, a potência ativa refere-se ao agir, já a potência passiva, ao ser. Donde, há potência para ser apenas naquelas coisas que têm matéria sujeita à contrariedade. Como, pois, em Deus não há potência passiva, Deus não pode fazer nenhuma coisa que pertença a seu ser. Deus, pois, não pode ser corpo, ou alguma coisa semelhante.

Ainda. O movimento é o ato dessa potência passiva. Deus, portanto, ao qual não compete a potência passiva, não pode mudar-se. Pode-se, porém, concluir ulteriormente que não pode mudar-se segundo cada espécie de mutação, como não pode aumentar nem diminuir, ou alterar-se, ou ser gerado ou corromper-se.

Ademais. Como falhar é um corromper-se, segue-se que não pode falhar em nada.

106 Salmo 103,24.
107 Provérbios 3,19.
108 Cf. cap. 7.
109 Livro I, cap. 16.

Praeterea. Defectus omnis secundum privationem aliquam est. Privationis autem subiectum potentia materiae est. Nullo igitur modo potest deficere.

Adhuc. Cum fatigatio sit per defectum virtutis, oblivio autem per defectum scientiae, patet quod neque fatigari neque oblivisci potest.

Amplius. Neque vinci aut violentiam pati. Haec enim non sunt nisi eius quod natum est moveri.

Similiter autem neque poenitere potest, neque irasci aut tristari: cum haec omnia in passionem et defectum sonent.

Rursus. Quia potentiae activae obiectum et effectus est ens factum, nulla autem potentia operationem habet ubi deficit ratio sui obiecti, sicut visus non videt deficiente visibili in actu: oportet quod Deus dicatur non posse quicquid est contra rationem entis inquantum est ens, vel facti entis inquantum est factum.

Quae autem sint huiusmodi, inquirendum est.

Primo quidem igitur contra rationem entis est quod entis rationem tollit. Tollitur autem ratio entis per suum oppositum: sicut ratio hominis per opposita eius vel particularum ipsius. Oppositum autem entis est non ens. Hoc igitur Deus non potest, ut faciat simul unum et idem esse et non esse: quod est contradictoria esse simul.

Adhuc. Contradictio contrariis et privative oppositis includitur: sequitur enim, si est album et nigrum, quod sit album et non album; et si est videns et caecum, quod sit videns et non videns. Unde eiusdem rationis etiam est quod Deus non possit facere opposita simul inesse eidem secundum idem.

Amplius. Ad remotionem cuiuslibet principii essentialis sequitur remotio ipsius rei. Si igitur Deus non potest facere rem simul esse et non esse, nec etiam potest facere quod rei desit aliquod suorum principiorum essentialium ipsa remanente: sicut quod homo non habeat animam.

Além disso. Toda falha é segundo uma privação. Ora, o sujeito da privação é a potência da matéria. Logo, de nenhum modo pode falhar.

Ainda. Como o cansaço é por falta de força, e o esquecimento por defeito de conhecimento, fica claro que não pode nem cansar-se nem esquecer-se.

Ademais. Nem ser vencido ou sofrer violência. Essas coisas não pertencem senão àquele que por natureza é determinado a mover-se.

Semelhantemente, nem pode arrepender-se, nem irar-se, nem entristecer-se, pois todas essas coisas significam passividade e falha.

Novamente. Dado que o objeto e o efeito da potência ativa é o ente feito, nenhuma potência tem operação ali onde falta a razão de seu objeto, como a visão que não vê, faltando o visível em ato, é necessário que se diga que Deus não pode tudo o que é contra a razão de ente enquanto é ente, ou do feito enquanto feito.

Que coisas são essas deve-se investigar.

Em primeiro lugar, contra a razão de ente é o que destrói a razão de ente. Ora, destrói-se a razão de ente por seu oposto, como a razão de homem pelos opostos dela ou de suas partes. Ora, o oposto do ente é o não ente. Portanto, Deus não pode fazer com que uma única e mesma coisa seja e não seja simultaneamente, o que é ser simultaneamente contraditórias.

Ainda. A contradição inclui-se nos contrários e nos opostos privativamente; segue-se, pois, se é o branco e o negro, que seja branco e não branco, e se é vidente e cego, que seja vidente e não vidente. Por isso, é pela mesma razão que Deus não pode fazer que os opostos estejam simultaneamente na mesma coisa segundo o mesmo sentido.

Ademais. Da remoção de qualquer princípio essencial segue-se a remoção da mesma coisa. Se, portanto, Deus não pode fazer a coisa ser e não ser simultaneamente, não pode também fazer que falte à coisa algo de seus princípios essenciais, e ela permaneça a mesma; por exemplo, que o homem não tenha alma.

Praeterea. Cum principia quarundam scientiarum, ut logicae, geometriae et arithmeticae, sumantur ex solis principiis formalibus rerum, ex quibus essentia rei dependet, sequitur quod contraria horum principiorum Deus facere non possit: sicut quod genus non sit praedicabile de specie; vel quod lineae ductae a centro ad circumferentiam non sint aequales; aut quod triangulus rectilineus non habeat tres angulos aequales duobus rectis.

Hinc etiam patet quod Deus non potest facere quod praeteritum non fuerit. Nam hoc etiam contradictionem includit: eiusdem namque necessitatis est aliquid esse dum est, et aliquid fuisse dum fuit. — Sunt etiam quaedam quae repugnant rationi entis facti inquantum huiusmodi. Quae etiam Deus facere non potest: nam omne quod facit Deus, oportet esse factum. — Ex hoc autem patet quod Deus non potest facere Deum. Nam de ratione entis facti est quod esse suum ex alia causa dependeat. Quod est contra rationem eius quod dicitur Deus, ut ex superioribus patet. — Eadem etiam ratione, non potest Deus facere aliquid aequale sibi. Nam illud cuius esse ab alio non dependet, potius est in essendo et in ceteris dignitatibus eo quod ab alio dependet, quod ad rationem entis facti pertinet.

Similiter etiam Deus facere non potest quod aliquid conservetur in esse sine ipso. Nam conservatio esse uniuscuiusque dependet a causa sua. Unde oportet quod, remota causa, removeatur effectus. Si igitur res aliqua posset esse quae a Deo non conservaretur in esse, non esset effectus eius.

Rursus. Quia ipse est per voluntatem agens, illa non potest facere quae non potest velle. Quae autem velle non possit, considerari potest si accipiamus qualiter in divina voluntate necessitas esse possit: nam quod necesse est esse, impossibile est non esse; et quod impossibile est esse, necesse est non esse.

Patet autem ex hoc quod non potest Deus facere se non esse, vel non esse bonum aut

Além disso. Uma vez que os princípios de algumas ciências, como da Lógica, Geometria e Aritmética, são tomados só dos princípios formais das coisas, das quais a essência da coisa depende, segue-se que Deus não pode fazer os contrários desses princípios, por exemplo, que o gênero não seja predicável da espécie, ou que as linhas conduzidas do centro para a circunferência não sejam iguais, ou que o triângulo retilíneo não tenha três ângulos iguais a duas retas.

Daí também é manifesto que Deus não pode fazer que o passado não tenha sido. Com efeito, isso inclui contradição: é da mesma necessidade algo ser enquanto é, e que algo tenha sido enquanto foi. — Há também algumas coisas que repugnam à razão de ente feito enquanto tal. Essas também Deus não pode fazer, pois tudo o que Deus faz, é necessário que tenha feito. — Daí também é manifesto que Deus não pode fazer outro Deus. Com efeito, é da razão do ente feito que seu ser dependa de outra causa. O que é contra a razão daquele que se chama Deus, como está claro pelo exposto[110]. — Pela mesma razão, Deus não pode fazer algo igual a si. Pois, aquilo cujo ser não depende de outro, é mais no ser e em outras dignidades do que o que depende de outro, o que pertence à razão do ente feito.

Igualmente Deus não pode fazer que alguma coisa se conserve no ser sem Ele. Com efeito, a conservação de qualquer ser depende de sua causa. Donde é necessário que, removida a causa, o efeito seja removido. Se, portanto, uma coisa que não fosse conservada no ser por Deus pudesse ser, não seria efeito dele.

Por outro lado. Porque Ele age por vontade, não pode fazer coisas que não pode querer. As coisas que não pode querer, é possível considerar-se, se entendemos como na divina vontade pode haver necessidade, pois o que é necessário ser é impossível não ser, e o que é impossível ser, é necessário não ser. Evidencia-se, porém, disso que não pode Deus fazer que Ele não exista, ou que não seja bom ou

110 Livro I, cap. 13.

beatum: quia de necessitate vult se esse, bonum esse et beatum, ut in primo ostensum est. — Item ostensum est supra quod Deus non potest velle aliquod malum. Unde patet quod Deus peccare non potest. — Similiter ostensum est supra quod Dei voluntas non potest esse mutabilis. Sic igitur non potest facere id quod est a se volitum, non impleri.

feliz, porque necessariamente quer ser, ser bom e feliz, como foi mostrado no Livro Primeiro[111].

Também foi mostrado[112] que Deus não pode querer nenhum mal. Donde é evidente que Deus não pode pecar. — Igualmente foi mostrado[113] que a vontade de Deus não pode ser mutável. Assim, portanto, não pode fazer que aquilo que é querido por Ele não seja realizado.

Sciendum tamen quod hoc alio modo dicitur non posse a praemissis. — Nam praemissa simpliciter Deus nec velle nec facere potest. — Huiusmodi autem potest quidem Deus vel facere vel velle, si eius voluntas vel potentia absolute consideretur, non autem si considerentur praesupposita voluntate de opposito: nam voluntas divina respectu creaturarum necessitatem non habet nisi ex suppositione, ut in primo ostensum est. — Et ideo omnes istae locutiones, Deus non potest facere contraria his quae disposuit facere, et quaecumque similiter dicuntur, intelliguntur composite: sic enim implicant suppositionem divinae voluntatis de opposito. — Si autem intelliguntur divise, sunt falsae: quia respiciunt potentiam et voluntatem Dei absolute.

É preciso saber, porém, que esse não poder se diz modo diferente do que foi exposto. — Pois, no acima dito, em absoluto Deus não pode nem fazer nem querer. Aqui, no entanto, Deus pode ou fazer ou querer, se sua vontade ou potência é considerada de modo absoluto, não, porém, se se considera, pressuposta a vontade do oposto; com efeito, a vontade divina com relação às criaturas não tem necessidade senão por suposição, como foi mostrado no Livro Primeiro[114]. — E assim todas estas expressões, *"Deus não pode fazer os contrários àquilo que se dispôs fazer"*, e outras que se dizem semelhantemente, entendem-se juntamente com seus opostos [*composite*]: assim, com efeito, implicam a suposição da divina vontade do oposto. — Se, porém, são entendidas em sentido dividido [*divise*], são falsas, pois dizem respeito à potência e vontade de Deus, de modo absoluto.

Sicut autem Deus agit per voluntatem, ita et per intellectum et scientiam ut ostensum est. Pari igitur ratione non potest facere quae se facturum non praescivit, aut dimittere quae se facturum praescivit, qua non potest facere quae facere non vult, aut dimittere quae vult.

Assim como Deus age por vontade, assim também pelo intelecto e pela ciência, como foi mostrado[115]. Por igual razão, portanto, não pode fazer as coisas que não tenha previsto que faria, ou deixar de fazer o que previu que faria, quanto não pode fazer o que não quer, ou deixar de fazer o que quer.

Et eodem modo conceditur et negatur utrumque: ut scilicet praedicta non posse dicatur, non quidem absolute, sed sub conditione vel ex suppositione.

E do mesmo modo se concedem e se negam ambas as coisas, a saber, que se diga não poder as coisas acima ditas, não certamente em absoluto, mas sob condição ou por suposição.

111 Livro I, cap. 80.
112 Livro I, cap. 95.
113 Livro I, cap. 13.
114 Livro I, cap. 83.
115 Cf. capítulo anterior.

Capitulum XXVI

Quod divinus intellectus non coartatur ad determinatos effectus

Quoniam autem ostensum est quod divina potentia ad determinatos effectus non limitatur, ac per hoc quod ex necessitate naturae non agit, sed per intellectum et voluntatem; ne cui forte videatur quod eius intellectus vel scientia ad determinatos effectus solummodo possit extendi, et sic agat ex necessitate scientiae, quamvis non ex necessitate naturae: restat ostendere quod eius scientia vel intellectus nullis effectuum limitibus coartatur.

Ostensum est enim supra quod Deus omnia alia quae ab eo procedere possunt comprehendit suam essentiam intelligendo, in qua omnia huiusmodi esse necessarium est per aliqualem similitudinem, sicut effectus virtute sunt in causa. Si igitur potentia divina ad effectus determinatos non coartatur, ut supra ostensum est, necessarium est et de eius intellectu similem sententiam proferre.

Adhuc. Divinae essentiae infinitatem supra ostendimus. Infinitum autem, quantalibet adiectione finitorum facta, adaequari non potest quin infinitum excedat quantalibet finita, si etiam numero infinita existant. Nihil autem aliud praeter Deum constat esse secundum essentiam infinitum: cum omnia alia secundum essentiae rationem sub determinatis generibus et speciebus concludantur. Quotcumque igitur et quanticumque divini effectus comprehendantur, semper in divina essentia est ut eos excedat. Et ita plurium ratio esse possit. Divinus igitur intellectus, qui perfecte divinam essentiam cognoscit, ut supra ostensum est, omnem finitatem effectuum transcendit. Non igitur ex necessitate ad hos vel illos effectus coartatur.

Item. Supra ostensum est quod divinus intellectus infinitorum est cognitor. Deus au-

Capítulo 26

O intelecto divino não se limita a efeitos determinados

Uma vez que se demonstrou que a potência divina não é limitada a efeitos determinados, e por isso que não age por necessidade da natureza, mas pelo intelecto e vontade, de modo que não pareça a alguém talvez que seu intelecto ou ciência só se estendam a efeitos determinados, e assim aja por necessidade da ciência, embora não por necessidade da natureza, resta mostrar que sua ciência ou intelecto não é restrito a nenhum limite de efeitos.

Mostrou-se[116], com efeito, que Deus compreende todas as coisas que podem d'Ele proceder, entendendo sua essência, na qual é necessário que todas existam por alguma semelhança, como os efeitos existem virtualmente na causa. Se, portanto, a potência divina não se restringe a efeitos determinados, como foi mostrado[117], é necessário também que se profira semelhante sentença sobre seu intelecto.

Ainda. Mostramos[118] a infinitude da essência divina. Ora, o infinito, feito qualquer acréscimo de finitos, não pode ser igualado sem que o infinito exceda quantos finitos forem, mesmo que sejam infinitos em número. Nada, porém, além de Deus consta ser infinito segundo a essência, pois todas as outras coisas segundo a razão da essência se encerram sob determinados gêneros e espécies. Portanto, sejam quantos e quais forem os efeitos divinos considerados, sempre a divina essência os excede. E assim pode ser a razão de muitos efeitos. Logo, o intelecto divino, que conhece perfeitamente a essência divina, como foi mostrado[119], transcende toda finitude dos efeitos. Portanto, não é limitado, por necessidade, a estes ou aqueles efeitos.

Igualmente. Foi mostrado[120] que o intelecto divino é conhecedor dos infinitos. Ora,

116 Livro I, cap. 49 ss.
117 Cf. cap. 22.
118 Livro I, cap. 43.
119 Livro I, cap. 47.
120 Livro I, cap. 69.

tem per sui intellectus scientiam res producit in esse. Causalitas igitur divini intellectus ad finitos effectus non coartatur.

Amplius. Si divini intellectus causalitas ad effectus aliquos, quasi de necessitate agens, artaretur, hoc esset respectu illorum qui ab eo producuntur in esse. Hoc autem esse non potest: cum supra ostensum sit quod Deus intelligit etiam quae nunquam sunt nec erunt nec fuerunt. Non igitur Deus agit ex necessitate sui intellectus vel scientiae.

Praeterea. Divina scientia comparatur ad res ab ipso productas sicut scientia artificis ad res artificiatas. Quaelibet autem ars se extendit ad omnia quae possunt contineri sub genere subiecto illius artis: sicut ars aedificatoria ad omnes domos. Genus autem subiectum divinae arti est ens: cum ipse per suum intellectum sit universale principium entis, ut ostensum est. Igitur intellectus divinus ad omnia quibus entis ratio non repugnat, suam causalitatem extendit: huiusmodi enim omnia, quantum est de se, nata sunt sub ente contineri. Non igitur divinus intellectus ad aliquos determinatos effectus coartatur.

Hinc est quod in Psalmo dicitur: magnus Dominus, et magna virtus eius, et sapientiae eius non est numerus.

Per haec autem excluditur quorundam Philosophorum positio dicentium quod ex hoc quod Deus seipsum intelligit, fluit ab ipso de necessitate talis rerum dispositio: quasi non suo arbitrio limitet singula et universa disponat, sicut fides catholica profitetur.

Sciendum tamen quod, quamvis divinus intellectus ad certos effectus non coartatur, ipse tamen sibi statuit determinatos effectus quos per suam sapientiam ordinate producat: sicut sapientiae 11,21 dicitur: omnia

Deus, por ciência de seu intelecto, produz as coisas no ser. Portanto, a causalidade do intelecto divino não se limita aos efeitos finitos.

Ademais. Se a causalidade do intelecto divino se limitasse a alguns efeitos, como operando por necessidade, isso se daria com relação às coisas, que são por ele produzidas no ser. Ora, isso não poderia ser, pois foi mostrado[121] que Deus entende também aquelas coisas que nunca são, nem serão nem foram. Logo, Deus não age por necessidade de seu intelecto ou ciência.

Além disso. A ciência divina compara-se às coisas produzidas por Deus como a ciência do artífice com relação aos artefatos. Ora, qualquer arte estende-se a todas aquelas coisas que podem ser contidas sob o gênero compreendido por essa arte, como a arte da edificação para todas as casas. Ora, o gênero compreendido pela arte divina é o ente, pois ele, por seu intelecto, é o princípio universal do ente, como foi mostrado[122]. Logo, o intelecto divino estende sua causalidade a todas as coisas às quais não repugna a razão de ente, pois todas essas coisas, quanto é de si, determinam-se a ser contidas sob o ente. Logo, o intelecto divino não está limitado a determinados efeitos.

Daí é que se diz no Salmo: *grande é o Senhor, e grande sua potência, e não há medida de sua sabedoria*[123].

Por isso, exclui-se a afirmação de alguns filósofos, que dizem que pelo fato de Deus se conhecer a si mesmo, decorre d'Ele por necessidade tal disposição das coisas, como se não limitasse por seu arbítrio as coisas singulares e dispusesse as universais, como professa a fé católica.

Deve-se saber, porém, que, embora o intelecto divino não se restrinja a certos efeitos, ele mesmo se estabeleceu determinados efeitos a produzir ordenadamente por sua sabedoria, como se diz no Livro da Sabedoria:

121 Livro I, cap. 66.
122 Cf. cap. 15.
123 Salmo 146,5.

in numero, pondere et mensura disposuisti, Domine.

Capitulum XXVII

Quod divina voluntas ad determinatos effectus non artatur

Ex his etiam ostendi potest quod nec eius voluntas, per quam agit, ad determinatos effectus necessitatem habet.

Voluntatem enim suo obiecto proportionatam esse oportet. Obiectum autem voluntatis est bonum intellectum, ut patet ex supra dictis. Voluntas igitur ad quaelibet se nata est extendere quae ei intellectus sub ratione boni proponere potest. Si igitur intellectus divinus ad certos effectus non coartatur, ut ostensum est, relinquitur quod nec divina voluntas determinatos effectus ex necessitate producit.

Praeterea. Nihil agens per voluntatem producit aliquid non volendo. Ostensum est autem supra quod Deus circa alia a se nihil vult ex necessitate absoluta. Non igitur ex necessitate divinae voluntatis aliqui effectus procedunt, sed ex eius libera dispositione.

Capitulum XXVIII et XXIX

Qualiter in rerum productione debitum inveniatur

Ostendere etiam ex praedictis oportet quod Deus non ex necessitate operatus est in rerum creatione quasi ex debito iustitiae res in esse produxerit.

Iustitia enim, secundum Philosophum, in V ethic., ad alterum est, cui debitum reddit. Universali autem rerum productioni nihil praesupponitur cui aliquid debeatur. Ipsa igitur universalis rerum productio ex debito iustitiae provenire non potuit.

Item. Cum iustitiae actus sit reddere unicuique quod suum est, actum iustitiae praecedit actus quo aliquid alicuius suum efficitur,

Dispuseste, Senhor, todas coisas em número, peso e medida[124].

Capítulo 27

A vontade divina não se restringe a efeitos determinados

Disso também pode ser mostrado que nem sua vontade pela qual age é necessitada para determinados efeitos.

É necessário que a vontade seja proporcionada a seu objeto. Ora, o objeto da vontade é o bem conhecido, como se evidencia do que foi dito[125]. Portanto, a vontade é determinada a estender-se para quaisquer coisas que a ela o intelecto pode propor sob a razão de bem. Se, pois, o intelecto divino não se restringe a certos efeitos, como foi mostrado[126], resta que nem a vontade divina produz por necessidade determinados efeitos.

Além disso. O agente por vontade nada produz, não querendo. Ora, foi mostrado[127] que Deus nada quer por necessidade absoluta com relação às coisas distintas d'Ele. Logo, os efeitos não procedem por necessidade da vontade divina, mas de sua livre disposição.

Capítulos 28 e 29

Como se acha o débito na produção das coisas

É necessário mostrar do que foi dito que Deus não agiu por necessidade na criação das coisas, como se as produzisse no ser por débito de justiça.

Com efeito, segundo o Filósofo[128], a justiça é em relação ao outro, ao qual dá o devido. Ora, nada é pressuposto na produção universal das coisas que se deva algo a alguém. Logo, a própria produção universal das coisas não pôde provir de um débito de justiça.

Igualmente. Como o ato de justiça é dar a cada um o que é seu, o ato de justiça precede o ato no qual algo se torna próprio de alguém,

124 Sabedoria 11,21.
125 Cf. cap. 24.
126 Cf. capítulo anterior.
127 Livro I, cap. 81.
128 Aristóteles (384-322 a.C.), em *Ética* V, 3, 1129b,31-1130a, 8.

sicut in rebus humanis patet: aliquis enim laborando meretur suum effici quod retributor per actum iustitiae sibi reddit. Ille igitur actus quo primo aliquid suum alicuius efficitur, non potest esse actus iustitiae. Sed per creationem res creata primo incipit aliquid suum habere. Non igitur creatio ex debito iustitiae procedit.

Praeterea. Nullus debet aliquid alteri nisi per hoc quod aliqualiter dependet ab ipso, vel aliquid accipit ab eo vel ab altero, ratione cuius alteri debet: sic enim filius est debitor patri, quia accipit esse ab eo; Dominus ministro, quia ab eo accipit famulatum quo indiget; omnis homo proximo propter Deum, a quo bona cuncta suscepimus. Sed Deus a nullo dependet, nec indiget aliquo quod ab altero suscipiat, ut ex supra dictis manifeste apparet. Deus igitur non produxit res in esse ex aliquo iustitiae debito.

Amplius. In quolibet genere quod est propter se est prius eo quod est propter aliud. Illud igitur quod est primum simpliciter inter omnes causas, est causa propter seipsum tantum. Quod autem agit ex debito iustitiae, non agit propter seipsum tantum: agit enim propter illud cui debet. Deus igitur, cum sit prima causa et primum agens, res in esse non produxit ex debito iustitiae.

Hinc est quod Rom. 11 dicitur: quis prior dedit illi, et retribuetur ei? quoniam ex ipso et per ipsum et in ipso sunt omnia. Et iob 41,2: quis ante dedit mihi, ut reddam ei? omnia quae sub caelo sunt, mea sunt.

Per haec autem excluditur error quorundam probare nitentium quod Deus non potest facere nisi quod facit, quia non potest facere nisi quod debet. Non enim ex debito iustitiae res operatur, ut ostensum est.

como é manifesto nas coisas humanas; com efeito, alguém que trabalha, merece que se torne seu o que o retribuidor lhe dá por ato de justiça. Portanto, aquele ato no qual por primeiro algo se torna próprio de alguém, não pode ser ato de justiça. Mas, pela criação, a coisa criada por primeiro começa a ter algo como seu. Portanto, a criação não procede de um débito de justiça.

Além disso. Ninguém deve alguma coisa a outro senão porque de algum modo depende dele, ou recebe algo dele ou de um terceiro, em razão do que deve a outro; assim, com efeito, o filho é devedor ao pai, pois recebe o ser dele; o senhor ao empregado, pois dele recebe o serviço de que precisa; todo homem ao próximo por causa de Deus, de quem todos os bens recebemos. Mas Deus de ninguém depende, nem precisa de algo que receba de outro, como manifestamente aparece do que foi dito. Portanto, Deus não produziu coisas no ser, por algum débito de justiça.

Ademais. Em qualquer gênero o que é por causa de si é anterior ao que é por causa de outro. Portanto, aquilo que é primeiro em absoluto entre todas as causas, é causa em razão de si mesmo apenas. Ora, o que age por débito de justiça, não age por causa de si mesmo apenas: age, com efeito, por causa daquele a quem deve. Deus, portanto, como é primeira causa e primeiro agente, não produziu as coisas no ser por débito de justiça.

Daqui é que se diz em Romanos: *Quem lhe deu primeiro, para que lhe fosse recompensado? Porque d'Ele, por Ele e n'Ele estão todas as coisas*[129]. E em Jó: *Quem antes me deu, para que lhe retribua? São minhas todas as coisas que estão sob o céu*[130].

Por isso se exclui o erro de alguns que se esforçam por provar que Deus não pode fazer senão o que faz, porque não pode fazer senão o que deve. Com efeito, não produz as coisas por débito de justiça, como foi mostrado.

---

[129] Romanos 11,35-36.
[130] Jó 41,2.

Licet autem universalem rerum productionem nihil creatum praecedat cui aliquid debitum esse possit, praecedit tamen aliquid increatum, quod est creationis principium. Quod quidem dupliciter considerari potest.

Ipsa enim divina bonitas praecedit ut finis et primum motivum ad creandum: secundum Augustinum, qui dicit: quia Deus bonus est, sumus. Scientia autem eius et voluntas praecedunt sicut ea quibus res in esse producuntur. Si igitur ipsam divinam bonitatem absolute consideremus, nullum debitum in creatione rerum invenimus.

Dicitur enim uno modo aliquid alicui debitum ex ordine alterius ad ipsum, quod scilicet in ipsum debet referre quod ab ipso accepit: sicut debitum est benefactori quod ei de beneficiis gratiae agantur, inquantum ille qui accepit beneficium hoc ei debet. Hic tamen modus debiti in rerum creatione locum non habet: cum non sit aliquid praeexistens cui possit competere aliquid Deo debere, nec aliquod eius beneficium praeexistat.

Alio modo dicitur aliquid alicui debitum secundum se: hoc enim est ex necessitate alicui debitum quod ad eius perfectionem requiritur; sicut homini debitum est habere manus vel virtutem, quia sine his perfectus esse non potest. Divina autem bonitas nullo exteriori indiget ad sui perfectionem. Non est igitur per modum necessitatis ei debita creaturarum productio.

Adhuc. Deus sua voluntate res in esse producit, ut supra ostensum est. Non est autem necessarium, si Deus suam bonitatem vult esse, quod velit alia a se produci: huius enim conditionalis antecedens est necessarium, non autem consequens; ostensum est enim in primo libro quod Deus ex necessitate vult suam bonitatem esse, non autem ex necessitate vult alia. Igitur non ex necessitate debetur divinae bonitati creaturarum productio.

Embora não preceda à produção universal das coisas nada criado a que algo possa ser devido, precede, entretanto, algo incriado, que é princípio da criação. O que pode ser considerado de duas maneiras.

Com efeito, a própria bondade divina precede, como fim e primeiro motivo para criar, segundo Agostinho, que diz: *Porque Deus é bom, somos*[131]. Ora, sua ciência e vontade precedem como aquilo do qual as coisas são produzidas no ser. Portanto, se consideramos de modo absoluto a mesma bondade divina, não encontramos nenhum débito na criação das coisas.

De um modo, diz-se que algo é devido a alguém pela ordem do outro a ele, a saber, enquanto deve referir a ele o que dele recebeu; por exemplo, é devido ao benfeitor que lhe sejam dadas graças pelos benefícios, enquanto o que recebeu o benefício isso lhe deve. Mas, esse modo de débito não tem lugar na criação das coisas, pois não há algo preexistente a que caiba dever algo a Deus, nem preexiste algum benefício seu.

De outro modo, diz-se que se deve algo a alguém por si mesmo, isto é, quando se deve necessariamente a alguém o que se requer para sua perfeição; por exemplo, ao homem é devido ter mãos ou potência, porque sem elas não pode ser perfeito. Ora, a divina bondade não precisa de nada exterior para sua perfeição. Logo, a produção das criaturas não lhe é devida por modo de necessidade.

Ainda. Por sua vontade, Deus produz no ser as coisas, como foi mostrado[132]. Ora, não é necessário, se Deus quer que sua bondade exista, que queira produzir coisas distintas de si: pois, o antecedente desse condicional é necessário, não, porém, o consequente; foi mostrado, com efeito, no Livro Primeiro[133] que Deus quer por necessidade que sua bondade exista, não, porém, quer por necessidade outras coisas. Portanto, a produção das criaturas não é devida por necessidade à bondade divina.

131 Santo Agostinho (354-431), em *A Doutrina Cristã* I, 32, ML 34, 32.

132 Cf. cap. 23.

133 Livro I, caps. 80 ss.

Amplius. Ostensum est quod Deus producit res in esse non ex necessitate naturae, neque ex necessitate scientiae, neque voluntatis, neque iustitiae. Nullo igitur modo necessitatis divinae bonitati est debitum quod res in esse producantur. Potest tamen dici esse sibi debitum per modum cuiusdam condecentiae. Iustitia autem proprie dicta debitum necessitatis requirit: quod enim ex iustitia alicui redditur, ex necessitate iuris ei debetur. Sicut igitur creaturarum productio non potest dici fuisse ex debito iustitiae quo Deus creaturae sit debitor, ita nec ex tali iustitiae debito quo suae bonitati sit debitor, si iustitia proprie accipiatur. Large tamen iustitia accepta, potest dici in creatione rerum iustitia, inquantum divinam condecet bonitatem.

Ademais. Foi mostrado[134] que Deus produz as coisas no ser não por necessidade da natureza, nem por necessidade da ciência, nem da vontade, nem de justiça. Portanto, não é por nenhum modo de necessidade devido à bondade divina que as coisas são produzidas no ser. Entretanto, pode-se dizer que há um débito por modo de alguma conveniência. A justiça propriamente dita requer o débito por necessidade: o que por justiça se dá a alguém, é-lhe devido por necessidade de direito. Portanto, como a produção das criaturas não pode ser dita que foi por débito de justiça pelo qual Deus seja devedor à criatura, assim também nem por esse débito de justiça pelo qual seja devedor à sua bondade, se se toma justiça estritamente. — Tomada a justiça em sentido largo, pode-se dizer justiça na criação das coisas, enquanto convém à bondade divina.

Si vero divinam dispositionem consideremus qua Deus disposuit suo intellectu et voluntate res in esse producere, sic rerum productio ex necessitate divinae dispositionis procedit: non enim potest esse quod Deus aliquid se facturum disposuerit quod postmodum ipse non faciat; alias eius dispositio vel esset mutabilis vel infirma. Eius igitur dispositioni ex necessitate debetur quod impleatur.

Se, contudo, consideramos a disposição divina pela qual Deus dispôs pelo seu intelecto e pela sua vontade produzir as coisas no ser, assim a produção das coisas procede por necessidade da disposição divina. Com efeito, não pode ser que Deus se tenha disposto a produzir algo e, depois, não o faça; do contrário sua disposição seria ou mudável ou fraca. Portanto, sua disposição deve realizar-se necessariamente.

Sed tamen hoc debitum non sufficit ad rationem iustitiae proprie dictae in rerum creatione, in qua considerari non potest nisi actio Dei creantis: eiusdem autem ad seipsum non est iustitia proprie dicta, ut patet per Philosophum, in V ethicorum. Non igitur proprie dici potest quod Deus ex debito iustitiae res in esse produxerit, ea ratione quia per scientiam et voluntatem se disposuit producturum.

Entretanto, esse débito não basta para a razão de justiça, propriamente dita, na criação das coisas, na qual não se pode considerar senão a ação de Deus criador, porque não há justiça, propriamente dita, d'Ele consigo mesmo, como o Filósofo esclarece no livro da *Ética*[135]. Portanto, não se pode dizer propriamente que Deus, por débito de justiça, tenha produzido as coisas no ser, porque se dispôs a produzir pela ciência e pela vontade.

[Capitulum XXIX] Si autem alicuius creaturae productio consideretur, poterit ibi debitum iustitiae inveniri ex comparatione posterioris creaturae ad priorem. Dico autem priorem non solum tempore, sed natura.

[Capítulo 29] Se, porém, se considera a produção de uma criatura, poderá aí achar-se o débito de justiça por comparação da criatura posterior com a anterior. Digo, contudo, anterior não só no tempo, mas na natureza.

134 Aqui e cf. caps. 23, 26 e 27.
135 Aristóteles (384-322 a.C.), em *Ética* V, 15, 1138a.

Sic igitur in primis divinis effectibus producendis debitum non invenitur. In posteriorum vero productione invenitur debitum, ordine tamen diverso.Nam si illa quae sunt priora naturaliter, sint etiam priora in esse, posteriora ex prioribus debitum trahunt: debitum enim est ut, positis causis, habeant actiones per quas producunt effectus.Si vero quae sunt priora naturaliter, sint posteriora in esse, tunc e converso priora debitum trahunt a posterioribus: sicut medicinam debitum est praecedere ad hoc quod sanitas consequatur. Utrobique autem hoc commune existit, quod debitum sive necessitas sumitur ab eo quod est prius natura, circa id quod est natura posterius.

Necessitas autem quae est a posteriori in esse licet sit prius natura, non est absoluta necessitas, sed conditionalis: ut, si hoc debeat fieri, necesse est hoc prius esse. Secundum igitur hanc necessitatem in creaturarum productione debitum invenitur tripliciter.

Primo, ut sumatur conditionatum debitum a tota rerum universitate ad quamlibet eius partem quae ad perfectionem requiritur universi. Si enim tale universum fieri Deus voluit, debitum fuit ut solem et lunam faceret, et huiusmodi sine quibus universum esse non potest.

Secundo, ut sumatur conditionis debitum ex una creatura ad aliam: ut, si animalia et plantas Deus esse voluit, debitum fuit ut caelestia corpora faceret, ex quibus conservantur; et si hominem esse voluit, oportuit facere plantas et animalia, et alia huiusmodi quibus homo indiget ad esse perfectum; quamvis et haec et illa ex mera Deus fecerit voluntate.

Tertio, ut in unaquaque creatura sumatur conditionale debitum ex suis partibus et proprietatibus et accidentibus, ex quibus dependet creatura quantum ad esse vel quantum ad aliquam sui perfectionem: sicut, supposito quod Deus hominem facere vellet, debitum ex

Assim, portanto, não há débito na produção dos primeiros efeitos divinos. Na produção, contudo, das coisas posteriores, acha-se o débito, mas em ordem diversa. Com efeito, se aquelas coisas que são anteriores naturalmente são também anteriores no ser, as posteriores tomam o débito das anteriores; com efeito, o débito é que, postas as causas, venham as ações pelas quais produzem os efeitos. Se, porém, aquelas que são anteriores naturalmente são posteriores no ser, então, pelo contrário, as anteriores tomam o débito das posteriores, como é devido que o remédio preceda para que se consiga a saúde. Em ambos os casos há isto de comum que o débito ou a necessidade se toma daquilo que é anterior por natureza, acerca do que é posterior por natureza.

Ora, a necessidade que é posterior no ser, embora seja anterior por natureza, não é necessidade absoluta, mas condicional; por exemplo, se isto se deve fazer, é necessário que isto exista antes. Segundo, pois, essa necessidade na produção das criaturas, acha-se o débito de modo tríplice.

Em primeiro, quando se toma o débito condicionado por toda a universalidade das coisas para qualquer uma parte, que é requerida para a perfeição do universo. Se, pois, Deus quis que esse universo se fizesse, foi devido que fizesse o sol e a lua, e coisas semelhantes sem as quais o universo não pode existir.

Em segundo, quando se toma o débito de condição de uma criatura para outra, por exemplo, se Deus quis que existissem os animais e as plantas, foi devido que fizesse os corpos celestes, pelos quais se conservam; e se quis que o homem existisse, foi necessário fazer as plantas e os animais, e outras coisas semelhantes, das quais o homem precisa para ser perfeito, embora Deus tenha feito essas e aquelas coisas por mera vontade.

Em terceiro, quando numa criatura se toma o débito condicional de suas partes e propriedades e acidentes, dos quais depende a criatura quanto ao existir ou quanto a alguma sua perfeição; por exemplo, suposto que Deus quis fazer o homem, foi devido a essa

hac suppositione fuit ut animam et corpus in eo coniungeret, et sensus, et alia huiusmodi adiumenta, tam intrinseca quam extrinseca, ei praeberet.

In quibus omnibus, si recte attenditur, Deus creaturae debitor non dicitur, sed suae dispositioni implendae.

Invenitur autem et alius necessitatis modus in rerum natura secundum quod aliquid dicitur necessarium absolute. Quae quidem necessitas dependet ex causis prioribus in esse: sicut ex principiis essentialibus, et ex causis efficientibus sive moventibus. Sed iste modus necessitatis in prima rerum creatione locum habere non potest quantum ad causas efficientes. Ibi enim solus Deus causa efficiens fuit, cuius est solius creare, ut supra ostensum est; ipse autem non necessitate naturae, sed voluntate operatur creando, ut supra ostensum est; ea vero quae voluntate fiunt, necessitatem habere non possunt nisi ex sola finis suppositione, secundum quam debitum est fini ut ea sint per quae pervenitur ad finem.

Sed quantum ad causas formales vel materiales, nihil prohibet etiam in prima rerum creatione necessitatem absolutam inveniri.Ex hoc enim quod aliqua corpora ex elementis fuerunt composita, necessarium fuit ea calida aut frigida esse. Et ex hoc quod aliqua superficies producta est triangularis figurae, necessarium fuit quod tres angulos aequales duobus rectis haberet. Haec autem necessitas est secundum ordinem effectus ad causam creatam materialem vel formalem.Unde secundum hanc Deus debitor dici non potest, sed magis in creaturam necessitatis debitum cadit. In rerum autem propagatione, ubi iam creatura efficiens invenitur, potest esse necessitas absoluta a causa efficiente creata: sicut ex motu solis inferiora corpora necessario immutantur.

Sic igitur ex praedictis debiti rationibus iustitia naturalis in rebus invenitur et quantum ad rerum creationem, et quantum ad

suposição que unisse nele a alma e o corpo, e o provesse de sentidos e outros auxílios semelhantes, tanto intrínsecos quanto extrínsecos.

Em todas essas coisas, se se presta atenção retamente, não se diz Deus devedor da criatura, mas de sua disposição a realizar-se.

Entretanto, encontra-se também outro modo de necessidade na natureza das coisas, enquanto algo se diz necessário absolutamente. Essa necessidade depende de causas anteriores no ser, como dos princípios essenciais, e das causas eficientes ou motoras. Mas esse modo de necessidade não tem lugar na primeira criação das coisas quanto às causas eficientes. Aí, com efeito, só Deus foi causa eficiente, ao qual exclusivamente pertence o criar, como acima foi mostrado; ora, ele não opera criando por necessidade da natureza, mas por vontade, como acima foi mostrado; as coisas, com efeito, que são produzidas pela vontade, não podem ter necessidade, senão apenas por suposição do fim, segundo a qual o débito é ao fim, como são aquelas coisas pelas quais se chega ao fim.

Mas quanto às causas formais ou materiais, nada proíbe também que se ache a necessidade absoluta na primeira criação das coisas. Do fato, com efeito, de que alguns corpos foram compostos dos elementos, foi necessário que eles fossem quentes ou frios. E pelo fato de que alguma superfície foi produzida de figura triangular, foi necessário que tivesse três ângulos iguais a dois retos. Essa necessidade, porém, é segundo a ordem do efeito com relação à causa criada material ou formal. Donde segundo ela, Deus não pode ser dito devedor, mas o débito de necessidade recai mais sobre a criatura. Na propagação, porém, das coisas, ali onde já se acha a criatura como causa eficiente, pode haver necessidade absoluta pela causa eficiente criada, como pelo movimento do sol os corpos inferiores se mudam necessariamente.

Assim, portanto, pelas razões acima ditas a justiça natural se acha nas coisas, quanto à criação das coisas, como quanto à sua pro-

earum propagationem. Et ideo Deus dicitur iuste et rationabiliter omnia condidisse et gubernare. — Sic igitur per praedicta excluditur duplex error: eorum scilicet qui, divinam potentiam limitantes, dicebant Deum non posse facere nisi quae facit, quia sic facere debet; et eorum qui dicunt quod omnia sequuntur simplicem voluntatem, absque aliqua alia ratione vel quaerenda in rebus vel assignanda.

pagação. E desse modo se diz que Deus fez e governa todas as coisas justa e racionalmente. Assim, portanto, pelo que foi dito exclui-se duplo erro. A saber, daqueles que, limitando a potência divina, diziam que Deus não podia fazer senão aquelas coisas que fez, porque assim deve fazer; e daqueles que dizem que todas as coisas seguem a simples vontade, sem nenhuma outra razão a ser buscada ou assinalada nas coisas.

Capitulum XXX
Qualiter in rebus creatis esse potest necessitas absoluta

Licet autem omnia ex Dei voluntate dependeant sicut ex prima causa, quae in operando necessitatem non habet nisi ex sui propositi suppositione, non tamen propter hoc absoluta necessitas a rebus excluditur, ut sit necessarium nos fateri omnia contingentia esse: — quod posset alicui videri, ex hoc quod a causa sua non de necessitate absoluta fluxerunt: cum soleat in rebus esse contingens effectus qui ex causa sua non de necessitate procedit. Sunt enim quaedam in rebus creatis quae simpliciter et absolute necesse est esse.

Illas enim res simpliciter et absolute necesse est esse in quibus non est possibilitas ad non esse. Quaedam autem res sic sunt a Deo in esse productae ut in earum natura sit potentia ad non esse. Quod quidem contingit ex hoc quod materia in eis est in potentia ad aliam formam. Illae igitur res in quibus vel non est materia, vel, si est, non est possibilis ad aliam formam, non habent potentiam ad non esse. Eas igitur absolute et simpliciter necesse est esse.

Si autem dicatur quod ea quae sunt ex nihilo, quantum est de se in nihilum tendunt; et sic omnibus creaturis inest potentia ad non esse: — manifestum est hoc non sequi. Dicuntur enim res creatae eo modo in nihilum tendere quo sunt ex nihilo. Quod quidem non est nisi secundum potentiam agentis. Sic igitur et rebus creatis non inest potentia ad non esse:

Capítulo 30
Como pode haver necessidade absoluta nas coisas criadas

Embora todas as coisas dependam da vontade de Deus como da primeira causa, que, operando, não tem necessidade senão da suposição de seu propósito, nem por isso se exclui a necessidade absoluta das coisas, de modo que é necessário que confessemos que todas as coisas são contingentes: — o que poderia parecer a alguém pelo fato de que as coisas não fluíram por necessidade absoluta de sua causa, pois é costume nas coisas ser contingente o efeito, que não procede necessariamente de sua causa. Há, pois, algumas entre as coisas criadas que são simples e absolutamente necessárias.

Com efeito, aquelas coisas, simples e absolutamente necessárias, nelas não há possibilidade de não ser. Ora, algumas coisas são produzidas no ser por Deus de tal modo que nelas a natureza é potência para não ser. O que acontece porque nelas a matéria está em potência para outra forma. Portanto, aquelas coisas nas quais ou não há matéria, ou, se há, nelas não há possibilidade para outra forma e não têm potência para não ser. Logo, são necessárias absoluta e simplesmente.

Se se diz, entretanto, que aquelas coisas que procedem do nada tendem, quanto é de si, para o nada, e assim todas as criaturas têm potência para não ser, é manifesto que isso não se segue. Diz-se, com efeito, que as coisas criadas tendem para o nada pelo modo que procedem do nada. O que não se dá senão segundo a potência do agente. Assim, portanto,

sed creatori inest potentia ut eis det esse vel eis desinat esse influere; cum non ex necessitate naturae agat ad rerum productionem, sed ex voluntate, ut ostensum est.

Item. Ex quo res creatae ex divina voluntate in esse procedunt, oportet eas tales esse quales Deus eas esse voluit. Per hoc autem quod dicitur Deum produxisse res in esse per voluntatem, non per necessitatem, non tollitur quin voluerit aliquas res esse quae de necessitate sint et aliquas quae sint contingenter, ad hoc quod sit in rebus diversitas ordinata. Nihil igitur prohibet res quasdam divina voluntate productas necessarias esse.

Adhuc. Ad divinam perfectionem pertinet quod rebus creatis suam similitudinem indiderit, nisi quantum ad illa quae repugnant ei quod est esse creatum: agentis enim perfecti est producere sibi simile quantum possibile est. Esse autem necesse simpliciter non repugnat ad rationem esse creati: nihil enim prohibet aliquid esse necesse quod tamen suae necessitatis causam habet, sicut conclusiones demonstrationum. Nihil igitur prohibet quasdam res sic esse productas a Deo ut tamen eas esse sit necesse simpliciter. Immo hoc divinae perfectioni attestatur.

Amplius. Quanto aliquid magis distat ab eo quod per seipsum est ens, scilicet Deo, tanto magis propinquum est ad non esse. Quanto igitur aliquid est propinquius Deo, tanto magis recedit a non esse.
Quae autem ima sunt, propinqua sunt ad non esse per hoc quod habent potentiam ad non esse. Illa igitur quae sunt Deo propinquissima, et per hoc a non esse remotissima, talia esse oportet, ad hoc quod sit rerum ordo completus, ut in eis non sit potentia ad non esse. Talia autem sunt necessaria absolute. Sic igitur aliqua creata de necessitate habent esse.

também nas coisas criadas não há a potência para não ser, mas no Criador há a potência para lhes dar o ser ou deixar de lhes infundir o ser, pois não age por necessidade da natureza para a produção das coisas, mas por vontade, como foi mostrado[136].

Igualmente. De que as coisas criadas procedem no ser pela vontade divina, é necessário que sejam tais quais Deus quis que fossem. Entretanto, porque se diz que Deus produziu coisas no ser por vontade, não por necessidade, não se exclui que não tenha querido que algumas coisas fossem necessárias e outras fossem contingentes, para que houvesse nas coisas uma diversidade ordenada. Nada, portanto, proíbe que fossem necessárias algumas coisas produzidas pela divina vontade.

Ainda. Pertence à divina perfeição que insira sua semelhança nas coisas criadas, a não ser quanto àquelas que repugnam ao que é o ser criado, pois, é do agente perfeito produzir algo semelhante a si, enquanto é possível. Ora, ser necessário simplesmente não repugna à razão do ser criado, pois nada proíbe que algo seja necessariamente o que, entretanto, tem causa de sua necessidade, como as conclusões das demonstrações. Portanto, nada proíbe que algumas coisas sejam produzidas por Deus de tal modo que elas sejam simplesmente necessárias. Ainda mais que isso atesta a perfeição divina.

Mais. Quanto mais uma coisa dista do que é por si mesmo ente, ou seja, de Deus, tanto mais é próxima do não ser. Portanto, quanto mais uma coisa é próxima de Deus, tanto mais se afasta do não ser.

Ora, as coisas que são ínfimas, são próximas do não ser enquanto têm potência para o não ser. Logo, as que são as mais próximas de Deus, e por isso mais remotas do não ser, é necessário que sejam tais a fim de que a ordem das coisas seja completa, de modo que nelas não haja potência para não ser. Ora, essas coisas são absolutamente necessárias. Assim, pois, algumas coisas criadas têm o ser por necessidade.

---

[136] Cf. cap. 23.

Sciendum est itaque quod, si rerum creatarum universitas consideretur prout sunt a primo principio, inveniuntur dependere ex voluntate, non ex necessitate principii, nisi necessitate suppositionis, sicut dictum est. Si vero comparentur ad principia proxima, inveniuntur necessitatem habere absolutam. Nihil enim prohibet aliqua principia non ex necessitate produci, quibus tamen positis, de necessitate sequitur talis effectus: sicut mors animalis huius absolutam necessitatem habet propter hoc quod iam ex contrariis est compositum, quamvis ipsum ex contrariis componi non fuisset necessarium absolute. Similiter autem quod tales rerum naturae a Deo producerentur, voluntarium fuit: quod autem, eis sic statutis, aliquid proveniat vel existat, absolutam necessitatem habet.

Diversimode autem ex diversis causis necessitas sumitur in rebus creatis. Nam quia sine suis essentialibus principiis, quae sunt materia et forma, res esse non potest, quod ex ratione principiorum essentialium rei competit, absolutam necessitatem in omnibus habere necesse est.

Ex his autem principiis, secundum quod sunt essendi principia, tripliciter sumitur necessitas absoluta in rebus.

Uno quidem modo, per ordinem ad esse eius cuius sunt. — Et quia materia, secundum id quod est, ens in potentia est; quod autem potest esse, potest etiam et non esse: ex ordine materiae necessario res aliquae corruptibiles existunt; sicut animal quia ex contrariis compositum est, et ignis quia eius materia est contrariorum susceptiva. — Forma autem, secundum id quod est, actus est: et per eam res actu existunt. Unde ex ipsa provenit necessitas ad esse in quibusdam. Quod contingit vel quia res illae sunt formae non in materia: et sic non inest ei potentia ad non esse, sed per suam formam semper sunt in virtute essendi; sicut est in substantiis separatis. — Vel quia formae earum sua perfectione adae-

Por consequência, deve-se saber que, se se considera a universalidade das coisas criadas enquanto procedem do primeiro princípio, dependem da vontade, não da necessidade do princípio, a não ser por necessidade da suposição, como foi dito[137]. Se, pois, comparam-se aos princípios próximos, acham-se ter necessidade absoluta. Com efeito, nada proíbe que alguns princípios se produzam não por necessidade, mas, postos eles, segue-se por necessidade esse efeito, como a morte desse animal tem necessidade absoluta em razão de que já é composto de contrários, embora que ele se compusesse dos contrários não fosse de necessidade absoluta. Ora, semelhantemente foi voluntário que essas naturezas de coisas fossem produzidas por Deus: e que, sendo elas assim feitas, é de necessidade absoluta que algo provenha ou exista.

A partir de diversas causas, entende-se a necessidade nas coisas criadas de diversos modos. Com efeito, porque a coisa não pode ser sem seus princípios essenciais, que são matéria e forma, o que, por razão dos princípios essenciais compete à coisa, é necessário que haja em todas necessidade absoluta. Ora, a partir desses princípios, enquanto são princípios do ser, entende-se de três modos a necessidade absoluta nas coisas.

Primeiro modo, pela ordem ao ser daquilo de que são princípios. Porque a matéria, segundo o que é, é ente em potência, que, porém, pode ser e que pode também não ser, pela ordem da matéria necessariamente existem coisas corruptíveis, como o animal, porque é composto de contrários, e o fogo, porque sua matéria é suscetível de contrários. — A forma, porém, segundo o que é, é ato, e por ela as coisas existem em ato. Por isso dela provém em algumas coisas a necessidade para ser. O que acontece ou porque aquelas coisas são formas não recebidas em matéria, e assim não está nelas a potência para não ser, mas por sua forma são sempre em potência de ser, como se dá nas substâncias separadas. — Ou porque as for-

137 Cf. cap. 23; Livro I, cap. 83.

quant totam potentiam materiae, ut sic non remaneat potentia ad aliam formam, nec per consequens ad non esse: sicut est in corporibus caelestibus. — In quibus vero forma non complet totam potentiam materiae, remanet adhuc in materia potentia ad aliam formam. Et ideo non est in eis necessitas essendi, sed virtus essendi consequitur in eis victoriam formae super materia: ut patet in elementis et elementatis. Forma enim elementi non attingit materiam secundum totum eius posse: non enim fit susceptiva formae elementi unius nisi per hoc quod subiicitur alteri parti contrarietatis. — Forma vero mixti attingit materiam secundum quod disponitur per determinatum modum mixtionis. Idem autem subiectum oportet esse contrariorum et mediorum omnium, quae sunt ex commixtione extremorum. Unde manifestum est quod omnia quae vel contrarium habent vel ex contrariis sunt, corruptibilia sunt. Quae autem huiusmodi non sunt, sempiterna sunt: nisi per accidens corrumpantur, sicut formae quae non subsistunt sed esse earum est per hoc quod insunt materiae.

Alio vero modo ex principiis essentialibus est in rebus absoluta necessitas per ordinem ad partes materiae vel formae, si contingat huiusmodi principia in aliquibus non simplicia esse. Quia enim materia propria hominis est corpus commixtum et complexionatum et organizatum, necessarium est absolute hominem quodlibet elementorum et humorum et organorum principalium in se habere. Similiter, si homo est animal rationale mortale, et haec est natura vel forma hominis, necessarium est ipsum et animal et rationale esse.

Tertio modo est in rebus necessitas absoluta per ordinem principiorum essentialium ad proprietates consequentes materiam vel formam: sicut necesse est serram, quia ex ferro est, duram esse; et hominem disciplinae perceptibilem esse.

mas delas por sua perfeição preenchem toda a potência da matéria, de modo que assim não permanece potência para outra forma, nem, por conseguinte, para não ser, como se dá nos corpos celestes. — Nas coisas, porém, em que a forma não preenche toda a potência da matéria, permanece ainda na matéria a potência para outra forma. E assim não há nelas necessidade de ser, mas a potência de ser acompanha nelas a vitória da forma sobre a matéria, como é manifesto nos elementos e nos compostos de elementos. Com efeito, a forma do elemento não preenche a matéria segundo todo o seu poder: pois não se torna suscetível da forma de um só elemento, senão enquanto se submete a outra parte da contrariedade. — Mas a forma do corpo misto preenche a matéria enquanto está disposta por determinado modo de mistura. Ora, é necessário que seja o mesmo o sujeito dos contrários e de todos os intermediários, que procedem da mistura dos extremos. Donde é manifesto que todas as coisas que ou têm contrário ou são de contrários, são corruptíveis. Aquelas, porém, que não são assim, são sempiternas: a não ser por acidente se corrompem, como as formas que não subsistem, mas cujo ser é, enquanto estão na matéria.

Segundo modo, quanto aos princípios essenciais, há necessidade absoluta nas coisas por ordem às partes de matéria e forma, se acontece que esses princípios em algumas coisas não são simples. Com efeito, porque a matéria própria do homem é o corpo misto, complexo e organizado, é necessário que o homem, de modo absoluto, tenha em si algo dos elementos, dos humores e dos órgãos principais. Semelhantemente, se o homem é animal racional mortal, e esta é a natureza ou forma do homem, é necessário que ele seja tanto animal quanto racional.

No *terceiro modo*, há nas coisas necessidade absoluta por ordem dos princípios essenciais com relação às propriedades que seguem a matéria ou a forma, como é necessário que a serra, porque é de ferro, seja dura, e o homem seja capaz de disciplina.

Necessitas vero agentis consideratur et quantum ad ipsum agere; et quantum ad effectum consequentem.

Prima autem necessitatis consideratio similis est necessitati accidentis quam habet ex principiis essentialibus. Sicut enim alia accidentia ex necessitate principiorum essentialium procedunt, ita et actio ex necessitate formae per quam agens est actu: sic enim agit ut actu est. — Differenter tamen hoc accidit in actione quae in ipso agente manet, sicut intelligere et velle; et in actione quae in alterum transit, sicut calefacere.

Nam in primo genere actionis, sequitur ex forma per quam agens fit actu, necessitas actionis ipsius: quia ad eius esse nihil extrinsecum requiritur in quod actio terminetur. Cum enim sensus fuerit factus in actu per speciem sensibilem, necesse est ipsum sentire; et similiter cum intellectus est in actu per speciem intelligibilem.

In secundo autem genere actionis, sequitur ex forma necessitas actionis quantum ad virtutem agendi: si enim ignis sit calidus, necessarium est ipsum habere virtutem calefaciendi, tamen non necesse est ipsum calefacere; eo quod ab extrinseco impediri potest. — Nec ad propositum differt utrum agens sit unus tantum ad actionem sufficiens per suam formam vel oporteat multos agentes ad unam actionem agendam congregari, sicut multi homines ad trahendam navim: nam omnes sunt ut unus agens, qui fit actu per adunationem eorum ad actionem unam.

Necessitas autem quae est a causa agente vel movente in effectu vel moto, non tantum dependet a causa agente, sed etiam a conditione ipsius moti et recipientis actionem agentis, cui vel nullo modo inest potentia ad recipiendum talis actionis effectum, sicut lanae ut ex ea fiat serra; vel est potentia impedita per contraria agentia, vel per contrarias dispositiones inhaerentes mobili aut formas, maiori impedimento quam sit virtus agentis in agendo, sicut ferrum non liquefit a debili calido. — Oportet igitur, ad hoc quod sequatur effec-

A necessidade do agente é considerada tanto quanto ao próprio agir, como quanto ao efeito consequente.

Ora, *a primeira consideração da necessidade* é semelhante à necessidade do acidente, em razão dos princípios essenciais. Como também os demais acidentes procedem por necessidade dos princípios essenciais, assim também a ação pela necessidade da forma pela qual o agente é em ato, pois assim age porque é em ato. — Isso acontece, porém, diferentemente, na ação que permanece no próprio agente, como o entender e o querer; e na ação que passa a outro, como o aquecer.

Com efeito, no primeiro gênero de ação, segue-se da forma pela qual o agente se torna em ato, a necessidade de sua ação, pois para seu ser nada extrínseco é requerido no qual a ação tenha seu termo. Quando o sentido se faz em ato pela espécie sensível, é necessário que ele mesmo sinta, e, semelhantemente, quando o intelecto é em ato pela espécie inteligível.

No segundo gênero de ação, segue-se da forma a necessidade da ação quanto ao poder de agir: se o fogo é quente, é necessário que ele tenha o poder de aquecer, mas não é necessário que ele mesmo aqueça, enquanto pode ser impedido extrinsecamente. — Quanto ao proposto não há diferença se só um agente é suficiente para a ação por sua forma ou se é necessário que muitos agentes se congreguem para produzir uma ação, como muitos homens para arrastar um barco; com efeito, todos são como um agente, que se torna em ato por reunião de todos para uma ação única.

A *segunda consideração da necessidade* que é da causa agente ou movente no efeito ou movido, não só depende da causa agente, mas também da condição do mesmo movido e do que recebe a ação do agente, o qual ou não está de modo nenhum em potência para receber o efeito dessa ação, como não está a lã para que dela se faça uma serra; ou está em potência impedida por agentes contrários, ou por disposições contrárias inerentes ao móvel ou às formas, em impedimento maior do que seja o poder do agente no agir, como o ferro

tus, quod in passo sit potentia ad recipiendum, et in agente sit victoria supra passum, ut possit ipsum transmutare ad contrariam dispositionem. — Et si quidem effectus consequens in passum ex victoria agentis supra ipsum fuerit contrarius naturali dispositioni patientis, erit necessitas violentiae: sicut cum lapis proiicitur sursum. — Si vero non fuerit contraria naturali dispositioni ipsius subiecti, non erit necessitas violentiae, sed ordinis naturalis: sicut est in motu caeli, qui est a principio agente extrinseco, non tamen est contra naturalem dispositionem mobilis, et ideo non est motus violentus, sed naturalis. — Similiter est in alteratione corporum inferiorum a corporibus caelestibus: nam naturalis inclinatio est in corporibus inferioribus ad recipiendam impressionem corporum superiorum. — Sic etiam est in generatione elementorum: nam forma inducenda per generationem non est contraria primae materiae, quae est generationis subiectum, licet sit contraria formae abiiciendae; non enim materia sub forma contraria existens est generationis subiectum.

não se liquefaz com um calor fraco. — Portanto, é necessário, para que o efeito se siga, que no paciente esteja a potência para receber, e no agente esteja o domínio sobre o paciente, de modo que possa transmudá-lo para a disposição contrária. — E se, no entanto, o efeito consequente no paciente pelo domínio do agente sobre ele for contrário à disposição natural do paciente, haverá necessidade da violência, como quando a pedra é projetada para cima. — Se, contudo, não for contrária à disposição natural do mesmo sujeito, não haverá necessidade da violência, mas da ordem natural, como se dá no movimento do céu, que depende de um princípio agente extrínseco e, portanto, não é contra a disposição natural do móvel e assim não é um movimento violento, mas natural. — Igualmente, na alteração dos corpos inferiores causada pelos corpos celestes, há uma inclinação natural nos corpos inferiores para receber a impressão dos corpos superiores. — Assim ocorre na geração dos elementos: pois a forma que deve ser induzida pela geração não é contrária à matéria-prima, que é o sujeito da geração, embora seja contrária à forma que deve ser retirada, pois a matéria existente sob uma forma contrária não é sujeito de geração.

Ex praedictis igitur patet quod necessitas quae est ex causa agente, in quibusdam dependet ex dispositione agentis tantum; in quibusdam vero ex dispositione agentis et patientis. — Si igitur talis dispositio secundum quam de necessitate sequitur effectus, fuerit necessaria absolute et in agente et in patiente, erit necessitas absoluta in causa agente: sicut in his quae agunt ex necessitate et semper. — Si autem non fuerit absolute necessaria sed possibilis removeri, non erit necessitas ex causa agente nisi ex suppositione dispositionis utriusque debitae ad agendum: sicut in his quae impediuntur interdum in sua operatione vel propter defectum virtutis, vel propter violentiam alicuius contrarii; unde non agunt semper et ex necessitate, sed ut in pluribus.

Do que foi dito, portanto, evidencia-se que a necessidade, que procede da causa agente, depende só, em algumas coisas, da disposição do agente, mas em algumas, da disposição do agente e do paciente. — Se, pois, a disposição segundo a qual necessariamente segue-se o efeito for absolutamente necessária tanto no agente quanto no paciente, haverá necessidade absoluta na causa agente, como naquelas coisas que agem por necessidade e sempre. — Se, porém, não for absolutamente necessária, mas possível de ser removida, não haverá necessidade procedente da causa agente, senão por suposição da disposição devida de ambas para agir, como naquelas coisas que são impedidas às vezes em sua operação ou por causa de um defeito de poder, ou por causa da violência de algum contrário; por isso, não agem sempre e por necessidade, mas na maioria das vezes.

Ex causa autem finali consequitur in rebus necessitas dupliciter.

Uno quidem modo, prout est primum in intentione agentis. Et quantum ad hoc, eodem modo est necessitas ex fine et ab agente: agens enim in tantum agit in quantum finem intendit, tam in naturalibus quam in voluntariis. — In rebus enim naturalibus, intentio finis competit agenti secundum suam formam, per quam finis est sibi conveniens: unde oportet quod secundum virtutem formae tendat res naturalis in finem; sicut grave secundum mensuram gravitatis tendit ad medium. — In rebus autem voluntariis, tantum voluntas inclinat ad agendum propter finem quantum intendit finem: licet non semper tantum inclinetur ad agendum haec vel illa quae sunt propter finem quantum appetit finem, quando finis non solum per haec vel illa haberi potest, sed pluribus modis.

Alio vero modo est ex fine necessitas secundum quod est posterius in esse. Et haec est necessitas non absoluta, sed conditionata: sicut dicimus necesse fore ut serra sit ferrea si debet habere serrae opus.

Da causa final, contudo, segue-se de duplo modo a necessidade nas coisas.

De um modo, enquanto é primeiro na intenção do agente. E quanto a isso, do mesmo modo é a necessidade do fim e do agente, pois o agente age na medida em que tende a um fim, tanto nas coisas naturais quanto nas voluntárias. — Nas coisas naturais, com efeito, a intenção do fim compete ao agente segundo sua forma, pela qual o fim é a ele conveniente; por isso, é necessário que, segundo o poder da forma a coisa natural tenda para o fim, como o pesado tende ao meio segundo a medida de seu peso. — Mas nas coisas voluntárias, a vontade se inclina tanto para agir em razão do fim, quanto tende para o fim, embora nem sempre se incline para produzir estas ou aquelas coisas que são em razão do fim tanto quanto apetece o fim, quando o fim pode ser obtido não apenas por estas ou aquelas coisas, mas de muitos modos.

De outro modo há necessidade procedente do fim, enquanto o fim é posterior no ser. E essa necessidade não é absoluta, mas condicionada, como quando dissemos necessário que a serra seja de ferro, se deve ter a função de serra.

Capitulum XXXI

Quod non est necessarium creaturas semper fuisse

Ex praemissis autem restat ostendere quod non est necessarium res creatas ab aeterno fuisse.

Si enim creaturarum universitatem, vel quamcumque unam creaturam, necesse est esse, oportet quod necessitatem istam habeat ex se, vel ex alio. — Ex se quidem eam habere non potest. Ostensum est enim supra quod omne ens oportet esse a primo ente. Quod autem non habet esse a se, impossibile est quod necessitatem essendi a se habeat: quia quod necesse est esse, impossibile est non esse; et sic quod de se habet quod sit necesse-esse, de se habet quod non possit esse non ens; et per

Capítulo 31

Não é necessário que as criaturas tenham existido sempre

Do anterior, fica a demonstrar que não é necessário que as coisas criadas tenham existido desde a eternidade.

Com efeito, se é necessário que a universalidade das criaturas, ou uma criatura qualquer tenha existido, é necessário que ela tenha essa necessidade ou por si ou por outro.

— Por si não pode tê-la. Mostrou-se[138], com efeito, que todo ente deve proceder do primeiro ente. O que não tem o ser por si é impossível que tenha por si a necessidade de ser, pois o que é necessário ser é impossível não ser; e assim o que de si tem que seja necessariamente-ser, tem de si que não possa

138 Cf. cap. 15.

consequens, quod non sit non ens; et ita quod sit ens.

Si autem haec necessitas creaturae est ab alio, oportet quod sit ab aliqua causa quae sit extrinseca: quia quicquid accipiatur intrinsecum creaturae, habet esse ab alio.

Causa autem extrinseca est vel efficiens, vel finis.

Ex efficiente vero sequitur quod effectum necesse sit esse, per hoc quod agentem necesse est agere: per actionem enim agentis effectus a causa efficiente dependet.

Si igitur agentem non necesse sit agere ad productionem effectus, nec effectum necesse est esse absolute. Deus autem non agit ex aliqua necessitate ad creaturarum productionem, ut supra ostensum est. Non est igitur absolute necesse creaturam esse necessitate pendente a causa efficiente.

Similiter nec necessitate pendente a causa finali. Ea enim quae sunt ad finem, necessitatem a fine non recipiunt nisi secundum quod finis sine eis vel non potest esse, sicut conservatio vitae sine cibo; vel non ita bene esse, sicut iter sine equo. Finis autem divinae voluntatis, ex qua res in esse processerunt, non potest aliud esse quam sua bonitas, ut in primo ostensum est. Quae quidem a creaturis non dependet: nec quantum ad esse, cum sit per se necesse-esse; nec quantum ad bene esse, cum sit secundum se perfecta simpliciter; quae omnia supra ostensa sunt. Non est igitur creaturam esse absolute necessarium. Nec igitur necessarium est ponere creaturam semper fuisse.

Adhuc. Quod est ex voluntate, non est absolute necessarium, nisi forte quando voluntatem hoc velle est necessarium. Deus autem non per necessitatem naturae, sed per voluntatem producit creaturas in esse, ut probatum

ser não ente, e, por consequência, que não seja não ente, e assim que seja ente.

Se, porém, essa necessidade da criatura procede de outro, é necessário que seja de uma causa extrínseca, pois tudo o que é recebido intrínseco à criatura, tem o ser de outro. — A causa extrínseca é ou eficiente, ou fim.

Da eficiente segue-se que o efeito seja necessariamente ser, porque é necessário que o agente aja, pois pela ação do agente o efeito depende da causa eficiente. — Se, entretanto, não é necessário que o agente aja para a produção do efeito, também não é necessário que o efeito exista necessariamente. Ora, Deus não age por alguma necessidade para a produção das criaturas, como foi mostrado[139]. Portanto, não é absolutamente necessário que as criaturas existam por necessidade que dependa da causa eficiente.

Semelhantemente, nem por necessidade dependente da causa final. Aquelas coisas, com efeito, que são para um fim, não recebem a necessidade do fim senão quando o fim sem elas ou não pode ser, como a conservação da vida sem o alimento, ou não pode ser bem, como a viagem sem cavalo. Ora, o fim da vontade divina, pela qual as coisas procederam no ser, não pode ser outra coisa senão sua bondade, como foi mostrado no Livro Primeiro[140]. Esta não depende das criaturas, nem quanto ao ser, pois é por si necessariamente-ser, nem quanto ao ser bem, pois é perfeita segundo si mesma, simplesmente, e tudo isso foi mostrado[141]. Não é, por conseguinte, necessário que a criatura exista necessariamente. Nem, portanto, é necessário afirmar que a criatura tenha existido sempre.

Ainda. O que procede da vontade, não é absolutamente necessário, a não ser quando a vontade queira isso necessariamente. Ora, Deus produz as criaturas no ser não por necessidade da natureza, mas por vontade, como

139 Cf. cap. 23.
140 Livro I, cap. 75.
141 Livro I, caps. 13 e 28.

est: nec ex necessitate vult creaturas esse, ut in primo ostensum est. Non igitur est absolute necessarium creaturam esse. Neque ergo necessarium est eas semper fuisse.

Amplius. Ostensum est supra quod Deus non agit aliqua actione quae sit extra ipsum, quasi ab ipso exiens et in creaturam terminata, sicut calefactio exit ab igne et terminatur in ligna: sed eius velle est eius agere; et hoc modo sunt res, secundum quod Deus vult eas esse. Sed non est necessarium quod Deus velit creaturam semper fuisse: cum etiam non sit necessarium Deum velle quod creatura sit omnino, ut in primo ostensum est. Non igitur est necessarium quod creatura semper fuerit.

Item. Ab agente per voluntatem non procedit aliquid ex necessitate nisi per rationem alicuius debiti. Ex nullo autem debito Deus creaturam producit, si absolute universalis creaturae productio consideretur, ut supra ostensum est. Non igitur ex necessitate Deus creaturam producit. Nec igitur necessarium est, si Deus sempiternus est, quod creaturam ab aeterno produxerit.

Praeterea. Ostensum est supra quod absoluta necessitas in rebus creatis non est per ordinem ad primum principium quod per se necesse est esse, scilicet Deum, sed per ordinem ad alias causas, quae non sunt per se necesse-esse. Necessitas autem ordinis ad id quod non est per se necesse esse, non cogit aliquid semper fuisse: sequitur enim, si aliquid currit, quod moveatur; non tamen necesse est quod semper motum fuerit, quia ipsum currere non est per se necessarium. Nihil ergo cogit creaturas semper fuisse.

foi provado[142]; também não quer por necessidade que as criaturas existam, como foi mostrado no Livro Primeiro[143]. Portanto, não é absolutamente necessário que a criatura exista. Logo, nem é necessário que elas tenham existido sempre.

Mais. Foi mostrado[144] que Deus não age por uma ação que seja extrínseca a Ele, como que saindo d'Ele e terminada na criatura, como o aquecimento sai do fogo e termina na lenha, mas seu querer é seu agir, e as coisas são como Deus quer que elas sejam. Mas não é necessário que Deus queira que a criatura sempre tenha existido, pois também não é necessário que Deus queira que a criatura exista em absoluto, como foi mostrado no Livro Primeiro[145]. Portanto, não é necessário que a criatura tenha sempre existido.

Igualmente. De um que age por vontade não procede algo por necessidade, senão por razão de algum débito. Ora, por nenhum débito Deus produz a criatura, se se considera de modo absoluto a produção universal da criatura, como foi mostrado[146]. Logo, Deus não produz a criatura por necessidade. Nem, portanto, é necessário, se Deus é sempiterno, que tenha produzido a criatura desde a eternidade.

Ademais. Foi mostrado[147] que a necessidade absoluta nas coisas criadas não se dá por ordem ao primeiro princípio que por si é necessário ser, a saber, Deus, mas por ordem a outras causas, que não são por si necessariamente-ser. Ora, a necessidade de ordem àquilo que não é por si necessariamente ser não obriga que algo sempre tenha existido; segue-se, com efeito, que, se algo corre, se mova; não é, porém, necessário que o movimento tenha existido sempre, pois o próprio correr não é por si necessário. Logo, nada obriga que as criaturas tenham existido sempre.

---

[142] Cf. cap. 23.
[143] Livro I, cap. 81.
[144] Cf. caps. 9 e 23.
[145] Livro I, cap. 81.
[146] Cf. cap. 28.
[147] Cf. capítulo anterior.

Capitulum XXXII

Rationes volentium probare aeternitatem mundi ex parte Dei acceptae

Sed quia multorum positio fuit quod mundus semper et ex necessitate fuerit, et hoc demonstrare conati sunt, restat rationes eorum ponere, ut ostendatur quod non de necessitate concludunt mundi sempiternitatem.

Primo, autem, ponentur rationes quae sumuntur ex parte Dei.

Secundo, quae sumuntur ex parte creaturae.

Tertio, quae sumuntur a modo factionis rerum, secundum quem ponuntur de novo incipere esse.

Ex parte autem Dei, ad aeternitatem mundi ostendendam sumuntur rationes huiusmodi.

Omne agens quod non semper agit, movetur per se vel per accidens. Per se quidem, sicut ignis qui non semper comburebat, incipit comburere vel quia de novo accenditur; vel quia de novo transfertur, ut sit propinquum combustibili. Per accidens autem, sicut motor animalis incipit de novo movere animal aliquo novo motu facto circa ipsum: vel ex interiori, sicut, cum animal expergiscitur digestione completa, incipit moveri; vel ab exteriori, sicut cum de novo veniunt actiones inducentes ad aliquam actionem de novo inchoandam. Deus autem non movetur neque per se neque per accidens, ut in primo probatum est. Deus igitur semper eodem modo agit. — Ex sua autem actione res creatae in esse consistunt. Semper igitur creaturae fuerunt.

Adhuc. Effectus procedit a causa agente per actionem eius. Sed actio Dei est aeterna: alias fieret de potentia agente actu agens; et oporteret quod reduceretur in actum ab aliquo priori agente, quod est impossibile. Ergo res a Deo creatae ab aeterno fuerunt.

Amplius. Posita causa sufficienti, necesse est effectum poni. Si enim adhuc, posita cau-

Capítulo 32

Razões dos que querem provar a eternidade do mundo, tomadas da parte de Deus

Mas, porque a opinião de muitos foi que o mundo existiu sempre e por necessidade, e se esforçaram por demonstrar isso, resta expor suas razões, a fim de mostrar que não concluem por necessidade a eternidade do mundo.

Em primeiro lugar, expõem as razões que são tomadas da parte de Deus.

Em segundo, as que são tomadas da parte da criatura.

Em terceiro, as que são tomadas do modo de produção das coisas, segundo o qual sustentam que as coisas começaram a ser de novo.

Da parte de Deus, para mostrar a eternidade do mundo, tomam-se estas razões. Todo agente que não age sempre, move-se por si ou por acidente. Por si, como, por exemplo, o fogo que não queima sempre, começa a queimar, ou porque de novo é aceso, ou porque de novo é transferido, para estar mais perto do combustível. Por acidente, contudo, como o motor animal começa de novo a mover o animal por um novo movimento produzido em torno dele: ou do interior, como quando o animal desperta, completada a digestão, e começa a mover-se; ou do exterior, como quando de novo vêm ações que conduzem a começar a alguma ação de novo. Ora, Deus não se move nem por si, nem por acidente, como no Livro Primeiro foi provado[148]. Portanto, Deus sempre age do mesmo modo. — De sua ação, com efeito, as coisas criadas estão no ser. Logo, as criaturas sempre existiram.

Ainda. O efeito procede da causa agente por ação dela. Ora, a ação de Deus é eterna: do contrário, tornar-se-ia de agente em potência agente em ato; e seria necessário que se reduzisse em ato por um agente anterior, o que é impossível. Logo as coisas foram criadas por Deus desde a eternidade.

Mais. Posta a causa suficiente, é necessário que o efeito seja posto. Se, pois, posta a causa,

148 Cf. cap. 13.

sa, non necesse est effectum poni, possibile igitur erit, causa posita, effectum esse et non esse; consecutio igitur effectus ad causam erit possibilis tantum; quod autem est possibile, indiget aliquo quo reducatur in actum; oportebit igitur ponere aliquam causam qua fiat ut effectus reducatur in actum; et sic prima causa non erat sufficiens.

Sed Deus est causa sufficiens productionis creaturarum: alias non esset causa, sed magis in potentia se ad causam haberet; aliquo enim addito fieret causa; quod patet esse impossibile. Videtur igitur necessarium quod, cum Deus ab aeterno fuerit, quod creatura etiam fuerit ab aeterno.

Item. Agens per voluntatem non retardat suum propositum exequi de aliquo faciendo nisi propter aliquid in futurum expectatum quod nondum adest: et hoc quandoque est in ipso agente, sicut cum expectatur perfectio virtutis ad agendum, aut sublatio alicuius impedientis virtutem; quandoque vero est extra agentem, sicut cum expectatur praesentia alicuius coram quo actio fiat; vel saltem cum expectatur praesentia alicuius temporis opportuni quod nondum adest. Si enim voluntas sit completa, statim potentia exequitur, nisi sit defectus in ipsa: sicut ad imperium voluntatis statim sequitur motus membri, nisi sit defectus potentiae motivae exequentis motum. Et per hoc patet quod, cum aliquis vult aliquid facere et non statim fiat, oportet quod vel hoc sit propter defectum potentiae, qui expectatur removendus; vel quia voluntas non est completa ad hoc faciendum. Dico autem complementum voluntatis esse, quando vult hoc absolute facere omnibus modis: voluntas autem incompleta est, quando aliquis non vult facere hoc absolute, sed existente aliqua conditione quae nondum adest; vel nisi subtracto impedimento quod adest. Constat autem quod quicquid Deus nunc vult quod sit, ab aeterno voluit quod sit: non enim novus motus voluntatis ei advenire potest. Nec aliquis defectus vel impedimentum potentiae eius adesse potuit: nec aliquid aliud expectari potuit ad universalis creaturae productionem,

não é necessário que se ponha o efeito, logo será possível, posta a causa, o efeito ser e não ser; portanto, o seguimento do efeito à causa será apenas possível; ora, o que é possível, precisa de algo pelo qual é reduzido a ato; logo, será necessário pôr uma causa pela qual se faça com que o efeito se reduza a ato; e assim a primeira causa não será suficiente. Ora, Deus é causa suficiente da produção das criaturas; do contrário, não seria causa, mas antes estaria em potência para causa; tornar-se-ia causa por alguma coisa adicionada, o que é evidente ser impossível. Portanto, parece necessário que, como Deus é desde a eternidade, a criatura também tenha sido desde a eternidade.

Igualmente. O agente por vontade não retarda executar seu propósito de realizar alguma coisa, a não ser por causa de algo esperado para o futuro, que ainda não está presente, e isso às vezes está no próprio agente, como quando se espera a perfeição do poder para agir, ou a retirada de algo que impede o poder; às vezes, contudo, está fora do agente, como quando se espera a presença de alguém diante do qual a ação se fará, ou, ao menos, quando se espera a presença de um tempo oportuno que ainda não chegou. Se, pois, a vontade é completa, imediatamente realiza-se a potência, a não ser que haja defeito nela, como pelo império da vontade imediatamente segue-se o movimento do membro, a não ser que haja defeito da potência motora que executa o movimento. E por isso evidencia-se que, quando alguém quer fazer alguma coisa e ela não se faz imediatamente, é necessário que ou isso se dê por causa do defeito da potência, que se espera ser removido; ou porque a vontade não está completa para fazer isso. Digo, porém, ser complemento da vontade, quando ela quer absolutamente fazer isso de todos os modos. Mas a vontade é incompleta, quando não quer fazer isso absolutamente, mas sob alguma condição existente, que ainda não está presente; ou a não ser que seja retirado o impedimento que está presente. Ora, consta que qualquer coisa que Deus agora quer que seja, quis desde a eternidade que fosse; com

cum nihil aliud sit increatum nisi ipse solus, ut supra ostensum est. Necessarium igitur videtur quod ab aeterno creaturam in esse produxerit.

Praeterea. Agens per intellectum non praeeligit unum alteri nisi propter eminentiam unius ad alterum. Sed ubi nulla est differentia, non potest, esse praeeminentia. Ubi igitur nulla est differentia, non fit praeelectio unius ad alterum. Et propter hoc ab agente ad utrumlibet se habente aequaliter nulla erit actio, sicut nec a materia: talis enim potentia similatur potentiae materiae. — Non entis autem ad non ens nulla potest esse differentia. Unum igitur non ens non est alteri praeeligibile. Sed praeter totam universitatem creaturarum nihil est nisi aeternitas Dei. In nihilo autem non possunt assignari aliquae differentiae momentorum, ut in uno magis oporteat aliquid fieri quam in alio. Similiter nec in aeternitate, quae tota est uniformis et simplex, ut in primo ostensum est. Relinquitur igitur quod voluntas Dei aequaliter se habet ad producendum creaturam per totam aeternitatem. Aut igitur voluntas sua est de hoc quod nunquam creatura sub aeternitate eius constituatur: aut quod semper. Constat autem quod non est voluntas eius de hoc quod nunquam creatura sub esse eius aeterno constituatur: cum pateat creaturas voluntate eius esse institutas. Relinquitur igitur de necessitate, ut videtur, quod creatura semper fuit.

Adhuc. Ea quae sunt ad finem, necessitatem habent ex fine: et maxime in his quae voluntate aguntur. Oportet igitur quod, fine eodem modo se habente, ea quae sunt ad finem eodem modo se habeant vel producan-

efeito, não lhe pode sobrevir novo movimento da vontade. Nem pôde estar presente algum defeito ou impedimento de sua potência, nem outra coisa pôde esperar para a produção da criatura universal, uma vez que nada é incriado senão Ele mesmo, como foi mostrado[149]. Logo, vê-se ser necessário que a criatura tenha sido produzida no ser desde a eternidade.

Além disso. O que age pelo intelecto não prefere uma coisa a outra, senão por causa da superioridade de uma sobre outra. Ora, onde não há nenhuma diferença, não pode existir superioridade. Logo, onde não há nenhuma diferença, não se faz preferência de uma coisa sobre outra. E, por causa disso, não haverá nenhuma ação de um agente que se mantém por igual com respeito a ambas, como também nem matéria, pois essa potência assemelha-se à potência da matéria. — Ora, não pode haver diferença nenhuma do não ente para o não ente. Um não ente, pois, não é preferível ao outro. Mas, fora da inteira universalidade das criaturas nada é, senão a eternidade de Deus. Ora, no nada não podem ser assinalados alguns momentos diferentes, de modo que seja necessário fazer-se algo mais em um do que em outro. Semelhantemente, nem na eternidade, que é toda uniforme e simples, como foi mostrado no Livro Primeiro[150]. Resta, portanto, que a vontade de Deus se mantém por igual para produzir a criatura por toda a eternidade. — Portanto, ou sua vontade é de que jamais a criatura se constitua sob sua eternidade, ou que sempre. Ora, consta que sua vontade não é de que jamais a criatura se constitua sob o seu ser eterno, dado ser evidente que as criaturas foram instituídas no ser por sua vontade. Resta, pois, necessariamente, como se vê, que a criatura sempre existiu.

Ainda. As coisas que são para um fim têm necessidade a partir do fim, e maximamente naquelas que se produzem pela vontade. É necessário, portanto, que, mantendo-se o fim do mesmo modo, as coisas que são para

---

[149] Cf. cap. 15.
[150] Livro I, cap. 15.

tur, nisi adveniat nova habitudo eorum ad finem. Finis autem creaturarum ex divina voluntate prodeuntium est divina bonitas, quae sola potest esse divinae voluntatis finis. Cum igitur bonitas divina in tota aeternitate eodem modo se habeat in se et in comparatione ad divinam voluntatem videtur quod eodem modo creaturae in esse producantur a divina voluntate in tota aeternitate: non enim potest dici quod aliqua nova relatio eis advenerit ad finem, si penitus ponantur non fuisse ante aliquod determinatum tempus, a quo incoepisse ponuntur.

o fim, se mantenham do mesmo modo ou sejam produzidas, a não ser que sobrevenha nova relação delas com o fim. Ora, o fim das criaturas, provenientes da divina vontade, é a bondade divina, que só ela pode ser o fim da vontade divina. Como, pois, a bondade divina se mantém do mesmo modo por toda a eternidade, em si e em comparação com a vontade divina, é manifesto que do mesmo modo as criaturas são produzidas no ser pela vontade divina, em toda a eternidade; com efeito, não se pode dizer que uma nova relação lhes tenha advindo com o fim, se se afirma de todo não terem existido antes de determinado tempo, pelo qual se diz terem começado.

Adhuc. Cum bonitas divina perfectissima sit, non hoc modo dicitur quod omnia a Deo processerunt propter bonitatem eius, ut ei aliquid ex creaturis accresceret: sed quia bonitatis est ut seipsam communicet prout possibile est, in quo ipsa bonitas manifestatur. Cum autem omnia bonitatem Dei participent inquantum habent esse, secundum quod diuturniora sunt, magis Dei bonitatem participant; unde et esse perpetuum speciei dicitur divinum esse. Bonitas autem divina infinita est. Eius igitur est ut se in infinitum communicet, non aliquo determinato tempore tantum. Hoc igitur videtur ad divinam bonitatem pertinere, ut creaturae aliquae ab aeterno fuerint.

Ainda. Como a bondade divina é perfeitíssima, não se diz que todas as coisas procederam de Deus por causa de sua bondade, de modo que a Ele fosse acrescentado algo pelas criaturas; mas porque é próprio da bondade que comunique a si mesma conforme é possível, no que a própria bondade se manifesta. Ora, como todas as coisas participam da bondade de Deus, enquanto têm o ser, na medida em que são mais duráveis, mais participam da bondade de Deus; por isso, também o ser perpétuo da espécie se diz *ser divino*[151]. Ora, a bondade divina é infinita. É próprio dela, portanto, que comunique a si mesma ao infinito, não apenas em algum tempo determinado. Logo, é manifesto que pertence à bondade divina que algumas criaturas tenham existido desde a eternidade.

Haec igitur sunt ex parte Dei accepta per quae videtur quod creaturae semper fuerint.

Essas são, pois, as razões tomadas da parte de Deus pelas quais se vê que as criaturas tenham existido sempre.

Capitulum XXXIII
Rationes volentium probare aeternitatem mundi sumptae ex parte creaturarum

Sunt autem et alia, ex parte creaturarum accepta, quae idem ostendere videntur.

Quae enim non habent potentiam ad non esse, impossibile est ea non esse. Quaedam autem sunt in creaturis in quibus non est po-

Capítulo 33
Razões dos que querem provar a eternidade do mundo, tomadas da parte das criaturas

Há, porém, outras razões, tomadas da parte das criaturas, que parecem provar o mesmo.

Com efeito, as coisas que não têm potência para não ser, é impossível que não sejam. Ora, entre as criaturas há algumas em que não há

151 Aristóteles (384-322 a.C.), em *Sobre a Alma* II, 4, 415a, 29b, 3.

tentia ad non esse. Non enim potest esse potentia ad non esse nisi in illis quae habent materiam contrarietati subiectam: potentia enim ad esse et non esse est potentia ad privationem et formam, quorum subiectum est materia; privatio vero semper adiungitur formae contrariae, cum impossibile sit materiam esse absque omni forma. — Sed quaedam creaturae sunt in quibus non est materia contrarietati subiecta: vel quia omnino non habent materiam, sicut substantiae intellectuales, ut infra ostendetur; vel non habent contrarium, sicut corpora caelestia; quod eorum motus ostendit, qui contrarium non habet. Quasdam igitur creaturas impossibile est non esse. Ergo eas necesse est semper esse.

Item. Unaquaeque res tantum durat in esse quanta est sua virtus essendi: nisi per accidens, sicut in his quae violenter corrumpuntur. Sed quaedam creaturae sunt quibus inest virtus essendi non ad aliquod determinatum tempus, sed ad semper essendum: sicut corpora caelestia et intellectuales substantiae; incorruptibilia enim sunt, cum contrarium non habeant. Relinquitur igitur quod eis competit semper esse. Quod autem incipit esse, non semper est. Eis ergo non competit ut esse incipiant.

Adhuc. Quandocumque aliquid de novo incipit moveri, oportet quod movens, vel motum, vel utrumque, aliter se habeat nunc quando est motus, quam prius quando non erat motus: est enim habitudo vel relatio quaedam moventis ad motum secundum quod est movens actu; relatio autem nova non incipit sine mutatione utriusque vel alterius saltem extremorum. Quod autem se aliter habet nunc et prius, movetur. Ergo oportet, ante motum qui de novo incipit, alium motum praecedere in mobili vel in movente. Oportet igitur quod quilibet motus vel sit aeternus, vel habeat alium motum ante se. Motus igitur semper fuit. Ergo et mobilia. Et sic creaturae semper fuerunt. Deus enim omnino immobilis est, ut in primo ostensum est.

potência para não ser. Portanto, não pode haver potência para o não ser senão naquelas coisas que têm matéria sujeita à contrariedade, pois, a potência para ser e não ser é potência para a privação e a forma, das quais o sujeito é a matéria. A privação, porém, sempre é unida à forma contrária, uma vez que é impossível a matéria ser sem forma nenhuma. — Mas há certas criaturas nas quais não se dá a matéria sujeita à contrariedade, ou porque não têm em absoluto matéria, como as substâncias intelectuais, como abaixo se mostrará[152], ou porque não têm contrário, como os corpos celestes, cujo movimento mostra que não têm contrário. Portanto, é impossível que algumas criaturas não sejam. Logo, é necessário que sejam sempre.

Igualmente. Qualquer coisa dura tanto no ser quanto é sua capacidade de ser, exceto por acidente, como naquelas que são corrompidas violentamente. Mas há algumas criaturas nas quais está presente a capacidade de ser não para determinado tempo, mas para ser sempre, como os corpos celestes e as substâncias intelectuais; com efeito, são incorruptíveis, pois não têm contrário. Resta, portanto, que a elas compete existir sempre. Ora, o que começa a existir, não existe sempre. Logo, a elas não compete que comecem a existir.

Ainda. Quando uma coisa começa de novo a mover-se, é necessário que o movente, ou o movido, ou ambos, mantenham-se agora quando há o movimento, de maneira diferente do que antes, quando não havia o movimento, pois há certa disposição ou relação do movente para com o movido, enquanto o movente está em ato. Ora, uma nova relação não começa sem a mutação de ambos ou, ao menos, de um dos extremos. Com efeito, o que se mantém diferentemente agora e antes, é movido. Logo, é necessário, antes do movimento que de novo começa, que outro movimento preceda na coisa móvel ou no movente. Portanto, é necessário que qualquer movimento, ou seja, eterno, ou tenha outro movimento antes de si. Logo, sempre houve o movimento. Portanto,

152 Cf. cap. 50.

Praeterea. Omne agens, quod generat sibi simile, intendit conservare esse perpetuum in specie, quod non potest perpetuo conservari in individuo. Impossibile est autem naturae appetitum vanum esse. Oportet igitur quod rerum generabilium species sint perpetuae.

Adhuc. Si tempus est perpetuum, oportet motum esse perpetuum: cum sit numerus motus. Et per consequens mobilia esse perpetua: cum motus sit actus mobilis. Sed tempus oportet esse perpetuum. Non enim potest intelligi esse tempus quin sit nunc: sicut nec linea potest intelligi sine puncto. Nunc autem semper est finis praeteriti et principium futuri: haec enim est definitio ipsius nunc. Et sic quodlibet nunc datum habet ante se tempus prius et posterius. Et ita nullum potest esse primum neque ultimum. Relinquitur igitur quod mobilia, quae sunt substantiae creatae, sint ab aeterno.

Item. Oportet vel affirmare vel negare. Si igitur ad negationem alicuius sequitur eius positio, oportet illud esse semper. Tempus autem est huiusmodi. Nam, si tempus non semper fuit, est accipere prius non esse ipsius quam esse; et similiter, si non sit semper futurum, oportet quod non esse eius sit posterius ad esse eius. Prius autem et posterius non potest esse secundum durationem nisi tempus sit: nam numerus prioris et posterioris tempus est. Et sic oportebit tempus fuisse antequam inciperet, et futurum esse postquam desinet. Oportet igitur tempus esse aeternum. Tempus autem est accidens: quod sine subiecto esse non potest. Subiectum autem eius non est Deus, qui est supra tempus: cum sit omnino

também as coisas móveis. E assim as criaturas sempre existiram. Com efeito, Deus é totalmente imóvel, como foi mostrado no Livro Primeiro[153].

Além disso. *Todo agente, que gera um semelhante a si*, pretende conservar o ser perpétuo na espécie, o que não pode ser conservado perpetuamente no indivíduo. Ora, é impossível que uma inclinação da natureza seja vã. Portanto, é necessário que sejam perpétuas as espécies das coisas geráveis.

Ainda. Se o tempo é perpétuo, é necessário que o movimento seja perpétuo, pois é o *número do movimento*[154]. E por consequência as coisas móveis são perpétuas, já que o movimento é *o ato da coisa móvel*. Ora, é necessário que o tempo seja perpétuo. Não se pode, com efeito, entender que haja o tempo, sem que haja o agora, como a linha não pode ser entendida sem o ponto. Ora, *o agora é sempre fim do passado e princípio do futuro*[155]; com efeito, essa é a definição do próprio agora. E assim qualquer agora dado tem diante de si o tempo anterior e posterior. E assim não pode haver nenhum primeiro nem último. Resta, portanto, que as coisas móveis, que são as substâncias criadas, existam desde a eternidade.

Igualmente. É necessário ou afirmar ou negar. Se, portanto, para a negação de algo segue-se a sua afirmação, é necessário que ela exista sempre. Ora, o tempo é assim. Com efeito, se o tempo não existiu sempre, deve-se aceitar que o seu não ser seja anterior ao seu ser; e semelhantemente, se não é sempre futuro, é necessário que o seu não ser seja posterior ao seu ser. Ora, o antes e o depois não podem ser segundo a duração, a não ser que o tempo seja; com efeito, *o número do antes e do depois* é o tempo. E assim seria necessário que o tempo tivesse sido antes de começar, e que seja futuro depois de deixar de ser. Portanto, é necessário que o tempo seja eterno. Ora, o tempo é um acidente, que não pode

---

[153] Livro I, cap. 13.
[154] Aristóteles (384-322 a.C.), em *Física* IV, 1 1, 220a, 25.
[155] Aristóteles (384-322 a.C.), em *Física* VIII, l, 2, n. 12.

immobilis, ut in primo probatum est. Relinquitur igitur aliquam substantiam creatam aeternam esse.

Amplius. Multae propositiones sic se habent quod qui eas negat, oportet quod eas ponat: sicut qui negat veritatem esse, ponit veritatem esse: ponit enim suam negativam esse veram quam profert. Et simile est de eo qui negat hoc principium, contradictionem non esse simul: negans enim hoc dicit negationem quam ponit esse veram, oppositam autem affirmationem falsam, et sic non de eodem utrumque verificari.si igitur id ad cuius remotionem sequitur sua positio, oportet esse semper, ut probatum est, sequitur quod praedictae propositiones, et omnes quae ex eis sequuntur, sint sempiternae. Hae autem propositiones non sunt Deus. Ergo oportet aliquid praeter Deum esse aeternum.

Hae igitur et huiusmodi rationes sumi possunt ex parte creaturarum quod creaturae fuerint semper.

Capitulum XXXIV
Rationes ad probandum aeternitatem mundi ex parte factionis
Possunt etiam sumi aliae rationes, ex parte ipsius factionis, ad idem ostendendum.

Quod enim ab omnibus communiter dicitur, impossibile est totaliter esse falsum. Falsa enim opinio infirmitas quaedam intellectus est: sicut et falsum iudicium de sensibili proprio ex infirmitate sensus accidit. Defectus autem per accidens sunt: quia praeter naturae intentionem. Quod autem est per accidens, non potest esse semper et in omnibus: sicut iudicium quod de saporibus ab omni gustu datur, non potest esse falsum. Ita iudicium quod ab omnibus de veritate datur, non po-

existir sem o sujeito. Seu sujeito não é, porém, Deus, que está sobre o tempo, pois é totalmente imóvel, como foi provado no Livro Primeiro[156]. Resta, pois, que uma substância criada seja eterna.

Ademais. Muitas proposições se atêm de tal modo que quem as nega, é necessário que as afirme, como aquele que nega que a verdade é, afirma que a verdade é; afirma, com efeito, ser verdadeira sua negativa, que profere. E coisa semelhante se dá com aquele que nega este princípio: que *a contradição não é simultânea*; com efeito, o que nega isto, diz ser verdadeira a negação que afirma, e que é falsa afirmação contrária, e assim não se verifica nenhuma das duas na mesma coisa. Portanto, se aquilo para cuja negação segue sua afirmação, é necessário que seja sempre, como foi provado[157], conclui-se que as preditas proposições, e todas as que delas se seguem, são sempiternas. Ora, essas proposições não são Deus. Logo, é necessário que algo, além de Deus, seja eterno.

Portanto, essas e semelhantes razões podem ser tomadas da parte das criaturas, de que as criaturas sempre tenham existido.

Capítulo 34
Razões para provar a eternidade do mundo, tomadas da parte de sua produção
Podem também ser tomadas outras razões para provar a eternidade do mundo da parte de sua produção.

Com efeito, o que é dito por todos em comum é impossível que seja totalmente falso. A opinião falsa é certa debilidade do intelecto, como também o juízo falso a respeito do sensível próprio acontece por debilidade do sentido. Os defeitos se dão por acidente, porque além da intenção da natureza. O que se dá por acidente não pode ser sempre e em todos, como o juízo que é dado por todo paladar a respeito dos sabores, não pode ser falso. Assim, o juízo que se dá por todos a respeito da

---

[156] Livro I, cap. 13.
[157] Cf. Razões Anteriores.

test esse erroneum. Communis autem sententia est omnium Philosophorum ex nihilo nihil fieri. Oportet igitur hoc esse verum. Si igitur aliquid sit factum, oportet ex aliquo esse factum. Quod si etiam factum sit, oportet etiam et hoc ex alio fieri. Non potest autem hoc in infinitum procedere: quia sic nulla generatio compleretur, cum non sit possibile infinita transire. Oportet igitur devenire ad aliquod primum quod non sit factum. Omne autem ens quod non semper fuit, oportet esse factum. Ergo oportet illud ex quo primo omnia fiunt, esse sempiternum. Hoc autem non est Deus: quia ipse non potest esse materia alicuius rei, ut in primo probatum est. Relinquitur igitur quod aliquid extra Deum sit aeternum, scilicet prima materia.

verdade, não pode ser errôneo. Ora, é sentença comum de todos os Filósofos que do nada, nada se faz[158]. Portanto, é necessário que isso seja verdadeiro. Se algo foi feito, é necessário que seja feito de algo. Esse, se também foi feito, é necessário também que de outro seja feito. Ora, isso não pode proceder ao infinito, pois assim nenhuma geração se completaria, uma vez que não é possível ultrapassar o infinito. Portanto, é necessário chegar a um primeiro que não seja feito. Ora todo ente que não existiu sempre é necessário que tenha sido feito. Logo, é necessário que aquilo primeiro a partir do qual todas as coisas se fazem, seja sempiterno. Ora, isso não é Deus, porque ele não pode ser matéria de alguma coisa, como foi provado no Livro Primeiro[159]. Resta, portanto, que algo além de Deus seja eterno, ou seja, a matéria-prima.

Amplius. Si aliquid non se habet eodem modo nunc et prius, oportet illud esse aliqualiter mutatum: hoc enim est moveri, non eodem modo se nunc et prius habere. Omne autem quod de novo incipit esse, non eodem modo se habet nunc et prius. Oportet igitur hoc per aliquem motum accidere vel mutationem. Omnis autem motus vel mutatio in aliquo subiecto est: est enim actus mobilis. Cum autem motus sit prius eo quod fit per motum, cum ad hoc terminetur motus, oportet ante quodlibet factum praeexistere aliquod subiectum mobile. Et cum hoc non sit possibile in infinitum procedere, oportet devenire ad aliquod primum subiectum non de novo incipiens sed semper existens.

Ademais. Se alguma coisa não se atém do mesmo modo antes e depois, é necessário que ela seja, de algum modo, mudada, pois não se ater do mesmo modo agora e antes é ser mudado. Ora, tudo o que começa a ser de novo, não se mantém do mesmo modo agora e antes. É necessário, portanto, que isso aconteça por algum movimento ou mutação. Ora, todo movimento ou mutação é num sujeito, pois é o ato do móvel. Como, porém, o movimento é anterior àquilo pelo qual se faz por movimento, uma vez que o movimento termina nele, é necessário que antes de qualquer coisa feita preexista algum sujeito móvel. E como não é possível proceder nisto ao infinito, é necessário chegar a um primeiro sujeito que não comece de novo, mas que exista sempre.

Adhuc. Omne quod de novo esse incipit, antequam esset, possibile erat ipsum esse: si enim non, impossibile erat ipsum esse, et necesse non esse; et sic semper fuisset non ens et nunquam esse incoepisset. Sed quod est possibile esse, est subiectum potentia ens. Oportet igitur ante quodlibet de novo incipiens praeexistere subiectum potentia ens. Et cum

Ainda. Tudo o que começa a ser de novo, antes de ser, era possível ser; pois, do contrário, era impossível ser, e necessário não ser; e assim sempre seria não ente e jamais começaria a ser. Mas o que é possível ser é ente sujeito a potência. Portanto, é necessário que antes de algo começar a existir, seja ente sujeito a potência. E como isso não pode proceder ao

158 Aristóteles (384-322 a.C.), em *Física* I, 4, 187a, 27-29.
159 Livro I, cap. 17.

hoc in infinitum procedere non possit, oportet ponere aliquod primum subiectum quod non incoepit esse de novo.

Item. Nulla substantia permanens est dum fit: ad hoc enim fit ut sit; non igitur fieret, si iam esset. Sed dum fit, oportet aliquid esse quod sit factionis subiectum: non enim factio, cum sit accidens, sine subiecto esse potest. Omne igitur quod fit, habet aliquod subiectum praeexistens. Et cum hoc in infinitum ire non possit, sequetur primum subiectum non esse factum, sed sempiternum. Ex quo ulterius sequitur aliquid praeter Deum esse aeternum: cum ipse subiectum factionis aut motus esse non possit.

Hae igitur rationes sunt quibus aliqui tanquam demonstrationibus inhaerentes, dicunt necessarium res creatas semper fuisse. In quo fidei catholicae contradicunt, quae ponit nihil praeter Deum semper fuisse, sed omnia esse coepisse praeter unum Deum aeternum.

Capitulum XXXV

Solutio rationum supra positarum et primo earum quae sumebantur ex parte Dei

Oportet igitur ostendere praemissas rationes non ex necessitate concludere.

Et primo, illas quae ex parte agentis sumuntur.

Non enim oportet quod per se vel per accidens Deus moveatur si effectus eius de novo esse incipiunt: ut prima ratio procedebat. Novitas enim effectus indicare potest mutationem agentis inquantum demonstrat novitatem actionis: non enim potest esse quod in agente sit nova actio nisi aliquo modo moveatur, saltem de otio in actum. Novitas autem divini effectus non demonstrat novitatem actionis in Deo: cum actio sua sit sua essentia, ut supra ostensum est. Unde neque novitas

infinito, é necessário afirmar um primeiro sujeito que não comece a ser de novo.

Igualmente. Nenhuma substância é permanente enquanto se faz, pois para isso se faz para ser; portanto, não se faria, se já fosse. Ora, enquanto se faz, é necessário que haja algo que seja sujeito da produção, pois a produção, como é acidente, não pode dar-se sem sujeito. Portanto, tudo o que se faz, tem algum sujeito preexistente. E uma vez que isso não pode ir ao infinito, segue-se que o primeiro sujeito não é feito, mas sempiterno. Disso ulteriormente se conclui que algo, além de Deus, é eterno, uma vez que Ele não pode ser sujeito da produção ou do movimento.

Essas são as razões nas quais alguns se amparam — como se fossem demonstrações — para dizer que as coisas criadas sempre existiram necessariamente. Contradizem nisto a fé católica que afirma que nada sempre existiu além de Deus, e que todas as coisas começaram a existir, exceto um Deus eterno.

Capítulo 35

Solução das razões expostas e, em primeiro lugar, daquelas que se tomavam da parte de Deus

É necessário, portanto, mostrar que as razões antes mencionadas não concluem por necessidade.

E, em primeiro lugar, aquelas que se consideram da parte do agente. Não é necessário, com efeito, que Deus seja movido por si ou por acidente, se seus efeitos começam a existir de novo, como procedia *a primeira razão*[160]. A novidade do efeito pode indicar a mutação do agente enquanto demonstra a novidade da ação, pois não pode ser que no agente exista a nova ação a não ser que se mova de algum modo, ao menos do repouso ao ato. Ora, a novidade do efeito divino não demonstra a novidade da ação em Deus, uma vez que sua ação é sua essência, como foi mostrado[161]. Donde

160 Cf. cap. 32.
161 Cf. cap. 9.

effectus mutationem Dei agentis demonstrare potest.

Nec tamen oportet quod, si primo agentis actio sit aeterna, quod eius effectus sit aeternus: ut secunda ratio concludebat. Ostensum est enim supra quod Deus agit voluntate in rerum productione. Non autem ita quod sit aliqua alia ipsius actio media, sicut in nobis actio virtutis motivae est media inter actum voluntatis et effectum, ut in praecedentibus ostensum est: sed oportet quod suum intelligere et velle sit suum facere.

Effectus autem ab intellectu et voluntate sequitur secundum determinationem intellectus et imperium voluntatis. Sicut autem per intellectum determinatur rei factae quaecumque alia conditio, ita et praescribitur ei tempus: non enim solum ars determinat ut hoc tale sit, sed ut tunc sit; sicut medicus ut tunc potio detur. Unde, si eius velle per se esset efficax ad effectum producendum, sequeretur de novo effectus ab antiqua voluntate, nulla actione de novo existente. Nihil igitur prohibet dicere actionem Dei ab aeterno fuisse, effectum autem non ab aeterno, sed tunc cum ab aeterno disposuit.

Ex quo etiam patet quod, etsi Deus sit sufficiens causa productionis rerum in esse, non tamen oportet quod eius effectus aeternus ponatur, eo existente aeterno: ut tertia ratio concludebat. Posita enim causa sufficienti, ponitur eius effectus, non autem effectus extraneus a causa: hoc enim esset ex insufficientia causae, ac si calidum non calefaceret. Proprius autem effectus voluntatis est ut sit hoc quod voluntas vult: si autem aliquid aliud esset quam voluntas velit, non poneretur effectus proprius causae, sed alienus ab ea. Voluntas autem, ut dictum est, sicut vult

nem a novidade do efeito pode demonstrar a mutação de Deus que age.

Nem é necessário, contudo, que se a ação do primeiro agente é eterna, seu efeito seja eterno, como concluía *a segunda razão*[162]. Foi mostrado[163], com efeito, que Deus age por vontade na produção das coisas. Não, porém, de modo que haja outra sua ação intermediária, como em nós a ação da potência motriz é intermediária entre o ato da vontade e o efeito, como foi mostrado no que precede[164], mas é necessário que seu entender e querer sejam seu fazer.

Ora, o efeito procede do intelecto e da vontade, segundo a determinação do intelecto e o império da vontade. Assim como pelo intelecto se determina qualquer outra condição da coisa feita, assim também se-lhe prescreve o tempo; com efeito, não só a arte determina que isto seja tal, mas que seja neste momento, como o médico, para que se dê tal poção. Por isso, se seu querer fosse por si eficaz para produzir o efeito, seguir-se-ia de novo o efeito pela antiga vontade, não existindo nenhuma ação de novo. Nada, portanto, proíbe dizer que a ação de Deus tenha sido desde a eternidade, não, porém, o efeito desde a eternidade, mas neste momento, segundo dispôs desde a eternidade.

É evidente por isso, também, que, embora Deus seja causa suficiente da produção das coisas no ser, não é necessário, porém, que seu efeito seja afirmado eterno, existindo Ele eternamente, como *a terceira razão concluía*[165]. Com efeito, posta a causa suficiente, seu efeito é posto, não, porém, o efeito estranho à causa; isso se daria pela insuficiência da causa, como se o quente não aquecesse. Ora, o efeito próprio da vontade é que seja aquilo que a vontade quer; se, porém, fosse algo diferente do que a vontade quer, não seria posto o efeito próprio da causa, mas um alheio a ela. A vontade, po-

162 Cf. cap. 32, Ainda.
163 Cf. cap. 23.
164 Cf. cap. 9.
165 Cf. cap. 32, Ademais.

hoc esse tale, ita vult hoc esse tunc. Unde non oportet, ad hoc quod voluntas sit sufficiens causa, quod effectus sit quando voluntas est, sed quando voluntas effectum esse disponit. In his autem quae a causa naturaliter agente procedunt, secus est: quia actio naturae est secundum quod ipsa est; unde ad esse causae sequi oportet effectum. Voluntas autem agit, non secundum modum sui esse, sed secundum modum sui propositi. Et ideo, sicut effectus naturalis agentis sequitur esse agentis, si sit sufficiens, ita effectus agentis per voluntatem sequitur modum propositi.

Ex his etiam patet quod divinae voluntatis non retardatur effectus, quamvis non semper fuerit, voluntate existente: ut quarta ratio supponebat. Nam sub voluntate divina cadit non solum quod eius effectus sit, sed quod tunc sit. Hoc igitur volitum quod est tunc creaturam esse, non retardatur: quia tunc incoepit creatura esse quando Deus ab aeterno disposuit.

Non est autem ante totius creaturae inchoationem diversitatem aliquam partium alicuius durationis accipere: ut in quinta ratione supponebatur. Nam nihil mensuram non habet nec durationem. Dei autem duratio, quae est aeternitas, non habet partes, sed est simplex omnino, non habens prius et posterius, cum Deus sit immobilis: ut in primo ostensum est. Non est igitur comparare inchoationem totius creaturae ad aliqua diversa signata in aliqua praeexistente mensura, ad quae initium creaturarum similiter vel dissimiliter se possit habere, ut oporteat rationem esse apud agentem quare in hoc signato illius durationis creaturam in esse produxerit, et non in alio praecedenti vel sequenti. Quae quidem ratio requireretur si aliqua duratio in partes divisibilis esset praeter totam creaturam produc-

rém, como foi dito, assim como quer que isto seja tal, assim quer que isto seja neste momento. Donde não é necessário, para que a vontade seja causa suficiente, que o efeito seja quando a vontade é, mas quando a vontade dispõe que o efeito seja. Naquelas coisas, porém, que procedem da causa naturalmente agindo, é o contrário: pois a ação da natureza é conforme ela mesma; por isso, para que seja a causa, é necessário que se siga o efeito. Ora, a vontade age, não segundo o modo de seu ser, mas segundo o modo de seu propósito. E assim, como o efeito natural do agente segue o ser do agente, se é suficiente, assim o efeito do agente por vontade segue o modo do propósito.

Dessas razões também se evidencia que não se retarda o efeito da vontade divina, embora não tenha sido sempre, existindo a vontade, como *a quarta razão supunha*[166]. Com efeito, sob a vontade divina cai não só que seu efeito seja, mas que seja neste momento. Portanto, esse querer de que a criatura seja neste momento, não se retarda, pois começa a criatura a ser neste momento, quando Deus dispôs desde a eternidade.

Ora, não é para aceitar, antes do começo de toda a criatura, diversidade alguma de partes de duração, como se supunha *na quinta razão*[167]. Com efeito, o nada não tem medida nem duração. Ora, a duração de Deus, que é a eternidade, não tem partes, mas é totalmente simples, não tendo um antes e um depois, pois Deus é imóvel, como foi mostrado no Livro Primeiro[168]. Portanto, não é de comparar o começo de toda a criatura com algumas diversas, determinadas por alguma medida preexistente, com relação às quais o início das criaturas se pudesse referir por semelhança ou dessemelhança, de modo que fosse necessária uma razão junto ao agente, pela qual nesta determinação de tal duração produzisse a criatura no ser, e não em outra precedente ou seguinte. Essa razão seria requerida se existisse uma

166 Cf. cap. 32, Igualmente.
167 Cf. cap. 32, Além disso.
168 Livro I, cap. 15.

tam: sicut accidit in particularibus agentibus, a quibus producitur effectus in tempore, non autem ipsum tempus. Deus autem simul in esse produxit et creaturam et tempus. Non est igitur ratio quare nunc et non prius in hoc consideranda: sed solum quare non semper.

duração divisível em partes, produzida fora de toda criatura, como acontece nos agentes particulares, pelos quais é produzido o efeito no tempo, não, porém, o próprio tempo. Ora, Deus produziu simultaneamente no ser a criatura e o tempo. Não há, portanto, razão pela qual se deva pensar por que neste momento e não antes, mas só por que não sempre.

Sicut per simile in loco apparet. Particularia enim corpora, sicut in tempore determinato, ita et in loco determinato producuntur; et quia habent extra se tempus et locum, a quibus continentur, oportet esse rationem quare magis in hoc loco et in hoc tempore producuntur quam in alio: in toto autem caelo, extra quod non est locus, et cum quo universalis locus omnium producitur, non est ratio consideranda quare hic et non ibi constitutum est; quam rationem quia quidam considerandam putabant, deciderunt in errorem, ut ponerent infinitum in corporibus. Et similiter in productione totius creaturae, extra quam non est tempus, et cum qua simul tempus producitur, non est attendenda ratio quare nunc et non prius, ut per hoc ducamur ad concedendam temporis infinitatem: sed solum quare non semper, vel quare post non esse, vel cum aliquo principio.

Como é semelhante o que aparece quanto ao lugar. Com efeito, os corpos particulares, como em tempo determinado, assim também são produzidos em lugar determinado, e porque têm extrinsecamente a si tempo e lugar, pelos quais são contidos, é necessário que haja uma razão pela qual sejam produzidos neste lugar e neste tempo mais que em outro; com efeito, em todo o universo, fora do qual não há lugar, e com o qual é produzido o lugar universal de todas as coisas, não há razão a considerar-se por que é constituído aqui e não ali; porque julgavam alguns dever considerar essa razão, caíram em erro, ao afirmar o infinito nos corpos. E semelhantemente na produção de toda a criatura, fora da qual não há tempo, e com a qual simultaneamente o tempo é produzido, não deve ser considerada a razão pela qual neste momento e não antes, de modo que sejam por isso levados a conceder a infinitude do tempo; mas somente a razão pela qual não sempre, ou pela qual depois do não ser, ou com algum princípio.

Ad hoc autem inquirendum, sexta ratio inducebatur ex parte finis, qui solus inducere potest necessitatem in his quae voluntate aguntur. Finis autem divinae voluntatis non potest esse nisi eius bonitas. Non autem agit propter hunc finem producendum in esse, sicut artifex agit propter constitutionem artificiati: cum bonitas eius sit aeterna et immutabilis, ita quod ei nihil accrescere potest. Nec etiam posset dici quod propter eius meliorationem Deus agat. Nec etiam agit propter hunc finem acquirendum sibi, sicut rex pugnat ut acquirat civitatem: ipse enim est sua bonitas. Restat igitur quod agat propter finem

Ora, para pesquisar isso, alegava-se *a sexta razão*[169], da parte do fim, que só ele pode induzir a necessidade naquelas coisas que são feitas por vontade. Mas, o fim da vontade divina não pode ser senão a sua bondade. Não age, com efeito, em razão de produzir este fim no ser, como o artífice age por causa da constituição do artefato, pois a bondade d'Ele é eterna e imutável, de modo que nada pode a ela acrescentar-se. Nem também poder-se-ia dizer que Deus age, em razão de seu aperfeiçoamento. Também não age para adquirir um fim para si, como o rei que luta para conquistar uma cidade, pois Ele é sua própria bondade. Resta,

169 Cf. cap. 32, Ainda.

inquantum effectum producit ad participationem finis. In producendo igitur res sic propter finem, uniformis habitudo finis ad agentem non est consideranda ut ratio operis sempiterni: sed magis est attendenda habitudo finis ad effectum qui fit propter finem; ut taliter producatur effectus qualiter convenientius ordinetur ad finem. Unde per hoc quod finis uniformiter se habet ad agentem, non potest concludi quod effectus sit sempiternus.

portanto, que aja em razão do fim enquanto produz o efeito para participação do fim. Em produzindo, assim, as coisas por causa do fim, não há de considerar a uniforme relação do fim para o agente, como razão da obra sempiterna, mas antes deve ser considerada a relação do fim para o efeito, que se produz por causa do fim, para que se produza o efeito de tal modo que mais convenientemente se ordene ao fim. Por isso, em razão de que o fim se comporte uniformemente em relação ao agente, não se pode concluir que o efeito seja sempiterno.

Nec est necessarium effectum divinum semper fuisse, propter hoc quod sic convenientius ordinetur ad finem, ut septima ratio procedere videbatur: sed convenientius ordinatur ad finem per hoc quod est non semper fuisse. Omne enim agens producens effectum in participationem suae formae, intendit in eo inducere suam similitudinem. Sic igitur divinae voluntati conveniens fuit in suae bonitatis participationem creaturam producere, ut sua similitudine divinam bonitatem repraesentaret. Non autem potest esse talis repraesentatio per modum aequalitatis, sicut effectus univocus suam causam repraesentat, ut sic oporteat ab infinita bonitate aeternos effectus produci: sed sicut excedens repraesentatur ab eo quod exceditur. Excessus autem divinae bonitatis supra creaturam per hoc maxime exprimitur quod creaturae non semper fuerunt. Ex hoc enim apparet expresse quod omnia alia praeter ipsum eum habent sui esse auctorem; et quod virtus eius non obligatur ad huiusmodi effectus producendos, sicut natura ad effectus naturales; et per consequens quod est voluntate agens et intelligens.

Não é necessário que o efeito divino tenha sempre existido, para que assim se ordenasse mais convenientemente ao fim, como parecia proceder *a sétima razão*[170], mas se ordena de modo mais conveniente ao fim, se não existiu sempre. De fato, todo agente que produz um efeito na participação de sua forma, pretende induzir nele sua semelhança. Portanto, foi conveniente à vontade divina produzir a criatura na participação de sua bondade, de modo que representasse por sua semelhança a bondade divina. Ora, não pode ser essa representação por modo de igualdade, como o efeito unívoco representa sua causa, de modo que seja necessário que se produzam efeitos eternos pela bondade infinita, mas assim como o excedente é representado por aquilo que é excedido. Ora, o excesso da bondade divina sobre a criatura exprime-se maximamente pelo fato de que as criaturas não tenham existido sempre. Disso, com efeito, manifesta-se expressamente que todas as demais coisas, exceto Ele, têm-no como autor de seu ser; e que seu poder não está obrigado a produzir esses efeitos, como a natureza com relação aos efeitos naturais, e, por consequência, que é agente por vontade e inteligente.

Quorum contraria quidam posuerunt, aeternitatem creaturarum supponentes.

Alguns afirmaram coisas contrárias a essas, supondo a eternidade das criaturas.

Sic igitur ex parte agentis nihil est quod aeternitatem creaturarum nos ponere cogat.

Portanto, assim da parte do agente nada há que nos obrigue a afirmar a eternidade das criaturas.

170 Cf. cap. 32, Ainda.

Capitulum XXXVI

Solutio rationum quae sumuntur ex parte rerum factarum

Similiter etiam nec ex parte creaturae est aliquid quod nos ad eius aeternitatem ponendam de necessitate inducat.

Necessitas enim essendi quae in creaturis invenitur, ex quo prima ratio ad hoc sumitur, est necessitas ordinis, ut in praecedentibus est ostensum. Necessitas autem ordinis non cogit ipsum cui talis inest necessitas, semper fuisse, ut supra ostensum est. Licet enim substantia caeli, per hoc quod caret potentia ad non esse, habeat necessitatem ad esse, haec tamen necessitas sequitur eius substantiam. Unde, substantia eius iam in esse instituta, talis necessitas impossibilitatem non essendi inducit: non autem facit esse impossibile caelum non esse, in consideratione qua agitur de productione substantiae ipsius.

Similiter etiam virtus essendi semper, ex qua procedebat secunda ratio, praesupponit substantiae productionem. Unde, cum de productione substantiae caeli agitur, talis virtus sempiternitatis argumentum sufficiens esse non potest.

Motus etiam sempiternitatem non cogit nos ponere ratio consequenter inducta.

Iam enim patet quod absque mutatione Dei agentis potest esse quod novum agat non sempiternum. Si autem possibile est aliquid ab eo agi de novo, patet quod et moveri: nam novitas motus dispositionem voluntatis aeternae sequitur de motu non semper essendo.

Similiter etiam intentio naturalium agentium ad specierum perpetuitatem, ex quo quarta ratio procedebat, praesupponit naturalia agentia iam producta. Unde locum non

Capítulo 36

Solução das razões que se tomam da parte das coisas produzidas

Semelhantemente também, da parte da criatura, não existe algo que nos induza por necessidade a afirmar sua eternidade.

Efetivamente, a necessidade de ser, que se encontra nas criaturas, do que se considera para isso *a primeira razão*[171], é a necessidade de ordem, como foi mostrado anteriormente[172]. Ora, a necessidade de ordem não coage que aquele ao qual inere essa necessidade sempre tenha existido, como foi mostrado[173]. Embora a substância do céu, enquanto carece de potência para não ser, tenha a necessidade para ser, essa necessidade, porém, é posterior à sua substância. Donde, já constituída no ser sua substância, essa necessidade induz a impossibilidade de não ser; não faz, porém, ser impossível o céu não ser, consideração na qual se trata da produção de sua substância.

Semelhantemente, a capacidade de ser sempre, da qual procedia *a segunda razão*[174], pressupõe a produção da substância. Por isso, como se trata da produção da substância do céu, essa capacidade não pode ser um argumento suficiente de sempiternidade.

Também *a razão induzida na sequência*[175] não nos coage a afirmar a sempiternidade do movimento. Com efeito, já é manifesto que, sem mutação de Deus agente, pode ser que produza o novo não sempiterno. Ora, se é possível que algo seja por Ele produzido de novo, é manifesto que também o mover-se, pois a novidade do movimento segue a disposição da vontade divina de que o movimento não seja sempre.

De modo semelhante também a tendência dos agentes naturais à perpetuidade das espécies, do que procedia *a quarta razão*[176], pressupõe agentes naturais já produzidos.

171 Cf. cap. 33.
172 Cf. cap. 30.
173 Cf. cap. 31.
174 Cf. cap. 33, Igualmente.
175 Cf. cap. 33, Ainda.
176 Cf. cap. 33, Além disso.

habet haec ratio nisi in rebus naturalibus iam in esse productis, non autem cum de rerum productione agitur. Utrum autem necesse sit ponere generationem perpetuo duraturam, in sequentibus ostendetur.

Ratio etiam quinta, ex tempore inducta, aeternitatem motus magis supponit quam probet. Cum enim prius et posterius et continuitas temporis sequatur prius et posterius et continuitatem motus, secundum Aristotelis doctrinam, patet quod idem instans est principium futuri et finis praeteriti quia aliquid signatum in motu est principium et finis diversarum partium motus. Non oportebit igitur omne instans huiusmodi esse, nisi omne signum in tempore acceptum sit medium inter prius et posterius in motu, quod est ponere motum sempiternum. Ponens autem motum non esse sempiternum, potest dicere primum instans temporis esse principium futuri et nullius praeteriti finem. Nec repugnat successioni temporis quod ponatur in ipso aliquod nunc principium et non finis propter hoc quod linea, in qua ponitur punctus aliquis principium et non finis, est stans, et non fluens: quia etiam in motu aliquo particulari, qui etiam non est stans sed fluens, signari aliquid potest ut principium motus tantum et non ut finis: aliter enim omnis motus esset perpetuus, quod est impossibile.

Quod autem prius ponitur non esse temporis quam eius esse si tempus incoepit, non cogit nos dicere quod ponitur tempus esse si ponatur non esse, ut sexta ratio concludebat. Nam prius quod dicimus antequam tempus esset, non ponit aliquam temporis partem in re, sed solum in imaginatione. Cum enim dicimus quod tempus habet esse post non esse, intelligimus quod non fuit aliqua pars

Donde, essa razão não tem lugar, senão em coisas naturais já produzidas no ser, não, porém, quando se trata da produção das coisas. Entretanto, mostra-se no que se segue se é necessário afirmar a geração perpetuamente duradoura.

Também *a quinta razão*[177], induzida do tempo, mais supõe do que prova a eternidade do movimento. Com efeito, como o antes e o depois e a continuidade do tempo seguem o antes e o depois e a continuidade do movimento, segundo a doutrina de Aristóteles[178], é manifesto que o mesmo instante é princípio do futuro e fim de pretérito, pois algo sinalizado no movimento é princípio e fim das diversas partes do movimento. Portanto, não seria necessário que todo instante fosse assim, a não ser que toda sinalização no tempo seja recebida como meio entre o antes e o depois no movimento, o que é afirmar o movimento sempiterno. Ora, quem afirma que o movimento não é sempiterno pode dizer que o primeiro instante do tempo é princípio do futuro e fim de nenhum pretérito. Nem repugna à sucessão do tempo que se afirme nele neste momento algum principio e não fim, em razão de que a linha, na qual se afirma o ponto um princípio e não fim, é estática e não dinâmica, porque também num movimento particular, que também não é estático, mas dinâmico, pode-se sinalizar algo como princípio do movimento apenas e não como fim; doutra forma, todo movimento seria perpétuo, o que é impossível.

Que se afirme anterior o não ser do tempo ao seu ser, se o tempo começou, não nos coage a dizer que se afirma que o tempo é, se se afirma que não é, como *a sexta razão*[179] concluía. Com efeito, o anterior que dizemos antes que o tempo fosse, não afirma alguma parte do tempo na realidade, mas só na imaginação. Quando, efetivamente, dizemos que o tempo tem o ser depois do não ser, entende-

177 Cf. cap. 33, Ainda.
178 Aristóteles (384-322 a.C.), em *Física* IV, 11, 219a,12-13.17-19.
179 Cf. cap. 33, Igualmente.

temporis ante hoc nunc signatum: sicut, cum dicimus quod supra caelum nihil est, non intelligimus quod aliquis locus sit extra caelum qui possit dici supra respectu caeli, sed quod non est locus eo superior. Utrobique autem imaginatio potest mensuram aliquam rei existenti apponere: ratione cuius, sicut non est ponenda quantitas corporis infinita, ut dicitur in III phys., ita nec tempus aeternum.

Veritas autem propositionum quam oportet concedere etiam propositiones negantem, ex qua septima ratio procedebat, habet necessitatem ordinis qui est praedicati ad subiectum. Unde non cogit aliquam rem esse semper: nisi forte intellectum divinum, in quo est radix omnis veritatis, ut in primo ostensum est.

Patet igitur quod rationes ex creaturis inductae non cogunt ad mundi aeternitatem ponendam.

Capitulum XXXVII
Solutio rationum quae sumebantur ex parte factionis rerum

Restat autem ostendere quod nec ex parte productionis rerum aliqua ratio sumpta cogere possit ad idem.

Communis enim Philosophorum positio ponentium ex nihilo nihil fieri, ex quo prima ratio procedebat, veritatem habet secundum illud fieri quod ipsi considerabant. Quia enim omnis nostra cognitio a sensu incipit, qui singularium est, a particularibus considerationibus ad universales consideratio humana profecit. Unde principium rerum perquirentes particulares factiones entium tantum consideraverunt, inquirentes qualiter vel hic ignis vel hic lapis fiat. — Et ideo primi, magis extrinsece quam oporteret fieri rerum considerantes, posuerunt rem fieri solum se-

mos que não houve uma parte do tempo antes deste agora indicado, como quando dizemos que nada é acima do céu, não entendemos que haja algum lugar fora do céu que possa dizer-se acima com relação ao céu, mas que não há lugar superior a ele. Num e noutro, porém, a imaginação pode acrescentar uma medida à coisa existente, razão pela qual, assim como não há de afirmar a quantidade infinita do corpo, como se diz no livro da *Física*[180], assim nem o tempo eterno.

Ora, a verdade das proposições que é necessário conceder também quem as nega, da qual procedia *a sétima razão*[181], tem necessidade de ordem que é a do predicado com relação ao sujeito. Por isso, não coage que alguma coisa seja sempre, a não ser talvez o intelecto divino, no qual está a raiz de toda verdade, como foi mostrado no Livro Primeiro[182].

É evidente, portanto, que as razões induzidas da parte das criaturas não coagem afirmar a eternidade do mundo.

Capítulo 37
Solução das razões que eram tomadas da parte da produção das coisas

Resta mostrar que razão nenhuma, tomada da parte da produção das coisas, pode coagir à mesma solução.

A comum posição dos filósofos que afirmam que do nada nada se faz, da qual procedia *a primeira razão*[183], tem a verdade segundo aquele produzir-se que eles consideravam. Com efeito, porque todo nosso conhecimento inicia-se no sentido, que é dos singulares, a consideração humana progride das considerações particulares para as universais. Donde, perquirindo o princípio das coisas, consideraram apenas as produções particulares dos entes, investigando de que maneira se fez este fogo ou esta pedra. — E assim os primeiros filósofos, considerando, mais extrinsecamente

---

[180] Aristóteles (384-322 a.C.), em *Física* III, 6, 206b,24-25.
[181] Cf. cap. 33, Ademais.
[182] Livro I, cap. 62.
[183] Cf. cap. 34.

cundum quasdam accidentales dispositiones, ut rarum, densum, et huiusmodi, dicentes per consequens fieri nihil esse nisi alterari, propter hoc quod ex ente in actu unumquodque fieri intelligebant.

Posteriores vero, magis intrinsece, rerum factionem considerantes, ad fieri rerum secundum substantiam processerunt, ponentes quod non oportet aliquid fieri ex ente in actu nisi per accidens, sed per se ex ente in potentia. Hoc autem fieri, quod est entis ex qualicumque ente, est factio entis particularis: quod quidem fit inquantum est hoc ens, ut homo vel ignis, non autem inquantum est universaliter; ens enim prius erat, quod in hoc ens transmutatur.

Profundius autem ad rerum originem ingredientes, consideraverunt ad ultimum totius entis creati ab una prima causa processionem: ut ex rationibus hoc ostendentibus supra positis patet. In hac autem processione totius entis a Deo non est possibile fieri aliquid ex aliquo alio praeiacente: non enim esset totius entis creati factio. Et hanc quidem factionem non attigerunt primi naturales, quorum erat communis sententia ex nihilo nihil fieri. Vel, si qui eam attigerunt, non proprie nomen factionis ei competere consideraverunt, cum nomen factionis motum vel mutationem importet, in hac autem totius entis origine ab uno primo ente intelligi non potest transmutatio unius entis in aliud, ut ostensum est. Propter quod nec ad naturalem Philosophum pertinet huiusmodi rerum originem considerare: sed ad Philosophum primum, qui considerat ens commune et ea quae sunt separata a motu. Nos tamen sub quadam similitudine etiam ad illam originem nomen factionis transferimus, ut dicamus ea facta quorumcumque essentia vel natura ab aliis originem habet.

do que era necessário, o produzir-se das coisas, afirmaram que a coisa se produzia só segundo algumas disposições acidentais, como o rarefeito, o denso e coisas semelhantes, dizendo, por consequência, que o produzir nada é que ser alterado, enquanto entendiam que cada coisa se produzia do ente em ato.

Já os posteriores, considerando a produção das coisas mais intrinsecamente, chegaram ao produzir das coisas segundo a substância, afirmando que não é necessário que uma coisa se produza do ente em ato senão por acidente, mas por si do ente em potência. Ora, esse produzir, que é do ente a partir de qualquer ente, é produção do ente particular, o que certamente se produz enquanto é este ente, como o homem ou o fogo, não, porém, enquanto é universalmente, pois o ente que era antes se transmuda neste ente.

[Penetrando, mais profundamente, na origem] das coisas, consideraram por fim a procedência de todo ente criado de uma causa primeira, como é evidente das razões que mostram isso, acima expostas[184]. Ora, nessa procedência de todo ente de Deus não é possível o produzir-se alguma coisa de outra preexistente, pois não seria produção de todo ente criado. E não chegaram a essa produção os primeiros filósofos naturais, dos quais era comum a sentença que do nada nada se faz. Ou, se a ela chegaram, não consideraram que lhe coubesse propriamente o nome de produção, pois o nome de produção implica movimento ou mutação, e nessa origem de todo ente a partir de um primeiro ente não pode entender-se uma transmutação de um ente em outro, como foi mostrado[185]. Por causa disso nem pertence ao Filósofo da Natureza considerar semelhante origem das coisas, mas ao Filósofo Primeiro, que considera o ente comum e o que é separado do movimento. Ora, sob alguma semelhança também transferimos para aquela origem o nome de produção, quando dizemos produzidas as coisas cuja essência ou natureza tem origem de outras.

---

[184] Cf. cap. 16.
[185] Cf. cap. 17.

Ex quo patet quod nec secunda ratio de necessitate concludit, quae ex ratione motus sumebatur. Nam creatio mutatio dici non potest nisi secundum metaphoram, prout creatum consideratur habere esse post non esse: ratione cuius aliquid ex alio fieri dicitur etiam eorum quae invicem transmutationem non habent, ex hoc solo quod unum eorum est post alterum, sicut dies ex nocte. Nec ratio motus inducta ad hoc aliquid facere potest: nam quod nullo modo est, non se habet aliquo modo; ut possit concludi quod, quando incipit esse, alio modo se habeat nunc et prius.

Do que é manifesto que nem *a segunda razão*[186], que era tomada da razão de movimento, conclui necessariamente. Com efeito, criação não pode dizer-se mutação senão metaforicamente, enquanto o criado é considerado ter o ser depois do não ser, razão pela qual uma coisa é dita produzir-se de outra, mesmo quanto àquelas que não têm reciprocamente transmutação, senão só porque um deles é depois do outro, como o dia depois da noite. Nem a razão do movimento alegada pode disso fazer alguma coisa, pois o que de nenhum modo é, não se comporta de modo algum, como se pode concluir que, quando começa a ser, comporta-se de modo diverso agora e antes.

Ex hoc etiam patet quod non oportet aliquam potentiam passivam praecedere esse totius entis creati, ut tertia ratio concludebat. Hoc enim est necessarium in illis quae per motum essendi principium sumunt: eo quod motus est actus existentis in potentia. Possibile autem fuit ens creatum esse, antequam esset, per potentiam agentis, per quam et esse incoepit. Vel propter habitudinem terminorum, in quibus nulla repugnantia invenitur: quod quidem possibile secundum nullam potentiam dicitur, ut patet per Philosophum, in V metaph. Hoc enim praedicatum quod est esse, non repugnat huic subiecto quod est mundus vel homo, sicut commensurabile repugnat diametro: et sic sequitur quod non sit impossibile esse, et per consequens quod sit possibile esse antequam esset, etiam nulla potentia existente. In his autem quae per motum fiunt, oportet prius fuisse possibile per aliquam passivam potentiam: in quibus Philosophus, in VII metaphys., hac utitur ratione.

Disso também é manifesto que não é necessário que uma potência passiva preceda o ser de todo ente criado, como *a terceira razão*[187] concluía. Isso, com efeito, é necessário naquelas coisas que tomam o princípio de ser pelo movimento, porque o movimento é o ato do que existe em potência. Ora, foi possível o ente criado ser, antes que existisse, pela potência do agente, pela qual também começou a ser. Ou pela disposição dos termos nos quais não há repugnância nenhuma: o que se diz possível segundo nenhuma potência, como se evidencia pelo Filósofo[188]. Com efeito, este predicado que é ser, não repugna a este sujeito que é o mundo ou o homem, como o comensurável repugna ao diâmetro; e assim segue-se que não é impossível ser, e, por conseguinte, que é possível ser antes de existir, também não existindo potência nenhuma. Nas coisas que se produzem por movimento, é necessário que antes tenha sido possível por alguma potência passiva: nessas o Filósofo[189] usa dessa razão no livro da *Metafísica*.

Patet etiam ex hoc quod nec quarta ratio ad propositum concludit. Nam fieri non simul est cum esse rei in his quae per motum fiunt, in quorum fieri successio invenitur. In his au-

Disso também é manifesto que nem *a quarta razão*[190] conclui com relação ao proposto. Com efeito, produzir-se não se dá simultaneamente com o ser da coisa no que se

186 Cf. cap. 34, Ademais.
187 Cf. cap. 34, Ainda.
188 Aristóteles (384-322 a.C.), em *Metafísica* V, 12, 1019b,21-27.
189 Aristóteles (384-322 a.C.), em *Metafísica* VII, 7, 1032a,20.
190 Cf. cap. 34, Igualmente.

tem quae non fiunt per motum, non est prius fieri quam esse.

produz por movimento, em cujo produzir-se se acha sucessão. Nas coisas que não se produzem por movimento, o produzir não é anterior ao ser.

Sic igitur evidenter apparet quod nihil prohibet ponere mundum non semper fuisse. Quod fides catholica ponit: Gen. 1,1: in principio creavit Deus caelum et terram. Et Prov. 8,12 de Deo dicitur: antequam quicquam faceret a principio etc.

Assim, portanto, manifesta-se evidentemente que nada proíbe afirmar que o mundo não tenha existido sempre. O que afirma a fé católica em Gênesis: *No princípio criou Deus o céu e a terra*[191]. E em Provérbios se diz de Deus: *antes que fizesse alguma coisa do princípio*[192] etc.

Capitulum XXXVIII

Rationes quibus quidam conantur ostendere mundum non esse aeternum

Sunt autem quaedam rationes a quibusdam inductae ad probandum mundum non semper fuisse, sumptae ex his.

Deum enim esse omnium rerum causam est demonstratum. Causam autem oportet duratione praecedere ea quae per actionem causae fiunt.

Item. Cum totum ens a Deo sit creatum, non potest dici factum esse ex aliquo ente, et sic relinquitur quod sit factum ex nihilo. Et per consequens quod habeat esse post non esse.

Adhuc. Quia infinita non est transire. Si autem mundus semper fuisset, essent iam infinita pertransita: quia quod praeteritum est, pertransitum est; sunt autem infiniti dies vel circulationes solis praeteritae, si mundus semper fuit.

Praeterea. Sequitur quod infinito fiat additio: cum ad dies vel circulationes praeteritas quotidie de novo addatur.

Amplius. Sequitur quod in causis efficientibus sit procedere in infinitum, si generatio fuit semper, quod oportet dicere mundo semper existente: nam filii causa est pater, et huius alius, et sic in infinitum.

Rursus. Sequetur quod sint infinita: scilicet infinitorum hominum praeteritorum animae immortales.

Capítulo 38

Razões pelas quais alguns se esforçam por mostrar que o mundo não é eterno

Há, porém, algumas razões aduzidas por alguns, para provar que o mundo não tenha existido sempre, tomadas do seguinte:

Demonstrou-se que Deus é a causa de todas as coisas. Ora, a causa deve preceder na duração aquelas coisas que são produzidas por ação da causa.

Igualmente. Como todo ente foi criado por Deus, não se pode dizer que foi produzido de algum ente, e assim resta que seja feito do nada. E, por conseguinte, que tenha o ser depois do não ser.

Ainda. Porque não se ultrapassam os infinitos. Se, porém, o mundo sempre existisse, haveria já infinitos ultrapassados, pois o que é pretérito, foi ultrapassado; ora, há infinitos dias ou giros do sol pretéritos, se o mundo sempre existiu.

Além disso. Segue-se que se produz acréscimo ao infinito: uma vez que se acrescentam aos dias e giros pretéritos cotidianamente novos.

Ademais. Segue-se que nas causas eficientes é proceder ao infinito, se a geração sempre houve, o que é necessário dizer existindo sempre o mundo, pois a causa do filho é o pai, e desse é outro, e assim ao infinito.

Por outro lado. Seguir-se-ia que há os infinitos, ou seja, as almas imortais de infinitos homens passados.

191 Gênesis 1,1.
192 Provérbios 8,12.

Hae autem rationes quia non usquequaque de necessitate concludunt, licet probabilitatem habeant, sufficit tangere solum, ne videatur fides catholica in vanis rationibus constituta, et non potius in solidissima Dei doctrina.

Et ideo conveniens videtur ponere qualiter obvietur eis per eos qui aeternitatem mundi posuerunt. Quod enim primo dicitur, agens de necessitate praecedere effectum qui per suam operationem fit, verum est in his quae agunt aliquid per motum: quia effectus non est nisi in termino motus; agens autem necesse est esse etiam cum motus incipit. — In his autem quae in instanti agunt, hoc non est necesse: sicut simul dum sol est in puncto orientis, illuminat nostrum hemisphaerium.

Quod etiam secundo dicitur, non est efficax. Ei enim quod est ex aliquo aliquid fieri, contradictorium quod oportet dare si hoc non detur, est non ex aliquo fieri: non autem hoc quod est ex nihilo, nisi sub sensu primi; ex quo concludi non potest quod fiat post non esse.

Quod etiam tertio ponitur, non est cogens. Nam infinitum, etsi non sit simul in actu, potest tamen esse in successione: quia sic quodlibet infinitum acceptum finitum est. Quaelibet igitur circulatio praecedentium transiri potuit: quia finita fuit. In omnibus autem simul, si mundus semper fuisset, non esset accipere primam. Et ita nec transitum, qui semper exigit duo extrema.

Quod etiam quarto proponitur, debile est. Nam nihil prohibet infinito ex ea parte additionem fieri qua est finitum. Ex hoc autem quod ponitur tempus aeternum, sequitur quod sit infinitum ex parte ante, sed finitum ex parte post: nam praesens est terminus praeteriti.

Quod etiam quinto obiicitur, non cogit.
Quia causas agentes in infinitum procedere est impossibile, secundum Philosophos, in

Essas razões, porque não concluem de todo necessariamente, embora tenham probabilidade, é suficiente apenas tocar para que não pareça ser a fé católica constituída em vãs razões, e não antes na solidíssima doutrina de Deus.

E assim parece conveniente afirmar como se responde àqueles que defenderam a eternidade do mundo. Com efeito, *em primeiro lugar* se diz que o agente necessariamente precede o efeito, que é produzido por sua operação, o que é verdadeiro naquelas coisas que produzem algo por movimento, pois o efeito não se dá senão no termo do movimento; é necessário, porém, que o agente esteja também quando o movimento começa. — Naquelas coisas, porém, que produzem instantaneamente, isso não é necessário, por exemplo, quando sol está num ponto do Oriente, ao mesmo tempo ilumina nosso hemisfério.

O que também se diz, *em segundo lugar*, não é eficaz. Com efeito, a contraditória de *algo ser produzido de algo,* — que é necessário dar-se se isto não se dá, — *é ser produzido não de algo;* e *não que isto é feito do nada*, a não ser no primeiro sentido, do que não se pode concluir que seja produzido depois do não ser.

O que é afirmado, *em terceiro lugar,* não coage. Efetivamente, o infinito, embora não exista simultaneamente em ato, pode, entretanto, existir sucessivamente, porque assim qualquer infinito aceito é finito. Portanto, qualquer giro dos precedentes pôde passar, porque foi finito. Mas, todos eles simultaneamente, se o mundo sempre tivesse existido, não seria possível aceitar um primeiro. E assim nem o trânsito, que sempre exige dois extremos.

O que também é proposto, em *quarto lugar,* é fraco. De fato, nada proíbe que se adicione ao infinito pela parte na qual é finito. Mas, da afirmação de um tempo eterno, segue-se que seja infinito quanto à parte antes, mas finito quanto à parte depois, pois o presente é o termo do pretérito.

Também o que se objeta *em quinto lugar,* não coage. Porque é impossível proceder às causas agentes ao infinito, segundo os filóso-

causis simul agentibus: quia oporteret effectum dependere ex actionibus infinitis simul existentibus. Et huiusmodi sunt causae per se infinitae: quia earum infinitas ad causatum requiritur. — In causis autem non simul agentibus, hoc non est impossibile, secundum eos qui ponunt generationem perpetuam. Haec autem infinitas accidit causis: accidit enim patri socratis quod sit alterius filius vel non filius. Non autem accidit baculo, inquantum movet lapidem, quod sit motus a manu: movet enim inquantum est motus.

Quod autem de animabus obiicitur difficilius est. Sed tamen ratio non est multum utilis: quia multa supponit. — Quidam namque aeternitatem mundi ponentium posuerunt etiam humanas animas non esse post corpus. — Quidam vero quod ex omnibus animabus non manet nisi intellectus separatus: vel agens, secundum quosdam; vel etiam possibilis, secundum alios. = Quidam autem posuerunt circulationem in animabus, dicentes quod eaedem animae post aliqua saecula in corpora revertuntur. — Quidam vero pro inconvenienti non habent quod sint aliqua infinita actu in his quae ordinem non habent.

Potest autem efficacius procedi ad hoc ostendendum ex fine divinae voluntatis, ut supra tactum est. Finis enim divinae voluntatis in rerum productione est eius bonitas inquantum per causata manifestatur. Potissime autem manifestatur divina virtus et bonitas per hoc quod res aliae praeter ipsum non semper fuerunt.

Ex hoc enim ostenditur manifeste quod res aliae praeter ipsum ab ipso esse habent, quia non semper fuerunt. Ostenditur etiam quod non agit per necessitatem naturae; et quod virtus sua est infinita in agendo. Hoc igitur

fos, nas causas agindo simultaneamente, pois seria necessário que o efeito dependesse de ações infinitas ao mesmo tempo existentes. E essas são as causas por si infinitas, pois sua infinitude é requerida quanto ao causado. — Entretanto, nas causas não agindo simultaneamente, isso não é impossível, segundo aqueles que afirmam a geração perpetua. Mas essa infinitude é acidental nas causas, pois é acidental ao pai de Sócrates que ele seja filho de outro ou não filho. Não é acidental, porém, ao bastão, enquanto move a pedra, que seja movido pela mão, pois move enquanto é movido.

O que se objeta, *em sexto lugar*, a respeito das almas é mais difícil. Mas, a razão não é muito útil, porque supõe muitas coisas. Com efeito, alguns dos que afirmaram a eternidade do mundo defenderam também que as almas humanas não existiriam depois do corpo. — Outros, por sua vez, afirmaram que de todas as almas não permanece senão o intelecto separado, ou o agente, segundo uns, ou também o possível, segundo outros.

— Alguns afirmaram uma circulação nas almas, dizendo que as mesmas almas depois de alguns séculos voltam aos corpos. — Outros não têm por inconveniente que haja alguns infinitos em ato naquelas coisas que não têm ordem.

Pode-se, entretanto, proceder mais eficazmente para demonstrar isso pelo fim da vontade divina, como foi tratado[193]. Com efeito, o fim da vontade divina na produção das coisas é sua bondade, enquanto se manifesta por meio das coisas causadas. Manifesta-se principalmente, porém, o poder divino e a bondade, na medida em que as outras coisas, fora Deus, nem sempre existiram. Disso, com efeito, se mostra manifestamente que as outras coisas, fora Ele, têm o ser dependente d'Ele, pois não existiram sempre. Mostra-se também que não age por necessidade da natureza, e que o seu

---

[193] Cf. cap. 35.

convenientissimum fuit divinae bonitati, ut rebus creatis principium durationis daret.

Ex his autem quae praedicta sunt, vitare possumus diversos errores gentilium Philosophorum. Quorum quidam posuerunt mundum aeternum. — Quidam materiam mundi aeternam, ex qua ex aliquo tempore mundus coepit generari: vel a casu; vel ab aliquo intellectu; aut etiam amore aut lite. Ab omnibus enim his ponitur aliquid praeter Deum aeternum. Quod fidei catholicae repugnat.

poder é infinito no agir. Portanto, foi convenientíssimo à bondade divina que desse às coisas criadas o princípio da duração.

Do que foi anteriormente dito, podemos evitar diversos erros dos filósofos gentios. Desses, alguns afirmaram o mundo eterno. — Alguns, a matéria eterna do mundo, da qual por algum tempo o mundo começou a ser gerado, ou por acaso, ou por algum intelecto, ou também por amor ou conflito.

Por todos esses, pois, é afirmado algo eterno, além de Deus. O que repugna à fé católica.

Capitulum XXXIX

Quod distinctio rerum non est a casu

Expeditis autem his quae ad rerum productionem pertinent, restat prosequi ea quae sunt consideranda in rerum distinctione.

In quibus primo oportet ostendere quod rerum distinctio non est a casu. Casus enim non contingit nisi in possibilibus aliter se habere: quae enim sunt ex necessitate et semper, non dicimus esse a casu. Ostensum est autem supra quasdam res creatas esse in quarum natura non est possibilitas ad non esse: sicut sunt substantiae immateriales, et absque contrarietate. Substantias igitur eorum impossibile est esse a casu. Sunt autem per suam substantiam ab invicem distinctae. Earum igitur distinctio non est a casu.

Amplius. Cum casus sit tantum in possibilibus aliter se habere; principium autem huiusmodi possibilitatis est materia, non autem forma, quae magis determinat possibilitatem materiae ad unum; ea quorum distinctio est a forma, non distinguuntur casu: sed forte ea quorum distinctio est a materia. Specierum autem distinctio est a forma: singularium autem eiusdem speciei a materia. Distinctio igitur rerum secundum speciem non potest esse a casu: sed forte aliquorum individuorum casus potest esse distinctivus.

Adhuc. Cum materia sit principium et causa rerum casualium, ut ostensum est, in eorum factione potest esse casus quae ex materia generantur. Ostensum est autem supra quod prima rerum productio in esse non est ex materia. In ea igitur casus locum habere non potest. Oportet autem quod prima rerum productio cum distinctione fuerit: cum multa inveniantur in rebus creatis quae neque ex invicem generantur, neque ex aliquo uno

Capítulo 39

A distinção das coisas não é por acaso

Explicado, pois, o que pertence à produção das coisas, resta prosseguir no que se deve considerar sobre a distinção das coisas.

Nisso, por primeiro, é necessário mostrar que a distinção das coisas não é por acaso. O acaso, com efeito, não acontece senão nas coisas que podem comportar-se diferentemente, pois, as que são por necessidade e sempre, não dizemos que são por acaso. Foi mostrado, porém[1], que existem algumas coisas criadas em cuja natureza não há a possibilidade para o não ser, como são as substâncias imateriais, e sem contrariedade. Portanto, é impossível que as substâncias delas sejam por acaso. São, porém, distintas entre si por sua substância. Consequentemente, a distinção delas não é por acaso.

Ademais. Como o acaso existe apenas nas coisas possíveis de comportar-se de outra maneira, e o princípio dessa possibilidade é a matéria, mas não a forma, que antes determina a possibilidade da matéria a um modo de ser, aquelas coisas cuja distinção é pela forma, não se distinguem por acaso, porém talvez aquelas cuja distinção é pela matéria. Ora, a distinção das espécies é pela forma, mas dos singulares dà mesma espécie é pela matéria. Portanto, a distinção das coisas segundo a espécie não pode ser por acaso, mas talvez o acaso pode ser distintivo de alguns indivíduos.

Ainda. Como a matéria é princípio e causa das coisas casuais, como foi mostrado, pode haver o acaso na produção daquelas que são geradas da matéria. Ora, foi mostrado[2] que a primeira produção das coisas no ser não é a partir da matéria. Nela, portanto, o acaso não pode ter lugar. Ora, é necessário que a primeira produção das coisas tenha sido com distinção, pois nas coisas criadas acham-se muitas que nem são geradas umas das outras, nem de

1 Cf. cap. 30.
2 Cf. cap. 16.

communi, quia non conveniunt in materia. Non est igitur possibile quod rerum distinctio sit a casu.

Item. Causa per se prior est ea quae est per accidens. Si igitur posteriora sint a causa per se determinata, inconveniens est dicere priora esse a causa per accidens indeterminata. Distinctio autem rerum praecedit naturaliter motus et operationes rerum: determinati enim motus et operationes sunt rerum determinatarum et distinctarum. Motus autem et operationes rerum sunt a causis per se et determinatis: cum inveniantur aut semper aut in pluribus ex suis causis eodem modo procedere. Ergo et distinctio rerum est a causa per se et determinata: non a casu, quae est causa per accidens indeterminata.

uma coisa única comum, porque não coincidem na matéria. Não é, portanto, possível que a distinção das coisas seja por acaso.

Igualmente. Uma causa por si é anterior àquela que é por acidente. Se, portanto, coisas posteriores existem por uma causa determinada por si, é inconveniente dizer que anteriores àquelas existem por uma causa indeterminada por acidente. Ora, a distinção das coisas precede naturalmente os movimentos e as operações das coisas, pois determinados movimentos e operações são de coisas determinadas e distintas. Ora, os movimentos e as operações das coisas são de causas por si e determinadas, pois se acham provir, ou sempre ou na maioria dos casos, do mesmo modo, de suas causas. Logo, também a distinção das coisas provém de causa por si e determinada, não do acaso, que é causa por acidente indeterminada.

Amplius. Cuiuslibet rei procedentis ab agente per intellectum et voluntatem, forma est ab agente intenta. Ipsa autem universitas creaturarum Deum habet auctorem, qui est agens per voluntatem et intellectum, ut ex praemissis patet. Nec in virtute sua defectus aliquis esse potest, ut sic deficiat a sua intentione: cum sua virtus sit infinita, ut supra ostensum est. Oportet igitur quod forma universi sit a Deo intenta et volita. Non est igitur a casu: casu enim esse dicimus quae praeter intentionem agentis sunt. Forma autem universi consistit in distinctione et ordine partium eius. Non est igitur distinctio rerum a casu.

Ademais. A forma de qualquer coisa que procede do agente por intelecto e vontade, é intencionada pelo agente. Ora, a própria universalidade das criaturas tem a Deus por autor, o qual é agente por intelecto e vontade, como é manifesto do que foi antes posto[3]. Nem pode haver defeito nenhum em sua potência, de sorte que assim falhe em sua intenção, pois sua potência é infinita, como foi mostrado[4]. Logo, é necessário que a forma do universo tenha sido intencionada e querida por Deus. Portanto, não é por acaso, pois dizemos ser por acaso aquilo que é além da intenção do agente. Mas a forma do universo consiste na distinção e ordem de suas partes. A distinção das coisas não é, portanto, por acaso.

Adhuc. Id quod est bonum et optimum in effectu, est finis productionis ipsius. Sed bonum et optimum universi consistit in ordine partium eius ad invicem, qui sine distinctione esse non potest: per hunc enim ordinem universum in sua totalitate constituitur, quae est optimum ipsius. Ipse igitur ordo partium universi et distinctio earum est finis productionis universi. Non est igitur distinctio rerum a casu.

Ainda. O que é bom e ótimo no efeito é o fim de sua produção. Mas o bom e o ótimo do universo consistem na ordem de suas partes entre si, que não pode dar-se sem distinção, pois por esta ordem o universo constitui-se em sua totalidade, que é o ótimo dele. Logo, a própria ordem das partes do universo, e sua distinção, é o fim da produção do universo. Não é, portanto, por acaso a distinção das coisas.

3 Cf. caps. 23 e 24.
4 Livro I, cap. 43.

Hanc autem veritatem sacra Scriptura profitetur: ut patet Gen. 1, ubi, cum primo dicatur, in principio creavit Deus caelum et terram, subiungit, distinxit Deus lucem a tenebris, et sic de aliis: ut non solum rerum creatio, sed etiam rerum distinctio a Deo esse ostendatur, non a casu, sed quasi bonum et optimum universi. Unde subditur: vidit Deus cuncta quae fecerat, et erant valde bona.

Per haec autem excluditur opinio antiquorum naturalium ponentium causam materialem solum et unam, ex qua omnia fiebant raritate et densitate. Hos enim necesse est dicere distinctionem rerum quas in universo videmus, non ex alicuius ordinante intentione provenisse, sed ex materiae fortuito motu.

Similiter etiam excluditur opinio democriti et Leucippi ponentium infinita principia materialia, scilicet indivisibilia corpora eiusdem naturae sed differentia figuris, ordine et positione, ex quorum concursu — quem oportebat esse fortuitum, cum causam agentem negarent — ponebant esse diversitatem in rebus, propter tres praedictas atomorum differentias, scilicet figurae, ordinis et positionis; unde sequebatur distinctionem rerum esse fortuitam. Quod ex praemissis patet esse falsum.

Essa verdade é professada na Sagrada Escritura, como é manifesto no Livro do Gênesis: *No princípio criou Deus o céu e a terra*[5], e acrescentou *distinguiu Deus a luz das trevas*[6], e assim sobre as outras coisas, de modo que mostra que não só a criação das coisas, mas também a distinção delas vem de Deus, não por acaso, mas como o bom e o ótimo do universo: *viu Deus todas as coisas que produzira, e eram muito boas*[7].

Com isso, exclui-se a opinião dos antigos filósofos da natureza que afirmavam uma só e única causa material, da qual todas as coisas se produziam por rarefação e densidade. É necessário que eles afirmem que a distinção das coisas que vemos no universo não proveio da intenção ordenadora de alguém, mas de fortuito movimento da matéria.

Semelhantemente também é excluída a opinião de Demócrito[8] e Leucipo[9], que afirmavam haver infinitos princípios materiais, ou seja, corpos indivisíveis da mesma natureza, mas diferentes nas figuras, na ordem e na posição, de cujo concurso — que era necessário ser fortuito, pois negavam a causa agente — afirmavam haver diversidade nas coisas, em razão das três mencionadas diferenças dos átomos, a saber, da figura, da ordem e da posição, donde seguia-se que a distinção das coisas seria fortuita. O que é manifesto ser falso pelo que foi anteriormente dito.

Capitulum XL
Quod materia non est prima causa distinctionis rerum

Ex hoc autem ulterius apparet quod rerum distinctio non est propter materiae diversitatem sicut propter primam causam.

Ex materia enim nihil determinatum provenire potest nisi casualiter: eo quod materia ad multa possibilis est; ex quibus si unum tantum proveniat, hoc ut in paucioribus con-

Capítulo 40
A matéria não é a causa primeira da distinção das coisas

Disso manifesta-se, ulteriormente, que a distinção das coisas não se dá em razão da diversidade da matéria, como causa primeira.

Com efeito, nada de determinado pode provir da matéria, a não ser por acaso: porque a matéria é possível para muitas coisas, se dessas uma só provém, é necessário que isso

---

5 Gênesis 1,1.
6 Gênesis 1,4.
7 Gênesis 1,31.
8 Demócrito (470-370 a.C.), filósofo grego.
9 Leucipo (séc. V a.C.), filósofo grego.

tingens necesse est esse; huiusmodi autem est quod casualiter evenit, et praecipue sublata intentione agentis. Ostensum est autem quod rerum distinctio non est a casu. Relinquitur igitur quod non sit propter materiae diversitatem sicut propter primam causam.

Adhuc. Ea quae sunt ex intentione agentis, non sunt propter materiam sicut propter primam causam. Causa enim agens prior est in causando quam materia: quia materia non fit actu causa nisi secundum quod est mota ab agente. Unde, si aliquis effectus consequitur dispositionem materiae et intentionem agentis, non est ex materia sicut ex causa prima. Et propter hoc videmus quod ea quae reducuntur in materiam sicut in causam primam, sunt praeter intentionem agentis: sicut monstra et alia peccata naturae. Forma autem est ex intentione agentis. Quod ex hoc patet: agens enim agit sibi simile secundum formam; et si aliquando hoc deficiat, hoc est a casu propter materiam. Formae igitur non consequuntur dispositionem materiae sicut primam causam: sed magis e converso materiae sic disponuntur ut sint tales formae. Distinctio autem rerum secundum speciem est per formas. Distinctio igitur rerum non est propter materiae diversitatem sicut propter primam causam.

Amplius. Distinctio rerum non potest provenire ex materia nisi in illis quae ex materia praeexistente fiunt. Multa autem sunt ab invicem distincta in rebus quae non possunt ex praeexistente materia fieri: sicut patet de corporibus caelestibus, quae non habent contrarium, ut eorum motus ostendit. Non igitur potest esse prima causa distinctionis rerum diversitas materiae.

Item. Quaecumque habentia sui esse causam distinguuntur, habent causam suae distinctionis: unumquodque enim secundum hoc fit ens secundum quod fit unum in se indivisum et ab aliis distinctum. Sed si materia sui diversitate est causa distinctionis rerum,

aconteça poucas vezes; assim, é o que acontece por acaso, descartada principalmente a intenção do agente. Ora, foi mostrado[10] que a distinção das coisas não é por acaso. Portanto, resta que ela não é por causa da diversidade da matéria, como causa primeira.

Ainda. Aquelas coisas que procedem da intenção do agente, não são em razão da matéria como causa primeira. Com efeito, a causa agente ao causar é anterior à matéria, pois a matéria não se torna causa em ato, senão enquanto é movida pelo agente. Por isso, se algum efeito se segue à disposição da matéria e a intenção do agente, não procede da matéria, como causa primeira. E por causa disso vemos que aquelas coisas que se reduzem à matéria como a causa primeira, são além da intenção do agente, como os monstros e outros pecados da natureza. Ora, a forma procede da intenção do agente. O que se evidencia disto: *o agente produz o semelhante a si* segundo a forma, e se algumas vezes isso falha, é por acaso, em razão da matéria. Portanto, as formas não se seguem à disposição da matéria como causa primeira, mas, antes, ao contrário, as matérias são dispostas para que haja tais formas. Ora, a distinção das coisas segundo a espécie acontece pelas formas. Portanto, a distinção das coisas não é em razão da diversidade da matéria, mas em razão da causa primeira.

Ademais. A distinção das coisas não pode provir da matéria senão naquelas que são produzidas de matéria preexistente. Muitas coisas, porém, que não podem ser feitas de matéria preexistente, são distintas entre si realmente, como se evidencia dos corpos celestes, que não têm contrário, como mostra seu movimento. Portanto, a diversidade da matéria não pode ser a causa primeira da distinção das coisas.

Igualmente. Todas aquelas coisas que se distinguem tendo causa de seu ser, têm causa de sua distinção, pois cada coisa se faz ente enquanto se torna una em si indivisa e distinta das outras. Entretanto, se a matéria por sua diversidade é causa da distinção das coi-

10 Cf. capítulo anterior.

oportet ponere materias in se esse distinctas. Constat autem quod materia quaelibet habet esse ab alio, per hoc quod supra ostensum est omne quod qualitercumque est, a Deo esse. Ergo aliud est causa distinctionis in materiis. Non igitur prima causa distinctionis rerum potest esse diversitas materiae.

Adhuc. Cum omnis intellectus agat propter bonum, non agit melius propter vilius, sed e converso: et simile est de natura. Omnes autem res procedunt a Deo per intellectum agente, ut ex supra dictis patet. Sunt igitur a Deo viliora propter meliora, et non e converso. Forma autem nobilior est materia: cum sit perfectio et actus eius. Ergo non producit tales formas rerum propter tales materias, sed magis tales materias produxit ut sint tales formae. Non igitur distinctio specierum in rebus, quae est secundum formam, est propter materiam: sed magis materiae sunt creatae diversae ut diversis formis conveniant.

Per hoc autem excluditur opinio Anaxagorae ponentis infinita principia materialia, a principio quidem commixta in uno confuso, quae postmodum intellectus separando rerum distinctionem constituit: et quorumcumque aliorum ponentium diversa principia materialia ad distinctionem rerum causandam.

Capitulum XLI

Quod distinctio rerum non est propter contrarietatem agentium

Ex praemissis etiam ostendi potest quod causa distinctionis rerum non est diversitas, aut etiam contrarietas agentium.

Si enim diversi agentes ex quibus procedit rerum diversitas, sunt ordinati ad invicem, oportet quod huius ordinis sit aliqua una cau-

sas, é necessário afirmar que as matérias são em si distintas. Consta, entretanto, que qualquer matéria tem o ser de outro, pelo que foi mostrado[11], e tudo que existe, seja o que for, procede de Deus. Logo, outra coisa é a causa da distinção nas matérias. Portanto, a diversidade da matéria não pode ser a causa primeira da distinção das coisas.

Ainda. Como todo intelecto age em razão do bem, não faz o melhor em razão de um pior, mas ao contrário, e algo semelhante se dá na natureza. Ora, todas as coisas procedem de Deus pelo intelecto agente, como é evidente pelo acima dito[12]. Portanto, procedem de Deus as coisas piores em razão das melhores, e não ao contrário. Ora, a forma é mais nobre que a matéria, pois é a perfeição e ato dela. Logo, não produz tais formas das coisas em razão de tais matérias, mas, antes, produz tais matérias para que haja tais formas. Desse modo, a distinção das espécies nas coisas, a qual é segundo a forma, não é em razão da matéria, mas, antes, as matérias são criadas diversas para que convenham a diversas formas.

Em virtude disso, exclui-se a opinião de Anaxágoras[13] que afirma infinitos princípios materiais, no início certamente misturados numa unidade confusa, a qual o intelecto depois, separando, estabeleceu a distinção; e a opinião daqueles outros que afirmaram diversos princípios materiais para causar a distinção das coisas.

Capítulo 41

A distinção das coisas não é em razão da contrariedade dos agentes

Do que foi dito pode-se mostrar também que a causa da distinção das coisas não é a diversidade, ou também a contrariedade dos agentes.

Com efeito, se os diversos agentes dos quais procede a diversidade das coisas são ordenados uns aos outros, é necessário que

11 Cf. cap. 15.
12 Cf. cap. 24.
13 Anaxágoras de Clasemena (500-428 a.C.), filósofo grego. Em *Sobre a Natureza*, fragmentos.

sa: nam multa non uniuntur nisi per aliquod unum. Et sic illud ordinans est prima causa et una distinctionis rerum. Si vero diversi agentes non sint ad invicem ordinati, concursus eorum ad diversitatem rerum producendam erit per accidens. Distinctio igitur rerum erit casualis. Cuius contrarium supra ostensum est.

Item. A diversis causis non ordinatis non procedunt effectus ordinati, nisi forte per accidens: diversa enim, inquantum huiusmodi, non faciunt unum. Res autem distinctae inveniuntur habere ordinem ad invicem non casualiter: cum ut in pluribus unum ab alio iuvetur. Impossibile est igitur quod distinctio rerum sic ordinatarum sit propter diversitatem agentium non ordinatorum.

Amplius. Quaecumque habent causam suae distinctionis, non possunt esse prima causa distinctionis rerum. Sed si plura agentia ex aequo accipiantur, necesse est quod habeant causam suae distinctionis: habent enim causam essendi, cum omnia entia sint ab uno primo ente, ut supra ostensum est; idem autem est causa essendi alicui et distinctionis eius ab aliis, sicut ostensum est. Non potest igitur esse prima causa distinctionis rerum diversitas agentium.

Item. Si diversitas rerum procedat a diversitate vel contrarietate diversorum agentium, maxime hoc videtur, quod et plures ponunt, de contrarietate boni et mali, ita quod omnia bona procedant a bono principio, mala autem a malo: bonum enim et malum sunt in omnibus generibus. Non potest autem esse unum primum principium omnium malorum. Cum enim ea quae sunt per aliud, reducantur ad ea quae sunt per se, oportebit primum activum malorum esse per se malum. Per se autem dicimus tale quod per essentiam suam tale est. Eius igitur essentia non erit bona. Hoc autem

dessa ordem haja uma única causa, pois muitas coisas não são unidas senão por algo uno. E assim aquilo que ordena é causa primeira e única da distinção das coisas. Se, porém, os agentes diversos não estão ordenados uns aos outros, seu concurso para produzir a diversidade das coisas será por acidente. Portanto, a distinção das coisas seria casual. O contrário disso foi mostrado[14].

Igualmente. Efeitos ordenados não procedem de diversas causas não ordenadas, a não ser talvez por acidente, pois coisas diversas, enquanto tais, não produzem a unidade. Ora, acham-se coisas distintas que têm ordem entre si não casualmente, uma vez que em muitos casos uma é ajudada pela outra. Portanto, é impossível que a distinção das coisas assim ordenadas seja razão da diversidade dos agentes não ordenados.

Ademais. Quaisquer coisas que tenham causa de sua distinção não podem ser causa primeira da distinção das coisas. Mas, se vários agentes são tomados por igual, é necessário que tenham a causa de sua distinção, pois têm causa de ser, já que todos os entes procedem de um ente primeiro, como foi mostrado[15]; a causa de ser de uma coisa é a mesma da sua distinção das outras, como foi mostrado[16]. Logo, a diversidade dos agentes não pode ser a causa primeira da distinção das coisas.

Igualmente. Se a diversidade das coisas procede da diversidade ou contrariedade dos agentes diversos, isso se vê principalmente, o que também muitos afirmam a respeito da contrariedade do bem e do mal, de modo que todos os bens procedem de um princípio bom, mas os males de um mau, pois o bem e o mal estão em todos os gêneros. Entretanto, não pode haver um princípio primeiro de todos os males. Pois, como aquelas coisas que são por outro, reduzem-se àquelas que são por si, será necessário que o primeiro ativo dos males seja por si mau. Ora, dizemos *por si* tal coisa

---

[14] Cf. cap. 39.
[15] Cf. cap. 15.
[16] Cf. capítulo anterior.

est impossibile. Omne enim quod est, inquantum est ens, necesse est esse bonum: esse namque suum unumquodque amat et conservari appetit; signum autem est, quia contra pugnat unumquodque suae corruptioni; bonum autem est quod omnia appetunt. Non potest igitur distinctio in rebus procedere a duobus contrariis principiis quorum unum sit bonum et aliud malum.

Adhuc. Omne agens agit inquantum est actu. Inquantum vero est actu, unumquodque perfectum est. Perfectum vero omne, inquantum huiusmodi, bonum dicimus. Omne igitur agens, inquantum huiusmodi, bonum est. Si quid igitur per se malum est, non poterit esse agens. Si autem est malorum principium primum, oportet esse per se malum, ut ostensum est. Impossibile est igitur distinctionem in rebus procedere a duobus principiis, bono et malo.

Amplius. Si omne ens, inquantum huiusmodi, bonum est, malum igitur, inquantum est malum, est non ens. Non entis autem, inquantum huiusmodi, non est ponere causam agentem: cum omne agens agat inquantum est ens actu: agit autem unumquodque sibi simile. Mali igitur, inquantum est huiusmodi, non est ponere causam per se agentem. Non est igitur fieri reductionem malorum in unam primam causam quae per se sit causa omnium malorum.

Adhuc. Quod educitur praeter intentionem agentis, non habet causam per se, sed incidit per accidens: sicut cum quis invenit thesaurum fodiens ad plantandum. Sed malum in effectu aliquo non potest provenire nisi praeter intentionem agentis: cum omne agens ad bonum intendat; bonum enim est quod omnia appetunt. Malum igitur non habet causam per se, sed per accidens incidit in effectibus causarum. Non igitur est ponere unum primum principium omnium malorum.

Praeterea. Contrariorum agentium sunt contrariae actiones. Eorum igitur quae per unam actionem producuntur, non sunt ponenda principia contraria. Bonum autem et malum eadem actione producuntur: eadem enim ac-

que é tal por sua essência. Logo, sua essência não será boa. Isso, porém, é impossível. Com efeito, tudo o que é, enquanto é ente, é necessário que seja bom, pois cada um ama seu ser e deseja ser conservado, sinal é que luta cada um contra sua corrupção; ora, *o bem é aquilo que todos desejam*[17]. Logo, a distinção nas coisas não pode proceder de dois princípios contrários, dos quais um seja bom e o outro, mau.

Ainda. Todo agente age enquanto está em ato. Enquanto está em ato, cada um é perfeito. Ora, todo o perfeito, enquanto tal, chamamos bem. Portanto, todo agente, enquanto tal, é bom. Se, pois, alguma coisa é má por si, não poderá ser agente. Ora, se há um princípio primeiro dos males, será necessário que seja por si mau, como foi mostrado. Portanto, é impossível que a distinção nas coisas proceda de dois princípios, um bom e outro mau.

Ademais. Se todo ente, enquanto tal, é bom, o mal, portanto, enquanto é mau, é não ente. Ora, do não ente, enquanto tal, não se pode afirmar uma causa agente, uma vez que todo agente age enquanto é ente em ato; ora, cada um *produz o que é semelhante a si*. Portanto, do mal, enquanto tal, não se pode afirmar uma causa agente por si. Logo, não se pode fazer a redução dos males a uma causa primeira que por si seja causa de todos os males.

Ainda. O que resulta além da pretensão do agente, não tem causa por si, mas acontece por acidente, como, por exemplo, quando alguém acha um tesouro, cavando para plantar. Ora, o mal em algum efeito não pode provir senão além da intenção do agente, pois todo agente tenciona o bem, pois *o bem é o que todas as coisas desejam*. Portanto, o mal não tem causa por si, mas por acidente incide nos efeitos das causas. Logo, não se pode afirmar um princípio único de todos os males.

Além disso. As ações de agentes contrários são contrárias. Logo, daquelas coisas que são produzidas por uma ação, não se deve afirmar princípios contrários. Ora, o bem e o mal são produzidos pela mesma ação, pois, pela mes-

17 Aristóteles (384-322 a.C.), em *Ética* I, 1, 1094a, 3.

tione aqua corrumpitur et aer generatur. Non sunt igitur, propter differentiam boni et mali in rebus inventam, ponenda principia contraria.

Amplius. Quod omnino non est, nec bonum nec malum est. Quod autem est, inquantum est, bonum est, ut ostensum est. Oportet igitur malum esse aliquid inquantum est non ens. Hoc autem est ens privatum. Malum igitur, inquantum huiusmodi, est ens privatum; et ipsum malum est ipsa privatio. Privatio autem non habet causam per se agentem: quia omne agens agit inquantum habet formam; et sic oportet per se effectum agentis esse habens formam, cum agens agat sibi simile, nisi per accidens. Relinquitur igitur quod malum non habet causam per se agentem, sed incidit per accidens in effectibus causarum per se agentium. Non est igitur unum primum et per se malorum principium: sed primum omnium principium est unum primum bonum, in cuius effectibus consequitur malum per accidens.

Hinc est quod Isaiae 45 dicitur: ego Dominus, et non est alter Deus: formans lucem et creans tenebras, faciens pacem et creans malum. Ego Dominus faciens omnia haec. Et Eccli. 11,14: bona et mala, vita et mors, paupertas et honestas, a Deo sunt. Et eodem 33,15: contra malum bonum est.

Sic et contra virum iustum peccator. Et sic intuere in omnia opera altissimi duo contra duo, unum contra unum.

Dicitur autem Deus facere mala, vel creare, inquantum creat ea quae secundum se bona sunt, et tamen aliis sunt nociva: sicut lupus, quamvis in sua specie quoddam bonum naturae sit, tamen ovi est malus; et similiter ignis aquae, inquantum est eius corruptivus. Et per similem modum est causa malorum in hominibus quae poenae dicuntur.

ma ação, a água se corrompe e o ar é gerado. Logo, não se deve afirmar princípios contrários, em razão da diferença de bem e de mal achada nas coisas.

Ademais. O que totalmente não é, nem é bom nem mau. Ora, o que é, enquanto é, é bom, como foi mostrado. Portanto, é necessário que o mal seja algo enquanto é não ente. Ora, isto é o ente com privação. Logo, o mal, enquanto tal, é ente com privação; e o próprio mal é a própria privação. Ora, a privação não tem causa que aja por si, porque todo agente age enquanto tem forma, e assim é necessário que o efeito por si do agente tenha forma, pois o *agente produz o que é semelhante a si*, a não ser por acidente. Resta, portanto, que o mal não tem causa agente por si, mas incide por acidente nos efeitos das causas agentes por si. Logo, não há um princípio primeiro e por si dos males, mas o primeiro princípio de todas as coisas é o único primeiro bem, em cujos efeitos segue-se o mal por acidente.

Daí é que se diz em Isaías: *Sou Javé, sem outro igual/ somente eu, sem outro Deus. Formei a luz, criei as trevas, dou felicidade, suscito a desventura. Eu, Javé, criei isto*[18]. E em Eclesiástico: *Os bens e os males, a vida e a morte, a pobreza e a riqueza procedem de Deus*[19]. E no mesmo: *Contra o mal está o bem. Assim contra o homem justo está o pecador. E assim verás em todas as obras do altíssimo dois contra dois, um contra um*[20].

Ora, diz-se que Deus faz os males, ou cria, enquanto cria aquelas coisas que segundo elas mesmas são boas, e, entretanto, a alguns são nocivas, como, por exemplo, o lobo, embora em sua espécie é um bem da natureza, entretanto, é mau para a ovelha, e semelhantemente o fogo para a água, enquanto é dela corruptor. E por modo semelhante são causa dos males nos homens aquelas coisas que são chamadas penas.

18 Isaías 45,5-7.
19 Eclesiástico 11,14.
20 Eclesiástico 33,14-15.

Unde dicitur Amos 3,6: si est malum in civitate quod Dominus non fecerit? et hoc est quod Gregorius dicit: etiam mala, quae nulla sua natura subsistunt, creantur a Domino: sed creare mala dicitur cum res in se bonas creatas nobis male agentibus in flagellum format.

Per hoc autem excluditur error ponentium prima principia contraria. — Qui error primo incoepit ab empedocle. Posuit enim duo prima principia agentia, amicitiam et litem, quorum amicitiam dixit esse causam generationis, litem vero corruptionis: ex quo videtur, ut Aristoteles dicit, in I metaphys., hic duo, bonum et malum, primus principia contraria posuisse. — Posuit autem et Pythagoras duo prima, bonum et malum: sed non per modum principiorum agentium, sed per modum formalium principiorum. Ponebat enim haec duo esse genera sub quibus omnia alia comprehenderentur: ut patet per Philosophum, in I metaphysicae.

Hos autem antiquissimorum Philosophorum errores, qui etiam per posteriores Philosophos sunt sufficienter exclusi, quidam perversi sensus homines doctrinae christianae adiungere praesumpserunt. — Quorum primus fuit Marchius, a quo Marchiani sunt dicti, qui sub nomine christiano haeresim condidit, opinatus duo sibi adversa principia, quem secuti sunt cerdoniani; et postmodum Marchianistae; et ultimo Manichaei, qui hunc errorem maxime diffuderunt.

Por isso, se diz em Amós: *Acontece porventura desgraça/ em uma cidade/sem a intervenção de Javé?*[21] E é o que diz Gregório: *Também os males, que não subsistem por sua natureza, são criados por Deus, mas criar os males se diz quando forma em flagelo as coisas boas em si criadas para nós que agimos mal*[22].

Logo, a partir disso se exclui o erro dos que afirmam os primeiros princípios contrários. — Esse erro por primeiro iniciou-se em Empédocles[23]. Pois ele afirmou dois primeiros princípios agentes, a amizade e o conflito, dos quais disse ser a amizade a causa da geração, já o conflito, da corrupção, do que se vê, como diz Aristóteles[24], que teria afirmado, o primeiro, que há dois princípios dos bens e dos males. — Também Pitágoras[25] afirmou dois primeiros, o bem e o mal, mas não por modo de princípios agentes, mas por modo de princípios formais. Afirmava, com efeito, que esses dois eram gêneros sob os quais todas as outras coisas seriam compreendidas, como é evidenciado pelo Filósofo[26].

Esses erros dos antiquíssimos filósofos, que também foram suficientemente excluídos por filósofos posteriores, alguns homens de sentido perverso tentaram acrescentar à doutrina cristã. — Desses, o primeiro foi Marcião[27] de quem são chamados os Marcionistas, o qual sob o nome cristão fundou uma heresia, tendo opinado que havia dois princípios entre si contrários, e a ele seguiram os Cerdonianos e, por último, os Maniqueus[28], que difundiram maximamente esse erro.

---

[21] Amós 3,6.
[22] São Gregório Magno (540-604), em *Moral* III, 9, ML 75, 607A.
[23] Empédocles (490-430 a.C.), filósofo grego de Agrigento (Sicília), em *Da Natureza do Universo e Purificação*.
[24] Aristóteles (384-322 a.C.), em *Metafísica* I, 4, 985a, 4-10.
[25] Pitágoras (571-496), filósofo e matemático grego. Não deixou nenhum escrito. Foi Euclides de Alexandria (360-295 a.C.), professor e matemático, que ordenou os elementos da Escola Pitagórica.
[26] Aristóteles (384-322 a.C.), em *Metafísica* I, 5, 986a, 22-26.
[27] Marcião [ou Marcion] (85-160), em 144, abandonou a Igreja e reuniu adeptos, os marcionistas, influenciado por Cerdão (+140), professou o gnosticismo judeu-cristão.
[28] Maniqueus: seguidores de Mani (250), sacerdote de Ecbátana, na Pérsia. Santo Agostinho (354-431) por um período aderiu ao maniqueísmo, contra ele depois escreveu obras de polêmica e de refutação, por exemplo em *De Natura Boni contra Manichaeos Liber unus*, ML 42 ou *Contra Epistolam Manichaei quam vocant Fundamenti Liber unus*, ML 42 etc.

Capitulum XLII

Quod causa prima distinctionis rerum non est secundorum agentium ordo

Ex eisdem etiam ostendi potest quod rerum distinctio non causatur ex ordine secundorum agentium: sicut quidam dicere voluerunt quod Deus, cum sit unus et simplex, facit tantum unum effectum, quae est substantia primo causata; quae, quia simplicitati primae causae adaequari non potest, cum non sit actus purus sed habeat aliquid de potentia admixtum, habet aliquam multiplicitatem, ut ex ea iam pluralitas aliqua possit prodire; et sic semper effectibus a simplicitate causarum deficientibus, dum multiplicantur effectus, diversitas rerum constituitur, ex quibus universum consistit. — Haec igitur positio toti rerum diversitati non unam causam assignat, sed singulas causas determinatis effectibus: totam autem diversitatem rerum ex concursu omnium causarum procedere ponit. Ea autem a casu esse dicimus quae ex concursu diversarum causarum proveniunt et non ex aliqua una causa determinata. Distinctio igitur rerum et ordo universi erit a casu.

Amplius. Id quod est optimum in rebus causatis, reducitur ut in primam causam in id quod est optimum in causis: oportet enim effectus proportionales esse causis. Optimum autem in omnibus entibus causatis est ordo universi, in quo bonum universi consistit: sicut et in rebus humanis bonum gentis est divinius quam bonum unius. Oportet igitur ordinem universi sicut in causam propriam reducere in Deum, quem supra ostendimus esse summum bonum. Non igitur rerum distinctio, in qua ordo consistit universi, causatur ex causis secundis, sed magis ex intentione causae primae.

Adhuc. Absurdum videtur id quod est optimum in rebus reducere sicut in causam in rerum defectum. Optimum autem in re-

Capítulo 42

A causa primeira da distinção das coisas não é a ordem dos agentes segundos

A partir disso mesmo, pode-se mostrar que a distinção das coisas não é causada pela ordem dos agentes segundos. Alguns quiseram afirmar que Deus, em sendo uno e simples, produziu apenas um efeito, que é a substância por primeiro causada. Esta não pode adequar-se à simplicidade da causa primeira por não ser ato puro, e por ter algo misturado de potência. Possui, assim, alguma multiplicidade, de sorte que certa pluralidade pode proceder dela. E assim, carecendo os efeitos da simplicidade das causas, enquanto se multiplicam, estabelece-se a diversidade das coisas, das quais o universo é constituído. — Essa opinião, portanto, não assinala uma causa para toda a diversidade das coisas, mas causas singulares para efeitos determinados, e afirma que toda a diversidade das coisas procede do concurso de todas as causas. Ora, dizemos que são por acaso essas coisas que procedem do concurso de causas diversas e não de uma única causa determinada. Portanto, a distinção das coisas e a ordem do universo seriam por acaso.

Ademais. O que é ótimo nas coisas causadas, reduz-se ao que é ótimo nas causas como na primeira causa, pois, é necessário que os efeitos sejam proporcionais às causas. Ora, o ótimo em todos os entes causados é a ordem do universo, na qual consiste o bem do universo, assim como nas coisas humanas *o bem da comunidade é mais divino que o bem de um só*[29]. Logo, é necessário que a ordem do universo, como à sua causa própria, seja reduzida a Deus, que mostramos acima[30] ser o sumo bem. Logo, a distinção das coisas, na qual consiste a ordem do universo, não é causada por causas segundas, mas antes pela intenção da causa primeira.

Ainda. Manifesta-se absurdo reduzir o que é ótimo nas coisas ao que é defeito delas, como à sua causa. Ora, o ótimo em coisas

29 Aristóteles (384-322 a.C.), em Ética I, 1, 1094b, 9-10.
30 Livro I, cap. 41.

bus causatis est distinctio et ordo ipsarum, ut ostensum est. Inconveniens igitur est dicere quod talis distinctio ex hoc causetur quod secundae causae deficiunt a simplicitate causae primae.

Item. In omnibus causis agentibus ordinatis, ubi agitur propter finem, oportet quod fines causarum secundarum sint propter finem causae primae: sicut finis militaris et equestris et frenifactricis est propter finem civilis. Processus autem entium a primo ente est per actionem ordinatam ad finem: cum sit per intellectum, ut ostensum est; intellectus autem omnis propter finem agit. Si igitur in productione rerum sunt aliquae causae secundae, oportet quod fines earum et actiones sint propter finem causae primae, qui est ultimus finis in rebus causatis. Hoc autem est distinctio et ordo partium universi, qui est quasi ultima forma. Non igitur est distinctio in rebus et ordo propter actiones secundarum causarum: sed magis actiones secundarum causarum sunt propter ordinem et distinctionem in rebus constituendam.

Adhuc. Si distinctio partium universi et ordo earum est proprius effectus causae primae, quasi ultima forma et optimum in universo, oportet rerum distinctionem et ordinem esse in intellectu causae primae: in rebus enim quae per intellectum aguntur, forma quae in rebus factis producitur, provenit a forma simili quae est in intellectu; sicut domus quae est in materia, a domo quae est in intellectu. Forma autem distinctionis et ordinis non potest esse in intellectu agente nisi sint ibi formae distinctorum et ordinatorum. Sunt igitur in intellectu divino formae diversarum rerum distinctarum et ordinatarum: nec hoc simplicitati ipsius repugnat, ut supra ostensum est. Si igitur ex formis quae sunt in intellectu proveniant res extra animam, in his quae per intellectum aguntur, poterunt a prima causa immediate

causadas é a distinção e a ordem delas, como foi mostrado[31]. Logo, é inconveniente dizer que essa distinção é causada porque as causas segundas se distanciam da simplicidade da causa primeira.

Igualmente. Em todas as causas agentes ordenadas, onde se age em razão do fim, é necessário que os fins das causas segundas sejam em razão do fim da causa primeira, como o fim da milícia, da cavalaria e da selaria é em razão do fim cívico. Ora, a processão dos entes a partir do primeiro ente dá-se por ação ordenada ao fim, pois é pelo intelecto, como foi mostrado[32]; e todo intelecto age em razão do fim. Se, portanto, na produção das coisas há algumas causas segundas, é necessário que os fins delas e as ações sejam em razão do fim da causa primeira, que é o último fim nas coisas causadas. Ora, isso é a distinção e a ordem das partes do universo, que é como a última forma. Portanto, a distinção nas coisas e a ordem não são em razão das ações das causas segundas, mas, antes, as ações das causas segundas são em razão da constituição da ordem e distinção nas coisas.

Ainda. Se a distinção das partes do universo e a ordem delas é mais propriamente efeito da causa primeira, como última forma e o ótimo no universo, é necessário que a distinção e a ordem das coisas seja no intelecto da causa primeira. Pois, nas coisas que são produzidas pelo intelecto, a forma que é produzida nas coisas feitas provém da forma semelhante que está no intelecto, como a casa que está na matéria provém da casa que está no intelecto. Ora, a forma da distinção e da ordem não pode estar no intelecto agente a não ser que aí estejam as formas das coisas distintas e ordenadas. Logo, estão no intelecto divino as formas das diversas coisas distintas e ordenadas, nem isso repugna à simplicidade dele, como foi mostrado[33]. Se, pois, das formas que estão no intelecto provêm as coisas fora da alma, naquelas

31 Cf. capítulo anterior e cap. 39.
32 Cf. cap. 24.
33 Livro I, caps. 51 ss.

causari plura et diversa, non obstante divina simplicitate, propter quam quidam in praedictam positionem inciderunt.

Item. Actio agentis per intellectum terminatur ad formam quam intelligit, non ad aliam, nisi per accidens et a casu. Deus autem est agens per intellectum, ut ostensum est: nec potest eius actio esse casualis, cum non possit in sua actione deficere. Oportet igitur quod producat effectum suum ex hoc quod ipsum effectum intelligit et intendit. Sed per quam rationem intelligit unum effectum, potest et multos effectus alios a se intelligere. Potest igitur statim multa causare absque medio.

Amplius. Sicut supra ostensum est, virtus divina non limitatur ad unum effectum: et hoc eius simplicitati convenit; quia quanto aliqua virtus est magis unita, tanto est magis infinita, ad plura se potens extendere. Quod autem ex uno non fiat nisi unum, non oportet nisi quando agens ad unum effectum determinatur. Non oportet igitur dicere quod, quia Deus est unus et omnino simplex, ex ipso multitudo provenire non possit nisi mediantibus aliquibus ab eius simplicitate deficientibus.

Praeterea. Ostensum est supra quod solus Deus potest creare. Multa autem sunt rerum quae non possunt procedere in esse nisi per creationem: sicut omnia quae non sunt composita ex forma et materia contrarietati subiecta; huiusmodi enim ingenerabilia oportet esse, cum omnis generatio sit ex contrario et ex materia. Talia autem sunt omnes intellectuales substantiae, et omnia corpora caelestia, et etiam ipsa materia prima. Oportet igitur ponere omnia huiusmodi immediate a Deo sumpsisse sui esse principium.

que são produzidas pelo intelecto, poderão ser causadas imediatamente pela causa primeira muitas e diversas coisas, não obstante a divina simplicidade, razão pela qual alguns incidiram na opinião antes mencionada.

Igualmente. A ação do agente pelo intelecto termina na forma que ele conhece, não em outra, a não ser por acidente e por acaso. Ora, Deus é agente por intelecto, como foi mostrado[34], nem pode sua ação ser casual, uma vez que não pode falhar em sua ação. Portanto, é necessário que produza seu efeito porque o conhece e quer. Mas, pela razão que conhece um efeito, pode por si também conhecer muitos outros efeitos. Pode, portanto, causar muitas coisas imediatamente, sem intermediário.

Ademais. Como foi mostrado[35], a potência divina não está limitada a um efeito apenas, e isso convém à sua simplicidade, porque quanto mais uma potência é unificada, tanto mais é infinita, podendo se estender a muitas coisas. Ora, não é necessário que de uma coisa não se produza senão uma, a não ser quando o agente é determinado a um só efeito. Logo, não é necessário dizer que, porque Deus é uno e totalmente simples, dele não possa provir a multiplicidade senão mediante algumas falhas de sua simplicidade.

Além disso. Foi mostrado[36] que só Deus pode criar. Ora, há muitas coisas que não podem proceder no ser senão por criação, como todas as que não são compostas de forma e matéria sujeita à contrariedade, pois é necessário que essas coisas sejam não geráveis, uma vez que toda geração é pelo contrário e pela matéria. Ora, tais são todas as substâncias intelectuais, e todos os corpos celestes, e também a própria matéria primeira. Logo, é necessário afirmar que todas essas coisas receberam imediatamente de Deus o princípio de seu ser.

---

[34] Cf. cap. 24.
[35] Cf. cap. 22.
[36] Cf. cap. 21.

Hinc est quod dicitur Gen. 1,1: in principio creavit Deus caelum et terram; iob 37,18: tu forsitan fabricatus es caelos, qui solidissimi quasi aere fundati sunt?

Excluditur autem ex praedictis opinio Avicennae, qui dicit quod Deus, intelligens se, produxit unam intelligentiam primam, in qua iam est potentia et actus; quae, inquantum intelligit Deum, producit intelligentiam secundam; inquantum vero intelligit se secundum quod est in actu, producit animam orbis; inquantum vero intelligit se secundum quod est in potentia, producit substantiam orbis primi. Et sic inde procedens diversitatem rerum causari instituit per causas secundas.

Excluditur etiam opinio quorundam antiquorum haereticorum, qui dicebant Deum non creasse mundum, sed Angelos. Cuius erroris dicitur primo simon magus fuisse inventor.

Daí é que se diz em Gênesis: *No princípio Deus criou o céu e a terra*[37], e em Jó: *Fabricaste, por ventura, os céus, que são solidíssimos como feitos de bronze?*[38]

Do exposto exclui-se, portanto, a opinião de Avicena[39], que diz que Deus, conhecendo-se, produziu uma inteligência primeira, na qual já há potência e ato, a qual, enquanto conhece a Deus, produz a inteligência segunda; e enquanto se conhece segundo está em ato, produz a alma do mundo; e enquanto se conhece segundo está em potência, produz a substância do primeiro mundo. E assim, daí procedendo, estabelece que a diversidade das coisas é causada pelas causas segundas.

Exclui-se também a opinião de alguns antigos heréticos, que diziam que Deus não criou o mundo, mas os Anjos. Refere-se que Simão Mago[40] foi, por primeiro, o inventor desse erro.

Capitulum XLIII

Quod rerum distinctio non est per aliquem de secundis agentibus inducentem in materiam diversas formas

Sunt autem quidam moderni haeretici qui dicunt Deum omnium visibilium creasse materiam, sed per aliquem Angelum diversis formis fuisse distinctam. Cuius opinionis falsitas manifeste apparet.

Non enim caelestia corpora, in quibus nulla contrarietas invenitur, ex aliqua materia possunt esse formata: omne enim quod fit ex materia praeexistenti, oportet ex contrario fieri. Impossibile est igitur quod ex aliqua materia prius a Deo creata Angelus aliquis caelestia corpora formaverit.

Amplius. Caelestia corpora aut in nulla materia conveniunt cum corporibus inferioribus, aut non conveniunt in aliqua materia nisi prima: non enim caelum est ex elementis

Capítulo 43

A distinção das coisas não é por algum dos agentes segundos, ao introduzir na matéria formas diversas

Há alguns heréticos modernos que dizem que Deus criou a matéria de todas as coisas visíveis, mas que pela ação de algum Anjo elas se diferenciaram em diversas formas. A falsidade dessa opinião é manifestamente evidente.

Com efeito, os corpos celestes, nos quais não se acha nenhuma contrariedade, não podem ter sido formados de alguma matéria, pois tudo o que é feito de matéria preexistente, é necessário que seja feito do contrário. Logo, é impossível que de alguma matéria anteriormente criada por Deus tenha um Anjo formado os corpos celestes.

Ademais. Os corpos celestes ou não coincidem em nenhuma matéria com os corpos inferiores, ou não coincidem em alguma matéria senão na matéria primeira, pois o céu não é

37 Gênesis 1,1.
38 Jó 37,18 (*Vulgata*).
39 Avicena (980-1037), em *Metafísica*, tratado 9, cap. IV.
40 Simão Mago é um personagem bíblico. Cf. Atos 8,9-24. É referido, também, em obras ligadas ao gnosticismo.

compositum, nec naturae elementaris; quod eius motus ostendit, a motibus omnium elementorum diversus. Materia autem prima non potest praefuisse per seipsam ante omnia corpora formata: cum non sit nisi potentia tantum; omne enim esse in actu est ab aliqua forma. Impossibile est igitur quod ex materia prius a Deo creata aliquis Angelus omnia visibilia corpora formaverit.

Adhuc. Omne quod fit, ad hoc fit quod sit: est enim fieri via in esse. Sic igitur unicuique causato convenit fieri sicut sibi convenit esse. Esse autem non convenit formae tantum nec materiae tantum, sed composito: materia enim non est nisi in potentia; forma vero est qua aliquid est, est enim actus. Unde restat quod compositum proprie sit. Eius igitur solius est fieri, non materiae praeter formam. Non est igitur aliud agens creans materiam solam, et aliud inducens formam.

Item. Prima inductio formarum in materia non potest esse ab aliquo agente per motum tantum: omnis enim motus ad formam est ex forma determinata in formam determinatam; quia materia non potest esse absque omni forma, et sic praesupponitur aliqua forma in materia. Sed omne agens ad formam solam materialem oportet quod sit agens per motum: cum enim formae materiales non sint per se subsistentes, sed earum esse sit inesse materiae, non possunt produci in esse nisi vel per creationem totius compositi, vel per transmutationem materiae ad talem vel talem formam. Impossibile est igitur quod prima inductio formarum in materia sit ab aliquo creante formam tantum: sed ab eo qui est creator totius compositi.

Adhuc. Motus ad formam est posterior naturaliter motu secundum locum: cum sit actus magis imperfecti, ut probat Philosophus. Posteriora autem in entibus naturali ordine causantur a prioribus. Motus igitur ad formam

composto de elementos, nem de natureza elementar, o que seu movimento mostra, diverso dos movimentos de todos os elementos. Ora, a matéria primeira não pode ter preexistido por si mesma, formada antes de todos os corpos, uma vez que não é senão uma potência apenas; pois todo ser em ato o é por alguma forma. Portanto, é impossível que da matéria anteriormente criada por Deus algum Anjo tenha formado todos os corpos visíveis.

Ainda. Tudo o que se faz, se faz para que seja, pois o fazer-se é via para o ser. Assim, convém a cada coisa causada que seja feita como lhe convém ser. Ora, o ser não convém só à forma, nem só à matéria, mas ao composto, pois a matéria não é senão potência, já a forma é aquilo pelo qual algo é, pois é o ato. Por isso, resta que o composto é propriamente o que existe. A ele só pertence o ser feito, não à matéria sem a forma. Portanto, não há outro agente que cria a matéria só, e outro que introduz a forma.

Igualmente. A primeira introdução das formas na matéria não pode ser por um agente, por movimento apenas, pois todo movimento para a forma é de uma forma determinada para uma forma determinada, porque a matéria não pode ser sem nenhuma forma, e assim pressupõe-se alguma forma na matéria. Mas, é necessário que todo agente para uma forma só material seja agente por movimento, pois, como as formas materiais não são por si subsistentes, mas seu ser é inerente à matéria, não podem ser produzidas no ser senão por criação de todo o composto, ou por transmutação da matéria para tal ou tal forma. Portanto, é impossível que a primeira introdução das formas na matéria seja por um criador apenas da forma, mas por aquele que é criador de todo o composto.

Ainda. O movimento para a forma é posterior naturalmente ao movimento segundo o lugar, pois é ato mais imperfeito, como prova o Filósofo[41]. Ora, os posteriores nos entes em ordem natural são causados pelos anteriores.

41 Aristóteles (384-322 a.C.), em *Física* VIII, 7, 261a, 20-23.

causatur a motu secundum locum. Primus autem motus secundum locum est motus caelestis. Omnis igitur motus ad formam fit mediante motu caelesti. Ea igitur quae non possunt fieri mediante motu caelesti, non possunt fieri ab aliquo agente qui non potest agere nisi per motum: qualem oportet esse agentem qui non potest agere nisi inducere formam in materia, ut ostensum est. Per motum autem caelestem non possunt produci multae formae sensibiles nisi mediantibus determinatis principiis suppositis: sicut animalia quaedam non fiunt nisi ex semine. Prima igitur institutio harum formarum, ad quarum productionem non sufficit motus caelestis sine praeexistentia similium formarum in specie, oportet quod sit a solo creante.

Item. Sicut idem est motus localis partis et totius, ut totius terrae et unius glebae, ita mutatio generationis est eadem totius et partis. Partes autem horum generabilium et corruptibilium generantur acquirentes formas in actu a formis quae sunt in materia, non autem a formis extra materiam existentibus, cum oporteat generans esse simile generato: ut probat Philosophus in VII metaphysicae. Neque igitur totalis acquisitio formarum in materia potest fieri per motum ab aliqua substantia separata, cuiusmodi est Angelus: sed vel oportet quod hoc fiat mediante agente corporeo; vel a creante, qui agit sine motu.

Adhuc. Sicut esse est primum in effectibus, ita respondet primae causae ut proprius effectus. Esse autem est per formam, et non per materiam. Prima igitur causalitas formarum maxime est primae causae attribuenda.

Amplius. Cum omne agens agat sibi simile, ab illo acquirit effectus formam cui per formam acquisitam similatur: sicut domus in

Portanto, o movimento para a forma é causado por movimento segundo o lugar. Ora, o primeiro movimento segundo o lugar é o movimento celeste. Logo, todo movimento para a forma se faz mediante o movimento celeste. Consequentemente, aquelas coisas que não podem ser produzidas mediante o movimento celeste, não podem ser feitas por algum agente que não pode agir senão mediante o movimento, tal é necessário ser o agente que não pode agir senão introduzindo a forma na matéria, como foi mostrado[42]. Ora, pelo movimento celeste não podem ser produzidas muitas formas sensíveis, senão mediante determinados princípios supostos, como alguns animais que não são produzidos senão do sêmen. Ora, a primeira instituição daquelas formas para cuja produção não basta o movimento celeste sem a preexistência de formas semelhantes na espécie, é necessário que seja por um só criador.

Igualmente. Como é o mesmo o movimento local da parte e do todo, como de toda a terra e de uma gleba, assim a mutação da geração é a mesma do todo e da parte. Ora, as partes daqueles que são geráveis e corruptíveis são geradas adquirindo formas em ato das formas que existem na matéria, não, porém, de formas existentes fora da matéria, uma vez que é necessário que o gerador seja semelhante ao gerado, como prova o Filósofo[43]. Logo, nem a total aquisição das formas na matéria pode ser feita por movimento de alguma substância separada, como é o Anjo, mas ou é necessário que isso se faça mediante um agente corpóreo, ou por um criador que age sem movimento.

Ainda. Como o ser é primeiro nos efeitos, assim corresponde à causa primeira como efeito mais próprio. Ora, ser é pela forma, e não pela matéria. Logo, a primeira causalidade das formas deve ser atribuída maximamente à causa primeira.

Ademais. Como *todo agente produz algo semelhante a si*, o efeito adquire a forma daquele a quem se assemelha pela forma adqui-

---

[42] Cf. argumento precedente.
[43] Aristóteles (384-322 a.C.), em *Metafísica* VII, lição 7 (1427-1431; 1432-1435).

materia ab arte, quae est species domus in anima. Sed omnia similantur Deo qui est actus purus, inquantum habent formas, per quas fiunt in actu: et inquantum formas appetunt, divinam similitudinem appetere dicuntur. Absurdum est igitur dicere quod rerum formatio ad alium pertineat quam ad creatorem omnium Deum.

Et inde est quod, ad excludendum istum errorem, Gen. 1, Moyses, postquam dixerat Deum in principio caelum et terram creasse, subdidit quomodo omnia in proprias species formando distinxerit. Et apostolus dicit, Coloss. 1,16, quod in Christo condita sunt universa: sive quae in caelis sunt sive quae in terris, sive visibilia sive invisibilia.

rida, como a casa materialmente da arte, que é a representação da casa na alma. Mas, todas as coisas, enquanto têm formas, pelas quais se fazem em ato, assemelham-se a Deus que é ato puro, e se diz que desejam a similitude divina enquanto desejam as formas. Portanto, é absurdo dizer que a formação das coisas pertence a outro que não a Deus, criador de todas as coisas.

E daí é que, para excluir esse erro, no Livro do Gênesis, Moisés, depois que disse: *Deus, no princípio, criou o céu e a terra*[44], acrescentou o modo como distinguiu todas as coisas ao formá-las em espécies próprias. E o apóstolo diz: *Porque todas as coisas foram criadas Nele, nos céus e nas terras, as visíveis e as invisíveis*[45].

Capitulum XLIV

Quod distinctio rerum non processit ex meritorum vel demeritorum diversitate

Nunc superest ostendere quod rerum distinctio non processit ex diversis motibus liberi arbitrii rationalium creaturarum: ut posuit Origenes, in libro periarchon.

Volens enim resistere antiquorum haereticorum obiectionibus et erroribus, qui ostendere nitebantur diversam naturam boni et mali esse in rebus ex contrariis actoribus, propter multam distantiam inventam tam in rebus naturalibus quam in rebus humanis, quam nulla merita praecessisse videntur, scilicet quod quaedam corpora sunt lucida, quaedam obscura, quidam homines ex barbaris, quidam ex christianis nascuntur; coactus est ponere omnem diversitatem in rebus inventam ex diversitate meritorum, secundum Dei iustitiam, processisse. Dicit enim quod Deus ex sola sua bonitate primo omnes creaturas aequales produxit, et omnes spirituales et rationales; quae per liberum arbitrium diversimode sunt motae, quaedam adhaerentes Deo plus vel minus, quaedam ab eo recedentes vel

Capítulo 44

A distinção das coisas não procedeu da diversidade dos méritos ou deméritos

Falta agora mostrar que a distinção das coisas não procedeu dos diversos movimentos do livre-arbítrio das criaturas racionais, como afirmou Orígenes[46].

Com efeito, querendo ele resistir às objeções e aos erros de antigos hereges, que se esforçavam por mostrar que a natureza diversa do bem e do mal existia nas coisas pela ação de agentes contrários, em razão da grande distância encontrada tanto nas coisas naturais quanto nas coisas humanas, e que essa distância parecia não ser precedida de mérito nenhum, por exemplo, que alguns corpos são lúcidos, alguns obscuros, alguns homens nascem de bárbaros, alguns de cristãos; por isso foi forçado a afirmar que toda diversidade encontrada nas coisas procedeu da diversidade dos méritos, segundo a justiça de Deus. — Afirmou ele, com efeito, que Deus apenas por sua bondade, produziu inicialmente todas as criaturas iguais, e todas espirituais e racionais, as quais porque são movidas diver-

44 Gênesis 1,1.
45 Colossenses 1,16.
46 Orígenes (185-253) em *Sobre os Princípios II*, cap. 9, n. 2. MG 11, 229A-230A.

magis vel minus; et secundum hoc diversi gradus in substantiis spiritualibus ex divina iustitia sunt subsecuti, ut quidam essent Angeli secundum diversos ordines, quidam animae humanae etiam secundum diversos status, quidam etiam Daemones in statibus diversis; et propter diversitatem rationalium creaturarum dicebat diversitatem corporalium creaturarum Deum instituisse, ut nobilioribus corporibus nobiliores spirituales substantiae adiungerentur, ut diversimode corporalis creatura spiritualium substantiarum diversitati quibuslibet modis aliis deserviret.

Haec autem opinio falsa esse manifeste convincitur. Quanto enim aliquid est melius in effectibus, tanto est prius in intentione agentis. Optimum autem in rebus creatis est perfectio universi, quae consistit in ordine distinctarum rerum: in omnibus enim perfectio totius praeminet perfectioni singularium partium. Igitur diversitas rerum ex principali intentione primi agentis provenit, non ex diversitate meritorum.

Adhuc. Si omnes creaturae rationales a principio fuerunt aequales creatae, oportet dicere quod una earum in sua operatione ab alia non dependeret. Quod autem provenit ex concursu diversarum causarum quarum una ab alia non dependet, est casuale. Igitur, secundum praedictam positionem, talis distinctio et ordo rerum est casualis. Quod est impossibile, ut supra ostensum est.

Amplius. Quod est alicui naturale, non acquiritur ab eo per voluntatem: motus enim voluntatis, sive liberi arbitrii, praesupponit existentiam volentis, ad quam eius naturalia exiguntur. Si igitur per motum liberi arbitrii acquisitus est diversus gradus rationalium creaturarum, nulli creaturae rationali erit suus gradus naturalis, sed accidentalis. — Hoc autem est impossibile. Cum enim differentia

samente pelo livre-arbítrio, umas aderiram a Deus mais ou menos, algumas d'Ele se afastaram mais ou menos, e dessa maneira, pela justiça divina seguiram-se diversos graus nas substâncias espirituais, de modo que algumas fossem Anjos segundo diversas ordens, algumas, almas humanas, também segundo estados diversos, algumas, também demônios, em estados diversos. E, por causa da diversidade das criaturas racionais, ele dizia que Deus havia instituído a diversidade das criaturas corporais, de modo que as substâncias espirituais mais nobres seriam adjungidas aos corpos mais nobres, e diversamente a criatura corporal servisse à diversidade das substâncias espirituais de quaisquer outros modos.

Ora, convence-se manifestamente que essa opinião é falsa. Com efeito, quanto melhor é uma coisa nos efeitos, tanto é mais elevada na intenção do agente. Ora, o ótimo nas coisas criadas é a perfeição do universo, a qual consiste na ordem das distintas coisas, pois em todas as coisas a perfeição do todo prevalece à perfeição das partes singulares. Portanto, a diversidade das coisas provém da principal intenção do agente primeiro, não da diversidade dos méritos.

Ainda. Se todas as criaturas racionais inicialmente foram criadas iguais, é necessário afirmar que uma não dependeria de outra em sua operação. Ora, o que provém do concurso de diversas causas das quais uma não depende de outra, é casual.

Portanto, segundo a posição antes mencionada, essa distinção e ordem das coisas é casual. O que é impossível, como foi mostrado[47].

Ademais. O que é natural a alguém, não é adquirido por ele pela vontade, pois o movimento da vontade, ou do livre-arbítrio, pressupõe a existência de quem quer, para o qual é exigido o que é natural. Se, portanto, pelo movimento do livre-arbítrio foi adquirido diverso grau das criaturas racionais, de nenhuma criatura racional haverá seu grau natural, mas acidental. — Ora, isso é impossível. Dado que

[47] Cf. cap. 39.

specifica sit unicuique naturalis, sequetur quod omnes substantiae rationales creatae sint unius speciei, scilicet Angeli, Daemones, et animae humanae, et animae caelestium corporum (quae Origenes animata ponebat) p et hoc esse falsum diversitas actionum naturalium declarat: non enim est idem modus quo naturaliter intelligit intellectus humanus, qui sensu et phantasia indiget, et intellectus angelicus et anima solis; nisi forte fingamus Angelos et caelestia corpora habere carnes et ossa et alias huiusmodi partes, ad hoc quod possint organa sensuum habere, quod est absurdum. — Relinquitur igitur quod diversitas substantiarum intellectualium non consequitur diversitatem meritorum, quae sunt secundum motus liberi arbitrii.

Adhuc. Si ea quae sunt naturalia non acquiruntur per motum liberi arbitrii; animam autem rationalem tali corpori uniri acquiritur ei propter praecedens meritum vel demeritum secundum motum liberi arbitrii: sequetur quod coniunctio huius animae ad hoc corpus non sit naturalis. Ergo nec compositum est naturale. Homo autem, et sol, secundum Origenem, et astra, sunt composita ex substantiis rationalibus et corporibus talibus. Ergo omnia huiusmodi, quae sunt nobilissima inter corporeas substantias, sunt innaturalia.

Item. Si huic substantiae rationali non convenit inquantum est talis substantia huic corpori uniri, sed magis inquantum est sic merita, huic corpori uniri non est ei per se, sed per accidens. Ex his autem quae per accidens uniuntur non resultat aliqua species, quia non fit ex eis unum per se: non enim est aliqua species homo albus vel homo vestitus. Relinquitur igitur quod homo non sit aliqua species: nec sol, nec luna, nec aliquid huiusmodi.

Amplius. Ea quae ad merita consequuntur, possunt in melius vel in peius mutari: merita enim et demerita possunt augeri vel minui; et praecipue secundum Origenem, qui dicebat liberum arbitrium cuiuslibet creaturae semper esse in utramque partem flexibile. Si igi-

a diferença é específica a cada ente natural, segue-se que todas as substâncias racionais criadas são de uma só espécie, ou seja, os Anjos, os Demônios, e as almas humanas, e as almas dos corpos celestes (que Orígenes afirmava serem animados) e que isso é falso a diversidade das ações naturais manifesta, pois não é o mesmo modo pelo qual o intelecto humano conhece, pois precisa do sentido e da imaginação, e o intelecto angélico e a alma do sol, a não ser que finjamos que os Anjos e os corpos celestes têm carnes e ossos e outras partes semelhantes, para que possam ter os órgãos dos sentidos, o que é absurdo. — Resta, portanto, que a diversidade das substâncias intelectuais não é consequência da diversidade dos méritos, uma vez que são segundo os movimentos do livre-arbítrio.

Ainda. Se aquilo que é natural não se adquire pelo movimento do livre-arbítrio, e se a alma racional se une a esse corpo em razão de precedente mérito ou demérito segundo o movimento do livre-arbítrio, segue-se que a união dessa alma com esse corpo não é natural. Logo, nem o composto é natural. Ora, o homem, e o sol, segundo Orígenes, e os astros são compostos dessas substâncias racionais e desses corpos. Logo, todas essas coisas que são as mais nobres entre as substâncias corpóreas não são naturais.

Igualmente. Se a esta substância racional não convém, enquanto é tal substância, unir-se a este corpo, mas antes enquanto é assim por méritos, não pertence a este corpo unir-se a ela por si, mas acidentalmente. Ora, daquelas coisas que se unem acidentalmente não resulta uma espécie, porque não se faz deles uma unidade por si, uma vez que não existe a espécie homem branco ou homem vestido. Portanto, resta que o homem não é uma espécie, nem o sol, nem a lua, nem algo semelhante.

Ademais. Aquelas coisas que seguem os méritos, podem ser mudadas para melhor ou pior, pois os méritos e os deméritos podem aumentar ou diminuir, e, principalmente, segundo Orígenes, que afirmava que o livre-arbítrio de qualquer criatura é para as ambas

tur anima rationalis hoc corpus consecuta est propter praecedens meritum vel demeritum, sequetur quod possit iterum coniungi alteri corpori: et non solum quod anima humana assumat aliud corpus humanum, sed etiam quod assumat quandoque corpus sidereum; quod est secundum Pythagoricas fabulas, quamlibet animam quodlibet corpus ingredi. Hoc autem et secundum philosophiam apparet esse erroneum, secundum quam determinatis formis et motoribus assignantur determinatae materiae et determinata mobilia: et secundum fidem haereticum, quae animam in resurrectione idem corpus resumere praedicat quod deponit.

Praeterea. Cum multitudo sine diversitate esse non possit, si fuerunt a principio creaturae rationales in quadam multitudine constitutae, oportuit eis aliquam diversitatem fuisse. Aliquid ergo habuit una earum quod non habuit altera. Et sic hoc ex diversitate meriti non procedat, pari ratione nec fuit necesse ut gradus diversitas ex meritorum diversitate proveniret.

Item. Omnis distinctio est aut secundum divisionem quantitatis, quae in solis corporibus est, unde in substantiis primo creatis, secundum Origenem, esse non potuit: aut secundum divisionem formalem. Quae sine graduum diversitate esse non potest: cum talis divisio reducatur ad privationem et formam; et sic oportet quod altera formarum condivisarum sit melior et altera vilior. Unde, secundum Philosophum, species rerum sunt sicut numeri, quorum unus alteri addit aut minuit. Sic igitur, si fuerunt a principio multae substantiae rationales creatae, oportet quod fuerit in eis gradus diversitas.

Item. Si creaturae rationales sine corporibus subsistere possunt, non fuit necessarium propter diversa merita rationalium creaturarum diversitatem in natura corporali institui: quia et sine diversitate corporum poterat diversus gradus in substantiis rationalibus inveniri. Si autem creaturae rationales sine corporibus

partes flexível. Se, portanto, a alma racional consegue este corpo por causa de precedente mérito ou demérito, segue-se que pode de novo unir-se a outro corpo, e não apenas que a alma humana assuma outro corpo humano, mas também que às vezes assuma o corpo sideral, o que está de acordo com as fábulas pitagóricas, segundo as quais qualquer alma se introduz em qualquer corpo. Ora, isso também verifica-se errôneo para a Filosofia, segundo a qual a determinadas formas e motores se assinalam determinadas matérias e determinados móveis, e herético segundo a fé, a qual prega que a alma na ressurreição reassume o mesmo corpo que deixou.

Além disso. Posto que a multiplicidade não pode haver sem a diversidade, se houve no princípio criaturas racionais constituídas em alguma multiplicidade, foi necessário que houvesse alguma diversidade. Logo, algo teve uma delas que a outra não teve. E assim isso não procede da diversidade do mérito, por igual razão também não foi necessário que a diversidade de grau proviesse da diversidade dos méritos.

Igualmente. Toda distinção é ou segundo a divisão da quantidade, que só há nos corpos, por isso nas substâncias por primeiro criadas, segundo Orígenes, não pôde haver, ou segundo a divisão formal. Essa não pode haver sem a diversidade de graus, uma vez que essa divisão se reduz à privação e à forma, e assim é necessário que uma das formas condivididas seja melhor e a outra, pior. Donde, segundo o Filósofo, as espécies das coisas são como os números, dos quais um se acrescenta a outro ou diminui. Portanto, assim, se houve no princípio muitas substâncias racionais criadas, é necessário que tenha havido nelas a diversidade de graus.

Igualmente. Se as criaturas racionais podem subsistir sem corpos, não foi necessário, em razão dos méritos diversos das criaturas racionais instituir-se a diversidade na natureza corporal, pois também sem a diversidade dos corpos se poderia encontrar graus diversos nas substâncias racionais. Se, contudo, as

subsistere non possunt, ergo a principio simul cum creatura rationali est etiam creatura corporalis instituta. Maior est autem distantia corporalis creaturae ad spiritualem quam spiritualium creaturarum ad invicem. Si igitur a principio Deus tam magnam distantiam in suis creaturis instituit absque aliquibus meritis praecedentibus, non oportuit merita diversa praecedere ad hoc quod in diversis gradibus creaturae rationales instituerentur.

Adhuc. Si diversitas creaturae corporalis respondet diversitati creaturae rationalis, pari ratione et uniformitati rationalium creaturarum responderet uniformitas naturae corporalis. Fuisset ergo natura corporalis creata etiam si diversa merita rationalis creaturae non praecessissent, sed uniformis. Fuisset igitur creata materia prima, quae est omnibus corporibus communis, sed sub una tantum forma. Sunt autem in ipsa plures formae in potentia. Remansisset igitur imperfecta, sola una eius forma reducta in actum. Quod non est conveniens divinae bonitati.

Item. Si diversitas corporalis creaturae sequitur diversos motus liberi arbitrii rationalis creaturae, oportebit dicere quod causa quare est tantum unus sol in mundo, sit quia una tantum rationalis creatura sic mota est per liberum arbitrium ut tali corpori mereretur adiungi. Hoc autem fuit a casu, quod una tantum sic peccaret. Est igitur a casu quod sit unus sol in mundo, et non ad necessitatem corporalis naturae.

Praeterea. Cum creatura spiritualis non mereatur descendere nisi per peccatum; descendit autem a sua sublimitate, in qua indivisibilis est, per hoc quod visibilibus corporibus unitur: videtur sequi quod visibilia corpora sint eis adiuncta propter peccatum. Quod videtur propinquum errori Manichaeorum ponentium haec visibilia ex malo principio processisse.

Huic etiam opinioni auctoritas sacrae Scripturae manifeste contradicit. Quia in singulis

criaturas racionais não podem subsistir sem corpos, logo no princípio, simultaneamente com a criatura racional, foi instituída também a criatura corporal. Entretanto, maior é a distância da criatura corporal da espiritual do que das criaturas espirituais entre elas. Se, portanto, no princípio Deus instituiu tão grande distância em suas criaturas, sem méritos alguns precedentes, não foi necessário que os méritos diversos precedessem para que fossem instituídas as criaturas racionais em graus diversos.

Ainda. Se a diversidade da criatura corporal corresponde à diversidade da criatura racional, por igual razão à uniformidade das criaturas racionais corresponderia a uniformidade da natureza corporal. Logo, haveria a natureza corporal criada também, se não precedessem os méritos diversos da criatura racional criada, porém ela seria uniforme. Logo, haveria a matéria-prima criada, que é comum a todos os corpos, mas apenas sob uma forma. Ora, há na matéria-prima várias formas em potência. Permaneceria, portanto, imperfeita, com apenas uma sua forma reduzida a ato. O que não é conveniente à divina bondade.

Igualmente. Se a diversidade da criatura corporal se segue aos diversos movimentos do livre-arbítrio da criatura racional, será necessário afirmar que a causa pela qual só há um sol no mundo é que uma criatura racional apenas é assim movida pelo livre-arbítrio de modo que mereça ser unida a tal corpo. Ora, foi por acaso que uma apenas assim pecasse. É, portanto, por acaso que há um sol no mundo, e não por necessidade da natureza corporal.

Além disso. Se a criatura espiritual não merece descer senão por pecado, e desce, então, de sua sublimidade, na qual é indivisível, para se unir a corpos visíveis, é evidente concluir-se que os corpos visíveis lhes são adjuntos por causa do pecado. O que é manifesto ser mais próximo ao erro os Maniqueus, que afirmam que essas coisas visíveis procedem do princípio mau.

A essa opinião também contradiz a autoridade da Sagrada Escritura. Porque em cada

operibus visibilium creaturarum tali modo loquendi utitur Moyses, videns Deus quod esset bonum, etc.; et postmodum de cunctis simul subiungit: vidit Deus cuncta quae fecerat, et erant valde bona.Ex quo manifeste datur intelligi quod creaturae corporales et visibiles ideo sunt factae quia bonum est eas esse, quod est consonum divinae bonitati: et non propter aliqua creaturarum rationalium merita vel peccata.

Videtur autem Origenes non perpendisse quod, cum aliquid non ex debito, sed liberaliter damus, non est contra iustitiam si inaequalia damus, nulla diversitate meritorum pensata: cum retributio merentibus debeatur. Deus autem, ut supra ostensum est, ex nullo debito, sed ex mera liberalitate res in esse produxit. Unde diversitas creaturarum diversitatem meritorum non praesupponit.

Item, cum bonum totius sit melius quam bonum partium singularium, non est optimi factoris diminuere bonum totius ut aliquarum partium augeat bonitatem: non enim aedificator fundamento tribuit eam bonitatem quam tribuit tecto, ne domum faciat ruinosam. Factor igitur omnium, Deus, non faceret totum universum in suo genere optimum, si faceret omnes partes aequales: quia multi gradus bonitatis in universo deessent, et sic esset imperfectum.

Capitulum XLV

Quae sit prima causa distinctionis rerum secundum veritatem

Ostendi autem ex praedictis potest quae sit vere prima distinctionis rerum causa.

Cum enim omne agens intendat suam similitudinem in effectum inducere secundum quod effectus capere potest, tanto hoc agit perfectius quanto agens perfectius est: patet enim quod quanto aliquid est calidius, tanto facit magis calidum; et quanto est aliquis melior artifex, formam artis perfectius

uma das produções das criaturas visíveis usa Moises este modo de falar: *Vendo Deus que era bom* etc., e depois, de todas simultaneamente: *Viu Deus todas as coisas que fizera, e eram muito boas*[48]. Disso manifestamente é dado a entender que as criaturas corporais e visíveis foram assim feitas porque é bom que elas sejam, o que é consoante com a bondade divina, e não em razão de alguns méritos ou pecados das criaturas racionais.

Parece, entretanto, que Orígenes não ponderou que, quando damos algo não por débito, mas liberalmente, não é contra a justiça se damos coisas desiguais, sem pensar em nenhuma diversidade de méritos, pois a retribuição é devida aos que merecem. Ora, Deus produziu as coisas no ser, como foi mostrado[49], não por algum débito, mas por mera liberalidade. Donde a diversidade das criaturas não pressupõe a diversidade dos méritos.

Igualmente, como o bem do todo é melhor que o bem das partes singulares, não é próprio de um ótimo autor diminuir o bem do todo para que aumente a bondade de algumas partes, pois o construtor não atribui o mesmo valor ao alicerce que atribui ao teto, para evitar a ruína da casa. Logo, o autor de todas as coisas, Deus, não faria todo o universo ótimo em seu gênero, se fizesse todas as partes iguais, pois faltariam muitos graus de bondade, e assim ele seria imperfeito.

Capítulo 45

Qual é a primeira causa de distinção das coisas segundo a verdade

Pode-se mostrar do exposto qual é verdadeiramente a primeira causa da distinção das coisas.

Com efeito, como *todo agente pretende introduzir sua semelhança no efeito*, enquanto o efeito pode receber, este é tanto mais perfeito quanto é mais perfeito o agente, pois é manifesto que quanto mais quente é uma coisa, tanto mais faz quente, e quanto é melhor um artífice, mais perfeitamente introduz a forma

48 Gênesis 1,31.
49 Cf. cap. 28.

inducit in materiam. Deus autem est perfectissimum agens. Suam igitur similitudinem in rebus creatis ad Deum pertinebat inducere perfectissime, quantum naturae creatae convenit. Sed perfectam Dei similitudinem non possunt consequi res creatae secundum unam solam speciem creaturae: quia, cum causa excedat effectum, quod est in causa simpliciter et unite, in effectu invenitur composite et multipliciter, nisi effectus pertingat ad speciem causae; quod in proposito dici non potest, non enim creatura potest esse Deo aequalis. Oportuit igitur esse multiplicitatem et varietatem in rebus creatis, ad hoc quod inveniretur in eis Dei similitudo perfecta secundum modum suum.

Amplius. Sicut quae fiunt ex materia sunt in potentia materiae passiva, ita quae fiunt ab agente oportet esse in potentia activa agentis. Non autem potentia passiva materiae perfecte reduceretur in actum si ex materia fieret unum tantum eorum ad quae materia est in potentia. Ergo, si aliquis agens cuius potentia est ad plures effectus, faceret unum illorum tantum, potentia eius non ita complete reduceretur in actum sicut cum facit plura. Per hoc autem quod potentia activa reducitur in actum, effectus consequitur similitudinem agentis. Ergo non esset perfecta Dei similitudo in universo si esset unus tantum gradus omnium entium. Propter hoc igitur est distinctio in rebus creatis, ut perfectius Dei similitudinem consequantur per multa quam per unum.

Adhuc. Quanto aliquid in pluribus est Deo simile, tanto perfectius ad eius similitudinem accedit. In Deo autem est bonitas, et diffusio bonitatis in alia. Perfectius igitur accedit res creata ad Dei similitudinem si non solum bona est sed etiam ad bonitatem aliorum agere potest, quam si solum in se bona esset: sicut similius est soli quod lucet et illuminat quam quod lucet tantum. Non autem posset creatura ad bonitatem alterius creaturae agere nisi esset in rebus creatis pluralitas et inaequalitas:

da arte na matéria. Ora, Deus é o agente mais perfeito. Logo, cabia a Deus introduzir perfeitissimamente sua semelhança nas coisas criadas, quanto convém à natureza criada. Ora, as coisas criadas não podem obter a semelhança perfeita de Deus, segundo uma só espécie de criatura, pois, como a causa excede o efeito, que está na causa simples e unificadamente, acha-se no efeito de modo composto e multiplicadamente, a não ser que o efeito pertença à espécie da causa, o que a propósito não pode ser dito, pois a criatura não pode ser igual a Deus. Portanto, foi necessário haver a multiplicidade e a variedade nas coisas criadas, para que nelas se encontrasse, a seu modo, a semelhança perfeita de Deus.

Ademais. Assim como aquelas coisas que se fazem da matéria estão na potência passiva da matéria, assim as coisas que se fazem pelo agente é necessário que estejam na potência ativa do agente. Ora, a potência passiva da matéria não se reduziria perfeitamente em ato, se da matéria se fizesse uma coisa só daquelas para as quais a matéria está em potência. Logo, se um agente cuja potência está para muitos efeitos fizesse apenas um deles, sua potência não se reduziria completamente a ato, como quando faz muitas. Ora, ao reduzir-se a ato a potência ativa, o efeito obtém a semelhança do agente. Portanto, não seria perfeita a semelhança de Deus no universo, se apenas houvesse um só grau de todos os entes. Em razão disso, há a distinção nas coisas criadas para que obtenham a semelhança de Deus mais perfeitamente por muitas do que por uma.

Ainda. Tanto algo é semelhante a Deus em vários aspectos quanto mais perfeitamente se aproxima da semelhança dele. Ora, há em Deus a bondade, e a difusão da bondade nas demais coisas. Logo, chega uma coisa criada mais perfeitamente à semelhança de Deus se não apenas é boa, mas também pode agir para a bondade dos outros, do que se fosse boa apenas em si; por exemplo, é mais semelhante ao sol o que tem luz e ilumina do que aquilo que apenas ilumina. Ora, não poderia a criatura

quia agens est aliud a patiente, et honorabilius eo. Oportuit igitur, ad hoc quod in creaturis esset perfecta Dei imitatio, quod diversi gradus in creaturis invenirentur.

Item. Plura bona uno bono finito sunt meliora: habent enim hoc et adhuc amplius. Omnis autem creaturae bonitas finita est: est enim deficiens ab infinita Dei bonitate. Perfectius est igitur universum creaturarum si sunt plures, quam si esset unus tantum gradus rerum. Summo autem bono competit facere quod melius est. Ergo conveniens ei fuit ut plures faceret creaturarum gradus.

Adhuc. Bonitas speciei excedit bonitatem individui, sicut formale id quod est materiale. Magis igitur addit ad bonitatem universi multitudo specierum quam multitudo individuorum in una specie. Est igitur ad perfectionem universi pertinens non solum quod multa sint individua, sed quod sint etiam diversae rerum species; et per consequens diversi gradus in rebus.

Item. Omne quod agit per intellectum, repraesentat speciem sui intellectus in re facta: sic enim agens per artem sibi facit simile. Deus autem fecit creaturam ut agens per intellectum, et non per necessitatem naturae, ut supra ostensum est. Species igitur intellectus divini repraesentatur in creatura per ipsum facta. Intellectus autem multa intelligens non sufficienter repraesentatur in uno tantum. Cum igitur intellectus divinus multa intelligat, ut in primo probatum est, perfectius seipsum repraesentat si plures universorum graduum creaturas producat quam si unum tantum produxisset.

Amplius. Operi a summe bono artifice facto non debuit deesse summa perfectio. Sed bonum ordinis diversorum est melius

agir para a bondade de outra criatura, a não ser que houvesse nas coisas criadas a pluralidade e a desigualdade, pois o agente é diverso do paciente, e mais nobre que ele. Logo, foi necessário, para que houvesse nas criaturas a perfeita imitação de Deus, que se encontrassem diversos graus nas criaturas.

Igualmente. Muitos bens são melhores que um só bem finito, pois têm esse e ainda mais. Ora, toda bondade da criatura é finita, pois é deficiente com relação à infinita bondade de Deus. Portanto, o universo das criaturas é mais perfeito se há muitos graus das coisas do que se houvesse um só. Ora, ao sumo bem compete fazer o que há de melhor. Logo, foi conveniente a Ele que fizesse muitos graus de criaturas.

Ainda. A bondade da espécie excede a bondade do indivíduo, como o formal ao que é material. Logo, mais acrescenta à bondade do universo a multiplicidade das espécies do que a multiplicidade dos indivíduos em uma só espécie. Pertence, pois, à perfeição do universo não só que haja muitos indivíduos, mas que haja também diversas espécies de coisas e, por conseguinte, diversos graus nas coisas.

Igualmente. Todo o que age pelo intelecto, representa na coisa feita a espécie de seu intelecto, pois *assim é que o agente faz pela arte o semelhante a si*. Ora, Deus fez a criatura como agindo pelo intelecto, e não por necessidade da natureza, como foi mostrado[50]. Logo, a espécie do intelecto divino é representada na criatura que foi feita por Ele. Ora, o intelecto que conhece muitas coisas não é suficientemente representado em uma apenas. Portanto, como o intelecto divino conhece muitas coisas, como foi provado no Livro Primeiro[51], se representa mais perfeitamente, se produz muitas criaturas de todos os graus, do que se produzisse uma apenas.

Ademais. À obra feita pelo artífice sumamente bom não deveria faltar a suma perfeição. Mas, o bem da ordem dos diversos é

---

[50] Cf. cap. 23.
[51] Livro I, caps. 49 ss.

quolibet illorum ordinatorum per se sumpto: est enim formale respectu singularium, sicut perfectio totius respectu partium. Non debuit ergo bonum ordinis operi Dei deesse. Hoc autem bonum esse non posset, si diversitas et inaequalitas creaturarum non fuisset.

Est igitur diversitas et inaequalitas in rebus creatis non a casu; non ex materiae diversitate; non propter interventum aliquarum causarum, vel meritorum; sed ex propria Dei intentione perfectionem creaturae dare volentis qualem possibile erat eam habere.

Hinc est quod dicitur Gen. 1,31: vidit Deus cuncta quae fecerat, et erant valde bona: cum de singulis dixisset quod sunt bona. Quia singula quidem sunt in suis naturis bona: simul autem omnia valde bona, propter ordinem universi, quae est ultima et nobilissima perfectio in rebus.

melhor do que qualquer dos ordenados, tomado em si, pois é formal com respeito aos singulares, como a perfeição do todo com respeito às partes. Não deveria, pois, faltar o bem da ordem na obra de Deus. Ora, não poderia haver este bem, se não houvesse a diversidade e a desigualdade das criaturas.

Portanto, a diversidade e a desigualdade nas coisas criadas não são por acaso[52]; nem provêm da diversidade da matéria[53]; nem por causa da intervenção de algumas causas[54], ou de méritos[55]; mas pela própria intenção de Deus, ao querer dar à criatura a perfeição, tal que lhe fosse possível ter.

É por isso que se diz no Gênesis: *viu Deus todas as coisas que fizera, e eram muito boas*[56], como a dizer de cada uma que era boa. Porque certamente as coisas singulares são boas em suas naturezas, porém todas, simultaneamente, muito boas, por causa da ordem do universo, que é a última e nobilíssima perfeição nas coisas.

52 Cf. cap. 39.
53 Cf. cap. 40.
54 Cf. caps. 41-43.
55 Cf. cap. 44.
56 Gênesis 1,31.

A NATUREZA DAS COISAS ENQUANTO SE REFERE À LUZ DA FÉ (46 a 101)

Capitulum XLVI

Quod oportuit ad perfectionem universi aliquas creaturas intellectuales esse

Hac igitur existente causa diversitatis in rebus, restat nunc de rebus distinctis prosequi, quantum ad fidei veritatem pertinet: quod erat tertium a nobis propositorum.Et ostendemus primo, quod ex divina dispositione perfectionem rebus creatis secundum suum modum optimam assignante, consequens fuit quod quaedam creaturae intellectuales fierent, in summo rerum vertice constitutae.

Tunc enim effectus maxime perfectus est quando in suum redit principium: unde et circulus inter omnes figuras, et motus circularis inter omnes motus, est maxime perfectus, quia in eis ad principium reditur. Ad hoc igitur quod universum creaturarum ultimam perfectionem consequatur, oportet creaturas ad suum redire principium. Redeunt autem ad suum principium singulae et omnes creaturae inquantum sui principii similitudinem gerunt secundum suum esse et suam naturam, in quibus quandam perfectionem habent: sicut et omnes effectus tunc maxime perfecti sunt quando maxime similantur causae agenti, ut domus quando maxime similatur arti, et ignis quando maxime similatur generanti. Cum igitur intellectus Dei creaturarum productionis principium sit, ut supra ostensum est, necesse fuit ad creaturarum perfectionem quod aliquae creaturae essent intelligentes.

Amplius. Perfectio secunda in rebus addit supra primam. Sicut autem esse et natura rei consideratur secundum primam perfectionem, ita operatio secundum perfectionem secundam. Oportuit igitur, ad consummatam universi perfectionem, esse aliquas creaturas quae in Deum redirent non solum secundum

Capítulo 46

Para a perfeição do universo foi necessário haver criaturas intelectuais

Existindo, portanto, essa causa da diversidade nas coisas, resta prosseguir agora sobre as coisas distintas, enquanto pertence à verdade da fé, o que era o terceiro de nossos propósitos[1]. E mostraremos primeiro que, pela divina disposição assinalando ótima perfeição às coisas criadas segundo o seu modo, foi consequente que se fizessem algumas criaturas intelectuais, constituídas no sumo vértice das coisas.

O efeito é maximamente perfeito no momento em que volta a seu princípio, por isso, é maximamente perfeito o círculo entre todas as figuras, e o movimento circular entre todos os movimentos, pois neles se volta ao princípio. Logo, para que o universo das criaturas consiga a última perfeição, é necessário que as criaturas voltem a seu princípio. Ora cada uma e todas as criaturas voltam a seu princípio, enquanto geram a semelhança de seu princípio, segundo seu ser e sua natureza, nos quais elas têm alguma perfeição, assim como todos os efeitos são maximamente perfeitos no momento quando maximamente são assimiladas à causa do agente, como a casa, quando maximamente se assemelha à arte, e o fogo, quando maximamente assemelha-se ao que o gera. Como, pois, o intelecto de Deus é o princípio de produção das criaturas, como foi mostrado[2], foi necessário, para a perfeição das criaturas, que algumas criaturas fossem inteligentes.

Ademais. Nas coisas, a segunda perfeição acrescenta sobre a primeira. Assim como o ser e a natureza da coisa são considerados segundo a primeira perfeição, assim a sua operação é considerada conforme a segunda perfeição. Logo, foi necessário, para consumar a perfeição do universo, que houvesse algumas cria-

1 Cf. cap. 5.
2 Cf. caps. 23 e 24.

naturae similitudinem, sed etiam per operationem. Quae quidem non potest esse nisi per actum intellectus et voluntatis: quia nec ipse Deus aliter erga seipsum operationem habet. Oportuit igitur, ad perfectionem optimam universi, esse aliquas creaturas intellectuales.

Adhuc. Ad hoc quod perfecte divinae bonitatis repraesentatio per creaturas fieret, oportuit, ut supra ostensum est, non solum quod res bonae fierent, sed etiam quod ad aliorum bonitatem agerent. Assimilatur autem perfecte aliquid alteri in agendo quando non solum est eadem species actionis, sed etiam idem modus agendi. Oportuit igitur, ad summam rerum perfectionem, quod essent aliquae creaturae quae agerent hoc modo quo Deus agit. Ostensum est autem supra quod Deus agit per intellectum et voluntatem. Oportuit igitur aliquas creaturas esse intelligentes et volentes.

Amplius. Similitudo effectus ad causam agentem attenditur secundum formam effectus quae praeexistit in agente: agens enim agit sibi simile in forma secundum quam agit. Forma autem agentis recipitur quidem in effectu quandoque secundum eundem modum essendi quo est in agente, sicut forma ignis generati eundem essendi habet modum cum forma ignis generantis; quandoque vero secundum alium modum essendi, sicut forma domus quae est intelligibiliter in mente artificis, recipitur materialiter in domo quae est extra animam. Patet autem perfectiorem esse primam similitudinem quam secundam. Perfectio autem universitatis creaturarum consistit in similitudine ad Deum: sicut etiam perfectio cuiuslibet effectus in similitudine ad causam agentem. Requirit igitur summa universi perfectio non solum secundam assimilationem creaturae ad Deum, sed primam, quantum possibile est. Forma autem per quam Deus agit creaturam, est forma in-

turas que voltassem para Deus não apenas segundo a semelhança de natureza, mas também pela operação. Essa certamente não pode ser senão por ato do intelecto e da vontade, pois nem o próprio Deus tem, com relação a si mesmo, operação diferente. Foi necessário, pois, para a ótima perfeição do universo, que houvesse algumas criaturas intelectuais.

Ainda. Para que se fizesse perfeitamente a representação pelas criaturas da bondade divina, foi necessário, como se mostrou[3], não apenas que coisas boas fossem feitas, mas também que agissem para a bondade de outras. Ora, assemelha-se perfeitamente uma coisa a outra no agir, quando não só há a mesma espécie de ação, mas também o mesmo modo de agir. Por isso, para a suma perfeição das coisas, foi necessário que houvesse algumas criaturas que agissem como Deus age. Ora, foi demonstrado que Deus age pelo intelecto e pela vontade[4]. Logo, foi necessário que houvesse algumas criaturas com intelecto e com vontade.

Ademais. A semelhança do efeito com relação à causa agente é atendida segundo a forma do efeito que preexiste no agente, pois *o agente produz o semelhante a si* na forma segundo a qual age. Ora, a forma do agente é recebida certamente no efeito, às vezes, segundo o mesmo modo de ser no qual está no agente, como a forma do fogo gerado tem o mesmo modo de ser com a forma do fogo gerador; às vezes, porém, segundo outro modo de ser, como a forma da casa que está inteligivelmente na mente do artífice, é recebida materialmente na casa que está fora da alma. É evidente, porém, que a primeira semelhança é mais perfeita do que a segunda. Ora, a perfeição da universalidade das criaturas consiste na semelhança com Deus, como também a perfeição de qualquer efeito na semelhança com a causa agente. Requer-se, pois, a suma perfeição do universo não só segundo a semelhança da criatura com Deus, mas a primeira, enquanto é possível. Ora, a forma pela qual

---

[3] Cf. capítulo anterior.
[4] Cf. caps. 23 e 24.

telligibilis in ipso: est enim agens per intellectum, ut supra ostensum est. Oportet igitur ad summam perfectionem universi esse aliquas creaturas in quibus secundum esse intelligibile forma divini intellectus exprimatur. Et hoc est esse creaturas secundum suam naturam intellectuales.

Item. Ad productionem creaturarum nihil aliud movet Deum nisi sua bonitas, quam rebus aliis communicare voluit secundum modum assimilationis ad ipsum, ut ex dictis patet. Similitudo autem unius invenitur in altero dupliciter: uno modo, quantum ad esse naturae, sicut similitudo caloris ignei est in re calefacta per ignem; alio modo, secundum cognitionem, sicut similitudo ignis est in visu vel tactu. Ad hoc igitur quod similitudo Dei perfecte esset in rebus modis possibilibus, oportuit quod divina bonitas rebus per similitudinem communicaretur non solum in essendo, sed cognoscendo. Cognoscere autem divinam bonitatem solus intellectus potest. Oportuit igitur esse creaturas intellectuales.

Adhuc. In omnibus decenter ordinatis habitudo secundorum ad ultima imitatur habitudinem primi ad omnia secunda et ultima, licet quandoque deficienter. Ostensum est autem quod Deus in se omnes creaturas comprehendit. Et hoc repraesentatur in corporalibus creaturis, licet per alium modum: semper enim invenitur superius corpus comprehendens et continens inferius; tamen secundum extensionem quantitatis; cum Deus omnes creaturas simplici modo, et non quantitatis extensione, contineat. Ut igitur nec in hoc modo continendi Dei imitatio creaturis deesset, factae sunt creaturae intellectuales, quae creaturas corporales continerent, non extensione quantitatis, sed simpliciter per modum intelligibilem: nam quod intelligitur est

Deus produz a criatura, é a forma inteligível n'Ele, pois é agente pelo intelecto, como foi mostrado[5]. Logo, é necessário para a suma perfeição do universo que haja algumas criaturas nas quais, segundo o ser inteligível, a forma do intelecto divino se exprima. E isso significa a necessidade de haver criaturas intelectuais segundo sua natureza.

Igualmente. Para a produção das criaturas nada move a Deus senão sua bondade, que ele quis comunicar às demais coisas, segundo o modo de semelhança com ele, como é manifesto do que foi dito[6]. A semelhança, porém, de uma coisa acha-se em outra duplamente: de um modo, quanto ao ser da natureza, como a semelhança do calor do fogo está na coisa aquecida pelo fogo; de outro modo, segundo o conhecimento, como a semelhança do fogo está na vista ou no tato. Portanto, para que houvesse perfeitamente a semelhança de Deus nas coisas pelos modos possíveis, foi necessário que a bondade divina fosse comunicada às coisas por semelhança não só no ser, mas no conhecer. Ora, só o intelecto pode conhecer a bondade divina. Logo, foi necessário que houvesse criaturas intelectuais.

Ainda. Em todas as coisas ordenadas convenientemente, a relação dos segundos com os últimos imita a relação do primeiro com relação a todos os segundos e últimos, embora às vezes deficientemente. Ora, foi mostrado[7] que Deus compreende em si todas as criaturas. E isso é representado nas criaturas corporais, embora por outro modo, pois sempre se acha um corpo superior que compreende e contém um inferior; mas segundo a extensão da quantidade, dado que Deus contém todas as criaturas de modo simples, e não pela extensão da quantidade. Portanto, para que nem nesse modo de conter de Deus faltasse a imitação nas criaturas, foram produzidas criaturas intelectuais, que contivessem as criaturas corporais, não pela extensão

---

[5] Cf. caps. 23 e 24.
[6] Livro I, cap. 74 ss.
[7] Livro I, cap. 54.

in intelligente, et eius intellectuali operatione comprehenditur.

Capitulum XLVII
Quod substantiae intellectuales sunt volentes

Has autem substantias intellectuales necesse est esse volentes.

Inest enim omnibus appetitus boni: cum bonum sit quod omnia appetunt, ut Philosophi tradunt. Huiusmodi autem appetitus in his quidem quae cognitione carent, dicitur naturalis appetitus: sicut dicitur quod lapis appetit esse deorsum. In his autem quae cognitionem sensitivam habent, dicitur appetitus animalis, qui dividitur in concupiscibilem et irascibilem. In his vero quae intelligunt, dicitur appetitus intellectualis seu rationalis, qui est voluntas.Substantiae igitur intellectuales creatae habent voluntatem.

Adhuc. Quod est per aliud, reducitur in id quod est per se tanquam in prius: unde et, secundum Philosophum, in VIII phys., mota ab alio reducuntur in prima moventia seipsa; in syllogismis etiam conclusiones, quae sunt notae ex aliis, reducuntur in prima principia, quae sunt nota per seipsa. Inveniuntur autem in substantiis creatis quaedam quae non agunt seipsa ad operandum, sed aguntur VI naturae, sicut inanimata, plantae et animalia bruta: non enim est in eis agere et non agere. Oportet ergo quod fiat reductio in aliqua prima quae seipsa agant ad operandum. Prima autem in rebus creatis sunt substantiae intellectuales, ut supra ostensum est. Hae igitur substantiae se agunt ad operandum. Hoc autem est proprium voluntatis, per quam substantia aliqua est domina sui actus, utpote in ipsa existens agere et non agere. Substantiae igitur intellectuales creatae habent voluntatem.

da quantidade, mas simplesmente por modo inteligível: com efeito, o que é conhecido está no que conhece, e é compreendido em sua operação intelectual.

Capítulo 47
As substâncias intelectuais têm vontade

É necessário que essas substâncias intelectuais tenham vontade.

Há, com efeito, em todas as coisas, o apetite do bem, pois *o bem é o que todas desejam*, como ensinam os filósofos[8]. Esse apetite, contudo, naquelas que carecem de conhecimento, se diz *apetite natural*, como se diz que a pedra deseja ir para baixo. Naquelas, porém, que têm o conhecimento sensitivo, diz-se *apetite animal*, que se divide em concupiscível e irascível. Já naquelas que conhecem se diz apetite intelectual ou racional, que é *a vontade*. Portanto, as substâncias intelectuais criadas têm vontade.

Ainda. O que depende de outro, reduz-se àquilo que é por si como ao primeiro, por isso também, segundo o Filósofo[9], as coisas movidas por outra se reduzem aos seus primeiros moventes: nos silogismos também as conclusões, que são conhecidas por outras, reduzem-se aos primeiros princípios que são conhecidos por si mesmos. Entre as substâncias criadas, encontram-se umas que não se determinam a si mesmas para operar, mas são determinadas por força da natureza, como os inanimados, as plantas e os animais irracionais, pois neles não está o agir e o não agir. Logo, é necessário que se produza a redução a algumas primeiras coisas que por si mesmas se determinam para operar. Ora, as primeiras entre as coisas criadas são as substâncias intelectuais, como foi mostrado[10]. Logo, essas substâncias por si mesmas se determinam para operar. Ora, isso é próprio da vontade, pela qual uma substância é senhora de seu ato, como nela mesma existindo o agir e o não agir.

8 Aristóteles (384-322 a.C.), em Ética I, 1, 1094a, 3.
9 Aristóteles (384-322 a.C.), em Física VIII, 5, 257a, 25-31.
10 Cf. capítulo anterior.

Amplius. Principium cuiuslibet operationis est forma per quam aliquid est actu: cum omne agens agat inquantum est actu. Oportet igitur quod secundum modum formae sit modus operationis consequentis formam. Forma igitur quae non est ab ipso agente per formam, causat operationem cuius agens non est Dominus. Si qua vero fuerit forma quae sit ab eo qui per ipsam operatur, operationis etiam consequentis operans dominium habebit.

Formae autem naturales, ex quibus sequuntur motus et operationes naturales, non sunt ab his quorum sunt formae, sed ab exterioribus agentibus totaliter: cum per formam naturalem unumquodque esse habeat in sua natura; nihil autem potest esse sibi causa essendi. Et ideo quae moventur naturaliter, non movent seipsa: non enim grave movet seipsum deorsum, sed generans, quod dedit ei formam.

In animalibus etiam brutis formae sensatae vel imaginatae moventes non sunt adinventae ab ipsis animalibus brutis, sed sunt receptae in eis ab exterioribus sensibilibus, quae agunt in sensum, et diiudicatae per naturale aestimatorium. Unde, licet quodammodo dicantur movere seipsa, inquantum eorum una pars est movens et alia est mota, tamen ipsum movere non est eis ex seipsis, sed partim ex exterioribus sensatis et partim a natura. Inquantum enim appetitus movet membra, dicuntur seipsa movere, quod habent supra inanimata et plantas; inquantum vero ipsum appetere de necessitate sequitur in eis ex formis acceptis per sensum et iudicium naturalis aestimationis, non sibi sunt causa quod moveant. Unde non habent dominium sui actus.

Forma autem intellecta, per quam substantia intellectualis operatur, est ab ipso intellectu, utpote per ipsum concepta et quodammodo excogitata: ut patet de forma artis, quam artifex concipit et excogitat et per eam operatur. Substantiae igitur intellectuales seipsas agunt

Portanto, as substâncias intelectuais criadas têm vontade.

Ademais. O princípio de qualquer operação é a forma pela qual uma coisa é em ato, pois todo agente age enquanto é em ato. É necessário, pois, que segundo o modo da forma seja o modo da operação que segue a forma. Logo, a forma que não procede do seu agente pela forma, causa a operação de que o agente não é senhor. Se, porém, houver uma forma que provenha de outro que por ela opere, este terá o domínio da operação consequente.

Ora, *as formas naturais*, das quais se seguem movimentos e operações naturais, não dependem daqueles dos quais são formas, mas totalmente de agentes exteriores, dado que pela forma natural cada coisa tem o ser em sua natureza, mas nada pode ser causa de ser para si. E assim aquelas coisas que são movidas naturalmente, não movem a si mesmas, pois o pesado não move a si mesmo para baixo, mas o que o gera e lhe deu a forma.

Também nos animais irracionais *as formas sensíveis* ou imaginadas que movem não são advindas dos mesmos animais irracionais, mas são recebidas neles de sensíveis externos, que agem no sentido, e são julgadas pela estimativa natural. Por isso, embora às vezes se diga que movem a si mesmos, enquanto neles uma parte é movente e outra é movida, entretanto não lhes pertence por si mesmos o próprio mover, mas em parte pelos sentidos externos e em parte pela natureza. Com efeito, enquanto o apetite move os membros, diz-se que a si mesmos movem, e nisso são superiores aos inanimados e às plantas; enquanto, porém, o próprio desejar necessariamente segue neles as formas recebidas pelo sentido e pelo juízo da estimativa natural, não são causa de se moverem a si mesmos. Donde não têm o domínio de seu ato.

Ora, a *forma intelectual*, pela qual opera a substância intelectual, vem do próprio intelecto, como por ele mesmo concebida e de algum modo excogitada, como é evidente a respeito da forma da arte, que o artífice concebe e excogita e por meio dela opera. Logo, as

ad operandum, ut habentes suae operationis dominium. Habent igitur voluntatem.

Item. Activum oportet esse proportionatum passivo, et motivum mobili. Sed in habentibus cognitionem vis apprehensiva se habet ad appetitivam sicut motivum ad mobile: nam apprehensum per sensum vel imaginationem vel intellectum, movet appetitum intellectualem vel animalem. Apprehensio autem intellectiva non determinatur ad quaedam, sed est omnium: unde et de intellectu possibili Philosophus dicit, in III de anima, quod est quo est omnia fieri. Appetitus igitur intellectualis substantiae est ad omnia se habens. Hoc autem est proprium voluntatis, ut ad omnia se habeat: unde in III ethicorum Philosophus dicit quod est et possibilium et impossibilium. Substantiae igitur intellectuales habent voluntatem.

substâncias intelectuais agem por si mesmas para operar, como tendo o domínio de sua operação. Portanto, têm vontade.

Igualmente. É necessário que o ativo seja proporcionado ao passivo, e o movente ao móvel. Mas nos seres que têm o conhecimento, a força apreensiva se comporta com a apetitiva, como o movente com relação ao móvel; com efeito, o apreendido pelo sentido ou pela imaginação ou pelo intelecto move o apetite intelectual ou animal. Ora, a apreensão intelectiva não é determinada a algumas coisas, mas é de todas: donde também, a respeito do intelecto possível, diz o Filósofo[11], que é aquilo *pelo qual todas as coisas se fazem*. Logo, o apetite da substância intelectual é se relacionar com todas as coisas. Ora, é próprio da vontade que se relacione a todas as coisas, por isso o Filósofo[12] diz que ela *é das coisas possíveis e impossíveis*. Portanto, as substâncias intelectuais têm vontade.

Capitulum XLVIII

Quod substantiae intellectuales sunt liberi arbitrii in agendo

Ex hoc autem apparet quod praedictae substantiae sunt liberi arbitrii in operando.

Quod enim arbitrio agant, manifestum est: eo quod per cognitionem intellectivam iudicium habent de operandis. Libertatem autem necesse est eas habere, si habent dominium sui actus, ut ostensum est. Sunt igitur praedictae substantiae liberi arbitrii in agendo.

Item. Liberum est quod sui causa est. Quod ergo non est sibi causa agendi, non est liberum in agendo. Quaecumque autem non moventur neque agunt nisi ab aliis mota, non sunt sibi ipsis causa agendi.Sola ergo moventia se ipsa libertatem in agendo habent. Et haec sola iudicio agunt: nam movens seipsum divi-

Capítulo 48

As substâncias intelectuais têm livre-arbítrio no agir

É manifesto do que foi exposto que as mencionadas substâncias têm livre-arbítrio no operar.

Com efeito, é manifesto que agem por arbítrio, porque pelo conhecimento intelectivo têm juízo sobre as coisas a operar. É necessário, pois, que elas tenham liberdade, se têm domínio de seu ato, como foi mostrado[13]. Logo, as mencionadas substâncias têm livre-arbítrio no agir.

Igualmente. *É livre o que é causa de si mesmo*[14]. Portanto, o que não é para si mesmo causa de agir, não é livre no agir. Ora, quaisquer coisas que não são movidas nem agem senão movidas por outras, não são para si mesmas causas de agir. Portanto, as que se movem têm liberdade no agir. E só essas

11 Aristóteles (384-322 a.C.), em *Sobre a Alma* III, 5, 430a, 14-15.
12 Aristóteles (384-322 a.C.), em *Ética* III, 4, 1111b, 20-24.
13 Cf. capítulo anterior.
14 Aristóteles (384-322 a.C.), em *Metafísica* I, 2, 982b, 26.

ditur in movens et motum; movens autem est appetitus ab intellectu vel phantasia aut sensu motus, quorum est iudicare. Horum igitur haec sola libere iudicant quaecumque in iudicando seipsa movent. Nulla autem potentia iudicans seipsam ad iudicandum movet nisi supra actum suum reflectatur: oportet enim, si se ad iudicandum agit, quod suum iudicium cognoscat. Quod quidem solius intellectus est. Sunt igitur animalia irrationalia quodammodo liberi quidem motus sive actionis, non autem liberi iudicii; inanimata autem, quae solum ab aliis moventur, neque etiam liberae actionis aut motus; intellectualia vero non solum actionis, sed etiam liberi iudicii, quod est liberum arbitrium habere.

Adhuc. Forma apprehensa est principium movens secundum quod apprehenditur sub ratione boni vel convenientis: actio enim exterior in moventibus seipsa procedit ex iudicio quo iudicatur aliquid esse bonum vel conveniens per formam praedictam. Si igitur iudicans ad iudicandum seipsum moveat, oportet quod per aliquam altiorem formam apprehensam se moveat ad iudicandum. Quae quidem esse non potest nisi ipsa ratio boni vel convenientis, per quam de quolibet determinato bono vel convenienti iudicatur. Illa igitur sola se ad iudicandum movent quae communem boni vel convenientis rationem apprehendunt. Haec autem sunt sola intellectualia. Sola igitur intellectualia se non solum ad agendum, sed etiam ad iudicandum movent. Sola igitur ipsa sunt libera in iudicando, quod est liberum arbitrium habere.

Amplius. A conceptione universali non sequitur motus et actio nisi mediante particulari apprehensione: eo quod motus et actio circa particularia est. Intellectus autem est naturaliter universalium apprehensivus. Ad hoc igitur quod ex apprehensione intellectus sequatur motus aut quaecumque actio, oportet quod universalis intellectus conceptio applicetur ad particularia. Sed universale continet in potentia multa particularia. Potest igitur

agem por juízo: com efeito, o que se move a si mesmo se divide em movente e movido; ora, o movente é o apetite movido pelo intelecto ou a imaginação ou o sentido, aos quais cabe julgar. Dessas coisas, portanto, apenas julgam livremente aquelas que no julgar se movem a si mesmas. Ora, nenhuma potência que julga, move a si mesma para julgar, a não ser que reflexione sobre seu ato, pois, é necessário que, se se determina para julgar, conheça seu juízo. O que é próprio apenas do intelecto. Portanto, há animais irracionais de certo modo *livres de movimento* ou *de ação*, não, porém, *de livre juízo*; os inanimados, porém, que só são movidos por outros, nem mesmo são de livre ação ou movimento; já os entes intelectuais, não apenas de ação, mas também *de livre juízo*, o que é ter o livre-arbítrio.

Ainda. A forma apreendida é princípio movente enquanto é apreendida sob a razão de bem ou do conveniente. Pois a ação exterior nos que se movem a si mesmos procede do juízo pelo qual se julga que algo é um bem ou conveniente pela mencionada forma. Se, pois, o que julga a si mesmo move para julgar, é necessário que, por outra forma mais elevada apreendida, se mova para julgar. Ora, essa não pode ser senão a própria razão de bem ou do conveniente, pela qual se julga a respeito de qualquer determinado bem ou conveniente. Portanto, só se movem para julgar aqueles entes que apreendem a razão comum de bem ou de conveniente. Ora, esses são apenas os intelectuais. Portanto, só os entes intelectuais não apenas se movem para agir, mas também para julgar. Desse modo, só eles são livres para julgar, o que é ter o livre-arbítrio.

Ademais. Da concepção universal não se segue o movimento e a ação senão mediante a apreensão particular, porque o movimento e a ação são a respeito de coisas particulares. Ora, o intelecto é naturalmente apreensivo de universais. Portanto, para que da apreensão do intelecto se siga o movimento ou qualquer ação, é necessário que a concepção universal do intelecto seja aplicada aos particulares. Mas o universal contém em potência muitos

applicatio conceptionis intellectualis fieri ad plura et diversa. Iudicium igitur intellectus de agibilibus non est determinatum ad unum tantum. Habent igitur omnia intellectualia liberum arbitrium.

Praeterea. Iudicii libertate carent aliqua vel propter hoc quod nullum habent iudicium, sicut quae cognitione carent, ut lapides et plantae: vel quia habent iudicium a natura determinatum ad unum, sicut irrationalia animalia; naturali enim existimatione iudicat ovis lupum sibi nocivum, et ex hoc iudicio fugit ipsum; similiter autem in aliis. Quaecumque igitur habent iudicium de agendis non determinatum a natura ad unum, necesse est liberi arbitrii esse. Huiusmodi autem sunt omnia intellectualia. Intellectus enim apprehendit non solum hoc vel illud bonum, sed ipsum bonum commune. Unde, cum intellectus per formam apprehensam moveat voluntatem; in omnibus autem movens et motum oporteat esse proportionata; voluntas substantiae intellectualis non erit determinata a natura nisi ad bonum commune. Quicquid igitur offeretur sibi sub ratione boni, poterit voluntas inclinari in illud, nulla determinatione naturali in contrarium prohibente. Omnia igitur intellectualia liberam voluntatem habent ex iudicio intellectus venientem. Quod est liberum arbitrium habere, quod definitur esse liberum de ratione iudicium.

particulares. Portanto, pode a aplicação da concepção intelectual fazer-se para muitos e diversos. Logo, o juízo do intelecto sobre o que deve ser feito não é determinado a uma coisa só. Assim, todos os entes intelectuais têm livre-arbítrio.

Além disso. Da liberdade de juízo carecem alguns entes ou porque não têm nenhum juízo, como aqueles que carecem de conhecimento, como as pedras e as plantas, ou porque têm juízo determinado pela natureza a uma coisa só, como os animais irracionais, pois, por estimativa natural, a ovelha julga o lobo como nocivo a ela, e por esse juízo foge dele; semelhantemente em outros entes. Portanto, quaisquer entes que tenham juízo sobre o que deve ser feito não determinado pela natureza a uma coisa só, é necessário que tenham livre-arbítrio. Esses são todos os entes intelectuais. Com efeito, o intelecto apreende não só este ou aquele bem, mas o próprio bem comum. Por isso, como o intelecto move a vontade pela forma apreendida, e, contudo, em todas as coisas é necessário que o movente e o movido sejam proporcionados, a vontade da substância intelectual não será determinada pela natureza a não ser para o bem comum. Portanto, o que quer que seja que se ofereça sob a razão de bem, poderá a vontade inclinar-se a ele, não impedindo nenhuma determinação natural ao contrário. Logo, todos os entes intelectuais têm vontade livre proveniente do juízo do intelecto. O que é ter livre-arbítrio, que se define: *livre juízo da razão*.

Capitulum XLIX

Quod substantia intellectualis non sit corpus

Ex praemissis autem ostenditur quod nulla substantia intellectualis est corpus.

Nullum enim corpus invenitur aliquid continere nisi per commensurationem quantitatis: unde et, si se toto totum aliquid continet, et partem parte continet, maiorem quidem maiore, minorem autem minore. Intellectus autem non comprehendit rem aliquam intellectam per aliquam quantitatis commensurationem: cum se toto intelligat et comprehendat

Capítulo 49

A substância intelectual não é corpo

Ora, das afirmações anteriores se mostra que nenhuma substância intelectual é corpo.

Com efeito, não se acha nenhum corpo que contenha algo, a não ser pela mensuração da quantidade; por isso também, se o todo contém em si uma coisa totalmente, em parte contém a parte, na maior a maior, na menor a menor. Ora, o intelecto não compreende uma coisa entendida por alguma mensuração da quantidade, uma vez que se entende

totum et partem, maiora in quantitate et minora. Nulla igitur substantia intelligens est corpus.

Amplius. Nullum corpus potest alterius corporis formam substantialem recipere nisi per corruptionem suam formam amittat. Intellectus autem non corrumpitur, sed magis perficitur per hoc quod recipit formas omnium corporum: perficitur enim in intelligendo; intelligit autem secundum quod habet in se formas intellectorum. Nulla igitur substantia intellectualis est corpus.

Adhuc. Principium diversitatis individuorum eiusdem speciei est divisio materiae secundum quantitatem: forma enim huius ignis a forma illius ignis non differt nisi per hoc quod est in diversis partibus in quas materia dividitur; nec aliter quam divisione quantitatis, sine qua substantia est indivisibilis. Quod autem recipitur in corpore, recipitur in eo secundum quantitatis divisionem. Ergo forma non recipitur in corpore nisi ut individuata. Si igitur intellectus esset corpus, formae rerum intelligibiles non reciperentur in eo nisi ut individuatae. Intelligit autem intellectus res per formas earum quas penes se habet. Non ergo intellectus intelligit universalia, sed solum particularia. Quod patet esse falsum. Nullus igitur intellectus est corpus.

Item. Nihil agit nisi secundum suam speciem: eo quod forma est principium agendi in unoquoque. Si igitur intellectus sit corpus, actio eius ordinem corporum non excedet. Non igitur intelligeret nisi corpora.Hoc autem patet esse falsum: intelligimus enim multa quae non sunt corpora. Intellectus igitur non est corpus.

Adhuc. Si substantia intelligens est corpus, aut est finitum, aut infinitum. Corpus autem esse infinitum actu est impossibile, ut in physicis probatur. Est igitur finitum corpus, si corpus esse ponatur. Hoc autem est impossibile. In nullo enim corpore finito potest esse potentia infinita, ut supra probatum est. Potentia

totalmente e compreende o todo e a parte, as maiores em quantidade e as menores. Portanto, nenhuma substância inteligente é corpo.

Ademais. Nenhum corpo pode receber a forma substancial de outro corpo, a não ser que seja privado de sua forma por corrupção. Ora, o intelecto não se corrompe, mas antes se aperfeiçoa enquanto recebe as formas de todos os corpos, pois se aperfeiçoa ao conhecer e conhece segundo tem em si as formas das coisas conhecidas. Portanto, nenhuma substância intelectual é corpo.

Ainda. O princípio da diversidade dos indivíduos da mesma espécie é a divisão segundo a quantidade, pois a forma deste fogo não difere da forma daquele fogo senão enquanto está nas diversas partes nas quais a matéria se divide, nem por outra maneira que pela divisão da quantidade, sem a qual a substância é indivisível. Ora, o que se recebe no corpo, é recebido nele segundo a divisão da quantidade. Logo, a forma não é recebida no corpo senão como individuada. Se, portanto, o intelecto fosse corpo, as formas inteligíveis das coisas não seriam recebidas nele senão como individuadas. Ora, o intelecto conhece as coisas pelas formas daquelas que tem em seu poder. Logo, o intelecto não conhece os universais, mas só os particulares. O que é evidente ser falso. Portanto, nenhum intelecto é corpo.

Igualmente. Nada age senão segundo sua espécie, porque a forma é o princípio do agir em qualquer um. Se, portanto, o intelecto é corpo, sua ação não excederia a ordem dos corpos. Não conheceria senão os corpos. Ora, é evidente ser isso falso, pois conhecemos muitas coisas que não são corpos. Logo, o intelecto não é corpo.

Ainda. Se a substância inteligente é corpo, ou é corpo finito, ou infinito. Ora, é impossível que o corpo seja infinito em ato, como se prova no livro da *Física*[15]. Logo, o corpo é finito, se se afirma que é o corpo. Ora, isso é impossível. Com efeito, em nenhum corpo finito pode haver uma potência infinita, como

15 Aristóteles (384-322 a.C.), em *Física* III, 5, 204b-206a.

autem intellectus est quodammodo infinita in intelligendo: in infinitum enim intelligit species numerorum augendo, et similiter species figurarum et proportionum; cognoscit etiam universale, quod est virtute infinitum secundum suum ambitum, continet enim individua quae sunt potentia infinita. Intellectus igitur non est corpus.

Amplius. Impossibile est duo corpora se invicem continere: cum continens excedat contentum. Duo autem intellectus se invicem continent et comprehendunt, dum unus alium intelligit. Non est igitur intellectus corpus.

Item. Nullius corporis actio reflectitur super agentem: ostensum est enim in physicis quod nullum corpus a seipso movetur nisi secundum partem, ita scilicet quod una pars eius sit movens et alia mota. Intellectus autem supra seipsum agendo reflectitur: intelligit enim seipsum non solum secundum partem, sed secundum totum. Non est igitur corpus.

Adhuc. Actio corporis ad actionem non terminatur, nec motus ad motum: ut in physicis est probatum. Actio autem substantiae intelligentis ad actionem terminatur: intellectus enim, sicut intelligit rem, ita intelligit se intelligere, et sic in infinitum. Substantia igitur intelligens non est corpus.

Hinc est quod sacra Scriptura substantias intellectuales spiritus nominat: per quem modum consuevit Deum incorporeum nominare, secundum illud Ioan. 4,24, Deus spiritus est. Dicitur autem Sap. 7,22 est autem in illa, scilicet divina sapientia, spiritus intelligentiae, qui capiat omnes spiritus intelligibiles.

Per hoc autem excluditur error antiquorum naturalium, qui nullam substantiam nisi corpoream esse ponebant: unde et animam dicebant esse corpus, vel ignem vel aerem

foi provado[16]. Ora, a potência do intelecto é de certo modo infinita no conhecer, pois indefinidamente conhece as espécies dos números aumentando, e de modo semelhante as espécies das figuras e das proporções, conhece também o universal, que é virtualmente infinito segundo seu âmbito, pois contém os indivíduos que são infinitos em potência. Logo, o intelecto não é corpo.

Ademais. É impossível que dois corpos se contenham mutuamente, pois o continente excede o contido. Ora, dois intelectos se contêm mutuamente e compreendem, enquanto um conhece o outro. Logo, o intelecto não é corpo.

Igualmente. A ação de nenhum corpo se reflete sobre o agente, pois foi mostrado no livro da *Física*[17] que nenhum corpo move-se por si mesmo, senão segundo uma parte, a saber, que uma parte dele seja movente e a outra movida. Ora, o intelecto reflexiona sobre si mesmo ao agir, pois conhece a si mesmo não apenas segundo uma parte, mas totalmente. Logo, não é corpo.

Ainda. A ação do corpo não termina na ação, nem o movimento no movimento, como foi provado no livro da *Física*[18]. Ora, a ação da substância inteligente termina na ação, pois o intelecto, ao conhecer uma coisa, também conhece que conhece, e assim ao infinito. Logo, a substância inteligente não é corpo.

Daí é que a Sagrada Escritura chama de espírito as substâncias intelectuais, modo pelo qual se acostumou chamar Deus de incorpóreo, segundo aquilo de João: *Deus é espírito*[19]. Ora, diz-se em Sabedoria: *Nela há um espírito inteligente, santo, único, múltiplo... penetra todos os espíritos, os inteligentes, puros, sutis*[20].

Em virtude disso, exclui-se o erro dos antigos filósofos da natureza, que afirmavam que não havia nenhuma substância senão a corpórea, donde também diziam que a alma era

16 Livro I, cap. 20.
17 Aristóteles (384-322 a.C.), em *Física* VIII, 5, 257a, 33b, 13.
18 Aristóteles (384-322 a.C.), em *Física* V, 2, 225b, 13-226a, 23.
19 João 4,24.
20 Sabedoria 7,22.

vel aquam, vel aliud huiusmodi. Quam quidem opinionem in fidem christianam quidam inducere sunt conati, dicentes animam esse corpus effigiatum, sicut corpus exterius figuratur.

corpo, ou fogo, ou ar ou água, ou algo semelhante. Alguns se esforçaram por introduzir essa opinião na fé cristã, dizendo que a alma era um corpo figurado, como um corpo é exteriormente figurado.

Capitulum L

Quod substantiae intellectuales sunt immateriales

Ex hoc autem apparet quod substantiae intellectuales sunt immateriales.

Unumquodque enim ex materia et forma compositum est corpus. Diversas enim formas materia non nisi secundum diversas partes recipere potest. Quae quidem diversitas partium esse in materia non potest nisi secundum quod per dimensiones in materia existentes una communis materia in plures dividitur: subtracta enim quantitate, substantia indivisibilis est. Ostensum est autem quod nulla substantia intelligens est corpus. Relinquitur igitur quod non sit ex materia et forma composita.

Amplius. Sicut homo non est sine hoc homine, ita materia non est sine hac materia. Quicquid igitur in rebus est subsistens ex materia et forma compositum, est compositum ex forma et materia individuali. Intellectus autem non potest esse compositus ex materia et forma individuali. Species enim rerum intellectarum fiunt intelligibiles actu per hoc quod a materia individuali abstrahuntur. Secundum autem quod sunt intelligibiles actu, fiunt unum cum intellectu. Unde et intellectum oportet esse absque materia individuali. Non est igitur substantia intelligens ex materia et forma composita.

Adhuc. Actio cuiuslibet ex materia et forma compositi non est tantum formae, nec tantum materiae, sed compositi: eius enim est agere cuius est esse; esse autem est compositi per formam; unde et compositum per formam agit. Si igitur substantia intelligens sit composita ex materia et forma, intelligere erit ipsius compositi. Actus autem terminatur ad aliquid simile agenti: unde et compositum

Capítulo 50

As substâncias intelectuais são imateriais

Manifesta-se do exposto que as substâncias intelectuais são imateriais.

Com efeito, tudo o que é composto de matéria e forma é corpo. A matéria não pode receber as diversas formas senão segundo as diversas partes. Essa diversidade das partes não pode estar na matéria a não ser que pelas dimensões existentes na matéria, uma matéria comum se divida em muitas, pois, subtraída a quantidade, a substância é indivisível. Ora, foi mostrado[21] que nenhuma substância inteligente é corpo. Conclui-se, pois, que não é composta de matéria e forma.

Ademais. Assim como o homem não é sem este homem, assim a matéria não é sem esta matéria. Tudo o que é subsistente nas coisas, que seja composto de matéria e forma, é composto de forma e matéria individual. Ora, o intelecto não pode ser composto de matéria e forma individual. Com efeito, as espécies das coisas entendidas se tornam inteligíveis em ato enquanto se subtraem da matéria individual. Ora, enquanto são inteligíveis em ato, fazem-se uma coisa só com o intelecto. Donde também é necessário que o intelecto seja sem matéria individual. Não há, portanto, substância inteligente composta de matéria e forma.

Ainda. A ação de qualquer composto de matéria e forma não é somente da forma, nem somente da matéria, mas do composto, pois o agir é daquele a que pertence o ser, mas o ser é do composto pela forma; donde também o composto age pela forma. Ora, o ato termina nalguma coisa semelhante ao agente; donde também o composto gerador não gera a forma, mas o composto. Se, portanto, o conhecer

21 Cf. capítulo anterior.

generans non generat formam, sed compositum. Si igitur intelligere sit actio compositi, non intelligetur nec forma nec materia, sed tantum compositum. Hoc autem patet esse falsum. Non est igitur substantia intelligens composita ex materia et forma.

Item. Formae rerum sensibilium perfectius esse habent in intellectu quam in rebus sensibilibus: sunt enim simpliciores et ad plura se extendentes; per unam enim formam hominis intelligibilem, omnes homines intellectus cognoscit. Forma autem perfecte in materia existens facit esse actu tale, scilicet vel ignem, vel coloratum: si autem non faciat aliquid esse tale, est imperfecte in illo, sicut forma coloris in aere ut in deferente, et sicut virtus primi agentis in instrumento. Si igitur intellectus sit ex materia et forma compositus, formae rerum intellectarum facient intellectum esse actu talis naturae quale est quod intelligitur. Et sic sequitur error empedoclis, qui dicebat quod ignem igne cognoscit anima, et terra terram, et sic de aliis. Quod patet esse inconveniens. Non est igitur intelligens substantia composita ex materia et forma.

Praeterea. Omne quod est in aliquo est in eo per modum recipientis. Si igitur intellectus sit compositus ex materia et forma, formae rerum erunt in intellectu materialiter, sicut sunt extra animam. Sicut igitur extra animam non sunt intelligibiles actu, ita nec existentes in intellectu.

Item. Formae contrariorum, secundum esse quod habent in materia, sunt contrariae: unde et se invicem expellunt. Secundum autem quod sunt in intellectu, non sunt contrariae: sed unum contrariorum est ratio intelligibilis alterius, quia unum per aliud cognoscitur. Non igitur habent esse materiale in intellectu. Ergo intellectus non est compositus ex materia et forma.

é ação do composto, não se conhece nem a forma nem a matéria, mas somente o composto. Ora, isso é evidentemente falso. Portanto, não há substância inteligente composta de matéria e forma.

Igualmente. As formas das coisas sensíveis têm o ser no intelecto mais perfeitamente do que nas coisas sensíveis, pois são mais simples e extensivas a muitas coisas, pois, por uma forma inteligível de homem, o intelecto conhece todos os homens. Ora, a forma perfeitamente existente na matéria produz tal ser em ato, a saber, o fogo ou o colorido: se, porém, não faz algo ser tal, está imperfeitamente nele, como a forma da cor no ar, como no condutor, e como a potência do primeiro agente no instrumento. Se, portanto, o intelecto é composto de matéria e forma, as formas das coisas conhecidas fariam o intelecto ser em ato de tal natureza qual é a do que se conhece. E dessa maneira segue-se o erro de Empédocles, que dizia que *a alma conhece o fogo pelo fogo, e a terra pela terra, e assim das outras coisas*[22]. O que é manifesto ser inconveniente. Portanto, não há uma substância inteligente, composta de matéria e forma.

Ademais. Tudo aquilo que está em algo, está nele ao modo do recipiente. Se, portanto, o intelecto for composto de matéria e forma, as formas das coisas estarão no intelecto materialmente, como estão fora da alma. Portanto, assim como fora da alma não são inteligíveis em ato, assim também não o são existindo no intelecto.

Igualmente. As formas dos contrários, segundo o ser que têm na matéria, são contrárias, por isso também se repelem mutuamente. Ora, enquanto estão no intelecto, não são contrárias, mas um dos contrários é a razão inteligível do outro, porque um se conhece pelo outro. Não têm, pois, o ser material no intelecto. Logo, o intelecto não é composto de matéria e forma.

---

[22] Empédocles (490-430 a.C.), filósofo grego de Agrigento (Sicília), em Aristóteles, *Sobre a Alma* I, 2, 404b, 13-14.

Adhuc. Materia non recipit aliquam formam de novo nisi per motum vel mutationem. Intellectus autem non movetur per hoc quod recipit formas, sed magis perficitur et quiescens intelligit, impeditur autem in intelligendo per motum. Non igitur recipiuntur formae in intellectu sicut in materia vel in re materiali. Unde patet quod substantiae intelligentes immateriales sunt, sicut et incorporeae.

Hinc est quod dionysius dicit, III cap. De div. Nom.: propter divinae bonitatis radios substiterunt intellectuales omnes substantiae, quae sicut incorporales et immateriales intelliguntur.

Ainda. A matéria não recebe forma nenhuma de novo senão por movimento ou mutação. Ora, o intelecto não é movido pelo fato de receber as formas, mas antes se aperfeiçoa e, descansando conhece, mas é impedido no conhecer pelo movimento. Portanto, as formas não são recebidas no intelecto como na matéria ou na coisa material. Donde se evidencia que as substâncias inteligentes são imateriais, como também incorpóreas.

Daí é o que Dionísio diz: "*em razão dos raios da bondade divina subsistiram todas as substâncias intelectuais, que são conhecidas como incorporais e imateriais*[23]".

Capitulum LI

Quod substantia intellectualis non sit forma materialis

Per eadem autem ostenditur quod naturae intellectuales sunt formae subsistentes, non autem existentes in materia quasi esse earum a materia dependeat.

Formae enim secundum esse a materia dependentes non ipsae proprie habent esse, sed composita per ipsas. Si igitur naturae intellectuales essent huiusmodi formae, sequeretur quod haberent esse materiale, sicut et si essent ex materia et forma compositae.

Adhuc. Formae quae per se non subsistunt, non possunt per se agere, agunt autem composita per eas. Si igitur naturae intellectuales huiusmodi formae essent, sequeretur quod ipsae non intelligerent, sed composita ex eis et materia. Et sic intelligens esset compositum ex materia et forma. Quod est impossibile, ut ostensum est.

Amplius. Si intellectus esset forma in materia et non per se subsistens, sequeretur quod id quod recipitur in intellectu reciperetur in materia: huiusmodi enim formae quae habent esse materiae obligatum, non recipiunt aliquid quod in materia non recipiatur. Cum igitur receptio formarum in intellectu non sit

Capítulo 51

A substância intelectual não é forma material

Por essas mesmas razões, mostra-se que as naturezas intelectuais são formas subsistentes, mas não existentes na matéria como se o seu ser dependesse da matéria.

Com efeito, as formas dependentes da matéria segundo o ser não têm elas mesmas propriamente o ser, mas as compostas por elas. Se, pois, as naturezas intelectuais fossem tais formas, seguir-se-ia que teriam o ser material, como também se fossem compostas de matéria e forma.

Ainda. As formas que não subsistem por si, não podem agir por si, mas agem as compostas por elas. Se, pois, as naturezas intelectuais fossem tais formas, seguir-se-ia que elas mesmas não conheceriam, mas as compostas delas e da matéria. E assim seria inteligente o composto de matéria e forma. O que é impossível, como foi mostrado[24].

Ademais. Se o intelecto fosse subsistente na matéria e não por si, seguir-se-ia que o que se recebesse no intelecto seria recebido na matéria, pois essas formas, que têm o ser sujeito à matéria, não recebem algo que não seja recebido na matéria. Portanto, dado que a recepção das formas no intelecto não é recep-

23 Dionísio Areopagita (séc. V-VI), em *Os Nomes Divinos* 4, MG 3, 693B.

24 Cf. capítulo anterior.

receptio formarum in materia, impossibile est quod intellectus sit forma materialis.

Praeterea. Dicere quod intellectus sit forma non subsistens sed materiae immersa, idem est secundum rem et si dicatur quod intellectus sit compositus ex materia et forma, differt autem solum secundum nomen: nam primo modo, dicetur intellectus ipsa forma compositi; secundo vero modo, dicetur intellectus ipsum compositum.

Si igitur falsum est intellectum esse compositum ex materia et forma, falsum erit quod sit forma non subsistens sed materialis.

ção das formas na matéria, é impossível que o intelecto seja forma material.

Além disso. Dizer que o intelecto é forma não subsistente, mas mergulhada na matéria, é o mesmo que dizer realmente que o intelecto é composto de matéria e forma, mas difere apenas nominalmente, pois, no primeiro modo, se diz intelecto a mesma forma do composto, já no segundo modo, se diz intelecto o mesmo composto. Se, pois, é falso que o intelecto seja composto de matéria e forma, será também falso que seja forma não subsistente, mas material.

Capitulum LII

Quod in substantiis intellectualibus creatis differt esse et quod est

Non est autem opinandum quod, quamvis substantiae intellectuales non sint corporeae, nec ex materia et forma compositae, nec in materia existentes sicut formae materiales, quod propter hoc divinae simplicitati adaequentur. Invenitur enim in eis aliqua compositio ex eo quod non est idem in eis esse et quod est.

Si enim esse est subsistens, nihil praeter ipsum esse ei adiungitur. Quia etiam in his quorum esse non est subsistens, quod inest existenti praeter esse eius, est quidem existenti unitum, non autem est unum cum esse eius, nisi per accidens, inquantum est unum subiectum habens esse et id quod est praeter esse: sicut patet quod socrati, praeter suum esse substantiale, inest album, quod quidem diversum est ab eius esse substantiali; non enim idem est esse socratem et esse album, nisi per accidens. Si igitur non sit esse in aliquo subiecto, non remanebit aliquis modus quo possit ei uniri illud quod est praeter esse. Esse autem, inquantum est esse, non potest esse diversum: potest autem diversificari per aliquid quod est praeter esse; sicut esse lapidis est aliud ab esse hominis. Illud ergo quod est esse subsistens, non potest esse nisi unum tantum. Ostensum est autem quod Deus est

Capítulo 52

Nas substâncias intelectuais criadas diferem o ser [a existência] e o que é [a essência]

Embora as substâncias intelectuais não sejam corpóreas, nem compostas de matéria e forma, nem existentes na matéria como formas materiais, não se deve opinar, contudo, que, por causa disso, são adequadas à divina simplicidade. Acha-se, com efeito, nelas alguma composição, enquanto não é o mesmo nelas o ser [a existência] e o que é [a essência].

Com efeito, se o ser é subsistente, nada, além do próprio ser, se lhe é acrescentado. Porque também nas coisas das quais o ser não é subsistente, que inere no existente além de seu ser, está certamente unido ao existente, mas não é uno com o seu ser, senão por acidente, enquanto é um sujeito só que tem o ser e o que é, além do ser; como é evidente que a Sócrates, além do seu ser substancial, está presente o branco, que é certamente diverso do seu ser substancial, pois não é o mesmo ser Sócrates e ser branco, senão por acidente. Se, pois, não há o ser nalgum sujeito, não restará modo nenhum pelo qual possa a ele ser unido aquilo que é, além do ser. Ora, o ser, enquanto é ser, não pode ser diverso, mas pode ser diversificado por outra coisa que é, além do ser, como o ser da pedra é diferente do ser do homem. Logo, aquilo que é ser subsistente, não pode ser senão apenas um. Foi mostrado[25],

25 Livro I, cap. 22.

suum esse subsistens. Nihil igitur aliud praeter ipsum potest esse suum esse. Oportet igitur in omni substantia quae est praeter ipsum, esse aliud ipsam substantiam et esse eius.

Amplius. Natura communis, si separata intelligatur, non potest esse nisi una: quamvis habentes naturam illam plures possint inveniri. Si enim natura animalis per se separata subsisteret, non haberet ea quae sunt hominis vel quae sunt bovis: iam enim non esset animal tantum, sed homo vel bos. Remotis autem differentiis constitutivis specierum, remanet natura generis indivisa: quia eaedem differentiae quae sunt constitutivae specierum sunt divisivae generis. — Sic igitur, si hoc ipsum quod est esse sit commune sicut genus, esse separatum per se subsistens non potest esse nisi unum. Si vero non dividatur differentiis, sicut genus, sed per hoc quod est huius vel illius esse, ut veritas habet; magis est manifestum quod non potest esse per se existens nisi unum. Relinquitur igitur quod, cum Deus sit esse subsistens, nihil aliud praeter ipsum est suum esse.

Adhuc. Impossibile est quod sit duplex esse omnino infinitum: esse enim quod omnino est infinitum, omnem perfectionem essendi comprehendit; et sic, si duobus talis adesset infinitas, non inveniretur quo unum ab altero differret. Esse autem subsistens oportet esse infinitum: quia non terminatur aliquo recipiente. Impossibile est igitur esse aliquod esse subsistens praeter primum.

Item. Si sit aliquod esse per se subsistens, nihil competit ei nisi quod est entis inquantum est ens: quod enim dicitur de aliquo non inquantum huiusmodi, non convenit ei nisi per accidens, ratione subiecti; unde, si separatum a subiecto ponatur, nullo modo ei competit. Esse autem ab alio causatum non competit enti inquantum est ens: alias omne ens esset ab alio causatum; et sic oporteret procedere in infinitum in causis, quod est impossibile, ut supra ostensum est. Illud igitur esse quod

porém, que Deus é seu ser subsistente. Logo, nada, exceto Ele mesmo, pode ser seu próprio ser. É necessário, portanto, que, em toda substância que é, exceto Ele, seja diferente a própria substância e o seu ser.

Ademais. A natureza comum, se se considera separada, não pode ser senão uma, embora possam ser encontradas muitas coisas que tenham aquela natureza. Se, pois, a natureza animal subsistisse por si separada, não teria aquelas coisas que são do homem, ou aquelas que são do boi: já, com efeito, não seria apenas animal, mas homem ou boi. Ora, afastadas as diferenças constitutivas das espécies, resta a natureza indivisa do gênero, pois as mesmas diferenças que são constitutivas das espécies são as que dividem o gênero. — Assim, portanto, se aquilo mesmo que é ser é comum como gênero, o ser separado subsistente por si não pode ser senão um. Se, contudo, não se divide em diferenças, como gênero, mas pelo fato de que é ser desse ou daquele, como sustenta a verdade, é mais manifesto que não pode haver senão um por si existente. Resta, portanto, que, uma vez que Deus é ser subsistente, nada, exceto Ele, é seu próprio ser.

Ainda. É impossível que seja duplo o ser totalmente infinito, pois o ser, que é totalmente infinito, compreende toda perfeição de ser; e assim, se essa infinitude estivesse em dois, não se encontraria em que um diferiria do outro. Ora, é necessário que o ser subsistente seja infinito, porque não termina em algum recipiente. Portanto, é impossível ser um ser subsistente, exceto o primeiro.

Igualmente. Se houver algum ser por si subsistente, nada lhe compete senão o que é do ente enquanto é ente, pois, o que é atribuído a alguma coisa, não enquanto tal, não lhe convém senão por acidente, em razão de sujeito; donde, se se tomar separado do sujeito, de nenhum modo lhe compete. Ora, ser por outro causado não compete ao ente enquanto é ente: do contrário, todo ente seria causado por outro, e assim seria necessário proceder ao infinito nas causas, o que é impossível, como foi

est subsistens, oportet quod sit non causatum. Nullum igitur ens causatum est suum esse.

Amplius. Substantia uniuscuiusque est ei per se et non per aliud: unde esse lucidum actu non est de substantia aeris, quia est ei per aliud. Sed cuilibet rei creatae suum esse est ei per aliud: alias non esset causatum. Nullius igitur substantiae creatae suum esse est sua substantia.

Item. Cum omne agens agat inquantum est actu, primo agenti, quod est perfectissimum, competit esse in actu perfectissimo modo. Tanto autem aliquid est perfectius in actu quanto talis actus est in via generationis posterior: actus enim est tempore potentia posterior in uno et eodem quod de potentia ad actum procedit. — Perfectius quoque est in actu quod est ipse actus, quam quod est habens actum: hoc enim propter illud actu est. His igitur sic positis, constat ex supra ostensis quod Deus solus est primum agens. Sibi ergo soli competit esse in actu perfectissimo modo, ut scilicet sit ipse actus perfectissimus. Hic autem est esse, ad quod generatio et omnis motus terminatur: omnis enim forma et actus est in potentia antequam esse acquirat. Soli igitur Deo competit quod sit ipsum esse: sicut soli competit quod sit primum agens.

Amplius. Ipsum esse competit primo agenti secundum propriam naturam: esse enim Dei est eius substantia ut supra ostensum est. Quod autem competit alicui secundum propriam naturam suam, non convenit aliis nisi per modum participationis: sicut calor aliis corporibus ab igne. Ipsum igitur esse competit omnibus aliis a primo agente per participationem quandam. Quod autem competit alicui per participationem, non est substantia eius.

Impossibile est igitur quod substantia alterius entis praeter agens primum sit ipsum esse.

mostrado[26]. Portanto, é necessário que aquele ser que é subsistente, seja não causado. Nenhum ente causado, pois, é seu próprio ser.

Ademais. A substância de qualquer coisa pertence-lhe por si e não por outro, donde ser luminoso em ato não é da substância do ar, porque lhe pertence por outro. Mas, a qualquer substância criada seu ser pertence-lhe por outro, do contrário não seria causado. De nenhuma substância criada, portanto, seu ser é sua substância.

Igualmente. Como todo agente age enquanto é em ato, ao primeiro agente, que é perfeitíssimo, compete ser em ato de modo perfeitíssimo. Ora, tanto mais perfeita é alguma coisa em ato quanto tal ato é posterior em via de geração, pois o ato é posterior no tempo à potência em uma e mesma coisa que procede da potência ao ato. — Mais perfeitamente também está em ato o que é o próprio ato, do que o que tem o ato, pois este é em ato por causa de outro. Portanto, postas essas coisas, consta do acima mostrado[27] que só Deus é primeiro agente. Logo, só a Ele compete ser em ato, de modo perfeitíssimo, como, a saber, é Ele seu próprio ato perfeitíssimo. Este, porém, é o ser, no qual a geração e todo movimento termina, pois toda forma e ato está em potência antes de adquirir o ser. Portanto, só a Deus compete que seja o próprio ser, como só a Ele compete ser o primeiro agente.

Ademais. O próprio ser compete ao primeiro agente, segundo sua natureza própria, pois o ser de Deus é sua substância, como foi mostrado[28]. Ora, o que compete a alguma coisa segundo sua natureza própria, não convém a outras senão por modo de participação, como o calor a outros corpos a partir do fogo. O próprio ser, pois, compete a todas as outras coisas pelo primeiro agente por alguma participação. Ora, o que compete a alguma coisa por participação, não é substância dela. Portanto, é impossível que a substân-

26 Livro I, cap. 13.
27 Ibidem.
28 Livro I, cap. 22.

Hinc est quod exodi 3,14 proprium nomen Dei ponitur esse qui est: quia eius solius proprium est quod sua substantia non sit aliud quam suum esse.

Capitulum LIII

Quod in substantiis intellectualibus creatis est actus et potentia

Ex hoc autem evidenter apparet quod in substantiis intellectualibus creatis est compositio actus et potentiae.

In quocumque enim inveniuntur aliqua duo quorum unum est complementum alterius, proportio unius eorum ad alterum est sicut proportio potentiae ad actum: nihil enim completur nisi per proprium actum. In substantia autem intellectuali creata inveniuntur duo: scilicet substantia ipsa; et esse eius, quod non est ipsa substantia, ut ostensum est. Ipsum autem esse est complementum substantiae existentis: unumquodque enim actu est per hoc quod esse habet. Relinquitur igitur quod in qualibet praedictarum substantiarum sit compositio actus et potentiae.

Amplius. Quod inest alicui ab agente, oportet esse actum: agentis enim est facere aliquid actu. Ostensum est autem supra quod omnes aliae substantiae habent esse a primo agente: et per hoc ipsae substantiae causatae sunt quod esse ab alio habent. Ipsum igitur esse inest substantiis causatis ut quidam actus ipsarum. Id autem cui actus inest, potentia est: nam actus, inquantum huiusmodi, ad potentiam refertur. In qualibet igitur substantia creata est potentia et actus.

Item. Omne participans aliquid comparatur ad ipsum quod participatur ut potentia ad actum: per id enim quod participatur fit participans actu tale. Ostensum autem est supra quod solus Deus est essentialiter ens, omnia

cia de outro ente, exceto o agente primeiro, seja seu ser.

Daí ser afirmado no Êxodo que o nome próprio de Deus é *Eu sou Aquele que sou*[29], porque só d'Ele é próprio que sua substância não seja outra coisa do que seu ser.

Capítulo 53

Nas substâncias intelectuais criadas há composição de ato e potência

Do exposto é manifesto com evidência que nas substâncias intelectuais criadas há composição de ato e potência.

Com efeito, em tudo em que se encontram duas coisas, das quais uma é complemento da outra, a proporção de uma delas com a outra é como a proporção da potência para o ato. Pois nada se completa senão pelo próprio ato. Ora, na substância intelectual criada encontram-se duas coisas, a saber, a substância mesma, e o ser dela, que não é a mesma substância, como foi mostrado[30]. Ora, o próprio ser é complemento da substância existente, pois tudo o que está em ato é porque tem o ser. Resta, portanto, que em qualquer das substâncias acima mencionadas há composição de ato e potência.

Ademais. É necessário que o que é inerente a alguma coisa pelo agente seja ato, pois é do agente fazer algo em ato. Ora, foi mostrado[31] que todas as outras substâncias têm ser do primeiro agente, e as mesmas substâncias são causadas porque têm o ser proveniente do outro. Logo, o próprio ser inere em substâncias causadas como certo ato delas. Ora, isso em que o ato inere, é potência, pois o ato, enquanto tal, refere-se à potência. Logo, em qualquer substância criada há potência e ato.

Igualmente. Todo participante de alguma coisa, compara-se com essa de que participa, como potência com relação ao ato, pois, por aquilo que participa torna-se tal participante em ato. Ora, foi mostrado[32] que só Deus é es-

29 Êxodo 3,14.
30 Cf. capítulo anterior.
31 Cf. cap. 15.
32 Ibidem.

autem alia participant ipsum esse. Comparatur igitur substantia omnis creata ad suum esse sicut potentia ad actum.

Praeterea. Assimilatio alicuius ad causam agentem fit per actum: agens enim agit sibi simile inquantum est actu. Assimilatio autem cuiuslibet substantiae creatae ad Deum est per ipsum esse, ut supra ostensum est. Ipsum igitur esse comparatur ad omnes substantias creatas sicut actus earum. Ex quo relinquitur quod in qualibet substantia creata sit compositio actus et potentiae.

Capitulum LIV
Quod non est idem componi ex substantia et esse, et materia et forma

Non est autem eiusdem rationis compositio ex materia et forma, et ex substantia et esse: quamvis utraque sit ex potentia et actu.

Primo quidem, quia materia non est ipsa substantia rei, nam sequeretur omnes formas esse accidentia, sicut antiqui naturales opinabantur: sed materia est pars substantiae.

Secundo autem quia ipsum esse non est proprius actus materiae, sed substantiae totius. Eius enim actus est esse de quo possumus dicere quod sit. Esse autem non dicitur de materia, sed de toto. Unde materia non potest dici quod est, sed ipsa substantia est id quod est.

Tertio, quia nec forma est ipsum esse, sed se habent secundum ordinem: comparatur enim forma ad ipsum esse sicut lux ad lucere, vel albedo ad album esse.

Deinde quia ad ipsam etiam formam comparatur ipsum esse ut actus.

Per hoc enim in compositis ex materia et forma dicitur forma esse principium essendi, quia est complementum substantiae, cuius actus est ipsum esse: sicut diaphanum est aeri principium lucendi quia facit eum proprium subiectum luminis. Unde in compositis ex materia et forma nec materia nec forma po-

sencialmente ente, todas as outras coisas participam do ser d'Ele. Compara-se, portanto, toda substância criada a seu ser, como a potência ao ato.

Além disso. A assimilação de uma coisa à causa agente se faz pelo ato, *pois o agente produz o semelhante a si*, enquanto está em ato. Ora, a assimilação de qualquer substância criada a Deus é pelo próprio ser, como foi mostrado[33]. Logo, o mesmo ser compara-se a todas as substâncias criadas, como ato delas. Conclui-se disso que em qualquer substância criada há composição de ato e potência.

Capítulo 54
Não é o mesmo ser composto de substância e ser e ser composto de matéria e forma

Não é da mesma razão a composição de matéria e forma, e de substância e ser, embora ambas sejam de potência e ato.

Em primeiro lugar, porque a matéria não é a própria substância da coisa, pois se seguiria que todas as formas seriam acidentes, como os antigos filósofos da natureza opinavam, mas a matéria é parte da substância.

Em segundo, porque o mesmo ser não é o ato próprio da matéria, mas de toda a substância. Seu ato, com efeito, é ser do qual podemos dizer que seja. Ora, ser não se diz da matéria, mas do todo. Donde, não pode dizer-se que a matéria é, mas a substância mesma é o que é.

Em terceiro, porque nem a forma é o próprio ser, mas eles se relacionam segundo uma ordem: pois, compara-se a forma ao próprio ser como a luz ao luzir, ou a brancura ao ser branco.

Em seguida, porque também com a mesma forma o ser se relaciona como ato.

Por isso nos compostos de matéria e forma se diz que a forma é princípio de ser, pois é complemento da substância, cujo ato é o próprio ser, como o diáfano é princípio de o ar luzir, pois o faz o sujeito próprio da luz. Donde, nos compostos de matéria e forma, nem a matéria nem a forma podem ser ditas o que é,

---

[33] Cf. cap. 6.

test dici ipsum quod est, nec etiam ipsum esse. Forma tamen potest dici quo est, secundum quod est essendi principium; ipsa autem tota substantia est ipsum quod est; et ipsum esse est quo substantia denominatur ens.

In substantiis autem intellectualibus, quae non sunt ex materia et forma compositae, ut ostensum est, sed in eis ipsa forma est substantia subsistens, forma est quod est, ipsum autem esse est actus et quo est. Et propter hoc in eis est unica tantum compositio actus et potentiae, quae scilicet est ex substantia et esse, quae a quibusdam dicitur ex quod est et esse; vel ex quod est et quo est.

In substantiis autem compositis ex materia et forma est duplex compositio actus et potentiae: prima quidem ipsius substantiae, quae componitur ex materia et forma; secunda vero ex ipsa substantia iam composita et esse, quae etiam potest dici ex quod est et esse; vel ex quod est et quo est.

Sic igitur patet quod compositio actus et potentiae est in plus quam compositio formae et materiae. Unde materia et forma dividunt substantiam naturalem: potentia autem et actus dividunt ens commune. Et propter hoc quaecumque quidem consequuntur potentiam et actum inquantum huiusmodi, sunt communia substantiis materialibus et immaterialibus creatis: sicut recipere et recipi, perficere et perfici. Quaecumque vero sunt propria materiae et formae inquantum huiusmodi, sicut generari et corrumpi et alia huiusmodi, haec sunt propria substantiarum materialium, et nullo modo conveniunt substantiis immaterialibus creatis.

Capitulum LV

Quod substantiae intellectuales sunt incorruptibiles

Ex hoc autem aperte ostenditur quod omnis substantia intellectualis est incorruptibilis.

Omnis enim corruptio est per separationem formae a materia: simplex quidem corruptio per separationem formae substantialis;

nem também o ser. Entretanto, pode-se dizer que a forma é *aquilo pelo que é*, enquanto é princípio de ser; ela, porém, é toda a substância *daquilo mesmo que é*, e o próprio ser é aquilo pelo qual a substância é denominada *ente*.

Nas substâncias intelectuais, porém, que não são compostas de matéria e forma, como foi mostrado[34], nelas a mesma forma é substância subsistente, a forma é *o que é*, e o mesmo ser é o ato e *o pelo que é*. E, em razão disso, nelas há uma só composição de ato e potência, a saber, de substância e ser, a qual se diz por alguns *daquilo que é e ser*, ou *daquilo que é e pelo que é*.

Entretanto, nas substâncias compostas de matéria e forma há a dupla composição de ato e potência: a primeira certamente da própria substância, que se compõe de matéria e forma; já a segunda da mesma substância já composta e ser, a qual também pode ser dita *daquilo que é e ser, ou daquilo que é e pelo que é*.

Assim, portanto, é evidente que a composição de ato e potência é mais frequente do que a composição de forma e matéria. Por isso, matéria e forma dividem a substância natural, mas a potência e o ato dividem o ente comum. E por causa disso todas aquelas coisas que seguem a potência e o ato enquanto tais, são comuns às substâncias materiais e imateriais criadas, como receber e ser recebido, aperfeiçoar e ser aperfeiçoado. Todas aquelas coisas, porém, que são próprias da matéria e da forma enquanto tais, como ser gerado e ser corrompido e outras semelhantes, estas são próprias das substâncias materiais, e de nenhum modo convêm às substâncias imateriais criadas.

Capítulo 55

As substâncias intelectuais são incorruptíveis

Disso se mostra abertamente que toda substância intelectual é incorruptível.

Com efeito, toda corrupção é por separação da forma da matéria. A simples corrupção certamente pela separação da forma substan-

[34] Cf. caps. 50 e 51.

corruptio autem secundum quid per separationem formae accidentalis. Forma enim manente, oportet rem esse: per formam enim substantia fit proprium susceptivum eius quod est esse. Ubi autem non est compositio formae et materiae, ibi non potest esse separatio earundem. Igitur nec corruptio. Ostensum est autem quod nulla substantia intellectualis est composita ex materia et forma. Nulla igitur substantia intellectualis est corruptibilis.

cial, ao passo que a corrupção segundo um aspecto por separação da forma acidental. Permanecendo, pois, a forma, é necessário que a coisa seja, pois pela forma a substância se torna recipiente próprio daquilo que é o ser. Onde, porém, não há composto de matéria e forma, aí não pode haver separação delas. Logo, nem sua corrupção. Ora, mostrou-se[35] que nenhuma substância intelectual é composta de matéria e forma. Portanto, nenhuma substância intelectual é corruptível.

Amplius. Quod per se alicui competit, de necessitate et semper et inseparabiliter ei inest: sicut rotundum per se quidem inest circulo, per accidens autem aeri; unde aes quidem fieri non rotundum est possibile, circulum autem non esse rotundum est impossibile. Esse autem per se consequitur ad formam: per se enim dicimus secundum quod ipsum; unumquodque autem habet esse secundum quod habet formam. Substantiae igitur quae non sunt ipsae formae, possunt privari esse, secundum quod amittunt formam: sicut aes privatur rotunditate secundum quod desinit esse circulare. Substantiae vero quae sunt ipsae formae, nunquam possunt privari esse: sicut, si aliqua substantia esset circulus, nunquam posset fieri non rotunda. Ostensum est autem supra quod substantiae intellectuales sunt ipsae formae subsistentes. Impossibile est igitur quod esse desinant. Sunt igitur incorruptibiles.

Ademais. O que por si compete a alguma coisa, de necessidade e sempre e inseparavelmente lhe é inerente, como o redondo por si inere certamente ao círculo, mas por acidente à moeda, donde é possível a moeda não fazer-se redonda, já o círculo é impossível não ser redondo. Ora, o ser por si segue a forma, pois *dizemos por si o ser enquanto tal*[36]; ora toda coisa tem o ser conforme tem a forma. Logo, as substâncias que são as mesmas formas, jamais podem ser privadas de ser, como, se alguma substância fosse o círculo, jamais poderia fazer-se não redonda. Ora, mostrou-se[37] que as substâncias intelectuais são as mesmas formas subsistentes. Logo, é impossível que deixem de ser. São, portanto, incorruptíveis.

Adhuc. In omni corruptione, remoto actu, manet potentia: non enim corrumpitur aliquid in omnino non ens, sicut nec generatur aliquid ex omnino non ente. In substantiis autem intellectualibus, ut ostensum est, actus est ipsum esse, ipsa autem substantia est sicut potentia. Si igitur substantia intellectualis corrumpatur, remanebit post suam corruptionem. Quod est omnino impossibile. Omnis igitur substantia intellectualis est incorruptibilis.

Ainda. Em toda corrupção, removido o ato, permanece a potência, pois uma coisa não se corrompe em não ente total, como não é gerada uma coisa do não ente total. Ora, nas substâncias intelectuais, como foi mostrado[38], o ato é o próprio ser, porém a mesma substância é como potência. Se, portanto, se corrompesse a substância intelectual, permaneceria após sua corrupção. O que é totalmente impossível. Toda substância intelectual, portanto, é incorruptível.

35 Cf. cap. 50.
36 Aristóteles (384-322 a.C.), em *Analíticos Posteriores* I, 4, 73b, 10-16.
37 Cf. cap. 51.
38 Cf. cap. 53.

Item. In omni quod corrumpitur, oportet quod sit potentia ad non esse. Si quid igitur est in quo non est potentia ad non esse, hoc non potest esse corruptibile. In substantia autem intellectuali non est potentia ad non esse. Manifestum est enim ex dictis quod substantia completa est proprium susceptivum ipsius esse. Proprium autem susceptivum alicuius actus ita comparatur ut potentia ad actum illum quod nullo modo est in potentia ad oppositum: sicut ignis ita comparatur ad calorem ut potentia ad actum quod nullo modo est in potentia ad frigus. Unde nec in ipsis substantiis corruptibilibus est potentia ad non esse in ipsa substantia completa nisi ratione materiae. In substantiis autem intellectualibus non est materia, sed ipsae sunt substantiae completae simplices. Igitur in eis non est potentia ad non esse. Sunt igitur incorruptibiles.

Praeterea. In quibuscumque est compositio potentiae et actus, id quod tenet locum primae potentiae, sive primi subiecti, est incorruptibile: unde etiam in substantiis corruptibilibus materia prima est incorruptibilis. Sed in substantiis intellectualibus id quod tenet locum primae potentiae et subiecti, est ipsa earum substantia completa.

Igitur substantia ipsa est incorruptibilis. Nihil autem est corruptibile nisi per hoc quod sua substantia corrumpitur. Igitur omnes intellectuales naturae sunt incorruptibiles.

Amplius. Omne quod corrumpitur vel corrumpitur per se, vel corrumpitur per accidens.

Substantiae autem intellectuales non possunt per se corrumpi. Omnis enim corruptio est a contrario. Agens enim, cum agat secundum quod est ens actu, semper agendo ducit ad aliquid esse actu. Unde, si per huiusmodi esse actu aliquid corrumpatur desinens esse actu, oportet quod hoc contingat per contrarietatem eorum ad invicem: nam contraria sunt quae mutuo se expellunt. Et propter hoc oportet omne quod corrumpitur per se, vel

Igualmente. Em tudo o que se corrompe, é necessário que haja a potência para o não ser. Se há alguma coisa, pois, em que não há potência para o não ser, essa não pode ser corruptível. Ora, na substância intelectual não há potência para o não ser. É manifesto, com efeito, do que foi dito[39] que a substância completa é o recipiente próprio do mesmo ser. Ora, o recipiente próprio de algum ato se compara como a potência àquele ato que de nenhum modo está em potência para o oposto; por exemplo: o fogo se compara ao calor como potência ao ato que de nenhum modo está em potência para o frio. Donde nem nas próprias substâncias corruptíveis há potência para o não ser na mesma substância completa, senão em razão da matéria. Ora, nas substâncias intelectuais não há matéria, porém, elas são substâncias completas simples. Logo, nelas não há potência para o não ser. São, pois, incorruptíveis.

Além disso. Em todas aquelas coisas em que há composição de potência e ato, o que tem lugar de primeira potência, ou de primeiro sujeito, é incorruptível, donde também nas substâncias corruptíveis a matéria-prima é incorruptível. Entretanto, nas substâncias intelectuais o que tem lugar de primeira potência e de sujeito, é sua própria substância completa. Logo, a mesma substância é incorruptível. Ora nada é corruptível senão porque sua substância se corrompe. Logo, todas as naturezas intelectuais são incorruptíveis.

Ademais. Tudo aquilo que se corrompe, ou se corrompe por si, ou se corrompe por acidente.

Por si, as substâncias intelectuais, não podem corromper-se. Pois toda corrupção se dá pelo contrário. O agente, com efeito, dado que age enquanto está em ato, sempre ao agir leva a algo ser em ato. Donde, se por tal ser em ato algo se corrompe deixando de ser em ato, é necessário que isso aconteça por contrariedade daquelas coisas reciprocamente, pois são contrárias aquelas que mutuamente se repelem. E em razão disso é necessário que tudo o

[39] Cf. capítulo anterior.

habere contrarium, vel esse ex contrariis compositum. — Neutrum autem horum substantiis intellectualibus convenit. Cuius signum est, quia in intellectu ea etiam quae secundum suam naturam sunt contraria, desinunt esse contraria: album enim et nigrum in intellectu non sunt contraria; non enim se expellunt, immo magis se consequuntur, per intellectum enim unius eorum intelligitur aliud. Substantiae igitur intellectuales non sunt corruptibiles per se.

Similiter autem neque per accidens. Sic enim corrumpuntur accidentia et formae non subsistentes. Ostensum autem est supra quod substantiae intellectuales sunt subsistentes. Sunt igitur omnino incorruptibiles.

Adhuc. Corruptio est mutatio quaedam. Quam oportet esse terminum motus, ut in physicis est probatum. Unde oportet quod omne quod corrumpitur moveatur. Ostensum est autem in naturalibus quod omne quod movetur est corpus. Oportet igitur omne quod corrumpitur esse corpus, si per se corrumpatur: vel aliquam formam seu virtutem corporis a corpore dependentem, si corrumpatur per accidens. Substantiae autem intellectuales non sunt corpora, neque virtutes seu formae a corpore dependentes. Ergo neque per se neque per accidens corrumpuntur. Sunt igitur omnino incorruptibiles.

Item. Omne quod corrumpitur, corrumpitur per hoc quod aliquid patitur: nam et ipsum corrumpi est quoddam pati. Nulla autem substantia intellectualis potest pati tali passione quae ducat ad corruptionem. Nam pati recipere quoddam est. Quod autem recipitur in substantia intellectuali, oportet quod recipiatur in ea per modum ipsius, scilicet intelligibiliter. Quod vero sic in substantia intellectuali recipitur, est perficiens substantiam intellectualem, et non corrumpens eam: intelligibile enim est perfectio intelligentis. Substantia igitur intelligens est incorruptibilis.

que se corrompe por si, ou tenha um contrário, ou seja, composto de contrários. — Ora, nenhuma dessas coisas convém às substâncias intelectuais. O sinal disso é que no intelecto também aquelas coisas que segundo sua natureza são contrárias, deixam de ser contrárias, pois o branco e o negro no intelecto não são contrários; com efeito, não se repelem, antes mais se seguem, pois pela intelecção de um deles se conhece o outro. Logo, as substâncias intelectuais não são corruptíveis por si.

Semelhantemente, nem por acidente. Assim, pois, corrompem-se os acidentes e as formas não subsistentes. Ora, foi mostrado[40] que as substâncias intelectuais são subsistentes. Logo, são totalmente incorruptíveis.

Ainda. A corrupção é certa mutação. É necessário que essa seja o termo do movimento, como foi provado no livro da *Física*[41]. Donde é necessário que tudo aquilo que se corrompe, se mova. Ora, foi mostrado[42] nos naturais que tudo o que se move é corpo. Portanto, é necessário que tudo o que se corrompe seja corpo, se se corrompe *por si*, ou alguma forma ou potência de corpo dependente do corpo, se se corrompe *por acidente*. Ora, as substâncias intelectuais não são corpos, nem potências ou formas dependentes do corpo. Logo, nem por si nem por acidente se corrompem. São, pois, totalmente incorruptíveis.

Igualmente. Tudo o que se corrompe, corrompe-se por aquilo que sofre algo, pois o próprio corromper-se é um sofrer. Ora, nenhuma substância intelectual pode sofrer de paixão tal que leve à corrupção. Com efeito, sofrer é certo receber. Ora, o que se recebe na substância intelectual, é necessário que se receba nela por modo dela, ou seja, inteligivelmente. O que assim se recebe na substância intelectual, aperfeiçoa-a e não a corrompe, pois o inteligível é a perfeição do inteligente[43]. Logo, a substância inteligente é incorruptível.

40 Cf. cap. 51.
41 Aristóteles (384-322 a.C.), em *Física* V, 1, 224b, 7-10.
42 Aristóteles (384-322 a.C.), em *Física* VI, 4, 234b, 10-20.
43 Aristóteles (384-322 a.C.), em *Sobre a Alma* II, 4, 417b, 2-5.

Praeterea. Sicut sensibile est obiectum sensus, ita intelligibile est obiectum intellectus. Sensus autem propria corruptione non corrumpitur nisi propter excellentiam sui obiecti: sicut visus a valde fulgidis, et auditus a fortibus sonis, et sic de aliis. Dico autem propria corruptione: quia sensus corrumpitur etiam per accidens propter corruptionem subiecti. Qui tamen modus corruptionis non potest accidere intellectui: cum non sit actus corporis ullius quasi a corpore dependens, ut supra ostensum est. Patet autem quod nec corrumpitur per excellentiam sui obiecti: quia qui intelligit valde intelligibilia, non minus intelligit minus intelligibilia, sed magis. Intellectus igitur nullo modo est corruptibilis.

Amplius. Intelligibile est propria perfectio intellectus: unde intellectus in actu et intelligibile in actu sunt unum. Quod igitur convenit intelligibili inquantum est intelligibile, oportet convenire intellectui inquantum huiusmodi: quia perfectio et perfectibile sunt unius generis. Intelligibile autem, inquantum est intelligibile, est necessarium et incorruptibile: necessaria enim perfecte sunt intellectu cognoscibilia; contingentia vero, inquantum huiusmodi, non nisi deficienter; habetur enim de eis non scientia, sed opinio; unde et corruptibilium intellectus scientiam habet secundum quod sunt incorruptibilia, inquantum scilicet sunt universalia. Oportet igitur intellectum esse incorruptibilem.

Adhuc. Unumquodque perficitur secundum modum suae substantiae. Ex modo igitur perfectionis alicuius rei potest accipi modus substantiae ipsius. Intellectus autem non perficitur per motum, sed per hoc quod est extra motum existens: perficimur enim secundum intellectivam animam scientia et prudentia, sedatis permutationibus et corporalibus et animae passionum; ut patet per Philosophum,

Além disso. Assim como o sensível é objeto do sentido, assim o inteligível é o objeto do intelecto. Ora, o sentido não se corrompe por corrupção própria, a não ser em razão da excelência de seu objeto, como a visão por coisas muito brilhantes, e a audição por sons fortes, e assim dos outros. Digo, porém, *por corrupção própria*, porque o sentido se corrompe *também por acidente*, em razão da corrupção do sujeito. Esse modo de corrupção, porém, não pode acontecer ao intelecto, uma vez que ele não é ato de algum corpo como dependente do corpo, como foi mostrado[44]. Ora, é evidente que nem se corrompe por excelência de seu objeto, porque aquele que conhece coisas muito inteligíveis não conhece menos as menos inteligíveis, porém mais. Portanto, o intelecto de modo nenhum é corruptível.

Ademais. O inteligível é a própria perfeição do intelecto, *donde o intelecto em ato e o inteligível em ato são uma só coisa*[45]. Portanto, o que convém ao inteligível enquanto é inteligível é necessário que convenha ao intelecto enquanto tal, pois a perfeição e o perfectível são do mesmo gênero. Ora, o inteligível, enquanto é inteligível, é necessário e incorruptível, pois as coisas necessárias são perfeitamente cognoscíveis ao intelecto; já as contingentes, enquanto tais, não são, a não ser deficientemente; tem-se delas, com efeito, não ciência, mas opinião; donde também das coisas corruptíveis o intelecto tem ciência enquanto são incorruptíveis, ou seja, enquanto são universais. Portanto, é necessário que o intelecto seja incorruptível.

Ainda. Cada coisa se aperfeiçoa segundo o modo de sua substância. Portanto, do modo de perfeição de uma coisa pode se entender o modo da mesma substância. Ora, o intelecto não se aperfeiçoa por movimento, mas porque é existente fora de movimento, pois somos aperfeiçoados segundo a alma intelectiva pela ciência e pela prudência, estando quietas as permutações das paixões tanto corpo-

---

[44] Cf. cap. 51.
[45] Aristóteles (384-322 a.C.), em *Sobre a Alma* III, 4, 430a, 3-4.

in VII physicorum. Modus igitur substantiae intelligentis est quod esse suum sit supra motum, et per consequens supra tempus. Esse autem cuiuslibet rei corruptibilis subiacet motui et tempori. Impossibile est igitur substantiam intelligentem esse corruptibilem.

Praeterea. Impossibile est naturale desiderium esse inane: natura enim nihil facit frustra. Sed quilibet intelligens naturaliter desiderat esse perpetuum: non solum ut perpetuetur esse secundum speciem, sed etiam individuum. Quod sic patet. Naturalis enim appetitus quibusdam quidem inest ex apprehensione: sicut lupus naturaliter desiderat occisionem animalium ex quibus pascitur, et homo naturaliter desiderat felicitatem. Quibusdam vero absque apprehensione, ex sola inclinatione naturalium principiorum, quae naturalis appetitus in quibusdam dicitur: sicut grave appetit esse deorsum. — Utroque autem modo inest rebus naturale desiderium essendi: cuius signum est quia et ea quae cognitione carent, resistunt corrumpentibus secundum virtutem suorum principiorum naturalium; et ea quae cognitionem habent, resistunt eisdem secundum modum suae cognitionis. Illa igitur cognitione carentia quorum principiis inest virtus ad conservandum esse perpetuum ita quod maneant semper eadem secundum numerum, naturaliter appetunt esse perpetuum etiam secundum idem numero. — Quorum autem principia non habent ad hoc virtutem, sed solum ad conservandum esse perpetuum secundum idem specie, etiam sic naturaliter appetunt perpetuitatem. Hanc igitur differentiam oportet et in his inveniri quibus desiderium essendi cum cognitione inest: ut scilicet illa quae non cognoscunt esse nisi ut nunc, desiderant esse ut nunc; non autem semper, quia esse sempiternum non apprehendunt. Desiderant tamen esse perpetuum speciei: tamen absque cognitione; quia virtus generativa, quae ad hoc deservit, praeambula est, et non

rais quanto da alma; como se evidencia pelo Filósofo[46]. Portanto, o modo da substância inteligente é que seu ser esteja acima do movimento, e, por conseguinte, acima do tempo. Ora, o ser de qualquer coisa corruptível subjaz ao movimento e ao tempo. Logo, é impossível que a substância inteligente seja corruptível.

Além disso. É impossível que o desejo natural seja vão, pois *a natureza nada faz em vão*[47]. Mas qualquer inteligente naturalmente deseja ser perpétuo, não só a perpetuar o ser segundo a espécie, mas também segundo o indivíduo. O que assim se evidencia: com efeito, o apetite natural está presente em alguns pela apreensão, por exemplo, o lobo naturalmente deseja a morte de animais dos quais se alimenta, e o homem naturalmente deseja a felicidade. Para alguns, entretanto, a apreensão não é exigida, mas só a inclinação dos princípios naturais, a qual se chama apetite natural, por exemplo o corpo pesado deseja ir para baixo. — Ora, em ambos os modos está presente nos entes o desejo natural de ser, de que é sinal que mesmo aqueles que carecem de conhecimento resistem ao que os corrompe, segundo a potência de seus princípios naturais, e aqueles que têm conhecimento resistem segundo o modo de seu conhecimento. Portanto, aqueles entes carentes de conhecimento, em cujos princípios está presente a potência de conservar o ser perpétuo, de modo que permaneçam sempre os mesmos segundo o número, desejam naturalmente o ser perpétuo também segundo o mesmo número. — Daqueles, porém, cujos princípios não têm potência para isso, mas só para conservar o ser perpétuo segundo a identidade na espécie, também assim desejam naturalmente a perpetuidade. Portanto, é necessário que se encontre essa diferença também naqueles entes em que o desejo de ser esteja presente com o conhecimento, ou seja, como aqueles entes que não conhecem o ser senão como agora, desejam ser como agora, não, porém, sempre, porque não apreendem

46 Aristóteles (384-322 a.C.), em *Física* VII, 3, 247b, 10-11.
47 Aristóteles (384-322 a.C.), em *Sobre o Céu e o Mundo* II, 11, 291b, 13-14.

subiacens cognitioni. — Illa igitur quae ipsum esse perpetuum cognoscunt et apprehendunt, desiderant ipsum naturali desiderio. Hoc autem convenit omnibus substantiis intelligentibus. Omnes igitur substantiae intelligentes naturali desiderio appetunt esse semper. Ergo impossibile est quod esse deficiant.

Adhuc. Quaecumque incipiunt esse et desinunt, per eandem potentiam habent utrumque: eadem enim est potentia ad esse et ad non esse. Sed substantiae intelligentes non potuerunt incipere esse nisi per potentiam primi agentis: non enim sunt ex materia, quae potuerit praefuisse, ut ostensum est. Igitur nec est aliqua potentia ad non esse earum nisi in primo agente, secundum quod potest non influere eis esse. Sed ex hac sola potentia nihil potest dici corruptibile. Tum quia res dicuntur necessariae et contingentes secundum potentiam quae est in eis, et non secundum potentiam Dei, ut supra ostensum est. Tum etiam quia Deus, qui est institutor naturae, non subtrahit rebus id quod est proprium naturis earum; ostensum est autem quod proprium naturis intellectualibus est quod sint perpetuae; unde hoc eis a Deo non subtrahetur. Sunt igitur substantiae intellectuales ex omni parte incorruptibiles.

Hinc est quod in Psalmo: laudate Dominum de caelis, connumeratis Angelis et caelestibus corporibus, subiungitur: statuit ea in aeternum et in saeculum saeculi, per quod praedictorum perpetuitas designatur.

Dionysius etiam, in IV cap. De div. Nom., dicit quod propter divinae bonitatis radios substiterunt intelligibiles et intellectuales substantiae, et sunt et vivunt, et habent vitam indeficientem

o ser sempiterno. Desejam, entretanto, o ser perpétuo na espécie, mas sem conhecimento, porque a potência generativa, que serve a isso, é preambular e não subjacente ao conhecimento. — Portanto, aqueles entes que conhecem e apreendem o próprio ser perpétuo, desejam-no por desejo natural. Ora, isso convém a todas as substâncias inteligentes. Portanto, todas as substâncias inteligentes desejam, por desejo natural, ser sempre. Logo, é impossível que deixem de ser.

Ainda. Quaisquer entes que começam e deixam de ser, pela mesma potência têm uma e outra coisa, pois é a mesma a potência para ser e para não ser. Mas as substâncias inteligentes não puderam começar a ser senão pela potência do primeiro agente, pois não são pela matéria, que poderia preexistir, como foi mostrado[48]. Logo não há potência nenhuma delas para o não ser, senão no primeiro agente, enquanto esse pode não lhes dar o ser. Mas apenas dessa potência nada pode ser dito corruptível. Já porque as coisas são ditas necessárias e contingentes segundo a potência que está nelas, e não segundo a potência de Deus, como foi mostrado[49]. Já também porque Deus, que é o instituidor da natureza, não retira às coisas o que é próprio da natureza delas, mas foi mostrado[50] que é próprio das naturezas intelectuais que sejam perpétuas; donde isso não lhes é subtraído por Deus. São, pois, as substâncias intelectuais incorruptíveis absolutamente.

Daí é que no Salmo: *Nos céus louvai o Senhor*[51], lembrados os anjos e os corpos celestes, acrescenta-se: *e os colocou para sempre/ sob uma lei que não passa*[52], pelo que se designa a perpetuidade dos mencionados entes.

Também Dionísio diz que, *em razão dos raios da bondade divina, tiveram origem as substâncias inteligíveis e intelectuais, e são e vivem, e têm a vida indefectível e sem dimi-*

---

[48] Cf. caps. 49 ss.
[49] Cf. cap. 30.
[50] Cf. neste capítulo.
[51] Salmo 148,1
[52] Salmo 148,6.

et imminorabilem, ab universa corruptione et generatione et morte mundae existentes, et elevatae ab instabili et fluxa variatione.

nuição, existentes imunes de toda corrupção e geração e morte, e elevadas sobre a variação instável e fluida[53].

Capitulum LVI

Per quem modum substantia intellectualis possit corpori uniri

Cum autem supra ostensum sit substantiam intellectualem non esse corpus neque virtutem aliquam a corpore dependentem, restat investigandum utrum aliqua substantia intellectualis corpori possit uniri.

Est autem primo manifestum quod substantia intellectualis non potest corpori uniri per modum mixtionis. Quae enim miscentur, oportet ad invicem alterata esse. Quod non contingit nisi in his quorum est materia eadem, quae possunt esse activa et passiva ad invicem. Substantiae autem intellectuales non communicant in materia cum corporalibus: sunt enim immateriales, ut supra ostensum est. Non sunt igitur corpori miscibiles.

Adhuc. Quae miscentur, mixtione iam facta, non manent actu, sed virtute tantum: nam si actu manerent, non esset mixtio, sed confusio tantum; unde corpus mixtum ex elementis nullum eorum est. Hoc autem impossibile est accidere substantiis intellectualibus: sunt enim incorruptibiles, ut supra ostensum est. Non igitur potest substantia intellectualis uniri corpori per modum mixtionis.

Similiter autem patet quod substantia intellectualis non potest uniri corpori per modum contactus proprie sumpti. Tactus enim non nisi corporum est: sunt enim tangentia quorum sunt ultima simul, ut puncta aut lineae aut superficies, quae sunt corporum ultima. Non igitur per modum contactus substantia intellectualis corpori uniri potest. Ex hoc autem relinquitur quod neque conti-

Capítulo 56

O modo pelo qual a substância intelectual pode unir-se ao corpo

Como foi mostrado[54] que a substância intelectual não é corpo nem uma potência dependente do corpo, resta para investigar se uma substância intelectual pode unir-se ao corpo.

Com efeito, é manifesto, em primeiro lugar, que a substância intelectual não pode unir-se ao corpo por modo de mistura. Porque, é necessário que as coisas que se misturam, sejam reciprocamente alteradas. O que não acontece senão naquelas cuja matéria é a mesma, as quais podem ser reciprocamente ativas e passivas. Ora, as substâncias intelectuais não comunicam na matéria com as corpóreas, pois são imateriais, como foi mostrado[55]. Portanto, não são misturáveis ao corpo.

Ainda. Aquelas coisas que se misturam, feita já a mistura, não permanecem em ato, mas só em potência, pois se permanecessem em ato, não haveria mistura, mas apenas confusão; donde o corpo misto de elementos não é nenhum deles. Ora, é impossível que isto se dê com as substâncias intelectuais, pois são incorruptíveis, como foi mostrado[56]. Portanto, não pode a substância intelectual unir-se ao corpo por modo de mistura.

Semelhantemente evidencia-se que a substância intelectual não pode unir-se ao corpo por modo de contato propriamente dito. Com efeito, não há contato senão de corpos, pois são tangentes aquelas coisas cujos extremos existem simultaneamente, como os pontos ou linhas ou superfícies, que são os extremos dos corpos. Portanto, por modo de contato, a substância intelectual não pode unir-se ao

53 Dionísio Areopagita (séc. V-VI), em *Os Nomes Divinos* IV, 1, MG 3, 693B.
54 Cf. caps. 49-51.
55 Cf. cap. 50.
56 Cf. capítulo anterior.

nuatione, neque compositione aut colligatione, ex substantia intellectuali et corpore unum fieri possit. Omnia enim haec sine contactu esse non possunt.

Est tamen quidam modus contactus quo substantia intellectualis corpori uniri potest. Corpora enim naturalia tangendo se alterant: et sic ad invicem uniuntur non solum secundum ultima quantitatis, sed etiam secundum similitudinem qualitatis aut formae, dum alterans formam suam imprimit in alteratum. Et quamvis, si considerentur solum ultima quantitatis, oporteat in omnibus mutuum esse tactum, tamen, si attendatur ad actionem et passionem, invenientur aliqua esse tangentia tantum et aliqua tacta tantum: corpora enim caelestia tangunt quidem hoc modo elementaria corpora, inquantum ea alterant: non autem tanguntur ab eis, quia ab eis non patiuntur.

Si igitur sint aliqua agentia quae quantitatis ultimis non tangant, dicentur nihilominus tangere, inquantum agunt: secundum quem modum dicimus quod contristans nos tangit. Hoc igitur modo tangendi possibile est uniri substantiam intellectualem corpori per contactum. Agunt enim substantiae intellectuales in corpora et movent ea, cum sint immateriales et magis in actu existentes.

Hic autem tactus non est quantitatis, sed virtutis. Unde differt hic tactus a tactu corporeo in tribus.

Primo quidem, quia hoc tactu id quod est indivisibile potest tangere divisibile. Quod in tactu corporeo non potest accidere: nam puncto non potest tangi nisi indivisibile aliquid. Substantia autem intellectualis, quamvis sit indivisibilis, potest tangere quantitatem divisibilem, inquantum agit in ipsam. Alio enim modo est indivisibile punctum, et substantia intellectualis. Punctum quidem sicut quantitatis terminus: et ideo habet situm determinatum in continuo, ultra quem porrigi non potest. Substantia autem intellectualis

corpo. Disso, pois, se conclui que nem pela continuação, nem pela composição ou coligação pode fazer-se uma unidade só da substância intelectual e do corpo. Tudo isso não pode ser sem contato.

Há, porém, certo modo de contato, pelo qual a substância intelectual pode unir-se ao corpo. Com efeito, os corpos naturais ao tocar se alteram, e assim unem-se entre si, não só segundo os extremos da quantidade, mas também segundo a semelhança da qualidade ou da forma, enquanto o alterante imprime sua forma no alterado. E, embora, considerando-se apenas os extremos da quantidade, seja necessário haver em todas contato mútuo, entretanto, se se atende à ação e à passividade, acham-se umas que apenas tocam e outras só tocadas, pois os corpos celestes tocam desse modo os corpos elementares, enquanto os alteram; não, porém, são tocados por esses, porque não sofrem a partir deles.

Portanto, se há alguns agentes que não tocam os extremos da quantidade, dir-se-á, porém, que tocam, enquanto agem: de acordo com esse modo dizemos que *o triste nos toca*[57]. Nesse modo de tocar, portanto, é possível unir-se a substância intelectual ao corpo por contato. Com efeito, as substâncias intelectuais agem nos corpos e os movem, em potência de serem imateriais e mais existentes em ato.

Esse tato, porém, não é de quantidade, mas virtual. Por isso, esse tato difere do tato corpóreo em três aspectos.

Primeiro, certamente, porque nesse tato o que é indivisível pode tocar o divisível. O que não pode se dar no tato corpóreo, pois com o ponto não pode ser tocado senão algo indivisível. Ora, a substância intelectual, embora seja indivisível, pode tocar a quantidade divisível, enquanto age nela. Com efeito, o ponto é indivisível de outro modo que a substância intelectual. O ponto, certamente, como termo da quantidade, e assim tem situação determinada no contínuo, além do qual não pode prolongar-se. Ora, a substância intelectual é

57 Aristóteles (384-322 a.C.), em *Sobre a Geração e a Corrupção* I, 6, 323a, 32-33.

est indivisibilis quasi extra genus quantitatis existens. Unde non determinatur ei indivisibile aliquid quantitatis ad tangendum.

Secundo, quia tactus quantitatis est solum secundum ultima: tactus autem virtutis est ad totum quod tangitur. Sic enim tangitur secundum quod patitur et movetur. Hoc autem fit secundum quod est in potentia. Potentia vero est secundum totum, non secundum ultima totius. Unde totum tangitur.

Ex quo patet tertia differentia. Quia in tactu quantitatis, qui fit secundum extrema, oportet esse tangens extrinsecum ei quod tangitur; et non potest incedere per ipsum, sed impeditur ab eo. Tactus autem virtutis, qui competit substantiis intellectualibus, cum sit ad intima, facit substantiam tangentem esse intra id quod tangitur, et incedentem per ipsum absque impedimento. Sic igitur substantia intellectualis potest corpori uniri per contactum virtutis. Quae autem uniuntur secundum talem contactum, non sunt unum simpliciter. Sunt enim unum in agendo et patiendo: quod non est esse unum simpliciter. Sic enim dicitur unum quomodo et ens. Esse autem agens non significat esse simpliciter. Unde nec esse unum in agendo est esse unum simpliciter.

Unum autem simpliciter tripliciter dicitur: vel sicut indivisibile; vel sicut continuum; vel sicut quod est ratione unum. Ex substantia autem intellectuali et corpore non potest fieri unum quod sit indivisibile: oportet enim illud esse compositum ex duobus. Neque iterum quod sit continuum: quia partes continui quantae sunt. Relinquitur igitur inquirendum utrum ex substantia intellectuali et corpore possit sic fieri unum sicut quod est ratione unum. Ex duobus autem permanentibus non fit aliquid ratione unum nisi sicut ex forma substantiali et materia: ex subiecto enim et accidente non fit ratione unum; non enim est eadem ratio hominis et albi.

Hoc igitur inquirendum relinquitur, utrum substantia intellectualis corporis alicuius for-

indivisível como existente fora do gênero da quantidade. Por isso, não se lhe determina indivisível algo quantitativo para tocar.

Segundo, porque o tato da quantidade é apenas segundo os extremos, o tato, porém, virtual é para tudo o que é tocado. Assim, pois, se toca enquanto se é passivo e se move. Ora, isso se faz enquanto está em potência. A potência é segundo o todo, não segundo os extremos do todo. Portanto, o todo é tocado.

Terceiro, disso se evidencia que no tato da quantidade, que se faz segundo os extremos, é necessário que o tangente seja extrínseco àquilo que é tocado, e não pode por si penetrá-lo, mas é por ele impedido. Ora, o tato virtual, que compete às substâncias intelectuais, como é para o interior, faz que a substância tangente esteja dentro daquilo que é tocado, e o penetre por si, sem impedimento. Assim, portanto, a substância intelectual pode unir-se ao corpo por contato virtual. Aquelas coisas, porém, que se unem segundo esse contato, não são uma coisa só, simplesmente. São, pois, uma coisa só na ação e na passividade, o que não é ser uma coisa só, simplesmente. Com efeito, assim se diz uno do mesmo modo que ente. Ora, ser agente não significa ser simplesmente. Portanto, nem ser uno no agir é ser uno simplesmente.

Ora, o uno simplesmente se diz de três modos: ou como *indivisível*, ou como *contínuo*, ou como o que é *uno de razão*. Ora, da substância intelectual e do corpo não pode fazer-se o uno que seja indivisível, pois é necessário que ele seja composto de duas coisas. Nem por sua vez que seja contínuo, porque as partes do contínuo são quantitativas. Resta, portanto, a inquirir se da substância intelectual e do corpo possa assim fazer-se o uno, como o que é uno de razão. Ora, de duas coisas permanentes não se faz algo de razão senão como de forma substancial e de matéria, pois do sujeito e do acidente não se faz o uno de razão; com efeito, não é a mesma a razão de homem e de branco.

Portanto, resta inquirir isto, se a substância intelectual pode ser forma substancial

ma substantialis esse possit. Videtur autem rationabiliter considerantibus hoc esse impossibile. — Ex duabus enim substantiis actu existentibus non potest fieri aliquid unum: actus enim cuiuslibet est id quo ab altero distinguitur. Substantia autem intellectualis est substantia actu existens, ut ex praemissis apparet. Similiter autem et corpus. Non igitur potest aliquid unum fieri, ut videtur, ex substantia intellectuali et corpore.

Adhuc. Forma et materia in eodem genere continentur: omne enim genus per actum et potentiam dividitur. Substantia autem intellectualis et corpus sunt diversa genera. Non igitur videtur possibile unum esse formam alterius.

Amplius. Omne illud cuius esse est in materia, oportet esse materiale. Sed si substantia intellectualis est forma corporis, oportet quod esse eius sit in materia corporali: non enim esse formae est praeter esse materiae. Sequetur igitur quod substantia intellectualis non sit immaterialis, ut supra ostensum est.

Item. Impossibile est illud cuius esse est in corpore, esse a corpore separatum. Intellectus autem ostenditur a philosophis esse separatus a corpore, et quod neque est corpus neque virtus in corpore. Non est igitur intellectualis substantia forma corporis: sic enim esse eius esset in corpore.

Adhuc. Cuius esse est commune corpori, oportet et operationem corpori communem esse: unumquodque enim agit secundum quod est ens; nec virtus operativa rei potest esse sublimior quam eius essentia, cum virtus essentiae principia consequatur. Si autem substantia intellectualis sit forma corporis, oportet quod esse eius sit sibi et corpori commune: ex forma enim et materia fit aliquid unum simpliciter, quod est secundum esse unum. Erit igitur et operatio substantiae intellectualis communis corpori, et virtus eius virtus in corpore. Quod ex praemissis patet esse impossibile.

de algum corpo. Ora, considerando isso racionalmente, parece ser impossível. — Com efeito, de duas substâncias existentes em ato não pode fazer-se uno nenhum, pois o ato de qualquer coisa é aquilo pelo qual se distingue de outra. Ora, a substância intelectual é substância existente em ato, como é claro pelo que foi dito[58]. Semelhantemente também o corpo. Portanto, não se pode fazer o uno, como é manifesto, da substância intelectual e de corpo.

Ainda. A forma e a matéria contêm-se no mesmo gênero, pois todo gênero se divide por ato e potência. Ora, a substância intelectual e o corpo são gêneros diversos. Portanto, não se manifesta possível que um seja forma de outro.

Ademais. É necessário que seja material tudo aquilo cujo ser está na matéria. Mas se a substância é forma do corpo, é necessário que o ser dela seja na matéria corporal, pois não há ser da forma fora do ser da matéria. Segue-se, pois, que a substância intelectual não é imaterial, como foi mostrado[59].

Igualmente. É impossível que aquilo cujo ser está no corpo, seja separado do corpo. Ora, é mostrado pelos filósofos que o intelecto é separado do corpo, e que não é corpo, nem potência no corpo. Logo, a substância intelectual não é forma do corpo, pois assim seu ser estaria no corpo.

Ainda. Aquilo cujo ser é comum ao corpo, é necessário que também a operação seja comum ao corpo, pois cada coisa age segundo é ente, nem a potência operativa da coisa pode ser mais sublime que a essência dela, já que a potência segue os princípios da essência. Ora, se a substância intelectual é forma do corpo, é necessário que seu ser seja comum a si e ao corpo, pois de forma e matéria faz-se uma coisa una simplesmente, o que é uno segundo o ser. Portanto, será também a operação da substância intelectual comum ao corpo, e sua potência, potência do corpo. O que se mostrou ser impossível das afirmações anteriores[60].

58 Cf. cap. 51.
59 Cf. cap. 50.
60 Cf. cap. 49.

Capitulum LVII

Positio Platonis de unione animae intellectualis ad corpus

Ex his autem et similibus rationibus aliqui moti, dixerunt quod nulla substantia intellectualis potest esse forma corporis. Sed quia huic positioni ipsa hominis natura contradicere videbatur, qui ex anima intellectuali et corpore videtur esse compositus, excogitaverunt quasdam vias per quas naturam hominis salvarent.

Plato igitur posuit, et eius sequaces, quod anima intellectualis non unitur corpori sicut forma materiae, sed solum sicut motor mobili, dicens animam esse in corpore sicut nautam in navi. Et sic unio animae et corporis non esset nisi per contactum virtutis, de quo supra dictum est. Hoc autem videtur inconveniens. — Secundum praedictum enim contactum non fit aliquid unum simpliciter, ut ostensum est. Ex unione autem animae et corporis fit homo. Relinquitur igitur quod homo non sit unum simpliciter: et per consequens nec ens simpliciter, sed ens per accidens.

Ad hoc autem evitandum, Plato posuit quod homo non sit aliquid compositum ex anima et corpore: sed quod ipsa anima utens corpore sit homo; sicut Petrus non est aliquid compositum ex homine et indumento, sed homo utens indumento. Hoc autem esse impossibile ostenditur. Animal enim et homo sunt quaedam sensibilia et naturalia. Hoc autem non esset si corpus et eius partes non essent de essentia hominis et animalis, sed tota essentia utriusque esset anima, secundum positionem praedictam: anima enim non est aliquid sensibile neque materiale. Impossibile est igitur hominem et animal esse animam utentem corpore, non autem aliquid ex corpore et anima compositum.

Capítulo 57

Afirmação de Platão sobre a união da alma intelectual com o corpo

Movidos dessas e semelhantes razões, alguns disseram que nenhuma substância intelectual pode ser forma do corpo. Mas, porque parecia que essa afirmação contradizia a própria natureza do homem, que claramente se compõe de alma intelectual e corpo, excogitaram algumas vias pelas quais salvassem a natureza do homem.

Assim Platão e seus sequazes afirmaram que a alma intelectual não se une ao corpo como forma à matéria, mas só como motor ao móvel, dizendo *que a alma está no corpo como o marinheiro no navio*[61]. E assim não haveria a união da alma e do corpo a não ser por contato virtual, sobre o que se falou[62]. Isso, porém manifesta-se inconveniente. — Com efeito, segundo o que foi dito, o contato não faz algo simplesmente uno, como foi mostrado[63]. Da união, porém, da alma e do corpo se faz o homem. Conclui-se, pois, que o homem não é uno simplesmente, e, por conseguinte, nem ente simplesmente, mas ente por acidente.

Ora, para evitar isso, Platão[64] afirmou que o homem não é algo composto de alma e corpo, mas que a própria alma usando do corpo é o homem, como Pedro não é algo composto de homem e roupa, mas homem usando da roupa. Mostra-se, porém, que isso é impossível. Com efeito, o animal e o homem são entes sensíveis e naturais. Ora, isso não se daria, se o corpo e suas partes não fossem da essência do homem e do animal, mas toda a essência de ambos seria a alma, de acordo com a afirmação mencionada, pois a alma não é algo sensível nem material. Portanto, é impossível que o homem e o animal sejam alma usando do corpo, mas não algo composto de corpo e alma.

61 Cf. Aristóteles (384-322 a.C.), em *Sobre a Alma* II, 1, 413a, 8-9.
62 Cf. capítulo anterior.
63 Ibidem.
64 Platão (± 428-347 a.C.), em *Alcibíades* I, 25, 130A.

Item. Impossibile est quod eorum quae sunt diversa secundum esse, sit operatio una. Dico autem operationem unam, non ex parte eius in quod terminatur actio, sed secundum quod egreditur ab agente: multi enim trahentes navim unam actionem faciunt ex parte operati, quod est unum, sed tamen ex parte trahentium sunt multae actiones, quia sunt diversi impulsus ad trahendum, cum enim actio consequatur formam et virtutem, oportet quorum sunt diversae formae et virtutes, esse et actiones diversas. Quamvis autem animae sit aliqua operatio propria, in qua non communicat corpus, sicut intelligere; sunt tamen aliquae operationes communes sibi et corpori, ut timere et irasci et sentire et huiusmodi: haec enim accidunt secundum aliquam transmutationem alicuius determinatae partis corporis, ex quo patet quod simul sunt animae et corporis operationes. Oportet igitur ex anima et corpore unum fieri, et quod non sint secundum esse diversa.

Huic autem rationi secundum Platonis sententiam obviatur. Nihil enim inconveniens est moventis et moti, quamvis secundum esse diversorum, esse eundem actum: nam motus est idem actus moventis sicut a quo est, moti autem sicut in quo est. Sic igitur Plato posuit praemissas operationes esse animae corporique communes: ut videlicet sint animae sicut moventis et corporis sicut moti.

Sed hoc esse non potest. Quia, ut probat Philosophus in II de anima, sentire accidit in ipso moveri a sensibilibus exterioribus. Unde non potest homo sentire absque exteriori sensibili: sicut non potest aliquid moveri absque movente. Organum igitur sensus movetur et patitur in sentiendo, sed ab exteriori sensibili. Illud autem quo patitur est sensus; quod ex hoc patet, quia carentia sensu non patiuntur a sensibilibus tali modo passionis. Sensus igitur est virtus passiva ipsius organi. Anima igitur sensitiva non se habet in sentiendo si-

Igualmente. É impossível que seja una a operação daquelas coisas que são diversas segundo o ser. Digo, porém, que a operação é una, não da parte daquilo em que termina a ação, mas enquanto sai do agente, pois muitos que remam numa nave fazem uma só ação da parte do efeito, que é uno, mas da parte dos que remam são muitas as ações, porque são diversos os impulsos para remar, pois, como a ação acompanha a forma e a potência, é necessário que sejam também diversas as ações daqueles cujas formas e potências são diversas. Entretanto, embora haja uma operação própria da alma, na qual não comunica com o corpo, como conhecer, há, porém, certas operações comuns a ela e ao corpo, como temer, irar-se, sentir e semelhantes, pois essas acontecem segundo certa transmutação de uma parte determinada do corpo, do que se evidencia que simultaneamente são operações da alma e do corpo. Logo, é necessário que se faça o uno da alma e do corpo, e que não sejam diversos segundo o ser.

Ora, a essa razão objeta-se de acordo com a sentença de Platão. Nada há, pois, de inconveniente que seja um só o ato do movente e do movido, embora diversos segundo o ser, pois o movimento é o mesmo ato do movente, como do qual vem e do movido como no qual é. Assim, portanto, Platão estabeleceu que as mencionadas operações eram comuns à alma e ao corpo, ou seja, que eram da alma como movente e do corpo como movido.

Mas isso não pode ser. Porque, como prova o Filósofo[65], sentir acontece no ser movido pelos sensíveis exteriores. Por isso, não pode o homem sentir sem o sensível exterior, como não pode algo mover-se sem o movente. Portanto, o órgão do sentido se move e é passivo ao sentir, mas por sensível exterior. Ora, aquilo pelo qual se é passivo é o sentido, o que se evidencia pelo fato de que os que carecem de sentido não padecem dos sensíveis tal modo de paixão. O sentido, pois, é a potência passiva do próprio órgão.

65 Aristóteles (384-322 a.C.), em *Sobre a Alma* II, 5, 416b-417b, 20-21.

cut movens et agens, sed sicut id quo patiens patitur. Quod impossibile est esse diversum secundum esse a patiente. Non est igitur anima sensibilis secundum esse diversa a corpore animato.

Praeterea. Licet motus sit communis actus moventis et moti, tamen alia operatio est facere motum et recipere motum: unde et duo praedicamenta ponuntur facere et pati. Si igitur in sentiendo anima sensitiva se habet ut agens et corpus ut patiens, alia erit operatio animae et alia corporis. Anima igitur sensitiva habebit aliquam operationem propriam. Habebit igitur et subsistentiam propriam. Non igitur, destructo corpore, esse desinet. Animae igitur sensitivae, etiam irrationabilium animalium, erunt immortales. Quod quidem improbabile videtur. Tamen a Platonis opinione non discordat, sed de hoc infra erit locus quaerendi.

Amplius. Mobile non sortitur speciem a suo motore. Si igitur anima non coniungitur corpori nisi sicut motor mobili, corpus et partes eius non consequuntur speciem ab anima. Abeunte igitur anima, remanebit corpus et partes eius eiusdem speciei. Hoc autem est manifeste falsum: nam caro et os et manus et huiusmodi partes post abscessum animae non dicuntur nisi aequivoce; cum nulli harum partium propria operatio adsit, quae speciem consequitur. Non igitur unitur anima corpori solum sicut motor mobili, vel sicut homo vestimento.

Adhuc. Mobile non habet esse per suum motorem, sed solummodo motum. Si igitur anima uniatur corpori solummodo ut motor, corpus movebitur quidem ab anima, sed non habebit esse per eam. Vivere autem est quoddam esse viventis. Non igitur corpus vivet per animam.

Item. Mobile neque generatur per applicationem motoris ad ipsum, neque per eius separationem corrumpitur: cum non dependeat mobile a motore secundum esse, sed secun-

Logo, a alma sensitiva não se considera no sentir como o movente e o agente, mas como aquilo pelo que o paciente padece. O que não pode ser diverso, segundo o ser, do paciente. Portanto, não há alma sensível, segundo o ser, diversa do corpo animado.

Além disso. Embora o movimento seja ato comum do movente e do movido, entretanto diferente operação é fazer o movimento e receber o movimento, donde se assentam dois predicamentos, o fazer e o padecer. Se, portanto, no sentir a alma sensitiva se considera como agente e o corpo como paciente, uma será a operação da alma e outra, a do corpo. Logo, a alma sensitiva terá uma operação própria. Terá, pois, também sua subsistência própria. Logo, destruído o corpo, não deixará de ser. Portanto, também as almas sensitivas dos animais irracionais serão imortais. O que se evidencia improvável. Entretanto, não discorda da opinião de Platão, mas a respeito disso haverá abaixo lugar de inquirir.

Ademais. O móvel não recebe a espécie de seu motor. Se, pois, a alma não se une ao corpo senão como motor ao móvel, o corpo e suas partes não recebem a espécie da alma. Partindo, portanto, a alma, o corpo e suas partes permanecerão da mesma espécie.

Ora, isso é manifestamente falso, pois a carne e os ossos e as mãos e semelhantes partes, depois da partida da alma não se chamam tais senão equivocamente, pois a nenhuma dessas partes está presente a própria operação, que acompanha a espécie. Portanto, não se une a alma ao corpo apenas como motor ao móvel, ou como o homem à roupa.

Ainda. O móvel não tem o ser por seu motor, mas apenas o movimento. Se, pois, a alma se une ao corpo apenas como motor, o corpo será movido certamente pela alma, mas não teria o ser por ela. Ora, viver é certo ser do vivente. Portanto, não viveria o corpo pela alma.

Igualmente. O móvel não é gerado pela aplicação do motor a ele, nem se corrompe por sua geração, dado que o móvel não depende do motor segundo o ser, apenas segundo o

dum moveri tantum. Si igitur anima uniatur corpori solum ut motor, sequetur quod in unione animae et corporis non erit aliqua generatio, neque in separatione corruptio. Et sic mors, quae consistit in separatione animae et corporis, non erit corruptio animalis. Quod est manifeste falsum.

Praeterea. Omne movens seipsum ita se habet quod in ipso est moveri et non moveri, et movere et non movere. Sed anima, secundum Platonis opinionem, movet corpus sicut movens seipsum. Est ergo in potestate animae movere corpus vel non movere. Si igitur non unitur ei nisi sicut motor mobili, erit in potestate animae separari a corpore cum voluerit, et iterum uniri ei cum voluerit. Quod patet esse falsum.

Quod autem ut forma propria anima corpori uniatur, sic probatur. Illud quo aliquid fit de potentia ente actu ens, est forma et actus ipsius. Corpus autem per animam fit actu ens de potentia existente: vivere enim est esse viventis; semen autem ante animationem est vivens solum in potentia, per animam autem fit vivens actu. Est igitur anima forma corporis animati.

Amplius. Quia tam esse quam etiam operari non est solum formae neque solum materiae, sed coniuncti, esse et agere duobus attribuitur, quorum unum se habet ad alterum sicut forma ad materiam: dicimus enim quod homo est sanus corpore et sanitate, et quod est sciens scientia et anima, quorum scientia est forma animae scientis, et sanitas corporis sani. Vivere autem et sentire attribuitur animae et corpori: dicimur enim et vivere et sentire anima et corpore. Sed anima tamen sicut principio vitae et sensus. Est igitur anima forma corporis.

Adhuc. Similiter se habet tota anima sensitiva ad totum corpus sicut pars ad partem. Pars autem ita se habet ad partem quod est forma et actus eius: visus enim est forma et actus oculi. Ergo anima est forma et actus corporis.

ser movido. Se, pois, a alma se une ao corpo apenas como motor, segue-se que na união da alma e do corpo não haverá geração nenhuma, nem corrupção na separação. E assim a morte, que consiste na separação da alma e do corpo, não será a corrupção do animal. O que é manifestamente falso.

Além disso. Todo aquele que move a si mesmo se tem de tal maneira que nele é mover-se e não mover-se, e mover e não mover. Mas a alma, segundo a opinião de Platão, move o corpo como o movente a si mesmo. Está, pois, no poder da alma mover o corpo ou não mover. Se, pois, não se une a ele senão como o motor ao móvel, estará no poder da alma separar-se do corpo quando quiser, e de novo unir-se a ele quando quiser. O que claramente é falso.

Que a alma se una ao corpo como forma própria, prova-se assim: aquilo pelo qual alguma coisa se faz de ente em potência a ente em ato, é a forma e seu ato. Ora, é pela alma que o corpo se faz ente em ato de uma potência existente, pois viver é o ser do vivente, mas o sêmen, antes da animação, é vivente só em potência, mas pela alma se faz vivente em ato. Logo, a alma é a forma do corpo animado.

Ademais. Porque tanto o ser quanto também o operar não são apenas da forma nem apenas da matéria, mas do conjunto, atribui-se a ambas o ser e o agir, dos quais um se tem com relação ao outro como a forma com relação à matéria, pois dizemos que o homem é são no corpo e na saúde, e que é ciente na ciência e na alma, das quais a ciência é a forma da alma ciente, e a saúde do corpo são. Ora, viver e sentir atribuem-se à alma e ao corpo, pois dizemos que vivemos e sentimos pela alma e pelo corpo. Mas pela alma como princípio da vida e dos sentidos. Logo, a alma é forma do corpo.

Ainda. Semelhantemente, toda alma sensitiva se tem com relação a todo o corpo, como uma parte com relação à parte. Ora, a parte se tem com relação à parte, de tal modo que é forma e ato dela, pois a visão é forma e ato do olho. Logo, a alma é a forma e o ato do corpo.

Capitulum LVIII
Quod nutritiva, sensitiva et intellectiva non sunt in homine tres animae

Potest autem praedictis rationibus secundum opinionem Platonis obviari quantum ad praesentem intentionem pertinet. Ponit enim Plato non esse eandem animam in nobis intellectivam, nutritivam et sensitivam. Unde, etsi anima sensitiva sit forma corporis, non oportebit propter hoc dicere quod aliqua intellectualis substantia forma corporis esse possit. Quod autem hoc sit impossibile, sic ostendendum est.

Quae attribuuntur alicui eidem secundum diversas formas, praedicantur de invicem per accidens: album enim dicitur esse musicum per accidens, quia socrati accidit albedo et musica. Si igitur anima intellectiva, sensitiva et nutritiva sunt diversae virtutes aut formae in nobis, ea quae secundum has formas nobis conveniunt, de invicem praedicabuntur per accidens. Sed secundum animam intellectivam dicimur homines, secundum sensitivam animalia, secundum nutritivam viventia. Erit igitur haec praedicatio per accidens, homo est animal; vel, animal est vivum. Est autem per se: nam homo secundum quod est homo, animal est; et animal secundum quod est animal, vivum est. Est igitur aliquis ab eodem principio homo, animal et vivum.

Si autem dicatur quod, etiam praedictis animabus diversis existentibus, non sequitur praedictae praedicationes fore per accidens, eo quod animae illae ad invicem ordinem habent: hoc iterum removetur. Nam ordo sensitivi ad intellectivum, et nutritivi ad sensitivum, est sicut ordo potentiae ad actum: nam intellectivum sensitivo, et sensitivum nutritivo posterius secundum generationem est; prius enim in generatione fit animal quam homo. — Si igitur iste ordo facit praedicationes praedictas esse per se, hoc non erit secundum illum modum dicendi per se qui accipitur secundum formam, sed secundum illum qui accipitur secundum materiam et subiectum, sicut dicitur

Capítulo 58
A alma nutritiva, a sensitiva e a intelectiva não são no homem três almas

Pelas razões antes mencionadas, segundo a opinião de Platão, pode-se opor a quanto pertence à presente intenção. Com efeito, Platão afirma[66] não ser a mesma em nós a alma intelectiva, a nutritiva e a sensitiva. Por isso, embora a alma sensitiva seja a forma do corpo, não será necessário em razão disso dizer que uma substância intelectual pode ser forma do corpo. Ora, que isso é impossível, assim se mostrará.

Aquelas coisas que são atribuídas a um mesmo sujeito segundo diversas formas, são predicadas entre si por acidente, pois o músico se diz branco, por acidente, porque em Sócrates se acham a brancura e a música. Se, portanto, a alma intelectiva, a sensitiva e a nutritiva são diversas potências ou formas em nós, aquelas coisas que segundo essas formas nos convêm, entre si se predicarão por acidente. Mas, somos ditos *homens* segundo a alma intelectiva, *animais*, segundo a sensitiva, *viventes*, segundo a nutritiva. A predicação por acidente será, pois, esta: o homem é animal, ou o animal é vivo. Ora, é por si: que o homem, enquanto é homem, é animal, e o animal, enquanto é animal, é vivo. Portanto, alguém é pelo mesmo princípio homem, animal e vivo.

Se se diz, porém, que, mesmo existindo as diversas almas mencionadas, não se segue que as predicações anteriores sejam por acidente, porque aquelas almas têm ordem entre si, também isso se refuta. Com efeito, a ordem do sensitivo ao intelectivo, e do nutritivo ao sensitivo, é como a ordem da potência ao ato, pois na ordem da geração, é posterior o intelectivo ao sensitivo, e o sensitivo ao nutritivo; com efeito, na geração o animal se faz primeiro que o homem. — Se, portanto, esta ordem faz as predicações antes mencionadas serem por si, isso não se dará segundo aquele modo de dizer *por si*, que se toma segundo a forma, mas segundo aquele que se toma segundo a maté-

66 Platão (± 428-347 a.C.), em *Timeu* 31, 69 CD.

superficies colorata. Hoc autem est impossibile. Quia in isto modo dicendi per se, id quod est formale praedicatur per se de subiecto: ut cum dicimus, superficies est alba, vel, numerus est par. Et iterum in hoc modo dicendi per se subiectum ponitur in definitione praedicati: sicut numerus in definitione paris. Ibi autem e contrario accidit. Non enim homo per se praedicatur de animali, sed e converso: et iterum non ponitur subiectum in definitione praedicati, sed e converso. Non igitur praedictae praedicationes dicuntur per se ratione dicti ordinis.

ria e o sujeito, como quando se diz a superfície colorida. Ora, isso é impossível. Porque neste modo de dizer por si, aquilo que é formal se predica por si a respeito do sujeito, como quando dizemos que a superfície é branca, ou o número é par. E, novamente, neste modo de dizer por si se põe o sujeito na definição do predicado, como o número na definição do par. Mas, no outro sentido acontece o contrário: com efeito, homem não se predica por si do animal, mas ao contrário, e novamente não se põe o sujeito na definição do predicado, mas ao contrário. Portanto, as predicações mencionadas não se dizem por si em razão da dita ordem.

Praeterea. Ab eodem aliquid habet esse et unitatem: unum enim consequitur ad ens. Cum igitur a forma unaquaeque res habeat esse, a forma etiam habebit unitatem. Si igitur ponantur in homine plures animae sicut diversae formae, homo non erit unum ens, sed plura. Nec ad unitatem hominis ordo formarum sufficiet. Quia esse unum secundum ordinem non est esse unum simpliciter: cum unitas ordinis sit minima unitatum.

Além disso. Pelo mesmo princípio algo tem o ser e a unidade, pois o uno acompanha o ente. Como, pois, qualquer coisa tem o ser da forma, da forma também terá a unidade. Se, pois, atribuem-se ao homem várias almas como diversas formas, o homem não será um ente uno, mas muitos. Nem bastaria a ordem das formas para a unidade do homem. Porque o ser uno segundo a ordem não é o ser uno simplesmente, pois a unidade de ordem é a menor das unidades.

Item. Adhuc redibit praedictum inconveniens, ut scilicet ex anima intellectiva et corpore non fiat unum simpliciter, sed secundum accidens tantum. Omne enim quod advenit alicui post esse completum, advenit ei accidentaliter: cum sit extra essentiam eius. Quaelibet autem forma substantialis facit ens completum in genere substantiae: facit enim ens actu et hoc aliquid. Quicquid igitur post primam formam substantialem advenit rei, accidentaliter adveniet. Cum igitur anima nutritiva sit forma substantialis, vivum enim substantialiter de homine praedicatur et de animali; sequetur quod anima sensitiva adveniat accidentaliter, et similiter intellectiva. Et sic neque animal neque homo significant unum simpliciter, neque aliquod genus aut speciem in praedicamento substantiae.

Igualmente. Ainda voltará o inconveniente já mencionado[67], a saber, que da alma intelectiva e do corpo não se faz o uno simplesmente, mas apenas segundo o acidente. Com efeito, tudo aquilo que advém a alguma coisa depois do ser completo, advém-lhe acidentalmente, porque está fora de sua essência. Ora, qualquer forma substancial faz o ente completo no gênero da substância, pois faz o ente em ato e este determinado. Tudo, pois, que advenha à coisa depois da primeira forma substancial, advém acidentalmente. Como, pois, a alma nutritiva é forma substancial, o vivo se predica substancialmente do homem e do animal, segue-se que a alma sensitiva advém acidental, e semelhantemente a intelectiva. E assim nem o animal nem o homem significam o uno simplesmente, nem algum gênero ou espécie no predicamento da substância.

67 Cf. capítulo anterior.

Amplius. Si homo, secundum Platonis sententiam, non est aliquid ex anima et corpore compositum, sed est anima utens corpore, aut hoc intelligitur solum de anima intellectiva, aut de tribus animabus, si tres sunt, sive de duabus earum. Si autem de tribus vel duabus, sequitur quod homo non sit unum, sed sit duo vel tria: est enim tres animae, vel saltem duae. Si autem hoc intelligatur de anima intellectiva tantum, ita scilicet quod intelligatur anima sensitiva esse forma corporis, et anima intellectiva utens corpore animato et sensificato sit homo, sequentur adhuc inconvenientia: scilicet quod homo non sit animal, sed utatur animali, nam per animam sensitivam aliquid est animal; et quod homo non sentiat, sed utatur re sentiente. Quae cum sint inconvenientia, impossibile est tres animas substantia differentes esse in nobis, intellectivum, sensitivum et nutritivum.

Adhuc. Ex duobus aut pluribus non potest fieri unum si non sit aliquid uniens, nisi unum eorum se habeat ad alterum ut actus ad potentiam: sic enim ex materia et forma fit unum, nullo vinculo extraneo eos colligante. Si autem in homine sint plures animae, non se habent ad invicem ut materia et forma, sed omnes ponuntur ut actus quidam et principia actionum. Oportet igitur, si uniantur ad faciendum aliquid unum, puta hominem vel animal, quod sit aliquid uniens. Hoc autem non potest esse corpus: cum magis corpus uniatur per animam; cuius signum est quod discedente anima, corpus dissolvitur. Relinquitur igitur quod oportet aliquid formalius esse quod facit ex illis pluribus unum. Et hoc magis erit anima quam illa plura quae per ipsum uniuntur. Si igitur hoc iterum est habens partes diversas, et non est unum secundum se, oportet adhuc esse aliquid uniens. Cum igitur non sit abire in infinitum, oportet devenire ad aliquid quod sit secundum se unum. Et hoc maxime est anima. Oportet igitur in uno homine vel animali unam tantum animam esse.

Item. Si id quod est ex parte animae in homine, est ex pluribus congregatum, oportet

Ademais. Se o homem, segundo o parecer de Platão, não é algo composto de alma e corpo, mas é uma alma usando do corpo, ou isso se entende apenas da alma intelectiva, ou das três almas, se são três, ou de duas delas. Se, entretanto, de três ou de duas, segue-se que o homem não é uno, mas é dois ou três, pois é três almas ou ao menos duas. Se, porém, isso se entende da alma intelectiva apenas, ou seja, de modo que se entende que a alma sensitiva é a forma do corpo, e a alma intelectiva, usando o corpo animado e sensibilizado, é o homem, seguem-se ainda inconvenientes, a saber, que o homem não é animal, mas usa do animal, pois pela alma sensitiva uma coisa é animal, e que o homem não sente, mas usa de uma coisa que sente. Como essas coisas são inconvenientes, é impossível que três almas diferentes em substância estejam em nós, a intelectiva, a sensitiva e a nutritiva.

Ainda. De duas coisas ou de muitas não se pode fazer uma só, se não há algo que una, a não ser que uma delas se relacione com a outra, como o ato para a potência, pois assim da matéria e da forma se faz uma coisa só, nenhum vínculo externo a coligá-las. Portanto, se no homem há várias almas, elas não se relacionam entre si como matéria e forma, mas todas são postas como atos e princípios de ações. É necessário, pois, se se unem para fazer algo uno, por exemplo, homem ou animal, que haja algo que una. Ora, isto não pode ser o corpo, pois antes o corpo é unido pela alma, sinal disso é que, afastando-se a alma, dissolve-se o corpo. Resta, portanto, ser necessário que haja algo mais formal, que faça dessas várias almas uma só. E isso será mais a alma do que aquelas muitas coisas que por ela são unidas. Se, pois, isso por sua vez é o que tem partes diversas, e não é uno em si mesmo, é necessário ainda que haja algo que una. Como, pois, não é de ir-se ao infinito, é necessário chegar a algo que seja uno segundo si mesmo. E isso maximamente é a alma. Logo, é necessário que apenas haja uma alma num só homem ou animal.

Igualmente. Se o que há, da parte da alma no homem, é agregado de várias coisas, é ne-

quod sicut totum congregatum se habet ad totum corpus, ita singula ad singulas partes corporis. Quod etiam a positione Platonis non discordat: ponebat enim animam rationalem in cerebro, nutritivam in hepate, concupiscibilem in corde. Hoc autem apparet esse falsum, dupliciter.

Primo quidem quia aliqua pars animae est quae non potest attribui alicui parti corporis, scilicet intellectus, de quo supra ostensum est quod non est actus alicuius partis corporis.

Secundo, quia manifestum est quod in eadem parte corporis apparent diversarum partium animae operationes: sicut patet in animalibus quae decisa vivunt, quia eadem pars habet motum et sensum et appetitum quo movetur; et similiter eadem pars plantae decisa nutritur, augetur et germinat; ex quo apparet quod diversae partes animae in una et eadem parte corporis sint. Non igitur sunt diversae animae in nobis, diversis partibus corporis attributae.

Amplius. Diversae vires quae non radicantur in uno principio, non impediunt se invicem in agendo, nisi forte earum actiones essent contrariae: quod in proposito non contingit. Videmus autem quod diversae actiones animae impediunt se: cum enim una est intensa, altera remittitur. Oportet igitur quod istae actiones, et vires quae sunt earum proxima principia, reducantur in unum principium. Hoc autem principium non potest esse corpus: tum quia aliqua actio est in qua non communicat corpus, scilicet intelligere; tum quia, si principium harum virium et actionum esset corpus inquantum huiusmodi, invenirentur in omnibus corporibus, quod patet esse falsum. Et sic relinquitur quod sit principium earum forma aliqua una, per quam hoc corpus est tale corpus. Quae est anima. Relinquitur igitur quod omnes actiones animae quae sunt in nobis, ab anima una procedunt. Et sic non sunt in nobis plures animae.

cessário que, como todo agregado se relacione com todo o corpo, assim cada uma parte com cada uma do corpo. Isso, também não discorda da posição de Platão, pois ele localizava a alma racional no cérebro, a nutritiva no fígado, a concupiscível no coração[68]. Ora, isso se manifesta falso de duas maneiras.

Primeiro, porque há uma parte da alma que não pode ser atribuída a nenhuma parte do corpo, isto é, o intelecto, do qual se mostrou[69] que não é ato de alguma parte do corpo.

Segundo, porque é manifesto que na mesma parte do corpo aparecem operações de partes diversas da alma, por exemplo, é manifesto nos animais, que retalhados vivem, pois a mesma parte tem movimento e sentido e apetite pelo qual é movido, e semelhantemente a mesma parte da planta, cortada, se alimenta, cresce e germina; disso se manifesta que diversas partes da alma estejam em uma e mesma parte do corpo. Portanto, não são diversas almas em nós, atribuídas a diversas partes do corpo.

Ademais. Diversas formas, que não se enraízam em um princípio único, não se impedem entre si no agir, a menos que suas ações sejam contrárias, o que não vem a propósito, Vemos, todavia, que as diversas ações da alma impedem-se, quando uma é intensa, outra se abranda. Portanto, é necessário que essas ações, e forças que são seus próximos princípios, sejam reduzidas a um princípio único. Ora, esse princípio não pode ser o corpo, quer porque há uma ação na qual o corpo não se comunica, isto é, o conhecer; quer porque, se o princípio dessas forças e ações fosse o corpo enquanto tal, elas se encontrariam em todos os corpos, o que é claramente falso. E assim resta que seja princípio delas uma forma única, pela qual este corpo é tal corpo. Esta é a alma. Portanto, resta que todas as ações da alma que estão em nós, procedem da alma única. E assim não há em nós várias almas.

68 Platão (± 428-347 a.C.), em *Timeu* 33, 73 CD.

69 Cf. caps. 51 e 56.

Huic autem consonat quod dicitur in libro de ecclesiast. Dogmatibus: neque duas animas esse credimus in uno homine, sicut Iacobus et alii syrorum scribunt, unam animalem, qua animatur corpus, et immixta sit sanguini, et alteram spiritualem, quae rationem ministret: sed dicimus unam eandemque esse animam in homine quae et corpus sua societate vivificat, et semetipsam sua ratione disponat.

A isso é conforme o que se diz no livro dos Dogmas Eclesiásticos: *Não cremos que haja num só homem duas almas, como escrevem Jacó e outros Sírios, uma animal, pela qual é animado o corpo, e é misturada ao sangue, e outra espiritual, que serve à razão, mas afirmamos que há uma só e mesma alma, a qual vivifica o corpo com sua sociedade, e dispõe a si mesma por sua razão*[70].

Capitulum LIX

Quod intellectus possibilis hominis non est substantia separata

Fuerunt autem et alii alia adinventione utentes in sustinendo quod substantia intellectualis non possit uniri corpori ut forma.

Dicunt enim quod intellectus, etiam quem Aristoteles possibilem vocat, est quaedam substantia separata non coniuncta nobis ut forma. Et hoc confirmare nituntur, primo, ex verbis Aristotelis qui dicit, de hoc intellectu loquens, quod est separatus, et immixtus corpori, et simplex, et impassibilis: quae non possent dici de eo si esset forma corporis.

Item, per demonstrationem eiusdem qua probat quod, quia intellectus possibilis recipit omnes species rerum sensibilium ut in potentia ad ea existens, oportet quod omnibus careat. Sicut pupilla, quae recipit omnes species colorum, caret omni colore: si enim haberet de se aliquem colorem, ille color prohiberet videri alios colores; quinimmo nihil videretur nisi sub illo colore. Et simile contingeret de intellectu possibili, si haberet de se aliquam formam seu naturam de rebus sensibilibus. Hoc autem oporteret esse, si esset mixtus alicui corpori. Et similiter si esset forma alicuius corporis: quia, cum ex forma et materia fiat unum, oportet quod forma participet aliquid de natura eius cuius est forma. Impossibile est igitur intellectum possibilem esse mixtum

Capítulo 59

O intelecto possível do homem não é substância separada

Houve outros que usaram de outra invenção, sustentando que a substância intelectual não pode unir-se ao corpo, como forma[71].

Com efeito, afirmam que o intelecto, também aquele que Aristóteles chama de possível[72], é uma substância separada, não unida em nós como forma. E esforçam-se por confirmar isso, em primeiro lugar, com as palavras de Aristóteles, que afirma, falando desse intelecto, que é separado, e não misturado ao corpo, e simples, e impassível, coisas que não podem ser ditas dele, se fosse forma do corpo.

Igualmente, por sua mesma demonstração, pela qual prova que, dado que o intelecto possível recebe todas as espécies das coisas sensíveis como existindo em potência para elas, é necessário que de todas careça. Como a pupila, que recebe todas as espécies de cores, carece de toda cor, pois se tivesse de si alguma cor, essa cor proibiria que fossem vistas outras cores, já que nada se veria senão sob essa cor. E coisa semelhante aconteceria com o intelecto possível, se tivesse de si uma forma ou natureza de coisas sensíveis. Ora, isso deveria ser, se estivesse misturado a algum corpo. E semelhantemente se fosse forma de algum corpo, porque, como se faz o uno de matéria e forma, é necessário que a forma participe de algo da natureza daquilo de que é forma. É

70 Atribuído a Agostinho (354-431). Provável de Genádio (séc. V) em *Livro dos Dogmas Eclesiásticos*, ML 58, 984.

71 Averróis [Ibn Roschd] (1126-1198), em *Comentários sobre a Alma* III, 5, 11-24, 54-56.

72 Averróis [Ibn Roschd] (1126-1198), em *Comentários sobre a Alma* III, 4, 429a, 21-22.

corpori, aut esse actum seu formam alicuius corporis.

Adhuc. Si esset forma alicuius corporis materialis, esset eiusdem generis receptio huius intellectus, et receptio materiae primae. Id enim quod est alicuius corporis forma, non recipit aliquid absque sua materia. Materia autem prima recipit formas individuales: immo per hoc individuantur quod sunt in materia. Intellectus igitur possibilis reciperet formas ut sunt individuales. Et sic non cognosceret universalia. Quod patet esse falsum.

Praeterea. Materia prima non est cognoscitiva formarum quas recipit. Si ergo eadem esset receptio intellectus possibilis et materiae primae, nec intellectus possibilis cognosceret formas receptas. Quod est falsum.

Amplius. Impossibile est in corpore esse virtutem infinitam: ut probatur ab Aristotele in VIII physicor.. Intellectus autem possibilis est quodammodo virtutis infinitae: iudicamus enim per ipsum res infinitas secundum numerum, inquantum per ipsum cognoscimus universalia, sub quibus comprehenduntur particularia infinita in potentia. Non est igitur intellectus possibilis virtus in corpore.

Ex his autem motus est Averroes et quidam antiqui, ut ipse dicit, ad ponendum intellectum possibilem, quo intelligit anima, esse separatum secundum esse a corpore, et non esse formam corporis. Sed quia hic intellectus nihil ad nos pertineret, nec per ipsum intelligeremus, nisi nobiscum aliquo modo coniungeretur; determinat etiam modum quo continuatur nobiscum, dicens quod species intellecta in actu est forma intellectus possibilis, sicut visibile in actu est forma potentiae visivae. Unde ex intellectu possibili et forma intellecta in actu fit unum. Cuicumque igitur coniungitur forma intellecta praedicta, coniungitur intellectus possibilis. Coniungitur autem nobis mediante phantasmate, quod est subiectum quoddam illius formae intellectae.

impossível, portanto, que o intelecto possível seja misturado ao corpo, ou que seja ato ou forma de algum corpo.

Ainda. Se fosse forma de algum corpo material, seria do mesmo gênero a recepção desse intelecto e a recepção da matéria-prima. Com efeito, o que é forma de algum corpo, não recebe algo sem sua matéria. Ora, a matéria-prima recebe as formas individuais, antes são individuadas enquanto estão na matéria. O intelecto possível, pois, receberia as formas enquanto são individuais. E assim não conheceria os universais. O que é manifesto ser falso.

Além disso. A matéria-prima não conhece as formas que recebe. Se, pois, fosse a mesma a recepção do intelecto possível e a da matéria-prima, nem o intelecto possível conheceria as formas recebidas. O que é falso.

Ademais. É impossível haver no corpo uma potência infinita, como é provado por Aristóteles[73]. Ora, de certo modo o intelecto possível é de potência infinita, pois julgamos por ele coisas infinitas segundo o número, enquanto por ele conhecemos os universais, sob os quais são compreendidos particulares infinitos em potência. O intelecto possível não é, portanto, uma potência no corpo.

Por essas razões, moveu-se Averróis[74] e alguns antigos, como ele diz, a afirmar que o intelecto possível, pelo qual a alma conhece, é separado do corpo segundo o ser, e não é forma do corpo. Mas, porque esse intelecto não nos pertenceria em nada, nem por ele conheceríamos, a não ser que se unisse a nós de algum modo, determina ele também o modo pelo qual continua conosco, dizendo que a espécie conhecida em ato é a forma do intelecto possível, como o visível em ato é a forma da potência visual. Donde, do intelecto e da forma entendida se faz uma coisa só. Portanto, a qualquer um a que se una a forma entendida mencionada, une-se o intelecto possível. Ora, une-se a nós mediante o fantasma, que é o sujeito daquela forma entendida. Logo, por esse

73 Aristóteles (384-322 a.C.), em *Física* VIII, 10, 266a, 24b, 5.

74 Averróis [Ibn Roschd] (1126-1198), em *Comentários sobre a Alma* III, 5, 27-56.

Per hunc igitur modum etiam intellectus possibilis nobiscum continuatur. — Quod autem haec frivola sint et impossibilia facile est videre. Habens enim intellectum est intelligens. Intelligitur autem id cuius species intelligibilis intellectui unitur. Per hoc igitur quod species intelligibilis intellectui unita est in homine per aliquem modum, non habebit homo quod sit intelligens, sed solum quod intelligatur ab intellectu separato.

Praeterea. Sic species intellecta in actu est forma intellectus possibilis, sicut species visibilis in actu est forma potentiae visivae, sive ipsius oculi. Species autem intellecta comparatur ad phantasma sicut species visibilis in actu ad coloratum quod est extra animam: et hac similitudine ipse utitur, et etiam Aristoteles. Similis igitur continuatio est intellectus possibilis per formam intelligibilem ad phantasma quod in nobis est, et potentiae visivae ad colorem qui est in lapide. Haec autem continuatio non facit lapidem videre, sed solum videri. Ergo et praedicta continuatio intellectus possibilis nobiscum non facit nos intelligere, sed intelligi solum. Planum autem est quod proprie et vere dicitur quod homo intelligit: non enim intellectus naturam investigaremus nisi per hoc quod nos intelligimus. Non igitur sufficiens est praedictus continuationis modus.

Adhuc. Omne cognoscens per virtutem cognoscitivam coniungitur obiecto, et non e converso: sicut et operans omne per virtutem operativam coniungitur operato. Homo autem est intelligens per intellectum sicut per virtutem cognoscitivam. Non igitur coniungitur per formam intelligibilem intellectui, sed magis per intellectum intelligibili.

Amplius. Id quo aliquid operatur, oportet esse formam eius: nihil enim agit nisi secundum quod est actu; actu autem non est aliquid nisi per id quod est forma eius; unde et Aristoteles probat animam esse formam, per hoc quod animal per animam vivit et sentit. Homo

modo também o intelecto possível continua em nós. — Que, porém, essas afirmações sejam frívolas e impossíveis, é fácil de ver. Com efeito, aquele que tem intelecto é inteligente. Ora, conhece-se aquilo cuja espécie se une ao intelecto. Logo, enquanto a espécie inteligível unida ao intelecto está no homem por algum modo, não terá o homem de ser inteligente, mas só de ser conhecido pelo intelecto separado.

Além disso. A espécie entendida em ato é forma do intelecto possível, assim como a espécie visível em ato é forma da potência visual, ou do próprio olho. Ora, a espécie entendida se compara aos fantasmas como a espécie visível em ato ao colorido que está fora da alma, e dessa semelhança ele usa, e também Aristóteles. Portanto, semelhante continuação é do intelecto possível pela forma inteligível com relação ao fantasma que está em nós, e da potência visual com relação à cor que está na pedra. Ora, essa continuação não faz que a pedra veja. Mas só ser vista. Logo, também a mencionada continuação do intelecto possível conosco não nos faz conhecer, mas apenas ser conhecidos. É evidente, contudo, que de modo próprio e verdadeiro se diz que o homem conhece, pois não investigaremos a natureza do intelecto senão pelo que nós conhecemos. Não é, pois, suficiente o mencionado modo de continuação.

Ainda. Todo aquele que conhece une-se pela potência cognoscitiva ao objeto, e não ao contrário, assim como todo operante une-se à obra pela potência operativa. Ora, o homem é inteligente pelo intelecto como pela potência cognoscitiva. Não se une, portanto, ao intelecto pela forma inteligível, mas antes pelo intelecto ao inteligível.

Ademais. Aquilo pelo qual uma coisa opera, é necessário que seja sua forma, pois nada age senão enquanto está em ato, mas em ato não está algo senão por aquilo que é sua forma; donde também Aristóteles[75] prova que a alma é forma, enquanto o animal pela alma

75 Aristóteles (384-322 a.C.), em *Sobre a Alma* II, 2, 414a, 14-19.

autem intelligit, et non nisi per intellectum: unde et Aristoteles, inquirens de principio quo intelligimus, tradit nobis naturam intellectus possibilis. Oportet igitur intellectum possibilem formaliter uniri nobis, et non solum per suum obiectum.

Praeterea. Intellectus in actu et intelligibile in actu sunt unum: sicut sensus in actu et sensibile in actu. Non autem intellectus in potentia et intelligibile in potentia: sicut nec sensus in potentia et sensibile in potentia. Species igitur rei, secundum quod est in phantasmatibus, non est intelligibilis actu: non enim sic est unum cum intellectu in actu sed secundum quod est a phantasmatibus abstracta; sicut nec species coloris est sensata in actu secundum quod est in lapide, sed solum secundum quod est in pupilla. Sic autem solum continuatur nobiscum species intelligibilis secundum quod est in phantasmatibus, secundum positionem praedictam. Non igitur continuatur nobiscum secundum quod est unum cum intellectu possibili ut forma eius. Igitur non potest esse medium quo continuetur intellectus possibilis nobiscum: quia secundum quod continuatur cum intellectu possibili, non continuatur nobiscum, nec e converso. Patet autem eum qui hanc positionem induxit, aequivocatione deceptum fuisse. Colores enim extra animam existentes, praesente lumine, sunt visibiles actu ut potentes movere visum: non autem ut actu sensata, secundum quod sunt unum cum sensu in actu. Et similiter phantasmata per lumen intellectus agentis fiunt actu intelligibilia, ut possint movere intellectum possibilem: non autem ut sint intellecta actu, secundum quod sunt unum cum intellectu possibili facto in actu.

Item. Ubi invenitur altior operatio viventis, ibi invenitur altior species vitae, correspondens illi actioni. In plantis enim invenitur

vive e sente. Ora, o homem não conhece, a não ser pelo intelecto; daí que Aristóteles[76], inquirindo sobre o princípio pelo qual conhecemos, apresenta-nos a natureza do intelecto possível. É necessário, portanto, que o intelecto possível formalmente se una a nós, e não só pelo seu objeto.

Além disso. *O intelecto em ato e o inteligível em ato são uma só coisa*[77], *como o sentido em ato e o sensível em ato*[78]. Não, porém, o intelecto em potência e o inteligível em potência, como tampouco o sentido em potência e o sensível em potência. Logo, a espécie da coisa, enquanto está nos fantasmas, não é inteligível em ato, pois não é assim uma só coisa com o intelecto em ato, mas segundo é abstraída dos fantasmas, como tampouco a espécie da cor é sentida em ato enquanto está na pedra, mas só enquanto está na pupila. Assim, só continua conosco a espécie inteligível enquanto está nos fantasmas, segundo a mencionada afirmação. Portanto, não continua conosco enquanto é uma só coisa com o intelecto possível como sua forma. Logo, não pode ser meio em que se continue o intelecto possível conosco, porque, enquanto continua com o intelecto possível, não continua conosco, nem também ao contrário. Ora, é evidente que quem apresentou essa afirmação, foi enganado por um equívoco. Com efeito, as cores existentes fora da alma, presente a luz, são visíveis em ato como podendo mover a visão, não, porém, como sentidas em ato, enquanto são uma só coisa com o sentido em ato. E, semelhantemente, os fantasmas pela luz do intelecto agente tornam-se inteligíveis em ato, para que possam mover o intelecto possível, não, porém, para que sejam conhecidos em ato, enquanto são uma só coisa com o intelecto possível feito em ato.

Igualmente. Onde se encontra a operação mais alta do vivente, aí se encontra uma espécie de vida mais alta, correspondente àque-

76 Aristóteles (384-322 a.C.), em *Sobre a Alma* III, 4, 429a, 18-24.
77 Aristóteles (384-322 a.C.), em *Sobre a Alma* III, 4, 430a, 3-5.
78 Aristóteles (384-322 a.C.), em *Sobre a Alma* III, 2, 425b, 25-26.

sola actio ad nutritionem pertinens. In animalibus autem invenitur altior actio, scilicet sentire et moveri secundum locum: unde et animal vivit altiori specie vitae. Sed adhuc in homine invenitur altior operatio ad vitam pertinens quam in animali, scilicet intelligere. Ergo homo habebit altiorem speciem vitae. Sed vita est per animam. Habebit igitur homo altiorem animam, qua vivit, quam sit anima sensibilis. Nulla autem est altior quam intellectus. Est igitur intellectus anima hominis. Et per consequens forma ipsius.

Adhuc. Quod consequitur ad operationem alicuius rei, non largitur alicui speciem: quia operatio est actus secundus; forma autem per quam aliquid habet speciem, est actus primus. Unio autem intellectus possibilis ad hominem, secundum positionem praedictam, consequitur hominis operationem: fit enim mediante phantasia, quae, secundum Philosophum, est motus factus a sensu secundum actum. Ex tali igitur unione non consequitur homo speciem. Non igitur differt homo specie a brutis animalibus per hoc quod est intellectum habens.

Amplius. Si homo speciem sortitur per hoc quod est rationalis et intellectum habens, quicumque est in specie humana, est rationalis et intellectum habens.

Sed puer, etiam antequam ex utero egrediatur, est in specie humana: in quo tamen nondum sunt phantasmata, quae sint intelligibilia actu. Non igitur est homo intellectum habens per hoc quod intellectus continuatur homini mediante specie intelligibili cuius subiectum est phantasma.

Capitulum LX
Quod homo non sortitur speciem per intellectum passivum, sed per intellectum possibilem

His autem rationibus obviatur secundum praedictam positionem.

la ação. Com efeito, nas plantas encontra-se apenas a ação pertencente à nutrição. Nos animais, porém, encontra-se a ação mais elevada, ou seja, sentir e mover-se segundo o lugar; donde também o animal vive por uma espécie mais alta de vida. Mas, ainda no homem encontra-se a operação pertencente à vida mais alta do que no animal, ou seja, conhecer. Logo, terá o homem uma espécie mais alta de vida. Mas a vida é pela alma. Terá, pois, o homem a alma, pela qual vive, mais alta do que é a alma sensível. Ora, nenhuma é mais alta do que o intelecto. É, pois, o intelecto a alma do homem. E, por conseguinte, a sua forma.

Ainda. O que segue a operação de uma coisa, não lhe fornece a espécie, porque a operação é ato segundo, mas a forma, pela qual algo tem a espécie, é ato primeiro. Ora, a união do intelecto possível com o homem, segundo a afirmação mencionada, segue a operação do homem, pois se faz mediante a fantasia, que, segundo o Filósofo, *é o movimento feito pelo sentido segundo o ato*[79]. Dessa união, portanto, o homem não obtém a espécie. Logo, não difere o homem pela espécie dos animais irracionais pelo fato de ter intelecto.

Ademais. Se o homem recebe a espécie pelo fato de que é racional e tem intelecto, qualquer um que esteja na espécie humana é racional e tem intelecto.

Mas a criança, mesmo antes de sair do útero, está na espécie humana, embora nela ainda não haja fantasmas que sejam inteligíveis em ato. Portanto, se o homem tem intelecto não é pelo fato de que o intelecto continua no homem mediante a espécie inteligível cujo sujeito é o fantasma.

Capítulo 60
O homem não recebe a espécie pelo intelecto passivo, mas pelo intelecto possível

Por estas razões, refuta-se a afirmação mencionada.

---

[79] Aristóteles (384-322 a.C.), em *Sobre a Alma* III, 3, 429a, 1-2.

Dicit enim praedictus Averroes quod homo differt specie a brutis per intellectum quem Aristoteles vocat passivum, qui est ipsa vis cogitativa, quae est propria homini, loco cuius alia animalia habent quandam aestimativam naturalem. Huius autem cogitativae virtutis est distinguere intentiones individuales, et comparare eas ad invicem: sicut intellectus qui est separatus et immixtus, comparat et distinguit inter intentiones universales. Et quia per hanc virtutem, simul cum imaginativa et memorativa, praeparantur phantasmata ut recipiant actionem intellectus agentis, a quo fiunt intelligibilia actu, sicut sunt aliquae artes praeparantes materiam artifici principali; ideo praedicta virtus vocatur nomine intellectus et rationis, de qua medici dicunt quod habet sedem in media cellula capitis. Et secundum dispositionem huius virtutis differt homo unus ab alio in ingenio et in aliis quae pertinent ad intelligendum. Et per usum huius et exercitium acquirit homo habitum scientiae. Unde habitus scientiarum sunt in hoc intellectu passivo sicut in subiecto. Et hic intellectus passivus a principio adest puero, per quem sortitur speciem humanam, antequam actu intelligat.

Afirma, com efeito, Averróis[80] que o homem difere, na espécie, dos irracionais pelo intelecto que Aristóteles chama de passivo, que é a mesma força cogitativa, que é própria do homem, em lugar da qual os outros animais têm a estimativa natural. Ora, pertence a essa potência cogitativa distinguir as intenções individuais, e compará-las entre si, como o intelecto que é separado e não misturado compara e distingue entre as intenções universais. E porque, por essa potência, simultaneamente com a imaginativa e a memorativa, são preparados os fantasmas para que recebam a ação do intelecto agente, pelo qual se tornam inteligíveis em ato, como são algumas artes que preparam a matéria para o artífice principal; por isso, a mencionada potência é chamada pelo nome de intelecto e de razão, da qual dizem os médicos que tem a sede na cavidade média da cabeça. E de acordo com a disposição dessa potência difere um homem de outro no engenho e em outras coisas que pertencem à inteligência. E por seu uso o homem também adquire o hábito da ciência. Donde, o hábito das ciências está nesse intelecto passivo, como no sujeito. E esse intelecto passivo está presente de princípio na criança, e por ele recebe a espécie humana, antes de conhecer em ato.

Quod autem haec sint falsa, et abusive dicta, evidenter apparet. Operationes enim vitae comparantur ad animam ut actus secundi ad primum: ut patet per Aristotelem, in II de anima. Actus autem primus in eodem praecedit tempore actum secundum: sicut scientia est ante considerare. In quocumque igitur invenitur aliqua operatio vitae, oportet in eo ponere aliquam partem animae quae comparetur ad illam operationem sicut actus primus ad secundum. Sed homo habet propriam operationem supra alia animalia, scilicet intelligere et ratiocinari, quae est operatio hominis inquantum est homo, ut Aristoteles dicit, in I ethicorum. Ergo oportet in homine

Ora, que essas coisas sejam falsas, e ditas abusivamente, é manifesto de modo evidente. Com efeito, as operações da vida se relacionam com a alma como os atos segundos com o primeiro, como se evidencia por Aristóteles[81]. Ora, o ato primeiro precede no mesmo sujeito, quanto ao tempo, ao ato segundo, como a ciência é antes do considerar. Portanto, em qualquer um em que se encontre alguma operação de vida, é necessário que nele haja alguma parte da alma que se relacione com outra operação como o ato primeiro com o segundo. Mas o homem tem a operação própria sobre os outros animais, a saber, conhecer e raciocinar, que é operação do homem enquanto é

80 Averróis [Ibn Roschd] (1126-1198), em *Comentários sobre a Alma* III, 20, 165-168.
81 Aristóteles (384-322 a.C.), em *Sobre a Alma* II, 1, 412a, 22-28.

ponere aliquod principium quod proprie dat speciem homini, quod se habeat ad intelligere sicut actus primus ad secundum. Hoc autem non potest esse intellectus passivus praedictus: quia principium praedictae operationis oportet esse impassibile et non mixtum corpori, ut Philosophus probat; cuius contrarium apparet de intellectu passivo. Non igitur est possibile quod per virtutem cogitativam, quae dicitur intellectus passivus, homo speciem sortiatur, per quam ab aliis animalibus differat.

Adhuc. Quod est passio partis sensitivae, non potest ponere in altiori genere vitae quam sit vita sensitiva: sicut quod est passio animae nutritivae, non ponit in altiori genere vitae quam sit vita nutritiva.

Constat autem quod phantasia, et huiusmodi potentiae quae ad ipsam consequuntur, ut memorativa et consimiles, sunt passiones partis sensitivae: ut Philosophus probat in libro de memoria. Non igitur per praedictas virtutes, vel aliquam earum, aliquod animal potest poni in altiori genere vitae quam sit vita sensitiva. Homo autem est in altiori genere vitae: quod patet per Philosophum, in II de anima, qui, distinguens genera vitae, superaddit intellectivum, quod homini attribuit, sensitivo, quod attribuit communiter omni animali. Non igitur homo est vivens vita sibi propria per virtutem cogitativam praedictam.

Amplius. Omne movens seipsum, secundum quod probat Philosophus, in VIII physic., componitur ex movente et moto. Homo autem, sicut et alia animalia, est movens seipsum. Ergo movens et motum sunt partes ipsius. Primum autem movens in homine est intellectus: nam intellectus suo intelligibili movet voluntatem. Nec potest dici quod solus intellectus passivus sit movens: quia intellectus passivus est solum particularium; in mo-

homem, como afirma Aristóteles[82]. Logo, é necessário que haja no homem um princípio que propriamente dá a espécie ao homem, que esteja para o conhecer como o ato primeiro para o segundo. Ora, esse não pode ser o mencionado intelecto passivo, porque é necessário que o princípio da dita operação seja impassível e não misturado ao corpo, como prova o Filósofo[83]; o contrário disso é manifesto quanto ao intelecto passivo. Portanto, não é possível que, pela potência cogitativa, que se diz intelecto passivo, o homem receba a espécie, pela qual difira dos outros animais.

Ainda. O que é paixão da parte sensitiva não pode pôr-se em gênero de vida mais elevado que é a vida sensitiva, como o que é paixão da alma nutritiva não se põe em gênero de vida mais elevado que é a vida nutritiva. Ora, consta que a fantasia e semelhantes potências que a seguem, como a memorativa e similares, são paixões da parte sensitiva, como prova o Filósofo[84]. Portanto, pelas preditas potências, ou por alguma delas, nenhum animal pode pôr-se em gênero de vida mais elevado que é a vida sensitiva. O homem, porém, está no gênero mais elevado de vida, o que se evidencia pelo Filósofo[85], o qual, distinguindo os gêneros de vida, acrescenta o intelectivo, que atribui ao homem, ao sensitivo, que atribui em comum a todo animal. Portanto, o homem não vive por vida própria de si pela mencionada potência cogitativa.

Ademais. Todo o que move a si mesmo, segundo o que prova o Filósofo[86], compõe-se de movente e movido. Ora, o homem, como também os outros animais, move a si mesmo. Logo, movente e movido são suas partes. Ora, o primeiro movente no homem é o intelecto; com efeito, o intelecto por seu inteligível move a vontade. Nem se pode dizer que só o intelecto passivo seja o movente, porque o intelecto passivo é só dos particulares; ao mover,

82 Aristóteles (384-322 a.C.), em *Ética* I, 6, 1097b, 24-28.
83 Cf. capítulo anterior
84 Aristóteles (384-322 a.C.), em *Sobre a Memória*, 1, 450a, 22-25.
85 Aristóteles (384-322 a.C.), em *Sobre a Alma* II, 2, 413a, 22-25.
86 Aristóteles (384-322 a.C.), em *Física* VIII, 5, 257a, 33b, 13.

vendo autem accipitur et universalis opinio, quae est intellectus possibilis, et particularis, quae potest esse intellectus passivi; ut patet per Aristotelem, in III de anima et in VII eth. Ergo intellectus possibilis est aliqua pars hominis. Et est dignissimum et formalissimum in ipso. Igitur ab eo speciem sortitur, et non ab intellectu passivo.

Adhuc. Intellectus possibilis probatur non esse actus corporis alicuius propter hoc quod est cognoscitivus omnium formarum sensibilium in universali. Nulla igitur virtus cuius operatio se extendere potest ad universalia omnium formarum sensibilium, potest esse actus alicuius corporis. Voluntas autem est huiusmodi: omnium enim eorum quae intelligimus possumus habere voluntatem, saltem ea cognoscendi. Apparet etiam actus voluntatis in universali: odimus enim, ut dicit Aristoteles in sua rhetorica, in universali latronum genus, irascimur autem particularibus tantum. Voluntas igitur non potest esse actus alicuius partis corporis, nec consequi aliquam potentiam quae sit actus corporis. Omnis autem pars animae est actus alicuius corporis praeter solum intellectum proprie dictum. Igitur voluntas in intellectiva parte est: unde et Aristoteles dicit, in III de anima, quod voluntas in ratione est, irascibilis autem et concupiscibilis in parte sensitiva. Propter quod et actus concupiscibilis et irascibilis cum passione sunt: non autem actus voluntatis, sed cum electione. Voluntas autem hominis non est extrinseca ab homine, quasi in quadam substantia separata fundata, sed est in ipso homine. Aliter enim non esset Dominus suarum actionum, quia ageretur voluntate cuiusdam substantiae separatae; et in ipso essent tantum potentiae appetitivae cum passione operantes, scilicet irascibilis et concupiscibilis, quae sunt in parte sensitiva, sicut et in ceteris animalibus, quae magis aguntur quam agant. Hoc autem est impossibile, et destructivum totius

porém, recebe-se tanto a opinião universal, que é do intelecto possível, quanto a particular, a qual pode ser do intelecto possível, como se evidencia por Aristóteles[87]. Logo, o intelecto possível é uma parte do homem. E está nele o mais digno e o mais formal. Portanto dele recebe a espécie, e não do intelecto passivo.

Ainda. Prova-se que o intelecto possível não é ato de um corpo porque é cognoscitivo de todas as formas sensíveis em universal. Portanto, nenhuma potência cuja operação pode estender-se aos universais de todas as formas sensíveis, pode ser ato de algum corpo. Ora, a vontade é assim, pois de todas aquelas coisas que conhecemos podemos ter vontade, ao menos de conhecê-las. É manifesto também o ato da vontade em universal, pois, odiamos, como diz Aristóteles[88], de modo universal o gênero de ladrões, mas nos iramos apenas com os particulares. Logo, a vontade não pode ser o ato de alguma parte do corpo, nem seguir uma potência que seja ato do corpo. Ora, toda parte da alma é ato de um corpo, exceto apenas o intelecto propriamente dito. Portanto, a vontade está na parte intelectiva, donde também Aristóteles[89] diz que a vontade está na razão, mas o irascível e o concupiscível na parte sensitiva. Por causa disso também o ato concupiscível e o irascível são com paixão, não, porém o ato da vontade, que é com eleição. Ora, a vontade do homem não é extrínseca ao homem, como fundada em alguma substância separada, mas está no próprio homem. Do contrário, não seria o senhor de suas ações, pois agiria por vontade de alguma substância separada, e nele estariam apenas as potências apetitivas operando com paixão, a saber, o irascível e o concupiscível, que estão na parte sensitiva, como também nos noutros animais, que são mais atuados que atuam. Ora, isso é impossível, e destrutivo de toda a filosofia moral e do convívio político. Logo, é

87 Aristóteles (384-322 a.C.), em *Sobre a Alma* III, 11, 434a, 16-21; e em *Ética* VII, 5, 1146b, 24-1147a, 10.
88 Aristóteles (384-322 a.C.), em *Retórica* II, 4, 1382a, 4-6.
89 Aristóteles (384-322 a.C.), em *Sobre a Alma* III, 9, 432b, 5-6.

moralis philosophiae et politicae conversationis. Oportet igitur intellectum possibilem in nobis esse, per quem a brutis differamus, et non solum secundum intellectum passivum.

Item. Sicut nihil est potens agere nisi per potentiam activam in ipso existentem, ita nihil potens est pati nisi per potentiam passivam quae in ipso est: combustibile enim est potens comburi non solum quia est aliquid potens comburere ipsum, sed etiam quia habet in se potentiam ut comburatur. Intelligere autem quoddam pati est ut dicitur in III de anima. Cum igitur puer sit potentia intelligens, etsi non actu intelligat, oportet quod sit in eo aliqua potentia qua sit potens intelligere. Haec autem potentia est intellectus possibilis. Oportet igitur quod puero iam sit coniunctus intellectus possibilis antequam actu intelligat. Non est igitur continuatio intellectus possibilis cum homine per formam intellectam in actu, sed ipse intellectus possibilis inest homini a principio sicut aliquid eius.

Huic autem rationi respondet Averroes praedictus. Dicit enim quod puer dicitur potentia intelligens duplici ratione. Uno modo, quia phantasmata quae sunt in ipso, sunt intelligibilia in potentia. Alio modo, quia intellectus possibilis est potens continuari cum ipso: et non quia intellectus sit iam unitus ei.

Ostendendum est autem quod uterque modus sit insufficiens. Alia enim est potentia qua agens potest agere, et alia potentia qua patiens potest pati, et ex opposito dividuntur. Ex eo igitur quod convenit alicui quod possit agere, non competit ei quod possit pati. Posse autem intelligere est posse pati: cum intelligere quoddam pati sit, secundum Philosophum. Non igitur dicitur puer potens intelligere ex eo quod phantasmata in eo possunt esse intellecta in actu: cum hoc pertineat ad posse agere; phantasmata enim movent intellectum possibilem.

necessário que haja em nós o intelecto possível, pelo qual nos diferenciamos dos animais irracionais, e não apenas segundo o intelecto passivo.

Igualmente. Como nada é potente para agir senão pela potência ativa existente nele, assim nada é potente para padecer senão pela potência passiva que há nele, pois o combustível é potente para se queimar não apenas porque é algo potente para queimar, mas também porque tem em si a potência para ser queimado. Ora, o conhecer é de certo modo padecer, como se diz no livro III do *Sobre a Alma*[90]. Como, pois, a criança é potência inteligente, embora não conheça em ato, é necessário que haja nela uma potência pela qual seja potente para conhecer. Ora, essa potência é o intelecto possível.

É necessário, pois, que o intelecto possível já esteja unido à criança, antes de conhecer em ato. Não há, portanto, a união do intelecto possível com o homem pela forma entendida em ato, mas o próprio intelecto possível está desde o princípio no homem, como algo dele.

O mencionado Averróis[91] responde a esta razão. Diz, com efeito, que *a criança se diz inteligente em potência por dupla razão. De um modo, porque os fantasmas, que estão nela, são inteligíveis em potência. De outro modo, porque o intelecto possível é potente para continuar com ela, e não porque o intelecto seja já unido a ela.*

Ora, deve-se mostrar que ambos os modos são insuficientes. Com efeito, uma é a potência pela qual o agente pode agir, e outra a potência pela qual o paciente pode padecer, e se distinguem pelo oposto. Portanto, de que convenha a algum que possa agir, não lhe compete que possa padecer. Ora, poder conhecer é poder padecer, pois *conhecer é certo padecer*, segundo o Filósofo. Portanto, não se diz que a criança pode conhecer pelo fato de que os fantasmas possam nela ser conhecidos em ato, porque isso pertence ao poder agir, pois os fantasmas movem o intelecto possível.

90 Aristóteles (384-322 a.C.), em *Sobre a Alma* III, 4, 429a, 13-14.
91 Averróis [Ibn Roschd] (1126-1198), em *Comentários sobre a Alma* III, 5, 520-527.

Adhuc. Potentia consequens speciem alicuius non competit ei secundum id quod speciem non largitur. Posse autem intelligere consequitur speciem humanam: est enim intelligere operatio hominis inquantum huiusmodi. Phantasmata autem non dant speciem humanam, sed magis consequuntur operationem hominis. Non ergo ratione phantasmatum potest dici puer potentia intelligens.

Similiter autem neque potest dici puer posse intelligere quia intellectus possibilis potest continuari cum ipso. Sic enim aliquis dicitur potens agere vel pati per potentiam activam vel passivam, sicut dicitur albus per albedinem. Non autem dicitur aliquis albus antequam albedo sit ei coniuncta.

Ergo neque dicitur aliquis potens agere vel pati antequam potentia activa vel passiva ei adsit. Non ergo de puero posset dici quod est potens intelligere antequam intellectus possibilis, qui est potentia intelligendi, sit ei continuatus.

Praeterea. Aliter dicitur aliquis potens operari antequam habeat naturam qua operetur, et aliter postquam iam habet naturam sed impeditur per accidens ab operando: sicut aliter dicitur corpus potens ferri sursum antequam sit leve, et aliter postquam iam est generatum leve sed impeditur in suo motu. Puer autem est in potentia intelligens non quasi nondum habens naturam intelligendi, sed habens impedimentum ut non intelligat: impeditur enim ab intelligendo propter multimodos motus in ipso existentes, ut dicitur in VII physicorum. Non igitur propter hoc dicitur potens intelligere quia intellectus possibilis, qui est intelligendi principium, potest continuari sibi: sed quia iam est continuatus et impeditur ab actione propria; unde, impedimento remoto, statim intelligit.

Ainda. A potência que segue a espécie de alguma coisa não lhe compete enquanto a espécie não é dada. Ora, poder conhecer segue a espécie humana, pois o conhecer é uma operação do homem enquanto tal. Os fantasmas, porém, não dão a espécie humana, mas antes seguem a operação do homem. Não é, pois, por razão dos fantasmas, que se possa dizer que a criança é inteligente em potência.

Semelhantemente, não se pode dizer que a criança pode conhecer porque o intelecto possível pode unir-se a ela. Assim, com efeito, alguém pode se dizer potente para agir ou padecer pela potência ativa ou passiva, assim como se diz branco pela brancura. Ora, não se diz alguém branco antes que a brancura esteja unida com ele. Logo, nem se diz alguém potente para operar ou padecer antes que lhe esteja presente a potência ativa ou passiva. Portanto, não se poderia dizer da criança que é potente para conhecer antes que o intelecto possível, que é potência para conhecer, seja unido a ela.

Além disso. De um modo se diz que alguém é potente para operar antes que tenha a natureza pela qual opere, e de outro modo depois que tenha a natureza, mas é impedido acidentalmente de operar; como de um modo se diz que um corpo é potente para ser levado para acima antes de ser leve, e de outro modo depois que é gerado leve, mas é impedido em seu movimento. Ora, a criança é em potência inteligente não como não tivesse a natureza de conhecer, mas porque tem um impedimento para conhecer, pois é impedida de conhecer em razão de muitos modos de movimentos nela existentes, como é afirmado no livro da *Física*[92]. Portanto, não se diz que ela é potente para conhecer porque o intelecto possível, que é o princípio de conhecer, pode estar unido a ela, mas porque já está unido e é impedido em sua ação própria; donde, removido o impedimento, conhece imediatamente.

92 Aristóteles (384-322 a.C.), em *Física* VII, 3, 248a, 1-2.

Item. Habitus est quo quis operatur cum voluerit. Oportet igitur eiusdem esse habitum, et operationem quae est secundum habitum. Sed considerare intelligendo, quod est actus huius habitus qui est scientiae, non potest esse intellectus passivi, sed est ipsius intellectus possibilis: ad hoc enim quod aliqua potentia intelligat, oportet quod non sit actus corporis alicuius. Ergo et habitus scientiae non est in intellectu passivo sed in intellectu possibili. Scientia autem in nobis est, secundum quam dicimur scientes. Ergo et intellectus possibilis est in nobis, et non secundum esse a nobis separatus.

Adhuc. Scientiae assimilatio est scientis ad rem scitam. Rei autem scitae, inquantum est scita, non assimilatur sciens nisi secundum species universales: scientia enim de huiusmodi est. Species autem universales non possunt esse in intellectu passivo, cum sit potentia utens organo, sed solum in intellectu possibili. Scientia igitur non est in intellectu passivo, sed solum in intellectu possibili.

Amplius. Intellectus in habitu, ut adversarius confitetur, est effectus intellectus agentis. Intellectus autem agentis effectus sunt intelligibilia actu, quorum proprium recipiens est intellectus possibilis, ad quem comparatur agens sicut ars ad materiam, ut Aristoteles dicit, in III de anima. Oportet igitur intellectum in habitu, qui est habitus scientiae, esse in intellectu possibili, non passivo.

Praeterea. Impossibile est quod perfectio superioris substantiae dependeat ab inferiori. Perfectio autem intellectus possibilis dependet ab operatione hominis: dependet enim a phantasmatibus, quae movent intellectum possibilem. Non est igitur intellectus possibilis aliqua substantia superior homine. Ergo oportet quod sit aliquid hominis ut actus et forma ipsius.

Igualmente. *O hábito é o modo pelo qual alguém opera quando quer*[93]. É necessário, pois, que seja do mesmo sujeito tanto o hábito quanto a operação que é conforme o hábito. Mas, considerar conhecendo, que é o ato deste hábito que é da ciência, não pode ser do intelecto passivo, mas é do próprio intelecto possível, pois para que uma potência conheça, é necessário que não seja ato de corpo nenhum. Logo, também o hábito da ciência não está no intelecto passivo, mas no intelecto possível. Ora, a ciência está em nós, segundo a qual somos ditos cientes. Logo, também o intelecto possível está em nós, e não separado de nós segundo o ser.

Ainda. A assimilação da ciência é própria do ciente com relação à coisa conhecida. Ora, à coisa conhecida, enquanto é conhecida, o ciente não a assimila, senão segundo as espécies universais, pois a ciência é a respeito disso. Ora, as espécies universais não podem estar no intelecto passivo, porque é potência que usa de um órgão, mas apenas no intelecto possível. A ciência, portanto, não está no intelecto passivo, mas apenas no intelecto possível.

Ademais. O intelecto em hábito, como o adversário reconhece[94], é efeito do intelecto agente. Ora, os efeitos do intelecto agente são os inteligíveis em ato, cujo recipiente próprio é o intelecto possível, com o qual se relaciona o agente *como a arte com a matéria*, como afirma Aristóteles[95]. É necessário, pois, que o intelecto em hábito, que é o hábito da ciência, esteja no intelecto possível, não no passivo.

Além disso. É impossível que a perfeição da substância superior dependa da inferior. Ora, a perfeição do intelecto possível depende da operação do homem, pois depende dos fantasmas, que movem o intelecto possível. Portanto, o intelecto possível não é uma substância superior ao homem. Logo, é necessário que seja algo do homem, como seu ato e forma.

---

[93] Averróis [Ibn Roschd] (1126-1198), em *Comentários sobre a Alma* III, 18, 26-29.
[94] Ibidem, 1-34.
[95] Aristóteles (384-322 a.C.), em *Sobre a Alma* III, 5, 430a, 12-13.

Adhuc. Quaecumque sunt separata secundum esse, habent etiam separatas operationes: nam res sunt propter suas operationes, sicut actus primus propter secundum; unde Aristoteles dicit, in I de anima, quod, si aliqua operationum animae est sine corpore, quod possibile est animam separari. Operatio autem intellectus possibilis indiget corpore: dicit enim Philosophus, in III de anima, quod intellectus potest agere per seipsum, scilicet intelligere, quando est factus in actu per speciem a phantasmatibus abstractam, quae non sunt sine corpore. Igitur intellectus possibilis non est omnino a corpore separatus.

Amplius. Cuicumque competit aliqua operatio secundum naturam, sunt ei a natura attributa ea sine quibus illa operatio compleri non potest: sicut Aristoteles probat, in II libro de caelo, quod, si stellae moverentur motu progressivo ad modum animalium, quod natura dedisset eis organa motus progressivi. Sed operatio intellectus possibilis completur per organa corporea, in quibus necesse est esse phantasmata. Natura igitur intellectum possibilem corporeis univit organis. Non est igitur secundum esse a corpore separatus.

Item. Si sit secundum esse a corpore separatus, magis intelliget substantias quae sunt a materia separatae quam formas sensibiles: quia sunt magis intelligibiles, et magis ei conformes. Non potest autem intelligere substantias omnino a materia separatas, quia eorum non sunt aliqua phantasmata: hic autem intellectus nequaquam sine phantasmate intelligit, ut Aristoteles dicit, in III de anima; sunt enim ei phantasmata sicut sensibilia sensui, sine quibus sensus non sentit. Non est igitur substantia a corpore separata secundum esse.

Adhuc. In omni genere tantum se extendit potentia passiva quantum potentia activa illius generis: unde non est aliqua potentia

Ainda. Todas aquelas coisas que são separadas segundo o ser, têm também operações separadas; com efeito, as coisas estão em razão de suas operações, como o ato primeiro em razão do segundo; donde Aristóteles afirma[96] que, se alguma operação da alma é sem o corpo, *é possível que a alma seja separada.* Ora, a operação do intelecto possível necessita do corpo, pois afirma o Filósofo[97], que o intelecto pode agir por si mesmo, ou seja, conhecer, quando é feito em ato pela espécie abstraída dos fantasmas, que não são sem o corpo. Portanto, o intelecto possível não é totalmente separado do corpo.

Ademais. A todo aquele a que compete uma operação segundo a natureza, pertencem-lhe por natureza aqueles atributos sem os quais aquela operação não pode ser realizada, como prova Aristóteles[98] que, se as estrelas se movessem por movimento progressivo, a modo dos animais, a natureza lhes teria dado órgãos de movimento progressivo. Mas, a operação do intelecto possível se realiza por órgãos corpóreos, nos quais é necessário haver fantasmas. Portanto, a natureza uniu o intelecto possível a órgãos corpóreos. Não é, pois, segundo o ser, separado do corpo.

Igualmente. Se é separado do corpo segundo o ser, conhece mais as substâncias, que são separadas da matéria, que as formas sensíveis, porque são mais inteligíveis, e mais conformes a ele. Ora, não pode conhecer as substâncias totalmente separadas da matéria, porque delas não há fantasmas e este intelecto não conhece de modo nenhum sem o fantasma, como diz Aristóteles[99], pois os fantasmas são para ele como os sensíveis para o sentido, sem os quais esse não sente. Portanto, não é uma substância separada do corpo segundo o ser.

Ainda. Em todo gênero a potência passiva se estende tanto quanto a potência ativa desse gênero; por isso, não há uma potência

96 Aristóteles (384-322 a.C.), em *Sobre a Alma* I, 1, 403a, 11.
97 Aristóteles (384-322 a.C.), em *Sobre a Alma* III, 4, 429b, 5-10.
98 Aristóteles (384-322 a.C.), em *Sobre o Céu e o Mundo* II, 8, 290a, 29-35.
99 Aristóteles (384-322 a.C.), em *Sobre a Alma* III, 7, 431a, 16-17.

passiva in natura cui non respondeat aliqua potentia activa naturalis.Sed intellectus agens non facit intelligibilia nisi phantasmata. Ergo nec intellectus possibilis movetur ab aliis intelligibilibus nisi a speciebus a phantasmatibus abstractis. Et sic substantias separatas intelligere non potest.

Amplius. In substantiis separatis sunt species rerum sensibilium intelligibiliter, per quas de sensibilibus scientiam habent. Si igitur intellectus possibilis intelligit substantias separatas, in eis acciperet sensibilium cognitionem. Non ergo acciperet eam a phantasmatibus: quia natura non abundat superfluis. — Si autem dicatur quod substantiis separatis non adest cognitio sensibilium, saltem oportebit dicere quod eis adsit altior cognitio. Quam oportet non deesse intellectui possibili, si praedictas substantias intelligit. Habebit igitur duplicem scientiam: unam per modum substantiarum separatarum, aliam a sensibus acceptam.Quarum altera superflueret.

Praeterea. Intellectus possibilis est quo intelligit anima, ut dicitur in III de anima. Si igitur intellectus possibilis intelligit substantias separatas, et nos intelligimus eas. Quod patet esse falsum: habemus enim nos ad eas sicut oculus noctuae ad solem, ut Aristoteles dicit. — His autem respondetur, secundum positionem praedictam. Intellectus enim possibilis, secundum quod est in se subsistens, intelligit substantias separatas: et est in potentia ad eas sicut diaphanum ad lucem. Secundum autem quod continuatur nobis, a principio est in potentia ad formas a phantasmatibus abstractas. Unde nos a principio non intelligimus per eum substantias separatas. — Sed hoc stare non potest. Intellectus enim possibilis ex hoc dicitur, secundum eos, continuari nobis, quod perficitur per species intelligibiles a phantasmatibus abstractas. Prius igitur est conside-

passiva na natureza à qual não corresponda uma potência ativa natural. Mas, o intelecto agente não faz inteligíveis a não ser os fantasmas. Logo, nem o intelecto possível é movido por outros inteligíveis, a não ser pelas espécies abstraídas dos fantasmas. E assim não pode conhecer as substâncias separadas.

Ademais. Nas substâncias separadas estão as espécies das coisas sensíveis inteligivelmente, pelas quais elas têm ciência das coisas sensíveis. Se, portanto, o intelecto possível conhece as substâncias separadas, nelas receberia o conhecimento das coisas sensíveis. Logo, não a receberia dos fantasmas, porque *a natureza não abunda em coisas supérfluas*. — Se, porém, se disser que, nas substâncias separadas, não está presente o conhecimento dos sensíveis, ao menos seria necessário dizer que nelas está presente um conhecimento mais elevado. É necessário que essa não falte ao intelecto possível, se conhece as mencionadas substâncias. Terá, pois, dupla ciência: uma pelo modo das substâncias separadas, outra recebida dos sentidos. Uma delas seria supérflua.

Além disso. O intelecto possível é aquilo *pelo qual a alma conhece*[100]. Se, pois, o intelecto possível conhece as substâncias separadas, também nós as conhecemos. O que é manifesto ser falso, pois nos relacionamos com elas, como o olho da coruja para com o sol, como diz Aristóteles[101]. — Ora, a essas coisas se responde, segundo a mencionada posição[102]. Com efeito, o intelecto possível, enquanto é subsistente em si mesmo, conhece as substâncias separadas e está em potência para elas, como o diáfano para a luz. Enquanto, porém, continua em nós, no princípio está em potência para as formas abstraídas dos fantasmas. Donde, no princípio, não conhecemos por ele as substâncias separadas. — Mas isso não pode sustentar-se. Diz-se, com efeito, segundo eles, que o intelecto possível continua em nós, porque se aperfeiçoa por espécies inteligíveis abstraídas dos fantas-

100 Aristóteles (384-322 a.C.), em *Sobre a Alma* III, 9, 432b, 21-22.
101 Aristóteles (384-322 a.C.), em *Metafísica* I, 1, 993b, 9-10.
102 Averróis [Ibn Roschd] (1126-1198), em *Comentários sobre a Alma* III, 5, 678-683.

rare intellectum ut in potentia ad huiusmodi species quam ut continuetur nobis. Non igitur per hoc quod continuatur nobis, est in potentia ad huiusmodi species.

Praeterea. Secundum hoc, esse in potentia ad praedictas species non esset ei secundum se conveniens, sed per aliud.Per ea autem quae non conveniunt alicui secundum se, non debet aliquid definiri. Non igitur ratio intellectus possibilis est ex hoc quod possibilis est ad praedictas species, ut definit ipsum Aristoteles in III de anima.

Adhuc. Impossibile est intellectum possibilem simul multa intelligere nisi unum per aliud intelligat: non enim una potentia pluribus actibus simul perficitur nisi secundum ordinem. Si igitur intellectus possibilis intelligat substantias separatas et species a phantasmatibus separatas, oportet quod vel intelligat per species huiusmodi substantias separatas, vel e converso. Quodcumque autem detur, sequitur quod nos intelligamus substantias separatas. Quia si nos intelligimus naturas sensibilium inquantum intelligit eas intellectus possibilis; intellectus autem possibilis intelligit eas per hoc quod intelligit substantias separatas; et similiter nos intelligemus. Et similiter si sit e converso. Hoc autem est manifeste falsum. Non igitur intellectus possibilis intelligit substantias separatas. Non est igitur substantia separata.

mas. Logo, deve-se considerar antes o intelecto como em potência para essas espécies do que unido a nós. Portanto, não é porque se une a nós que está em potência para essas espécies.

Além do mais. Segundo isso, estar em potências para as espécies sobreditas não lhe seria conveniente segundo ele mesmo, mas por outro. Ora, não deve uma coisa se definir por aquelas coisas que não convêm a ela, segundo ela mesma. Portanto, a razão do intelecto possível não é de que seja possível para as espécies mencionadas, como o define Aristóteles[103].

Ainda. É impossível que o intelecto possível conheça muitas coisas ao mesmo tempo, a não ser que conheça uma coisa por outra, pois uma potência não se aperfeiçoa em vários atos senão segundo uma ordem. Se, portanto, o intelecto possível conhece as substâncias separadas e as espécies separadas dos fantasmas, é necessário que ou conheça as substâncias separadas por espécies semelhantes, ou ao contrário. Ora, dadas uma ou outra coisa, segue-se que conhecemos substâncias separadas. Porque se conhecemos as naturezas dos sensíveis enquanto as conhece o intelecto possível, por seu lado o intelecto possível as conhece enquanto conhece as substâncias separadas, e semelhantemente nós as conheceremos. E semelhantemente também se é o contrário. Ora, isto é manifestamente falso. Logo, o intelecto possível não conhece as substâncias separadas e não é, portanto, uma substância separada.

Capitulum LXI

Quod praedicta positio est contra sententiam Aristotelis

Sed quia huic positioni Averroes praestare robur auctoritatis nititur propter hoc quod dicit Aristotelem ita sensisse, ostendemus manifeste quod praedicta opinio est contra sententiam Aristotelis.

Primo quidem, quia Aristoteles in II de anima, definit animam dicens quod est actus primus physici corporis organici potentia vi-

Capítulo 61

A mencionada posição é contra a sentença de Aristóteles

Averróis esforça-se por dar força de autoridade a essa posição, enquanto diz que Aristóteles assim pensava, por isso mostremos manifestamente que a mencionada opinião é contra a sentença de Aristóteles.

Em primeiro lugar, Aristóteles[104] define a alma dizendo que *é o ato primeiro do corpo físico orgânico que tem a vida em potência*, e

103 Aristóteles (384-322 a.C.), em *Sobre a Alma* III, 4, 429a, 20-24.
104 Aristóteles (384-322 a.C.), em *Sobre a Alma* II, 1, 412a, 27b, 1.

tam habentis: et postea subiungit quod haec est definitio universaliter dicta de omni anima; non sicut praedictus Averroes fingit, sub dubitatione hoc proferens; ut patet ex exemplaribus Graecis et translatione boetii. Postmodum autem, in eodem capitulo, subiungit esse quasdam partes animae separabiles. Quae non sunt nisi intellectivae.Relinquitur igitur quod illae partes sunt actus corporis.

Nec est contra hoc quod postea subiungit: de intellectu autem et perspectiva potentia nihil est adhuc manifestum, sed videtur animae alterum genus esse. Non enim per hoc vult intellectum alienare a communi definitione animae, sed a propriis naturis aliarum partium: sicut qui dicit quod alterum genus animalis est volatile a gressibili, non aufert a volatili communem definitionem animalis. Unde, ut ostenderet in quo dixerit alterum, subiungit: et hoc solum contingit separari sicut perpetuum a corruptibili.

Nec est intentio Aristotelis ut Commentator praedictus fingit, dicere quod nondum est manifestum de intellectu utrum intellectus sit anima, sicut de aliis principiis. Non enim textus verus habet, nihil est declaratum sive, nihil est dictum, sed, nihil est manifestum: quod intelligendum est quantum ad id quod est proprium ei, non quantum ad communem definitionem.

Si autem, ut ipse dicit, anima aequivoce dicitur de intellectu et aliis, primo distinxisset aequivocationem, postea definivisset, sicut est consuetudo sua. Alias procederet in aequivoco. Quod non est in scientiis demonstrativis.

Item. In II de anima intellectum numerat inter potentias animae. Et in auctoritate etiam praedicta nominat perspectivam potentiam. Non est igitur intellectus extra animam humanam, sed est quaedam potentia eius.

depois acrescenta que esta *é a definição universalmente dita de toda alma:* não como o mencionado Averróis imagina[105], proferindo isso sob dúvida, como é manifesto dos exemplares gregos e da tradução de Boécio. E logo depois, no mesmo capítulo, acrescenta que *há algumas partes da alma separáveis.* Essas não são senão as intelectivas. Conclui-se, pois, que essas partes são ato do corpo.

Nem é contra isso o que a seguir acrescenta: *do intelecto e da potência perspectiva nada é ainda manifesto, mas parece que é outro gênero de alma*[106]. Não quer, em razão disso, afastar o intelecto da comum definição de alma, mas das naturezas próprias das outras partes, como quem diz que o gênero de animal volátil é outro que o dos que andam, não tira do volátil a definição comum de animal. Donde, para mostrar em que sentido dissera *outro*, acrescenta: *e isso só acontece ser separado como o perpétuo do corruptível.*

Nem é intenção de Aristóteles, como o mencionado Comentador imagina[107], dizer que ainda não é claro a respeito do intelecto se o intelecto é a alma, como de outros princípios. Com efeito, o texto verdadeiro não tem *nada é declarado ou nada é dito, mas, nada é claro*, o que deve ser entendido quanto àquilo que é próprio a ele, não quanto à definição comum.

Se, porém, como ele mesmo [Averróis] diz[108], a alma se atribui equivocamente ao intelecto e a outras potências, em primeiro lugar teria distinguido a equivocação, depois definiria como é seu costume. Caso contrário, procederia equivocadamente. O que não cabe nas ciências demonstrativas.

Igualmente. No livro *Sobre a Alma*[109], enumera o intelecto entre as potências da alma. E também na mencionada autoridade nomeia *a potência perspectiva*. Não está, pois, o intelecto fora da alma humana, mas é uma potência dela.

105 Averróis [Ibn Roschd] (1126-1198), em *Comentários sobre a Alma* II, 7, 15-25.
106 Aristóteles (384-322 a.C.), em *Sobre a Alma* II, 2, 413b, 4-6.
107 Averróis [Ibn Roschd] (1126-1198), em *Comentários sobre a Alma* II, 21, 9-24.
108 Averróis [Ibn Roschd] (1126-1198), em *Comentários sobre a Alma* III, 21.27.
109 Aristóteles (384-322 a.C.), em *Sobre a Alma* II, 3, 414a, 31-32.

Item. In III de anima, incipiens loqui de intellectu possibili, nominat eum partem animae, dicens: de parte autem animae qua cognoscit anima et sapit. In quo manifeste ostendit quod intellectus possibilis sit aliquid animae.

Adhuc autem manifestius per id quod postea subiungit, declarans naturam intellectus possibilis, dicens: dico autem intellectum quo opinatur et intelligit anima. In quo manifeste ostenditur intellectum esse aliquid animae humanae, quo anima humana intelligit. Est igitur praedicta positio contra sententiam Aristotelis, et contra veritatem. Unde tanquam fictitia repudianda est.

Igualmente. Ainda no livro *Sobre a Alma*[110], começando a falar do intelecto possível, nomeia-o parte da alma, dizendo: *da parte da alma pela qual a alma conhece e sabe*. No que manifestamente mostra que o intelecto possível é algo da alma.

Ainda. Mais manifestamente por aquilo que depois acrescenta[111], declarando a natureza do intelecto possível, dizendo: digo, porém, o intelecto pelo qual se opina e conhece a alma. No que manifestamente se mostra que o intelecto é algo da alma humana, pelo qual a alma humana conhece. Portanto, a mencionada opinião é contra a sentença de Aristóteles, e contra a verdade. Donde, deve ser repudiada como fictícia.

Capitulum LXII

Contra opinionem Alexandri de intellectu possibili

His igitur verbis Aristotelis consideratis, Alexander posuit intellectum possibilem esse aliquam virtutem in nobis, ut sic definitio communis de anima assignata ab Aristotele in II de anima, possit sibi convenire. Quia vero intelligere non poterat aliquam substantiam intellectualem esse corporis formam, posuit praedictam virtutem non esse fundatam in aliqua intellectuali substantia; et consequentem commixtionem elementorum in corpore humano.

Determinatus enim mixtionis humani corporis modus facit hominem esse in potentia ad recipiendum influentiam intellectus agentis, qui semper est in actu, et secundum ipsum est quaedam substantia separata, ex qua influentia homo fit intelligens actu. Id autem in homine per quod est potentia intelligens, est intellectus possibilis. Et sic videbatur sequi quod ex commixtione determinata in nobis sit intellectus possibilis.

Videtur autem in primo aspectu haec positio verbis et demonstrationi Aristotelis

Capítulo 62

Contra a opinião de Alexandre a respeito do intelecto possível

Consideradas, pois, essas palavras de Aristóteles, Alexandre[112] defendeu que o intelecto possível era uma potência em nós, de modo que assim a definição comum da alma, dada por Aristóteles[113], pudesse lhe convir. Porque não podia entender que uma substância intelectual fosse forma do corpo, sustentou que a mencionada potência não era fundamentada nalguma substância intelectual, mas a consequente mistura dos elementos no corpo humano.

Com efeito, determinado modo de mistura do corpo humano faz o homem estar em potência para receber a influência do intelecto agente, que sempre está em ato, e segundo ele é certa substância separada, de cuja influência o homem se faz inteligente em ato. Ora, aquilo no homem pelo qual é inteligente em potência, é o intelecto possível. E assim parecia seguir-se que de uma mistura determinada dá-se em nós o intelecto possível. — Ora, é manifesto, num primeiro aspecto, que tal

110 Aristóteles (384-322 a.C.), em *Sobre a Alma* III, 4, 429a, 10-11.

111 Ibidem, 429a, 23.

112 Alexandre de Afrodísias (séc. II-VI), dirigiu o Liceu de 198 a 211, em Livro sobre o *Intelecto e o Entendido*, citado por Averróis (1126-1198), cf. capítulo anterior.

113 Aristóteles (384-322 a.C.), em *Sobre a Alma* II, 1, 412a, 27b, 1.

esse contraria. Ostendit enim Aristoteles in III de anima, ut dictum est, quod intellectus possibilis est immixtus corpori. Hoc autem est impossibile dici de aliqua virtute consequente mixtionem elementorum: quod enim huiusmodi est, oportet quod in ipsa elementorum commixtione fundetur, sicut videmus de sapore et odore et aliis huiusmodi. Non igitur positio praedicta Alexandri potest stare cum verbis et demonstratione Aristotelis, ut videtur.

posição é contrária às palavras e à demonstração de Aristóteles. Mostra, com efeito, Aristóteles[114], que o intelecto possível *não é misturado ao corpo.* Ora, isso é impossível de dizer de alguma potência consequente à mistura dos elementos, pois o que assim é, é necessário que se fundamente na própria mistura dos elementos, como vemos do sabor e do odor, e de outras coisas semelhantes. Portanto, a mencionada posição de Alexandre não pode sustentar-se com as palavras e a demonstração de Aristóteles, como se vê.

Ad hoc autem Alexander dicit quod intellectus possibilis est ipsa praeparatio in natura humana ad recipiendum influentiam intellectus agentis. Praeparatio autem ipsa non est aliqua natura sensibilis determinata, neque est mixta corpori. Est enim relatio quaedam, et ordo unius ad aliud. — Sed hoc manifeste discordat ab intentione Aristotelis.

Probat enim Aristoteles ex hoc intellectum possibilem non habere determinate aliquam naturam sensibilium, et per consequens non esse mixtum corpori, quia est receptivus omnium formarum sensibilium et cognoscitivus earum. Quod de praeparatione non potest intelligi: quia eius non est recipere, sed magis praeparari. Non igitur demonstratio Aristotelis procedit de praeparatione, sed de aliquo recipiente praeparato.

Ora, a isso diz Alexandre que o intelecto possível é *a própria preparação*[115] na natureza humana para receber a influência do intelecto agente. A própria preparação, contudo, não é uma natureza sensível determinada, nem é misturada ao corpo. É, pois, certa relação, e ordem de uma coisa a outra. — Mas isso manifestamente discorda da intenção de Aristóteles. Com efeito, a partir disso prova Aristóteles que o intelecto possível não tem determinadamente uma natureza dos sensíveis, e, por conseguinte, não é misturado ao corpo, porque é receptivo de todas as formas sensíveis, e cognoscitivo delas. O que não pode ser entendido a respeito da preparação, porque não é dela receber, mas antes preparar-se. Portanto, a demonstração de Aristóteles não procede da preparação, mas de um recipiente preparado.

Amplius. Si ea quae dicit Aristoteles de intellectu possibili, conveniunt ei inquantum est praeparatio, et non ex natura subiecti praeparati, sequetur quod omni praeparationi conveniant. In sensu autem est praeparatio quaedam ad sensibilia in actu recipienda. Ergo et idem dicendum est de sensu et intellectu possibili. Cuius contrarium manifeste subiungit Aristoteles, ostendens differentiam inter receptionem sensus et intellectus ex hoc quod sensus corrumpitur ex excellentia obiectorum, non autem intellectus.

Ademais. Se aquelas coisas que diz Aristóteles a respeito do intelecto possível, convêm a ele enquanto é preparação, e não pela natureza preparada do sujeito, segue-se que convêm a toda preparação. Ora, no sentido há certa preparação para receber os sensíveis em ato. Logo também o mesmo deve ser dito do sentido e do intelecto possível. Aristóteles acrescenta manifestamente o contrário disso, mostrando a diferença entre a recepção do sentido e do intelecto, pelo fato de que o sentido se corrompe pela excelência dos objetos, não, porém, o intelecto.

114 Aristóteles (384-322 a.C.), em *Sobre a Alma* III, 4, 429a, 18.
115 Averróis [Ibn Roschd] (1126-1198), em *Comentários sobre a Alma* III, 5, 236-245.

Item. Aristoteles attribuit possibili intellectui pati ab intelligibili, suscipere species intelligibiles, esse in potentia ad eas. Comparat etiam eum tabulae in qua nihil est scriptum. Quae quidem omnia non possunt dici de praeparatione, sed de subiecto praeparato. Est igitur contra intentionem Aristotelis quod intellectus possibilis sit praeparatio ipsa.

Adhuc. Agens est nobilius patiente et faciens facto, sicut actus potentia. Quanto autem aliquid est immaterialius, tanto est nobilius. Non potest igitur effectus esse immaterialior sua causa. Omnis autem virtus cognoscitiva, inquantum huiusmodi, est immaterialis: unde et de sensu, qui est infimus in ordine virtutum cognoscitivarum, dicit Aristoteles, in II de anima, quod est susceptivus sensibilium specierum sine materia. Impossibile est igitur a commixtione elementorum causari aliquam virtutem cognoscitivam. Intellectus autem possibilis est suprema virtus cognoscitiva in nobis: dicit enim Aristoteles, in III de anima, quod intellectus possibilis est quo cognoscit et intelligit anima. Intellectus igitur possibilis non causatur ex commixtione elementorum.

Amplius. Si principium alicuius operationis ab aliquibus causis procedit, oportet operationem illam non excedere causas illas: cum causa secunda agat virtute primae. Operatio autem animae nutritivae etiam excedit virtutem qualitatum elementarium: probat enim Aristoteles, in II de anima, quod ignis non est causa augmenti, sed concausa aliquo modo, principalis autem causa est anima, ad quam comparatur calor sicut instrumentum ad artificem. Non igitur potest anima vegetabilis produci ex commixtione elementorum. Multo igitur minus sensus et intellectus possibilis.

Item. Intelligere est quaedam operatio in qua impossibile est communicare aliquod or-

Igualmente. Aristóteles[116] atribui ao intelecto possível o *padecer* pelo inteligível, o *receber* as espécies inteligíveis, o *ser em potência* para elas. Compara-o também a uma *tabuinha em que nada foi escrito*. Essas coisas todas, certamente, não podem ser ditas da preparação, mas do sujeito preparado. É, pois, contra a intenção de Aristóteles que o intelecto possível seja a própria separação.

Ainda. *O agente é mais nobre que o paciente e aquele que faz que a coisa feita*[117], como o ato à potência. Ora, quanto mais imaterial é uma coisa, tanto é mais nobre. Logo, não pode o efeito ser mais imaterial do que sua causa. Ora, toda potência cognoscitiva, enquanto tal, é imaterial; donde também o sentido, que é o ínfimo na ordem das potências cognoscitivas, do qual diz Aristóteles[118] que é receptivo das espécies sensíveis sem a matéria. É, pois, impossível que pela mistura dos elementos seja causada alguma potência cognoscitiva. Ora, o intelecto possível é a suprema força cognoscitiva em nós, pois afirma Aristóteles que *o intelecto possível é aquilo pelo que a alma conhece e entende*[119]. Portanto, o intelecto possível não é causado pela mistura dos elementos.

Ademais. Se o princípio de uma operação procede de algumas causas, é necessário que essa operação não exceda aquelas causas, dado que a causa segunda age pela potência da primeira. Ora, a operação da alma nutritiva também excede a potência das qualidades elementares, pois prova Aristóteles, *que o fogo não é causa do aumento, mas de algum modo concausa, porém a causa principal é a alma*[120], à qual se compara o calor, como o instrumento com relação ao artífice. Não pode, pois, a alma vegetativa ser produzida pela mistura dos elementos. Muito menos, pois, o sentido e o intelecto possível.

Igualmente. Conhecer é certa operação na qual é impossível comunicar com algum órgão

116 Aristóteles (384-322 a.C.), em *Sobre a Alma* III, 4, 429a, 14-16.
117 Aristóteles (384-322 a.C.), em *Sobre a Alma* III, 5, 430a, 18-19.
118 Aristóteles (384-322 a.C.), em *Sobre a Alma* II, 12, 424a, 17-19.
119 Aristóteles (384-322 a.C.), em *Sobre a Alma* III, 4, 429a, 10-11.23.
120 Aristóteles (384-322 a.C.), em *Sobre a Alma* II, 4, 416a, 13-16.

ganum corporeum. Haec autem operatio attribuitur animae, vel etiam homini: dicitur enim quod anima intelligit, vel, homo per animam. Oportet igitur aliquod principium in homine esse, a corpore non dependens, quod sit principium talis operationis. Praeparatio autem sequens commixtionem elementorum a corpore dependet manifeste. Non est igitur praeparatio tale principium. Est autem intellectus possibilis: dicit enim Aristoteles, in III de anima, quod intellectus possibilis est quo anima opinatur et intelligit. Non est igitur intellectus possibilis praeparatio.

Si autem dicatur quod principium praedictae operationis in nobis est species intelligibilis facta in actu ab intellectu agente: hoc videtur non sufficere. Quia, cum homo de potentia intelligente fiat actu intelligens, oportet quod non solum intelligat per speciem intelligibilem, per quam fit actu intelligens, sed per aliquam potentiam intellectivam, quae sit praedictae operationis principium: sicut et in sensu accidit. Haec autem potentia ab Aristotele ponitur intellectus possibilis. Intellectus igitur possibilis est non dependens a corpore.

Praeterea. Species non est intelligibilis actu nisi secundum quod est depurata ab esse materiali. Hoc autem non potest accidere dum fuerit in aliqua potentia materiali, quae scilicet sit causata ex principiis materialibus, vel quae sit actus materialis organi. Oportet igitur poni aliquam potentiam intellectivam in nobis immaterialem. Quae est intellectus possibilis.

Adhuc. Intellectus possibilis ab Aristotele dicitur pars animae. Anima autem non est praeparatio, sed actus: praeparatio enim est ordo potentiae ad actum. Sequitur tamen ad actum aliqua praeparatio ad ulteriorem actum: sicut ad actum diaphanitatis sequitur ordo ad actum lucis. Intellectus igitur possibilis non est ipsa praeparatio, sed actus quidam.

corpóreo. Ora, essa operação se atribui à alma, ou também ao homem, pois diz-se que *a alma conhece, ou o homem pela alma*. É necessário, portanto, que haja um princípio no homem, não dependente do corpo, que seja princípio dessa operação. Ora, a preparação que segue a mistura dos elementos depende manifestamente do corpo. Não é, pois, a preparação tal princípio. É, pois, o intelecto possível: com efeito, diz Aristóteles, que o intelecto possível é *aquilo pelo que a alma opina e conhece*[121]. O intelecto possível não é, pois, preparação.

Se, porém se disser que o princípio da mencionada operação em nós é a espécie inteligível feita em ato pelo intelecto agente, isso parece não bastar. Porque, como o homem se faz de inteligente em potência a inteligente em ato, é necessário que não apenas conheça pela espécie inteligível, pela qual se torna inteligente em ato, mas por alguma potência intelectiva, que seja o princípio da mencionada operação, como também acontece no sentido. Ora, sustenta-se por Aristóteles que essa potência é o intelecto possível. Portanto, o intelecto possível é não dependente do corpo.

Além disso. A espécie não é inteligível em ato senão enquanto é depurada do ser material. Ora, isso não pode acontecer enquanto estiver em alguma potência material, isto é, que seja causada por princípios materiais, ou que seja ato de um órgão material. Logo, é necessário que se afirme em nós uma potência intelectiva não material. Esta é o intelecto possível.

Ainda. O intelecto possível é dito por Aristóteles *parte da alma*[122]. Ora, a alma não é preparação, mas ato, pois a preparação é *a ordem da potência ao ato*. Do ato, porém, segue-se alguma preparação a um ato ulterior, como ao ato de diafanidade segue-se a ordem ao ato de luz. Portanto, o intelecto possível não é a própria preparação, mas certo ato.

121 Cf. Nota 8.
122 Aristóteles (384-322 a.C.), em *Sobre a Alma* III, 4, 429a, 10.

Amplius. Homo consequitur speciem et naturam humanam secundum partem animae sibi propriam, quae quidem est intellectus possibilis. Nihil autem consequitur speciem et naturam secundum quod est in potentia, sed secundum quod est in actu. Cum igitur praeparatio nihil sit aliud quam ordo potentiae ad actum, impossibile est quod intellectus possibilis nihil sit aliud quam praeparatio quaedam in natura humana existens.

Ademais. O homem recebe a espécie e a natureza humana segundo a parte da alma própria dele, que é certamente o intelecto possível. Ora, nada recebe a espécie e a natureza enquanto está em potência, mas enquanto está em ato. Como, pois, a preparação nada é senão a ordem da potência ao ato, é impossível que o intelecto possível seja uma certa preparação existindo na natureza humana.

Capitulum LXIII

Quod anima non sit complexio, ut posuit Galenus

Praedictae autem opinioni Alexandri de intellectu possibili, propinqua est Galeni medici de anima. Dicit enim animam esse complexionem. Ad hoc autem dicendum motus est per hoc quod videmus ex diversis complexionibus causari in nobis diversas passiones quae attribuuntur animae: aliquam enim complexionem habentes, ut cholericam, de facili irascuntur; melancholici vero de facili tristantur.

Unde et per easdem rationes haec opinio improbari potest per quas improbata est opinio Alexandri, et per aliquas proprias.

Ostensum est enim supra quod operatio animae vegetabilis, et cognitio sensitiva, excedit virtutem qualitatum activarum et passivarum, et multo magis operatio intellectus. Complexio autem causatur ex qualitatibus activis et passivis. Non potest igitur complexio esse principium operationum animae. Unde impossibile est quod aliqua anima sit complexio.

Adhuc. Complexio, cum sit quiddam constitutum ex contrariis qualitatibus quasi medium inter eas, impossibile est quod sit forma substantialis: nam substantiae nihil est contrarium, nec suscipit magis et minus. Anima au-

Capítulo 63

A alma não é o temperamento, como sustentou Galeno

É próxima da mencionada opinião de Alexandre sobre o intelecto possível a do médico Galeno[123] sobre a alma.

Com efeito, diz ele que a alma é o temperamento. Ora, para dizer isso foi movido pelo que vemos serem causadas em nós, pelos diversos temperamentos, as diversas paixões que são atribuídas à alma, pois as que têm um temperamento, como a colérica, facilmente se irritam, já os melancólicos facilmente se entristecem.

Essa opinião pode ser refutada também pelas mesmas razões pelas quais foi refutada a opinião de Alexandre, e por outras próprias.

Foi mostrado[124] que a operação da alma vegetativa, e o conhecimento sensitivo, excede a potência das qualidades ativas e passivas, e muito mais a operação do intelecto. Ora, o temperamento é causado por qualidades ativas e passivas. O temperamento não pode, portanto, ser o princípio das operações da alma. Donde é impossível que alguma alma seja o temperamento.

Ainda. O temperamento, como é constituído de qualidades contrárias como um intermediário entre elas, é impossível que seja uma forma substancial, uma vez que *à substância nada há de contrário, nem recebe mais*

123 Galeno (129-217), médico e filósofo; citado por Nemésio de Emessa (séc. V), bispo, sucedeu a Eusébio de Cesaréa (263-337), em *Sobre a Natureza do Homem* II, MG 40, 554B. E citado por São Gregório de Nissa (335-394), irmão de São Basílio, em *Sobre a Alma*, MG 45, 195 CD.

124 Cf. capítulo anterior.

tem est forma substantialis, et non accidentalis: alias per animam non sortiretur aliquid genus vel speciem. Anima igitur non est complexio.

Adhuc. Complexio non movet corpus animalis motu locali: sequeretur enim motum dominantis, et sic semper deorsum ferretur. Anima autem movet animal in omnem partem. Non est igitur anima complexio.

Amplius. Anima regit corpus et repugnat passionibus, quae complexionem sequuntur. Ex complexione enim aliqui sunt magis aliis ad concupiscentias vel iras apti, qui tamen magis ab eis abstinent, propter aliquid refrenans: ut patet in continentibus.

Hoc autem non facit complexio. Non est igitur anima complexio.

Deceptus autem fuisse videtur ex hoc quod non consideravit aliter passiones attribui complexioni, et aliter animae.

Complexioni namque attribuuntur sicut disponenti, et quantum ad id quod est materiale in passionibus, sicut fervor sanguinis et huiusmodi: animae autem tanquam principali causae, ex parte eius quod est in passionibus formale, sicut in ira appetitus vindictae.

ou menos[125]. Ora, a alma é uma forma substancial e não acidental; do contrário, pela alma não se receberia nenhum gênero ou espécie. Portanto, a alma não é temperamento.

Ainda. O temperamento não move o corpo do animal por movimento local, pois seguir-se-ia o movimento daquilo que domina, e assim sempre seria levado para baixo. Ora, a alma move o animal para qualquer parte. Não é, pois, temperamento.

Ademais. A alma rege o corpo e opõe-se às paixões que acompanham o temperamento. Pelo temperamento, com efeito, alguns são mais aptos do que outros às concupiscências ou às iras, os quais, porém, mais se abstêm delas, refreando-se em razão de algo, como é manifesto nos continentes. Ora, o temperamento não faz isso. Portanto, a alma não é o temperamento.

Parece que ele deixou-se enganar ao não considerar que as paixões são atribuídas ao temperamento diferentemente do que à alma. Com efeito, elas são atribuídas ao temperamento como ao que dispõe, e quanto ao que é material nas paixões, como a efervescência do sangue e coisas semelhantes, mas à alma como a causa principal, da parte daquilo que é formal nas paixões, como na ira o apetite de vingança.

Capitulum LXIV

Quod anima non sit harmonia

Similis autem praedictae positioni est positio dicentium animam esse harmoniam. Non enim intellexerunt animam esse harmoniam sonorum, sed contrariorum, ex quibus videbant componi corpora animata.

Quae quidem opinio in libro de anima videtur attribui empedocli. Gregorius autem Nyssenus attribuit eam dinarcho. Unde et im-

Capítulo 64

A alma não é harmonia

É semelhante à mencionada afirmação a dos que dizem que a alma é harmonia. Com efeito, não entenderam que a alma era harmonia de sons, mas de contrários, dos quais viam ser compostos os corpos animados.

Essa opinião parece ser atribuída, no livro *Sobre a Alma*[126], a Empédocles[127]. Gregório de Nissa[128], porém, a atribui a Dinarco[129]. Donde

125 Aristóteles (384-322 a.C.), em *Categorias* 5, 3b, 24-25, 33-34.

126 Aristóteles (384-322 a.C.), em *Sobre a Alma* I, 4, 407b, 30-32.

127 Empédocles (490-430 a.C.), filósofo grego de Agrigento (Sicília), em *Da Natureza do Universo e Purificação.*

128 São Gregório de Nissa (335-394), irmão de São Basílio. Cf. capítulo anterior.

129 Dinarco (360-290), muitas obras de menor valor são atribuídas a ele.

probatur sicut et praecedens; et adhuc propriis rationibus.

Omne enim corpus mixtum harmoniam habet et complexionem. Nec harmonia potest movere corpus aut regere ipsum, vel repugnare passionibus: sicut nec complexio. Intenditur etiam et remittitur: sicut et complexio. Ex quibus omnibus ostenditur quod anima non sit harmonia, sicut nec complexio.

Adhuc. Ratio harmoniae magis convenit qualitatibus corporis quam animae: nam sanitas est harmonia quaedam humorum; fortitudo, nervorum et ossium; pulchritudo, membrorum et colorum. Non autem potest assignari qualium harmonia sit sensus aut intellectus, et cetera quae ad animam pertinent. Non est igitur anima harmonia.

Amplius. Harmonia dicitur dupliciter: uno modo, ipsa compositio; alio modo, ratio compositionis. Anima autem non est compositio: quia oporteret quod unaquaeque pars animae esset compositio aliquarum partium corporis; quod non est assignare. — Similiter non est ratio compositionis: quia, cum in diversis partibus corporis sint diversae rationes seu proportiones compositionis, singulae partes corporis haberent singulas animas; aliam enim animam haberet os et caro et nervus, cum sint secundum diversam proportionem composita. Quod patet esse falsum. Non est igitur anima harmonia.

Capitulum LXV
Quod anima non sit corpus

Fuerunt autem et alii magis errantes, ponentes animam esse corpus. Quorum opiniones licet fuerint diversae et variae, sufficit eas hic communiter reprobare.

Viventia enim, cum sint quaedam res naturales, sunt composita ex materia et forma. Componuntur autem ex corpore et anima, quae facit viventia actu. Ergo oportet alterum istorum esse formam, et alterum materiam. Corpus autem non potest esse forma: quia corpus non est in altero sicut in materia et su-

é refutada como a precedente, e ainda por razões próprias.

Com efeito, todo corpo misto tem harmonia e temperamento. Nem a harmonia pode mover o corpo ou regê-lo, ou opor-se às paixões, como também não o temperamento. Também ela aumenta e diminui, como o temperamento. De todas essas coisas se mostra que a alma não é harmonia, como não é também o temperamento.

Ainda. A razão de harmonia convém mais às qualidades do corpo que da alma, pois a saúde é certa harmonia dos humores, a fortaleza, dos nervos e ossos, a beleza, dos membros e cores. Ora, não se pode determinar de quais coisas é a harmonia do sentido ou do intelecto, e as restantes coisas que pertencem à alma. Logo, a alma não é harmonia.

Ademais. A harmonia se diz duplamente: de um modo, é a própria composição; de outro, a razão da composição. Ora, a alma não é composição, porque seria necessário que cada uma das partes da alma fosse composição de algumas partes do corpo, o que não se pode determinar. — Semelhantemente, não é a razão da composição, pois, como há nas diversas partes do corpo diversas razões ou proporções de composição, as partes singulares do corpo teriam almas singulares; com efeito, uma alma teria o osso, outra, a carne e outra, o nervo, já que são compostos de diversa proporção. O que é evidente ser falso. Portanto, a alma não é harmonia.

Capítulo 65
A alma não é corpo

Houve, também, aqueles, mais errantes, que sustentaram que a alma é corpo. As opiniões deles basta reprová-las aqui em comum, embora tenham sido diversas e várias.

Com efeito, os viventes, como são coisas naturais, são compostos de matéria e forma. Compõem-se, porém, de corpo e alma, que os torna viventes em ato. Logo, é necessário que um desses seja forma, e outro, matéria. Ora, o corpo não pode ser forma, porque o corpo não está em outro, como na matéria e

biecto. Anima igitur est forma. Ergo non est corpus: cum nullum corpus sit forma.

Adhuc. Impossibile est duo corpora esse simul. Anima autem non est seorsum a corpore dum vivit. Non est igitur anima corpus.

Amplius. Omne corpus divisibile est. Omne autem divisibile indiget aliquo continente et uniente partes eius. Si igitur anima sit corpus, habebit aliquid aliud continens et illud magis erit anima: videmus enim, anima recedente, corpus dissolvi. Et si hoc iterum sit divisibile, oportebit vel devenire ad aliquod indivisibile et incorporeum, quod erit anima: vel erit procedere in infinitum, quod est impossibile. Non est igitur anima corpus.

Item. Sicut supra probatum est, et in VIII physicorum probatur, omne movens seipsum componitur ex duobus, quorum alterum est movens et non motum, et alterum est motum. Sed animal est movens seipsum: movens autem in ipso est anima, motum autem est corpus. Anima igitur est movens non motum. Nullum autem corpus movet nisi motum, ut supra probatum est. Anima igitur non est corpus.

Praeterea. Supra ostensum est quod intelligere non potest esse actio alicuius corporis. Est autem actus animae. Anima igitur, ad minus intellectiva, non est corpus.

Ea autem quibus aliqui conati sunt probare animam esse corpus, facile est solvere.

Ostendunt enim animam esse corpus, per hoc quod filius similatur patri etiam in accidentibus animae: cum tamen filius generetur a patre per decisionem corporalem.

Et quia anima compatitur corpori. Et quia separatur a corpore: separari autem est corporum se tangentium.

Sed contra hoc iam dictum est quod complexio corporis est aliqualiter causa animae passionum per modum disponentis. — Ani-

no sujeito. Logo, a alma é forma. Logo, não é corpo, já que nenhum corpo é forma.

Ainda. É impossível que dois corpos estejam num lugar simultaneamente. Ora, a alma não está fora do corpo, enquanto vive. Logo, a alma não é corpo.

Ademais. Todo corpo é divisível. Ora, todo divisível necessita de algo que contenha e una as suas partes Se, pois, a alma é corpo, terá algo diferente que contenha e isso será mais a alma, pois vemos, afastando-se a alma, que o corpo se dissolve. E se isso de novo é divisível, será necessário ou chegar a algo indivisível e incorpóreo, que será a alma; ou será proceder ao infinito, o que é impossível. Logo, a alma não é corpo.

Igualmente. Como foi provado[130], e se prova no livro da *Física*[131], tudo o que se move a si mesmo se compõe de duas coisas, das quais uma é o movente e não movido, e a outra é movida. Mas o animal move-se a si mesmo; ora, o que move nele é a alma, e o movido é o corpo. Portanto, a alma é um movente não movido. Ora, nenhum corpo move senão movido, como foi provado[132]. Logo, a alma não é corpo.

Além disso. Foi mostrado[133] que conhecer não pode ser uma ação de um corpo. Ora, é ato da alma. Logo, a alma, ao menos a intelectiva, não é corpo.

Ora, é fácil refutar aquelas razões pelas quais alguns se esforçaram por provar que a alma é corpo, Mostram, com efeito, que a alma é corpo pelo fato de que o filho se assemelha ao pai também nos acidentes da alma, embora o filho seja gerado pelo pai por separação corporal. E porque a alma sofre com o corpo. E porque se separa do corpo, e o separar-se é próprio de corpos que se tocam.

Entretanto, contra isso já foi dito[134] que o temperamento do corpo é de certa maneira causa das paixões da alma, a modo de causa

130 Livro I, cap. 13.
131 Aristóteles (384-322 a.C.), em *Física* VIII, 5, 257a, 33b, 13.
132 Livro I, cap. 20.
133 Cf. cap. 62.
134 Cf. cap. 63.

ma etiam non compatitur corpori nisi per accidens: quia, cum sit forma corporis, movetur per accidens moto corpore. — Separatur etiam anima a corpore, non sicut tangens a tacto, sed sicut forma a materia.

Quamvis et aliquis tactus sit incorporei ad corpus, ut supra ostensum est.

Movit etiam ad hanc positionem multos quia crediderunt quod non est corpus, non esse, imaginationem transcendere non valentes, quae solum circa corpora versatur.

Unde haec opinio, Sap. 2, ex persona insipientium proponitur, dicentium de anima: fumus et flatus est in naribus nostris, et sermo scintillae ad movendum Cor.

Capitulum LXVI
Contra ponentes intellectum et sensum esse idem

His autem propinquum fuit quod quidam antiquorum Philosophorum intellectum a sensu differre non opinabantur. Quod quidem impossibile est.

Sensus enim in omnibus animalibus invenitur. Alia autem animalia ab homine intellectum non habent. Quod ex hoc apparet, quia non operantur diversa et opposita, quasi intellectum habentia; sed, sicut a natura mota, determinatas quasdam operationes, et uniformes in eadem specie, sicut omnis hirundo similiter nidificat. Non est igitur idem intellectus et sensus.

Adhuc. Sensus non est cognoscitivus nisi singularium: cognoscit enim omnis sensitiva potentia per species individuales, cum recipiat species rerum in organis corporalibus. Intellectus autem est cognoscitivus universalium, ut per experimentum patet. Differt igitur intellectus a sensu.

dispositiva. — A alma também não sofre com o corpo senão por acidente, porque, como é forma do corpo, move-se por acidente por movimento corporal. — Separa-se também a alma do corpo, não como o que toca por contato, mas como a forma da matéria. Embora haja algum contato do incorpóreo com o corpo, como foi mostrado[135].

Movem-se também a essa opinião muitos porque creram que o que não é corpo, não existe, não podendo eles ultrapassar a imaginação, que só versa acerca de corpos.

Donde, essa opinião, no livro da *Sabedoria*[136], é proposta pela pessoa dos insensatos, que dizem sobre a alma: *é o sopro nas narinas: um vapor; / o pensamento: uma faísca ao bater o coração.*

Capítulo 66
Contra os que afirmam que o intelecto e o sentido são a mesma coisa

Esteve próximo dessas afirmações o que alguns dos antigos filósofos[137] opinavam que o intelecto não é diferente do sentido. O que certamente é impossível.

Com efeito, o sentido se encontra em todos os animais. Ora, os animais distintos do homem não têm intelecto. O que se manifesta pelo fato de que não realizam coisas diversas e opostas, como se tivessem intelecto, mas, realizam movidos pela natureza algumas determinadas operações uniformes na mesma espécie; por exemplo, toda andorinha nidifica do mesmo modo. Intelecto e sentido não são, pois, a mesma coisa.

Ainda. O sentido não é cognoscitivo senão das coisas singulares, pois toda potência sensitiva conhece por espécies individuais, enquanto recebe as espécies das coisas nos órgãos corporais. Ora, o intelecto é cognoscitivo dos universais, como é evidente pela experiência. Diferem, pois, o intelecto e o sentido.

---

[135] Cf. cap. 56
[136] Sabedoria 2,2 (*Vulgata*).
[137] Averróis [Ibn Roschd] (1126-1198), em *Comentários sobre a Alma* III, 3, 427a, 21-29.

Amplius. Cognitio sensus non se extendit nisi ad corporalia. Quod ex hoc patet, quia qualitates sensibiles, quae sunt propria obiecta sensuum, non sunt nisi in corporalibus; sine eis autem sensus nihil cognoscit. Intellectus autem cognoscit incorporalia: sicut sapientiam, veritatem, et relationes rerum. Non est igitur idem intellectus et sensus.

Item. Nullus sensus seipsum cognoscit, nec suam operationem: visus enim non videt seipsum, nec videt se videre, sed hoc superioris potentiae est, ut probatur in libro de anima. Intellectus autem cognoscit seipsum, et cognoscit se intelligere. Non est igitur idem intellectus et sensus.

Praeterea. Sensus corrumpitur ab excellenti sensibili. Intellectus autem non corrumpitur ab excellentia intelligibilis: quinimmo qui intelligit maiora, potest melius postmodum minora intelligere. Est igitur alia virtus sensitiva et intellectiva.

Capitulum LXVII

Contra ponentes intellectum possibilem esse imaginationem

Huic autem opinioni affine fuit quod quidam posuerunt intellectum possibilem non esse aliud quam imaginationem. Quod quidem patet esse falsum.

Imaginatio enim est etiam in aliis animalibus. Cuius signum est quod, abeuntibus sensibilibus, fugiunt vel persequuntur ea; quod non esset nisi in eis imaginaria apprehensio sensibilium remaneret. Intellectus autem in eis non est, cum nullum opus intellectus in eis appareat. Non est igitur idem imaginatio et intellectus.

Adhuc. Imaginatio non est nisi corporalium et singularium: cum phantasia sit motus factus a sensu secundum actum, ut dicitur in libro de anima. Intellectus autem univer-

Ademais. O conhecimento do sentido não se estende a não ser às coisas corporais. O que é evidente porque as qualidades sensíveis, que são os objetos próprios dos sentidos, não estão senão nas coisas corporais; sem elas o sentido nada conhece. Ora, o intelecto conhece coisas incorpóreas, como a sabedoria, a verdade, e as relações das coisas. Intelecto e sentido não são, pois, a mesma coisa.

Igualmente. Sentido nenhum conhece a si mesmo, nem sua operação, pois, a visão não se vê a si mesma, nem vê que vê, mas isso pertence a uma potência superior, como é provado no livro *Sobre a Alma*[138]. Ora, o intelecto conhece a si mesmo, e conhece que conhece. Intelecto e sentido não são, pois, a mesma coisa.

Ademais. O sentido se corrompe pelo sensível excessivo. O intelecto, porém, não se corrompe pelo excesso do inteligível, antes quem conhece as coisas maiores, pode depois conhecer melhor as menores. É, portanto, uma a potência sensitiva e outra, a intelectiva.

Capítulo 67

Contra os que afirmam que o intelecto possível é a imaginação

Afim a essa opinião foi o que alguns[139] afirmaram que o intelecto possível não é outra coisa que a imaginação. O que certamente se evidencia ser falso.

Há, com efeito, imaginação também nos outros animais. Sinal disso é que, afastadas as coisas sensíveis, fogem delas ou as buscam, o que não aconteceria se neles não permanecesse a apreensão imaginária[140]. Ora, não há neles intelecto, pois neles não aparece nenhuma obra do intelecto. Logo, não são a mesma coisa a imaginação e o intelecto.

Ainda. A imaginação não é senão das coisas corpóreas e singulares, porque o fantasia é *movimento produzido pelo sentido segundo o ato*, como se diz no livro *Sobre a Alma*[141].

138 Aristóteles (384-322 a.C.), em *Sobre a Alma* III, 2, 425b, 12-13.20-22.
139 Averróis [Ibn Roschd] (1126-1198), em *Comentários sobre a Alma* III, 5, 299-303.
140 Aristóteles (384-322 a.C.), em *Sobre a Alma* III, 3, 429a, 1-2.
141 Aristóteles (384-322 a.C.), em *Sobre a Alma* III, 7, 431a, 14-15.

salium et incorporalium est. Non est igitur intellectus possibilis imaginatio.

Amplius. Impossibile est idem esse movens et motum. Sed phantasmata movent intellectum possibilem sicut sensibilia sensum: ut Aristoteles dicit, in III de anima. Impossibile est igitur quod sit idem intellectus possibilis et imaginatio.

Praeterea. Probatum est in III de anima quod intellectus non est actus alicuius partis corporis. Imaginatio autem habet organum corporale determinatum. Non est igitur idem imaginatio et intellectus possibilis.

Hinc est quod dicitur iob 35,11: qui docet nos super iumenta terrae, et super volucres caeli erudit nos. Per quod datur intelligi quod hominis est aliqua virtus cognoscitiva supra sensum et imaginationem, quae sunt in aliis animalibus.

Capitulum LXVIII

Qualiter substantia intellectualis possit esse forma corporis

Ex praemissis igitur rationibus concludere possumus quod intellectualis substantia potest uniri corpori ut forma.

Si enim substantia intellectualis non unitur corpori solum ut motor, ut Plato posuit, neque continuatur ei solum per phantasmata, ut dixit Averroes, sed ut forma; neque tamen intellectus quo homo intelligit, est praeparatio in humana natura, ut dixit Alexander; neque complexio, ut Galenus; neque harmonia, ut empedocles; neque corpus, vel sensus, vel imaginatio, ut antiqui dixerunt: relinquitur quod anima humana sit intellectualis substantia corpori unita ut forma. Quod quidem sic potest fieri manifestum.

Ad hoc enim quod aliquid sit forma substantialis alterius, duo requiruntur.

Quorum unum est, ut forma sit principium essendi substantialiter ei cuius est for-

Ora, o intelecto é dos universais e incorpóreos. Portanto, o intelecto possível não é a imaginação.

Ademais. É impossível serem a mesma coisa o movente e o movido. Mas os fantasmas movem o intelecto possível, como os sensíveis, o sentido, como diz Aristóteles[142]. Portanto, é impossível que seja a mesma coisa o intelecto possível e a imaginação.

Além disso. Foi provado[143], que o intelecto não é ato de alguma parte do corpo. Ora, a imaginação tem órgão corpóreo determinado. Portanto, não são a mesma coisa a imaginação e o intelecto possível.

Daí é que se diz em Jó[144]: *Que nos ensina mais que aos animais da terra / E nos faz mais sábios que as aves do céu?* Pelo que se dá a entender que pertence ao homem uma potência cognoscitiva acima do sentido e da imaginação, que há nos outros animais.

Capítulo 68

De que modo a substância intelectual pode ser forma do corpo

Das razões anteriormente mencionadas podemos concluir que a substância intelectual pode unir-se ao corpo como forma.

Com efeito, se a substância intelectual não se une ao corpo apenas como motor, como Platão afirmou, nem se une com ele só pelos fantasmas, como disse Averróis, mas como forma; nem o intelecto em que o homem conhece é preparação na natureza humana, como disse Alexandre, nem o temperamento, como Galeno, nem harmonia, como Empédocles, nem corpo, ou sentido, como disseram os antigos, resta que a alma humana é substância intelectual unida ao corpo como forma. O que certamente pode-se tornar assim manifesto.

Requerem-se duas condições para que uma coisa seja forma substancial de outra.

Uma, que a forma seja o princípio de ser substancialmente para aquilo de que é forma,

142 Aristóteles (384-322 a.C.), em *Sobre a Alma* III, 4, 429a, 24-27.
143 Ibidem, 429a.
144 Jó 35,11.

ma: principium autem dico, non factivum, sed formale, quo aliquid est et denominatur ens. Unde sequitur aliud, scilicet quod forma et materia conveniant in uno esse: quod non contingit de principio effectivo cum eo cui dat esse. Et hoc esse est in quo subsistit substantia composita, quae est una secundum esse, ex materia et forma constans.

Non autem impeditur substantia intellectualis, per hoc quod est subsistens, ut probatum est, esse formale principium essendi materiae, quasi esse suum communicans materiae. Non est enim inconveniens quod idem sit esse in quo subsistit compositum et forma ipsa: cum compositum non sit nisi per formam, nec seorsum utrumque subsistat.

Potest autem obiici quod substantia intellectualis esse suum materiae corporali communicare non possit, ut sit unum esse substantiae intellectualis et materiae corporalis: diversorum enim generum est diversus modus essendi; et nobilioris substantiae nobilius esse. Hoc autem convenienter diceretur si eodem modo illud esse materiae esset sicut est substantiae intellectualis. Non est autem ita. Est enim materiae corporalis ut recipientis et subiecti ad aliquid altius elevati: substantiae autem intellectualis ut principii, et secundum propriae naturae congruentiam. Nihil igitur prohibet substantiam intellectualem esse formam corporis humani, quae est anima humana.

Hoc autem modo mirabilis rerum connexio considerari potest. Semper enim invenitur infimum supremi generis contingere supremum inferioris generis: sicut quaedam infima in genere animalium parum excedunt vitam plantarum, sicut ostrea, quae sunt immobilia, et solum tactum habent, et terrae in modum plantarum adstringuntur; unde et beatus dionysius dicit, in VII cap. De div. Nom., quod divina sapientia coniungit fines superiorum principiis inferiorum. Est igitur accipere ali-

não digo, porém, princípio eficiente, mas formal, pelo qual uma coisa é e se denomina ente. Donde se segue a *outra*, isto é, que a forma e a matéria convenham em um único ser, o que não acontece com o princípio eficiente com aquilo ao qual dá o ser. E esse ser é aquilo em que subsiste a substância composta, que é *una* segundo o ser, constando de matéria e forma.

Entretanto, a substância intelectual, enquanto é subsistente, não está impedida, como foi provado[145], de que seja o princípio formal do ser da matéria comunicando seu ser à matéria. Com efeito, não é inconveniente que seja o mesmo o ser em que subsiste o composto e a forma mesma, pois não há o composto senão pela forma, e, separados, nem um nem outro subsiste.

Ora, pode-se objetar que a substância intelectual não pode comunicar seu ser à matéria corpórea, de modo que seja um o ser da substância intelectual e o da matéria corpórea, pois de gêneros diversos é diverso o modo de ser, e o ser da substância mais nobre é mais nobre. Isso, porém, se diria convenientemente se aquele ser da matéria fosse do mesmo modo como é o da substância intelectual. Não é, porém, assim. Com efeito, o ser da matéria corpórea é como recipiente e sujeito para algo de elevado mais altamente, já o ser da substância intelectual é como princípio, e segundo a congruência da própria natureza. Nada proíbe, portanto, que a substância intelectual seja forma do corpo humano, que é a alma humana.

Ora, desse modo pode ser considerada a admirável conexão das coisas. Sempre se encontra, com efeito, que o ínfimo do gênero supremo toca o supremo do gênero inferior, como alguns ínfimos no gênero dos animais pouco excedem a vida das plantas, como as ostras, que são imóveis e só têm o tato, e ficam ligadas ao solo, a modo das plantas, donde o beato Dionísio diz que *a sabedoria divina une os fins das coisas superiores aos princípios das inferiores*[146]. É de admitir, portanto, algo su-

145 Cf. cap. 51.
146 Dionísio Areopagita (séc. V-VI), em *Os Nomes Divinos* VII, § 3, MG 3, 872B.

quid supremum in genere corporum, scilicet corpus humanum aequaliter complexionatum, quod attingit ad infimum superioris generis, scilicet ad animam humanam, quae tenet ultimum gradum in genere intellectualium substantiarum, ut ex modo intelligendi percipi potest. Et inde est quod anima intellectualis dicitur esse quasi quidam horizon et confinium corporeorum et incorporeorum, inquantum est substantia incorporea, corporis tamen forma.

premo no gênero dos corpos, a saber, o corpo humano com harmônica compleição, que atinja o ínfimo do gênero superior, ou seja, a alma humana, que tem o último grau no gênero das substâncias intelectuais, como se pode perceber pelo modo de conhecer. E daí é que a alma intelectual se diz ser como *um horizonte e a fronteira* das coisas corpóreas e incorpóreas[147] e, entretanto, forma do corpo.

Non autem minus est aliquid unum ex substantia intellectuali et materia corporali quam ex forma ignis et eius materia, sed forte magis: quia quanto forma magis vincit materiam, ex ea et materia efficitur magis unum.

Ora, aquela unidade da substância intelectual e matéria corpórea não é menor que a da forma do fogo e sua matéria, mas talvez mais, pois quanto mais a forma excede a matéria, torna-se maior a unidade dela e da matéria.

Quamvis autem sit unum esse formae et materiae, non tamen oportet quod materia semper adaequet esse formae. Immo, quanto forma est nobilior, tanto in suo esse superexcedit materiam. Quod patet inspicienti operationes formarum, ex quarum consideratione earum naturas cognoscimus: unumquodque enim operatur secundum quod est. Unde forma cuius operatio superexcedit conditionem materiae, et ipsa secundum dignitatem sui esse superexcedit materiam.

Embora haja, porém, a unidade de matéria e forma, não é necessário que a matéria sempre esteja adequada ao ser da forma. Antes, quanto mais nobre é a forma, tanto excede em seu ser a matéria. O que é evidente a quem observa as operações das formas, por cuja consideração conhecemos as naturezas delas, pois cada qual opera segundo o que é. Donde a forma cuja operação superexcede a condição da matéria, também, segundo a dignidade de seu ser, superexcede a matéria.

Invenimus enim aliquas infimas formas, quae in nullam operationem possunt nisi ad quam se extendunt qualitates quae sunt dispositiones materiae, ut calidum, frigidum, humidum et siccum, rarum, densum, grave et leve, et his similia: sicut formae elementorum. Unde istae sunt formae omnino materiales, et totaliter immersae materiae.

Encontramos, com efeito, algumas formas ínfimas, que não têm poder para nenhuma operação a não ser para aquela a que se estendem as qualidades que são disposições da matéria, como quente, frio, úmido e seco, rarefeito, denso, pesado e leve, e semelhantes a essas, como as formas dos elementos. Logo, essas são formas totalmente materiais e totalmente mergulhadas na matéria.

Super has inveniuntur formae mixtorum corporum, quae licet non se extendant ad aliqua operata quae non possunt compleri per qualitates praedictas, interdum tamen operantur illos effectus altiori virtute, quam sortiuntur ex corporibus caelestibus, quae consequitur eorum speciem: sicut adamas trahit ferrum.

Acima dessas encontram-se as formas dos corpos mistos, que, embora não se estendam a outras operações que não podem ser realizadas pelas qualidades mencionadas, contudo, às vezes, produzem aqueles efeitos por potência mais elevada, que recebem dos corpos celestes, que acompanha a espécie deles, como o ímã que atrai o ferro.

147 Aristóteles (384-322 a.C.), em *Exposição sobre o Livro das Causas*, proposição 2.

Super has iterum inveniuntur aliquae formae quarum operationes extenduntur ad aliqua operata quae excedunt virtutem qualitatum praedictarum, quamvis qualitates praedictae organice ad harum operationes deserviant: sicut sunt animae plantarum, quae etiam assimilantur non solum virtutibus corporum caelestium in excedendo qualitates activas et passivas, sed ipsis motoribus corporum caelestium, inquantum sunt principia motus rebus viventibus, quae movent seipsas.

Supra has formas inveniuntur aliae formae similes superioribus substantiis non solum in movendo, sed etiam aliqualiter in cognoscendo; et sic sunt potentes in operationes ad quas nec organice qualitates praedictae deserviunt, tamen operationes huiusmodi non complentur nisi mediante organo corporali; sicut sunt animae brutorum animalium.

Sentire enim et imaginari non completur calefaciendo et infrigidando: licet haec sint necessaria ad debitam organi dispositionem.

Super omnes autem has formas invenitur forma similis superioribus substantiis etiam quantum ad genus cognitionis, quod est intelligere: et sic est potens in operationem quae completur absque organo corporali omnino. Et haec est anima intellectiva: nam intelligere non fit per aliquod organum corporale. Unde oportet quod illud principium quo homo intelligit, quod est anima intellectiva, et excedit conditionem materiae corporalis, non sit totaliter comprehensa a materia aut ei immersa, sicut aliae formae materiales. Quod eius operatio intellectualis ostendit, in qua non communicat materia corporalis.

Quia tamen ipsum intelligere animae humanae indiget potentiis quae per quaedam organa corporalia operantur, scilicet imaginatione et sensu, ex hoc ipso declaratur quod naturaliter unitur corpori ad complendam speciem humanam.

Acima dessas ainda se encontram algumas formas que estendem as operações a algumas obras que excedem a potência das qualidades mencionadas, embora essas qualidades sirvam organicamente para suas operações, como são as almas das plantas, que também não só se assemelham às potências dos corpos celestes ao exceder as qualidades ativas e passivas, mas aos próprios motores dos corpos celestes, enquanto são princípios de movimento para as coisas vivas, que se movem a si mesmas.

Acima dessas formas encontram-se outras formas semelhantes às substâncias superiores não apenas em mover, mas também de algum modo em conhecer, e assim têm poder nas operações para as quais nem organicamente as mencionadas qualidades servem; entretanto não se realizam essas operações senão mediante o órgão corporal, como são as almas dos animais irracionais.

Com efeito, sentir e imaginar não se realizam aquecendo e resfriando, embora essas coisas sejam necessárias para a devida disposição do órgão.

Ora, sobre todas essas formas acha-se a forma semelhante às substâncias superiores também quanto ao gênero de conhecimento, que é o entender, e assim tem poder para a operação que se realiza totalmente sem nenhum órgão corporal. E essa é a alma intelectiva, pois entender não se faz por meio de um órgão corporal. Donde é necessário que aquele princípio pelo qual o homem conhece, que é a alma intelectiva, e excede a condição da matéria corporal, não seja totalmente compreendida pela matéria ou nela mergulhada, como as outras formas materiais. O que mostra sua operação intelectual, na qual não se comunica com a matéria corporal.

Dado, porém que o próprio conhecer da alma humana necessita de potências que operam por meio de alguns órgãos corporais, ou seja, a imaginação e o sentido, compreende-se a partir disso que naturalmente se une ao corpo, para completar a espécie humana.

Capitulum LXIX

Solutio rationum quibus supra probatur quod substantia intellectualis non potest uniri corpori ut forma

His autem consideratis, non est difficile solvere quae contra praedictam unionem supra opposita sunt.

In prima enim ratione falsum supponitur. Non enim corpus et anima sunt duae substantiae actu existentes, sed ex eis duobus fit una substantia actu existens: corpus enim hominis non est idem actu praesente anima, et absente; sed anima facit ipsum actu esse.

Quod autem secundo obiicitur, formam et materiam in eodem genere contineri, non sic verum est quasi utrumque sit species unius generis: sed quia sunt principia eiusdem speciei. Sic igitur substantia intellectualis et corpus, quae seorsum existentia essent diversorum generum species, prout uniuntur, sunt unius generis ut principia.

Non autem oportet substantiam intellectualem esse formam materialem, quamvis esse eius sit in materia: ut tertia ratio procedebat. Non enim est in materia sicut materiae immersa, vel a materia totaliter comprehensa, sed alio modo, ut dictum est.

Nec tamen per hoc quod substantia intellectualis unitur corpori ut forma, removetur quod a philosophis dicitur, intellectum esse a corpore separatum.

Est enim in anima considerare et ipsius essentiam, et potentiam eius. Secundum essentiam quidem suam dat esse tali corpori: secundum potentiam vero operationes proprias efficit. Si igitur operatio animae per organum corporale completur, oportet quod potentia animae quae est illius operationis principium, sit actus illius partis corporis per quam operatio eius completur: sicut visus est actus oculi. Si autem operatio eius non compleatur per or-

Capítulo 69

Solução das razões pelas quais se prova que a substância intelectual não pode unir-se ao corpo como forma

Consideradas, porém, essas coisas, não é difícil refutar as razões acima expostas contra a mencionada união[148].

Com efeito, na *primeira* razão supõe-se o falso. O corpo e a alma não são duas substâncias existentes em ato, mas deles dois se faz uma substância existente em ato, pois o corpo do homem não é o mesmo em ato, presente a alma, e ela ausente, mas a alma faz que ele seja em ato.

O que, porém, na *segunda razão* se objeta, que a forma e a matéria se contêm no mesmo gênero, não é assim verdadeiro, como se ambas fossem espécie de um só gênero, mas porque são princípios da mesma espécie. Portanto, assim a substância intelectual e o corpo, que em existência separada são espécies de diversos gêneros, enquanto se unem, são de um só gênero, como princípios.

Não é necessário, porém, que a substância intelectual seja forma material, embora seu ser esteja na matéria, como a *terceira* razão concluía. Com efeito, não está na matéria como mergulhada na matéria, ou totalmente compreendida pela matéria, mas de outro modo, como foi dito.

Nem também, pelo fato de que a substância intelectual se une ao corpo como forma, se remove aquilo que é dito pelos filósofos, que o intelecto é separado do corpo. Com efeito, é de considerar-se na alma tanto sua essência, quanto sua potência. Segundo sua essência, certamente, dá o ser a esse corpo, já segundo a potência, realiza operações próprias Se, portanto, a operação da alma se realiza pelo órgão corporal, é necessário que a potência da alma que é o princípio daquela operação, seja o ato daquela parte do corpo pela qual a sua operação se realiza, como a visão é ato do olho. Entretanto, se sua operação não

148 Cf. caps. 56 e 59.

ganum corporale, potentia eius non erit actus alicuius corporis. Et per hoc dicitur intellectus esse separatus: non quin substantia animae cuius est potentia intellectus, sive anima intellectiva, sit corporis actus ut forma dans tali corpori esse.

Non est autem necessarium, si anima secundum suam substantiam est forma corporis, quod omnis eius operatio fiat per corpus, ac per hoc omnis eius virtus sit alicuius corporis actus: ut quinta ratio procedebat. Iam enim ostensum est quod anima humana non sit talis forma quae sit totaliter immersa materiae, sed est inter omnes alias formas maxime supra materiam elevata. Unde et operationem producere potest absque corpore, idest, quasi non dependens a corpore in operando: quia nec etiam in essendo dependet a corpore.

Eodem etiam modo patet quod ea quibus Averroes suam opinionem confirmare nititur, non probant substantiam intellectualem corpori non uniri ut formam.

Verba enim Aristotelis quae dicit de intellectu possibili, quod est impassibilis et immixtus et separatus, non cogunt confiteri quod substantia intellectiva non sit unita corpori ut forma dans esse.

Verificantur enim etiam si dicatur quod intellectiva potentia, quam Aristoteles vocat potentiam perspectivam, non sit alicuius organi actus quasi per ipsum suam exercens operationem. Et hoc etiam sua demonstratio declarat: ex operatione enim intellectuali qua omnia intelligit, ostendit ipsum immixtum esse vel separatum; operatio autem pertinet ad potentiam ut ad principium.

Unde patet quod nec demonstratio Aristotelis hoc concludit, quod substantia intellectiva non uniatur corpori sicut forma. Si enim ponamus substantiam animae secundum esse corpori sic unitam, intellectum autem nullius

se realiza por órgão corporal, sua potência não será ato de corpo nenhum.

E por isso se diz que o intelecto é separado, não que a substância da alma, cuja potência é o intelecto, ou alma intelectiva, seja ato do corpo como forma que dá a esse corpo o ser.

Não é, porém, necessário, se a alma é, segundo sua substância, forma do corpo, que toda sua operação se faça pelo corpo, e por isso toda sua potência seja ato de algum corpo, como concluía a *quinta* razão. Já foi mostrado, com efeito, que a alma humana não é essa forma que esteja totalmente mergulhada na matéria, mas é entre todas as outras formas elevada maximamente sobre a matéria. Donde também pode produzir a operação sem o corpo, isto é, como não dependendo do corpo no operar, porque nem também no ser depende do corpo.

Do mesmo modo, também é evidente que as razões pelas quais Averróis[149] esforça-se por confirmar sua opinião, não provam que a substância intelectual não se une ao corpo como forma.

Com efeito, as palavras de Aristóteles que ele fala sobre o intelecto possível, que é *impassível e não misturado e separado*, não obrigam a professar que a substância intelectiva não seja unida ao corpo, como forma que dá o ser.

Elas se verificam, também, se se diz que a potência intelectiva, que Aristóteles chama de *potência perspectiva*[150], não é ato de algum órgão, como se por ele exercesse sua operação. E sua demonstração esclarece também isso, pois pela operação intelectual, pela qual conhece todas as coisas, mostra que o intelecto é não misturado ou separado; a operação, contudo, pertence à potência como ao princípio.

Daí evidencia-se que nem a demonstração de Aristóteles conclui que a substância intelectiva não se une ao corpo como forma. Se, com efeito, afirmamos que a substância da alma segundo o ser é assim unida ao corpo e que o

149 Cf. cap. 59.
150 Cf. cap. 61.

organi actum esse, non sequetur quod intellectus habeat aliquam naturam, de naturis dico sensibilium: cum non ponatur harmonia, vel ratio alicuius organi, sicut de sensu dicit Aristoteles, in II de anima, quod est quaedam ratio organi. Non enim habet intellectus operationem communem cum corpore.

Quod autem per hoc quod Aristoteles dicit intellectum esse immixtum vel separatum, non intendat excludere ipsum esse partem sive potentiam animae quae est forma totius corporis, patet per hoc quod dicit in fine primi de anima, contra illos qui dicebant animam in diversis partibus corporis diversas sui partes habere: si tota anima omne corpus continet, convenit et partium unamquamque aliquid corporis continere. Hoc autem videtur impossibile. Qualem enim partem aut quomodo intellectus continet, grave est fingere.

Patet etiam quod, ex quo intellectus nullius partis corporis actus est, quod non sequitur receptionem eius esse receptionem materiae primae: ex quo eius receptio et operatio est omnino absque organo corporali. — Nec etiam infinita virtus intellectus tollitur: cum non ponatur virtus in magnitudine, sed in substantia intellectuali fundata, ut dictum est.

intelecto não é ato de corpo nenhum, não se segue que o intelecto *tenha alguma natureza*, falo das naturezas sensíveis, pois não se afirma a *harmonia, ou razão de algum órgão*, como Aristóteles diz do sentido, que *é certa razão do órgão*[151]. Com efeito, o intelecto não tem operação comum com o corpo.

Pelo fato de Aristóteles dizer que o intelecto é não misturado ou separado, não tenciona excluir que ele é parte ou potência da alma, que é forma de todo o corpo. Isso é evidente pelo que diz contra os que afirmavam que a alma tinha suas partes diversas nas diversas partes do corpo: *se toda a alma contém todo o corpo, convém também que cada uma das partes contenha algo do corpo*[152]. Isso, porém, parece impossível. Com efeito, é difícil imaginar qual parte ou de que modo o intelecto contém.

É evidente também, pelo fato de que o intelecto não é ato de nenhuma parte do corpo, que não se segue que sua recepção seja a recepção da matéria-prima, pois sua recepção é operação totalmente sem órgão corporal. — Também não se suprime a potência infinita do intelecto, porque não se afirma a potência na grandeza, mas fundada na substância intelectual, como foi dito.

Capitulum LXX

Quod secundum dicta Aristotelis oportet ponere intellectum uniri corpori ut formam

Et quia Averroes maxime nititur suam opinionem confirmare per verba et demonstrationem Aristotelis, ostendendum restat quod necesse est dicere, secundum opinionem Aristotelis, intellectum secundum suam substantiam alicui corpori uniri ut formam.

Probat enim Aristoteles, in libro physicorum, quod in motoribus et motis impossibile est procedere in infinitum. Unde concludit

Capítulo 70

É necessário afirmar, segundo os dizeres de Aristóteles, que o intelecto se une ao corpo como forma

Porque Averróis[153] se esforça maximamente por confirmar sua opinião pelas palavras e pela demonstração de Aristóteles, resta a demonstrar que é necessário dizer, segundo a opinião de Aristóteles, que o intelecto, segundo sua substância, une-se a um corpo como forma.

Prova, com efeito, Aristóteles[154], que nos motores e movidos é impossível proceder ao infinito. Donde conclui que é necessário che-

151 Aristóteles (384-322 a.C.), em *Sobre a Alma* II, 12, 424a, 27-28.
152 Aristóteles (384-322 a.C.), em *Sobre a Alma* I, 5, 411b, 11-19.
153 Averróis [Ibn Roschd] (1126-1198), em *Comentários sobre a Alma* III, 5, p.63-67.
154 Aristóteles (384-322 a.C.), em *Física* VIII, 5, 256a, 13b, 3.

quod necesse est devenire ad aliquod primum motum, quod vel moveatur ab immobili motore, vel moveat seipsum.

Et de his duobus accipit secundum, scilicet quod primum mobile moveat seipsum: ea ratione, quia quod est per se, semper est prius eo quod est per aliud. Deinde ostendit quod movens seipsum de necessitate dividitur in duas partes, quarum una est movens et alia est mota. Oportet igitur primum seipsum movens componi ex duabus partibus, quarum una est movens et alia mota. Omne autem huiusmodi est animatum. Primum igitur mobile, scilicet caelum, est animatum, secundum opinionem Aristotelis. Unde et in II de caelo dicitur expresse quod caelum est animatum, et propter hoc oportet in eo ponere differentias positionis non solum quoad nos, sed etiam secundum se.

Inquiramus igitur, secundum opinionem Aristotelis, qua anima sit caelum animatum.

Probat autem in XI metaphysicae, quod in motu caeli est considerare aliquid quod movet omnino immotum, et aliquid quod movet motum. Id autem quod movet omnino immotum, movet sicut desiderabile: nec dubium quin ab eo quod movetur. Ostendit autem quod non sicut desiderabile desiderio concupiscentiae, quod est desiderium sensus, sed sicut desiderabile intellectuali desiderio: unde dicit quod primum movens non motum est desiderabile et intellectuale. Igitur id quod ab eo movetur, scilicet caelum, est desiderans et intelligens nobiliori modo quam nos, ut subsequenter probat. Est igitur caelum compositum, secundum opinionem Aristotelis, ex anima intellectuali et corpore. Et hoc significat in II de anima, ubi dicit quod quibusdam inest intellectivum et intellectus: ut hominibus, et si aliquid huiusmodi est alterum, aut honorabilius, scilicet caelum.

Constat autem quod caelum non habet animam sensitivam, secundum opinionem Aris-

gar a um primeiro movido, que ou é movido por motor imóvel, ou move-se a si mesmo.

E dessas duas coisas toma a segunda, isto é, que o primeiro móvel move-se a si mesmo, *porque o que é por si, sempre é anterior ao que é por outro.* Daí mostra que o que move a si mesmo por necessidade se divide em duas partes, das quais uma é a movente e outra é a movida. Portanto, é necessário que o primeiro movente a si mesmo se componha de duas partes, das quais uma é movente e outra, movida. Ora, todo semelhante a isso é animado. Logo, o primeiro móvel, isto é, o céu, é animado, segundo a opinião de Aristóteles. Donde também no livro *Sobre o Céu*[155] se diz expressamente que o céu é animado, e por causa disso é necessário afirmar nele diferenças de posição não só quanto a nós, mas também segundo ele mesmo.

Inquiramos, pois, segundo a opinião de Aristóteles, por qual alma é o céu animado. Ora, ele prova[156] que no movimento do céu deve-se considerar aquilo que move totalmente o não movido, e aquilo que move o movido. Aquilo que move totalmente o não movido, move como desejável, nem há dúvida de que é desejado por aquele que é movido. Mostra, entretanto, que não é como desejável por desejo de concupiscência, que é o desejo do sentido, mas como desejável por desejo intelectual, donde diz que o primeiro movente não movido é *desejável e intelectual.* Portanto, aquilo que é por ele movido, isto é, o céu, é desejante e inteligente de modo mais nobre que nós, como prova subsequentemente. O céu é, pois, composto, segundo a opinião de Aristóteles, de alma intelectual e corpo. E assinala isso no livro *Sobre a Alma*[157], onde diz que em alguns está presente o intelectivo e o intelecto, como nos homens, e se há algum outro semelhante, ou mais honroso, a saber, é o céu.

Consta, porém, que o céu não tem alma sensitiva, segundo a opinião de Aristóteles, pois

155 Aristóteles (384-322 a.C.), em *Sobre o Céu e o Mundo* II, 2, 284b, 25-285a, 31.
156 Aristóteles (384-322 a.C.), em *Metafísica* XI, 7, 1072a, 23-30.
157 Aristóteles (384-322 a.C.), em *Sobre a Alma* II, 3, 414b, 18-19.

totelis: haberet enim diversa organa, quae non competunt simplicitati caeli. Et ad hoc significandum, subiungit Aristoteles quod quibus de numero corruptibilium inest intellectus, insunt omnes aliae potentiae: ut daret intelligere quod aliqua incorruptibilia habent intellectum quae non habent alias potentias animae, scilicet corpora caelestia.

Non poterit igitur dici quod intellectus continuetur corporibus caelestibus per phantasmata: sed oportebit dicere quod intellectus secundum suam substantiam uniatur corpori caelesti ut forma.

Sic igitur et corpori humano, quod est inter omnia corpora inferiora nobilissimum, et aequalitate suae complexionis caelo, ab omni contrarietate absoluto, simillimum, secundum intentionem Aristotelis substantia intellectualis unitur non per aliqua phantasmata sed ut forma ipsius.

Hoc autem quod dictum est de animatione çaeli, non diximus quasi asserendo secundum fidei doctrinam, ad quam nihil pertinet sive sic sive aliter dicatur. Unde Augustinus, in libro enchiridion, dicit: nec illud quidem certum habeo, utrum ad eandem societatem, scilicet Angelorum, pertineant sol et luna et cuncta sidera: quamvis nonnullis lucida esse corpora, non cum sensu vel intelligentia, videantur.

teria órgãos diversos, que não convêm à simplicidade do céu. E para assinalar isso, acrescenta Aristóteles que, *naquelas coisas do número das corruptíveis em que está presente o intelecto, estão todas as outras potências*[158], como se desse a entender que algumas coisas incorruptíveis que têm intelecto não têm outras potências da alma, a saber, os corpos celestes.

Não se poderá, portanto, dizer que o intelecto se une com os corpos celestes por fantasmas, mas será necessário afirmar que o intelecto, segundo sua substância, une-se ao corpo celeste como forma.

Assim, pois, também com o corpo humano, que é o mais nobre entre todos os corpos inferiores, e por equilíbrio de sua constituição muito semelhante ao céu, não condicionado por nenhuma contrariedade; segundo a intenção de Aristóteles, a substância intelectual se une não por alguns fantasmas, mas como sua forma.

Ora, isso que é dito da animação do céu, não dissemos como afirmando segundo a doutrina da fé, à qual nada disso diz respeito, quer se diga assim ou de outra maneira. Donde Agostinho, diz: *nem tenho aquilo como certo, se à mesma sociedade, isto é, dos Anjos, pertençam o sol e a lua e todos os astros, embora em alguns haja corpos lúcidos, não com sentido ou inteligência*[159].

Capitulum LXXI

Quod anima immediate unitur corpori

Ex praemissis autem concludi potest quod anima immediate corpori unitur, nec oportet ponere aliquod medium quasi animam corpori uniens: vel phantasmata, sicut dicit Averroes; vel potentias ipsius, sicut quidam dicunt; vel etiam spiritum corporalem, sicut alii dixerunt.

Ostensum est enim quod anima unitur corpori ut forma eius. Forma autem unitur materiae absque omni medio: per se enim competit

Capítulo 71

A alma se une imediatamente ao corpo

Pode-se concluir, do anteriormente dito, que a alma se une imediatamente ao corpo, nem é necessário afirmar um intermediário que una a alma ao corpo, ou fantasmas, como diz Averróis[160], ou potências dela, como dizem alguns, ou mesmo um espírito corporal, como outros afirmaram.

Com efeito, foi mostrado que a alma se une ao corpo como sua forma. Ora, a forma se une à matéria sem nenhum intermediário,

158 Aristóteles (384-322 a.C.), em *Sobre a Alma* II, 3, 415a, 8-9.
159 Santo Agostinho (354-431), em *Enquirídio para Laurêncio*, 58, ML 40, 260.
160 Cf. cap. 59.

formae quod sit actus talis corporis, et non per aliquid aliud. Unde nec est aliquid unum faciens ex materia et forma nisi agens, quod potentiam reducit ad actum, ut probat Aristoteles, in VIII metaphysicae: nam materia et forma habent se ut potentia et actus.

Potest tamen dici aliquid esse medium inter animam et corpus, etsi non in essendo, tamen in movendo et in via generationis.

In movendo quidem, quia in motu quo anima movet corpus, est quidam ordo mobilium et motorum. Anima enim omnes operationes suas efficit per suas potentias: unde mediante potentia movet corpus; et adhuc membra mediante spiritu; et ulterius unum organum mediante alio organo.

In via autem generationis dispositiones ad formam praecedunt formam in materia, quamvis sint posteriores in essendo. Unde et dispositiones corporis quibus fit proprium perfectibile talis formae, hoc modo possunt dici mediae inter animam et corpus.

pois convém por si à forma que seja ato de tal corpo, e não por outra coisa. Donde, nem há algo que produza a unidade da matéria e forma, a não ser o agente, que reduz a potência ao ato, como prova Aristóteles[161], já que a matéria e a forma se relacionam como potência e ato.

Pode-se, entretanto, dizer que algo é intermediário entre a alma e o corpo, embora não no ser, mas no mover e na ordem da geração.

No mover, certamente, pois no movimento em que a alma move o corpo, há certa ordem de móveis e motores. A alma, com efeito, realiza todas as suas operações por suas potências, donde, mediante a potência, move o corpo; e ainda os membros, mediante o espírito, e ulteriormente um órgão mediante outro órgão.

Na ordem da geração, porém, as disposições para a forma precedem a forma na matéria, embora sejam posteriores no ser. Donde, também, as disposições do corpo nas quais se faz o perfectível próprio dessa forma, podem desse modo dizer-se intermediárias entre a alma e o corpo.

Capitulum LXXII

Quod anima sit tota in toto et tota in qualibet parte

Per eadem autem ostendi potest animam totam in toto corpore esse, et totam in singulis partibus.

Oportet enim proprium actum in proprio perfectibili esse. Anima autem est actus corporis organici, non unius organi tantum. Est igitur in toto corpore, et non in una parte tantum, secundum suam essentiam, secundum quam est forma corporis.

Sic autem anima est forma totius corporis quod etiam est forma singularium partium. Si enim esset forma totius et non partium, non esset forma substantialis talis corporis: sicut forma domus, quae est forma totius et non singularium partium, est forma accidentalis. Quod autem sit forma substantialis totius et

Capítulo 72

A alma está toda no todo e toda em cada parte

Pelas mesmas razões, pode-se mostrar que a alma está toda em todo corpo, e toda em cada parte.

Com efeito, é necessário que o ato próprio esteja no perfectível próprio. Ora, a alma é ato do corpo orgânico[162], não apenas de um só órgão. Está, portanto, em todo o corpo, e não numa parte somente, segundo sua essência, de acordo com a qual é forma do corpo.

A alma é forma de todo corpo do mesmo modo como é também forma das partes singulares. Com efeito, se fosse forma do corpo e não das partes, não seria forma substancial desse corpo, como a forma da casa, que é forma do todo, e não de cada parte, é forma acidental. Ora, que seja forma substancial do

161 Aristóteles (384-322 a.C.), em *Metafísica* VIII, 6, 1045b, 16-23.
162 Aristóteles (384-322 a.C.), em *Sobre a Alma* II, 1, 412b, 5-6.

partium, patet per hoc quod ab ea sortitur speciem et totum et partes. Unde, ea abscedente, neque totum neque partes remanent eiusdem speciei: nam oculus mortui et caro eius non dicuntur nisi aequivoce. Si igitur anima est actus singularium partium; actus autem est in eo cuius est actus: relinquitur quod sit secundum suam essentiam in qualibet parte corporis.

Quod autem tota, manifestum est. Cum enim totum dicatur per relationem ad partes, oportet totum diversimode accipi sicut diversimode accipiuntur partes. Dicitur autem pars dupliciter: uno quidem modo, inquantum dividitur aliquid secundum quantitatem, sicut bicubitum est pars tricubiti; alio modo, inquantum dividitur aliquid secundum divisionem essentiae, sicut forma et materia dicuntur partes compositi. Dicitur ergo totum et secundum quantitatem, et secundum essentiae perfectionem. Totum autem et pars secundum quantitatem dicta formis non conveniunt nisi per accidens, scilicet inquantum dividuntur divisione subiecti quantitatem habentis. Totum autem vel pars secundum perfectionem essentiae invenitur in formis per se.

De hac igitur totalitate loquendo, quae per se formis competit, in qualibet forma apparet quod est tota in toto et tota in qualibet parte eius: nam albedo, sicut secundum totam rationem albedinis est in toto corpore, ita et in qualibet parte eius. Secus autem est de totalitate quae per accidens attribuitur formis: sic enim non possumus dicere quod tota albedo sit in qualibet parte. Si igitur est aliqua forma quae non dividatur divisione subiecti, sicut sunt animae animalium perfectorum, non erit opus distinctione, cum eis non competat nisi una totalitas: sed absolute dicendum est eam totam esse in qualibet parte corporis.

Nec est hoc difficile apprehendere ei qui intelligit animam non sic esse indivisibilem ut punctum; neque sic incorporeum corporeo

todo e das partes, evidencia-se pelo fato de que dela recebe a espécie tanto o todo como as partes. Donde, afastando-se ela, não permanece nem o todo nem as partes da mesma espécie, pois não se dizem mais do morto o olho e sua carne, senão equivocamente. Se, pois, a alma é ato das partes singulares, e o ato, contudo, está naquilo de que é ato, resta que esteja segundo sua essência em qualquer parte do corpo.

Que esteja toda, é manifesto. Com efeito, como o todo se diz por relação às partes, é necessário que seja o todo diversamente entendido, como diversamente são entendidas as partes. Ora, diz-se parte duplamente: de um modo, enquanto se divide algo segundo a quantidade, como o côvado duplo é parte do côvado triplo; de outro modo, enquanto se divide algo segundo a divisão da essência, como a forma e a matéria se dizem partes do composto. O todo é dito, pois, tanto segundo a quantidade, quanto segundo a perfeição da essência. Ora, o todo e a parte, ditos segundo a quantidade, não convêm às formas senão por acidente, ou seja, enquanto se dividem por divisão do sujeito que tem a quantidade. Entretanto, o todo ou a parte, segundo a perfeição da essência, encontra-se nas formas por si.

Falando, pois, dessa totalidade, que convém ás formas por si, em qualquer forma é manifesto que está toda no todo e toda em qualquer parte dele, pois a brancura, como toda a razão de brancura está em todo corpo, assim também em qualquer parte dele. O contrário, porém, se dá com a totalidade que por acidente se atribui às formas, pois assim não podemos dizer que toda a brancura esteja em qualquer parte. Se, pois, há alguma forma que não se divide por divisão de sujeito, como são as almas dos animais perfeitos, não haverá necessidade da distinção, pois a eles não convém senão uma totalidade, mas de modo absoluto deve-se dizer que ela está toda em qualquer parte do corpo.

Nem isso é difícil de apreender àquele que entende que a alma não é indivisível como o ponto, e que o incorpóreo se une ao corpóreo

coniungi sicut corpora ad invicem coniunguntur; ut supra expositum est.

Non est autem inconveniens animam, cum sit quaedam forma simplex, esse actum partium tam diversarum. Quia unicuique formae aptatur materia secundum suam congruentiam. Quanto autem aliqua forma est nobilior et simplicior, tanto est maioris virtutis. Unde anima, quae est nobilissima inter formas inferiores, etsi simplex in substantia, est multiplex in potentia et multarum operationum. Unde indiget diversis organis ad suas operationes complendas, quorum diversae animae potentiae proprii actus esse dicuntur: sicut visus oculi, auditus aurium, et sic de aliis. Propter quod animalia perfecta habent maximam diversitatem in organis, plantae vero minimam.

Hac igitur occasione a quibusdam philosophis dictum est animam esse in aliqua parte corporis: sicut ab ipso Aristotele, in libro de causa motus animalium, dicitur esse in corde, quia aliqua potentiarum eius illi parti corporis attribuitur.

Vis enim motiva, de qua Aristoteles in libro illo agebat, est principaliter in corde, per quod anima in totum corpus motum et alias huiusmodi operationes diffundit.

não do modo como os corpos se unem entre si, como foi exposto[163].

Ora, não há inconveniente em que a alma, como é uma forma simples, seja ato de partes tão diversas. Porque a cada forma adapta-se a matéria segundo a conveniência dela. Quanto mais nobre e simples é uma forma, tanto de maior potência. Donde, a alma, que é a mais nobre entre as formas inferiores, embora simples em substância, é multíplice em potência e de muitas operações. Por isso, precisa de diversos órgãos para realizar suas operações, como a visão dos olhos, a audição dos ouvidos, e assim dos outros. Por causa disso, os animais perfeitos têm a máxima diversidade em órgãos, já as plantas, a mínima.

Por ocasião disso, foi afirmado por alguns filósofos que a alma estava em alguma parte do corpo, como o próprio Aristóteles diz[164] estar no coração, pois uma de suas potências é atribuída àquela parte do corpo. Com efeito, a força motora, da qual Aristóteles tratava naquele livro, está principalmente no coração, por meio do qual a alma difunde para todo corpo o movimento e outras operações semelhantes.

Capitulum LXXIII

Quod intellectus possibilis non est unus in omnibus hominibus

Ex praemissis autem evidenter ostenditur non esse unum intellectum possibilem omnium hominum qui sunt et qui erunt et qui fuerunt: ut Averroes, in III de anima, fingit.

Ostensum est enim quod substantia intellectus unitur corpori humano ut forma. Impossibile est autem unam formam esse nisi unius materiae: quia proprius actus in propria potentia fit; sunt enim ad invicem proportionata. Non est igitur intellectus unus omnium hominum.

Capítulo 73

O intelecto possível não é um só em todos os homens

Do anteriormente dito, se mostra com evidência que o intelecto possível não é um só de todos os homens, que são, que serão e que foram, como Averróis imaginou[165].

Com efeito, foi mostrado[166] que a substância do intelecto se une ao corpo humano como forma. Ora, é impossível haver uma forma de uma só matéria, porque o ato próprio se faz em potência própria, pois são proporcionados entre si. Não há, pois, um intelecto de todos os homens.

163 Cf. cap. 56.
164 Aristóteles (384-322 a.C.), em *Sobre a causa do movimento dos animais*, 10, 703a, 14-16.
165 Averróis [Ibn Roschd] (1126-1198), em *Comentários sobre a Alma* III, 5, 424-426.
166 Cf. cap. 68.

Adhuc. Unicuique motori debentur propria instrumenta: alia enim sunt instrumenta tibicinis, alia architectoris. Intellectus autem comparatur ad corpus ut motor ipsius: sicut Aristoteles determinat in III de anima. Sicut igitur impossibile est quod architector utatur instrumentis tibicinis, ita impossibile est quod intellectus unius hominis sit intellectus alterius.

Praeterea. Aristoteles, in I de anima, reprehendit antiquos de hoc quod, dicentes de anima, nihil de proprio susceptibili dicebant: quasi esset contingens, secundum Pythagoricas fabulas, quamlibet animam quodlibet corpus indui. Non est igitur possibile quod anima canis ingrediatur corpus lupi, vel anima hominis aliud corpus quam hominis. Sed quae est proportio animae hominis ad corpus hominis, eadem est proportio animae huius hominis ad corpus huius hominis. Non est igitur possibile animam huius hominis ingredi aliud corpus quam istius hominis. Sed anima huius hominis est per quam hic homo intelligit: homo enim per animam intelligit secundum sententiam Aristotelis in I de anima. Non est igitur unus intellectus istius et illius hominis.

Amplius. Ab eodem aliquid habet esse et unitatem: unum enim et ens se consequuntur. Sed unumquodque habet esse per suam formam. Ergo et unitas rei sequitur unitatem formae. Impossibile est igitur diversorum individuorum esse formam unam. Forma autem huius hominis est anima intellectiva. Impossibile est igitur omnium hominum esse unum intellectum.

Si autem dicatur quod anima sensitiva huius hominis sit alia ab anima sensitiva illius, et pro tanto non est unus homo, licet sit unus intellectus: hoc stare non potest. Propria enim operatio cuiuslibet rei consequitur et demonstrat speciem ipsius. Sicut autem animalis propria operatio est sentire, ita hominis

Ainda. A cada motor são devidos instrumentos próprios, pois são uns os instrumentos do tocador de flauta, outros os do arquiteto. Ora, o intelecto compara-se ao corpo, como motor dele, como determina Aristóteles[167]. Assim, como é impossível que o arquiteto use instrumentos do tocador de flauta, assim é impossível que o intelecto de um homem seja intelecto de outro.

Além disso. Aristóteles[168] repreende os antigos em que, falando da alma, nada diziam de seu sujeito próprio, *como se fosse contingente, segundo as fábulas Pitagóricas, que qualquer alma se revestisse de qualquer corpo*. Não é, portanto, possível que a alma do cão entre no corpo do lobo, ou a alma do homem em outro corpo que não do homem. Mas, a proporção que há da alma do homem para o corpo do homem, é a mesma proporção da alma deste homem para o corpo deste homem. Não é, pois, possível que a alma deste homem entre em outro corpo que não naquele deste homem. Mas a alma deste homem é aquela pela qual este homem conhece, *pois o homem por meio da alma conhece*[169], segundo a sentença de Aristóteles. Não há, portanto, um só intelecto deste e daquele homem.

Ademais. Do mesmo princípio uma coisa tem o ser e a unidade, pois o uno e o ente se seguem. Mas cada um tem o ser por sua forma. Logo também a unidade da coisa segue a unidade da forma. Portanto, é impossível haver uma forma única de diversos indivíduos. Ora, a forma deste homem é a alma intelectiva. Portanto, é impossível haver um só intelecto de todos os homens.

Se se disser, entretanto, que a alma sensitiva deste homem é diferente da alma sensitiva daquele, e portanto não há um homem só, embora haja um só intelecto, isso não pode sustentar-se.

Com efeito, a operação própria de qualquer coisa segue e demonstra sua espécie.

167 Aristóteles (384-322 a.C.), em *Sobre a Alma* III, 10, 433a, 9-15.
168 Aristóteles (384-322 a.C.), em *Sobre a Alma* I, 3, 407b, 21-24.
169 Aristóteles (384-322 a.C.), em *Sobre a Alma* I, 4, 408b, 7-9.

propria operatio est intelligere: ut Aristoteles dicit, in I ethicorum. Unde oportet quod, sicut hoc individuum est animal propter sensum, secundum Aristotelem, in II de anima; ita sit homo propter id quo intelligit. Id autem quo intelligit anima, vel homo per animam, est intellectus possibilis, ut dicitur in III de anima. Est igitur hoc individuum homo per intellectum possibilem.

Si igitur hic homo habet aliam animam sensitivam cum alio homine, non autem alium intellectum possibilem, sed unum et eundem, sequetur quod sint duo animalia, sed non duo homines. Quod patet impossibile esse. Non est igitur unus intellectus possibilis omnium hominum.

His autem rationibus respondet Commentator praedictus, in III de anima, dicens quod intellectus possibilis continuatur nobiscum per formam suam, scilicet per speciem intelligibilem, cuius unum subiectum est phantasma in nobis existens, quod est in diversis diversum. Et sic intellectus possibilis numeratur in diversis, non ratione suae substantiae, sed ratione suae formae. Quod autem haec responsio nulla sit, apparet per ea quae supra dicta sunt. Ostensum est enim supra quod non est possibile hominem intelligere si sic solum intellectus possibilis continuaretur nobiscum.

Dato autem quod praedicta continuatio sufficeret ad hoc quod homo esset intelligens, adhuc responsio dicta rationes supra dictas non solvit. Secundum enim dictam positionem, nihil ad intellectum pertinens remanebit numeratum secundum multitudinem hominum nisi solum phantasma. Et hoc ipsum phantasma non erit numeratum secundum quod est intellectum in actu: quia sic est in intellectu possibili, et est abstractum a materia-

Assim como a operação própria do animal é sentir, assim a operação própria do homem é conhecer, como afirma Aristóteles[170]. Donde é necessário que, assim como este indivíduo é animal por causa do sentido, segundo Aristóteles[171], assim é o homem por causa daquilo que conhece. Ora, aquilo pelo que a alma conhece, ou o homem pela alma, é o intelecto possível, como é afirmado no livro *Sobre a Alma*[172]. Portanto, este indivíduo é homem pelo intelecto possível.

Se, pois, este homem tem outra alma sensitiva que a de outro homem, não, porém, outro intelecto possível, mas um só e o mesmo, segue-se que há dois animais, mas não dois homens. O que é evidente ser impossível. Não há, pois, um único intelecto possível de todos os homens.

Ora, a essas razões responde o mencionado Comentador[173], dizendo que o intelecto possível se une conosco por sua forma, a saber, pela espécie inteligível, cujo único sujeito é o fantasma em nós existente, que é diverso em sujeitos diversos. E assim o intelecto possível numera-se em diversos indivíduos, não em razão de sua substância, mas em razão de sua forma. Que, entretanto, essa resposta seja nula, evidencia-se por aquelas coisas que acima foram ditas. Com efeito, foi mostrado que não seria possível ao homem conhecer, se o intelecto possível se unisse a nós apenas desse modo.

Dado, porém, que a mencionada união bastasse para que o homem fosse inteligente, a dita resposta ainda não apagaria as razões acima afirmadas. Com efeito, segundo a posição mencionada, nada pertencente ao intelecto permanecerá multiplicado segundo a multiplicidade dos homens, senão apenas o fantasma. E esse mesmo fantasma não será multiplicado segundo é intelecto em ato, porque assim está no intelecto possível, e é abstraído das con-

---

[170] Aristóteles (384-322 a.C.), em *Ética* I, 6, 1098a, 7-17.
[171] Aristóteles (384-322 a.C.), em *Sobre a Alma* II, 2, 413b, 2.
[172] Aristóteles (384-322 a.C.), em *Sobre a Alma* III, 4, 429a,10-11.23.
[173] Averróis [Ibn Roschd] (1126-1198), em *Comentários sobre a Alma* III, 5, 501-527.

libus conditionibus per intellectum agentem. Phantasma autem, secundum quod est intellectum in potentia, non excedit gradum animae sensitivae. Adhuc igitur non remanebit alius hic homo ab illo nisi per animam sensitivam. Et sequetur praedictum inconveniens, quod non sint plures homines hic et ille.

Praeterea. Nihil sortitur speciem per id quod est in potentia, sed per id quod est actu. Phantasma autem, secundum quod est numeratum, est tantum in potentia ad esse intelligibile. Ergo per phantasma, secundum quod numeratur, non sortitur hoc individuum speciem animalis intellectivi, quod est ratio hominis. Et sic remanebit illud quod speciem humanam dat, non esse numeratum in diversis.

Adhuc. Illud per quod speciem sortitur unumquodque vivens, est perfectio prima, et non perfectio secunda: ut patet per Aristotelem, in II de anima.

Phantasma autem non est perfectio prima, sed perfectio secunda: est enim phantasia motus factus a sensu secundum actum, ut dicitur in libro de anima. Non est igitur ipsum phantasma quod numeratur, a quo homo speciem habet.

Amplius. Phantasmata quae sunt intellecta in potentia, diversa sunt. Illud autem quo aliquid speciem sortitur, oportet esse unum: nam species una est unius. Non igitur per phantasmata, prout ponuntur numerari in diversis, ut sunt intellecta in potentia, homo speciem sortitur.

Item. Illud quo homo sortitur speciem, oportet semper esse manens in eodem individuo dum durat: alias individuum non semper esset unius et eiusdem speciei, sed quandoque huius, quandoque illius. Phantasmata autem non semper eadem manent in uno homine, sed quaedam de novo adveniunt, et quaedam praeexistentia abolentur. Individuum igitur hominis neque per phantasma sortitur spe-

dições materiais pelo intelecto agente. Ora, o fantasma segundo é intelecto em potência, não excede o grau da alma sensitiva. Portanto, ainda não permanecerá este homem diverso daquele, senão pela alma sensitiva. E segue-se o inconveniente mencionado, que este e aquele não sejam vários homens.

Além disso. Coisa nenhuma recebe a espécie por aquilo que está em potência, mas por aquilo que está em ato. Ora, o fantasma, segundo é multiplicado, é apenas em potência para ser inteligível. Logo, pelo fantasma, segundo é multiplicado, não recebe este indivíduo a espécie de animal intelectivo, que é a razão de homem. E assim permanecerá que aquilo que dá a espécie humana não seria multiplicado em diversos indivíduos.

Ainda. Aquilo pelo que qualquer vivente recebe a espécie é a perfeição primeira, e não a perfeição segunda, como Aristóteles deixa claro[174]. Ora, o fantasma não é perfeição primeira, mas perfeição segunda, pois a fantasia é *movimento feito pelo sentido segundo o ato*, como se diz no livro *Sobre a Alma*[175]. Não é, portanto, o próprio fantasma que é multiplicado, pelo qual o homem tem a espécie.

Ademais. Os fantasmas, que são inteligíveis em potência, são múltiplos. Ora, aquilo pelo qual uma coisa recebe a espécie, é necessário que seja uno, pois a espécie é una de um só. O homem não recebe a espécie, portanto, pelos fantasmas, enquanto se consideram multiplicar-se em diversos, como são os inteligíveis em potência.

Igualmente. Aquilo pelo que o homem recebe a espécie, é necessário que sempre seja permanente no mesmo indivíduo, enquanto dura; do contrário, o indivíduo nem seria sempre de uma e mesma espécie, mas às vezes de uma, às vezes de outra. Os fantasmas, porém, não permanecem sempre os mesmos num homem só, mas alguns aparecem de novo, e alguns preexistentes desaparecem. Portanto,

174 Aristóteles (384-322 a.C.), em *Sobre a Alma* II, 1, 412a, 19-21b, 5-6.

175 Aristóteles (384-322 a.C.), em *Sobre a Alma* III, 3, 429a, 1-2.

ciem; neque per ipsum continuatur principio suae speciei, quod est intellectus possibilis.
— Si autem dicatur quod hic homo non sortitur speciem ab ipsis phantasmatibus, sed a virtutibus in quibus sunt phantasmata, scilicet imaginativa, memorativa et cogitativa, quae est propria homini, quam Aristoteles in III de anima, passivum intellectum vocat: adhuc sequuntur eadem inconvenientia. Quia, cum virtus cogitativa habeat operationem solum circa particularia, quorum intentiones dividit et componit, et habeat organum corporale per quod agit, non transcendit genus animae sensitivae. Homo autem ex anima sensitiva non habet quod sit homo, sed quod sit animal. Adhuc igitur relinquitur quod numeretur in nobis solum id quod competit homini inquantum est animal.

Praeterea. Virtus cogitativa, cum operetur per organum, non est id quo intelligimus: cum intelligere non sit operatio alicuius organi. Id autem quo intelligimus, est illud quo homo est homo: cum intelligere sit propria operatio hominis consequens eius speciem. Non est igitur hoc individuum homo per virtutem cogitativam: neque haec virtus est id per quod homo substantialiter differt a brutis, ut Commentator praedictus fingit.

Adhuc. Virtus cogitativa non habet ordinem ad intellectum possibilem, quo intelligit homo, nisi per suum actum quo praeparantur phantasmata ut per intellectum agentem fiant intelligibilia actu et perficientia intellectum possibilem. Operatio autem ista non semper eadem manet in nobis. Impossibile est igitur quod homo per eam vel continuetur principio speciei humanae; vel per eam habeat speciem. Sic igitur patet quod praedicta responsio omnino confutanda est.

o indivíduo não recebe por fantasmas a espécie de homem, nem por eles une-se ao princípio de sua espécie, que é o intelecto possível.
— Se, contudo, se disser que esse homem não recebe a espécie dos mesmos fantasmas, mas das potências nas quais há fantasmas, isto é, a imaginativa, a memorativa e a cogitativa, que é própria do homem, a qual Aristóteles[176] chama *de intelecto passivo*, seguem-se ainda os mesmos inconvenientes. Porque, como a potência cogitativa tem a operação apenas a respeito de coisas particulares, cujas intenções divide e compõe, e tem o órgão corporal pelo qual age, não transcende o gênero da alma sensitiva. O homem, entretanto, pela alma sensitiva não tem aquilo pelo que é homem, mas pelo que é animal. Portanto, ainda resta que seja multiplicado em nós apenas aquilo que compete ao homem enquanto é animal.

Além disso. A potência cogitativa, como opera pelo órgão, não é aquilo em que conhecemos, pois conhecer não é operação de algum órgão. Ora, aquilo em que conhecemos é aquilo em que o homem é homem, já que conhecer é operação própria do homem, consequente à sua espécie. Não é, portanto, este indivíduo homem pela potência cogitativa, nem essa potência é aquilo pelo que o homem substancialmente difere dos animais irracionais, como o mencionado Comentador[177] imagina.

Ainda. A potência cogitativa não se ordena ao intelecto possível, pelo qual o homem conhece, senão por seu ato no qual são preparados os fantasmas para que pelo intelecto agente se tornem inteligíveis em ato e perfectíveis do intelecto possível. Ora, essa operação não permanece sempre a mesma em nós. Portanto, é impossível que o homem por ela ou se una ao princípio da espécie humana, ou por ela tenha a espécie. Assim, pois, evidencia-se que a mencionada resposta deve ser totalmente rejeitada.

---

[176] Aristóteles (384-322 a.C.), em *Sobre a Alma* III, 5, 430a, 24.
[177] Averróis [Ibn Roschd] (1126-1198), em *Comentários sobre a Alma* III, 20, 313-320.

Item. Id quo aliquid operatur aut agit, est principium ad quod sequitur operatio non solum quantum ad esse ipsius, sed etiam quantum ad multitudinem aut unitatem: ab eodem enim calore non est nisi unum calefacere, sive una calefactio activa; quamvis possit esse multiplex calefieri, sive multae calefactiones passivae, secundum diversitatem calefactorum simul per unum calorem. Intellectus autem possibilis est quo intelligit anima: ut dicit Aristoteles in III de anima. Si igitur intellectus possibilis huius et illius hominis sit unus et idem numero, necesse erit etiam intelligere utriusque esse unum et idem. Quod patet esse impossibile: nam diversorum individuorum impossibile est esse operationem unam. Impossibile est igitur intellectum possibilem esse unum huius et illius. — Si autem dicatur quod ipsum intelligere multiplicatur secundum diversitatem phantasmatum: hoc stare non potest. Sicut enim dictum est, unius agentis una actio multiplicatur solum secundum diversa subiecta in quae transit illa actio. Intelligere autem et velle, et huiusmodi, non sunt actiones transeuntes in exteriorem materiam, sed manent in ipso agente quasi perfectiones ipsius agentis: ut patet per Aristotelem in IX metaphysicae. Non potest igitur unum intelligere intellectus possibilis multiplicari per diversitatem phantasmatum.

Igualmente. Aquilo pelo qual uma coisa opera ou age é o princípio para o qual se segue a operação, não só quanto ao seu ser, mas também quanto à multiplicidade ou unidade, pois pelo mesmo calor não há senão um aquecer, ou uma calefação ativa; embora possa haver um aquecer múltiplo, ou muitas calefações sucessivas, segundo a diversidade dos aquecidos simultaneamente por um só calor. Ora, o intelecto possível é *aquilo pelo que a alma conhece*, como afirma Aristóteles[178]. Se, pois, o intelecto possível desse e daquele homem é uno e o mesmo numericamente, será necessário também que o conhecer de ambos seja uno e o mesmo. O que se evidencia ser impossível, já que de diversos indivíduos é impossível haver uma operação una. Logo, é impossível que o intelecto possível desse homem e daquele seja um só. — Se, porém, se disser que o mesmo conhecer se multiplica segundo a diversidade dos fantasmas, isso não pode sustentar-se. Com efeito, como foi dito, de um só agente uma ação se multiplica apenas segundo os diversos sujeitos aos quais passa aquela ação. Conhecer e querer, porém, e semelhantes, não são ações transitivas para a matéria exterior, mas permanecem no mesmo agente como perfeições dele mesmo, como Aristóteles deixa claro[179]. Portanto, não pode um conhecer único do intelecto possível multiplicar-se pela diversidade dos fantasmas.

Praeterea. Phantasmata se habent ad intellectum possibilem ut activum quodammodo ad passivum: secundum quod Aristoteles dicit, in III de anima, quod intelligere quoddam pati est. Pati autem ipsum patientis diversificatur secundum diversas formas activorum sive species, non secundum diversitatem eorum in numero. In uno enim passivo sequitur simul a duobus activis, scilicet calefaciente et desiccante, calefieri et desiccari: non autem a duobus calefacientibus sequitur in uno calefactibili duplex calefieri, sed unum tantum;

Além disso. Os fantasmas se relacionam com o intelecto possível como o ativo com o passivo, segundo o que diz Aristóteles que *conhecer é certo padecer*[180]. Ora, o padecer do paciente se diversifica segundo as diversas formas ou espécies dos ativos, não segundo a diversidade deles em número. Com efeito, em um passivo o ser aquecido e secado, segue-se ao mesmo tempo de dois ativos, a saber, o que aquece e o que seca; não, porém, de dois que aquecem segue-se em um aquecível duplo aquecer-se, mas um só; a não ser que talvez se-

178 Aristóteles (384-322 a.C.), em *Sobre a Alma* III, 4, 429a, 10-11.23.
179 Aristóteles (384-322 a.C.), em *Metafísica* IX, 8, 1050a, 23b,2.
180 Aristóteles (384-322 a.C.), em *Sobre a Alma* III, 4, 429a, 13-14.

nisi forte sint diversae species caloris. Cum enim calor duplex unius speciei non possit esse in uno subiecto; motus autem numeratur secundum terminum ad quem: si sit unius temporis et eiusdem subiecti, non poterit esse duplex calefieri in uno subiecto. Et hoc dico, nisi sit alia species caloris: sicut ponitur in semine calor ignis, caeli et animae. Ex diversitate igitur phantasmatum intellectus possibilis non multiplicatur nisi secundum diversarum specierum intelligentiam: ut dicamus quod aliud est eius intelligere prout intelligit hominem, et prout intelligit equum. Sed horum unum intelligere simul convenit omnibus hominibus. Ergo adhuc sequetur quod idem intelligere numero sit huius hominis et illius.

Adhuc. Intellectus possibilis intelligit hominem, non secundum quod est hic homo, sed inquantum est homo simpliciter, secundum rationem speciei. Haec autem ratio una est, quantumcumque phantasmata hominis multiplicentur, vel in uno homine vel in diversis, secundum diversa individua hominis, quorum proprie sunt phantasmata.

Multiplicatio igitur phantasmatum non potest esse causa quod multiplicetur ipsum intelligere intellectus possibilis respectu unius speciei. Et sic adhuc remanebit una actio numero diversorum hominum.

Item. Proprium subiectum habitus scientiae est intellectus possibilis: quia eius actus est considerare secundum scientiam. Accidens autem, si sit unum, non multiplicatur nisi secundum subiectum. Si igitur intellectus possibilis sit unus omnium hominum, necesse erit quod scientiae habitus idem secundum speciem, puta habitus grammaticae, sit idem numero in omnibus hominibus. Quod est inopinabile. Non est igitur intellectus possibilis unus in omnibus. Sed ad hoc dicunt quod subiectum habitus scientiae non est intellectus possibilis, sed intellectus passivus et virtus cogitativa. Quod quidem esse non potest. Nam,

jam diversas as espécies de calor. Como, pois, o calor duplo de uma só espécie não pode estar num único sujeito, o movimento se numera segundo o termo de chegada: se é de um só tempo e de um mesmo sujeito, não poderia haver duplo aquecer-se em um só sujeito. E digo isso, a menos que seja outra a espécie de calor, como se acha no sêmen o calor do fogo, do céu e da alma. Portanto, da diversidade dos fantasmas o intelecto possível não se multiplica senão segundo a compreensão de diversas espécies, quando dizemos que é um o conhecimento dele enquanto conhece o homem, e outro enquanto conhece o cavalo. Mas o único conhecer deles convém simultaneamente a todos os homens. Logo, ainda segue-se que o mesmo conhecer em número seja deste homem e daquele.

Ainda. O intelecto possível conhece o homem, não enquanto é este homem, mas enquanto é homem simplesmente, segundo a razão da espécie. Ora, essa razão é una, multipliquem-se quantos forem os fantasmas de homem, ou num só homem ou em diversos, segundo os diversos indivíduos humanos, dos quais são propriamente fantasmas. Logo, a multiplicação dos fantasmas não pode ser causa de que se multiplique o próprio conhecer do intelecto possível com respeito a uma só espécie. E ainda assim permanecerá a ação única em número de diversos homens.

Igualmente. O sujeito próprio do hábito da ciência é o intelecto possível, porque seu ato é considerar segundo a ciência. Ora, o acidente, se é um, não se multiplica a não ser segundo o sujeito. Se, portanto, o intelecto possível é um só de todos os homens, será necessário que o hábito da ciência, o mesmo segundo a espécie, por exemplo, o hábito da gramática, seja o mesmo em número em todos os homens. O que é inopinável. Não é, portanto, o intelecto possível um só em todos. Mas a isso dizem que o sujeito do hábito da ciência não é o intelecto possível, mas o intelecto passivo e a potência cogitativa[181]. O que certamente não pode ser.

181 Cf. cap. 60.

sicut probat Aristoteles, in II ethicorum, ex similibus actibus fiunt similes habitus, et similes etiam actus reddunt. Ex actibus autem intellectus possibilis fit habitus scientiae in nobis: et ad eosdem actus potentes sumus secundum habitum scientiae. Habitus igitur scientiae est in intellectu possibili, non passivo.

Adhuc. Scientia est de conclusionibus demonstrationum: nam demonstratio est syllogismus faciens scire, ut Aristoteles dicit in I posteriorum. Conclusiones autem demonstrationum sunt universales, sicut et principia. Erit igitur in illa virtute quae est cognoscitiva universalium. Intellectus autem passivus non est cognoscitivus universalium, sed particularium intentionum. Non est igitur subiectum habitus scientiae.

Praeterea. Contra hoc sunt plures rationes adductae supra, cum de unione intellectus possibilis ad hominem agheretur. Videtur autem ex hoc fuisse deceptio in ponendo habitum scientiae in intellectu passivo esse, quia homines inveniuntur promptiores vel minus prompti ad scientiarum considerationes secundum diversam dispositionem virtutis cogitativae et imaginativae. Sed ista promptitudo dependet ab illis virtutibus sicut ex dispositionibus remotis: prout etiam dependet a bonitate tactus et corporis complexione; secundum quod dicit Aristoteles, in II de anima, homines boni tactus et mollis carnis esse bene aptos mente. Ex habitu autem scientiae inest facultas considerandi sicut ex proximo principio actus: oportet enim quod habitus scientiae perficiat potentiam qua intelligimus, ut agat cum voluerit faciliter, sicut et alii habitus potentias in quibus sunt.

Item. Dispositiones praedictarum virtutum sunt ex parte obiecti, scilicet phantasmatis, quod propter bonitatem harum virtutum

Com efeito, como prova Aristóteles[182] que *de atos semelhantes se fazem hábitos semelhantes, e esses produzem também atos semelhantes.* Ora, de atos do intelecto possível produz-se em nós o hábito da ciência, e para os mesmos atos somos capazes segundo o hábito da ciência. Logo, o hábito da ciência está no intelecto possível, não no passivo.

Ainda. A ciência versa sobre as conclusões das demonstrações, pois a demonstração é um silogismo que faz saber, como diz Aristóteles[183]. Ora, as conclusões das demonstrações são universais, como também os princípios. Estará, pois, naquela potência que é cognoscitiva dos universais. Ora, o intelecto passivo não conhece universais, mas intenções dos particulares. Portanto, não é sujeito do hábito da ciência.

Além disso. Contra isso foram muitas as razões acima aduzidas, quando se tratou da união do intelecto possível com o homem[184]. Parece, porém, que disso proveio o engano em afirmar que o hábito da ciência está no intelecto passivo, porque encontram-se homens mais hábeis ou menos hábeis para as considerações das ciências, segundo a diversa disposição da potência cogitativa ou imaginativa. Mas essa habilidade depende de outras potências, como de disposições remotas, como também depende da bondade do tato e da compleição do corpo; segundo o que diz Aristóteles[185], que os homens de bom tato e de carne sensível são bem aptos mentalmente. Ora, do hábito da ciência provém a faculdade de considerar como o ato do princípio próximo, pois é necessário que o hábito da ciência aperfeiçoe a potência pela qual conhecemos, de modo que aja facilmente quando quiser, como também os outros hábitos nos quais estão as potências.

Igualmente. As disposições das mencionadas potências são da parte do objeto, a saber, do fantasma, que por causa da bonda-

---

[182] Aristóteles (384-322 a.C.), em *Ética* II, 1, 1103b, 21-22.
[183] Aristóteles (384-322 a.C.), em *Analíticos Posteriores* I, 2, 71b, 17-18.
[184] Cf. cap. 60.
[185] Aristóteles (384-322 a.C.), em *Sobre a Alma* II, 9, 421a, 26.

praeparatur ad hoc quod faciliter fiat intelligibile actu per intellectum agentem. Dispositiones autem quae sunt ex parte obiectorum, non sunt habitus, sed quae sunt ex parte potentiarum: non enim dispositiones quibus terribilia fiunt toleranda, sunt habitus fortitudinis; sed dispositio qua pars animae, scilicet irascibilis, disponitur ad terribilia sustinenda. Ergo manifestum est quod habitus scientiae non est in intellectu passivo, ut Commentator praedictus dicit, sed magis in intellectu possibili.

Item. Si unus est intellectus possibilis omnium hominum, oportet ponere intellectum possibilem semper fuisse, si homines semper fuerunt, sicut ponunt: et multo magis intellectum agentem, quia agens est honorabilius patiente, ut Aristoteles dicit. Sed si agens est aeternum, et recipiens aeternum, oportet recepta esse aeterna. Ergo species intelligibiles ab aeterno fuerunt in intellectu possibili. Non igitur de novo recipit aliquas species intelligibiles. — Ad nihil autem sensus et phantasia sunt necessaria ad intelligendum nisi ut ab eis accipiantur species intelligibiles. Sensus igitur non erit necessarius ad intelligendum, neque phantasia. Et redibit opinio Platonis, quod scientiam non acquirimus per sensus, sed ab eis excitamur ad rememorandum prius scita. Sed ad hoc respondet Commentator praedictus, quod species intelligibiles habent duplex subiectum: ex uno quorum habent aeternitatem, scilicet ab intellectu possibili; ab alio autem habent novitatem, scilicet a phantasmate; sicut etiam speciei visibilis subiectum est duplex, scilicet res extra animam et potentia visiva. Haec autem responsio stare non potest. Impossibile enim est quod actio et perfectio aeterni dependeat ab aliquo temporali. Phantasmata autem temporalia sunt, de novo quotidie in nobis facta ex sensu. Impossibile

de daquelas potências é preparado para que facilmente seja feito inteligível em ato pelo intelecto agente. Ora, as disposições que são da parte dos objetos, não são hábitos, mas as que são da parte das potências, pois as disposições pelas quais as coisas terríveis tornam-se toleráveis não são o hábito da fortaleza, mas a disposição em que parte da alma, a saber, a irascível, dispõe-se para enfrentar as coisas terríveis. Logo, é manifesto que o hábito da ciência não está no intelecto passivo, como diz o mencionado Comentador[186], mas antes no intelecto possível.

Igualmente. Se há um só intelecto possível para todos os homens, é necessário afirmar que sempre houve o intelecto possível, se houve sempre homens, como afirmam, e muito mais o intelecto agente, porque *o agente é mais digno de honra que o paciente*, como Aristóteles afirma[187]. Mas se o agente é eterno, e o recipiente eterno, é necessário que as coisas recebidas sejam eternas. Logo, as espécies inteligíveis estão desde a eternidade no intelecto possível. Portanto, não recebe outras novas espécies inteligíveis. Ora, para nada o sentido e a fantasia são necessários para conhecer, senão para que deles sejam recebidas as espécies inteligíveis. O sentido, portanto, não será necessário para conhecer, nem a fantasia. — E voltará a opinião de Platão[188], de que não adquirimos a ciência pelos sentidos, mas por eles somos excitados para rememorar as coisas anteriormente conhecidas. Entretanto, a isso responde o mencionado Comentador[189] que as espécies inteligíveis têm duplo sujeito: de um deles, a saber, do intelecto possível têm a eternidade; de outro, a saber, do fantasma, têm a novidade, como é duplo também o sujeito da espécie visível, isto é, a realidade fora da alma e a potência visual. — Essa resposta, porém, não pode sustentar-se. Com efeito, é impossível que a ação e a perfeição de algo eterno depen-

---

[186] Averróis [Ibn Roschd] (1126-1198), em *Comentários sobre a Alma* III, 20, 301-306.
[187] Aristóteles (384-322 a.C.), em *Sobre a Alma* III, 5, 430a, 18-19.
[188] Platão (± 428-347 a.C.), em *Fédon* XVIII, 72E.
[189] Averróis [Ibn Roschd] (1126-1198), em *Comentário sobre a Alma* III, 5, 376-423.

est igitur quod species intelligibiles, quibus intellectus possibilis fit actu et operatur, dependeant a phantasmatibus, sicut species visibilis dependet a rebus quae sunt extra animam.

Amplius. Nihil recipit quod iam habet: quia recipiens oportet esse denudatum a recepto, secundum Aristotelem. Sed species intelligibiles ante meum sentire vel tuum fuerunt in intellectu possibili: non enim qui fuerunt ante nos intellexissent, nisi intellectus possibilis fuisset reductus in actum per species intelligibiles. Nec potest dici quod species illae prius receptae in intellectu possibili, esse cessaverunt: quia intellectus possibilis non solum recipit; sed conservat quod recipit, unde in III de anima dicitur esse locus specierum. Igitur ex phantasmatibus nostris non recipiuntur species in intellectu possibili. Frustra igitur per intellectum agentem fiunt intelligibilia actu nostra phantasmata.

Item. Receptum est in recipiente per modum recipientis. Sed intellectus secundum se est supra motum. Ergo quod recipitur in eo, recipitur fixe et immobiliter.

Praeterea. Cum intellectus sit superior virtus quam sensus, oportet quod sit magis unita: et ex hoc videmus quod unus intellectus habet iudicium de diversis generibus sensibilium, quae ad diversas potentias sensitivas pertinet. Unde accipere possumus quod operationes pertinentes ad diversas potentias sensitivas, in uno intellectu adunantur. Potentiarum autem sensitivarum quaedam recipiunt tantum, ut sensus: quaedam autem retinent, ut imaginatio et memoria; unde et thesauri dicuntur. Oportet igitur quod intellectus possibilis et recipiat, et retineat recepta.

dam de algo temporal. Ora, os fantasmas são temporais, cotidianamente feitos de novo em nós a partir do sentido. Portanto, é impossível que as espécies inteligíveis, nas quais o intelecto possível se faz em ato e opera, dependam dos fantasmas, como a espécie visível depende das coisas que estão fora da alma.

Ademais. Nada recebe o que já tem, porque é necessário que o recipiente esteja despojado do recebido, segundo Aristóteles[190]. Mas as espécies inteligíveis, antes do meu ou do teu sentir, estiveram no intelecto possível, pois os que existiram antes de nós não teriam conhecido a não ser que o intelecto possível tivesse sido reduzido a ato por espécies inteligíveis. Nem se pode dizer que aquelas espécies antes recebidas no intelecto possível, cessaram de ser, porque o intelecto possível não só recebe, mas conserva o que recebe, donde no livro *Sobre a Alma*[191] se afirma que ele *é o lugar das espécies*. Portanto, de nossos fantasmas não são recebidas as espécies no intelecto possível. Logo, os nossos fantasmas em vão se fazem inteligíveis em ato pelo intelecto agente.

Igualmente. O recebido está no recipiente a modo do recipiente[192]. Mas, o intelecto, segundo ele mesmo, está acima do movimento. Logo, o que é nele recebido, é recebido fixa e imovelmente.

Além disso. Como a potência do intelecto é superior à do sentido, é necessário que seja mais unificada, e disso vemos que um intelecto único tem juízo de diversos gêneros de sensíveis, que pertencem a diversas potências sensitivas. Donde podemos aceitar que as operações pertinentes a diversas potências sensitivas reúnem-se em um só intelecto. Ora, das potências sensitivas umas recebem apenas, como o sentido, outras, porém, retêm, como a imaginação e a memória, donde se chamam tesouros. Logo, é necessário que o intelecto possível não só receba, mas também retenha o recebido.

---

[190] Aristóteles (384-322 a.C.), em *Sobre a Alma* III, 4, 429a, 20-21.
[191] Ibidem, 429a, 27-28.
[192] Aristóteles (384-322 a.C.), em *Exposição sobre o Livro das Causas*, proposição 12.20.24.

Amplius. In rebus naturalibus vanum est dicere quod id ad quod pervenitur per motum, non permaneat, sed statim esse desinat: propter quod repudiatur positio dicentium omnia semper moveri; oportet enim motum ad quietem terminari. Multo igitur minus dici potest quod receptum in intellectu possibili non conservetur.

Ademais. Nas coisas naturais é vão dizer que aquilo a que se chega pelo movimento, não permanece, mas imediatamente deixa de ser; em razão disso se repudia a opinião dos que dizem que todas as coisas se movem sempre, pois, é necessário que o movimento termine no repouso. Portanto, muito menos se pode dizer que não se conserve o recebido no intelecto possível.

Adhuc. Si ex phantasmatibus quae sunt in nobis intellectus possibilis non recipit aliquas species intelligibiles, quia iam recepit a phantasmatibus eorum qui fuerunt ante nos; pari ratione, a nullorum phantasmatibus recipit quos alii praecesserunt. Sed quoslibet aliqui alii praecesserunt, si mundus est aeternus, ut ponunt. Nunquam igitur intellectus possibilis recipit aliquas species a phantasmatibus. Frustra igitur ponitur intellectus agens ab Aristotele, ut faciat phantasmata esse intelligibilia actu.

Ainda. Se dos fantasmas que estão em nós o intelecto possível não recebe algumas espécies inteligíveis, pois já recebeu dos fantasmas daqueles que existiram antes de nós, por igual razão, não recebe de fantasmas de nenhum dos que os precederam. Mas, alguns outros precederam a quaisquer outros, se o mundo é eterno, como asseveram. Portanto, em vão Aristóteles afirmou que o intelecto agente faz os fantasmas serem inteligíveis em ato[193].

Praeterea. Ex hoc videtur sequi quod intellectus possibilis non indigeat phantasmatibus ad intelligendum. Nos autem per intellectum possibilem intelligimus. Neque igitur nos sensu et phantasmate indigebimus ad intelligendum. Quod est manifeste falsum et contra sententiam Aristotelis. Si autem dicatur quod, pari ratione, non indigeremus phantasmate ad considerandum ea quorum species intelligibiles sunt in intellectu conservatae, etiam si intellectus possibiles sint plures in diversis: quod est contra Aristotelem, qui dicit quod nequaquam sine phantasmate intelligit anima: patet quod non est conveniens obviatio.

Além do mais. Parece que disso se segue que o intelecto possível não necessita de fantasmas para conhecer. Nós conhecemos, porém, pelo intelecto possível. Portanto, nem necessitamos do sentido e do fantasma para conhecer. O que é manifestamente falso e contra a sentença de Aristóteles[194]. Se, contudo, se disser que, por igual razão, não necessitaremos do fantasma para considerar aquelas coisas cujas espécies inteligíveis foram conservadas no intelecto, como também se os intelectos possíveis são muitos em diversos sujeitos, o que é contra Aristóteles, que afirma *que a alma jamais conhece sem o fantasma*[195], é evidente que a objeção não é conveniente.

Intellectus enim possibilis, sicut et quaelibet substantia, operatur secundum modum suae naturae. Secundum autem suam naturam est forma corporis. Unde intelligit quidem immaterialia, sed inspicit ea in aliquo materiali. Cuius signum est, quod in doctrinis universalibus exempla particularia ponuntur, in quibus quod dicitur inspiciatur.

Com efeito, o intelecto possível, assim como qualquer substância, opera segundo o modo de sua natureza. Ora, segundo sua natureza é forma do corpo. Donde conhece certamente as coisas imateriais, mas as vê em algo material. Sinal disso é que nas doutrinas universais são dados exemplos particulares, nos quais se vê o que se diz.

193 Cf. cap. 78.
194 Aristóteles (384-322 a.C.), em *Sobre a Alma* III, 8, 432a, 3-10.
195 Aristóteles (384-322 a.C.), em *Sobre a Alma* III, 7, 431a, 16-17.

— Alio ergo modo se habet intellectus possibilis ad phantasma quo indiget, ante speciem intelligibilem: et alio modo postquam recepit speciem intelligibilem. Ante enim, indiget eo ut ab eo accipiat speciem intelligibilem: unde se habet ad intellectum possibilem ut obiectum movens. Sed post speciem in eo receptam, indiget eo quasi instrumento sive fundamento suae speciei: unde se habet ad phantasmata sicut causa efficiens; secundum enim imperium intellectus formatur in imaginatione phantasma conveniens tali speciei intelligibili, in quo resplendet species intelligibilis sicut exemplar in exemplato sive in imagine. Si ergo intellectus possibilis semper habuisset species, nunquam compararetur ad phantasmata sicut recipiens ad obiectum motivum.

Item. Intellectus possibilis est quo anima et homo intelligit, secundum Aristotelem. Si autem intellectus possibilis est unus omnium ac aeternus, oportet quod in ipso iam sint receptae omnes species intelligibiles eorum quae a quibuslibet hominibus sunt scita vel fuerunt. Quilibet igitur nostrum, qui per intellectum possibilem intelligit, immo cuius intelligere est ipsum intelligere intellectus possibilis, intelliget omnia quae sunt vel fuerunt a quibuscumque intellecta. Quod patet esse falsum.

Ad hoc autem Commentator praedictus respondet, dicens quod nos non intelligimus per intellectum possibilem nisi secundum quod continuatur nobis per nostra phantasmata. — Et quia non sunt eadem phantasmata apud omnes nec eodem modo disposita, nec quicquid intelligit unus, intelligit alius. Et videtur haec responsio consonare praemissis. Nam etiam si intellectus possibilis non est unus, non intelligimus ea quorum species sunt in intellectu possibili nisi adsint phantasmata ad hoc disposita. — Sed quod dicta responsio non possit totaliter inconveniens evitare, sic patet. Cum intellectus possibilis factus est actu

— De um modo, pois, se relaciona o intelecto possível com o fantasma de que necessita, antes da espécie inteligível, e de outro modo depois que recebe a espécie inteligível. Antes, com efeito, necessita dele para que dele receba a espécie inteligível, donde se relaciona com o intelecto possível como objeto movente. Mas, depois de recebida nele a espécie, dele necessita como instrumento ou fundamento de sua espécie; donde se relaciona com os fantasmas como causa eficiente, pois, segundo o império do intelecto forma-se na imaginação o fantasma conveniente a essa espécie inteligível, no qual resplende a espécie inteligível como exemplar no exemplado ou na imagem. Se, portanto, o intelecto possível tivesse sempre as espécies, jamais se relacionaria com os fantasmas, como o recipiente com relação ao objeto movente.

Igualmente. *O intelecto possível é aquilo pelo que a alma e o homem conhece*, segundo Aristóteles[196]. Se, pois, o intelecto possível é um só e eterno para todos os homens, é necessário que nele já sejam recebidas todas as espécies inteligíveis daquelas coisas que são conhecidas ou foram por quaisquer homens. Portanto, qualquer um de nós, que pelo intelecto possível conhece, até mesmo aquele cujo conhecer é o próprio conhecer do intelecto possível, conhecerá todas as coisas que são ou foram conhecidas por qualquer um que seja. O que se evidencia ser falso. — Ora, a isso responde o mencionado Comentador[197], dizendo que nós não conhecemos pelo intelecto possível a não ser enquanto se une conosco pelos nossos fantasmas. E porque não são os mesmos os fantasmas nem dispostos do mesmo modo em todos os homens, nem tudo o que um conhece, o outro conhece. E essa resposta parece concordar com as premissas. Com efeito, mesmo que o intelecto possível não seja um só, não conhecemos aquelas coisas de que as espécies estão no intelecto possível, a não ser que haja fantasmas para isso dispos-

196 Aristóteles (384-322 a.C.), em *Sobre a Alma* III, 4, 429a, 10-11, 23.
197 Averróis [Ibn Roschd] (1126-1198), em *Comentários sobre a Alma* III, 5, 501-527.

per speciem intelligibilem receptam, potest agere per seipsum, ut dicit Aristoteles, in III de anima. Unde videmus quod illud cuius scientiam semel accepimus, est in potestate nostra iterum considerare cum volumus. Nec impedimur propter phantasmata: quia in potestate nostra est formare phantasmata accommoda considerationi quam volumus; nisi forte esset impedimentum ex parte organi cuius est, sicut accidit in phreneticis et lethargicis, qui non possunt habere liberum actum phantasiae et memorativae.

Et propter hoc Aristoteles dicit, in VIII phys., quod ille qui iam habet habitum scientiae, licet sit potentia considerans, non indiget motore qui reducat eum de potentia in actum, nisi removente prohibens, sed potest ipse exire in actum considerationis ut vult. Si autem in intellectu possibili sunt species intelligibiles omnium scientiarum, quod oportet dicere si est unus et aeternus, necessitas phantasmatum ad intellectum possibilem erit sicut est illius qui iam habet scientiam ad considerandum secundum scientiam illam, quod etiam sine phantasmatibus non posset. Cum igitur quilibet homo intelligat per intellectum possibilem secundum quod est reductus in actum per species intelligibiles, quilibet homo poterit considerare, cum voluerit, scita omnium scientiarum. Quod est manifeste falsum: sic enim nullus indigeret doctore ad acquirendum scientiam. Non est igitur unus et aeternus intellectus possibilis.

Capitulum LXXIV

De opinione Avicennae, qui posuit formas intelligibiles non conservari in intellectu possibili

Praedictis vero rationibus obviare videntur quae Avicenna ponit. Dicit enim, in suo

tos. — Mas, que a mencionada resposta não pode evitar totalmente o inconveniente, assim se evidencia. Quando o intelecto possível é feito em ato pela espécie inteligível recebida, *pode agir por si mesmo*, como diz Aristóteles[198]. Donde vemos que aquilo de que uma vez recebemos a ciência, está em nosso poder considerar de novo quando queremos. Nem somos impedidos em razão dos fantasmas, pois em nosso poder está formar os fantasmas acomodados à consideração que queremos, a não ser que, por acaso, haja impedimento da parte do órgão do qual provêm, como acontece nos frenéticos e letárgicos, que não podem ter livre o ato da fantasia ou da memorativa.

E, por causa disso, Aristóteles diz[199] que aquele que já tem o hábito da ciência, embora esteja considerando em potência, não necessita de um movente que o reduza da potência ao ato, senão para afastar um impedimento, mas pode ele mesmo ir ao ato da consideração quando quiser. Se, contudo, há no intelecto possível as espécies inteligíveis de todas as ciências, o que se deve dizer se ele é um só e eterno, a necessidade dos fantasmas para o intelecto possível será como é daquele que já tem a ciência para considerar segundo aquela ciência, o que também não poderia sem os fantasmas. Como, portanto, qualquer homem conhece pelo intelecto possível enquanto está reduzido a ato pelas espécies inteligíveis, qualquer homem poderá considerar, quando quiser, as coisas conhecidas de todas as ciências. O que é manifestamente falso, pois assim ninguém necessitaria de um mestre para adquirir a ciência. Portanto, não há um só e eterno intelecto possível.

Capítulo 74

Opinião de Avicena, que afirmou que as formas inteligíveis não são conservadas no intelecto possível

Parece que às mencionadas razões se opõem as que Avicena sustenta. Diz, com efei-

198 Aristóteles (384-322 a.C.), em *Sobre a Alma* III, 4, 429b, 7.
199 Aristóteles (384-322 a.C.), em *Física* VIII, 4, 255a, 33b, 5.

libro de anima, quod in intellectu possibili non remanent species intelligibiles nisi quandiu actu intelliguntur. Quod quidem ex hoc probare nititur, quia, quandiu formae apprehensae manent in potentia apprehensiva, actu apprehenduntur: ex hoc enim fit sensus in actu, quod est idem cum sensato in actu, et similiter intellectus in actu est intellectum in actu. Unde videtur quod, quandocumque sensus vel intellectus est factus unum cum sensato vel intellecto, secundum quod habet formam ipsius, fit apprehensio in actu per sensum vel per intellectum.

Vires autem quae conservant formas non apprehensas in actu, dicit non esse vires apprehensivas, sed thesauros virtutum apprehensivarum: sicut imaginatio, quae est thesaurus formarum apprehensarum per sensum; et memoria, quae est, secundum ipsum, thesaurus intentionum apprehensarum absque sensu, sicut cum ovis apprehendit inimicitiam lupi. Hoc autem contingit huiusmodi virtutibus quod conservant formas non apprehensas actu, inquantum habent quaedam organa corporea, in quibus recipiuntur formae receptione propinqua apprehensioni. Et propter hoc, virtus apprehensiva, convertens se ad huiusmodi thesauros, apprehendit in actu. -Constat autem quod intellectus possibilis est virtus apprehensiva, et quod non habet organum corporeum. Unde concludit quod impossibile est quod species intelligibiles conserventur in intellectu possibili, nisi quandiu intelligit actu.Oportet ergo quod vel ipsae species intelligibiles conserventur in aliquo organo corporeo, sive in aliqua virtute habente organum corporeum; vel oportet quod formae intelligibiles sint per se existentes, ad quas comparetur intellectus possibilis noster sicut speculum ad res quae videntur in

to, em seu livro[200] que as espécies inteligíveis não permanecem no intelecto possível senão enquanto são conhecidas em ato. Esforça-se por provar isso pelo fato de que, enquanto as formas apreendidas permanecem na potência apreensiva, são apreendidas em ato: com efeito, *faz-se o sentido em ato* porque é o mesmo com *o sensato em ato* (*o que é sentido*)[201], e semelhantemente *o intelecto em ato é o entendido em ato*[202]. Donde, é manifesto que, toda vez que o sentido ou o intelecto é feito uno com o sensato ou o entendido, enquanto tem sua forma, faz-se a apreensão em ato pelo sentido ou pelo intelecto.

Ora, as forças que conservam as formas não apreendidas em ato, diz-se que não são forças apreensivas, mas *tesouros das potências apreensivas*, como a imaginação, que é o tesouro das formas apreendidas sem os sentidos; por exemplo, quando a ovelha apreende a inimizade do lobo. Isso acontece, porém, a semelhantes potências que conservam as formas não apreendidas em ato, enquanto têm alguns órgãos corpóreos, nos quais são recebidas as formas por recepção próxima à apreensão. E, por causa disso, a potência apreensiva, relacionando-se com semelhantes tesouros, apreende em ato. — Ora, consta que o intelecto possível é potência apreensiva, e que não tem órgão corpóreo. Donde conclui que é impossível que as espécies inteligíveis sejam conservadas no intelecto possível, a não ser quando conhece em ato. Logo, é necessário que ou as mesmas espécies inteligíveis sejam conservadas em algum órgão corpóreo, ou em alguma potência que tem o órgão corpóreo; ou é necessário que as formas inteligíveis sejam por si existentes, com as quais se relaciona o nosso intelecto possível, como o espelho com as coisas que são vistas no espelho; ou é necessário que as espécies inteligíveis fluam para o

200 Claudio Ptolemeu ou Ptolomeu (90-168), em *Almagesto, Das Coisas Naturais* VI, 5, 6.7. Citado por Avicena (980-1037), em *Sobre a Alma.*

201 Aristóteles (384-322 a.C.), em *Sobre a Alma* III, 2, 425b, 25-26.

202 Aristóteles (384-322 a.C.), em *Sobre a Alma* III, 4, 430a, 3-5.

speculo; vel oportet quod species intelligibiles fluant in intellectum possibilem de novo ab aliquo agente separato, quandocumque actu intelligit.

Primum autem horum trium est impossibile: quia formae existentes in potentiis utentibus organis corporalibus, sunt intelligibiles in potentia tantum. Secundum autem est opinio Platonis, quam reprobat Aristoteles, in metaphysica. Unde concludit tertium: quod quandocumque intelligimus actu, fluunt species intelligibiles in intellectum possibilem nostrum ab intellectu agente, quem ponit ipse quandam substantiam separatam.

Si vero aliquis obiiciat contra eum quod tunc non est differentia inter hominem cum primo addiscit, et cum postmodum vult considerare in actu quae prius didicit: respondet quod addiscere nihil aliud est quam acquirere perfectam habitudinem coniungendi se intelligentiae agenti ad recipiendum ab eo formam intelligibilem. Et ideo ante addiscere est nuda potentia in homine ad talem receptionem: addiscere vero est sicut potentia adaptata.

Videtur etiam huic positioni consonare quod Aristoteles, in libro de memoria, ostendit memoriam non esse in parte intellectiva, sed in parte animae sensitiva. Ex quo videtur quod conservatio specierum intelligibilium non pertineat ad partem intellectivam. — Sed si diligenter consideretur, haec positio, quantum ad originem, parum aut nihil differt a positione Platonis. Posuit enim Plato formas intelligibiles esse quasdam substantias separatas, a quibus scientia fluebat in animas nostras.

Hic autem ponit ab una substantia separata, quae est intellectus agens secundum ipsum, scientiam in animas nostras fluere. Non autem differt, quantum ad modum acquirendi scientiam, utrum ab una vel pluribus substantiis separatis scientia nostra causetur: utrobique enim sequetur quod scientia nostra non causetur a sensibilibus. Cuius contrarium apparet per hoc quod qui caret aliquo sensu,

intelecto possível novamente de outro agente separado, toda vez que conhece em ato.

Ora, a primeira dessas três coisas é impossível, porque as formas existentes nas potências que usam de órgãos corporais são inteligíveis apenas em potência. A segunda é a opinião de Platão, que Aristóteles[203] reprova. A terceira conclui que toda vez que conhecemos em ato, fluem do intelecto agente espécies inteligíveis para nosso intelecto possível, que Avicena afirma como sendo uma substância separada.

Se, contudo, se objetar contra ele que então não há diferença entre o homem, quando primeiro aprende, e quando, depois, ao considerar em ato as coisas que antes aprendeu. Responde que aprender não é outra coisa que *adquirir o hábito perfeito de unir-se à inteligência agente, para receber dela a forma inteligível*. E assim antes de aprender é potência nua no homem para essa recepção, já aprender é como a potência adaptada.

Parece, também, que essa posição é consoante com o que Aristóteles[204] mostra que a memória não está na parte intelectiva, mas na parte sensitiva da alma. Disso parece que a conservação das espécies inteligíveis não pertence à parte intelectiva. — Entretanto, se se considera, diligentemente, essa posição quanto à origem, pouco ou nada difere da posição de Platão. Com efeito, Platão afirmou que as formas inteligíveis são certas substâncias separadas, das quais fluía a ciência em nossa alma.

Ora, Avicena sustenta que de uma substância separada, que é o intelecto agente segundo ele, flui a ciência em nossa alma. Não difere, porém, quanto ao modo de adquirir a ciência, se nossa ciência é causada de uma ou de muitas substâncias separadas, pois, em ambos os casos, segue-se que nossa ciência não é causada pelos sensíveis. O contrário disso se evidencia pelo fato de que aquele que carece

---

[203] Aristóteles (384-322 a.C.), em *Metafísica* I, 1, 9, 990b, 1-991a, 8.
[204] Aristóteles (384-322 a.C.), em *Sobre a Memória*, 1, 450a, 9-14.

caret scientia sensibilium quae cognoscuntur per sensum illum.

Dicere autem quod per hoc quod intellectus possibilis inspicit singularia quae sunt in imaginatione, illustratur luce intelligentiae agentis ad cognoscendum universale; et quod actiones virium inferiorum, scilicet imaginationis et memorativae et cogitativae, sunt aptantes animam ad recipiendam emanationem intelligentiae agentis, est novum.

Videmus enim quod anima nostra tanto magis disponitur ad recipiendum a substantiis separatis, quanto magis a corporalibus et sensibilibus removetur: per recessum enim ab eo quod infra est, acceditur ad id quod supra est. Non igitur est verisimile quod per hoc quod anima respicit ad phantasmata corporalia, quod disponatur ad recipiendam influentiam intelligentiae separatae.

Plato autem radicem suae positionis melius est prosecutus. Posuit enim quod sensibilia non sunt disponentia animam ad recipiendum influentiam formarum separatarum, sed solum expergefacientia intellectum ad considerandum ea quorum scientiam habebat ab exteriori causatam. Ponebat enim quod a principio a formis separatis causabatur scientia in animabus nostris omnium scibilium: unde addiscere dixit esse quoddam reminisci. Et hoc necessarium est secundum eius positionem. Nam, cum substantiae separatae sint immobiles et semper eodem modo se habentes, semper ab eis resplendet scientia rerum in anima nostra, quae est eius capax.

Amplius. Quod recipitur in aliquo, est in eo per modum recipientis. Esse autem intellectus possibilis est magis firmum quam esse materiae corporalis. Cum igitur formae fluentes in materiam corporalem ab intelligentia agente, secundum ipsum, conserventur in ea, multo magis conservantur in intellectu possibili.

Adhuc. Cognitio intellectiva est perfectior sensitiva. Si igitur in sensitiva cognitione est aliquid conservans apprehensa, multo fortius hoc erit in cognitione intellectiva.

de um sentido, carece da ciência dos sensíveis que são conhecidos por aquele sentido.

Ora, é uma novidade dizer que, na medida em que o intelecto possível vê as coisas singulares que estão na imaginação, é ilustrado pela luz da inteligência agente para conhecer o universal, e que as ações das forças inferiores, isto é, da imaginação, da memorativa e cogitativa, adaptam a alma para receber a emanação da inteligência agente. — Vemos, com efeito, que nossa alma se dispõe tanto mais para receber das substâncias separadas, quanto mais se afasta das coisas corporais e sensíveis, pois pelo afastamento do que está abaixo, acede ao que está acima. Portanto, não é verossímil, pelo fato de que a alma olha para os fantasmas corporais, que ela se disponha para receber a influência da inteligência separada.

Platão, entretanto, buscou melhor a raiz de sua posição. Afirmou, com efeito, que as coisas sensíveis não são dispositivas da alma para receber a influência das formas separadas, mas somente despertadoras do intelecto para considerar aquelas coisas das quais obtinha a ciência causada do exterior. Com efeito, sustentava que, de princípio, a ciência de todas as coisas conhecíveis era causada em nossa alma pelas formas separadas, donde disse que aprender era certo lembrar-se. E isso é necessário de acordo com sua posição. Com efeito, como as substâncias separadas são imóveis e sempre se têm do mesmo modo, sempre resplenderá delas a ciência das coisas em nossa alma, que é dela capaz.

Ademais. O que é recebido em alguma coisa, nela está a modo do recipiente. Ora, o ser do intelecto possível é mais firme que o ser da matéria corporal. Como, pois, as formas que fluem da inteligência agente para a matéria corporal, segundo ele, são conservadas nela, muito mais são conservadas no intelecto possível.

Ainda. O conhecimento intelectivo é mais perfeito que o sensitivo. Se, pois, no conhecimento sensitivo há algo que conserva as coisas apreendidas, muito mais fortemente será isso no conhecimento intelectivo.

Item. Videmus quod diversa quae in inferiori ordine potentiarum pertinent ad diversas potentias, in superiori ordine pertinent ad unum: sicut sensus communis apprehendit sensata omnium sensuum propriorum. Apprehendere igitur et conservare, quae in parte animae sensitivae pertinent ad diversas potentias, oportet quod in suprema potentia, scilicet in intellectu, uniantur.

Igualmente. Vemos que as coisas diversas que, na ordem inferior das potências, pertencem às diversas potências, na ordem superior pertencem a uma só, como o sentido comum apreende os sensatos de todos os sentidos próprios. Apreender, portanto, e conservar, as coisas que na parte da alma sensitiva pertencem a diversas potências, é necessário que sejam unidas na potência suprema, isto é, no intelecto.

Praeterea. Intelligentia agens, secundum ipsum, influit omnes scientias. Si igitur addiscere nihil est aliud quam aptari ut uniatur intelligentiae agenti, qui addiscit unam scientiam, non magis addiscit illam quam aliam. Quod patet esse falsum. Patet etiam quod haec opinio est contra sententiam Aristotelis, qui dicit, in III de anima, quod intellectus possibilis est locus specierum: quod nihil aliud est dicere quam ipsum esse thesaurum intelligibilium specierum, ut verbis Avicennae utamur.

Além disso. A inteligência agente, segundo ele (Avicena), influi em todas as ciências. Se, portanto, aprender não é outra coisa que ser adaptado para que se una à inteligência agente aquele que aprende uma ciência, não aprende mais uma que outra. O que evidentemente é falso. — É evidente também que essa opinião é contra a sentença de Aristóteles[205] que afirma que o intelecto possível é o *lugar das espécies*, o que não é dizer outra coisa que ele é o *tesouro das espécies inteligíveis*, para usarmos de palavras de Avicena.

Item. Postea subiungit quod quando intellectus possibilis acquirit scientiam, est potens operari per seipsum, licet non actu intelligat. Non igitur indiget influentia alicuius superioris agentis. — Dicit etiam, in VIII physicorum, quod ante addiscere est homo in potentia essentiali ad scientiam, et ideo indiget motore per quem reducatur in actu: non autem, postquam iam addidicit, indiget per se motore. Ergo non indiget influentia intellectus agentis. — Dicit etiam, in III de anima, quod phantasmata se habent ad intellectum possibilem sicut sensibilia ad sensum. Unde patet quod species intelligibiles sunt in intellectu possibili a phantasmatibus, non a substantia separata.

Igualmente. Acrescenta ele depois[206] que, quando o intelecto possível adquire a ciência, *é potente para operar por si mesmo*, embora não conheça em ato. Portanto, não necessita da influência de um agente superior. — Diz também[207] que, antes de aprender, o homem está em potência essencial para a ciência, e assim necessita de um motor pelo qual seja reduzido a ato, não precisa por si de motor, porém, depois que já aprende. Logo, não necessita da influência do intelecto agente. — Diz também[208] que *os fantasmas se relacionam com o intelecto, como os sensíveis com o sentido*. Donde se evidencia que as espécies inteligíveis estão no intelecto possível pelos fantasmas, não pela substância separada.

Rationes autem quae videntur in contrarium esse, non est difficile solvere. Intellectus enim possibilis est in actu perfecto secundum species intelligibiles cum considerat actu: cum

Ora, não é difícil refutar as razões que parecem estar pelo contrário. Com efeito, o intelecto possível está em ato perfeito segundo as espécies inteligíveis, quando considera em

205 Aristóteles (384-322 a.C.), em *Sobre a Alma* III, 4, 429a, 27-28.
206 Ibidem, 429b, 7.
207 Aristóteles (384-322 a.C.), em *Física* VIII, 4, 255a, 33b, 5.
208 Aristóteles (384-322 a.C.), em *Sobre a Alma* III, 7.8, 431a, 15.

vero non considerat actu, non est in actu perfecto secundum illas species, sed se habet medio modo inter potentiam et actum. Et hoc est quod Aristoteles dicit, in III de anima, quod, cum haec pars, scilicet intellectus possibilis, unaquaeque fiat, sciens dicitur secundum actum. Hoc autem accidit cum possit operari per seipsum. Est quidem et tunc potentia similiter quodammodo, non tamen similiter et ante addiscere aut invenire.

Memoria vero in parte sensitiva ponitur, quia est alicuius prout cadit sub determinato tempore: non est enim nisi praeteriti. Et ideo, cum non abstrahat a singularibus conditionibus, non pertinet ad partem intellectivam, quae est universalium. Sed per hoc non excluditur quin intellectus possibilis sit conservativus intelligibilium, quae abstrahunt ab omnibus conditionibus particularibus.

ato, mas quando não considera em ato, não está em ato perfeito segundo aquelas espécies, mas se tem de modo intermediário entre a potência e o ato. E isso é o que Aristóteles diz[209] que, *como essa parte, a saber, o intelecto possível, torna-se quaisquer coisas, é dito conhecedor segundo o ato. Isso, porém, acontece quando pode operar por si mesmo. Está então, de certo modo, semelhantemente à potência, não, porém, semelhantemente a antes de aprender ou investigar.*

A memória, porém, é colocada na parte sensitiva, porque se refere à coisa enquanto cai sob determinado tempo: não é, pois, senão do passado. E assim, como não abstrai das condições singulares, não pertence à parte intelectiva, que é de universais. Mas por isso não se exclui que o intelecto possível seja conservador dos inteligíveis, que abstraem de todas as condições particulares.

Capitulum LXXV

Solutio rationum quibus videtur probari unitas intellectus possibilis

Ad probandum autem unitatem intellectus possibilis quaedam rationes adducuntur, quas oportet ostendere efficaces non esse.

Videtur enim quod omnis forma quae est una secundum speciem et multiplicatur secundum numerum, individuetur per materiam: quae enim sunt unum specie et multa secundum numerum, conveniunt in forma et distinguuntur secundum materiam. Si igitur intellectus possibilis in diversis hominibus sit multiplicatus secundum numerum, cum sit unus secundum speciem, oportet quod sit individuatus in hoc et in illo per materiam. Non autem per materiam quae sit pars sui: quia sic esset receptio eius de genere receptionis materiae primae, et reciperet formas individuales; quod est contra naturam intellectus. Relinquitur ergo quod individuetur per materiam quae est corpus hominis cuius ponitur forma.

Capítulo 75

Solução das razões pelas quais parece provar-se a unidade do intelecto possível

Para provar a unidade do intelecto possível, são aduzidas algumas razões[210] que é necessário mostrar que não são consistentes.

Com efeito, parece[211] que toda forma que é uma segundo a espécie e se multiplica segundo o número, é individuada pela matéria, pois aquelas que são unidade na espécie e muitas segundo o número, convêm na forma e se distinguem segundo a matéria. Se, portanto, o intelecto possível nos diversos homens é multiplicado segundo o número, dado que seja um só segundo a espécie, é necessário que seja individuado neste e naquele pela matéria. Não, porém, pela matéria que é parte dele, porque assim a recepção dele seria do gênero da recepção da matéria-prima, e receberia as formas individuais, o que é contra a natureza do intelecto. Resta, pois, que seja individuada pela matéria que é o corpo do homem, do qual é forma.

209 Aristóteles (384-322 a.C.), em *Sobre a Alma* III, 4, 429b, 5-9.
210 S. Tomás de Aquino (1225-1274), em *Sobre a Unidade do Intelecto contra os Averroistas*, 5.
211 Averróis [Ibn Roschd] (1126-1198), em *Comentários sobre a Alma* III, 5, 432-448.

Omnis autem forma individuata per materiam cuius est actus, est forma materialis.

Oportet enim quod esse cuiuslibet rei dependeat ab eo a quo dependet individuatio eius: sicut enim principia communia sunt de essentia speciei, ita principia individuantia sunt de essentia huius individui. Sequitur ergo quod intellectus possibilis sit forma materialis. Et per consequens quod non recipiat aliquid nec operetur sine organo corporali. Quod etiam est contra naturam intellectus possibilis. Igitur intellectus possibilis non multiplicatur in diversis hominibus, sed est unus omnium.

Item. Si intellectus possibilis esset alius in hoc et in illo homine, oporteret quod species intellecta esset alia numero in hoc et in illo, una vero in specie: cum enim specierum intellectarum in actu proprium subiectum sit intellectus possibilis, oportet quod, multiplicato intellectu possibili, multiplicentur species intelligibiles secundum numerum in diversis. Species autem aut formae quae sunt eaedem secundum speciem et diversae secundum numerum, sunt formae individuales. Quae non possunt esse formae intelligibiles: quia intelligibilia sunt universalia, non particularia. Impossibile est igitur intellectum possibilem esse multiplicatum in diversis individuis hominum. Necesse est igitur quod sit unus in omnibus.

Adhuc. Magister scientiam quam habet transfundit in discipulum. Aut igitur eandem numero: aut aliam numero diversam, non specie. Secundum videtur impossibile esse: quia sic magister causaret scientiam suam in discipulo sicut causat formam suam in alio generando sibi simile in specie; quod videtur pertinere ad agentia materialia. Oportet ergo quod eandem scientiam numero causet in discipulo. Quod esse non posset nisi esset unus intellectus possibilis

Ora, toda forma individuada pela matéria da qual é ato, é forma material. É necessário, com efeito, que o ser de qualquer coisa dependa daquilo de que depende a sua individuação, pois, assim como os princípios comuns são da essência da espécie, assim os princípios individuantes são da essência desse indivíduo. Segue-se, pois, que o intelecto possível é forma material. E, por consequência, que não receba algo nem opere sem órgão corporal[212]. O que também é contra a natureza[213] do intelecto possível. Logo, o intelecto possível não se multiplica em diversos homens, mas é um só entre todos.

Igualmente. Se o intelecto possível fosse diferente neste e naquele homem, seria necessário que a espécie conhecida fosse diferente em número neste e naquele, mas uma só na espécie, pois, como o sujeito próprio das espécies conhecidas em ato é o intelecto possível, é necessário que, multiplicado o intelecto possível, sejam multiplicadas as espécies conhecidas segundo o número em diversos sujeitos. Ora, as espécies ou formas que são as mesmas segundo a espécie e diversas segundo o número, são formas individuais[214]. Essas não podem ser formas inteligíveis, porque os inteligíveis são universais, não particulares. Portanto, é impossível que o intelecto possível seja multiplicado em diversos indivíduos humanos[215].

Ainda. O mestre transfunde a ciência que tem no discípulo, Ou transfunde a mesma em número, ou outra diversa em número, não na espécie. A segunda hipótese parece ser impossível, porque assim o mestre causaria a sua ciência no discípulo como causa a sua forma em outro, gerando um semelhante a si na espécie, o que parece pertencer a agentes materiais. Logo, é necessário que cause a mesma ciência em número no discípulo. O que não poderia

---

[212] Averróis [Ibn Roschd] (1126-1198), em *Comentários sobre a Alma* III, 6, 16-25.
[213] Averróis [Ibn Roschd] (1126-1198), em *Comentários sobre a Alma* III, 5, 231.
[214] Cf. Nota 2.
[215] Averróis [Ibn Roschd] (1126-1198), em *Comentários sobre a Alma* III, 5, 187-195.

utriusque. Necesse igitur videtur intellectum possibilem esse unum omnium hominum.

Sicut autem praedicta positio veritatem non habet, ut ostensum est, ita rationes positae ad ipsam confirmandam facile solubiles sunt. Confitemur enim intellectum possibilem esse unum specie in diversis hominibus, plures autem secundum numerum: ut tamen non fiat in hoc vis, quod partes hominis non ponuntur in genere vel specie secundum se, sed solum ut sunt principia totius. Nec tamen sequitur quod sit forma materialis secundum esse dependens a corpore. Sicut enim animae humanae secundum suam speciem competit quod tali corpori secundum speciem uniatur, ita haec anima differt ab illa numero solo ex hoc quod ad aliud numero corpus habitudinem habet. Et sic individuantur animae humanae, et per consequens intellectus possibilis, qui est potentia animae, secundum corpora, non quasi individuatione a corporibus causata.

Secunda vero ratio ipsius deficit, ex hoc quod non distinguit inter id quo intelligitur, et id quod intelligitur. Species enim recepta in intellectu possibili non habet se ut quod intelligitur. Cum enim de his quae intelliguntur sint omnes artes et scientiae, sequeretur quod omnes scientiae essent de speciebus existentibus in intellectu possibili. Quod patet esse falsum: nulla enim scientia de eis aliquid considerat nisi rationalis et metaphysica. Sed tamen per eas quaecumque sunt in omnibus scientiis cognoscuntur. Habet se igitur species intelligibilis recepta in intellectu possibili in intelligendo sicut id quo intelligitur, non sicut id quod intelligitur: sicut et species coloris in oculo non est id quod videtur, sed id quo videmus. Id vero quod intelligitur, est ipsa ratio rerum existentium extra animam: sicut et res extra animam existentes visu corpora-

ser se não houvesse um só intelecto possível de ambos.

Parece, pois, ser necessário que o intelecto possível seja um só de todos os homens.

Ora, assim como a mencionada posição não tem a verdade, como foi mostrado[216], assim também as razões expostas para confirmá-la são facilmente refutáveis. Reconheçamos, pois, que o intelecto possível é um só na espécie em diversos homens, porém muitos segundo o número, mas que não se faça nisso força, de modo que as partes do homem não sejam afirmadas no gênero ou na espécie quanto a elas mesmas, mas só enquanto são princípios do todo. Nem se segue, porém, que é forma material dependente do corpo, segundo o ser. Com efeito, assim como à alma humana, segundo sua espécie, compete que se una a esse corpo segundo a espécie, assim também esta alma difere daquela em número apenas pelo fato de que tem relação com outro corpo em número. E assim são individuadas as almas humanas, e, por consequência, o intelecto possível, que é potência da alma, segundo os corpos, não como por individuação causada pelos corpos.

A segunda razão apresentada, por sua vez, falha, porque não distingue entre aquilo pelo que se conhece, e aquilo que é conhecido. Com efeito, a espécie recebida no intelecto possível não se considera como o que se conhece. Dado, com efeito, que todas as artes e ciências tratam daquelas coisas que são conhecidas, seguir-se-ia que todas as ciências seriam das espécies existentes no intelecto possível. O que claramente é falso, pois nenhuma ciência considera alguma coisa delas, senão a racional e metafísica. Mas por meio delas quaisquer coisas que são, são conhecidas em todas as ciências. Portanto, considera-se a espécie inteligível, recebida no intelecto possível no conhecer, como aquilo pelo que se conhece, não como aquilo que se conhece, como também a espécie da cor no olho não é aquilo que se vê, mas aquilo pelo que vemos.

216 Cf. cap. 73.

li videntur. Ad hoc enim inventae sunt artes et scientiae ut res in suis naturis existentes cognoscantur.

Nec tamen oportet quod, quia scientiae sunt de universalibus, quod universalia sint extra animam per se subsistentia: sicut Plato posuit. Quamvis enim ad veritatem cognitionis necesse sit ut cognitio rei respondeat, non tamen oportet ut idem sit modus cognitionis et rei. Quae enim coniuncta sunt in re, interdum divisim cognoscuntur: simul enim una res est et alba et dulcis; visus tamen cognoscit solam albedinem, et gustus solam dulcedinem. Sic etiam et intellectus intelligit lineam in materia sensibili existentem, absque materia sensibili: licet et cum materia sensibili intelligere possit. Haec autem diversitas accidit secundum diversitatem specierum intelligibilium in intellectu receptarum: quae quandoque est similitudo quantitatis tantum, quandoque vero substantiae sensibilis quantae. Similiter autem, licet natura generis et speciei nunquam sit nisi in his individuis, intelligit tamen intellectus naturam speciei et generis non intelligendo principia individuantia: et hoc est intelligere universalia.

Et sic haec duo non repugnant, quod universalia non subsistant extra animam: et quod intellectus, intelligens universalia, intelligat res quae sunt extra animam. — Quod autem intelligat intellectus naturam generis vel speciei denudatam a principiis individuantibus, contingit ex conditione speciei intelligibilis in ipso receptae, quae est immaterialis effecta per intellectum agentem, utpote abstracta a materia et conditionibus materiae, quibus aliquid individuatur.

Et ideo potentiae sensitivae non possunt cognoscere universalia: quia non possunt recipere formam immaterialem, cum recipiant semper in organo corporali.

Aquilo, então, que se conhece, é a própria razão das coisas existentes fora da alma, como também as coisas existentes fora da alma são vistas pela visão corporal. Para isso, pois, foram descobertas as artes e as ciências de modo que as coisas existentes em suas naturezas fossem conhecidas.

Também não é necessário que, dado que as ciências versam sobre universais, os universais sejam por si subsistentes fora da alma, como Platão pensou. Embora, com efeito, para a verdade do conhecimento é necessário que o conhecimento corresponda à coisa, não é, porém, necessário que seja o mesmo o modo de conhecimento e da coisa. Aquelas coisas que estão unidas na realidade, às vezes são conhecidas separadamente, pois uma coisa é simultaneamente branca e doce, mas a visão conhece só a brancura, e o gosto só a doçura. Assim também o intelecto conhece a linha existente na matéria sensível, sem a matéria sensível, embora possa conhecer também com a matéria sensível. Ora, essa diversidade acontece segundo a diversidade das espécies inteligíveis recebidas no intelecto, que às vezes são só semelhança da quantidade, às vezes também da substância sensível quantificada. Ora, de modo semelhante, embora a natureza do gênero e da espécie nunca seja senão nestes indivíduos, o intelecto conhece, entretanto, a natureza da espécie e do gênero, não conhecendo os princípios individuantes, e isto é conhecer os universais.

E assim essas duas coisas não repugnam: que os universais não subsistam fora da alma, e que o intelecto, conhecendo os universais, conheça as coisas que estão fora da alma. — Que, porém, o intelecto conheça a natureza do gênero ou da espécie despojada dos princípios individuantes, acontece por condição da espécie inteligível nele recebida, que é feita imaterial pelo intelecto agente, enquanto abstraída da matéria e das condições da matéria, pelas quais uma coisa é individuada. E assim as potências sensitivas não podem conhecer os universais, porque não podem receber a forma imaterial, dado que sempre recebem no órgão corporal.

Non igitur oportet esse numero unam speciem intelligibilem huius intelligentis et illius: ad hoc enim sequeretur esse unum intelligere numero huius et illius, cum operatio sequatur formam quae est principium speciei. Sed oportet, ad hoc quod sit unum intellectum, quod sit unius et eiusdem similitudo. Et hoc est possibile si species intelligibiles sint numero diversae: nihil enim prohibet unius rei fieri plures imagines differentes; et ex hoc contingit quod unus homo a pluribus videtur. Non igitur repugnat cognitioni universali intellectus quod sint diversae species intelligibiles in diversis.

Nec propter hoc oportet quod, si species intelligibiles sint plures numero et eaedem specie, quod non sint intelligibiles actu, sed potentia tantum, sicut alia individua. Non enim hoc quod est esse individuum, repugnat ei quod est esse intelligibile actu: oportet enim dicere ipsum intellectum possibilem et agentem, si ponuntur quaedam substantiae separatae corpori non unitae per se subsistentes, quaedam individua esse, et tamen intelligibilia sunt. Sed id quod repugnat intelligibilitati est materialitas: cuius signum est quod, ad hoc quod fiant formae rerum materialium intelligibiles actu, oportet quod a materia abstrahantur. Et ideo in illis in quibus individuatio fit per hanc materiam signatam, individuata non sunt intelligibilia actu. Si autem individuatio fiat non per materiam, nihil prohibet ea quae sunt individua esse actu intelligibilia. Species autem intelligibiles individuantur per suum subiectum, qui est intellectus possibilis, sicut et omnes aliae formae. Unde, cum intellectus possibilis non sit materialis, non tollitur a speciebus individuatis per ipsum quin sint intelligibiles actu.

Praeterea. In rebus sensibilibus, sicut non sunt intelligibilia actu individua quae sunt multa in una specie, ut equi vel homines; ita nec individua quae sunt unica in sua specie, ut hic sol et haec luna. Eodem autem modo

Portanto, não é necessário que a espécie inteligível seja uma em número deste inteligente e daquele, pois para isso seguir-se-ia ser um só em número o conhecer deste e daquele, porque a operação segue a forma, que é princípio da espécie. Entretanto, é necessário, para que seja um só o conhecido, que a semelhança seja de um só e o mesmo. E isso é possível se as espécies inteligíveis são diversas em número, pois nada proíbe que de uma só coisa se façam muitas imagens diferentes, e por isso acontece que um homem seja visto por muitos. Portanto, não repugna ao conhecimento universal do intelecto que sejam diversas as espécies inteligíveis em diversos sujeitos.

Nem é necessário, em razão disso, que, se as espécies inteligíveis são muitas em número e as mesmas em espécie, que não sejam inteligíveis em ato, mas só em potência, como as outras coisas individuais. Com efeito, não repugna que alguma coisa seja individual e inteligível em ato, pois é necessário dizer que o mesmo intelecto possível e o agente, se se afirma que algumas substâncias separadas não unidas ao corpo, por si subsistentes, são individuais, e, entretanto, inteligíveis. Mas, o que repugna à inteligibilidade é a materialidade, sinal disso é que, para que as formas das coisas materiais se façam inteligíveis em ato, é necessário que sejam abstraídas da matéria. E assim, naquelas coisas em que a individuação se faz por essa matéria marcada (*signata*), os individuados não são inteligíveis em ato. Se, porém, a individuação não se faz pela matéria, nada proíbe que aquelas coisas que são individuais sejam inteligíveis em ato. Ora, as espécies inteligíveis são individuadas por seu sujeito, que é o intelecto possível, assim como também todas as outras formas. Donde, como o intelecto possível não é material, não impede que as espécies individuadas sejam por ele inteligíveis em ato.

Ademais. Nas coisas sensíveis, assim como não são inteligíveis em ato aqueles indivíduos que são muitos em uma espécie, como cavalos e homens, assim também nem os indivíduos que são únicos em sua espécie, como este sol e

individuantur species per intellectum possibilem sive sint plures intellectus possibiles sive unus: sed non eodem modo multiplicantur in eadem specie. Nihil igitur refert, quantum ad hoc quod species receptae in intellectu possibili sint intelligibiles actu, utrum intellectus possibilis sit unus in omnibus, aut plures.

Item. Intellectus possibilis, secundum Commentatorem praedictum, est ultimus in ordine intelligibilium substantiarum, quae quidem secundum ipsum sunt plures. Nec potest dici quin aliquae superiorum substantiarum habeant cognitionem eorum quae intellectus possibilis cognoscit: in motoribus enim orbium, ut ipse etiam dicit, sunt formae eorum quae causantur per orbis motum. Adhuc igitur remanebit, licet intellectus possibilis sit unus, quod formae intelligibiles multiplicentur in diversis intellectibus.

Licet autem dixerimus quod species intelligibilis in intellectu possibili recepta, non sit quod intelligitur, sed quo intelligitur; non tamen removetur quin per reflexionem quandam intellectus seipsum intelligat, et suum intelligere, et speciem qua intelligit. Suum autem intelligere intelligit dupliciter: uno modo in particulari, intelligit enim se nunc intelligere; alio modo in universali, secundum quod ratiocinatur de ipsius actus natura. — Unde et intellectum et speciem intelligibilem intelligit eodem modo dupliciter: et percipiendo se esse et habere speciem intelligibilem, quod est cognoscere in particulari; et considerando suam et speciei intelligibilis naturam, quod est cognoscere in universali. Et secundum hoc de intellectu et intelligibili tractatur in scientiis.

Per haec autem quae dicta sunt etiam tertiae rationis apparet solutio. Quod enim dicit scientiam in discipulo et magistro esse nume-

esta lua. Ora, do mesmo modo são individuadas as espécies pelo intelecto possível, quer sejam muitos intelectos possíveis, quer um só, mas não se multiplicam do mesmo modo na mesma espécie. Portanto, não conta para nada, quanto a que as espécies recebidas no intelecto possível sejam inteligíveis em ato, se o intelecto possível é um só em todos, ou muitos.

Igualmente. O intelecto possível, segundo o mencionado Comentador[217], é o último na ordem das substâncias inteligíveis, que, segundo ele, são muitas[218]. Nem se pode dizer que algumas das substâncias superiores não tenham conhecimento daquelas coisas que o intelecto possível conhece, pois nos motores dos mundos, como diz ele também[219], há formas das coisas que são causadas pelo movimento do mundo. Portanto, ainda permanece, embora seja um só o intelecto possível, que as formas inteligíveis sejam multiplicadas em diversos intelectos.

Embora, entretanto, tenhamos dito que a espécie inteligível recebida no intelecto possível, não é o que se conhece, mas aquilo pelo que se conhece, contudo, não se exclui que, por alguma reflexão, o intelecto não se conheça a si mesmo, e seu conhecer, e a espécie pela qual conhece. Seu conhecer, porém, conhece duplamente: de um modo, em particular, pois conhece que agora se conhece; de outro modo, em universal, segundo raciocina sobre a natureza do próprio ato. — Donde também ele conhece o intelecto e a espécie inteligível igualmente de dois modos: tanto percebendo que é e tem a espécie inteligível, o que é conhecer em particular, quanto considerando a sua natureza e a da espécie inteligível, o que é conhecer em universal. E, segundo esse modo, trata-se nas ciências do intelecto e do inteligível.

Pelo que foi dito, manifesta-se também a solução da *terceira razão*. Com efeito, dizendo-se que a ciência no discípulo e no mestre é

217 Averróis [Ibn Roschd] (1126-1198), em *Comentários sobre a Alma* III, 19, 56-80.
218 Averróis [Ibn Roschd] (1126-1198), em *Comentários sobre a Alma* III, 5, 473-476.
219 Averróis [Ibn Roschd] (1126-1198), em *Comentários sobre a Metafísica* I, 12, 36.

ro unam, partim quidem vere dicitur, partim autem non. Est enim numero una quantum ad id quod scitur: non tamen quantum ad species intelligibiles quibus scitur, neque quantum ad ipsum scientiae habitum. Non tamen oportet quod eodem modo magister causet scientiam in discipulo sicut ignis generat ignem. Non enim idem est modus eorum quae a natura generantur, et eorum quae ab arte. Ignis quidem enim generat ignem naturaliter, reducendo materiam de potentia in actum suae formae: magister vero causat scientiam in discipulo per modum artis; ad hoc enim datur ars demonstrativa, quam Aristoteles in posterioribus tradit; demonstratio enim est syllogismus faciens scire.

Sciendum tamen quod, secundum quod Aristoteles in VII metaphysicae docet, artium quaedam sunt in quarum materia non est aliquod principium agens ad effectum artis producendum, sicut patet in aedificativa: non enim est in lignis et lapidibus aliqua vis activa movens ad domus constitutionem, sed aptitudo passiva tantum. Aliqua vero est ars in cuius materia est aliquod activum principium movens ad producendum effectum artis, sicut patet in medicativa: nam in corpore infirmo est aliquod activum principium ad sanitatem. — Et ideo effectum artis primi generis nunquam producit natura, sed semper fit ab arte: sicut domus omnis est ab arte. Effectus autem artis secundi generis fit et ab arte, et a natura sine arte: multi enim per operationem naturae, sine arte medicinae, sanantur. — In his autem quae possunt fieri et arte et natura, ars imitatur naturam: si quis enim ex frigida causa infirmetur, natura eum calefaciendo sanat; unde et medicus, si eum curare debeat, calefaciendo sanat. Huic autem arti similis est ars docendi. In eo enim qui docetur, est principium activum ad scientiam: scilicet intellectus, et ea quae naturaliter intelliguntur, scilicet

uma em número, em parte certamente se diz a verdade, mas em parte, não. Com efeito, é uma em número quanto àquilo que se sabe, mas não quanto às espécies inteligíveis pelas quais se sabe, nem quanto ao próprio hábito da ciência. Não é necessário, porém, que, do mesmo modo, o mestre cause a ciência no discípulo, como o fogo gera o fogo. Com efeito, não é o mesmo o modo daquelas coisas que são geradas pela natureza, e o daquelas que o são pela arte. O fogo, certamente, gera o fogo naturalmente, reduzindo a matéria da potência ao ato de sua forma, já o mestre causa a ciência no discípulo ao modo da arte, pois para isso dá-se a arte demonstrativa, que Aristóteles[220] ensina, pois a demonstração é o silogismo que faz saber.

Deve-se saber, contudo, que, segundo Aristóteles[221] ensina, há algumas das artes em cuja matéria não há um princípio agente para produzir o efeito da arte, como se evidencia na arte da edificação, pois não há nas madeiras e nas pedras nenhuma força ativa que mova à constituição da casa, apenas uma aptidão passiva. Outra, porém, é a arte em cuja matéria há um principio ativo que move para produzir o efeito da arte, como se evidencia na Medicina, porque no corpo enfermo há um princípio ativo para a saúde. — E assim o efeito da arte do primeiro gênero a natureza nunca produz, mas sempre se faz pela arte, como toda a casa é pela arte. O efeito, porém, da arte do segundo gênero se faz tanto pela arte quanto pela natureza, e pela natureza sem a arte, pois muitos são curados por operação da natureza, sem a arte da Medicina. Ora, nessas coisas que podem fazer-se pela arte e pela natureza, *a arte imita a natureza*[222], pois se alguém adoece por causa do frio, cura-o a natureza aquecendo; donde também o médico, se deve curá-lo, cura aquecendo. A essa arte é semelhante a arte de ensinar. Naquele, com efeito, que é ensinado, há um princípio ativo para a ciência, ou seja,

220 Aristóteles (384-322 a.C.), em *Analíticos Posteriores* I, 2, 71b, 17.
221 Aristóteles (384-322 a.C.), em *Metafísica* VII, 8.
222 Aristóteles (384-322 a.C.), em *Física* II, 2, 194a, 21-22.

prima principia. — Et ideo scientia acquiritur dupliciter: et sine doctrina, per inventionem; et per doctrinam. Docens igitur hoc modo incipit docere sicut inveniens incipit invenire: offerendo scilicet considerationi discipuli principia ab eo nota, quia omnis disciplina ex praeexistenti fit cognitione, et illa principia in conclusiones deducendo; et proponendo exempla sensibilia, ex quibus in anima discipuli formentur phantasmata necessaria ad intelligendum. Et quia exterior operatio docentis nihil operaretur nisi adesset principium intrinsecum scientiae, quod inest nobis divinitus, ideo apud theologos dicitur quod homo docet ministerium exhibendo, Deus autem interius operando: sicut et medicus dicitur naturae minister in sanando. Sic igitur causatur scientia in discipulo per magistrum, non modo naturalis actionis, sed artificialis, ut dictum est.

o intelecto, e aquelas coisas que naturalmente são conhecidas, a saber, os primeiros princípios. — E assim a ciência é adquirida duplamente: sem o ensino, por descoberta, e pelo ensino. Logo, o docente desse modo começa a ensinar, como o que descobre começa a descobrir, isto é, oferecendo à consideração do discípulo os princípios por ele conhecidos, porque *todo ensino se faz de um conhecimento preexistente*[223], e conduzindo aqueles princípios às conclusões, e propondo exemplos sensíveis, dos quais se formem, na alma do discípulo, os fantasmas necessários para conhecer. E porque a operação exterior do docente nada opera se não está presente o princípio intrínseco da ciência, que nos é divinamente presente, assim entre os teólogos se diz que *o homem ensina mostrando o ministério, mas Deus operando internamente*, assim como o médico se diz ministro da natureza, curando. Assim, portanto, a ciência é causada no discípulo pelo mestre, não pelo modo da ação da natureza, mas da ação artificial, como foi dito.

Praeterea, cum Commentator praedictus ponat habitus scientiarum esse in intellectu passivo sicut in subiecto, unitas intellectus possibilis nihil facit ad hoc quod sit una scientia numero in discipulo et magistro. Intellectum enim passivum constat non esse eundem in diversis: cum sit potentia materialis. Unde haec ratio non est ad propositum, secundum eius positionem.

Além disso. Como o mencionado Comentador afirmava que o hábito das ciências estava no intelecto passivo como num sujeito[224], a unidade do intelecto possível nada faz para que seja uma só ciência em número no discípulo e no mestre. Consta, com efeito, que o intelecto passivo não é o mesmo em diversos sujeitos, pois é uma potência material. Por isso, essa razão não vem a propósito, segundo sua opinião.

Capitulum LXXVI

Quod intellectus agens non sit substantia separata, sed aliquid animae

Ex his etiam concludi potest quod nec intellectus agens est unus in omnibus, ut Alexander etiam ponit, et Avicenna, qui non ponunt intellectum possibilem esse unum omnium.

Capítulo 76

O intelecto agente não é substância separada, mas algo da alma

Dessas coisas também se pode concluir que nem o intelecto agente é um só em todos[225], como afirmam também Alexandre[226] e Avicena[227], os quais não afirmam que o intelecto possível é um só em todos.

223 Aristóteles (384-322 a.C.), em *Analíticos Posteriores* I, 71a, 1-2.
224 Averróis [Ibn Roschd] (1126-1198), em *Comentários sobre a Alma* III, 20, 301-306.
225 Averróis [Ibn Roschd] (1126-1198), em *Comentários sobre a Alma* III, 36, 501-502.
226 Alexandre de Afrodísias (séc. II-VI), em *Livro sobre o Intelecto e o Entendido.*
227 Avicena (980-1037), em *Sobre a Alma*, 6; *Sobre as Coisas Naturais* VI, 5, 5.

Cum enim agens et recipiens sint proportionata, oportet quod unicuique passivo respondeat proprium activum. Intellectus autem possibilis comparatur ad agentem ut proprium passivum sive susceptivum ipsius: habet enim se ad eum agens sicut ars ad materiam, ut dicitur in III de anima. Si igitur intellectus possibilis est aliquid animae humanae, multiplicatum secundum multitudinem individuorum, ut ostensum est; et intellectus agens erit etiam eiusmodi, et non erit unus omnium.

Adhuc. Intellectus agens non facit species intelligibiles actu ut ipse per eas intelligat, maxime sicut substantia separata, cum non sit in potentia: sed ut per eas intelligat intellectus possibilis. Non igitur facit eas nisi tales quales competunt intellectui possibili ad intelligendum. Tales autem facit eas qualis est ipse: nam omne agens agit sibi simile. Est igitur intellectus agens proportionatus intellectui possibili. Et sic, cum intellectus possibilis sit pars animae, intellectus agens non erit substantia separata.

Amplius. Sicut materia prima perficitur per formas naturales, quae sunt extra animam, ita intellectus possibilis perficitur per formas intellectas in actu. Sed formae naturales recipiuntur in materia prima, non per actionem alicuius substantiae separatae tantum, sed per actionem formae eiusdem generis, scilicet quae est in materia: sicut haec caro generatur per formam quae est in his carnibus et in his ossibus, ut probat Aristoteles in VII metaphysicae. Si igitur intellectus possibilis sit pars animae et non sit substantia separata, ut probatum est, intellectus agens, per cuius actionem fiunt species intelligibiles in ipso, non erit aliqua substantia separata, sed aliqua virtus activa animae.

Item. Plato posuit scientiam in nobis causari ab ideis, quas ponebat esse quasdam subs-

Com efeito, dado que o agente e o recipiente são proporcionados, é necessário que a cada passivo corresponda um ativo próprio. Ora, o intelecto possível está para o agente como passivo próprio ou receptivo dele, pois o agente está para ele, como a arte para com a matéria[228]. Se, pois, o intelecto possível é algo da alma humana, multiplicado segundo a pluralidade dos indivíduos, como foi mostrado[229], também o intelecto agente será semelhante, e não será um só de todos.

Ainda. O intelecto agente não faz as espécies inteligíveis em ato para que conheça por meio delas, maximamente como substância separada, dado que não está em potência, mas para que por meio delas o intelecto possível conheça. Portanto, não as faz senão tais como competem ao intelecto possível para conhecer. Ora, as faz tais como ele é, porque *todo agente produz um semelhante a si*. É, portanto, o intelecto agente proporcionado ao intelecto possível. E assim, como o intelecto possível é parte da alma, o intelecto agente não será uma substância separada.

Ademais. Assim como a matéria-prima é aperfeiçoada pelas formas naturais, que estão fora da alma, assim o intelecto possível se aperfeiçoa pelas formas entendidas em ato. Mas as formas naturais são recebidas na matéria-prima, não pela ação de alguma substância separada apenas, mas pela ação da forma do mesmo gênero, isto é, aquela que está na matéria, assim como esta carne é gerada pela forma que está nestas carnes e nestes ossos, como prova Aristóteles[230]. Se, portanto, o intelecto possível é parte da alma e não é uma substância separada, como foi provado[231], o intelecto agente, por cuja ação se fazem as espécies inteligíveis nele, não era uma substância separada, mas uma potência ativa da alma.

Igualmente. Platão entendeu que a ciência era causada em nós pelas ideias, que ele

228 Aristóteles (384-322 a.C.), em *Sobre a Alma* III, 5, 430a, 12-13.
229 Cf. cap. 73.
230 Aristóteles (384-322 a.C.), em *Metafísica* VII, 8, 1033b, 19-1034a, 8.
231 Cf. cap. 59.

tantias separatas: quam quidem positionem Aristoteles improbat in I metaphysicae. Constat autem quod scientia nostra dependet ab intellectu agente sicut ex primo principio. Si igitur intellectus agens esset quaedam substantia separata, nulla esset vel modica differentia inter opinionem istam et Platonicam a Philosopho improbatam.

Adhuc. Si intellectus agens est quaedam substantia separata, oportet quod eius actio sit continua et non intercisa: vel saltem oportet dicere quod non continuetur et intercidatur ad nostrum arbitrium. Actio autem eius est facere phantasmata intelligibilia actu. Aut igitur hoc semper faciet, aut non semper: si non semper, non tamen hoc faciet ad arbitrium nostrum. Sed tunc intelligimus actu quando phantasmata fiunt intelligibilia actu. Ergo oportet quod vel semper intelligamus; vel quod non sit in potestate nostra actu intelligere.

Praeterea. Comparatio substantiae separatae ad omnia phantasmata quae sunt in quibuscumque hominibus, est una: sicut comparatio solis est una ad omnes colores. Res autem sensibiles similiter sentiunt scientes et inscii: et per consequens eadem phantasmata sunt in utrisque. Similiter igitur fient intelligibilia ab intellectu agente. Uterque ergo similiter intelliget.

Potest autem dici quod intellectus agens semper agit quantum in se est, sed non semper phantasmata fiunt intelligibilia actu, sed solum quando sunt ad hoc disposita. Disponuntur autem ad hoc per actum cogitativae virtutis, cuius usus est in nostra potestate. Et ideo intelligere actu est in nostra potestate. Et ob hoc etiam contingit quod non omnes homines intelligunt ea quorum habent phantasmata: quia non omnes habent actum virtutis cogitativae convenientem, sed solum qui sunt instructi et consueti.

sustentava ser certas substâncias separadas, e essa opinião Aristóteles rejeitou[232]. Ora, consta que nossa ciência depende do intelecto agente, como do primeiro princípio. Se, pois, o intelecto agente fosse uma substância separada, não haveria nenhuma diferença, ou pequena, entre essa opinião e a platônica, rejeitada pelo Filósofo.

Ainda. Se o intelecto agente é uma substância separada, é necessário que sua ação seja contínua e não intermitente, ou ao menos é necessário dizer que não seja continuada ou interrompida segundo nosso arbítrio. Ora, a ação dele é fazer em ato os fantasmas inteligíveis. Ou, portanto, isso fará sempre, ou não sempre: se não sempre, não fará isso segundo nosso arbítrio. Mas, então, conhecemos em ato quando os fantasmas são feitos inteligíveis em ato. Logo, é necessário que ou conheçamos sempre, ou que não esteja em nosso poder conhecer em ato.

Além disso. A relação da substância separada com todos os fantasmas que há em todos os homens, é uma só, assim como a relação do sol é uma só com respeito a todas as cores. Ora, os que sabem e os ignorantes sentem de modo semelhante as coisas sensíveis e, por conseguinte, os mesmos fantasmas estão em uns e outros. De modo semelhante, pois, são feitos inteligíveis pelo intelecto agente. Logo, uns e outros conhecerão de modo semelhante.

Ora, pode-se dizer que o intelecto agente age sempre enquanto é em si, porém nem sempre os fantasmas se fazem inteligíveis em ato, mas apenas quando estão dispostos para isso. Ora, dispõem-se a isso pelo ato da potência cognitiva, cujo uso está em nosso poder. E assim conhecer em ato está em nosso poder. E por isso também acontece que nem todos os homens conhecem aquelas coisas das quais têm fantasmas, porque nem todos os homens têm o ato conveniente da potência cognitiva, mas apenas aqueles que são instruídos e habituados.

232 Aristóteles (384-322 a.C.), em *Metafísica* I, 9, 990b, 1-991a, 8.

Videtur autem quod haec responsio non sit omnino sufficiens. Haec enim dispositio quae fit per cogitativam ad intelligendum, oportet quod sit vel dispositio intellectus possibilis ad recipiendum formas intelligibiles ab intellectu agente fluentes, ut Avicenna dicit, vel quia disponuntur phantasmata ut fiant intelligibilia actu, sicut Averroes et Alexander dicunt. Primum autem horum non videtur esse conveniens. Quia intellectus possibilis secundum suam naturam est in potentia ad species intelligibiles actu: unde comparatur ad eas sicut diaphanum ad lucem vel ad species coloris. Non autem indiget aliquid in cuius natura est recipere formam aliquam, disponi ulterius ad formam illam: nisi forte sint in eo contrariae dispositiones, sicut materia aquae disponitur ad formam aeris per remotionem frigiditatis et densitatis. Nihil autem contrarium est in intellectu possibili quod possit impedire cuiuscumque speciei intelligibilis susceptionem: nam species intelligibiles etiam contrariorum in intellectu non sunt contrariae, ut probat Aristoteles in VII metaphysicae, cum unum sit ratio cognoscendi aliud. Falsitas autem quae accidit in iudicio intellectus componentis et dividentis, provenit, non ex eo quod in intellectu possibili sint aliqua intellecta, sed ex eo quod ei aliqua desunt. Non igitur, quantum in se est, intellectus possibilis indiget aliqua praeparatione ut suscipiat species intelligibiles ab intellectu agente fluentes.

Parece, entretanto, que essa resposta não é totalmente suficiente. Com efeito, essa disposição que se faz pela cogitativa para conhecer, é necessário que seja ou disposição do intelecto possível para receber as formas inteligíveis procedentes do intelecto agente, como diz Avicena, ou porque são dispostos os fantasmas para que se façam inteligíveis em ato, como dizem Averróis e Alexandre. Ora, a primeira dessas respostas não parece ser conveniente. Porque o intelecto possível, segundo sua natureza, está em potência para as espécies inteligíveis em ato, donde relaciona-se com elas como o diáfano com a luz ou com as espécies de cor. Não necessita, contudo, de coisa nenhuma em cuja natureza está o receber uma forma, que seja disposta ulteriormente para essa forma, a não ser que talvez estejam nela disposições contrárias, como a matéria da água é disposta para a forma do vapor pela remoção do frio e da densidade. Ora, nada há contrário no intelecto possível que possa impedir a recepção de qualquer espécie inteligível, pois as espécies inteligíveis mesmo dos contrários não são contrárias no intelecto, como prova Aristóteles[233], dado que uma coisa só é a razão de conhecer a ambos. A falsidade, porém, que se dá no juízo do intelecto que compõe e divide, provém, não de que haja no intelecto possível algumas coisas conhecidas, mas de que lhe faltem algumas. Portanto, o intelecto possível, enquanto em si é, não necessita de alguma preparação para que receba as espécies inteligíveis provenientes do intelecto agente.

Praeterea. Colores facti visibiles actu per lucem pro certo imprimunt suam similitudinem in diaphano, et per consequens in visum. Si igitur ipsa phantasmata illustrata ab intellectu agente non imprimerent suas similitudines in intellectum possibilem, sed solum disponunt ipsum ad recipiendum; non esset comparatio phantasmatum ad intellectum possibilem sicut colorum ad visum, ut Aristoteles ponit.

Além disso. As cores feitas visíveis em ato pela luz, certamente imprimem sua semelhança no diáfano e, por consequência, na vista. Se, pois, os mesmos fantasmas, iluminados pelo intelecto agente, não imprimissem suas semelhanças no intelecto possível, mas só o dispusessem para receber, não se daria a relação dos fantasmas com o intelecto possível, como a das cores com a vista, como estabelece Aristóteles[234].

233 Aristóteles (384-322 a.C.), em *Metafísica* VII, 7, 1032b, 2-3.
234 Aristóteles (384-322 a.C.), em *Sobre a Alma* III, 5, 430a, 16-17.

Item. Secundum hoc phantasmata non essent per se necessaria ad intelligendum, et per consequens nec sensus: sed solum per accidens, quasi excitantia et praeparantia intellectum possibilem ad recipiendum.

Quod est opinionis Platonicae, et contra ordinem generationis artis et scientiae quem ponit Aristoteles, in I metaph. Et ult. Poster., dicens quod ex sensu fit memoria, ex multis memoriis unum experimentum; ex multis experimentis universalis acceptio, quae est principium scientiae et artis. — Est autem haec positio Avicennae consona his quae de generatione rerum naturalium dicit. Ponit enim quod omnia agentia inferiora solum per suas actiones praeparant materiam ad suscipiendas formas quae effluunt in materias ab intelligentia agente separata. Unde et, eadem ratione, ponit quod phantasmata praeparant intellectum possibilem, formae autem intelligibiles fluunt a substantia separata.

Similiter autem quod per cogitativam disponuntur phantasmata ad hoc quod fiant intelligibilia actu et moventia intellectum possibilem, conveniens non videtur si intellectus agens ponatur substantia separata. Hoc enim videtur esse conforme positioni dicentium quod inferiora agentia sunt solum disponentia ad ultimam perfectionem, ultima autem perfectio est ab agente separato: quod est contra sententiam Aristotelis in VII metaphysicae. Non enim videtur imperfectius se habere anima humana ad intelligendum, quam inferiora naturae ad proprias operationes.

Amplius. Effectus nobiliores in istis inferioribus producuntur non solum ab agentibus superioribus, sed requirunt agentia sui generis: hominem enim generat sol et homo. Et similiter videmus in aliis animalibus perfectis quod quaedam ignobilia animalia ex solis

Igualmente. Segundo isso, os fantasmas não seriam por si necessários para conhecer, e, por conseguinte, nem o sentido, mas apenas por acidente, como excitando e preparando o intelecto possível para receber. Isso é da opinião platônica, e contra a ordem da geração da arte e da ciência, afirmada por Aristóteles[235]. E depois, nos Analíticos Posteriores[236], dizendo que do sentido se faz a memória, de muitas memórias uma experiência; de muitas experiências a noção universal, que é o princípio da ciência e da arte. — Entretanto, essa posição de Avicena é consoante àquelas coisas que afirma sobre a geração das coisas naturais[237]. Estabelece, com efeito, que todos os agentes inferiores, somente por suas ações, preparam a matéria para receber as formas, que procedem nas matérias pela inteligência agente separada. Donde também, pela mesma razão, estabelece que os fantasmas preparam o intelecto possível, mas as formas inteligíveis procedem da substância separada.

Ora, semelhantemente, que pela cogitativa se disponham os fantasmas para tornar-se inteligíveis em ato e mover o intelecto possível, não parece conveniente, se o intelecto agente é considerado inteligência separada. Com efeito, isso parece ser conforme a posição daqueles que dizem que os agentes inferiores são apenas dispositivos para a perfeição última, mas a última perfeição é pelo agente separado, o que é contra a sentença de Aristóteles[238]. Com efeito, não parece que alma humana se atenha para conhecer mais imperfeitamente que os entes inferiores da natureza, com relação a suas operações próprias.

Ademais. Os efeitos mais nobres são produzidos nesses entes inferiores não apenas por agentes superiores, mas requerem agentes de seu gênero, pois *o sol e o homem geram o homem*[239]. E semelhantemente vemos nos outros animais perfeitos que alguns animais ínfimos

235 Aristóteles (384-322 a.C.), em *Metafísica* I, 1, 980b, 25-981a,12.
236 Aristóteles (384-322 a.C.), em *Analíticos Posteriores* II, 19, 100a, 3-8.
237 Avicena (980-1037), em *Metafísica*, tratado 9, 5.
238 Aristóteles (384-322 a.C.), em *Metafísica* VII, 8, 1033b, 19-1034a, 8.
239 Aristóteles (384-322 a.C.), em *Física* II, 2, 194b, 13.

tantum actione generantur, absque principio activo sui generis: sicut patet in animalibus generatis ex putrefactione. Intelligere autem est nobilissimus effectus qui est in istis inferioribus. Non igitur sufficit ponere ad ipsum agens remotum, nisi etiam ponatur agens proximum. Haec tamen ratio contra Avicennam non procedit: nam ipse ponit omne animal posse generari absque semine.

Adhuc. Intentio effectus demonstrat agentem. Unde animalia generata ex putrefactione non sunt ex intentione naturae inferioris, sed superioris tantum, quia producuntur ab agente superiori tantum: propter quod Aristoteles, in VII metaph., dicit ea fieri casu. Animalia autem quae fiunt ex semine, sunt ex intentione naturae superioris et inferioris. — Hic autem effectus qui est abstrahere formas universales a phantasmatibus, est in intentione nostra, non solum in intentione agentis remoti. Igitur oportet in nobis ponere aliquod proximum principium talis effectus. Hoc autem est intellectus agens. Non est igitur substantia separata, sed aliqua virtus animae nostrae.

Item. In natura cuiuslibet moventis est principium sufficiens ad operationem naturalem eiusdem: et si quidem operatio illa consistat in actione, adest ei principium activum, sicut patet de potentiis animae nutritivae in plantis; si vero operatio illa consistat in passione, adest ei principium passivum, sicut patet de potentiis sensitivis in animalibus. Homo autem est perfectissimus inter omnia inferiora moventia. — Eius autem propria et naturalis operatio est intelligere: quae non completur sine passione quadam, inquantum intellectus patitur ab intelligibili; et etiam sine actione, inquantum intellectus facit intelligibilia in potentia esse intelligibilia in actu. Oportet igitur in natura hominis esse utriusque proprium principium scilicet intellectum agentem et possibilem; et neutrum secundum esse ab anima hominis separatum esse.

são gerados apenas pela ação do sol, sem o princípio ativo de seu gênero, como é evidente nos animais gerados da putrefação. Ora, conhecer é um efeito mais nobre que há nesses entes inferiores. Portanto, não basta dar-lhe um agente remoto, a não ser que se dê também um agente próximo. Mas essa razão não procede contra Avicena, pois ele sustenta que todo animal pode ser gerado sem o sêmen[240].

Ainda. A intenção do efeito demonstra o agente. Por isso, os animais gerados da putrefação não procedem da intenção da natureza inferior, mas só da superior, porque só são produzidos por agente superior; por causa disso Aristóteles[241] afirma que eles se fazem por acaso. Ora, os animais que se fazem do sêmen, são da intenção da natureza superior e inferior. — Esse efeito, porém, que é abstrair as formas universais dos fantasmas, está em nossa intenção, não apenas na intenção do agente remoto. Portanto, é necessário haver em nós algum princípio próximo desse efeito. Este, porém, é o intelecto agente. Não é, pois, uma substância separada, mas uma potência de nossa alma.

Igualmente. Na natureza de qualquer movente está o princípio suficiente para sua operação natural, e se certamente essa operação consiste na ação, está presente nele o princípio ativo, como se evidencia das potências da alma nutritiva nas plantas; se, porém, aquela operação consiste em paixão, está presente nele o princípio passivo, como se evidencia das potências sensitivas nos animais. O homem, porém, é o mais perfeito entre os moventes inferiores. — Ora, sua operação própria e natural é conhecer, a qual não se realiza sem alguma passividade, enquanto o intelecto é afetado pelo inteligível; e também sem ação, enquanto o intelecto faz os inteligíveis em potência ser inteligíveis em ato. É necessário, portanto, haver na natureza do homem o princípio próprio de operação, a saber, o intelecto agente e o possível, e nenhum deles ser separado da alma do homem.

240 *Avicena* (980-1037), em *Sobre a Natureza Animal*, 1, tratado 15, 5.
241 Aristóteles (384-322 a.C.), em *Metafísica* VII, 7, 1032a, 26-32.

Adhuc. Si intellectus agens est quaedam substantia separata, manifestum est quod est supra naturam hominis. Operatio autem quam homo exercet sola virtute alicuius supernaturalis substantiae, est operatio supernaturalis: ut miracula facere et prophetare, et alia huiusmodi quae divino munere homines operantur. Cum igitur homo non possit intelligere nisi virtute intellectus agentis, si intellectus agens est quaedam substantia separata, sequetur quod intelligere non sit operatio naturalis homini. Et sic homo non poterit definiri per hoc quod est intellectivus aut rationalis.

Ainda. Se o intelecto agente é uma substância separada, é manifesto que está acima da natureza do homem. Ora, a operação que o homem exerce pela potência apenas de uma substância sobrenatural, é operação sobrenatural, como fazer milagres e profetizar, e outras semelhantes, que os homens realizam por dom divino. Como, pois, o homem não pode conhecer senão pela potência do intelecto agente, se o intelecto agente é uma substância separada, segue-se que o conhecer não é uma operação natural do homem. E assim o homem não poderia ser definido pelo que é intelectivo ou racional.

Praeterea. Nihil operatur nisi per aliquam virtutem quae formaliter in ipso est: unde Aristoteles, in II de anima, ostendit quod quo vivimus et sentimus, est forma et actus. Sed utraque actio, scilicet intellectus possibilis et intellectus agentis, convenit homini: homo enim abstrahit a phantasmatibus, et recipit mente intelligibilia in actu; non enim aliter in notitiam harum actionum venissemus nisi eas in nobis experiremur. Oportet igitur quod principia quibus attribuuntur hae actiones, scilicet intellectus possibilis et agens, sint virtutes quaedam in nobis formaliter existentes.

Além disso. Coisa nenhuma opera senão por alguma potência que formalmente está nela, donde Aristóteles[242] mostra que *a forma e o ato são aquilo pelo que vivemos e sentimos.* Mas ambas as ações, a saber, do intelecto possível e do intelecto agente, convêm ao homem, pois o homem abstrai dos fantasmas e recebe na mente os inteligíveis em ato; com efeito, não chegaríamos diferentemente ao conhecimento dessas ações se não as experimentássemos em nós. Portanto, é necessário que os princípios aos quais são atribuídas essas ações, a saber, o intelecto possível e o agente, sejam potências formalmente existentes em nós.

Si autem dicatur quod hae actiones attribuuntur homini inquantum praedicti intellectus continuantur nobis, ut Averroes dicit, iam supra ostensum est quod continuatio intellectus possibilis nobiscum, si sit quaedam substantia separata, qualem ipse intelligit, non sufficit ad hoc quod per ipsum intelligamus. Similiter etiam patet de intellectu agente. Comparatur enim intellectus agens ad species intelligibiles receptas in intellectu possibili, sicut ars ad formas artificiales quae per artem ponuntur in materia: ut patet ex exemplo Aristotelis in III de anima. Formae autem artis non consequuntur actionem artis, sed solum similitudinem formalem: unde nec subiectum

Se, porém, se disser que essas ações se atribuem ao homem enquanto os mencionados intelectos se unem a nós, como diz Averróis[243], já foi mostrado que a união do intelecto possível conosco, se é uma substância separada, como o mesmo Averróis entende, não basta para que conheçamos por meio dele. De modo semelhante isso também é evidente do intelecto agente. Relaciona-se, com efeito, o intelecto agente com as espécies inteligíveis recebidas no intelecto possível, como a arte com as formas artificiais, que são realizadas pela arte na matéria, como se evidencia pelo exemplo de Aristóteles[244]. As formas da arte, porém, não seguem a ação da arte, mas só a

242 Aristóteles (384-322 a.C.), em *Sobre a Alma* II, 2, 414a, 4-19.
243 Averróis [Ibn Roschd] (1126-1198), em *Comentários sobre a Alma* III, 5, 501-512.
244 Aristóteles (384-322 a.C.), em *Sobre a Alma* III, 5, 430a, 11-13.

harum formarum potest per huiusmodi formas actionem artificis facere. Ergo nec homo, per hoc quod sunt in ipso species intelligibiles actu factae ab intellectu agente, potest facere operationem intellectus agentis.

Adhuc. Unumquodque quod non potest exire in propriam operationem nisi per hoc quod movetur ab exteriori principio, magis agitur ad operandum quam seipsum agat. Unde animalia irrationalia magis aguntur ad operandum quam seipsa agant, quia omnis operatio eorum dependet a principio extrinseco movente: sensus enim, motus a sensibili exteriori, imprimit in phantasiam, et sic per ordinem procedit in omnibus potentiis usque ad motivas. Operatio autem propria hominis est intelligere: cuius primum principium est intellectus agens, qui facit species intelligibiles, a quibus patitur quodammodo intellectus possibilis, qui factus in actu, movet voluntatem. Si igitur intellectus agens est quaedam substantia extra hominem, tota operatio hominis dependet a principio extrinseco. Non igitur erit homo agens seipsum, sed actus ab alio. Et sic non erit Dominus suarum operationum; nec merebitur laudem aut vituperium; et peribit tota scientia moralis et conversatio politica; quod est inconveniens. Non est igitur intellectus agens substantia separata ab homine.

semelhança formal; donde nem o sujeito dessas formas pode, por semelhantes formas, produzir a ação de artífice. Logo, nem o homem, pelo fato de que há nele as espécies inteligíveis feitas em ato pelo intelecto agente, pode fazer a operação do intelecto agente.

Ainda. Tudo aquilo que não pode passar à própria operação a não ser que para isso seja movido por um princípio exterior, mais é operado no operar, do que por si mesmo opera. Donde os animais irracionais mais são operados no operar do que operam por si mesmos, porque toda operação deles depende do princípio extrínseco movente, pois o sentido, movido pelo sensível exterior, imprime na fantasia, e assim ordenadamente procede em todas as potências até às motoras. Ora, a operação própria do homem é conhecer, cujo primeiro princípio é o intelecto agente, que faz as espécies inteligíveis, pelas quais é afetado, de certo modo, o intelecto possível, que, feito em ato, move a vontade. Se, pois, o intelecto agente é uma substância fora do homem, toda a operação do homem depende de um princípio extrínseco. Portanto, não será o homem que age por si mesmo, mas agirá operado por outro. E assim não será senhor de suas operações, nem merecerá louvor ou vitupério, e perecerá toda a ciência moral e o convívio político, o que é inconveniente. Portanto, o intelecto agente não é uma substância separada do homem.

Capitulum LXXVII
Quod non est impossibile intellectum possibilem et agentem in una substantia animae convenire

Videbitur autem forsan alicui hoc esse impossibile, quod una et eadem substantia, scilicet nostrae animae, sit in potentia ad omnia intelligibilia, quod pertinet ad intellectum possibilem, et faciat ea actu, quod est intellectus agentis: cum nihil agat secundum quod est in potentia, sed secundum quod est actu. Unde non videbitur quod agens et possibilis intellectus possint in una substantia animae convenire.

Si quis autem recte inspiciat, nihil inconveniens aut difficile sequitur. Nihil enim pro-

Capítulo 77
Não é impossível que o intelecto possível e o agente convenham numa só substância da alma

Parecerá talvez a alguém ser impossível que uma e a mesma substância, a saber, de nossa alma, esteja em potência para todos os inteligíveis, o que pertence ao intelecto possível, e as faça em ato, o que é próprio do intelecto agente, porque não faz nada enquanto está em potência, mas enquanto está em ato. Donde não se verá que o intelecto agente e o possível possam convir em uma só substância da alma.

Se, porém, alguém olha mais retamente, nada se segue de inconveniente ou difícil. Com

hibet hoc respectu illius esse secundum quid in potentia et secundum aliud in actu, sicut in rebus naturalibus videmus: aer enim est actu humidus et potentia siccus, terra autem e converso. Haec autem comparatio invenitur esse inter animam intellectivam et phantasmata. Habet enim anima intellectiva aliquid in actu ad quod phantasma est in potentia: et ad aliquid est in potentia quod in phantasmatibus actu invenitur. Habet enim substantia animae humanae immaterialitatem, et, sicut ex dictis patet, ex hoc habet naturam intellectualem: quia omnis substantia immaterialis est huiusmodi.

Ex hoc autem nondum habet quod assimiletur huic vel illi rei determinate, quod requiritur ad hoc quod anima nostra hanc vel illam rem determinate cognoscat: omnis enim cognitio fit secundum similitudinem cogniti in cognoscente. Remanet igitur ipsa anima intellectiva in potentia ad determinatas similitudines rerum cognoscibilium a nobis, quae sunt naturae rerum sensibilium. Et has quidem determinatas naturas rerum sensibilium praesentant nobis phantasmata. Quae tamen nondum pervenerunt ad esse intelligibile: cum sint similitudines rerum sensibilium etiam secundum conditiones materiales, quae sunt proprietates individuales, et sunt etiam in organis materialibus. Non igitur sunt intelligibilia actu. Et tamen, quia in hoc homine cuius similitudinem repraesentant phantasmata, est accipere naturam universalem denudatam ab omnibus conditionibus individuantibus, sunt intelligibilia in potentia. Sic igitur habent intelligibilitatem in potentia, determinationem autem similitudinis rerum in actu. E contrario autem erat in anima intellectiva. Est igitur in anima intellectiva virtus activa in phantasmata, faciens ea intelligibilia actu: et haec potentia animae vocatur intellectus agens. Est etiam in ea virtus quae est in potentia ad determinatas similitudines rerum sensibilium: et haec est potentia intellectus possibilis.

efeito, nada proíbe que isto com relação àquilo esteja segundo um aspecto em potência, e segundo outro aspecto em ato, como nas coisas naturais vemos, pois o ar é em ato úmido e em potência seco, mas a terra, o contrário. Ora, esta relação se encontra entre a alma intelectiva e os fantasmas. Com efeito, a alma intelectiva tem algo em ato em relação ao qual o fantasma está em potência, e ela está em potência para algo que se acha em ato nos fantasmas. Com efeito, a substância da alma humana tem a imaterialidade, e como se evidencia do que foi dito[245], tem por isso a natureza intelectual, porque toda substância imaterial é assim.

Disso, porém, ela não tem ainda o que se assemelhe a esta ou àquela coisa de modo determinado, o que é requerido para que nossa alma conheça esta ou aquela coisa determinadamente, pois todo conhecimento se faz segundo a semelhança do conhecido naquele que conhece. Permanece, pois, a mesma alma intelectiva em potência para determinadas semelhanças das coisas conhecíveis por nós, que são da natureza das coisas sensíveis. E os fantasmas nos apresentam essas naturezas determinadas das coisas sensíveis. Entretanto, elas ainda não chegaram ao ser inteligível, porque são semelhanças das coisas sensíveis também segundo as condições materiais, que são propriedades individuais, e estão também nos órgãos materiais. Portanto, não são inteligíveis em ato. E, contudo, porque neste homem cuja semelhança os fantasmas representam, deve-se entender que a natureza universal, desnudada de todas as condições individuantes, são inteligíveis em potência. Assim, pois, têm inteligibilidade em potência, mas em ato a determinação da semelhança das coisas. Ora, o contrário acontece na alma intelectiva. Há, com efeito, na alma intelectiva a potência ativa sobre os fantasmas, fazendo-os inteligíveis em ato, e essa potência da alma se chama *intelecto agente*. Há também nela outra que está em potência para determinadas semelhanças das coisas sensíveis, e essa é a potência do *intelecto possível.*

245 Cf. cap. 68.

Differt tamen hoc quod invenitur in anima, ab eo quod invenitur in agentibus naturalibus. Quia ibi unum est in potentia ad aliquid secundum eundem modum quo in altero actu invenitur: nam materia aeris est in potentia ad formam aquae eo modo quo est in aqua. Et ideo corpora naturalia, quae communicant in materia, eodem ordine agunt et patiuntur ad invicem. Anima autem intellectiva non est in potentia ad similitudines rerum quae sunt in phantasmatibus per modum illum quo sunt ibi: sed secundum quod illae similitudines elevantur ad aliquid altius, ut scilicet sint abstractae a conditionibus individuantibus materialibus, ex quo fiunt intelligibiles actu. Et ideo actio intellectus agentis in phantasmate praecedit receptionem intellectus possibilis. Et sic principalitas actionis non attribuitur phantasmatibus, sed intellectui agenti. Propter quod Aristoteles dicit quod se habet ad possibilem sicut ars ad materiam.

Huius autem exemplum omnino simile esset si oculus, simul cum hoc quod est diaphanum et susceptivus colorum, haberet tantum de luce quod posset colores facere visibiles actu: sicut quaedam animalia dicuntur sui oculi luce sufficienter sibi illuminare obiecta; propter quod de nocte vident magis, in die vero minus; sunt enim debilium oculorum, quia parva luce moventur, ad multam autem confunduntur. Cui etiam simile est in intellectu nostro quod ad ea quae sunt manifestissima, se habet sicut oculus noctuae ad solem: unde parvum lumen intelligibile quod est nobis connaturale, sufficit ad nostrum intelligere.

Quod autem lumen intelligibile nostrae animae connaturale sufficiat ad faciendum actionem intellectus agentis, patet si quis consideret necessitatem ponendi intellectum agentem. Inveniebatur enim anima in potentia ad intelligibilia, sicut sensus ad sensibilia: sicut enim non semper sentimus, ita non semper intelligimus. Haec autem intelligibilia

Difere, contudo, o que se encontra na alma e o que se encontra nos agentes naturais. Porque aí uma coisa é em potência para algo segundo o mesmo modo que na outra se encontra em ato, pois a matéria do ar está em potência para a forma da água segundo o modo que está na água. E assim os corpos naturais, que se unem à matéria, na mesma ordem agem e padecem entre si. A alma intelectiva, porém, não está em potência para as semelhanças das coisas que estão nos fantasmas por aquele modo em que neles estão, mas enquanto aquelas semelhanças se elevam a algo mais alto, isto é, para que sejam abstraídas das condições individuantes materiais, pelo que se fazem inteligíveis em ato. E por isso a ação do intelecto agente no fantasma precede a recepção do intelecto possível. E assim a primazia da ação não se atribui aos fantasmas, mas ao intelecto agente. Por causa disso, Aristóteles[246] afirma que esse se refere ao possível como a arte com a matéria.

Ora, um exemplo totalmente semelhante disso seria se o olho, simultaneamente com aquilo que é o diáfano e receptivo das cores, tivesse tanto de luz que pudesse fazer as cores visíveis em ato, como se diz que alguns animais pela luz de seu olho iluminam para si os objetos, em razão do que, de noite, veem mais, de dia menos, pois são de olhos fracos, porque se movem por pequena luz, mas se confundem com muita. Coisa semelhante a isso acontece em nosso intelecto que *se refere àquelas coisas que são as mais manifestas, como o olho da coruja com relação ao sol*; por isso, a pequena luz inteligível, que nos é conatural, basta para nosso conhecer.

Que, porém, a luz inteligível conatural de nossa alma basta para fazer a ação do intelecto agente, evidencia-se, se alguém considerar a necessidade de afirmar o intelecto agente. Com efeito, encontrava-se a alma em potência para os inteligíveis, como o sentido para os sensíveis: como, pois, nem sempre sentimos, assim também nem sempre conhecemos.

---

[246] Aristóteles (384-322 a.C.), em *Sobre a Alma* III, 5, 430a, 10-17.

quae anima intellectiva humana intelligit, Plato posuit esse intelligibilia per seipsa, scilicet ideas: unde non erat ei necessarium ponere intellectum agentem ad intelligibilia. Si autem hoc esset verum, oporteret quod, quanto aliqua sunt secundum se magis intelligibilia, magis intelligerentur a nobis. Quod patet esse falsum: nam magis sunt nobis intelligibilia quae sunt sensui proximiora, quae in se sunt minus intelligibilia. Unde Aristoteles fuit motus ad ponendum quod ea quae sunt nobis intelligibilia, non sunt aliqua existentia intelligibilia per seipsa, sed quod fiunt ex sensibilibus. Unde oportuit quod poneret virtutem quae hoc faceret. Et haec est intellectus agens. Ad hoc ergo ponitur intellectus agens, ut faceret intelligibilia nobis proportionata. Hoc autem non excedit modum luminis intelligibilis nobis connaturalis. Unde nihil prohibet ipsi lumini nostrae animae attribuere actionem intellectus agentis: et praecipue cum Aristoteles intellectum agentem comparet lumini.

Com efeito, esses inteligíveis que a alma intelectiva humana conhece, Platão afirmou ser inteligíveis por si mesmos, a saber, *as ideias*; donde não lhe era necessário afirmar o intelecto agente para os inteligíveis. Entretanto, se isso fosse verdadeiro, seria necessário que, quanto mais algumas coisas fossem segundo elas mesmas inteligíveis, mais seriam conhecidas por nós. O que claramente é falso, pois são-nos mais inteligíveis aquelas coisas mais próximas ao sentido, que nelas mesmas são menos inteligíveis. Donde Aristóteles foi movido a afirmar que aquelas coisas que são para nós inteligíveis, não são as coisas existentes inteligíveis por si mesmas, mas as que se fazem pelas coisas sensíveis. Por isso, foi necessário que ele afirmasse a potência que fizesse isso. E essa é o intelecto agente. É afirmado, pois, o intelecto agente, que fizesse os inteligíveis proporcionados a nós. Ora, isso não excede o modo da luz inteligível conatural a nós. Por isso, nada proíbe atribuir-se à mesma luz de nossa alma a ação do intelecto agente, sobretudo porque Aristóteles compara o intelecto agente à luz[247].

Capitulum LXXVIII

Quod non fuit sententia Aristotelis de intellectu agente quod sit substantia separata, sed magis quod sit aliquid animae

Quia vero plures opinioni supra positae assentiunt credentes eam fuisse opinionem Aristotelis ostendendum est ex verbis eius quod ipse hoc non sensit de intellectu agente, quod sit substantia separata.

Dicit enim, primo, quod, sicut in omni natura est aliquid quasi materia in unoquoque genere, et hoc est in potentia ad omnia quae sunt illius generis; et altera causa est quasi efficiens, quod facit omnia quae sunt illius generis, sicut se habet ars ad materiam: necesse est et in anima esse has differentias.

Capítulo 78

Aristóteles não julgou que o intelecto agente fosse substância separada, mas antes algo da alma

Uma vez que muitos aceitam a opinião acima exposta[248], crendo que ela foi a opinião de Aristóteles, deve-se mostrar que, por suas palavras, não julgou que o intelecto agente fosse uma substância separada.

Com efeito, afirma que *assim como em toda natureza há alguma coisa como a matéria em qualquer gênero, e isso está em potência para todas as coisas que são daquele gênero, e que há outra que é como a causa eficiente, que faz todas as coisas que são daquele gênero, como a arte em relação à matéria, assim é necessário que essas diferenças existam também na alma.*

247 Aristóteles (384-322 a.C.), em *Sobre a Alma* III, 5, 430a, 15-17.
248 Cf. cap. 76.

Et huiusmodi quidem, scilicet quod in anima est sicut materia, est intellectus (possibilis) in quo fiunt omnia intelligibilia. Ille vero, qui in anima est sicut efficiens causa, est intellectus in quo est omnia facere (scilicet intelligibilia in actu), idest intellectus agens, qui est sicut habitus, et non sicut potentia. Qualiter autem dixerit intellectum agentem habitum, exponit subiungens quod est sicut lumen: quodam enim modo lumen facit potentia colores esse actu colores, inquantum scilicet facit eos visibiles actu: hoc autem circa intelligibilia attribuitur intellectui agenti.

Ex his manifeste habetur quod intellectus agens non sit substantia separata, sed magis aliquid animae: expresse enim dicit quod intellectus possibilis et agens sunt differentiae animae, et quod sunt in anima. Neutra ergo earum est substantia separata.

Adhuc. Ratio eius hoc idem ostendit. Quia in omni natura in qua invenitur potentia et actus, est aliquid quasi materia, quod est in potentia ad ea quae sunt illius generis, et aliquid quasi agens, quod reducit potentiam in actum, sicut in artificialibus est ars et materia. Sed anima intellectiva est quaedam natura in qua invenitur potentia et actus: cum quandoque sit actu intelligens et quandoque in potentia. — Est igitur in natura animae intellectivae aliquid quasi materia, quod est in potentia ad omnia intelligibilia, uod dicitur intellectus possibilis: et aliquid quasi causa efficiens, quod facit omnia in actu, et dicitur intellectus agens. Uterque igitur intellectus, secundum demonstrationem Aristotelis, est in natura animae, et non aliquid separatum secundum esse a corpore cuius anima est actus.

Amplius. Aristoteles dicit quod intellectus agens est sicut habitus quod est lumen. Habitus autem non significatur ut aliquid per se existens, sed alicuius habentis. Non est igitur intellectus agens aliqua substantia separatim per se existens, sed est aliquid animae humanae. Non autem intelligitur littera Aris-

E de modo semelhante, ou seja, o que na alma há como matéria é *o intelecto (possível) no qual se fazem todos os inteligíveis*. O que, porém, está na alma como causa eficiente é o intelecto no qual está que todas as coisas se façam (isto é, inteligíveis em ato), ou seja, o intelecto agente, que está como hábito, e não como potência. De que maneira, porém, ele disse o intelecto agente "hábito", expõe, acrescentando que é como a luz: pois, por um modo, a luz faz as cores em potência serem cores em ato, isto é, enquanto as faz visíveis em ato, o que a respeito dos inteligíveis atribui ao intelecto agente.

Disso tem-se manifestamente que o intelecto agente não é uma substância separada, mas antes algo da alma, pois ele afirma expressamente que o intelecto possível e o agente são diferenças da alma, e que estão na alma. Nem um nem outro, portanto, são substância separada.

Ainda. O argumento dele mostra a mesma coisa. Porque em toda natureza na qual se encontra potência e ato, há algo como matéria, que está em potência para aquelas coisas que são daquele gênero, e algo como agente, que reduz a potência a ato, como nas coisas artificiais é a arte e a matéria. Mas a alma intelectiva é certa natureza na qual se encontra potência e ato, dado que às vezes está conhecendo em ato e às vezes em potência. Portanto, há na natureza da alma intelectiva algo como matéria, que está em potência para todos os inteligíveis, que se chama *intelecto possível*, e algo como causa eficiente, que faz todas as coisas em ato, e se chama *intelecto agente*. Um e outro intelecto, pois, segundo a demonstração de Aristóteles, estão na natureza humana, e não algo separado segundo o ser do corpo, cuja alma é ato.

Ademais. Aristóteles afirma que o intelecto agente é como *hábito que é luz*. Ora, o hábito não significa algo que existe por si, mas de alguém que o possui. Não é, portanto, o intelecto agente uma substância que existe separadamente por si, mas é algo da alma humana. Ora, não se entende a letra de Aristóteles

totelis ut habitus dicatur esse effectus intellectus agentis, ut sit sensus: agens facit hominem intelligere omnia, quod est sicut habitus. Haec enim est definitio habitus, ut Commentator Averroes ibidem dicit, quod habens habitum intelligat per ipsum quod est sibi proprium ex se et quando voluerit, absque hoc quod indigeat in eo aliquo extrinseco.

como se dissesse que o hábito era efeito do intelecto agente, no sentido de que o agente faz o homem conhecer todas as coisas, o que é como o hábito[249]. Essa, com efeito, *é a definição de hábito*, como o Comentador Averróis afirma no mesmo lugar[250], que *aquele que tem o hábito conhece por ele mesmo o que lhe é próprio, de si e quando queira, sem que necessite de algo extrínseco.*

Expresse enim assimilat habitui non ipsum factum, sed intellectum quo est omnia facere. Nec tamen intelligendum est quod intellectus agens sit habitus per modum quo habitus est in secunda specie qualitatis, secundum quod quidam dixerunt intellectum agentem esse habitum principiorum. Quia habitus ille principiorum est acceptus a sensibilibus, ut probat Aristoteles in II posteriorum: et sic oportet quod sit effectus intellectus agentis, cuius est phantasmata, quae sunt intellecta in potentia, facere intellecta in actu. Sed accipitur habitus secundum quod dividitur contra privationem et potentiam: sicut omnis forma et actus potest dici habitus. Et hoc apparet, quia dicit hoc modo intellectum agentem esse habitum sicut lumen habitus est.

Expressamente, com efeito, *compara ao hábito não o que é feito, mas o intelecto, ao qual pertence fazer todas as coisas*. Entretanto, não se deve entender que o intelecto agente seja hábito pelo modo que o hábito está na segunda espécie de qualidade, de acordo com o que alguns disseram, que o intelecto agente era o *hábito dos princípios*. Porque aquele hábito dos princípios é recebido dos sensíveis, como prova Aristóteles[251], e assim é necessário que seja efeito do intelecto agente, ao qual pertence fazer conhecidos em ato os fantasmas, que são conhecidos em potência. Mas, toma-se hábito segundo se opõe a privação e a potência, como qualquer forma e ato pode se chamar hábito. E isso se manifesta, porque diz desse modo que o intelecto agente é hábito, como o hábito é luz.

Deinde subiungit, quod hic intellectus, scilicet agens, est separatus et immixtus et impassibilis et substantia actu ens. Horum autem quatuor quae attribuit intellectui agenti, duo supra expresse de intellectu possibili dixerat, scilicet quod sit immixtus et quod sit separatus. Tertium, scilicet quod sit impassibilis, sub distinctione dixerat: ostendit enim primo quod non est passibilis sicut sensus; et postmodum ostendit quod, communiter accipiendo pati, passibilis est, inquantum scilicet est in potentia ad intelligibilia. Quartum vero omnino negaverat de intellectu possibili, dicendo quod erat in potentia ad intelligibilia, et nihil horum erat actu ante intelligere. Sic

A seguir, acrescenta que este intelecto, isto é, o agente, *é separado e não misturado e impassível e substância existente em ato*. Ora, dessas quatro coisas que atribui ao intelecto agente, duas acima expressamente dissera do intelecto possível, isto é, que é *não misturado* e que é *separado*[252]. A terceira, ou seja, que é *impassível*, dissera sob distinção[253], pois mostra em primeiro lugar que não é passível como o sentido, e depois mostra que, entendendo-se de modo comum o ser passível, é passível, isto é, enquanto está em potência para os inteligíveis. A quarta, porém, negara totalmente a respeito do intelecto possível, dizendo *que era em potência para os inteligíveis, e nenhum deles*

249 Aristóteles (384-322 a.C.), em *Analíticos Posteriores* II, 19, 100a, 3-8.
250 Averróis [Ibn Roschd] (1126-1198), em *Comentários sobre a Alma* III, 18, 25-29.
251 Aristóteles (384-322 a.C.), em *Analíticos Posteriores* II, 19, 100a, 3-8.
252 Aristóteles (384-322 a.C.), em *Sobre a Alma* III, 4, 429a, 18-24b, 5.
253 Ibidem, 13-18a, 29b, 5.

igitur in duobus primis intellectus possibilis convenit cum agente; in tertio partim convenit et partim differt; in quarto autem omnino differt agens a possibili.

Has quatuor conditiones agentis probat per unam rationem, subiungens: semper enim honorabilius est agens patiente, et principium, scilicet activum, materia. Supra enim dixerat quod intellectus agens est sicut causa efficiens, et possibilis sicut materia. Per hoc autem medium concluduntur duo prima, sic: agens est honorabilius patiente et materia. Sed possibilis, qui est sicut patiens et materia, est separatus et immixtus, ut supra probatum est. Ergo multo magis agens.

Alia vero per hoc medium sic concluduntur: agens in hoc est honorabilius patiente et materia, quod comparatur ad ipsum sicut agens et actu ens ad patiens et ens in potentia. Intellectus autem possibilis est patiens quodammodo et potentia ens. Intellectus igitur agens est agens non patiens, et actu ens.Patet autem quod nec ex his verbis Aristotelis haberi potest quod intellectus agens sit quaedam substantia separata: sed quod sit separatus hoc modo quo supra dixit de possibili, scilicet ut non habeat organum. Quod autem dicit quod est substantia actu ens, non repugnat ei quod substantia animae est in potentia, ut supra ostensum est.

Deinde subiungit: idem autem est secundum actum scientia rei. In quo Commentator dicit quod differt intellectus agens a possibili: nam in intellectu agente idem est intelligens et intellectum; non autem in possibili. Hoc autem manifeste est contra intentionem Aristotelis. Nam supra eadem verba dixerat de intellectu possibili, ubi dixit de intellectu possibili

estava em ato antes do conhecer[254]. Assim, portanto, nas duas primeiras o intelecto possível convém com o agente; na terceira, em parte convém e em parte difere; na quarta, porém, difere o agente do possível.

Essas quatro condições do agente prova ele por uma só razão, acrescentando[255]: *sempre, com efeito, o agente é mais elevado que o paciente, e o princípio, a saber, ativo, do que a matéria*. Acima, com efeito, dissera que o intelecto agente é como causa eficiente, e o possível, como a matéria. Por esse meio concluem-se assim as duas primeiras: o agente é mais elevado que o paciente e a matéria. Mas o *possível*, que é como o paciente e a matéria, é separado e não misturado, como foi provado. Logo, muito mais o *agente*.

As outras assim são concluídas por esse meio: o agente é mais elevado que o paciente e a matéria, porque é em relação ao *possível* como *agente* e existente em ato com relação ao *paciente* e existente em potência. Já o intelecto *possível* é *paciente* de algum modo e existente em potência. Portanto, *o intelecto agente é agente não paciente, e existente em ato*. Ora, evidencia-se que nem dessas palavras de Aristóteles se pode afirmar que o intelecto agente seja uma substância separada, mas que seja separado do modo que acima disse a respeito do possível, a saber, que não tinha órgão. Que, porém, diga que é substância existente em ato, não lhe repugna que seja substância da alma em potência, como foi mostrado[256].

A seguir, acrescenta: *identificam-se em ato a ciência e a coisa*[257]. Nisso o Comentador afirma[258] que difere o intelecto agente do possível, pois no intelecto agente são o mesmo o inteligente e o entendido, mas não no intelecto possível. Ora, isso é manifestamente contra a intenção de Aristóteles. Com efeito, acima[259] dissera as mesmas palavras sobre o intelecto

254 Aristóteles (384-322 a.C.), em *Sobre a Alma* III, 4, 429a, 22-24.
255 Aristóteles (384-322 a.C.), em *Sobre a Alma* III, 5, 430a, 18-19.
256 Cf. cap. 77.
257 Aristóteles (384-322 a.C.), em *Sobre a Alma* III, 5, 430a, 19-20.
258 Averróis [Ibn Roschd] (1126-1198), em *Comentários sobre a Alma* III, 18, 85-90.
259 Aristóteles (384-322 a.C.), em *Sobre a Alma* III, 4, 430a, 2-5.

quod ipse intelligibilis est sicut intelligibilia: in his enim quae sine materia sunt, idem est intellectus et quod intelligitur; scientia namque speculativa, et quod speculatum est, idem est. Manifeste enim per hoc quod intellectus possibilis, prout est actu intelligens, idem est cum eo quod intelligitur, vult ostendere quod intellectus possibilis intelligitur sicut alia intelligibilia.

Et parum supra dixerat quod intellectus possibilis est potentia quodammodo intelligibilia, sed nihil actu est antequam intelligat: ubi expresse dat intelligere quod per hoc quod intelligit actu, fit ipsa intelligibilia. Nec est mirum si hoc dicit de intellectu possibili: quia hoc etiam supra dixerat de sensu et sensibili secundum actum. Sensus enim fit actu per speciem sensatam in actu; et similiter intellectus possibilis fit actu per speciem intelligibilem actu; et hac ratione intellectus in actu dicitur ipsum intelligibile in actu. Est igitur dicendum quod, postquam Aristoteles determinavit de intellectu possibili et agente, hic incipit determinare de intellectu in actu, dicens quod scientia in actu est idem rei scitae in actu.

Deinde dicit: qui vero secundum potentiam, tempore prior in uno est: omnino autem, neque in tempore. Qua quidem distinctione inter potentiam et actum in pluribus locis utitur: scilicet quod actus secundum naturam est prior potentia; tempore vero, in uno et eodem quod mutatur de potentia in actum, est prior potentia actu; simpliciter vero loquendo, non est potentia etiam tempore prior actu, quia potentia non reducitur in actum nisi per actum. Dicit ergo quod intellectus qui est secundum potentiam, scilicet possibilis, prout est in potentia, prior est tempore quam intellectus in actu: et hoc dico in uno et eodem. Non tamen omnino, idest universaliter: quia intellectus

possível, onde afirmara do intelecto possível *que ele é inteligível, como os inteligíveis, pois naquelas coisas que são sem matéria, são o mesmo o intelecto e o que é entendido; como é o mesmo a ciência especulativa e aquilo que é especulado*. Manifestamente, pois, pelo fato de que o intelecto possível, enquanto é inteligente em ato, é idêntico àquilo que é entendido, quer mostrar que o intelecto possível é conhecido como os outros inteligíveis.

E pouco acima[260] dissera que o intelecto possível é, de certo modo, em potência, os inteligíveis, mas nada está em ato antes que conheça: onde expressamente dá a entender que, pelo fato de conhecer em ato, torna-se os próprios inteligíveis. Nem é de admirar se diz isso do intelecto possível, porque também o dissera[261] do sentido e do sensível segundo o ato. Com efeito, o sentido se faz em ato pela espécie sentida em ato, e semelhantemente o intelecto possível se faz em ato pela espécie inteligível em ato, e por essa razão o intelecto em ato se diz o próprio inteligível em ato. Deve-se, portanto, dizer que, depois que Aristóteles determinou a respeito do intelecto possível e do agente, aqui começa a determinar sobre o intelecto em ato, dizendo que a ciência em ato é o mesmo que a coisa sabida em ato.

Depois diz[262]: *o qual [o intelecto possível] tomado segundo a potência, é anterior no tempo no mesmo sujeito, mas tomado absolutamente, nem no tempo*. Usa dessa distinção entre potência e ato em vários lugares, ou seja, que o ato segundo a natureza é anterior à potência, mas no tempo, em um e mesmo sujeito que muda da potência ao ato, a potência é anterior ao ato; falando, porém, de modo absoluto, a potência não é, também no tempo, anterior ao ato, porque a potência não é reduzida ao ato senão pelo ato. Diz, pois, que o intelecto que é segundo a potência, a saber, o possível, enquanto é em potência, é anterior no tempo ao intelecto em ato, e digo isso num e mes-

260 Aristóteles (384-322 a.C.), em *Sobre a Alma* III, 4, 429b, 30-31.
261 Aristóteles (384-322 a.C.), em *Sobre a Alma* III, 2, 425b, 22-426a, 1.
262 Aristóteles (384-322 a.C.), em *Sobre a Alma* III, 6, 430a, 20-21.

possibilis reducitur in actum per intellectum agentem, qui est actu, ut dixit, et iterum per aliquem intellectum possibilem factum actu; unde dixit in III physic., quod ante addiscere indiget aliquis docente ut reducatur de potentia in actum. — Sic igitur in verbis istis ostendit ordinem intellectus possibilis, prout est in potentia, ad intellectum in actu.

Deinde dicit: sed non aliquando quidem intelligit, et aliquando non intelligit. In quo ostendit differentiam intellectus in actu et intellectus possibilis. Supra enim dixit de intellectu possibili quod non semper intelligit, sed quandoque non intelligit, quando est in potentia ad intelligibilia; quandoque intelligit, quando scilicet est actu ipsa. Intellectus autem per hoc fit actu quod est ipsa intelligibilia, ut iam dixit. Unde non competit ei quandoque intelligere et quandoque non intelligere.

Deinde subiungit: separatum autem hoc solum quod vere est. Quod non potest intelligi de agente: non enim ipse solus est separatus; quia iam idem dixerat de intellectu possibili. Nec potest intelligi de possibili: quia iam idem dixerat de agente. Relinquitur ergo quod dicatur de eo quod comprehendit utrumque, scilicet de intellectu in actu, de quo loquebatur: quia hoc solum in anima nostra est separatum, non utens organo, quod pertinet ad intellectum in actu; idest, illa pars animae qua intelligimus actu, comprehendens possibilem et agentem. Et ideo subiungit quod hoc solum animae est immortale et perpetuum: quasi a corpore non dependens, cum sit separatum.

mo sujeito. Não, entretanto, de modo absoluto, isto é, universalmente, porque o intelecto possível é reduzido a ato pelo intelecto agente, que é em ato, como disse, e de novo por algum intelecto possível feito em ato; donde afirma[263] que alguém, antes de aprender, necessita do mestre, para que seja reduzido da potência a ato. — Assim, portanto, com essas palavras mostra o ordenamento do intelecto possível, enquanto é em potência, ao intelecto em ato.

A seguir, afirma[264]: *mas ele não conhece algumas vezes, e às vezes não conhece*. Nisso mostra a diferença do intelecto em ato e do intelecto possível. Com efeito, acima disse do intelecto possível que não conhece sempre, mas às vezes não conhece, quando é em potência para os inteligíveis; às vezes, conhece, isto é, quando é em ato os próprios inteligíveis. Ora, o intelecto por isso faz-se em ato o que são os próprios inteligíveis, como já disse. Portanto, não lhe compete às vezes conhecer e às vezes não conhecer.

Depois acrescenta[265]: *é separado só aquilo que verdadeiramente é*. O que não pode entender-se do agente, pois ele só não é separado, porque já a mesma coisa dissera do intelecto possível. Nem se pode entender do possível, porque já dissera o mesmo do agente. Resta, pois, que tenha dito daquilo que compreende um e outro, a saber, do intelecto em ato, do qual falava, porque só é separado em nossa alma, aquilo que não usa de órgão, o que pertence ao intelecto em ato, isto é, aquela parte da alma pela qual conhecemos em ato, compreendendo o possível e o agente. E assim acrescenta[266] *que só isto da alma é imortal e perpétuo*, como não dependendo do corpo, dado que é separado.

---

[263] Aristóteles (384-322 a.C.), em *Física* III, 3, 202b, 5-10.
[264] Aristóteles (384-322 a.C.), em *Sobre a Alma* III, 5, 430a, 22.
[265] Ibidem, 430a, 22-23.
[266] Ibidem, 430a, 23.

Capitulum LXXIX

Quod anima humana, corrupto corpore, non corrumpitur

Ex praemissis igitur manifeste ostendi potest animam humanam non corrumpi, corrupto corpore.

Ostensum est enim supra omnem substantiam intellectualem esse incorruptibilem. Anima autem hominis est quaedam substantia intellectualis, ut ostensum est. Oportet igitur animam humanam incorruptibilem esse.

Adhuc. Nulla res corrumpitur ex eo in quo consistit sua perfectio: hae enim mutationes sunt contrariae, scilicet ad perfectionem et corruptionem. Perfectio autem animae humanae consistit in abstractione quadam a corpore. Perficitur enim anima scientia et virtute: secundum scientiam autem tanto magis perficitur quanto magis immaterialia considerat; virtutis autem perfectio consistit in hoc quod homo corporis passiones non sequatur, sed eas secundum rationem temperet et refraenet. Non ergo corruptio animae consistit in hoc quod a corpore separetur. — Si autem dicatur quod perfectio animae consistit in separatione eius a corpore secundum operationem, corruptio autem in separatione secundum esse, non convenienter obviatur. Operatio enim rei demonstrat substantiam et esse ipsius: quia unumquodque operatur secundum quod est ens, et propria operatio rei sequitur propriam ipsius naturam. Non potest igitur perfici operatio alicuius rei nisi secundum quod perficitur eius substantia. Si igitur anima secundum operationem suam perficitur in relinquendo corpus, incorporea substantia sua in esse suo non deficiet per hoc quod a corpore separatur.

Item. Proprium perfectivum hominis secundum animam est aliquid incorruptibile. Propria enim operatio hominis, inquantum

Capítulo 79

A alma humana, corrompido o corpo, não se corrompe

Das coisas antes expostas, pode-se, portanto, mostrar que a alma humana não se corrompe, corrompido o corpo.

Com efeito, mostrou-se[267] que toda substância intelectual é incorruptível. Ora, a alma do homem é uma substância intelectual, como foi mostrado[268]. É necessário, pois, que a alma humana seja incorruptível.

Ainda[269]. Coisa nenhuma se corrompe por aquilo em que consiste sua perfeição, pois essas mutações, a saber, para a perfeição e para a corrupção são contrárias. Ora, a perfeição da alma humana consiste em certa abstração do corpo. Aperfeiçoa-se, com efeito, a alma com a ciência e a potência: segundo a ciência, tanto mais se aperfeiçoa quanto mais considera as coisas imateriais; já a perfeição da potência consiste em que o homem não siga as paixões do corpo, mas as modere e refreie segundo a razão. Logo, a corrupção da alma não consiste em que ela se separe do corpo. — Se, porém, se disser[270] que a perfeição da alma consiste na sua separação do corpo segundo a operação, mas a corrupção na separação segundo o ser, não se objeta convenientemente. Com efeito, a operação da coisa demonstra a substância e o ser dela, porque cada coisa opera enquanto é ente, e a operação própria da coisa segue sua natureza própria. Não pode, pois, aperfeiçoar-se a operação de uma coisa senão enquanto se aperfeiçoa sua substância. Se, pois, a alma, segundo sua operação, se aperfeiçoa ao deixar o corpo, a sua substância incorpórea não falhará em seu ser pelo fato de que se separe do corpo.

Igualmente[271]. O perfectivo próprio do homem segundo a alma é algo incorruptível. Com efeito, a operação própria do homem,

267 Cf. cap. 55.
268 Cf. cap. 56 ss.
269 *Pugio Fidei* I, cap. 4, n. 7, p. 204.
270 Ibidem, p. 204.
271 *Pugio Fidei* I, cap. 4, n. 8, p. 204.

huiusmodi, est intelligere: per hanc enim differt a brutis et plantis et inanimatis. Intelligere autem universalium est et incorruptibilium inquantum huiusmodi. Perfectiones autem oportet esse perfectibilibus proportionatas. Ergo anima humana est incorruptibilis.

Amplius. Impossibile est appetitum naturalem esse frustra. Sed homo naturaliter appetit perpetuo manere. Quod patet ex hoc quod esse est quod ab omnibus appetitur: homo autem per intellectum apprehendit esse non solum ut nunc, sicut bruta animalia, sed simpliciter. Consequitur ergo homo perpetuitatem secundum animam, qua esse simpliciter et secundum omne tempus apprehendit.

Item. Unumquodque quod recipitur in aliquo, recipitur in eo secundum modum eius in quo est. Formae autem rerum recipiuntur in intellectu possibili prout sunt intelligibiles actu. Sunt autem intelligibiles actu prout sunt immateriales, universales, et per consequens incorruptibiles. Ergo intellectus possibilis est incorruptibilis. Sed, sicut supra est probatum, intellectus possibilis est aliquid animae humanae. Est igitur anima humana incorruptibilis.

Adhuc. Esse intelligibile est permanentius quam esse sensibile. Sed id quod se habet in rebus sensibilibus per modum primi recipientis, est incorruptibile secundum suam substantiam, scilicet materia prima. Multo igitur fortius intellectus possibilis, qui est receptivus formarum intelligibilium. Ergo et anima humana, cuius intellectus possibilis est pars, est incorruptibilis.

Amplius. Faciens est honorabilius facto: ut etiam Aristoteles dicit. Sed intellectus agens facit actu intelligibilia: ut ex praemissis patet. Cum igitur intelligibilia actu, inquantum huiusmodi, sint incorruptibilia, multo fortius intellectus agens erit incorruptibilis. Ergo et

enquanto tal, é conhecer, pois por ela difere dos animais irracionais, das plantas e dos inanimados. Ora, conhecer versa sobre universais e incorruptíveis enquanto tais. É necessário, porém, que as perfeições sejam proporcionadas aos sujeitos perfectíveis. Logo, a alma humana é incorruptível.

Ademais. É impossível que o apetite natural seja vão. Mas, o homem naturalmente deseja permanecer perpetuamente. O que se evidencia pelo fato de que ser é o que é desejado por todos: o homem, porém, apreende pelo intelecto o ser não só como agora, como os animais brutos, mas de modo absoluto. Logo, o homem consegue a perpetuidade segundo a alma, pela qual apreende o ser de modo absoluto e segundo todo tempo.

Igualmente[272]. *Tudo aquilo que é recebido em outro, é recebido nesse segundo o modo em que ele é.* Ora, as formas das coisas são recebidas no intelecto possível conforme são inteligíveis em ato. São, porém, inteligíveis em ato conforme são imateriais, universais e, por conseguinte, incorruptíveis. Logo, o intelecto possível é incorruptível. Mas, como foi provado[273], o intelecto possível é algo da alma humana. Logo, a alma humana é incorruptível.

Ainda. O ser inteligível é mais permanente que o ser sensível. Mas, o que se tem nas coisas sensíveis, a modo do primeiro recipiente, é incorruptível segundo sua substância, ou seja, a matéria-prima. Portanto, muito mais fortemente o intelecto possível, que é receptivo das formas inteligíveis. Logo, também a alma humana, da qual o intelecto possível é parte, é incorruptível.

Ademais. *O que faz é mais elevado do que o feito*, como também Aristóteles diz[274]. Mas, o intelecto agente faz os inteligíveis em ato, como se evidencia do exposto[275]. Como, pois, os inteligíveis em ato, enquanto tais, são incorruptíveis, muito mais fortemente o inte-

272 *Pugio Fidei* I, cap. 4, n. 8-2, p. 204.
273 Cf. cap. 59.
274 Aristóteles (384-322 a.C.), em *Sobre a Alma* III, 5, 430a, 18-19.
275 Cf. cap. 76.

anima humana, cuius lumen est intellectus agens, ut ex praemissis patet.

Item. Nulla forma corrumpitur nisi vel ex actione contrarii, vel per corruptionem sui subiecti, vel per defectum suae causae: per actionem quidem contrarii, sicut calor destruitur per actionem frigidi; per corruptionem autem sui subiecti, sicut, destructo oculo destruitur vis visiva; per defectum autem causae, sicut lumen aeris deficit deficiente solis praesentia, quae erat ipsius causa. Sed anima humana non potest corrumpi per actionem contrarii: non est enim ei aliquid contrarium; cum per intellectum possibilem ipsa sit cognoscitiva et receptiva omnium contrariorum. Similiter autem neque per corruptionem sui subiecti: ostensum est enim supra quod anima humana est forma non dependens a corpore secundum suum esse. Similiter autem neque per deficientiam suae causae: quia non potest habere aliquam causam nisi aeternam, ut infra ostendetur. Nullo igitur modo anima humana corrumpi potest.

Adhuc. Si anima corrumpitur per corruptionem corporis, oportet quod eius esse debilitetur per debilitatem corporis. Si autem aliqua virtus animae debilitetur debilitato corpore, hoc non est nisi per accidens, inquantum scilicet virtus animae indiget organo corporali: sicut visus debilitatur debilitato organo, per accidens tamen. Quod ex hoc patet. Si enim ipsi virtuti per se accideret aliqua debilitas, nunquam restauraretur organo reparato: videmus autem quod, quantumcumque vis visiva videatur debilitata, si organum reparetur, quod vis visiva restauratur; unde dicit Aristoteles, in I de anima, quod, si senex accipiat oculum iuvenis, videret utique sicut iuvenis. Cum igitur intellectus sit virtus animae quae non indiget organo, ut ex praemissis patet, ipse non debilitatur, neque per se neque per

lecto agente será incorruptível. Logo, também a alma humana, cuja luz é o intelecto agente, como se evidencia do exposto[276].

Igualmente. Nenhuma forma se corrompe senão ou pela ação do contrário, ou pela corrupção de seu sujeito, ou por falta de sua causa: pela ação do contrário, como o calor se destrói pela ação do frio; pela corrupção de seu sujeito, como, destruído o olho, destrói-se a força visual; por falta da causa, como a luz do ar falta na presença deficiente do sol, que era sua causa. Mas, a alma humana não pode corromper-se pela ação do contrário, pois não há algo contrário a ela, dado que, pelo intelecto possível, ela é cognoscitiva e receptiva de todos os contrários. Semelhantemente tampouco por corrupção de seu sujeito, pois foi mostrado[277] que a alma humana é uma forma não dependente do corpo segundo o seu ser. Do mesmo modo, nem por deficiência de sua causa, porque não pode ter uma causa senão a eterna, como abaixo se mostrará[278]. Portanto, de nenhum modo a alma humana pode corromper-se.

Ainda[279]. Se a alma se corrompe pela corrupção do corpo, é necessário que seu ser se debilite pela debilidade do corpo. Ora, se uma potência da alma se debilita, debilitado o corpo, isso não se dá senão por acidente, ou seja, enquanto a potência da alma necessita de órgão corporal, como a vista se debilita debilitado o órgão, mas por acidente. O que se evidencia disso. Com efeito, se à mesma potência por si acontecesse uma debilidade, nunca se restauraria, reparado o órgão: vemos, porém, que, todas as vezes que a força visual parece debilitada, se o órgão é reparado, a força visual é reparada; donde diz Aristóteles[280] que, *se um velho recebe um olho de um jovem, verá como um jovem*. Como, pois, o intelecto é potência da alma que não necessita de órgão, como se evidencia do exposto[281], ele mesmo

276 Cf. cap. 78.
277 Cf. cap. 68.
278 Cf. cap. 87.
279 *Pugio Fidei* I, cap. 4, n. 9, p. 204.
280 Aristóteles (384-322 a.C.), em *Sobre a Alma* I, 4, 408b, 21-22.
281 Cf. cap. 68.

accidens, per senium vel per aliquam aliam debilitatem corporis. Si autem in operatione intellectus accidit fatigatio aut impedimentum propter infirmitatem corporis, hoc non est propter debilitatem ipsius intellectus, sed propter debilitatem virium quibus intellectus indiget, scilicet imaginationis, memorativae et cogitativae virtutum. Patet igitur quod intellectus est incorruptibilis. Ergo et anima humana, quae est intellectiva quaedam substantia.

Hoc etiam apparet per auctoritatem Aristotelis. Dicit enim, in I de anima, quod intellectus videtur substantia quaedam esse, et non corrumpi. Quod autem hoc non possit intelligi de aliqua substantia separata quae sit intellectus possibilis vel agens, ex praemissis haberi potest.

Praeterea, apparet ex ipsis verbis Aristotelis in XI metaphysicae. Ubi dicit, contra Platonem loquens, quod causae moventes praeexistunt, causae vero formales sunt simul cum his quorum sunt causae: quando enim sanatur homo, tunc sanitas est, et non prius: contra hoc quod Plato posuit formas rerum praeexistere rebus. Et his dictis, postmodum subdit: si autem et posterius aliquid manet, perscrutandum est. Nam in quibusdam nihil prohibet: ut si est anima tale; non omnis, sed intellectus. Ex quo patet, cum loquatur de formis, quod vult intellectum, qui est forma hominis, post materiam remanere, scilicet post corpus.

Patet autem ex praemissis Aristotelis verbis quod, licet ponat animam esse formam, non tamen ponit eam non subsistentem et per consequens corruptibilem, sicut Gregorius Nyssenus ei imponit: nam a generalitate aliarum formarum animam intellectivam ex-

não se debilita, nem por si nem por acidente, pela velhice ou por alguma outra debilidade do corpo. Se, contudo, na operação do intelecto acontece a fadiga ou um impedimento em razão da enfermidade do corpo, isto não é por causa da debilidade do mesmo intelecto, mas em razão da debilidade das forças de que o intelecto necessita, a saber, das potências da imaginação, da memorativa e da cogitativa. Evidencia-se, portanto, que o intelectivo é incorruptível. Logo, também a alma humana, que é uma substância intelectiva.

Isso[282] também se manifesta pela autoridade de Aristóteles. Diz ele[283], com efeito, que *se vê que o intelecto é uma substância, e que não se corrompe*. Ora, que isso não pode ser entendido de uma substância separada, que seja o intelecto possível ou o agente, pode-se ter do exposto[284].

Além disso, manifesta-se das próprias palavras de Aristóteles[285]. Diz aí falando contra Platão, que *as causas motoras preexistem, mas as causas formais são simultaneamente com aquelas coisas de que são causas, pois quando se cura o homem, então dá-se a saúde e não antes*, contra o que Platão afirmou que as formas das coisas preexistiam às coisas. E dito isso, depois acrescenta: *deve-se investigar se uma coisa permanece posteriormente. Com efeito, em algumas nada proíbe que se se trata de uma tal alma, não qualquer, mas o intelecto*. Disso se evidencia que, quando fala das formas, se refere ao intelecto, que é forma do homem, a qual permanece depois da matéria, a saber, depois do corpo. — Ora, evidencia-se[286] das mencionadas palavras de Aristóteles que, embora afirme que a alma é forma, não a afirma não subsistente e, por conseguinte, corruptível, como Gregório de Nissa[287] dele supôs, pois da generalidade das outras formas exclui

---

[282] *Pugio Fidei* I, cap. 4, n. 9, p. 205.
[283] Aristóteles (384-322 a.C.), em *Sobre a Alma* I, 4, 408b, 18-19.
[284] Cf. caps. 61 e 78.
[285] Aristóteles (384-322 a.C.), em *Metafísica* XI, 3, 1070a, 21-26.
[286] *Pugio Fidei* I, cap. 4, n. 9, p. 205.
[287] São Gregório de Nissa (335-394), em *Sobre a Natureza do Homem* 2, MG 40, 538B.

cludit, dicens eam post corpus remanere, et substantiam quandam esse.

Praemissis autem sententia catholicae fidei concordat. Dicitur enim in libro de ecclesiast. Dogmatibus: solum hominem credimus habere animam substantivam, quae et exuta corpore vivit, et sensus suos atque ingenia vivaciter tenet; neque cum corpore moritur, sicut Arabs asserit; neque post modicum intervallum, sicut zenon; quia substantialiter vivit.

Per hoc autem excluditur error impiorum, ex quorum persona Salomon dicit, Sap. 2,2: ex nihilo nati sumus, et post hoc erimus tanquam non fuerimus; et ex quorum persona Salomon dicit, Eccle. 3,19: unus est interitus hominum et iumentorum, et aequa utriusque conditio. Sicut moritur homo, sic et illa moriuntur. Similiter spirant omnia, et nihil habet homo iumento amplius. Quod enim non ex persona sua sed impiorum dicat, patet per hoc quod in fine libri quasi determinando subiungit: donec revertatur pulvis in terram suam unde erat, et spiritus redeat ad eum qui dedit illum.

Infinitae etiam sunt auctoritates sacrae Scripturae quae immortalitatem animae protestantur.

a alma humana, dizendo que ela permanece depois do corpo, e que é uma substância.

Ao anteriormente exposto[288] concorda a sentença da fé católica. Diz-se, com efeito, no livro dos Dogmas Eclesiásticos: *cremos que só o homem tem alma substancial, que, saída do corpo, vive, e retém com vida seus sentidos e faculdades, nem morre com o corpo, como afirma o Árabe*[289]*, nem depois de pequeno intervalo, como Zenão*[290]*, pois vive substancialmente*[291].

Em razão disso exclui-se o erro dos ímpios, de cuja pessoa afirma Salomão: *Nós nascemos do ocaso / e seremos depois como se não fôssemos*[292], e da pessoa deles, diz Salomão: *Pois o destino dos homens é o mesmo dos animais: ambos têm o mesmo destino, ambos morrem, todos têm o mesmo hálito e não se vê vantagens do homem sobre os animais*[293]. O que diz, pois, não de sua pessoa, mas dos ímpios, evidencia-se pelo fato de que, no fim do livro como que determinando, acrescenta: *Então o pó retorna para a terra tal qual era, e o espírito volta a Deus que o deu*[294]. São também muito numerosas as passagens da Sagrada Escritura, que testemunham a imortalidade da alma.

Capitulum LXXX et LXXXI

Rationes probantes animam corrumpi corrupto corpore (et solutio ipsarum)

Videtur autem quibusdam rationibus posse probari animas humanas non posse remanere post corpus.

Si enim animae humanae multiplicantur secundum multiplicationem corporum, ut supra ostensum est, destructis ergo corporibus, non possunt animae in sua multitudine

Capítulos 80 e 81

Razões que provam que a alma se corrompe, corrompido o corpo (e refutação delas)

Parece, contudo, que se possa provar, por algumas razões, que as almas humanas não podem permanecer depois do corpo.

Com efeito, se as almas humanas são multiplicadas segundo a multiplicação dos corpos, como foi mostrado[295], logo, destruídos os corpos, as almas não podem permanecer em sua

288 *Pugio Fidei* I, cap. 4, n. 9, p. 205.
289 *Arabs* — Deve se referir a Arato (315-240 a.C.), cf. Eusébio de Cesareia (263-337), em *História Eclesiástica* VI, 37.
290 Zenão de Eleia (490-430 a.C.), em *Paradoxos*.
291 Genádio (séc. V), em *Livro dos Dogmas Eclesiásticos*, 16, ML 58, 984.
292 Sabedoria 2,2.
293 Eclesiastes 3,19.
294 Eclesiastes 12,7.
295 Cf. cap. 75.

remanere. Unde oportet alterum duorum sequi: aut quod totaliter anima humana esse desinat; aut quod remaneat una tantum. Quod videtur esse secundum opinionem illorum qui ponunt esse incorruptibile solum illud quod est unum in omnibus hominibus: sive hoc sit intellectus agens tantum, ut Alexander dicit; sive cum agente etiam possibilis, ut dicit Averroes.

Amplius. Ratio formalis est causa diversitatis secundum speciem. Sed, si remanent multae animae post corporum corruptionem, oportet eas esse diversas: sicut enim idem est quod est unum secundum substantiam, ita diversa sunt quae sunt multa secundum substantiam. Non potest autem esse in animabus remanentibus post corpus diversitas nisi formalis: non enim sunt compositae ex materia et forma, ut supra probatum est de omni substantia intellectuali. Relinquitur igitur quod sunt diversae secundum speciem. Non autem per corruptionem corporis mutantur animae ad aliam speciem: quia omne quod mutatur de specie in speciem, corrumpitur. Relinquitur ergo quod etiam antequam essent a corporibus separatae, erant secundum speciem diversae. Composita autem sortiuntur speciem secundum formam. Ergo et individua hominum erant secundum speciem diversa. Quod est inconveniens. Ergo impossibile videtur quod animae humanae multae remaneant post corpora.

Adhuc. Videtur omnino esse impossibile, secundum ponentes aeternitatem mundi, ponere quod animae humanae in sua multitudine remaneant post mortem corporis. Si enim mundus est ab aeterno, motus fuit ab aeterno. Ergo et generatio est aeterna. Sed si generatio est aeterna, infiniti homines mortui sunt ante nos. Si ergo animae mortuorum remanent post mortem in sua multitudine, oportet dicere animas infinitas esse nunc in actu hominum prius mortuorum. Hoc autem est impossibile: nam infinitum actu non potest

multiplicidade. Por isso, é necessário que se siga uma das duas hipóteses: ou que totalmente a alma humana deixa de ser, ou que permaneça apenas uma. O que parece ser segundo a opinião daqueles que afirmam ser incorruptível somente aquilo que é um só em todos os homens: quer isso seja apenas o intelecto agente, como diz Alexandre; quer com o agente também o possível, como diz Averróis[296].

Ademais. A razão formal é a causa da diversidade segundo a espécie. Mas, se permanecem muitas almas após a corrupção dos corpos, é necessário que elas sejam diversas, pois, assim como é o mesmo o que é segundo a substância, assim também diversas são as que são muitas segundo a substância. Ora, não pode haver nas almas remanescentes depois do corpo a diversidade senão formal, pois não são compostas de matéria e forma, como foi provado de toda substância intelectual[297]. Resta, portanto, que são diversas segundo a espécie. As almas, porém, pela corrupção do corpo, não se mudam para outra espécie, porque tudo o que muda de espécie a espécie, corrompe-se. Resta, pois, que, antes que fossem separadas dos corpos, eram diversas segundo a espécie. Ora, os compostos recebem a espécie segundo a forma. Logo também os indivíduos humanos eram diversos segundo a espécie. O que é inconveniente. Logo, parece impossível que as almas humanas permaneçam muitas depois dos corpos.

Ainda. Parece que é totalmente impossível, segundo aqueles que afirmam a eternidade do mundo, sustentar que as almas humanas, em sua multiplicidade, permaneçam após a morte do corpo. Com efeito, se o mundo é eterno, houve movimento desde sempre. Logo, também a geração é eterna. Mas, se a geração é eterna, infinitos homens morreram antes de nós. Se, pois, as almas dos mortos permanecem, após a morte, em sua multiplicidade, é necessário dizer que há em ato agora infinitas almas dos homens anteriormente mortos.

296 Cf. caps.73 e 76.
297 Cf. caps. 50 e 51.

esse in natura. Relinquitur igitur, si mundus est aeternus, quod animae non remaneant multae post mortem.

Item. Quod advenit alicui et discedit ab eo praeter sui corruptionem, advenit ei accidentaliter: haec enim est definitio accidentis.

Si ergo anima non corrumpitur corpore abscedente, sequetur quod anima accidentaliter corpori uniatur. Ergo homo est ens per accidens, qui est compositus ex anima et corpore. Et sequetur ulterius quod non sit aliqua species humana: non enim ex his quae coniunguntur per accidens, fit species una; nam homo albus non est aliqua species.

Amplius. Impossibile est aliquam substantiam esse cuius non sit aliqua operatio. Sed omnis operatio animae finitur cum corpore. Quod quidem patet per inductionem.

Nam virtutes animae nutritivae operantur per qualitates corporeas, et per instrumentum corporeum, et in ipsum corpus quod perficitur per animam, quod nutritur et augetur, et ex quo deciditur semen ad generationem. — Operationes etiam omnes potentiarum quae pertinent ad animam sensitivam, complentur per organa corporalia: et quaedam earum complentur cum aliqua transmutatione corporali, sicut quae dicuntur animae passiones, ut amor, gaudium et huiusmodi. — Intelligere autem etsi non sit operatio per aliquod organum corporale exercita, tamen obiecta eius sunt phantasmata, quae ita se habent ad ipsam ut colores ad visum: unde, sicut visus non potest videre sine coloribus, ita anima intellectiva non potest intelligere sine phantasmatibus. — Indiget etiam anima ad intelligendum virtutibus praeparantibus phantasmata ad hoc quod fiant intelligibilia actu, scilicet virtute cogitativa et memorativa: de quibus constat quod, cum sint actus quorundam organorum corporis per quae operantur, quod non possunt remanere post corpus.

Ora, isso é impossível, pois não pode haver na natureza o infinito em ato. Resta, portanto, se o mundo é eterno, que as almas não permaneçam muitas após a morte.

Igualmente. *O que sobrevém a alguma coisa e dela se afasta, fora sua corrupção, sobrevém-lhe acidentalmente*, esta é a definição de acidente[298]. Se, pois, a alma não se corrompe, afastando-se o corpo, segue-se que a alma se une acidentalmente ao corpo. Logo, o homem é um ente por acidente, que é composto de alma e corpo. E segue-se ulteriormente que não há uma espécie humana, pois, daquelas coisas que se unem por acidente, não se faz uma espécie, pois o homem branco não é uma espécie.

Ademais. É impossível haver uma substância da qual não haja alguma operação. Mas toda operação da alma termina com o corpo. O que se evidencia pela indução. Com efeito, as potências da alma nutritiva operam por qualidades corpóreas, e por instrumento corpóreo, e no mesmo corpo que se aperfeiçoa pela alma, que é nutrido e aumenta, e do qual procede o sêmen para a geração. — Também as operações todas das potências, que pertencem à alma sensitiva, são realizadas por órgãos corporais: e algumas delas são realizadas com alguma transmutação corporal, como aquelas que se dizem paixões da alma, como o amor, a alegria e semelhantes. — O conhecer, embora não seja uma operação exercida por algum órgão corporal, entretanto seus objetos são os fantasmas, que se relacionam com ela como as cores com a vista; donde, assim como a vista não pode ver sem as cores, assim a alma intelectiva não pode conhecer sem os fantasmas. Necessita também a alma, para conhecer, das potências preparatórias dos fantasmas de modo que se façam inteligíveis em ato, a saber, da potência cogitativa e memorativa, das quais consta que, como são atos de alguns órgãos do corpo pelos quais operam, não podem permanecer após o corpo.

298 Porfírio (233-305 a.C.), em *Isagoge* 5 e em *Exposição das Categorias*, de Aristóteles, por pergunta e resposta IV, 4-24.

Unde et Aristoteles dicit quod nequaquam sine phantasmate intelligit anima; et quod nihil intelligit sine intellectu passivo, quem vocat virtutem cogitativam, qui est corruptibilis. Et propter hoc dicit, in I de anima, quod intelligere hominis corrumpitur quodam interius corrupto, scilicet phantasmate vel passivo intellectu. Et in III de anima, dicitur quod non reminiscimur, post mortem, eorum quae scivimus in vita. Sic igitur patet quod nulla operatio animae potest remanere post mortem. Neque igitur substantia eius manet: cum nulla substantia possit esse absque operatione.

[Capitulum LXXXI] Has autem rationes, quia falsum concludunt, ut ex praemissis est ostensum, tentandum est solvere

Ac primo sciendum est quod quaecumque oportet esse invicem coaptata et proportionata, simul recipiunt multitudinem vel unitatem, unumquodque ex sua causa. Si igitur esse unius dependeat ab altero, unitas vel multiplicatio eius etiam ex illo dependet: alioquin, ex alia causa extrinseca. Formam igitur et materiam semper oportet esse ad invicem proportionata et quasi naturaliter coaptata: quia proprius actus in propria materia fit. Unde semper oportet quod materia et forma consequantur se invicem in multitudine et unitate. Si igitur esse formae dependet a materia, multiplicatio ipsius a materia dependet, et similiter unitas. Si autem non, erit quidem necessarium multiplicari formam secundum multiplicationem materiae, idest simul cum materia, et proportionem ipsius: non autem ita quod dependeat unitas vel multitudo ipsius formae a materia. Ostensum est autem quod anima humana est forma secundum suum esse a materia non dependens. Unde sequitur quod multiplicantur quidem animae

Donde também Aristóteles diz que *a alma não conhece de modo algum sem os fantasmas*[299] *e que nada conhece sem o intelecto passivo*[300], que chama de potência cogitativa, que é corruptível. E por causa disso diz que *o conhecer do homem se corrompe, corrompido algo interiormente*[301], a saber, o fantasma ou o intelecto passivo. E ainda diz[302] *que não nos lembramos, após a morte, daquelas coisas que soubemos em vida.*

Assim, portanto, evidencia-se que nenhuma operação da alma pode permanecer após a morte. Nem sua substância, pois, permanece, uma vez que nenhuma substância pode ser sem operação.

[Capítulo 81] Tentar-se-á refutar essas razões, porque concluem falsamente, como do exposto foi mostrado[303].

E deve-se saber, em primeiro lugar, que as coisas necessariamente concordes e proporcionadas entre elas, recebem simultaneamente a multiplicidade ou a unidade, cada qual de sua causa. Se, pois, o ser de uma depende da outra, sua unidade ou a multiplicação também depende dela: caso contrário, depende de uma causa extrínseca. Ora, sempre é necessário que a forma e a matéria sejam proporcionadas entre elas e concordes quase naturalmente, porque o ato próprio se faz na matéria própria. Por isso, é necessário sempre que a matéria e a forma se realizem entre elas na multiplicidade e na unidade. Se, portanto, o ser da forma depende da matéria, sua multiplicação depende da matéria, e semelhantemente a unidade. Se, porém, não, será certamente necessário multiplicar-se a forma segundo a multiplicação da matéria, isto é, simultaneamente com a matéria, e a proporção dela; não, porém, de tal maneira que dependa a unidade ou a multiplicidade da mesma forma da matéria. Foi mostrado[304], contudo,

---

[299] Aristóteles (384-322 a.C.), em *Sobre a Alma* III, 7, 431a, 16-17.
[300] Aristóteles (384-322 a.C.), em *Sobre a Alma* III, 5, 430a, 24-25.
[301] Aristóteles (384-322 a.C.), em *Sobre a Alma* I, 4, 408b, 24-25.
[302] Aristóteles (384-322 a.C.), em *Sobre a Alma* III, 5, 430a, 23-24.
[303] Cf. capítulo anterior.
[304] Cf. cap. 68.

secundum quod multiplicantur corpora, non tamen multiplicatio corporum erit causa multiplicationis animarum. Et ideo non oportet quod, destructis corporibus, cesset pluralitas animarum: ut prima ratio concludebat.

que a alma humana é forma não dependente, segundo seu ser, da matéria. Donde segue-se que certamente as almas são multiplicadas na medida em que são multiplicados os corpos, mas a multiplicação dos corpos não será causa da multiplicação das almas. E assim, não é necessário que, destruídos os corpos, cesse a pluralidade das almas, como concluía a *primeira razão*.

Ex quo etiam de facili patet responsio ad secundam rationem. Non enim quaelibet formarum diversitas facit diversitatem secundum speciem, sed solum illa quae est secundum principia formalia, vel secundum diversam rationem formae: constat enim quod alia est essentia formae huius ignis et illius, nec tamen est alius ignis neque alia forma secundum speciem. Multitudo igitur animarum a corporibus separatarum consequitur quidem diversitatem formarum secundum substantiam, quia alia est substantia huius animae et illius: non tamen ista diversitas procedit ex diversitate principiorum essentialium ipsius animae, nec est secundum diversam rationem animae; sed est secundum diversam commensurationem animarum ad corpora; haec enim anima est commensurata huic corpori et non illi, illa autem alii, et sic de omnibus. Huiusmodi autem commensurationes remanent in animabus etiam pereuntibus corporibus: sicut et ipsae earum substantiae manent, quasi a corporibus secundum esse non dependentes. Sunt enim animae secundum substantias suas formae corporum: alias accidentaliter corpori unirentur, et sic ex anima et corpore non fieret unum per se, sed unum per accidens. Inquantum autem formae sunt, oportet eas esse corporibus commensuratas. Unde patet quod ipsae diversae commensurationes manent in animabus separatis: et per consequens pluralitas.

Disso também se evidencia facilmente a resposta à *segunda razão*. Com efeito, qualquer diversidade das formas não faz a diversidade segundo a espécie, mas apenas aquela que é segundo os princípios formais, ou segundo a diversa razão da forma, pois consta que outra é a essência da forma deste fogo e daquele, entretanto, não é outro fogo nem outra forma segundo a espécie. A multiplicidade[305], pois, das almas separadas dos corpos segue a diversidade das formas segundo a substância, porque outra é a substância desta alma e daquela, mas esta diversidade não procede da diversidade dos princípios essenciais da mesma alma, nem é segundo a diversa razão de alma, mas é segundo a diversa proporção das almas para os corpos, pois esta alma é proporcionada a este corpo e não àquele, aquela, porém, a outro, e assim de todos. Ora, essas proporções permanecem nas almas, mesmo perecendo os corpos, como também permanecem suas substâncias como não dependentes dos corpos segundo o ser. Com efeito, as almas são, segundo suas substâncias, formas dos corpos, do contrário se uniriam aos corpos acidentalmente, e assim da alma e do corpo não se faria uma unidade por si, mas uma unidade por acidente. Ora, enquanto são formas, é necessário que sejam proporcionadas aos corpos. Donde se evidencia que as mesmas diversas proporções permanecem nas almas separadas e, por conseguinte, a pluralidade.

Occasione autem tertiae rationis inductae, aliqui aeternitatem mundi ponentes in diversas opiniones extraneas inciderunt. — Quidam enim conclusionem simpliciter

Por ocasião da *terceira razão* induzida, alguns, afirmando a eternidade do mundo, caíram em diversas opiniões estranhas. — Com efeito, alguns concederam a conclusão sim-

305 *Pugio Fidei* I, cap. 12, n. 13, p. 227.

concesserunt, dicentes animas humanas cum corporibus penitus interire. — Alii vero dixerunt quod de omnibus animabus remanet aliquid unum separatum quod est omnibus commune: scilicet intellectus agens, secundum quosdam; vel cum eo intellectus possibilis, secundum alios. — Alii autem posuerunt animas in sua multitudine post corpora remanere: sed, ne cogerentur animarum ponere infinitatem, dixerunt easdem animas diversis corporibus uniri post determinatum tempus. Et haec fuit Platonicorum opinio, de qua infra agetur. — Quidam vero, omnia praedicta vitantes, dixerunt non esse inconveniens animas separatas actu existere infinitas. Esse enim infinitum actu in his quae non habent ad invicem ordinem, est esse infinitum per accidens: quod ponere non reputant inconveniens. — Et est positio Avicennae et Algazelis. — Quid autem horum Aristoteles senserit, ab eo expresse non invenitur: cum tamen expresse mundi aeternitatem ponat. — Ultima tamen praedictarum opinionum principiis ab eo positis non repugnat. Nam in III phys. Et in I caeli et mundi, probat non esse infinitum actu in corporibus naturalibus, non autem in substantiis immaterialibus.

Certum tamen est circa hoc nullam difficultatem pati catholicae fidei professores, qui aeternitatem mundi non ponunt.

Non est etiam necessarium, quod si anima manet corpore destructo, quod fuerit ei accidentaliter unita: ut quarta ratio concludebat. Accidens enim describitur: quod potest adesse et abesse praeter corruptionem subiecti compositi ex materia et forma. Si autem referatur ad principia subiecti compositi, verum non invenitur. Constat enim materiam primam ingenitam et incorruptibilem esse: ut probat

plesmente, dizendo que as almas humanas pereciam totalmente com os corpos. — Outros, por sua vez, disseram que de todas as almas permanece algo uno separado, que é comum a todas, a saber, o intelecto agente, segundo alguns; ou com ele o intelecto possível, segundo outros. — Outros, contudo, sustentaram que as almas, em sua multiplicidade, permanecem após os corpos, mas, para não serem forçados a admitir a infinidade, disseram que as mesmas almas uniam-se a diversos corpos após determinado tempo. E essa foi a opinião dos Platônicos, da qual se trata abaixo. — Outros, por sua vez, evitando todas as coisas mencionadas, disseram não haver inconveniente que as almas separadas existissem em ato infinitas. Ser, com efeito, infinito em ato, naquelas coisas que não se relacionam entre elas, é ser infinito por acidente, o que não repugnam inconveniente sustentar. — E essa é a opinião de Avicena[306] e Algazel[307]. — O que, porém, dessas opiniões pensou Aristóteles, não se acha expressamente nele, já que sustenta de maneira expressa a eternidade do mundo. — Entretanto, a última das opiniões mencionadas não repugna aos princípios por ele afirmados. Com efeito, prova não haver infinito em ato nos corpos naturais, não, porém, nas substâncias imateriais[308].

É certo, contudo, que acerca disso nenhuma dificuldade experimentam os que professam a fé católica, os quais não sustentam a eternidade do mundo.

A *quarta razão* concluía que se a alma permanecesse, destruído o corpo, não necessariamente estaria unida a ele por acidente. Descreve-se, com efeito, o acidente: *o que pode estar presente ou ausente, fora a corrupção do sujeito composto de matéria e forma*. Se, porém, isso se refere aos princípios do sujeito composto, não se acha verdadeiro. Consta, com efeito, que a matéria-prima é ingênita

306 Avicena (980-1037), em *Metafísica*, tratado 6, cap. 2; tratado 8, cap. 1.
307 Algazel [ou Al Ghazali] (1053-1111), em *Filosofia* I, 1, tratado 1, cap. 2.
308 Aristóteles (384-322 a.C.), em *Física* III, 5, 205a, 7-206a, 7 e em *Sobre o Céu e o Mundo* I, 6-7, 274a, 19-275b, 11.

Aristoteles in I physicorum. Unde, recedente forma, manet in sua essentia. Non tamen forma accidentaliter ei uniebatur, sed essentialiter: uniebatur enim ei secundum esse unum. Similiter autem anima unitur corpori secundum esse unum, ut supra ostensum est. Unde, licet maneat post corpus, substantialiter ei unitur, non accidentaliter. — Quod autem materia prima non remanet actu post formam nisi secundum actum alterius formae, anima autem humana manet in actu eodem, ex hoc contingit quod anima humana est forma et actus, materia autem prima potentia ens.

Quod autem quinta ratio proponebat, nullam operationem posse remanere in anima si a corpore separetur, dicimus esse falsum: manent enim operationes illae quae per organa non exercentur. Huiusmodi autem sunt intelligere et velle. Quae autem per organa corporea exercentur, sicut sunt operationes potentiarum nutritivae et sensitivae, non manent.

Sciendum tamen est quod alio modo intelligit anima separata a corpore et corpori unita, sicut et alio modo est: unumquodque enim secundum hoc agit secundum quod est. Esse quidem animae humanae dum est corpori unita, etsi sit absolutum a corpore non dependens, tamen stramentum quoddam ipsius et subiectum ipsum recipiens est corpus. Unde et consequenter operatio propria eius, quae est intelligere, etsi non dependeat a corpore quasi per organum corporale exercita, habet tamen obiectum in corpore, scilicet phantasma. — Unde, quandiu est anima in corpore, non potest intelligere sine phantasmate: nec etiam reminisci nisi per virtutem cogitativam et memorativam, per quam phantasmata praeparantur, ut ex dictis patet. Et propter hoc intelligere, quantum ad hunc

e incorruptível, como prova Aristóteles[309]. Donde, afastando-se a forma, a matéria permanece em sua essência. A forma, porém, não se unia a ela acidentalmente, mas essencialmente: unia-se, com efeito, a ela segundo um ser só. Ora, de modo semelhante, a alma une-se ao corpo segundo um ser só, como foi mostrado[310]. Por isso, embora permaneça após o corpo, une-se a ele substancialmente, não acidentalmente. — Com efeito, que a matéria-prima não permaneça em ato após a forma senão segundo ato de outra forma, e que a alma humana permaneça no mesmo ato, isto acontece porque a alma humana é forma e ato, mas a matéria-prima é ente em potência.

O que a *quinta razão* propunha, que nenhuma operação pode permanecer na alma se ela se separa do corpo, dizemos que é falso, pois permanecem aquelas operações que não são exercidas por meio de órgãos. Ora, estas são o conhecer e o querer. Aquelas, porém, que são exercidas por meio dos órgãos corpóreos, como são as operações das potências nutritiva e sensitiva, não permanecem.

Deve-se saber, entretanto, que a alma, separada do corpo, conhece de modo diferente do que unida ao corpo, como também ela existe de modo diferente: pois, cada coisa age do modo como é. Com efeito, o ser da alma humana, enquanto está unida ao corpo, embora seja em absoluto independente do corpo, entretanto, o corpo é certa cobertura[311] dela e o próprio sujeito que a recebe. Donde, por conseguinte, também a operação própria dela, que é conhecer, embora não dependa do corpo como exercida por meio de órgão corporal, tem, entretanto, objeto no corpo, a saber, o fantasma. — Por isso, enquanto está a alma no corpo, não pode conhecer sem o fantasma, nem também lembrar-se senão pela potência cogitativa e memorativa, pela qual os fantasmas são preparados, como se evidencia do que

309 Aristóteles (384-322 a.C.), em *Física* I, 9, 192a, 28-29.
310 Cf. cap. 68.
311 Aristóteles (384-322 a.C.), em *Exposição sobre o Livro das Causas*, proposição 3.

modum, et similiter reminisci, destruitur corpore destructo.

Esse vero separatae animae est ipsi soli absque corpore. Unde nec eius operatio, quae est intelligere, explebitur per respectum ad aliqua obiecta in corporeis organis existentia, quae sunt phantasmata: sed intelliget per seipsam, ad modum substantiarum quae sunt totaliter secundum esse a corporibus separatae, de quibus infra agetur. A quibus etiam tanquam a superioribus, uberius influentiam recipere poterit ad perfectius intelligendum. Cuius signum etiam in iuvenibus apparet. Nam anima, quando impeditur ab occupatione circa corpus proprium, redditur habilior ad intelligendum aliqua altiora: unde et virtus temperantiae, quae a corporeis delectationibus retrahit animam, praecipue facit homines ad intelligendum aptos.

Homines etiam dormientes, quando corporeis sensibus non utuntur, nec est aliqua perturbatio humorum aut fumositatum impediens, percipiunt de futuris, ex superiorum impressione, aliqua quae modum ratiocinationis humanae excedunt. Et hoc multo magis accidit in syncopizantibus et exstasim passis: quanto magis fit retractio a corporeis sensibus. Nec immerito hoc accidit. Quia, cum anima humana, ut supra ostensum est, in confinio corporum et incorporearum substantiarum, quasi in horizonte existens aeternitatis et temporis, recedens ab infimo, appropinquat ad summum. Unde et, quando totaliter erit a corpore separata, perfecte assimilabitur substantiis separatis quantum ad modum intelligendi, et abunde influentiam eorum recipiet. Sic igitur, etsi intelligere nostrum secundum modum praesentis vitae, corrupto corpore corrumpatur, succedet tamen alius modus intelligendi altior.

foi dito. E, por causa disso[312], conhecer, quanto a esse modo, e semelhantemente o lembrar-se, destroem-se destruído o corpo.

O ser da alma separada, pois, é por si só, sem o corpo. Donde, sua operação, que é conhecer, não se perfaz por relação a alguns objetos existentes nos órgãos corpóreos, que são os fantasmas, mas conhece por si mesma, a modo das substâncias que são totalmente, segundo o ser, separadas dos corpos, das quais se trata abaixo[313]. Dessas também como de substâncias superiores, poderá receber influência com abundância para conhecer mais perfeitamente.

Sinal disso manifesta-se também *nos jovens*. Com efeito, a alma, quando é afastada da ocupação a respeito do próprio corpo, torna-se mais hábil para conhecer outras coisas mais altas: donde também a potência da temperança, que afasta a alma das deleitações corpóreas, faz precipuamente os homens aptos para conhecer. — *Os homens*, mesmo ao dormir[314], quando não usam dos sentidos corpóreos, nem há alguma perturbação impeditiva de humores ou de sopros, percebem, sob influência de agentes superiores, das coisas futuras algumas que excedem o modo de raciocínio humano. E isso muito mais acontece nos sujeitos a síncopes[315] e a êxtases, quanto mais se faz o afastamento dos sentidos corpóreos. E isso não injustamente. Porque, dado que a alma humana, como foi mostrado[316], está no limite dos corpos e das substâncias incorpóreas, *como existindo no horizonte da eternidade e do tempo*[317], afastando-se do ínfimo, aproxima-se do supremo. Donde também, quando estiver totalmente separada do corpo, se assemelhará de modo perfeito às substâncias separadas, quanto ao modo de conhecer, e receberá abundantemente a influência delas. Assim, pois, embora o conhecer, segundo o modo

312 Averróis [Ibn Roschd] (1126-1198), em *Comentários sobre a Ética* I, 6, 9.
313 Cf. caps. 96 ss.
314 Tomás de Aquino (1225-1274) em *Suma Teológica* II II, q. 174, a. 3.
315 Tomás de Aquino (1225-1274) em *Suma Teológica* II II, q. 175, a. 1.
316 Cf. cap. 68.
317 Aristóteles (384-322 a.C.), em *Exposição sobre o Livro das Causas*, proposição II, 22.

Reminisci autem, cum sit actus per corporeum organum exercitus, ut in libro de memoria et reminisc. Aristoteles probat, non poterit post corpus in anima remanere: nisi reminisci aequivoce sumatur pro intelligentia eorum quae quis prius novit; quam oportet animae separatae adesse etiam eorum quae novit in vita, cum species intelligibiles in intellectu possibili indelebiliter recipiantur, ut supra ostensum est.

Circa alias vero animae operationes, sicut est amare, gaudere, et alia huiusmodi, est aequivocatio cavenda. Nam quandoque sumuntur ut sunt animae passiones. Et sic sunt actus sensibilis appetitus secundum concupiscibilem vel irascibilem, cum aliqua permutatione corporali. Et sic in anima manere non possunt post mortem: ut Aristoteles probat in libro de anima. Sumuntur autem quandoque pro simplici actu voluntatis, qui est absque passione. Unde Aristoteles dicit, in VII ethic., quod Deus una simplici operatione gaudet; et in X, quod in contemplatione sapientiae est delectatio admirabilis; et in VIII, amorem amicitiae ab amatione, quae est passio, distinguit. Cum vero voluntas sit potentia non utens organo, sicut nec intellectus, palam est huiusmodi, secundum quod sunt actus voluntatis, in anima separata remanere.

Sic igitur ex praedictis rationibus concludi non potest animam hominis esse mortalem.

da vida presente, corrompe-se, corrompido o corpo, entretanto sucederá outro modo mais elevado de conhecer.

Lembrar-se, porém, como é ato exercido por meio de órgão corpóreo, como Aristóteles prova[318], não poderá permanecer na alma, depois do corpo, a não ser que se tome o lembrar-se equivocamente pelo conhecimento daquilo que antes alguém conheceu, e esse conhecimento é necessário que esteja presente na alma separada também daquelas coisas que conheceu em vida, dado que as espécies inteligíveis são recebidas no intelecto possível, indelevelmente, como foi mostrado[319].

Já acerca das *outras operações da alma*, como é amar, alegrar-se, e outras semelhantes, é de evitar a equivocação. Pois, às vezes, tomam-se como sendo paixões da alma. E assim são atos de apetite sensível, segundo o concupiscível ou o irascível, com alguma alteração corporal. E dessa maneira não podem permanecer na alma, após a morte, como prova Aristóteles[320]. Às vezes, contudo, são tomados como ato simples da vontade, que se dá sem paixão. Donde Aristóteles diz *que Deus goza de uma simples operação*[321]; e que *na contemplação da sabedoria a deleitação é admirável*[322]; e *distingue o amor da amizade do namoro, que é paixão*[323]. Dado que a vontade é potência que não usa de órgão, como tampouco o intelecto, é claro que semelhantes coisas, enquanto são atos da vontade, permanecem na alma separada.

Assim, portanto, pelas razões mencionadas não se pode concluir que a alma do homem seja mortal.

318 Aristóteles (384-322 a.C.), em *Sobre a Memória e a Reminiscência* 1, 451a, 14-17.
319 Cf. cap. 74.
320 Aristóteles (384-322 a.C.), em *Sobre a Alma* I, 4, 408b, 5-9, 18-31.
321 Aristóteles (384-322 a.C.), em *Ética* VII, 15, 1154b, 26.
322 Aristóteles (384-322 a.C.), em *Ética* X, 7, 1177a, 25.
323 Aristóteles (384-322 a.C.), em *Ética* VIII, 7, 1157b, 28-29.

Capitulum LXXXII

Quod animae brutorum animalium non sunt immortales

Ex his autem quae dicta sunt, evidenter ostenditur brutorum animas non esse immortales.

Iam enim ostensum est quod nulla operatio sensitivae partis esse sine corpore potest. In animabus autem brutorum non est invenire aliquam operationem superiorem operationibus sensitivae partis: non enim intelligunt neque ratiocinantur.

Quod ex hoc apparet, quia omnia animalia eiusdem speciei similiter operantur, quasi a natura motae et non ex arte operantes: omnis enim hirundo similiter facit nidum, et omnis aranea similiter telam. Nulla igitur est operatio animae brutorum quae possit esse sine corpore. Cum igitur omnis substantia aliquam operationem habeat, non poterit anima bruti absque corpore esse. Ergo, pereunte corpore, perit.

Item. Omnis forma separata a materia est intellecta in actu: sic enim intellectus agens facit species intelligibiles actu, inquantum abstrahit eas, ut ex supra dictis patet. Sed, si anima bruti manet corrupto corpore, erit forma a materia separata. Ergo erit forma intellecta in actu. Sed in separatis a materia idem est intelligens et intellectum, ut Aristoteles dicit, in III de anima. Ergo anima bruti, si post corpus manet, erit intellectualis. Quod est impossibile.

Adhuc. In qualibet re quae potest pertingere ad aliquam perfectionem, invenitur naturalis appetitus illius perfectionis: bonum enim est quod omnia appetunt, ita tamen quod unumquodque proprium bonum. In brutis autem non invenitur aliquis appetitus ad esse perpetuum, nisi ut perpetuentur secundum speciem, inquantum in eis invenitur appetitus generationis, per quam species per-

Capítulo 82

As almas dos animais irracionais não são imortais

Do que foi dito, mostra-se com evidência que as almas dos irracionais não são imortais.

Com efeito, foi mostrado[324], que nenhuma operação da parte sensitiva pode ser sem o corpo. Ora, nas almas dos irracionais não se pode achar nenhuma operação superior às operações da parte sensitiva, pois não conhecem nem raciocinam. Isso se manifesta pelo fato de que todos os animais da mesma espécie operam de modo semelhante, como movidos pela natureza e não operantes pela arte, pois toda andorinha faz semelhantemente o ninho, e toda aranha semelhantemente, a teia. Não há, portanto, nenhuma operação dos irracionais que possa ser sem o corpo. Como, pois, toda substância tem alguma operação, não poderá a alma do irracional ser sem o corpo. Logo, perecendo o corpo, ela perece.

Igualmente. Toda forma separada da matéria é intelectiva em ato, assim o intelecto agente faz as espécies inteligíveis em ato, enquanto as abstrai, como se evidencia do que foi dito[325]. Mas, se a alma do irracional permanece, corrompido o corpo, será forma separada da matéria. Logo, será uma forma conhecida em ato. Ora, *nas separadas da matéria é o mesmo o que conhece e o conhecido*, diz Aristóteles[326]. Logo, a alma do irracional, se permanece após o corpo, será intelectual. O que é impossível.

Ainda. Em qualquer coisa que pode atingir alguma perfeição, acha-se o apetite natural daquela perfeição, pois *o bem é aquilo que todas as coisas desejam*[327], de tal modo, porém, que *cada uma deseja o bem próprio*[328]. Nos animais irracionais, porém, não se acha um apetite de ser perpétuo, a não ser de perpetuar-se segundo a espécie, enquanto neles se acha o apetite da geração, pela qual a espécie é per-

324 Cf. caps. 66 e 67.
325 Cf. cap. 77.
326 Aristóteles (384-322 a.C.), em *Sobre a Alma* III, 4, 430a, 3-4.
327 Aristóteles (384-322 a.C.), em *Ética* I, 1, 1094a, 3.
328 Aristóteles (384-322 a.C.), em *Ética* VIII, 2, 1155b, 23-25.

petuatur, qui quidem invenitur et in plantis et in rebus inanimatis: non autem quantum ad proprium appetitum animalis inquantum est animal, qui est appetitus apprehensionem consequens. Nam, cum anima sensitiva non apprehendat nisi hic et nunc, impossibile est quod apprehendat esse perpetuum. Neque ergo appetit appetitu animali. Non est igitur anima bruti capax perpetui esse.

Amplius. Cum delectationes operationes perficiant, ut patet per Aristotelem in X ethic., ad hoc ordinatur operatio cuiuslibet rei sicut in finem in quo sua delectatio figitur. Delectationes autem brutorum animalium omnes referuntur ad conservantia corpus: non enim delectantur in sonis, odoribus et aspectibus, nisi secundum quod sunt indicativa ciborum vel venereorum, circa quae est omnis eorum delectatio. Tota igitur operatio eorum ordinatur ad conservationem esse corporei sicut in finem. Non igitur est eis aliquod esse absque corpore.

Huic autem sententiae doctrina catholicae fidei concordat. — Dicitur enim Gen. 9, de anima bruti, anima illius in sanguine est: quasi dicat: ex sanguinis permanentia esse illius dependet. Et in libro de ecclesiast. Dogmatibus: solum hominem dicimus animam substantivam habere, idest per se vitalem: brutorum animas cum corporibus interire.

Aristoteles etiam, in II de anima, dicit quod intellectiva pars animae separatur ab aliis sicut incorruptibile a corruptibili. Per hoc autem excluditur positio Platonis, qui posuit etiam brutorum animas immortales.

Videtur tamen posse probari brutorum animas esse immortales. Cuius enim est aliqua operatio per se separatim, et ipsum est per se subsistens. Sed animae sensitivae in brutis est aliqua operatio per se in qua non communicat

petuada, o que certamente se encontra também nas plantas e nas coisas inanimadas, não, porém, quanto ao apetite próprio do animal enquanto é animal, que é apetite que segue a apreensão. Com efeito, como a alma sensitiva não apreende senão aqui e agora, é impossível que apreenda o ser perpétuo. Nem, pois, deseja por apetite animal. Não é, portanto, a alma do irracional capaz de ser perpétua.

Ademais. Como *as deleitações aperfeiçoam as operações*, diz claramente Aristóteles[329], a isso se ordena a operação de qualquer coisa como ao fim no qual sua deleitação se fixa. Todas as deleitações dos animais irracionais se referem à conservação do corpo, pois eles não se deleitam nos sons, nos odores e nos olhares, senão enquanto são indicativos de alimentos ou sexo, acerca dos quais é toda a deleitação deles. Portanto, toda operação deles se ordena para a conservação de seu ser corpóreo, como para um fim. Logo, não se dá neles algum ser sem o corpo.

Com essa sentença concorda a doutrina da fé católica. — Diz-se, com efeito, no *Gênesis*[330], sobre a alma do animal irracional, que *somente não podeis comer a carne com sua alma, que é o seu sangue*, como se dissesse: o ser dela depende da permanência do sangue. E no livro dos Dogmas Eclesiásticos[331]: *dizemos que só o homem tem alma substantiva*, isto é, por si vital: as almas dos irracionais desaparecem com os corpos.

Aristóteles também diz que *a parte intelectiva da alma se separa das outras, como o incorruptível do corruptível*[332]. Por isso, exclui-se a afirmação de Platão, que sustentou que também as almas dos irracionais são *imortais*[333].

Parece, entretanto, que se pode provar que as almas dos irracionais *são imortais*. Com efeito, aquele cuja operação é por si separadamente, é por si mesmo subsistente. Mas, há uma operação por si da alma sensitiva nos irracionais,

329 Aristóteles (384-322 a.C.), em *Ética* X.
330 Gênesis 9,4.
331 Genádio (séc. V), em *Dos Dogmas Eclesiásticos*, 16-17, ML 58.
332 Aristóteles (384-322 a.C.), em *Sobre a Alma* II, 2, 413b, 24-27.
333 Platão (± 428-347 a.C.), em *Fédon*, 35, 84E-85A.

corpus, scilicet movere: nam movens componitur ex duobus, quorum unum est movens et alterum est motum; unde, cum corpus sit motum, relinquitur quod anima sola sit movens. Ergo est per se subsistens. Non igitur potest per accidens corrumpi, corpore corrupto: illa enim solum per accidens corrumpuntur quae per se non habent esse. Per se autem non potest corrumpi: cum neque contrarium habeat, neque sit ex contrariis composita. Relinquitur igitur quod sit omnino incorruptibilis. — Ad hoc etiam videbatur redire Platonis ratio qua probabat omnem animam esse immortalem: quia scilicet anima est movens seipsum; omne autem movens seipsum oportet esse immortale. — Corpus enim non moritur nisi abscedente eo a quo movebatur; idem autem a seipso non potest discedere; unde sequitur, secundum ipsum, quod movens seipsum non possit mori. Et sic relinquebatur quod anima omnis motiva esset immortalis, etiam brutorum. Ideo autem hanc rationem in idem redire diximus cum praemissa, quia cum, secundum Platonis positionem, nihil moveat nisi motum, illud quod est seipsum movens, est per seipsum motivum, et sic habet aliquam operationem per se. — Non solum autem in movendo, sed etiam in sentiendo ponebat Plato animam sensitivam propriam operationem habere. Dicebat enim quod sentire est motus quidam ipsius animae sentientis: et ipsa, sic mota, movebat corpus ad sentiendum. Unde, definiens sensum, dicebat quod est motus animae per corpus.

Haec autem quae dicta sunt, patet esse falsa. Non enim sentire est movere, sed magis moveri: nam ex potentia sentiente fit animal actu sentiens per sensibilia, a quibus sensus immutantur. Non autem potest dici similiter sensum pati a sensibili sicut patitur intellectus

na qual não se comunica com o corpo, a saber, o mover, pois o movente se compõe de duas coisas, das quais uma é o movente e outra é o movido; donde, como o corpo é o movido, resta que a alma só é o movente. Logo, é por si subsistente. Não pode, portanto, por acidente corromper-se, corrompido o corpo, pois só se corrompem por acidente aquelas coisas que por si não têm o ser. Ora, por si não pode corromper-se, uma vez que nem tem contrário, nem é composta de contrários. Resta, portanto, que é totalmente incorruptível. — A isso também parece que se reduz o argumento de Platão, pelo qual prova que *toda alma é imortal*[334], ou seja, *porque a alma se move a si mesma* e é necessário que tudo o que se move a si mesmo seja imortal. — O corpo, com efeito, não morre a não ser que se afaste aquilo pelo que se movia; ora, a mesma coisa não pode afastar-se de si mesma; donde se segue, segundo ele, que o que se move a si mesmo não pode morrer. E assim restava que toda alma motora era imortal, mesmo a dos irracionais. Assim, pois, dissemos que esse argumento se reduz ao mesmo que o antecedente, porque, como, segundo a posição de Platão, nada move se não é movido, aquilo que move a si mesmo é por si mesmo motor, e assim tem alguma operação por si. — Afirmava Platão que a alma sensitiva tinha operação própria não apenas no mover, mas também no sentir[335]. Dizia, com efeito, que sentir é certo movimento da própria alma sensitiva e ela, assim movida, movia o corpo para sentir[336]. Donde definindo o sentido, dizia que é *o movimento da alma por meio do corpo*[337].

Ora, é evidente que essas coisas que foram ditas são falsas. Com efeito, sentir não é mover, mas antes ser movido, porque da potência sensitiva o animal se faz sentindo em ato pelos sensíveis, pelos quais os sentidos são mudados. Não se pode dizer, de modo semelhante,

334 Platão (± 428-347 a.C.), em *Fedro*, 24, 245C.
335 Platão (± 428-347 a.C.), em *Teeteto*, 30, 186 C.
336 Platão (± 428-347 a.C.), em *Filebo*, 19, 34 A; Leis X, 7, 896 C.
337 Platão (± 428-347 a.C.), em *Timeu* 15, 43 CD.

ab intelligibili, ut sic sentire possit esse operatio animae absque corporeo instrumento, sicut est intelligere: nam intellectus apprehendit res in abstractione a materia et materialibus conditionibus, quae sunt individuationis principia; non autem sensus. Quod exinde apparet quia sensus est particularium, intellectus vero universalium. Unde patet quod sensus patiuntur a rebus secundum quod sunt in materia: non autem intellectus, sed secundum quod sunt abstractae. Passio igitur intellectus est absque materia corporali, non autem passio sensus.

Adhuc. Diversi sensus sunt susceptivi diversorum sensibilium: sicut visus colorum, auditus sonorum. Haec autem diversitas manifeste ex dispositione diversa organorum contingit: nam organum visus oportet esse in potentia ad omnes colores, organum auditus ad omnes sonos. Si autem haec receptio fieret absque organo corporali, eadem potentia esset omnium sensibilium susceptiva: nam virtus immaterialis se habet aequaliter, quantum de se est, ad omnes huiusmodi qualitates; unde intellectus, qui non utitur organo corporali, omnia sensibilia cognoscit. Sentire igitur non fit absque organo corporeo.

Praeterea. Sensus corrumpitur ab excellentia sensibilium: non autem intellectus, quia qui intelligit altiora intelligibilium, non minus poterit alia speculari, sed magis. Alterius igitur generis est passio sensus a sensibili, et intellectus ab intelligibili. Intellectus quidem passio fit absque organo corporali: passio vero sensus cum organo corporali, cuius harmonia solvitur per sensibilium excellentiam.

Quod autem Plato dixit, animam esse moventem seipsam, certum esse videtur ex hoc quod circa corpora apparet. Nullum enim cor-

que o sentido é afetado pelo sensível como é afetado o intelecto pelo inteligível, de modo que, assim, o sentir pode ser a operação da alma sem instrumento corpóreo, como é conhecer, porque o intelecto apreende as coisas na abstração da matéria e das condições materiais, que são os princípios da individuação, não, porém, os sentidos. Daí manifesta-se que o sentido versa sobre particulares, já o intelecto versa sobre universais.

Donde se evidencia que os sentidos são afetados pelas coisas segundo estão na matéria, mas não o intelecto, afetado enquanto são abstraídas. Logo, a passividade do intelecto é sem a matéria corporal, não, porém, a passividade dos sentidos.

Ainda. Diversos sentidos são receptivos de diversos sensíveis, como a vista das cores, o ouvido dos sons. Ora, essa diversidade acontece manifestamente pela diversa disposição dos órgãos, pois é necessário que o órgão da vista esteja em potência para todas as cores, o órgão do ouvido para todos os sons. Se, porém, essa recepção se fizesse sem o órgão corporal, a mesma potência seria receptiva de todos os sensíveis, porque a potência imaterial está, quanto de si é, igualmente disposta para todas as qualidades semelhantes; por isso, o intelecto, que não se une a um órgão corporal, conhece todos os sensíveis. Sentir, portanto, não se dá sem o órgão corpóreo.

Além disso. O sentido se corrompe pelo excesso dos sensíveis, não, porém, o intelecto, porque *quem conhece os inteligíveis mais elevados, não menos, antes o contrário, poderá especular outras coisas*[338]. Logo, é de gênero diferente a passividade dos sentidos pelo sensível, e a do intelecto pelo inteligível. A passividade do intelecto se faz sem o órgão corporal, mas a do sentido, com órgão corporal, cuja harmonia é rompida pelo excesso dos sensíveis.

O que Platão afirma que a alma move a si mesma, parece ser certo pelo que se manifesta acerca dos corpos. Com efeito, nenhum corpo

---

[338] Aristóteles (384-322 a.C.), em *Sobre a Alma* III, 4, 429b, 3-4.

pus videtur movere nisi sit motum. Unde Plato ponebat omne movens moveri. Et quia non itur in infinitum ut unumquodque motum ab alio moveatur, ponebat primum movens in unoquoque ordine movere seipsum. Et ex hoc sequebatur animam, quae est primum movens in motibus animalium, esse aliquod movens seipsum. Hoc autem patet esse falsum, dupliciter: primo quidem, quia probatum est quod omne quod movetur per se, est corpus. Unde, cum anima non sit corpus, impossibile est ipsam moveri nisi per accidens. — Secundo quia, cum movens inquantum huiusmodi sit actu, motum autem inquantum huiusmodi sit in potentia; nihil autem potest esse secundum idem actu et potentia: impossibile erit quod idem secundum idem sit movens et motum, sed oportet, si aliquid dicitur movens seipsum, quod una pars eius sit movens et alia pars sit mota. Et hoc modo dicitur animal movere seipsum: quia anima est movens, et corpus est motum. Sed quia Plato animam non ponebat esse corpus, licet uteretur nomine motus, qui proprie corporum est, non tamen de hoc motu proprie dicto intelligebat, sed accipiebat motum communius pro qualibet operatione: prout etiam Aristoteles dicit, in III de anima, quod sentire et intelligere sunt motus quidam. Sic autem motus non est actus existentis in potentia, sed actus perfecti. Unde, cum dicebat animam movere seipsam, intendebat per hoc dicere quod ipsa operatur absque adminiculo corporis, e contrario ei quod accidit in aliis formis, quae non agunt absque materia: non enim calor calefacit separatim, sed calidum.

Ex quo volebat concludere omnem animam motivam esse immortalem: nam quod per se habet operationem, et per se habet operationem, et per se existentiam habere potest. Sed iam ostensum est quod operatio animae brutalis, quae est sentire, non potest esse sine

parece mover se não é movido. Donde Platão afirmava que todo movente é movido. E porque não se vai ao infinito de modo que cada movido seja movido por outro, afirmava que o primeiro movente em qualquer ordem move a si mesmo. E disso seguia-se que a alma, que é o primeiro movente nos movimentos dos animais, é um movente a si mesmo. Ora, isso evidencia-se ser falso, duplamente: primeiro, porque foi provado[339] que todo que é movido por si, é corpo. Donde, como a alma não é corpo, é impossível que ela seja movida, a não ser por acidente. — Segundo, porque, como o movente enquanto tal está em ato, mas o movido enquanto tal está em potência, e nada pode estar segundo o mesmo aspecto em ato e em potência, será impossível que a mesma coisa, segundo o mesmo aspecto, seja movente e movida; é necessário, portanto, se algo é dito movente a si mesmo, que uma parte dele seja movente e outra parte seja movida. E desse modo se diz que o animal move a si mesmo, porque a alma é o movente, e o corpo é o movido. Mas, porque Platão não afirmava que a alma fosse corpo, embora usasse do nome de movimento, que é próprio dos corpos, entretanto não se referia a esse movimento propriamente dito, mas tomava movimento no sentido mais comum, por qualquer operação, conforme Aristóteles[340] também diz que *sentir e conhecer são certos movimentos*. Ora, assim o movimento não é ato do existente em potência, mas ato do perfeito. Donde, quando dizia que a alma move a si mesma, queria por isso dizer que ela opera sem ajuda do corpo, ao contrário do que sucede com outras formas, que não agem sem matéria, pois o calor não aquece isoladamente, mas o cálido.

Disso queria concluir que toda alma motora é imortal, pois o que por si tem operação, por si pode ter a existência. Mas, foi mostrado que a operação da alma irracional, que é sentir, não pode ser sem o corpo. Ora, isso se manifesta muito mais na operação daquele

339 Livro I, cap. 13.
340 Aristóteles (384-322 a.C.), em *Sobre a Alma* III, 7, 431a, 1-10.

corpore. Multo autem magis hoc apparet in operatione eius quod est appetere. Nam omnia quae ad appetitum sensitivae partis pertinent, manifeste cum transmutatione aliqua corporis fiunt: unde et passiones animae dicuntur. Ex quibus sequitur quod nec ipsum movere sit operatio animae sensitivae absque organo. Non enim movet anima brutalis nisi per sensum et appetitum.

Nam virtus quae dicitur exequens motum, facit membra esse obedientia imperio appetitus: unde magis sunt virtutes perficientes corpus ad moveri, quam virtutes moventes.

Sic igitur patet quod nulla operatio animae brutalis potest esse absque corpore. Ex quo de necessitate concludi potest quod anima brutalis cum corpore intereat.

Capitulum LXXXIII
Quod anima humana incipiat cum corpore

Sed quia eaedem res inveniuntur et esse incipere et finem essendi habere, potest alicui videri quod, ex quo anima humana finem essendi non habet, quod nec principium essendi habuerit, sed fuerit semper. Quod quidem videtur his rationibus posse probari.

Nam illud quod nunquam esse desinet, habet virtutem ut sit semper. Quod autem habet virtutem ut sit semper nunquam de eo verum est dicere non esse: quia quantum se extendit virtus essendi, tantum res durat in esse. Omne autem quod incoepit esse, est aliquando verum dicere non esse. Quod igitur nunquam desinet esse, nec esse aliquando incipiet.

Adhuc. Veritas intelligibilium, sicut est incorruptibilis, ita, quantum est de se, est aeterna: est enim necessaria; omne autem necessarium est aeternum, quia quod necesse est esse, impossibile est non esse. Ex incorruptibilitate autem veritatis intelligibilis ostenditur anima secundum esse incorruptibilis. Pari ergo ratione, ex eius aeternitate potest probari animae aeternitas.

Amplius. Illud non est perfectum cui plurimae suarum principalium partium desunt. Patet autem principales partes universi esse intellectuales substantias, in quarum genere

a que pertence desejar. Com efeito, todas as coisas que pertencem ao apetite da parte sensitiva, manifestamente se fazem com alguma alteração do corpo, donde também se dizem paixões da alma. Disso se segue que tampouco o próprio mover é operação da alma sensitiva sem um órgão. Com efeito, a alma do animal irracional não move senão pelo sentido e pelo apetite. Pois, a potência que se diz executora do movimento faz que os membros sejam obedientes ao império do apetite, por isso são antes potências que aperfeiçoam o corpo para mover-se, do que potências motoras.

Assim, pois, fica claro que nenhuma operação da alma irracional pode ser sem o corpo. Disso pode-se necessariamente concluir que a alma irracional perece com o corpo.

Capítulo 83
A alma humana inicia-se com o corpo

Entretanto, porque se acha que as mesmas coisas tanto começam a ser quanto têm o fim de ser, pode parecer a alguém que, do fato de que a alma não tem o fim de ser, tampouco teria começo de ser, mas sempre existiu. Parece que isso se possa provar por estas razões.

Com efeito, o que nunca deixa de ser, tem potência para ser sempre. Ora, o que tem a potência para ser sempre nunca é verdadeiro dizer dele que não seja, porque a potência de ser se estende tanto quanto a coisa perdura no ser. Tudo o que, porém, começa a ser, é verdadeiro dizer que às vezes não é. Portanto, o que nunca deixa de ser, tampouco começará a ser.

Ainda. A verdade dos inteligíveis, como é incorruptível, assim, quanto é de si, é eterna, pois é necessária; ora, todo necessário é eterno, pois o que é necessariamente ser, é impossível que não seja. Ora, da incorruptibilidade da verdade inteligível se mostra a alma incorruptível segundo o ser. Logo, por igual razão, da eternidade dele pode provar-se a eternidade da alma.

Ademais. Não é perfeito aquilo a que faltam muitas de suas partes principais. Ora, é evidente que as partes principais do universo são as substâncias intelectuais, em cujo gêne-

ostensum est supra esse animas humanas. Si igitur quotidie de novo tot animae humanae esse incipiant quot homines nascuntur, patet quotidie universo plurimas principalium partium addi, et plurimas ei deesse. Sequitur igitur universum esse imperfectum. Quod est impossibile.

Adhuc etiam quidam argumentantur ex auctoritate sacrae Scripturae. Dicitur enim Gen. 1, quod Deus die septimo complevit opus suum quod fecerat, et requievit ab omni opere quod patrarat. Hoc autem non esset si quotidie novas animas faceret. Non igitur de novo animae humanae esse incipiunt, sed a principio mundi fuerunt.

Propter has ergo et similes rationes quidam, aeternitatem mundi ponentes, dixerunt animam humanam, sicut est incorruptibilis, ita et ab aeterno fuisse. — Unde qui posuerunt animas humanas in sui multitudine esse immortales, scilicet Platonici, posuerunt easdem ab aeterno fuisse, et nunc quidem corporibus uniri, nunc autem a corporibus absolvi, hac vicissitudine secundum determinata annorum curricula observata. — Qui vero posuerunt animas humanas esse immortales secundum aliquid unum quod ex omnibus hominibus manet post mortem, posuerunt hoc ipsum unum ab aeterno fuisse: sive hoc sit intellectus agens tantum, ut posuit Alexander sive, cum eo, etiam intellectus possibilis, ut posuit Averroes. Hoc etiam videntur sonare et Aristotelis verba: nam, de intellectu loquens, dicit ipsum non solum incorruptibilem, sed etiam perpetuum esse.

Quidam vero catholicam fidem profitentes, Platonicorum doctrinis imbuti, viam mediam tenuerunt. Quia enim, secundum fidem catholicam, nihil est aeternum praeter Deum, humanas quidem animas aeternas non posuerunt, sed eas cum mundo, sive potius

ro se mostrou[341] estarem as almas humanas. Se, pois, de novo começam a ser cada dia as almas humanas na medida em que nascem homens, é evidente que cada dia ao universo estão presentes muitas das partes principais, e muitas lhe faltam. Segue-se que o universo é imperfeito. O que é impossível.

Ainda. Há alguns que argumentam pela autoridade da Sagrada Escritura. Diz-se, com efeito, no Gênesis, que *Deus no sétimo dia completou sua obra que fizera, e descansou de toda obra que realizara*[342]. Ora, isso não seria se cada dia produzisse novas almas. Portanto, as almas não começam de novo a ser, mas existiram desde o princípio do mundo.

Por causa dessas e semelhantes razões, os que sustentam a eternidade do mundo, disseram que a alma humana, como é incorruptível, assim também existiu desde a eternidade. — Donde, os que sustentaram que as almas humanas em sua multiplicidade são imortais, isto é, os Platônicos, afirmaram que elas existiram desde a eternidade, e ora se unem aos corpos, ora são separadas dos corpos, observando-se nestas sucessões determinado período de anos. — Já aqueles que sustentaram que as almas humanas eram imortais, segundo uma unidade que de todos os homens permanece após a morte, afirmaram que essa unidade existiu desde a eternidade, ou era isso o intelecto agente apenas, como afirmou Alexandre[343], ou, com ele, também o intelecto possível, como afirmou Averróis[344]. Isso parecem significar as palavras de Aristóteles, pois, falando do intelecto, afirma que ele não só é incorruptível, *mas também perpétuo*[345].

Entretanto, alguns, que professavam a fé católica, imbuídos das doutrinas dos Platônicos, mantiveram a via média. Com efeito, porque, segundo a fé católica, nada é eterno exceto Deus, e eles não afirmaram eternas as almas humanas, mas que foram criadas com

341 Cf. cap. 68.
342 Gênesis 2,2.
343 Alexandre de Afrodísias (séc. II-VI), cf. *Livro sobre o Intelecto e o Entendido.*
344 Averróis [Ibn Roschd] (1126-1198), em *Comentários sobre a Alma* III, 5, 370-473.
345 Ibidem, 430a, 23.

ante mundum visibilem, creatas fuisse, et tamen eas de novo corporibus alligari. — Quam quidem positionem primus inter christianae fidei professores Origenes posuisse invenitur, et post eum plures ipsum sequentes. — Quae quidem opinio usque hodie apud haereticos manet: quorum Manichaei eas etiam aeternas asserunt, cum Platone, et de corpore ad corpus transire.

Sed de facili ostendi potest praemissas positiones non esse veritate subnixas. Quod enim non sit unus omnium intellectus possibilis neque agens, iam supra ostensum est. Unde restat contra istas positiones procedere quae dicunt plures animas esse hominum, et tamen ponunt eas ante corpora extitisse, sive ab aeterno sive a mundi constitutione. Quod quidem videtur inconveniens his rationibus. — Ostensum est enim supra animam uniri corpori ut formam et actum ipsius. Actus autem, licet sit naturaliter prior potentia, tamen, in uno et eodem, tempore est posterior: movetur enim aliquid de potentia in actum. Prius igitur fuit semen, quod est potentia vivum, quam esset anima, quae est actus vitae.

Adhuc. Unicuique formae naturale est propriae materiae uniri: alioquin constitutum ex forma et materia esset aliquid praeter naturam. Prius autem attribuitur unicuique quod convenit ei secundum naturam, quam quod convenit ei praeter naturam: quod enim convenit alicui praeter naturam inest ei per accidens, quod autem convenit secundum naturam inest ei per se; quod autem per accidens est, semper posterius est eo quod est per se. Animae igitur prius convenit esse unitam corpori quam esse a corpore separatam. Non igitur creata fuit ante corpus cui unitur.

o mundo, ou melhor, antes do mundo visível, e entretanto, elas são de novo ligadas aos corpos. — Julga-se que Orígenes[346] foi o primeiro, entre os que professaram a fé, a ter sustentado essa opinião, seguindo-o muitos depois dele. — Essa opinião até hoje permanece entre os heréticos, dos quais os Maniqueus[347], com Platão, também as asseveraram eternas, e que elas migram de corpo a corpo.

Mas pode-se facilmente mostrar que essas mencionadas opiniões não estão fundamentadas na verdade. Com efeito, que não é um só de todos o intelecto possível nem o intelecto agente, já foi mostrado[348]. Donde, resta proceder contra essas opiniões, que afirmam existir muitas almas dos homens, e, entretanto, afirmam-nas como tendo existido antes dos corpos, ou desde a eternidade ou desde a constituição do mundo. O que certamente parece inconveniente por estas razões. — Foi mostrado[349], com efeito, que a alma se une ao corpo, como sua forma e ato. Ora, o ato, embora seja naturalmente anterior à potência, entretanto, em uma e mesma coisa, é posterior no tempo, pois uma coisa se move da potência ao ato. Portanto, houve o sêmen, que é o vivente em potência antes que a alma existisse, a qual é ato da vida.

Ainda. A cada forma é natural unir-se à matéria própria; em caso contrário da forma e da matéria procederia algo, fora da natureza. Ora, a cada um é atribuído o que lhe convém segundo a natureza antes daquilo que lhe convém fora da natureza, pois o que convém a algo fora da natureza a ele inere por acidente, mas o que convém segundo a natureza inere-lhe por si; mas o que é por acidente, é sempre posterior ao que é por si. Logo, convém antes à alma ser unida ao corpo do que ser separada do corpo. Logo, não foi criada antes do corpo ao qual se une.

346 Orígenes (185-253), em *Sobre os Princípios* II, 9, 5-7-8, MG 11, 233 AB.
347 Maniqueus: seguidores de Mani (250), sacerdote de Ecbátana, na Pérsia.
348 Cf. caps. 59 e 76.
349 Cf. cap. 68.

Amplius. Omnis pars a suo toto separata est imperfecta. Anima autem, cum sit forma, ut probatum est, est pars speciei humanae. Igitur, existens per se absque corpore, est imperfecta. Perfectum autem est prius imperfecto in rerum naturalium ordine. Non igitur competit naturae ordini quod anima fuerit prius creata a corpore exuta, quam corpori unita.

Ademais. Toda parte separada de seu todo é imperfeita. Ora, a alma, porque é forma, como foi provado[350], é parte da espécie humana. Logo, existindo por si sem o corpo, é imperfeita. Ora, o perfeito é anterior ao imperfeito na ordem das coisas naturais. Não compete, pois, à ordem da natureza que a alma tenha sido criada antes despida de corpo, do que unida ao corpo.

Amplius. Si animae sunt creatae absque corporibus, quaerendum est quomodo sint corporibus unitae. Aut enim hoc fuit violenter: aut per naturam.

Si autem violenter; omne autem violentum est contra naturam: unio igitur animae ad corpus est praeter naturam. Homo igitur, qui ex utroque componitur, est quid innaturale. Quod patet esse falsum. — Praeterea, substantiae intellectuales altioris ordinis sunt quam corpora caelestia. In corporibus autem caelestibus nihil invenitur violentum neque contrarium. Multo igitur minus in substantiis intellectualibus.

Si autem naturaliter animae sunt corporibus unitae, naturaliter igitur animae in sui creatione appetierunt corporibus uniri. Appetitus autem naturalis statim prodit in actum nisi sit aliquid impediens, sicut patet in motu gravium et levium: natura enim semper uno modo operatur. Statim igitur a principio suae creationis fuissent corporibus unitae nisi esset aliquid impediens. Sed omne impediens executionem naturalis appetitus, est violentiam inferens. — Per violentiam igitur fuit quod animae essent aliquo tempore a corporibus separatae. Quod est inconveniens. Tum quia in illis substantiis non potest esse aliquid violentum, ut ostensum est. Tum quia violentum, et quod est contra naturam, cum sit per accidens, non potest esse prius eo quod est secundum naturam, neque totam speciem consequens.

Ademais. Se as almas foram criadas sem os corpos, deve-se investigar como foram unidas aos corpos. Ou isso foi de maneira violenta, ou por natureza.

Se *violentamente*, todo violento é contra a natureza; a união, portanto, da alma com o corpo é fora da natureza. O homem, pois, que é composto de ambos, é algo não natural. O que se evidencia ser falso. — Além disso, as substâncias intelectuais são de ordem mais elevada que os corpos celestes. Ora, nos corpos celestes nada se acha violento nem contrário. Logo, muito menos nas substâncias intelectuais.

Se, pois, as almas são unidas *naturalmente* aos corpos, elas na sua criação desejaram naturalmente unir-se aos corpos. Ora, o apetite natural põe-se imediatamente em ato, a não ser que haja algo que impeça, como é manifesto no movimento dos pesados e dos leves, pois a natureza opera sempre de um só modo. As almas seriam, pois, imediatamente, unidas aos corpos desde o princípio de sua criação, se não houve algo que impeça. Mas, tudo o que impede a execução do apetite natural é portador de violência. — Por violência, portanto, foi que as almas teriam existido por algum tempo separadas dos corpos. O que é inconveniente. Já porque naquelas substâncias não pode haver algo violento, como foi mostrado. Já porque o violento, e o que é contra a natureza, como é por acidente, não pode ser anterior ao que é segundo a natureza, nem consequente a toda espécie.

Praeterea. Cum unumquodque naturaliter appetat suam perfectionem, materiae est

Além disso. Como cada coisa deseja naturalmente sua perfeição, é próprio da matéria

350 Cf. cap. 68.

appetere formam, et non e converso. Anima autem comparatur ad corpus sicut forma ad materiam, ut supra ostensum est. Non igitur unio animae ad corpus fit per appetitum animae, sed magis per appetitum corporis.

Si autem dicatur quod utrumque est animae naturale, scilicet uniri corpori et esse a corpore separatum, pro diversis temporibus: hoc videtur esse impossibile. Quia ea quae naturaliter variantur circa subiectum, sunt accidentia: sicut iuventus et senectus. Si igitur uniri corpori et separari a corpore naturaliter circa animam varietur, erit accidens animae corpori uniri. Et sic ex hac unione homo constitutus non erit ens per se, sed per accidens.

Praeterea. Omne illud cui accidit alteritas aliqua secundum diversitatem temporum, est subiectum caelesti motui, quem sequitur totus temporis cursus. Substantiae autem intellectuales et incorporeae, inter quas sunt animae separatae, excedunt totum ordinem corporum. Unde non possunt esse subiectae caelestibus motibus. Impossibile est igitur quod, secundum diversa tempora, naturaliter uniantur quandoque et separentur quandoque, vel naturaliter nunc hoc, nunc illud appetant.

Quod neque per violentiam neque per naturam corporibus uniuntur, sed spontanea voluntate: hoc esse non potest. — Nullus enim vult in statum peiorem venire nisi deceptus. Anima autem separata est altioris status quam corpori unita: et praecipue secundum Platonicos qui dicunt quod ex unione corporis patitur oblivionem eorum quae prius scivit, et retardatur a contemplatione pura veritatis. Non igitur volens corpori unitur nisi decepta. Deceptionis autem nulla in ea causa potest existere: cum ponatur, secundum eos, scientiam omnem habere. Nec posset dici quod iudicium ex universali scientia procedens in particulari eligibili subvertatur propter passiones, sicut accidit in incontinentibus: quia

desejar a forma, e não o contrário. Ora, a alma se relaciona com o corpo como a forma com a matéria, como foi mostrado[351]. Portanto, a união da alma com o corpo não se faz por desejo da alma, mas antes por desejo do corpo.

Se, porém, se disser que ambas as coisas são naturais à alma, ou seja, unir-se ao corpo e ser separada do corpo, por tempos diversos, isso parece ser impossível. Porque as coisas que variam naturalmente em relação ao sujeito são acidentes, como, por exemplo, a juventude e a velhice. Se, pois, unir-se ao corpo e separar-se naturalmente do corpo em relação à alma varia, será um acidente da alma unir-se ao corpo. E assim, dessa união, o homem não será constituído ente por si, mas por acidente.

Além disso. Tudo aquilo a que acontece uma alteridade, segundo a diversidade dos tempos, é sujeito ao movimento celeste, ao qual segue todo o curso do tempo. Ora, as substâncias intelectuais e incorpóreas, entre as quais estão as almas separadas, superam toda a ordem dos corpos. Donde não podem ser sujeitas aos movimentos celestes. É impossível, portanto, que, segundo os diversos tempos, se unam naturalmente às vezes, e se separam às vezes, ou naturalmente neste momento desejam isto, naquele momento aquilo.

Que não se unam aos corpos nem por violência nem por natureza, mas por vontade espontânea, isso não pode ser. — Com efeito, ninguém quer chegar a um estado pior, a não ser enganado. Ora, a alma separada é de estado mais elevado do que unida ao corpo, e principalmente segundo os Platônicos, que dizem que da união com o corpo sofre o esquecimento daquelas coisas que antes conheceu, e é atrasada para a contemplação pura da verdade. Portanto, não quer unir-se ao corpo, a não ser enganada. Ora, não pode haver nela nenhuma causa do engano, porque, segundo eles, se afirma que ela tem toda a ciência. Nem se poderia dizer que o juízo proveniente da ciência universal se subverta em particular ele-

351 Cf. cap. 68.

passiones huiusmodi non sunt absque corporali transmutatione; unde non possunt esse in anima separata. Relinquitur ergo quod anima, si fuisset ante corpus, non uniretur corpori propria voluntate.

Praeterea. Omnis effectus procedens ex concursu duarum voluntatum ad invicem non ordinatarum, est effectus casualis: sicut patet cum aliquis, intendens emere, obviat in foro creditori illuc non ex condicto venienti. Voluntas autem propria generantis, ex qua dependet generatio corporis, non habet ordinem cum voluntate animae separatae uniri volentis. Cum igitur absque utraque voluntate unio corporis et animae fieri non possit, sequitur quod sit casualis. Et ita generatio hominis non est a natura, sed a casu. Quod patet esse falsum: cum sit ut in pluribus.

Si autem rursus dicatur quod non ex natura, neque ex propria voluntate anima corpori unitur, sed ex divina ordinatione: — hoc etiam non videtur conveniens, si animae ante corpora fuerunt creatae.

Unumquodque enim Deus instituit secundum convenientem modum suae naturae: unde et Gen. 1, de singulis creatis dicitur, videns Deus quod esset bonum, et simul de omnibus, vidit Deus cuncta quae fecerat, et erant valde bona. Si igitur animas creavit a corporibus separatas, oportet dicere quod hic modus essendi sit convenientior naturae earum. Non est autem ad ordinationem divinae bonitatis pertinens res ad inferiorem statum reducere, sed magis ad meliorem promovere. Non igitur ex divina ordinatione factum fuisset quod anima corpori uniretur.

Praeterea. Non pertinet ad ordinem divinae sapientiae cum superiorum detrimento ea quae sunt infima nobilitare.Infima autem in rerum ordine sunt corpora generabilia et corruptibilia. Non igitur fuisset conveniens ordini divinae sapientiae, ad nobilitandum humana corpora, animas praeexistentes eis

gível, por causa das paixões, como se dá com os incontinentes, porque semelhantes paixões não se dão sem transmutação corporal; donde não podem estar na alma separada. Resta, pois, que a alma, se existisse antes do corpo, não se uniria ao corpo, por vontade própria.

Além disso. Todo efeito procedente do concurso de duas vontades entre si não ordenadas, é efeito casual, como se evidencia com aqueles que, querendo comprar, deparam no mercado um credor que vem ali sem acordo prévio. Ora, a vontade própria de quem gera, da qual depende a geração do corpo, não tem relação com a vontade da alma separada que quer unir-se. Como, pois, sem uma e outra vontade não se pode fazer a união do corpo e da alma, segue-se que é casual. E assim a geração do homem não é pela natureza, mas por acaso. O que se evidencia ser falso, dado que acontece na maioria das vezes.

Se, contudo, se disser de novo que a alma se une ao corpo não pela natureza, nem pela própria vontade, mas por divina ordenação, também isso não parece conveniente, se as almas foram criadas antes dos corpos. Cada coisa, com efeito, Deus dispôs segundo o modo conveniente de sua natureza, donde também no Gênesis, se diz de cada criatura, *vendo Deus que era boa*, e simultaneamente de todas, *viu Deus todas as coisas que fizera, e eram muito boas*[352]. Se, pois, criou as almas separadas dos corpos, é necessário dizer que esse modo de ser é o mais conveniente à natureza delas. Ora, não é pertinente à ordem da divina bondade reduzir as coisas ao estado inferior, mas antes promover ao melhor. Portanto, não teria sido pela divina ordenação que a alma se unisse ao corpo.

Além disso. Não pertence à ordem da divina sabedoria nobilitar aquelas coisas que são ínfimas, com detrimento das superiores. Ora, na ordem das coisas, ínfimos são os corpos geráveis e corruptíveis. Portanto, não teria sido conveniente à ordem da divina sabedoria, para nobilitar os corpos humanos, que

352 Gênesis 1,4.10.12.18.21.25.31.

unire: cum hoc sine detrimento earum esse non possit, ut ex dictis patet.

Hoc autem Origenes considerans, cum poneret animas humanas a principio fuisse creatas, dixit quod ordinatione divina animae corporibus sunt unitae, sed in earum poenam. Nam ante corpora eas peccasse existimavit; et pro quantitate peccati corporibus nobilioribus vel minus nobilibus eas esse, quasi quibusdam carceribus, inclusas. — Sed haec positio stare non potest. Poena enim bono naturae adversatur, et ex hoc dicitur mala. Si igitur unio animae et corporis est quoddam poenale, non est bonum naturae. Quod est impossibile: est enim intentum per naturam; nam ad hoc naturalis generatio terminatur. Et iterum sequeretur quod esse hominem non esset bonum secundum naturam: cum tamen Gen. 1,31 dicatur, post hominis creationem, vidit Deus cuncta quae fecerat, et erant valde bona.

Praeterea. Ex malo non provenit bonum nisi per accidens. Si igitur propter peccatum animae separatae hoc constitutum est, quod anima corpori uniatur, cum hoc sit quoddam bonum, per accidens erit. Casuale igitur fuit quod homo fieret. Quod derogat divinae sapientiae, de qua dicitur, Sap. 11,21, quod omnia in numero, pondere et mensura instituit. — Adhuc autem et hoc repugnat manifeste apostolicae doctrinae. Dicitur enim Rom. 9 de Iacob et esau, quod, cum nondum nati essent aut aliquid boni aut mali egissent, dictum est, quod maior serviet minori. Non igitur, antequam hoc verbum diceretur, aliquid eorum animae peccaverant: cum tamen hoc post eorum conceptionem dictum fuerit, ut patet Gen. 25,23.

Sunt autem supra, cum de distinctione rerum ageretur, plura contra Origenis positio-

unissem a eles as almas preexistentes, dado que isso não poderia ser sem detrimento delas, como é claro pelo que foi dito.

Ora, considerando isso, Orígenes, como sustentasse que as almas humanas tinham sido criadas desde o princípio, disse que, por ordenação divina, as almas são unidas aos corpos, mas em castigo delas. Com efeito, julgou que elas tinham pecado antes dos corpos, e pela quantidade de pecado elas foram encerradas nos corpos, mais nobres ou menos nobres, como que em cárceres. — Mas essa opinião não pode sustentar-se. Com efeito, a pena contraria o bem da natureza, e por isso se diz má. Se, pois, a união da alma e do corpo, é algo penal, não é um bem da natureza. O que é impossível, pois é intencionado pela natureza, conquanto a geração natural tem seu termo nisso. E seguir-se-ia de novo que ser homem não seria um bem segundo a natureza, quando, ao contrário, se diz no livro do Gênesis, após a criação do homem, *viu Deus todas as coisas que fizera, e eram muito boas*[353].

Além disso. Do mal não provém o bem, a não ser por acidente. Se, pois, em razão do pecado da alma separada foi constituído que a alma se unisse ao corpo, dado que isso é um bem, será por acidente. Portanto, foi casual que o homem fosse criado. O que derroga à divina sabedoria, da qual se diz que *instituiu todas as coisas em número, peso e medida*[354]. — Ainda, isso repugna manifestamente à doutrina apostólica. Diz-se, com efeito, de Jacó e Esaú, que, *quando ainda não eram nascidos ou tivessem feito algo de bom ou de mau, foi dito que o maior serviria ao menor*[355]. Portanto, antes que essa determinação fosse dita, as almas deles não cometeram pecado nenhum, embora isso tenha sido dito após sua concepção, como é evidente no livro do Gênesis[356].

Há, porém, acima[357], quando se tratou da distinção das coisas, muitas coisas induzidas

---

[353] Gênesis 1,31.
[354] Sabedoria 11,21.
[355] Romanos 9,11.12.
[356] Gênesis 25,23.
[357] Cf. cap. 44.

nem inducta, quae etiam hic possent assumi. Et ideo, eis praetermissis, ad alia transeundum est.

Item. Necesse est dicere quod anima humana aut indigeat sensibus: aut non. Videtur autem manifeste per id quod experimur, quod indigeat sensibus: quia qui caret sensu aliquo, non habet scientiam de sensibilibus quae cognoscuntur per sensum illum; sicut caecus natus nullam scientiam habet nec aliquid intelligit de coloribus. Et praeterea, si non sunt necessarii humanae animae sensus ad intelligendum, non inveniretur in homine aliquis ordo sensitivae et intellectivae cognitionis. Cuius contrarium experimur: nam ex sensibus fiunt in nobis memoriae, ex quibus experimenta de rebus accipimus, per quae ad comprehendendum universalia scientiarum et artium principia pervenimus.

Si ergo anima humana ad intelligendum sensibus indiget; natura autem nulli deficit in necessariis ad propriam operationem explendam, sicut animalibus habentibus animam sensitivam et motivam, dat convenientia organa sensus et motus: non fuisset anima humana sine necessariis adminiculis sensuum instituta. Sensus autem non operantur sine organis corporeis, ut ex dictis patet. Non igitur fuit instituta anima sine organis corporeis.

Si autem anima humana non indiget sensibus ad intelligendum, et propter hoc dicitur absque corpore fuisse creata; oportet dicere quod, antequam corpori uniretur, omnium scientiarum veritates intelligebat per seipsam. Quod et Platonici concesserunt, dicentes ideas, quae sunt formae rerum intelligibiles separatae secundum Platonis sententiam, causam scientiae esse: unde anima separata, cum nullum impedimentum adesset, plenarie omnium scientiarum cognitionem accipie-

contra a opinião de Orígenes, as quais também aqui poderiam ser retomadas. Mas, deixadas de fora, deve-se passar a outras.

Igualmente. É necessário dizer que a alma humana ou precisa dos sentidos, ou não. Ora, pelo que experimentamos parece manifestamente que precisa dos sentidos, porque aquele que carece de algum sentido, não tem a ciência dos sensíveis que são conhecidos por aquele sentido; por exemplo, o nascido cego não tem ciência nenhuma, nem entende coisa nenhuma de cores. E, além disso, se à alma humana não são necessários os sentidos para conhecer, não se encontraria no homem nenhuma ordem de conhecimento sensitivo e intelectivo. O contrário disso experimentamos, pois dos sentidos produzem-se em nós as memórias, dessas recebemos as experiências das coisas, pelas quais chegamos aos princípios para compreender os universais das ciências e das artes.

Se, portanto, a alma humana precisa dos sentidos para conhecer, e a natureza não carece de coisa nenhuma *das necessárias*[358] para realizar a operação própria; por exemplo, dá aos animais que têm alma sensitiva e motora os órgãos convenientes do sentido e do movimento, não haveria alma humana sem os necessários subsídios instituídos dos sentidos. Ora, os sentidos não operam sem os órgãos corpóreos, como está claro pelo que foi dito[359]. Logo, a alma não foi constituída sem os órgãos corpóreos.

Entretanto, se a alma humana não precisa dos sentidos para conhecer, e por causa disso se afirma que foi criada sem corpo, é necessário dizer que, antes que se unisse ao corpo, conhecia por si mesma as verdades de todas as ciências. O que também os Platônicos concederam, dizendo que as ideias, que são as formas inteligíveis separadas das coisas, segundo a doutrina de Platão, eram a causa da ciência[360], donde a alma separada, em não havendo nenhum impedimento, recebia ple-

358 Aristóteles (384-322 a.C.), em *Sobre a Alma* III, 9, 432b, 21-22.
359 Cf. cap. 57.
360 Platão (± 428-347 a.C.), em *Fédon* 18, 72 E.

bat. Oportet igitur dicere quod, dum corpori unitur, cum inveniatur ignorans, oblivionem praehabitae scientiae patiatur. Quod etiam Platonici confitentur: huius rei signum esse dicentes quod quilibet, quantumcumque ignoret, ordinate interrogatus de his quae in scientiis traduntur, veritatem respondet; sicut, cum aliquis iam oblito aliquorum quae prius scivit, seriatim proponit ea quae prius fuerat oblitus, in eorum memoriam ipsum reducit. Ex quo etiam sequebatur quod discere non esset aliud quam reminisci. — Sic igitur ex hac positione de necessitate concluditur quod unio corporis animae praestet intelligentiae impedimentum. Nulli autem rei natura adiungit aliquid propter quod sua operatio impediatur: sed magis ea per quae fiat convenientior. Non igitur erit unio corporis et animae naturalis. Et sic homo non erit res naturalis, nec eius generatio naturalis. Quae patet esse falsa.

Praeterea. Ultimus finis rei cuiuslibet est illud ad quod res pervenire nititur per suas operationes. Sed per omnes proprias operationes ordinatas et rectas homo pervenire nititur in veritatis contemplationem: nam operationes virtutum activarum sunt quaedam praeparationes et dispositiones ad virtutes contemplativas. Finis igitur hominis est pervenire ad contemplationem veritatis. Propter hoc igitur anima est unita corpori: quod est esse hominem. Non igitur per hoc quod unitur corpori, scientiam habitam perdit, sed magis ei unitur ut scientiam acquirat.

Item. Si aliquis scientiarum ignarus de his quae ad scientias pertinent interrogetur, non respondebit veritatem nisi de universalibus principiis, quae nullus ignorat, sed sunt ab omnibus eodem modo et naturaliter cognita. Postmodum autem ordinate interrogatus, respondebit veritatem de his quae sunt propinqua principiis, habito respectu ad principia; et sic deinceps quousque virtutem primorum principiorum ad ea de quibus interrogatur,

namente o conhecimento de todas as ciências. Portanto, é necessário dizer que, enquanto se une ao corpo, ao achar-se ignorante, sofre do esquecimento da ciência anteriormente tida. O que também os Platônicos reconhecem: sinal disso é dizer que qualquer homem, por muito ignorante, quando interrogado adequadamente sobre aquelas coisas que se ensinam em ciências, responde a verdade; por exemplo, quando alguém propõe, de modo ordenado, ao esquecido, algumas coisas que antes soube, conduze-o à lembrança delas. Disso também se seguia *que aprender não é outra coisa que lembrar-se.* — Assim, portanto, dessa opinião se conclui, por necessidade, que a união do corpo traz à alma impedimento de inteligência. Ora, a natureza não acrescenta a coisa alguma algo, em razão do qual é impedida sua operação, mas antes aquelas coisas pelas quais a operação se faz mais conveniente. Logo, não haveria união natural do corpo e da alma. E, desse modo, o homem não seria uma realidade natural, nem natural sua geração. Coisas que evidentemente são falsas.

Além disso. O fim último de qualquer coisa é aquilo que a coisa se esforça por atingir por suas operações. Mas, por todas as operações próprias, ordenadas e retas, o homem se esforça por atingir a contemplação da verdade, pois as operações das potências ativas são preparações e disposições para as potências contemplativas. Logo, o fim do homem é chegar à contemplação da verdade. Em razão, pois, de que haja o ser homem, a alma está unida ao corpo: portanto, não é para se unir ao corpo, que perde a ciência havida, mas antes a ele se une para adquirir ciência.

Igualmente. Se alguém, ignorante daquelas coisas que pertencem às ciências, é interrogado, não responderá a verdade, a não ser a respeito de princípios universais, que ninguém ignora, mas são conhecidos por todos do mesmo modo e naturalmente. Mas depois, ordenadamente interrogado, responderá a verdade sobre aquelas coisas que são próximas dos princípios, havida a relação com os princípios; e assim sucessivamente, enquan-

applicare potest. Ex hoc igitur manifeste apparet quod per principia prima, in eo qui interrogatur, causatur cognitio de novo. Non igitur prius habitae notitiae reminiscitur.

Praeterea. Si ita esset animae naturalis cognitio conclusionum sicut principiorum, eadem esset sententia apud omnes de conclusionibus sicut de principiis: quia quae sunt naturalia, sunt eadem apud omnes. Non est autem apud omnes eadem sententia de conclusionibus, sed solum de principiis. Patet igitur quod cognitio principiorum est nobis naturalis, non autem conclusionum. Quod autem non est naturale nobis, acquirimus per id quod est naturale: sicut etiam in exterioribus per manus instituimus omnia artificialia. Non ergo conclusionum scientia est in nobis nisi ex principiis acquisita.

Adhuc. Cum natura semper ordinetur ad unum, unius virtutis oportet esse naturaliter unum obiectum: sicut visus colorem, et auditus sonum. Intellectus igitur cum sit una vis, est eius unum naturale obiectum, cuius per se et naturaliter cognitionem habet. Hoc autem oportet esse id sub quo comprehenduntur omnia ab intellectu cognita: sicut sub colore comprehenduntur omnes colores, qui sunt per se visibiles. Quod non est aliud quam ens. Naturaliter igitur intellectus noster cognoscit ens, et ea quae sunt per se entis inquantum huiusmodi; in qua cognitione fundatur primorum principiorum notitia, ut non esse simul affirmare et negare, et alia huiusmodi. Haec igitur sola principia intellectus noster naturaliter cognoscit, conclusiones autem per ipsa: sicut per colorem cognoscit visus tam communia quam sensibilia per accidens.

Praeterea. Id quod per sensum in nobis acquiritur, non infuit animae ante corpus. Sed ipsorum principiorum cognitio in nobis ex sensibilibus causatur: nisi enim aliquod

to se puder aplicar a potência dos primeiros princípios com relação àquelas coisas sobre as quais é interrogado. Disso, portanto, manifestamente se evidencia que pelos primeiros princípios, é causado novo conhecimento naquele que é interrogado. Não é, portanto, que se lembre de conhecimento tido antes.

Além disso. Se o conhecimento das conclusões como dos princípios assim fosse natural à alma, seria o mesmo em todos o conhecimento sobre as conclusões, como sobre os princípios, porque aquelas coisas que são naturais, são as mesmas em todos. Ora, não é o mesmo em todos o conhecimento das conclusões, mas apenas dos princípios. Evidencia-se, pois, que o conhecimento dos princípios é-nos natural, não, porém, o das conclusões. Ora, o que não é natural em nós, adquirimos por meio daquilo que é natural, assim como nas coisas exteriores produzimos pelas mãos todos os artefatos. Portanto, a ciência das conclusões não está em nós, se não adquirida pelos princípios.

Ainda. Como a natureza sempre se ordena à unidade, é necessário que de uma só potência seja naturalmente um só objeto; por exemplo, da vista, a cor, do ouvido, o som. O intelecto, portanto, como é uma força, é seu um só objeto natural, do qual por si e naturalmente tem o conhecimento. Ora, é necessário que isso seja aquilo sob o qual são compreendidas todas as coisas conhecidas pelo intelecto, assim como sob a cor são compreendidas todas as cores, que são por si visíveis. O que não é outra coisa senão o ente. Naturalmente, pois, nosso intelecto conhece o ente, e aquelas coisas que são por si do ente, enquanto tal; nesse conhecimento se funda a noção dos primeiros princípios, como: *não se pode simultaneamente afirmar e negar*, e outros semelhantes. Portanto, nosso intelecto conhece naturalmente só esses princípios, mas por eles as conclusões, como pela cor conhece a vista tanto os sensíveis comuns quanto os por acidente.

Além disso. Aquilo que adquirimos pelo sentido, não esteve na alma antes do corpo. Mas, em nós o conhecimento dos mesmos princípios é causado pelos sensíveis, pois, a não ser

totum sensu percepissemus, non possemus intelligere quod totum esset maius parte; sicut nec caecus natus aliquid percipit de coloribus. Ergo nec ipsorum principiorum cognitio affuit animae ante corpus. Multo igitur minus aliorum. Non igitur firma est Platonis ratio quod anima fuit antequam corpori uniretur.

Item. Si omnes animae praeextiterunt corporibus quibus uniuntur, consequens videtur quod eadem anima secundum vicissitudinem temporum diversis corporibus uniatur. Quod quidem aperte consequitur ponentes aeternitatem mundi. Si enim generatio hominum est sempiterna, oportet infinita corpora humana generari et corrumpi secundum totum temporis decursum. Aut ergo oportebit dicere animas praeextitisse actu infinitas, si singulae animae singulis corporibus uniuntur: aut oportebit dicere, si animae sunt finitae, quod eaedem uniantur nunc his, nunc illis corporibus.

Idem autem videtur sequi si ponantur animae praefuisse corporibus, et tamen generatio non sit aeterna. Etsi enim ponatur humana generatio non semper fuisse, tamen nulli dubium est quin secundum naturam in infinitum possit durare: sic enim est unusquisque naturaliter institutus, nisi per accidens impediatur, ut, sicut est ab alio generatus, ita possit alium generare. Hoc autem esset impossibile, si, animabus existentibus finitis, una pluribus corporibus uniri non possit. Unde et plures ponentium animas ante corpora, ponunt transitum animae de corpore in corpus. Hoc autem est impossibile. Non igitur animae ante corpora praeextiterunt.

Quod autem sit impossibile unam animam diversis corporibus uniri, sic patet. Animae enim humanae non differunt specie ab invicem, sed numero solo: alioquin et homines specie differrent. Differentia autem

que percebêssemos pelo sentido algum todo, não poderíamos conhecer *que o todo é maior que a parte*, como o nascido cego não percebe algo das cores. Portanto, tampouco o conhecimento dos mesmos princípios não esteve presente à alma, antes do corpo. Muito menos, pois, o conhecimento de outras coisas. Não é, assim, consistente a razão de Platão, de que a alma existiu antes que se unisse ao corpo.

Igualmente. Se todas as almas tivessem preexistido aos corpos aos quais se unem, parece consequente que uma mesma alma, segundo a vicissitude dos tempos, se una a corpos diversos. O que abertamente se segue para os que sustentam a eternidade do mundo. Se, com efeito, a geração dos homens é sempiterna, é necessário que sejam gerados corpos humanos infinitos e que se corrompam segundo todo o decurso do tempo. Ou, portanto, será necessário afirmar que preexistam almas infinitas em ato, se cada alma se une a cada corpo, ou será necessário dizer, se as almas são finitas, que elas se unam ora a estes, ora àqueles corpos.

Entretanto, a mesma coisa parece seguir-se, se se sustenta que as almas existiram antes dos corpos, e que, no entanto, a geração não é eterna. Embora, com efeito, se sustente que a geração humana nem sempre tenha existido, entretanto, não há dúvida nenhuma de que possa segundo a natureza durar ao infinito, pois assim é cada coisa instituída naturalmente, a não ser que seja impedida por acidente, de modo que, assim como o que é gerado por outro, possa dessa maneira gerar outro. Ora, isso é impossível, se, sendo finitas as almas existentes, uma não possa unir-se a vários corpos. Donde também vários dos que afirmam que as almas são anteriores aos corpos, afirmam a passagem da alma de corpo a corpo. Ora, isso é impossível. Logo, as almas não preexistiram antes dos corpos.

Que, entretanto, é impossível que uma alma se una a diversos corpos, assim se evidencia. As almas humanas, com efeito, não diferem em espécie umas das outras, mas apenas em número: caso contrário, também

secundum numerum est secundum principia materialia. Oportet igitur diversitatem animarum secundum aliquid materiale sumi. Non autem ita quod ipsius animae sit materia pars: ostensum est enim supra quod est substantia intellectualis, et quod nulla talis substantia materiam habet. Relinquitur ergo quod secundum ordinem ad diversas materias quibus animae uniuntur, diversitas et pluralitas animarum sumatur, eo modo quo supra dictum est. Si igitur sunt diversa corpora, necesse est quod habeant diversas animas sibi unitas. Non igitur una pluribus unitur.

Adhuc. Ostensum est supra animam uniri corpori ut formam. Formas autem oportet esse propriis materiis proportionatas: cum se habeant ad invicem sicut potentia et actus; proprius enim actus propriae potentiae respondet. Non ergo una anima pluribus corporibus unitur.

Amplius. Virtutem motoris oportet esse suo mobili proportionatam: non enim quaecumque virtus movet quodcumque mobile. Anima autem, etsi non sit forma corporis, non tamen potest dici quod non sit motor ipsius: animatum enim ab inanimato distinguimus sensu et motu. Oportet igitur secundum diversitatem corporum esse diversitatem animarum.

Item. In his quae generantur et corrumpuntur, impossibile est per generationem reiterari idem numero: cum enim generatio et corruptio sit motus in substantiam, in his quae generantur et corrumpuntur non manet substantia eadem, sicut manet in his quae secundum locum moventur. Sed si una anima diversis corporibus generatis unitur successive, redibit idem numero homo per generationem. Quod Platoni de necessitate sequitur, qui dixit hominem esse animam corpore in-

os homens se difeririam em espécie. Ora, a diferença segundo o número é segundo os princípios materiais. É necessário, pois, que a diversidade das almas humanas seja entendida segundo algo material. Não, porém, de modo que a matéria seja parte da própria alma, pois foi mostrado[361] que ela é substância intelectual, e que nenhuma substância desse tipo tem matéria. Resta, portanto, que, segundo a ordem às diversas matérias às quais se unem as almas, entenda-se a diversidade e a pluralidade das almas, do mesmo modo que foi dito[362]. Se, pois, há diversos corpos, é necessário que tenham diversas almas a si unidas. Portanto, uma só não se une a vários.

Ainda. Foi mostrado[363] que a alma se une ao corpo como forma. Ora, é necessário que as formas sejam proporcionadas às matérias próprias, pois se relacionam mutuamente como potência e ato; com efeito, um ato próprio corresponde a uma potência própria. Portanto, uma mesma alma não se une a muitos corpos.

Ademais. É necessário que a força do motor seja proporcionada a seu móvel, pois qualquer força não move qualquer móvel. Ora, a alma, mesmo que não seja forma do corpo, não se pode dizer que não é seu motor, pois distinguimos o animado do inanimado por sentido e movimento. Logo, é necessário que segundo a diversidade dos corpos seja a diversidade das almas.

Igualmente. Naquelas coisas que são geradas e se corrompem, é impossível reiterar-se por geração o mesmo em número, pois, como a geração e a corrupção são movimentos na substância, naquelas coisas que são geradas e se corrompem a substância não permanece a mesma, como permanece naquelas que se movem segundo o lugar. Mas se uma alma se une sucessivamente a diversos corpos gerados, voltaria o mesmo homem em número por geração. O que se segue por necessidade

361 Cf. caps. 50, 51 e 68.
362 Cf. caps. 80 e 81.
363 Cf. cap. 68.

dutam. Sequitur etiam et aliis quibuscumque: quia, cum unitas rei sequatur formam, sicut et esse, oportet quod illa sint unum numero quorum est forma numero una. Non igitur est possibile unam animam diversis corporibus uniri. Ex quo etiam sequitur quod nec animae fuerunt ante corpora.

Huic autem veritati catholicae fidei sententia concordat. Dicitur enim in Psalmo: qui finxit singillatim corda eorum: quia scilicet unicuique seorsum Deus animam fecit, non autem simul omnes creavit, neque unam diversis corporibus adiunxit. Hinc etiam in libro de ecclesiast. Dogmatibus dicitur: animas hominum dicimus non esse ab initio inter ceteras intellectuales naturas, nec simul creatas, sicut Origenes fingit.

Capitulum LXXXIV
Solutio rationum praemissarum

Rationes autem quibus probatur animas ab aeterno fuisse, vel saltem corporibus praeextitisse, facile est solvere.

Quod enim primo dicitur, animam habere virtutem ut sit semper, concedi oportet: sed sciendum quod virtus et potentia rei non se extendit ad id quod fuit, sed ad id quod est vel erit; unde et in praeteritis possibilitas locum non habet. Non igitur ex hoc quod anima habet virtutem ut sit semper, potest concludi quod semper fuerit; sed quod semper erit.

Praeterea. Ex virtute non sequitur id ad quod est virtus, nisi supposita virtute. Quamvis igitur anima habeat virtutem ut sit semper, non tamen potest concludi quod anima sit semper, nisi postquam hanc virtutem accepit. Si autem sumatur quod hanc virtutem ab ae-

a Platão, ele que disse que *o homem é a alma introduzida no corpo*[364]. Seguem-se também outras consequências, porque, como a unidade da coisa segue a forma, como também o ser, é necessário que seja numericamente uno tudo o que tem numericamente uma mesma forma. Portanto, não é possível que uma mesma alma se una a diversos corpos. Disso também se segue que nem as almas existiram antes dos corpos.

Ora, a essa verdade concorda a doutrina da fé católica. Diz-se, com efeito, no Salmo: *Pois forma o coração de cada um*[365]: ou seja, porque a cada um Deus fez a alma, separadamente, mas não criou todas ao mesmo tempo, nem determinou uma mesma alma a diversos corpos. Daqui também se diz no livro dos Dogmas Eclesiásticos: *Dizemos que as almas dos homens não estão desde o início entre as outras naturezas intelectuais, nem simultaneamente criadas, como imagina Orígenes*[366].

Capítulo 84
Solução das razões propostas

É fácil rebater as razões pelas quais se prova que as almas existiram desde a eternidade, ou ao menos que preexistiram aos corpos.

Em primeiro lugar, o que se diz que a alma tem a potência para ser sempre, é necessário conceder-se, mas deve-se saber que a capacidade e a potência da coisa não se estende àquilo que foi, mas àquilo que é ou será; donde também a possibilidade nas coisas passadas não tem lugar. Portanto, do fato de que a alma tem potência para ser sempre, não se pode concluir que sempre existiu, mas que sempre existirá.

Além disso. Da potência não se segue aquilo para o qual é a potência, senão suposta a potência. Embora, pois, a alma tenha a potência para ser sempre, não pode, entretanto, concluir-se que a alma seja sempre, senão depois que tenha recebido essa potência. Se,

---

[364] Cf. cap. 57.
[365] Salmo 32,15.
[366] Genádio (séc. V), em *Dos Dogmas Eclesiásticos*, 14, ML 58.

terno habuerit, erit petitum id quod oportebit probari, scilicet quod fuerit ab aeterno.

Quod vero secundo obiicitur, de aeternitate veritatis, quam intelligit anima, considerare oportet quod intellectae veritatis aeternitas potest intelligi dupliciter: uno modo, quantum ad id quod intelligitur; alio modo, quantum ad id quo intelligitur. Et si quidem veritas intellecta sit aeterna quantum ad id quod intelligitur, sequetur aeternitas rei quae intelligitur, non autem intelligentis. Si autem veritas intellecta sit aeterna quantum ad id quo intelligitur, sequeretur intelligentem animam esse aeternam. Sic autem veritas intellecta non est aeterna, sed primo modo: ex praemissis enim patet species intelligibiles quibus anima nostra intelligit veritatem, de novo nobis advenire ex phantasmatibus per intellectum agentem. — Unde non potest concludi quod anima sit aeterna: sed quod veritates intellectae fundentur in aliquo aeterno; fundantur enim in prima veritate, sicut in causa universali contentiva omnis veritatis. Ad hoc autem aeternum comparatur anima, non sicut subiectum ad formam, sed sicut res ad proprium finem: nam verum est bonum intellectus et finis ipsius. Ex fine autem argumentum accipere possumus de rei duratione, sicut et de initio rei argumentari possumus per causam agentem: quod enim est ordinatum ad finem sempiternum, oportet esse capax perpetuae durationis. — Unde potest probari ex aeternitate veritatis intelligibilis immortalitas animae, non autem eius aeternitas. Quod vero etiam non possit probari ex aeternitate agentis, patet ex his quae supra dicta sunt cum de aeternitate creaturarum quaereretur.

Quod etiam tertio obiicitur, de perfectione universi, necessitatem non habet. Universi enim perfectio attenditur quantum ad species,

contudo, entende-se que tenha tido essa potência desde a eternidade, afirma-se o que será necessário ser provado, ou seja, que tenha existido desde a eternidade.

Em segundo lugar, o que se objeta sobre a eternidade da verdade, que a alma conhece, é necessário considerar que a eternidade da verdade conhecida pode ser entendida duplamente: de um modo, quanto ao que se conhece; de outro modo, quanto àquilo pelo que se conhece. E se a verdade conhecida é eterna quanto ao que se conhece, segue-se a eternidade da coisa que é conhecida, não, porém, do conhecedor. Se, contudo, a verdade conhecida é eterna quanto àquilo pelo que se conhece, seguir-se-ia que a alma conhecedora seria eterna. Mas, assim é eterna somente a verdade conhecida do primeiro modo: evidencia-se, com efeito, das premissas que as espécies inteligíveis, pelas quais nossa alma conhece a verdade, chega-nos dos fantasmas por meio do intelecto agente. — Donde não se pode concluir que a alma seja eterna, mas que as verdades conhecidas se fundam em algo eterno, pois se fundam na verdade primeira, como na causa universal compreensiva de toda verdade. Ora, com esse eterno relaciona-se a alma, não como o sujeito com a forma, mas como a coisa com seu próprio fim, porquanto o verdadeiro é o bem do intelecto e seu próprio fim. Ora, pelo fim podemos entender o argumento no sentido da duração da coisa, como também do início da coisa podemos argumentar pela causa agente, pois o que é ordenado ao fim sempiterno, é necessário que seja capaz de duração perpétua. — Donde, pode-se provar pela eternidade da verdade inteligível a imortalidade da alma, não, porém, sua eternidade. Que também não se possa provar pela eternidade do agente, evidencia-se daquelas coisas que foram ditas[367], quando se perguntava sobre a eternidade das criaturas.

Em terceiro lugar, o que se objeta sobre a perfeição do universo não tem necessidade. Com efeito, a perfeição do universo é atendida

367 Cf. cap. 31 ss.

non autem quantum ad individua: cum continue universo plurima individua addantur praeexistentium specierum. Animae autem humanae non sunt diversae secundum speciem, sed solum numero, ut probatum est. Unde non repugnat perfectioni universi si animae de novo creentur.

Ex quo etiam patet solutio ad id quod quarto obiicitur. Simul enim dicitur, Gen. 1, quod Deus consummavit opera sua, et quod requievit ab omni opere quod patrarat. Sicut ergo consummatio sive perfectio creaturarum secundum species consideratur et non secundum individua, ita quies Dei est intelligenda secundum cessationem a novis speciebus condendis: non autem a novis individuis, quorum similia secundum speciem praecesserunt. Et sic, cum omnes animae humanae sint unius speciei sicut et omnes homines, non repugnat praedictae quieti si Deus quotidie novas animas creat.

Sciendum autem est quod ab Aristotele non invenitur dictum quod intellectus humanus sit aeternus: quod tamen dicere consuevit in his quae secundum suam opinionem semper fuerunt. Dicit autem ipsum esse perpetuum: quod quidem potest dici de his quae semper erunt, etiam si non semper fuerunt. Unde et in XI metaphys., cum animam intellectivam a conditione aliarum formarum exciperet, non dixit quod haec forma fuerit ante materiam, quod tamen Plato de ideis dicebat, et sic videbatur conveniens materiae in qua loquebatur ut aliquid tale de anima diceret: sed dixit quod manet post corpus.

quanto à espécie, mas não quanto aos indivíduos, dado que continuamente se somam ao universo muitos indivíduos das espécies preexistentes. Ora, as almas humanas não são diversas quanto à espécie, mas só quanto ao número, como foi provado[368]. Por isso, não repugna à perfeição do universo se novas almas são criadas.

Em quarto lugar, do que foi dito também se evidencia a solução para a quarta razão. Diz-se, com efeito, simultaneamente em Gênesis, que Deus *consumou suas obras, e que descansou de toda obra que realizara*[369]. Como, pois, a consumação ou perfeição das criaturas é considerada segundo a espécie, não segundo os indivíduos, assim o descanso de Deus deve ser entendido segundo a cessação de produzir novas espécies, mas não de novos indivíduos, os quais os símiles precederam segundo a espécie. E assim, dado que todas as almas humanas são de uma só espécie, como também todos os homens, não repugna ao mencionado descanso, se Deus cria quotidianamente novas almas.

Deve-se saber, porém, que não se acha dito por Aristóteles que o intelecto humano seja eterno, mas o que costumava dizer daquelas coisas que, segundo sua opinião, sempre existiram. Ora, afirma que ele era perpétuo[370], o que, certamente, pode-se dizer daquelas coisas que sempre existirão, embora não que sempre existiram. Donde no livro da Metafísica[371], quando excetua a alma intelectiva da condição das outras formas, não disse que esta forma tenha sido antes da matéria, o que, porém, afirmara Platão a respeito das ideias, e assim parecia conveniente à matéria, da qual tratava, que tivesse atribuído tal coisa à alma, mas disse que *ela permanece após o corpo.*

---

[368] Cf. cap. 81.
[369] Gênesis 2,2.
[370] Cf. caps. 61 e 68.
[371] Aristóteles (384-322 a.C.), em *Metafísica* XI, 3, 1070a, 24-25.

Capitulum LXXXV

Quod anima non sit de substantia Dei

Ex his etiam patet animam non esse de substantia Dei.

Ostensum est enim supra divinam substantiam esse aeternam, nec aliquid eius de novo incipere. Animae autem humanae non fuerunt ante corpora, ut ostensum est. Non igitur anima potest esse de substantia divina.

Amplius. Ostensum est supra quod Deus nullius rei forma esse potest. Anima autem humana est forma corporis, ut ostensum est. Non igitur est de substantia divina.

Praeterea. Omne illud ex quo fit aliquid, est in potentia ad id quod fit ex eo. Substantia autem Dei non est in potentia ad aliquid: cum sit purus actus, ut supra ostensum est. Impossibile est igitur quod ex substantia Dei fiat anima, vel quodcumque aliud.

Adhuc. Illud ex quo fit aliquid, aliquo modo mutatur. Deus autem est omnino immobilis, ut supra probatum est. Impossibile est igitur quod ex eo aliquid fieri possit.

Amplius. In anima manifeste apparet variatio secundum scientiam et virtutem et eorum opposita. Deus autem est omnino invariabilis, et per se et per accidens. Non igitur anima potest esse de substantia divina.

Item. Supra ostensum est quod Deus est actus purus, in quo nulla potentialitas invenitur. In anima autem humana invenitur et potentia et actus: est enim in ea intellectus possibilis, qui est potentia ad omnia intelligibilia, et intellectus agens, ut ex supra dictis patet. Non est igitur anima humana de natura divina.

Capítulo 85

A alma não é da substância de Deus

Do que foi dito, manifesta-se também que a alma não é da substância de Deus.

Com efeito, foi mostrado[372] que a divina substância é eterna, e que dela nada de novo começa. Ora, as almas humanas não existiram antes dos corpos, como foi mostrado[373]. Portanto, a alma não pode ser da substância divina.

Ademais. Foi mostrado[374] que Deus não pode ser forma de coisa nenhuma. Ora, a alma humana é forma do corpo, como foi mostrado[375]. Portanto, não é da substância divina.

Além disso. Tudo aquilo de que algo se faz, está em potência para aquilo que dele se faz. Ora, a substância de Deus não está em potência para coisa nenhuma, dado que é ato puro, como foi mostrado[376]. Logo, é impossível que a alma humana ou qualquer outra coisa se faça da substância de Deus.

Ainda. Aquilo de que se faz algo, muda-se de algum modo. Ora, Deus é totalmente imóvel, como foi provado[377]. Logo, é impossível que dele algo possa ser feito.

Ademais. Na alma manifesta-se claramente a variação segundo a ciência e a potência e as coisas opostas delas. Ora, Deus é totalmente invariável, tanto por si quanto por acidente. Logo, a alma não pode ser da substância divina.

Igualmente. Foi mostrado[378] que Deus é ato puro, no qual não se acha potencialidade nenhuma. Ora, na alma humana acha-se tanto a potência quanto o ato, pois nela está o intelecto possível, que é potência para todos os inteligíveis, e o intelecto agente, como se evidencia do que foi dito[379]. Logo, a alma humana não é de natureza divina.

372 Livro I, cap. 15.
373 Cf. cap. 83 ss.
374 Livro I, cap. 27.
375 Cf. cap. 68.
376 Livro I, cap. 16.
377 Livro I, cap. 13.
378 Livro I, cap. 16.
379 Cf. caps. 61 e 76.

Item. Cum substantia divina sit omnino impartibilis, non potest aliquid substantiae eius esse anima nisi sit tota substantia eius. Substantiam autem divinam impossibile est esse nisi unam, ut supra ostensum est. Sequitur igitur quod omnium hominum sit tantum anima una quantum ad intellectum. Et hoc supra improbatum est. Non est igitur anima de substantia divina.

Videtur autem haec opinio ex triplici fonte processisse. Quidam enim posuerunt nullam substantiam incorpoream esse. Unde nobilissimum corporum Deum esse dicebant, sive hoc esset aer, sive ignis, sive quodcumque aliud principium ponebant, et de natura huius corporis animam esse dicebant: nam omnes id quod ponebant principium, animae attribuebant, ut patet per Aristotelem in I de anima. Et sic sequebatur animam esse de substantia divina.

Et ex hac radice pullulavit positio Manichaei, qui existimavit Deum esse quandam lucem corpoream per infinita spatia distensam, cuius quandam particulam humanam animam esse dicebat. Haec autem positio supra improbata est, et per hoc quod ostensum est Deum non esse corpus; et per hoc quod ostensum est animam etiam humanam corpus non esse, nec aliquam intellectualem substantiam.

Quidam vero posuerunt intellectum omnium hominum esse unum, vel agentem tantum, vel agentem et possibilem simul, sicut supra dictum est. — Et quia quamlibet substantiam separatam antiqui Deum esse dicebant, sequebatur animam nostram, idest intellectum quo intelligimus, esse divinae naturae.

Unde et a quibusdam nostri temporis christianae fidei professoribus, ponentibus

Igualmente. Dado que a substância divina é totalmente indivisível[380], não pode algo de sua substância ser alma, se não é toda a sua substância. Ora, é impossível que a substância divina não seja senão uma só, como foi mostrado[381]. Portanto, segue-se que em todos os homens há apenas uma só alma quanto ao intelecto. Mas, isso foi refutado[382]. Logo, a alma não é da substância divina.

Ora, parece que essa opinião procede de tríplice fonte.

Com efeito, alguns sustentaram não existir nenhuma substância incorpórea. Donde diziam que Deus é um corpo nobilíssimo, quer isso seja o ar, quer o fogo, quer defendiam qualquer outro princípio, e afirmavam que a alma era da natureza desse corpo, pois todos os que colocavam esse princípio, atribuíam-no à alma, como está claro em Aristóteles[383]. E assim seguia-se que a alma era da substância divina.

E dessa raiz brotou a opinião de Maniqueu, que julgou que Deus era uma luz corpórea distendida por espaços infinitos, da qual diziam ser a alma humana uma partícula. Ora, essa opinião foi refutada porque foi mostrado que Deus não era um corpo[384], e porque foi mostrado que a alma humana também não era corpo, nem outra substância intelectual[385].

Alguns sustentaram que era um só o intelecto de todos os homens, ou só o agente, ou o agente e o possível simultaneamente, como foi dito[386]. — E porque os antigos diziam que qualquer substância separada era Deus, seguia-se que nossa alma, ou seja, o intelecto pelo qual conhecemos, era da natureza divina.

Donde, também foi expressamente dito por alguns de nosso tempo, que professam a fé

380 Livro I, cap. 18.
381 Livro I, cap. 42.
382 Cf. caps. 73 ss.
383 Aristóteles (384-322 a.C.), em *Sobre a Alma* I, 2, 404b, 8-11.
384 Livro I, cap. 20.
385 Cf. caps. 49, 65.
386 Cf. caps. 73 ss.

intellectum agentem separatum, dictum est expresse quod intellectus agens sit Deus. Haec autem positio de unitate intellectus nostri supra improbata est.

Potuit autem et ex ipsa similitudine animae nostrae ad Deum haec opinio nasci. Intelligere enim, quod maxime aestimatur proprium Dei, nulli substantiae in mundo inferiori convenire invenitur nisi homini, propter animam. Unde videri potuit animam ad naturam divinam pertinere. Et praesertim apud homines in quorum opinionibus erat firmatum quod anima hominis esset immortalis.

Ad hoc etiam coadiuvare videtur quod Gen. 1,26, postquam dictum est: faciamus hominem ad imaginem et similitudinem nostram, subditur: formavit Deus hominem de limo terrae, et inspiravit in faciem eius spiraculum vitae. Ex quo quidam accipere voluerunt quod anima sit de natura divina. Qui enim in faciem alterius spirat, idem numero quod in ipso erat, in alium emittit. Et sic videtur Scriptura innuere quod aliquid divinum a Deo in hominem ad ipsum vivificandum immissum sit. Sed similitudo praedicta non ostendit hominem esse aliquid substantiae divinae: cum in intelligendo defectum multipliciter patiatur, quod de Deo dici non potest. Unde haec similitudo magis est indicativa cuiusdam imperfectae imaginis quam alicuius consubstantialitatis. Quod etiam Scriptura innuit cum dicit ad imaginem Dei hominem factum. Unde et inspiratio praedicta processum vitae a Deo in hominem secundum quandam similitudinem demonstrat, non secundum unitatem substantiae.

Propter quod et in faciem spiritus vitae dicitur inspiratus: quia, cum in hac parte corporis sint plurium sensuum organa sita, in ipsa facie evidentius vita monstratur. Sic igitur Deus inspirasse in faciem hominis spiraculum dicitur, quia spiritum vitae homini dedit, non eum ex sua substantia decidendo.

cristã, ao afirmar o intelecto agente separado, que o intelecto agente é Deus. Entretanto, essa opinião sobre a unidade de nosso intelecto foi refutada[387].

Essa opinião, porém, pôde nascer da própria semelhança de nossa alma com Deus. Conhecer, com efeito, que maximamente se julga próprio de Deus, não convém a nenhuma substância no mundo inferior senão ao homem, em razão da alma. Donde pôde parecer que a alma pertencia à natureza divina. E principalmente entre os homens em cujas opiniões era afirmado que a alma humana era imortal.

A isso também parece confirmar o que no livro do Gênesis, depois de ter dito; *façamos o homem à nossa imagem e semelhança*[388], acrescenta-se: *plasmou Deus o homem do pó da terra, e inspirou em sua face o sopro da vida*[389]. Disso alguns quiseram entender que a alma era de natureza divina. Com efeito, aquele que inspira à face do outro, transmite ao outro o mesmo que nele estava. E assim parece que a Escritura ensina que algo divino foi infuso por Deus no homem, para vivificá-lo. — Mas a mencionada semelhança não mostra que o homem seja algo da substância divina, pois ao conhecer sofre multiplamente de deficiência, o que não se pode dizer de Deus. Donde essa semelhança é mais indicativa de uma imagem imperfeita que de alguma consubstancialidade. O que também a Escritura ensina, quando diz ser feito o homem à imagem de Deus. Donde, a mencionada inspiração demonstra a transmissão da vida de Deus para o homem, segundo alguma semelhança, não segundo a unidade da substância.

Por causa disso também se diz que o espírito da vida foi inspirado na face, porque, como nessa parte do corpo estão situados muitos órgãos dos sentidos, mostra-se mais evidentemente a vida na mesma face. Assim, pois, se diz que Deus inspirou o sopro na face do homem, porque deu ao homem o espírito

387 Cf. caps. 73 ss.
388 Gênesis 1,26.
389 Gênesis 2.7.

Nam et qui corporaliter insufflat in faciem alicuius, unde videtur sumpta esse metaphora, aerem in faciem eius impellit, non autem aliquam suae substantiae partem in ipsum immittit.

da vida, não porque o tenha separado de Sua substância. Com efeito, quem insufla à face de outro, donde parece ter sido tomada a metáfora, impele o ar à sua face, mas não infunde nele uma parte de sua substância.

Capitulum LXXXVI

Quod anima humana non traducatur cum semine

Ex praemissis autem ostendi potest quod anima humana non traducitur cum semine, quasi per coitum seminata.

Quorumcumque enim principiorum operationes non possunt esse sine corpore, nec eorum initium sine corpore esse potest: sic enim res habet esse sicut et operatur, cum unumquodque operetur inquantum est ens. E contrario vero, quorum principiorum operationes sunt sine corpore, eorum generatio non est per generationem corporis. Operatio autem animae nutritivae et sensitivae non potest esse sine corpore, ut ex praemissis patet. Operatio autem animae intellectivae non fit per organum corporeum, ut supra habitum est. Igitur anima nutritiva et sensitiva per generationem corporis generatur: non autem anima intellectiva. Sed traductio seminis ad corporis generationem ordinatur. Igitur anima nutritiva et sensitiva esse incipiunt per seminis traductionem, non autem intellectiva.

Adhuc. Si anima humana per traductionem seminis esse inciperet, hoc non posset esse nisi dupliciter. — Uno modo, ut intelligeretur esse in semine actu, quasi per accidens divisa ab anima generantis, sicut semen dividitur a corpore: ut videmus in animalibus anulosis, quae decisa vivunt, in quibus est anima una in actu et multae in potentia; diviso autem corpore animalis praedicti, in qualibet parte vivente incipit anima esse actu. — Alio modo, ut intelligatur in semine esse virtus productiva animae intellectivae: ut sic anima intellectiva ponatur esse in semine virtute, sed non actu.

Capítulo 86

A alma humana não é transmitida pelo sêmen

Do antes exposto, pode-se mostrar que a alma humana não se transmite pelo sêmen, como semeada pelo coito.

Com efeito, não podem ser sem o corpo as operações daqueles princípios, nem pode ser seu início sem o corpo: com efeito, a coisa tem o ser do modo como opera, já que qualquer coisa opera, enquanto é ente. O contrário também, as operações daqueles princípios sendo sem o corpo, a geração deles não é pela geração do corpo. Ora, a operação da alma nutritiva e sensitiva não pode ser sem o corpo, como se evidencia do exposto[390]. Ora, a operação da alma intelectiva não se faz por órgão corpóreo, como foi estabelecido[391]. Logo, a alma nutritiva e sensitiva é gerada pela geração do corpo, não, porém, a alma intelectiva. Mas, a transmissão do sêmen ordena-se para a geração do corpo. Logo, a alma nutritiva e sensitiva começam a ser pela transmissão do sêmen, mas não a intelectiva.

Ainda. Se a alma humana começasse a existir pela transmissão do sêmen, isso não poderia se dar senão duplamente. — De um modo, entendendo-se estar em ato no sêmen, como separada por acidente da alma geradora, como o sêmen se separa do corpo, como vemos[392] nos animais anelados, que, seccionados, vivem; neles há uma alma em ato e muitas em potência, porém, separado o corpo do animal mencionado, em qualquer parte viva começa a alma a ser em ato. — De outro modo, entendendo-se estar no sêmen a potência produtiva da alma intelectiva, de modo

390 Cf. cap. 68.
391 Ibidem.
392 Pedro Lombardo (1100-1160), em *Livro das Sentenças* II, d.18, q.2, a.3c.

Primum autem horum est impossibile, duplici ratione.

Primo quia, cum anima intellectiva sit perfectissima animarum et maximae virtutis, eius proprium perfectibile est corpus habens magnam diversitatem in organis, per quae possunt multiplices eius operationes expleri. Unde non potest esse quod fiat actu in semine deciso: quia nec etiam animae brutorum perfectorum per decisionem multiplicantur, prout contingit in animalibus anulosis.

Secundo quia, cum intellectus, qui est propria et principalis virtus animae intellectivae, non sit alicuius partis corporis actus, non potest dividi per accidens secundum corporis divisionem. Unde nec anima intellectiva.

Secundum etiam est impossibile. Virtus enim activa quae est in semine, agit ad generationem animalis transmutando corpus: non enim aliter agere potest virtus quae est in materia. Sed omnis forma quae incipit esse per transmutationem materiae, habet esse a materia dependens: transmutatio enim materiae reducit eam de potentia in actum, et sic terminatur ad esse actu materiae, quod est per unionem formae; unde, si per hoc etiam incipiat esse formae simpliciter, esse formae non erit nisi in hoc quod est uniri materiae, et sic erit secundum esse a materia dependens. Si igitur anima humana producatur in esse per virtutem activam quae est in semine, sequitur quod esse suum sit dependens a materia, sicut esse aliarum formarum materialium. Cuius contrarium supra ostensum est. Nullo igitur modo anima intellectiva producitur in esse per seminis traductionem.

Amplius. Omnis forma quae educitur in esse per materiae transmutationem, est forma educta de potentia materiae: hoc enim est materiam transmutari, de potentia in actum reduci. Anima autem intellectiva non potest

que se afirme assim que a alma intelectiva está no sêmen em potência, mas não em ato.

Ora, o primeiro desses modos é impossível, por dupla razão.

Primeiro, porque, como a alma intelectiva é a mais perfeita das almas e de potência máxima, seu perfectível próprio é o corpo que tem grande diversidade nos órgãos, por meio dos quais podem ser realizadas suas múltiplas operações. Donde não pode dar-se que se faça em ato no sêmen separado, porque nem também as almas dos animais irracionais perfeitos se multiplicam por separação, como acontece nos animais anelados.

Segundo, porque, como o intelecto, que é a potência própria e principal da alma intelectiva, não é ato de uma parte do corpo, não pode se dividir por acidente segundo a divisão do corpo. Logo, nem a alma intelectiva.

O segundo modo também é impossível. Com efeito, a potência ativa que está no sêmen, age para a geração do animal, mudando o corpo, pois não pode agir de outra maneira a potência que está na matéria. Mas toda forma que começa a ser por mudança da matéria, tem o ser dependente da matéria, pois a mudança da matéria a reduz da potência ao ato, e assim termina no ser em ato da matéria, o que se dá pela união da forma; donde, se por isso também começasse o ser da forma simplesmente, o ser da forma não se daria senão no unir-se à matéria, e assim seria dependente da matéria segundo o ser. Se, pois, a alma humana se produzisse no ser pela potência ativa, que está no sêmen, segue-se que seu ser seria dependente da matéria, como o ser das outras formas materiais. O contrário disso foi mostrado[393]. De nenhum modo, portanto, a alma intelectiva é produzida no ser pela transmissão do sêmen.

Ademais. Toda forma que é elevada ao ser por mudança da matéria é forma elevada da potência da matéria, pois o ser reduzido da potência ao ato é o mudar-se a matéria. Ora, a alma intelectiva não pode ser elevada da po-

393 Cf. caps. 68 e 79.

educi de potentia materiae: iam enim supra ostensum est quod ipsa anima intellectiva excedit totum posse materiae, cum habeat aliquam operationem absque materia, ut supra ostensum est. Non igitur anima intellectiva educitur in esse per transmutationem materiae. Et sic, neque per actionem virtutis quae est in semine.

Praeterea. Nulla virtus activa agit ultra suum genus. Sed anima intellectiva excedit totum genus corporum: cum habeat operationem supra omnia corpora elevatam, quae est intelligere. Nulla igitur virtus corporea potest producere animam intellectivam. Sed omnis actio virtutis quae est in semine, est per aliquam virtutem corpoream: agit enim virtus formativa mediante triplici calore, ignis, caeli, et calore animae. Non igitur potest produci in esse anima intellectiva per virtutem quae est in semine.

Praeterea. Ridiculum est dicere aliquam intellectualem substantiam vel per divisionem corporis dividi, vel etiam ab aliqua virtute corporea produci. Sed anima humana est quaedam intellectualis substantia, ut supra ostensum est. Non igitur potest dici quod dividatur per divisionem seminis, neque quod producatur in esse a virtute activa quae est in semine. Et sic nullo modo per seminis traductionem anima humana incipit esse.

Praeterea. Si generatio alicuius est causa quod aliquid sit, corruptio eius erit causa quod illud esse desinat. Corruptio autem corporis non est causa quod anima humana esse desinat: cum sit immortalis, ut supra ostensum est. Neque igitur generatio corporis est causa quod anima incipiat esse. Sed traductio seminis est propria causa generationis corporis. Non est igitur traductio seminis causa generationis animae in esse.

tência da matéria, pois já foi mostrado[394] que a própria alma intelectiva excede toda a possibilidade da matéria, porque tem uma operação sem a matéria, como foi mostrado[395]. Portanto, a alma intelectiva não é elevada ao ser por mudança da matéria. E assim, tampouco por ação da potência que está no sêmen.

Além disso. Nenhuma potência ativa age além de seu gênero. Mas, a alma intelectiva excede todo o gênero dos corpos, porque tem uma operação elevada acima de todos os corpos, que é conhecer. Nenhuma potência corpórea, portanto, pode produzir a alma intelectiva. Mas, toda ação da potência que está no sêmen se dá por alguma potência corpórea, pois age a potência formativa mediante o tríplice calor, do fogo, do céu, e o calor da alma[396]. A alma intelectiva não pode, portanto, ser produzida no ser, pela potência que está no sêmen.

Além disso. É ridículo dizer que uma substância intelectual ou se divide por divisão do corpo, ou também é produzida por alguma potência corpórea. Mas, a alma humana é uma substância intelectual, como foi mostrado[397]. Não se pode, portanto, dizer que se divide por divisão do sêmen, nem que é produzida no ser por potência ativa que está no sêmen. E assim, de nenhum modo a alma humana começa a existir por transmissão do sêmen.

Além disso. Se a geração de uma coisa é causa de que algo seja, sua corrupção será causa de que ele deixe de ser. Ora, a corrupção do corpo não é causa de que a alma humana deixe de ser, porque ela é imortal, como foi mostrado[398]. Portanto, nem a geração do corpo é causa de que a alma comece a ser. Mas, a transmissão do sêmen é a causa própria da geração do corpo. Não é a transmissão do sêmen, portanto, causa da geração da alma no ser.

394 Cf. cap. 78.
395 Ibidem.
396 Pedro Lombardo (1100-1160), em *Livro das Sentenças* II, d.18, q.2.a.3C.
397 Cf. cap. 78.
398 Cf. cap. 79.

Per hoc autem excluditur error Apollinaris et sequacium eius, qui dixerunt animas ab animabus generari, sicut a corporibus corpora.

Capitulum LXXXVII
Quod anima humana producatur in esse a Deo per creationem

Ex his autem quae dicta sunt, ostendi potest quod solus Deus animam humanam producit in esse.

Omne enim quod in esse producitur vel generatur per se aut per accidens, vel creatur. Anima autem humana non generatur per se: cum non sit composita ex materia et forma, ut supra ostensum est. Neque generatur per accidens: cum enim sit forma corporis, generaretur per corporis generationem, quae est ex virtute activa seminis; quod improbatum est. Cum ergo anima humana de novo esse incipiat, non enim est aeterna, nec praeexistit corpori, ut supra ostensum est, relinquitur quod exeat in esse per creationem. Ostensum est autem supra quod solus Deus potest creare. Solus igitur ipse animam humanam in esse producit.

Amplius. Omne illud cuius substantia non est suum esse, habet sui esse auctorem, ut supra ostensum est. Anima autem humana non est suum esse: hoc enim solius Dei est, ut supra ostensum est. Habet igitur causam activam sui esse. Sed quod per se habet esse, per se etiam agitur: quod vero non habet esse per se, sed solum cum alio, non per se fit, sed alio facto; sicut forma ignis fit igne generato.

Anima autem humana hoc habet proprium inter alias formas, quod est in suo esse subsistens, et esse quod est sibi proprium, corpori

Por isso, pois, exclui-se o erro de Apolinário[399] e de seus sequazes, que disseram que *as almas são geradas pelas almas, assim como os corpos pelos corpos*[400].

Capítulo 87
A alma humana é produzida no ser por Deus pela criação

Dessas coisas que foram ditas, pode-se mostrar que só Deus produz no ser a alma humana.

Com efeito, tudo o que é produzido no ser ou é gerado por si ou por acidente, ou é criado. Ora, a alma humana não é gerada por si, porque não é composta de matéria e forma, como foi mostrado[401]. Nem é gerada por acidente, pois, como é forma do corpo, seria gerada por geração do corpo, que está na potência ativa do sêmen, o que foi refutado[402]. Logo, como a alma humana começa a ser, pois não é eterna, nem preexiste ao corpo, como foi mostrado[403], resta que provenha ao ser por criação. Ora, foi mostrado[404] que só Deus pode criar. Portanto, só ele produz no ser a alma humana.

Ademais. Tudo aquilo cuja substância não é seu próprio ser, tem autor de seu ser, como foi mostrado[405]. Ora, a alma humana não é seu próprio ser, pois isso só pertence a Deus, como foi mostrado[406]. Há, portanto, uma causa ativa de seu ser. Mas, o que por si tem o ser, por si também age, mas o que não tem o ser por si, mas só com outro, não se faz por si, é feito por outro, como a forma do fogo se faz pelo fogo gerado.

Ora, a alma humana tem de próprio, entre as outras formas, ser subsistente em seu ser, e comunica ao corpo o ser que lhe é pró-

399 Apolinário (†390), bispo de Laudiceia.
400 São Gregório de Nissa (335-394), em *Sobre a Alma*, MG 45, 206 D.
401 Cf. caps. 50 e 65.
402 Cf. capítulo anterior.
403 Cf. cap. 83.
404 Cf. cap. 21.
405 Cf. cap. 15.
406 Livro II, cap. 15.

communicat. Anima igitur per se habet suum fieri, praeter modum aliarum formarum, quae fiunt per accidens compositis factis. Sed, cum anima humana non habeat materiam partem sui, non potest fieri ex aliquo sicut ex materia. Relinquitur ergo quod ex nihilo fiat. Et sic, creatur. Cum igitur creatio sit opus proprium Dei, ut supra ostensum est, sequitur quod a solo Deo immediate creatur.

Adhuc. Eorum quae sunt unius generis, est idem modus prodeundi in esse, ut supra probatum est. Anima autem est de genere substantiarum intellectualium, quae non possunt aliter intelligi prodire in esse nisi per viam creationis. Anima igitur humana exit in esse per creationem a Deo.

Item. Quicquid producitur in esse ab aliquo agente, acquirit ab ipso vel aliquid quod est principium essendi in tali specie, vel ipsum esse absolutum. Anima autem non potest sic produci in esse quasi acquiratur ei aliquid quod sit principium essendi, sicut contingit in rebus compositis ex materia et forma, quae generantur per hoc quod acquirunt formam in actu: non enim habet anima aliquid in seipsa quod sit sibi principium essendi, cum sit substantia simplex, ut supra ostensum est. Relinquitur igitur quod non producatur in esse ab aliquo agente nisi per hoc quod consequitur ab ipso esse absolute. Ipsum autem esse est proprius effectus primi et universalis agentis: secunda enim agentia agunt per hoc quod imprimunt similitudines suarum formarum in rebus factis, quae sunt formae factorum. Anima igitur non potest produci in esse nisi a primo et universali agente, quod est Deus.

Praeterea. Finis rei respondet principio eius: tunc enim res perfecta est cum ad proprium principium pertingit, vel per similitudinem vel quocumque modo. Finis autem

prio[407]. A alma, pois, tem por si seu fazer-se, diferente do modo das outras formas, que se fazem por acidente de compostos feitos. Mas, como a alma humana não tem matéria como parte de si, não pode fazer-se de alguma coisa, como da matéria. Resta, pois, que se faça do nada. E assim, é criada. Como, portanto, a criação é obra própria de Deus, como foi mostrado[408], segue-se que é criada imediatamente apenas por Deus.

Ainda. Daquelas coisas que pertencem a um só gênero, o modo de produzir-se no ser é o mesmo, como foi provado[409]. Ora, a alma é do gênero das substâncias intelectuais, que de outra maneira não podem ser entendidas a não ser que tenham procedido ao ser pela via da criação. Logo, a alma humana vem ao ser por criação de Deus.

Igualmente. Qualquer coisa que é produzida no ser por um agente, adquire desse ou algo que é o princípio de ser em tal espécie, ou o próprio ser absoluto. Ora, a alma não pode assim ser produzida no ser como se nela fosse recebido algo que é princípio de ser, como acontece nas coisas compostas de matéria e forma, que são geradas por receberem a forma em ato, pois a alma não tem algo em si mesma que lhe seja princípio de ser, pois é substância simples, como foi mostrado[410]. Resta, portanto, que não é produzida no ser por um agente, a não ser porque dele recebe o ser absolutamente. Ora, o ser mesmo é o efeito próprio do agente primeiro e universal, pois os agentes segundos agem enquanto imprimem semelhanças de suas formas nas coisas feitas, que são as formas dessas. Logo, a alma não pode ser produzida no ser senão pelo agente primeiro e universal, que é Deus.

Além disso. O fim da coisa corresponde ao seu princípio; com efeito, a coisa é perfeita no momento em que chega a seu princípio próprio, ou por semelhança ou por algum outro

---

[407] Cf. cap. 68.
[408] Cf. cap. 21.
[409] Cf. capítulo anterior.
[410] Cf. caps. 50 e 65.

animae humanae et ultima perfectio eius est quod per cognitionem et amorem transcendat totum ordinem creaturarum et pertingat ad primum principium, quod Deus est. Igitur ab eo habet propriae suae originis principium.

Hoc etiam innuere videtur sacra Scriptura, Gen. 1. Cum enim, de institutione aliorum animalium loquens, eorum animas aliis causis adscribat, utpote cum dicit: producant aquae reptile animae viventis, et similiter de aliis, ad hominem veniens, animam eius a Deo creari ostendit, dicens: formavit Deus hominem de limo terrae, et inspiravit in faciem eius spiraculum vitae.

Per hoc autem excluditur error ponentium animas ab Angelis esse creatas.

modo. Ora, o fim da alma humana e sua última perfeição é que pelo conhecimento e pelo amor transcenda toda a ordem das criaturas e atinja seu primeiro princípio, que é Deus. Portanto, dele tem o princípio de sua própria origem.

Isso também parece ensinar a Sagrada Escritura. Com efeito, como, falando da instituição dos outros animais, atribui suas almas a outras causas, quando diz: *As águas produzam o réptil de alma viva*[411], e semelhantemente de outros, vindo ao homem, mostra que sua alma é criada por Deus, dizendo: *Plasmou Deus o homem do pó da terra, e inspirou em sua face o sopro da vida*[412].

Por isso, também se exclui o erro dos que afirmam que as almas foram criadas pelos Anjos.

Capitulum LXXXVIII
Rationes ad probandum quod anima humana causetur ex semine

Sunt autem quaedam quae praemissis videntur esse adversa.

Cum enim homo sit animal inquantum habet animam sensitivam: ratio autem animalis univoce homini et aliis animalibus conveniat; videtur quod anima sensitiva hominis sit eiusdem generis cum animabus aliorum animalium. Quae autem sunt unius generis, eundem modum habent prodeundi in esse. Anima igitur sensitiva hominis, sicut et aliorum animalium, per virtutem quae est in semine in esse procedit. Est autem idem secundum substantiam anima intellectiva et sensitiva in homine, ut supra ostensum est. Videtur igitur quod etiam anima intellectiva per virtutem seminis producatur.

Praeterea. Sicut docet Aristoteles in libro de generatione animalium, prius tempore est fetus animal quam homo. Sed, cum est animal et non homo, habet animam sensitivam et non intellectivam; quam quidem sensitivam

Capítulo 88
Razões para provar que a alma humana é causada pelo sêmen

Há algumas razões que parecem ser contrárias ao exposto.

Com efeito, como o homem é animal enquanto tem a alma sensitiva, e a razão de animal convém univocamente ao homem e aos outros animais, parece que a alma sensitiva do homem é do mesmo gênero que as almas dos outros animais. Ora, aquelas coisas que são de um só gênero, têm o mesmo modo de chegar ao ser[413]. Logo, a alma sensitiva do homem, como dos outros animais, procede no ser pela potência que está no sêmen. Ora, é o mesmo segundo a substância a alma intelectiva e a sensitiva no homem, como foi mostrado[414]. Parece, pois, que também a alma intelectiva é produzida pela potência do sêmen.

Além disso. Como ensina Aristóteles[415], o feto animal é anterior no tempo ao homem. Mas, como é animal e não homem, tem a alma sensitiva e não a intelectiva; não há dúvida de que a alma sensitiva é produzida pela potência

411 Gênesis 1,20.
412 Gênesis 2,7.
413 Cf. cap. 86.
414 Cf. cap. 58.
415 Aristóteles (384-322 a.C.), em *Da Geração dos Animais* II, 2, 3, 736b, 2.

non est dubium ex virtute activa seminis produci, sicut et in ceteris animalibus contingit. Illa autem met anima sensitiva est in potentia ut sit intellectiva, sicut et illud animal est in potentia ut sit animal rationale: nisi forte dicatur quod anima intellectiva superveniens sit alia in substantia, quod supra improbatum est. Videtur ergo quod substantia animae intellectivae sit ex virtute quae est in semine.

Item. Anima, cum sit forma corporis, unitur corpori secundum suum esse. Sed ad ea quae sunt unum secundum esse, terminatur una actio et unius agentis: si enim sunt diversa agentia, et per consequens diversae actiones, sequetur quod sint facta diversa secundum esse. Oportet igitur unius agentis unam actionem terminari ad esse animae et corporis. Constat autem quod corpus fit per actionem virtutis quae est in semine. Ergo et ab eadem est anima, quae est eius forma, et non ab agente separato.

Amplius. Homo generat sibi simile secundum speciem per virtutem quae est in semine deciso. Omne autem agens univocum generat sibi simile in specie per hoc quod causat formam generati, a qua est eius species. Anima igitur humana, a qua est species hominis, producitur ex virtute quae est in semine.

Item. Apollinaris sic argumentatur. Quicumque dat complementum operi, cooperatur agenti. Sed, si animae creantur a Deo, ipse dat complementum generationi puerorum qui quandoque ex adulteris nascuntur. Ergo Deus adulteris cooperatur. Quod sibi inconveniens videtur. — Inveniuntur autem in libro qui Gregorio Nysseno inscribitur, quaedam rationes ad hoc idem probandum. Argumentatur autem sic. Ex anima et corpore fit unum, quod est homo unus. Si igitur anima fiat prius quam corpus, aut corpus prius quam anima, idem erit prius et posterius seipso; quod videtur

ativa do sêmen, como também acontece nos outros animais. Ora, essa alma sensitiva está em potência para ser intelectiva, como também aquele animal está em potência para ser animal racional; a não ser talvez que se diga que a alma sensitiva superveniente é outra na substância, o que foi refutado[416]. Parece, portanto, que a substância da alma intelectiva provém da potência que está no sêmen.

Igualmente. A alma, como é forma do corpo, une-se ao corpo segundo seu ser. Mas, para aquelas coisas que são uma unidade segundo o ser, é termo de uma ação e de um só agente; se, porém, há diversos agentes, e, por conseguinte, diversas ações, segue-se que são ações diversas segundo o ser. É necessário, portanto, que de um só agente uma só ação termine no ser da alma e do corpo. Ora, consta que o corpo é feito pela ação da potência que está no sêmen. Logo, também pela mesma ação é a alma, que é sua forma, e não por um agente separado.

Ademais. O homem gera o semelhante a si segundo a espécie, pela potência que está no sêmen separado. Ora, todo agente unívoco gera o semelhante a si na espécie, pelo fato de que causa a forma do gerado, da qual é sua espécie. Logo, a alma humana, da qual é a espécie do homem, é produzida pela potência que está no sêmen.

Igualmente. Apolinário[417] assim argumenta: Todo aquele que dá o complemento da obra, coopera com o agente. Mas, se as almas são criadas por Deus, ele dá o complemento à geração das crianças, que às vezes nascem de adúlteros. Logo, Deus coopera com os adultos. O que lhe parece inconveniente. — Acham-se no livro que é atribuído a Gregório Nisseno[418], algumas razões para provar isso. Ele argumenta assim. Da alma e do corpo faz-se um só ente, que é um só homem. Se, portanto, a alma se faz antes que o corpo, ou o corpo antes que a alma, o mesmo será antes e depois de si

416 Cf. cap. 58.
417 Apolinário (+390), bispo de Laudiceia. Cf. cap. 86.
418 São Gregório de Nissa (335-394), em *Sobre a Criação do Homem*, MG 44, 233D-240B.

impossibile. Simul igitur fit corpus et anima. Sed corpus incipit fieri in decisione seminis. Ergo et per decisionem seminis anima in esse producitur.

Adhuc. Imperfecta videtur esse operatio agentis qui non totam rem in esse producit, sed solum eius alteram partem. Si igitur Deus animam in esse produceret, corpus vero virtute seminis formaretur, quae duo sunt partes unius, scilicet hominis, utriusque operatio, scilicet Dei et seminativae virtutis, imperfecta videretur. Quod patet esse inconveniens. Ab una igitur et eadem causa producitur anima et corpus hominis. Constat autem corpus hominis produci virtute seminis. Ergo et anima.

Item. In omnibus quae generantur ex semine, omnes partes rei generatae simul comprehenduntur virtute in semine, licet actu non appareant: sicut videmus in tritico, aut in quolibet alio semine, quod herba et culmus et internodia et fructus et aristae virtute comprehenduntur in primo semine, et postea protenditur semen et declaratur, quadam consequentia naturali, ad perfectionem, non assumens aliquid extrinsecum. Constat autem animam esse partem hominis. In semine igitur hominis virtute continetur anima humana, non autem ex aliqua exteriori causa principium sumit.

Amplius. Eorum quorum invenitur idem processus et terminus, oportet esse idem originis principium. Sed in generatione hominis idem processus corporis et animae, et idem terminus invenitur: secundum enim quod figuratio et quantitas membrorum procedit, et animae operationes magis ac magis manifestantur; nam prius apparet operatio animae nutritivae, et postmodum operatio animae sensitivae, et tandem, corpore completo, operatio animae intellectivae. Ergo idem est prin-

mesmo, o que parece impossível. Ao mesmo tempo, pois, faz-se o corpo e a alma. Mas, o corpo começa a fazer-se na separação do sêmen. Logo, também pela separação do sêmen a alma é produzida no ser.

Ainda. Parece ser imperfeita a operação do agente que não produz toda a coisa no ser, mas só uma parte dela. Se, pois, Deus produzisse no ser a alma, e o corpo fosse formado pela potência do sêmen, duas coisas que são partes de uma coisa só, ou seja, do homem, a operação de ambos, a saber de Deus e da potência seminal, pareceria imperfeita. O que se evidencia ser inconveniente. Logo, de uma e mesma causa é produzida a alma e o corpo do homem. Ora, consta que o corpo do homem é produzido pela potência do sêmen. Logo, também a alma.

Igualmente. Em todas as coisas que são geradas do sêmen, as partes todas da coisa gerada são compreendidas simultaneamente na potência do sêmen, embora não se manifestem em ato, *como vemos na semente do trigo, ou em qualquer outra semente, que a erva, o colmo, a haste, os frutos e as espigas são compreendidas por potência na primeira semente, e depois desenvolve-se a semente e se manifesta, por alguma consequência natural, para a perfeição, não assumindo algo extrínseco*[419]. Ora, consta que a alma é parte do homem. No sêmen, pois, do homem por potência contém-se a alma humana, porém não toma princípio de alguma causa exterior.

Ademais. Daquelas coisas nas quais se encontra o mesmo processo e o mesmo termo, é necessário haver o mesmo princípio de origem. Mas, na geração do homem se acha o mesmo processo do corpo e da alma, e o mesmo termo, pois enquanto procede a figura e a quantidade dos membros, as operações da alma mais e mais se manifestam; com efeito, antes se manifesta a operação da alma nutritiva, e depois a operação da alma sensitiva, e finalmente, completo o corpo, a operação da

419 São Gregório de Nissa (335-394), em *Sobre a Criação do Homem*, MG 44, 235B.

cipium corporis et animae. Sed principium originis corporis est per decisionem seminis. Ergo et principium originis animae.

Adhuc. Quod configuratur alicui, constituitur ex actione eius cui configuratur: sicut cera quae configuratur sigillo, accipit hanc configurationem ex impressione sigilli. Constat autem corpus hominis, et cuiuslibet animalis, esse propriae animae configuratum: talis est enim organorum dispositio qualis competit ad operationes animae per eas exercendas. Corpus igitur formatur ex actione animae. — Unde et Aristoteles dicit, in II de anima, quod anima est efficiens causa corporis. Hoc autem non esset nisi anima esset in semine: nam corpus per virtutem quae est in semine constituitur. Est igitur anima humana in semine hominis. Et ita ex decisione seminis originem habet.

Item. Nihil vivit nisi per animam. Semen autem est vivum. Quod patet ex tribus. — Primo quidem, quia a vivente deciditur. — Secundo, quia in semine apparet calor vitalis et operatio vitae, quae sunt rei viventis indicia. — Tertio, quia semina plantarum terrae mandata, nisi in se vitam haberent, ex terra, quae est exanimis, non possent calescere ad vivendum. Est igitur anima in semine. Et sic ex decisione seminis originem capit.

Amplius. Si anima non est ante corpus, ut ostensum est; neque incipit esse cum seminis decisione: sequitur quod prius formetur corpus, et postea ei infundatur anima de novo creata. Sed si hoc est verum, sequitur ulterius quod anima sit propter corpus: quod enim est propter aliud, invenitur eo posterius; sicut vestimenta fiunt propter hominem. Hoc autem est falsum: nam magis corpus est prop-

alma intelectiva[420]. Logo, é o mesmo o princípio do corpo e da alma. Mas, o princípio de origem do corpo se dá pela separação do sêmen. Logo, também o princípio de origem da alma.

Ainda. O que se configura a alguma coisa, é constituído pela ação daquilo a que se configura; por exemplo, a cera que é configurada ao selo, recebe essa configuração da impressão do selo. Ora, consta que o corpo do homem, e de qualquer animal, é configurado à própria alma, pois a disposição dos órgãos é tal qual compete às operações da alma a serem exercidas por eles[421]. Logo, o corpo é formado pela ação da alma. — Donde Aristóteles diz[422] que *a alma é causa eficiente do corpo*. Ora, isso não seria se a alma não estivesse no sêmen, pois o corpo é constituído pela potência que está no sêmen. Portanto, a alma humana está no sêmen do homem. E assim, tem origem da separação do sêmen.

Igualmente. Nada vive senão pela alma. Ora, o sêmen é vivo. O que se evidencia por três razões. — Primeira, porque é separado do vivente. — Segunda, porque no sêmen se manifesta o calor vital e a operação da vida, que são os indícios da coisa viva. — Terceira, porque as sementes das plantas lançadas à terra, a não ser que tivessem a vida em si, não poderiam receber o calor da terra, que é exânime, para viver[423]. A alma está, pois, no sêmen. E assim, toma a origem da separação do sêmen.

Ademais. Se alma não existe antes do corpo, como foi mostrado[424], nem começa a ser com a separação do sêmen, segue-se que primeiro se forma o corpo, e depois é nele infundida a alma criada. Mas, se isso é verdadeiro, segue-se ulteriormente que a alma existe por causa do corpo, pois o que é por causa de outro, acha-se posterior a esse; por exemplo, as roupas são feitas por causa do homem. Ora,

---

[420] São Gregório de Nissa (335-394), em *Sobre a Criação do Homem*, MG 44, 238 CD.
[421] Ibidem, 238 B.
[422] Aristóteles (384-322 a.C.), em *Sobre a Alma* II, 4, 415b, 21-22.
[423] São Gregório de Nissa (335-394), em *Sobre a Criação do Homem*, MG 44, 239 A B.
[424] Cf. cap. 83.

ter animam; finis enim semper nobilior est. Oportet igitur dicere quod anima simul cum decisione seminis oriatur.

Capitulum LXXXIX
Solutio rationum praemissarum

Ad faciliorem vero praemissarum rationum solutionem, praemittenda sunt quaedam ad exponendum ordinem et processum generationis humanae, et generaliter animalis.

Primo itaque sciendum est falsam esse opinionem quorundam dicentium quod opera vitae quae apparent in embryone ante ultimum complementum, non sunt ex aliqua anima, vel virtute animae, in eo existente, sed ex anima matris. Si enim hoc esset verum, iam embryo non esset animal: cum omne animal ex anima et corpore constet. Operationes etiam vitae non proveniunt a principio activo extrinseco, sed ab intranea virtute, in quo praecipue a non viventibus viventia videntur discerni, quorum est proprie movere seipsa. Quod enim nutritur, assimilat sibi nutrimentum: unde oportet in nutrito esse virtutem nutritionis activam, cum agens sibi simile agat. Et multo est hoc manifestius in operibus sensus: nam videre et audire convenit alicui per virtutem aliquam in ipso existentem, non in alio. Unde, cum embryo inveniatur nutriri ante ultimum complementum, et etiam sentire, non potest hoc attribui animae matris.

Neque tamen potest dici quod in semine ab ipso principio sit anima secundum suam essentiam completam, cuius tamen operationes non appareant propter organorum defectum. Nam, cum anima uniatur corpori ut forma, non unitur nisi corpori cuius est proprie actus. Est autem anima actus corporis organici. Non est igitur ante organizationem corporis in semine anima actu, sed solum potentia sive

isso é falso, pois antes o corpo é por causa da alma, pois o fim sempre é mais nobre. É necessário, portanto, dizer que a alma tem sua origem simultaneamente à separação do sêmen.

Capítulo 89
Solução das razões expostas

[PRESSUPOSTOS]

Para uma solução mais fácil das razões anteriormente expostas, deve-se antecipar algumas coisas para expor a ordem e o processo da geração humana, e em geral do animal.

Em primeiro lugar, deve-se saber que é falsa a opinião de alguns que dizem que as operações de vida que se manifestam no embrião antes do último complemento, não são provenientes de alguma alma, ou de uma potência da alma nele existente, mas da alma da mãe. Se, com efeito, isso fosse verdadeiro, já o embrião não seria animal, pois todo animal consta de alma e corpo. Com efeito, as operações de vida não provêm de um princípio ativo extrínseco, mas de uma potência intrínseca; nisto principalmente parecem distinguir-se dos não viventes os viventes, aos quais pertence propriamente o mover-se a si mesmos. Assim, o que se nutre, assimila a si o nutrimento; donde é necessário haver no nutrido a potência ativa da nutrição, pois o agente produz o semelhante a si. E isso é muito mais manifesto nas operações do sentido, pois ver e ouvir convêm a alguém por uma potência existente nele, não em outro. Por isso, como o embrião se nutre antes do último complemento, e também sente, não se pode atribuir isso à alma da mãe.

Tampouco, contudo, se pode dizer que no sêmen, desde seu princípio, esteja a alma completa segundo sua essência, mas que suas operações não se manifestam em razão de deficiência dos órgãos. Com efeito, como a alma se une ao corpo como forma, não se une a não ser ao corpo do qual é propriamente o ato. Ora, *a alma é o ato do corpo orgânico*[425]. Portanto, a alma não está, em ato, no sêmen antes

425 Aristóteles (384-322 a.C.), em *Sobre a Alma* II, 1, 412b, 5-6.

virtute. Unde et Aristoteles dicit, in II de anima, quod semen et fructus sic sunt potentia vitam habentia quod abiiciunt animam, idest anima carent: cum tamen id cuius anima est actus, sit potentia vitam habens, non tamen abiiciens animam.

Sequeretur etiam, si a principio anima esset in semine, quod generatio animalis esset solum per decisionem: sicut est in animalibus anulosis, quod ex uno fiunt duo. Semen enim, si statim cum est decisum animam haberet, iam haberet formam substantialem. Omnis autem generatio substantialis praecedit formam substantialem, non eam sequitur: si quae vero transmutationes formam substantialem sequuntur, non ordinantur ad esse generati, sed ad bene esse ipsius. Sic igitur generatio animalis compleretur in ipsa decisione seminis: omnes autem transmutationes sequentes essent ad generationem impertinentes.

Sed adhuc magis est ridiculum si hoc de anima rationali dicatur. Tum quia impossibile est ut dividatur secundum divisionem corporis, ad hoc ut in deciso semine esse possit. Tum quia sequeretur quod in omnibus pollutionibus ex quibus conceptus non sequitur, nihilominus rationales animae multiplicarentur.

Neque etiam dici potest, quod quidam dicunt: etsi a principio decisionis in semine non sit anima actu, sed virtute, propter deficientiam organorum; tamen ipsammet virtutem seminis, quod est corpus organizabile, etsi non organizatum, esse proportionaliter semini animam in potentia, sed non actu; et quia vita plantae pauciora requirit organa quam vita animalis, primo semine sufficienter ad vitam plantae organizato, ipsam praedictam virtutem fieri animam vegetabilem; deinde, organis magis perfectis et multiplicatis, eandem perduci ut sit anima sensitiva; ulterius autem, forma organorum perfecta, eandem animam fieri rationalem, non quidem per actionem virtutis seminis, sed ex influxu

da organização do corpo, mas só em potência ou virtualmente. Donde também Aristóteles diz[426] que o sêmen e o fruto são em potência dotados de vida, de tal maneira que excluem a alma, ou seja, que carecem de alma, enquanto, porém, aquilo cujo ato é a alma, tem a vida em potência, sem excluir a alma.

Seguir-se-ia também que, se a alma, desde o princípio, estivesse no sêmen, a geração do animal seria só por separação, como é nos animais anelados, que de um se fazem dois. Com efeito, o sêmen se, imediatamente quando separado, tivesse a alma, já teria a forma substancial. Ora, toda geração substancial precede a forma substancial, não a segue: se essas mudanças seguem a forma substancial, não se ordenam ao ser gerado, mas ao bem-estar dele. Assim, pois, a geração do animal seria completada na própria separação do sêmen, mas todas as mudanças seguintes seriam impertinentes à geração.

Entretanto é ainda mais ridículo se se diz isso da alma racional. Quer porque é impossível que se divida segundo a divisão do corpo, de modo que pudesse estar para isso no sêmen separado. Quer porque se seguiria que em todas as poluções das quais não se segue a concepção, multiplicar-se-iam, entretanto, as almas racionais.

Nem também se pode dizer o que alguns dizem: embora desde o princípio da separação no sêmen não esteja a alma em ato, mas virtualmente, por causa da deficiência dos órgãos, entretanto, a mesma potência do sêmen, que é o corpo organizável, embora não organizado, é proporcionalmente no sêmen a alma em potência, mas não em ato, e porque a vida da planta requer menos órgãos que a vida animal, no primeiro sêmen suficientemente organizado para a vida da planta, a mesma mencionada potência produz a alma vegetal, depois, com os órgãos mais perfeitos e multiplicados, a mesma leva a que exista a alma sensitiva; ulteriormente, perfeita a forma dos órgãos, a mesma alma se faz racional, não

---

[426] Aristóteles (384-322 a.C.), em *Sobre a Alma* II, 1, 412b, 25-27.

exterioris agentis, propter quod suspicantur Aristotelem dixisse intellectum ab extrinseco esse, in libro de generatione animalium. — Secundum enim hanc positionem, sequeretur quod aliqua virtus eadem numero nunc esset anima vegetabilis tantum, et postmodum anima sensitiva: et sic ipsa forma substantialis continue magis ac magis perficeretur. — Et ulterius sequeretur quod non simul, sed successive educeretur forma substantialis de potentia in actum. — Et ulterius quod generatio esset motus continuus, sicut et alteratio. Quae omnia sunt impossibilia in natura.

Sequeretur etiam adhuc maius inconveniens, scilicet quod anima rationalis esset mortalis. Nihil enim formaliter alicui rei corruptibili adveniens facit ipsum esse incorruptibile per naturam: alias corruptibile mutaretur in incorruptibile, quod est impossibile, cum differant secundum genus, ut dicitur in X metaphysicae. Substantia autem animae sensibilis, cum ponatur esse per accidens generata a corpore generato in processu praedicto, de necessitate est corruptibilis ad corruptionem corporis. Si igitur ipsamet fit rationalis quodam lumine intrinsecus inducto, quod formaliter se habet ad ipsam, est enim sensitivum potentia intellectivum; de necessitate sequitur quod anima rationalis, corpore corrupto, corrumpitur. Quod est impossibile: ut supra probatum est, et fides catholica docet.

Non igitur ipsamet virtus quae cum semine deciditur et dicitur formativa, est anima, neque in processu generationis fit anima: sed, cum ipsa fundetur sicut in proprio subiecto in spiritu cuius est semen contentivum, sicut quoddam spumosum, operatur formationem corporis prout agit ex VI animae patris, cui attribuitur generatio sicut principali generanti,

certamente pela ação da potência do sêmen, mas por influxo de agente exterior, em razão do que suspeitaram que Aristóteles tivesse dito que o intelecto procede *ab extrínseco* [do exterior], no livro *Da Geração dos Animais*[427]. — Com efeito, segundo essa opinião, seguir-se-ia que uma mesma potência em número seria agora apenas alma vegetal, e depois alma sensitiva, e assim a mesma forma substancial continuamente mais e mais se aperfeiçoaria. — E ulteriormente se seguiria que não simultaneamente, mas sucessivamente passaria a forma substancial da potência ao ato. — E ulteriormente que a geração seria um movimento contínuo, como também a alteração. Todas essas coisas são impossíveis na natureza.

Seguir-se-ia também ainda maior inconveniente, ou seja, que a alma racional seria mortal. Nada, com efeito, sobrevindo formalmente a alguma coisa corruptível produz o mesmo ser incorruptível por natureza; do contrário o corruptível se mudaria em incorruptível, o que é impossível, dado que diferem segundo o gênero, como é dito no livro da *Metafísica*[428]. Ora, a substância da alma sensível, como se afirma ser por acidente gerada por corpo gerado no processo mencionado, necessariamente é corruptível pela corrupção do corpo. Se, portanto, ela mesma se faz racional por alguma luz intrinsecamente induzida, que formalmente se relaciona com ela, é com efeito sensitivo em potência intelectivo; segue-se necessariamente que a alma racional se corrompe, corrompido o corpo. O que é impossível, como foi provado[429], e a fé católica ensina.

Portanto, a mesma potência que com o sêmen é separada e se diz formativa, não é a alma, nem se faz alma no processo da geração, mas, como ela mesma se funda como em próprio sujeito no espírito, que o sêmen contém, como algo espumoso, opera a formação do corpo enquanto age por força da alma do pai, ao qual se atribui a geração como agente principal, não

---

[427] Aristóteles (384-322 a.C.), em *Da Geração dos Animais*, 2, 3, 736b.
[428] Aristóteles (384-322 a.C.), em *Metafísica* X, 10, 1058b, 28-29.
[429] Cf. cap. 79.

non ex VI animae concepti, etiam postquam anima inest; non enim conceptum generat seipsum, sed generatur a patre.

Et hoc patet discurrenti per singulas virtutes animae. — Non enim potest attribui animae embryonis ratione virtutis generativae: tum quia vis generativa non habet suam operationem nisi completo opere nutritivae et augmentativae, quae ei deserviunt, cum generare sit iam perfecti; tum quia opus generativae non ordinatur ad perfectionem ipsius individui, sed ad speciei conservationem. — Nec etiam potest attribui virtuti nutritivae, cuius opus est assimilare nutrimentum nutrito, quod hic non apparet: non enim nutrimentum in processu formationis trahitur in similitudinem praeexistentis, sed perducitur ad perfectiorem formam et viciniorem similitudini patris. — Similiter nec augmentativae: ad quam non pertinet mutatio secundum formam, sed solum secundum quantitatem. — De sensitiva autem et intellectiva particula, patet quod non habet aliquod opus formationi tali appropriatum. — Relinquitur igitur quod formatio corporis, praecipue quantum ad primas et principales partes, non est ab anima geniti, nec a virtute formativa agente ex VI eius, sed agente ex VI animae generativae patris, cuius opus est facere simile generanti secundum speciem.

Haec igitur vis formativa eadem manet in spiritu praedicto a principio formationis usque in finem. Species tamen formati non manet eadem: nam primo habet formam seminis, postea sanguinis, et sic inde quousque veniat ad ultimum complementum. Licet enim generatio simplicium corporum non procedat secundum ordinem, eo quod quodlibet eorum habet formam immediatam materiae primae; in generatione tamen corporum aliorum, oportet esse generationum ordinem, propter multas formas intermedias, inter primam formam elementi et ultimam formam ad quam generatio ordinatur. Et ideo sunt multae generationes et corruptiones sese consequentes.

por força da alma do concebido, mesmo depois de a alma estar presente, pois o concebido não gera a si mesmo, mas é gerado pelo pai.

E isso se evidencia a quem discorre por cada uma das potências da alma. — Com efeito, esta potência não pode ser atribuída à alma do embrião em razão da potência geradora, quer porque a força geradora não tem sua operação, senão completa a obra da nutritiva e da aumentativa, que lhe servem, pois gerar é já do perfeito, quer porque a obra da geradora não se ordena à perfeição do próprio individuo, mas à conservação da espécie. — Não se pode também atribuir à potência nutritiva, cuja obra é assimilar ao nutrido o nutrimento, o que aqui não se manifesta, pois não se transmite o nutrimento no processo de formação em semelhança do preexistente, mas é levada à forma mais perfeita e mais próxima da semelhança do pai. — De modo similiar, nem da aumentativa, à qual não pertence a mudança segundo a forma, mas só segundo a quantidade. — Da parte sensitiva e intelectiva evidencia-se que não têm função nenhuma apropriada a essa formação. — Resta, portanto, que a formação do corpo, principalmente quanto às primeiras e principais partes, não é da alma do gerado, nem da potência formativa que age por força de si, mas que opera pela força da alma geradora do pai, cuja obra é produzir o semelhante ao que gera segundo a espécie.

Portanto, essa força formativa permanece a mesma no mencionado espírito, do princípio da formação até o fim. Entretanto, a espécie do formado não permanece a mesma, pois em primeiro lugar tem a forma do sêmen, depois do sangue, e assim até vir ao último complemento. Com efeito, embora a geração dos corpos simples não proceda segundo uma ordem, porque qualquer um deles tem a forma imediata da matéria-prima, na geração, entretanto, dos outros corpos, é necessário que haja ordem das gerações, em razão das muitas formas intermédias, entre a primeira forma do elemento e a última forma à qual se ordena a geração. E assim, são muitas as gerações e as corrupções seguindo-se umas às outras.

Nec est inconveniens si aliquid intermediorum generatur et statim postmodum interrumpitur: quia intermedia non habent speciem completam, sed sunt ut in via ad speciem; et ideo non generantur ut permaneant, sed ut per ea ad ultimum generatum perveniatur. — Nec est mirum si tota generationis transmutatio non est continua, sed sunt multae generationes intermediae: quia hoc etiam accidit in alteratione et augmento; non enim est tota alteratio continua, neque totum augmentum, sed solum motus localis est vere continuus, ut patet in VIII physicorum.

Quanto igitur aliqua forma est nobilior et magis distans a forma elementi, tanto oportet esse plures formas intermedias, quibus gradatim ad formam ultimam veniatur, et per consequens plures generationes medias. Et ideo in generatione animalis et hominis in quibus est forma perfectissima, sunt plurimae formae et generationes intermediae, et per consequens corruptiones, quia generatio unius est corruptio alterius. Anima igitur vegetabilis, quae primo inest, cum embryo vivit vita plantae, corrumpitur, et succedit anima perfectior, quae est nutritiva et sensitiva simul, et tunc embryo vivit vita animalis; hac autem corrupta, succedit anima rationalis ab extrinseco immissa, licet praecedentes fuerint virtute seminis.

His igitur visis, facile est respondere ad obiecta.

Quod enim primo obiicitur, oportere animam sensitivam eundem modum originis in homine et in brutis habere, ex eo quod animal de eis univoce praedicatur: — dicimus hoc necessarium non esse. Etsi enim anima sensitiva in homine et bruto conveniant secundum generis rationem, differunt tamen specie, sicut et ea quorum sunt formae: sicut enim animal quod est homo, ab aliis animalibus specie differt per hoc quod est rationale, ita anima sensitiva hominis ab anima sensitiva

Não há inconveniente se algum dos intermediários é gerado e imediatamente depois se corrompe, pois os intermediários não têm a espécie completa, mas são como em via para a espécie, e assim não são gerados para que permaneçam, mas para que por eles se chegue ao gerado último. — Nem é de admirar se toda a mudança de geração não é contínua, mas há muitas gerações intermédias, porque isso também acontece na alteração e no aumento, pois não é toda alteração contínua, nem todo aumento, mas apenas o movimento local é verdadeiramente contínuo, como se evidencia no livro da *Física*[430].

Portanto, quanto mais uma forma é nobre e mais distante da forma do elemento, tanto mais é necessário que haja várias formas intermédias, pelas quais gradualmente se chegue à forma última, e, por conseguinte, muitas gerações intermédias. E assim, na geração do animal e do homem, nos quais a forma é a mais perfeita, há muitas formas e gerações intermédias, e, por conseguinte, corrupções, porque a geração de uma é a corrupção de outra. A alma vegetal, pois, que está presente por primeiro, dado que o embrião vive da vida da planta, corrompe-se, e sucede uma alma mais perfeita, que é a nutritiva e a sensitiva ao mesmo tempo, e então o embrião vive da vida animal; corrompida, porém, essa, sucede a alma racional, infusa de fora, embora as precedentes tenham sido em potência do sêmen.

[RESPOSTAS]

Vistas, portanto, essas coisas, é fácil responder às objeções.

Primeira. Objeta-se que é necessário que a alma sensitiva tenha o mesmo modo de origem no homem e nos animais irracionais, pelo fato de que animal se predica deles univocamente, dizemos que isso não é necessário. Embora, a alma sensitiva no homem e a sensitiva no animal irracional convenham segundo a razão do gênero, diferem, entretanto, na espécie, como também aquelas coisas de que são formas, como o animal que é o homem,

430 Aristóteles (384-322 a.C.), em *Física* VIII, 7, 261a, 28b, 27.

bruti specie differt per hoc quod est etiam intellectiva. Anima igitur in bruto habet id quod est sensitivum tantum; et per consequens nec esse nec eius operatio supra corpus elevatur; unde oportet quod simul cum generatione corporis generetur, et cum corruptione corrumpatur. Anima autem sensitiva in homine, cum habeat supra sensitivam naturam vim intellectivam, ex qua oportet ut ipsa substantia animae sit secundum esse et operationem supra corpus elevata; neque per generationem corporis generatur, neque per eius corruptionem corrumpitur. Diversus ergo modus originis in animabus praedictis non est ex parte sensitivi, ex quo sumitur ratio generis: sed ex parte intellectivi, ex quo sumitur differentia speciei. Unde non potest concludi diversitas generis, sed sola diversitas speciei.

de outros animais difere porque é racional, assim a alma sensitiva do homem difere em espécie da alma sensitiva do animal irracional, porque é também intelectiva. Portanto, no animal irracional a alma tem o que é só sensitivo, e, por conseguinte, nem seu ser nem sua operação elevam-se acima do corpo, donde é necessário que simultaneamente seja gerada com a geração do corpo, e corrompa-se com a corrupção. No homem, porém, a alma sensitiva, como tem acima da natureza sensitiva a força intelectiva, pela qual é necessário que a mesma substância da alma seja elevada segundo o ser e a operação acima do corpo, nem é gerada pela geração do corpo, nem se corrompe por sua corrupção. O modo diverso, pois, de origem nos mencionados animais não é da parte do sensitivo, do qual se toma a razão de gênero, mas da parte do intelectivo, do qual se toma a diferença de espécie. Donde, não se pode concluir a diversidade de gênero, mas só a diversidade de espécie.

Quod vero secundo obiicitur, conceptum prius esse animal quam hominem, non ostendit rationalem animam cum semine propagari. Nam anima sensitiva per quam animal erat, non manet, sed ei succedit anima quae est simul sensitiva et intellectiva, ex qua est animal et homo simul, ut ex dictis patet.

Segunda. Objeta-se que o animal é concebido antes que o homem, não mostra que a alma racional se propague com o sêmen. Com efeito, a alma sensitiva pela qual era o animal, não permanece, mas lhe sucede a alma que é simultaneamente sensitiva e intelectiva, da qual é simultaneamente o homem e o animal, como se evidencia do que acima foi dito.

Quod vero tertio obiicitur, diversorum agentium actiones non terminari ad unum factum, intelligendum est de diversis agentibus non ordinatis. Si enim ordinata sint ad invicem, oportet eorum esse unum effectum: nam causa agens prima agit in effectum causae secundae agentis vehementius quam etiam ipsa causa secunda; unde videmus quod effectus qui per instrumentum agitur a principali agente, magis proprie attribuitur principali agenti quam instrumento. Contingit autem quandoque quod actio principalis agentis pertingit ad aliquid in operato ad quod non pertingit actio instrumenti: sicut vis vegetativa ad speciem carnis perducit, ad quam non potest perducere calor ignis, qui est eius instrumentum, licet operetur disponendo ad eam resol-

Terceira. Objeta-se que as ações dos agentes diversos não terminam num único resultado, deve ser entendido de agentes diversos não ordenados. Se, com efeito, são ordenados reciprocamente, é necessário que seu efeito seja um só, pois a causa agente primeira age no efeito da causa agente segunda mais veementemente do que a mesma causa segunda; donde vemos que o efeito que é produzido por instrumento pela agente principal, atribui-se mais propriamente ao agente principal do que ao instrumento. Ora, acontece às vezes que a ação do agente principal atinge algo no produzido que a ação do instrumento não atinge, como a força vegetativa leva à espécie de carne, à qual não pode levar o calor do fogo, que é instrumento dela, embora opere dispondo a

vendo et consumendo. Cum igitur omnis virtus naturae activa comparetur ad Deum sicut instrumentum ad primum et principale agens, nihil prohibet in uno et eodem generato quod est homo, actionem naturae ad aliquid hominis terminari, et non ad totum quod fit actione Dei. Corpus igitur hominis formatur simul et virtute Dei quasi principalis agentis et primi, et etiam virtute seminis quasi agentis secundi: sed actio Dei producit animam humanam, quam virtus seminis producere non potest, sed disponit ad eam.

Unde patet solutio ad quartum. Sic enim homo sibi simile in specie generat, inquantum virtus seminis eius dispositive operatur ad ultimam formam, ex qua homo speciem sortitur.

Deum vero adulteris cooperari in actione naturae, nihil est inconveniens. Non enim natura adulterorum mala est, sed voluntas. Actio autem quae est ex virtute seminis ipsorum est naturalis, non voluntaria. Unde non est inconveniens si Deus illi operationi cooperatur ultimam perfectionem inducendo.

Quod vero sexto obiicitur, patet quod non de necessitate concludit. Etsi enim detur quod corpus hominis formetur prius quam anima creetur, aut e converso, non sequitur quod idem homo sit prior seipso: non enim homo est suum corpus, neque sua anima. Sequitur autem quod aliqua pars eius sit altera prior. Quod non est inconveniens: nam materia tempore est prior forma; materiam dico secundum quod est in potentia ad formam, non secundum quod actu est per formam perfecta, sic enim est simul cum forma. Corpus igitur humanum, secundum quod est in potentia ad animam, utpote cum nondum habet animam, est prius tempore quam anima: tunc autem non est humanum actu, sed potentia tantum. Cum vero est humanum actu, quasi per animam humanam perfectum, non est prius neque posterius anima, sed simul cum ea.

transformá-la e consumir. Como, portanto, toda potência ativa da natureza se relaciona com Deus como o instrumento com o primeiro e principal agente, nada proíbe em um e mesmo gerado que é o homem, que a ação da natureza termine em algo do homem, e não no todo que é feito pela ação de Deus. O corpo do homem, portanto, é formado simultaneamente pela potência de Deus como principal agente e primeiro, e também pela potência do sêmen como agente segundo, mas a ação de Deus produz a alma humana, que a potência do sêmen não pode produzir, mas dispõe a ela.

Quarta. Donde se evidencia a solução para a quarta objeção. Com efeito, assim o homem gera o semelhante a si na espécie, enquanto a potência de seu sêmen age dispositivamente para a última forma, da qual o homem recebe a espécie.

[*Quinta*] Apolinário argumentava que Deus coopera com os adúlteros na ação da natureza, mas nisso não há inconveniente. Com efeito, a natureza dos adúlteros não é má, mas a vontade. Ora, a ação que é pela potência do sêmen deles é natural, não voluntária. Donde não há inconveniente se Deus coopera naquela operação, que leva à perfeição última.

Sexta. As objeções atribuídas a São Gregório de Nissa, evidentemente não concluem por necessidade. Com efeito, embora seja dado que o corpo humano é formado antes de a alma ser criada, ou o contrário, não se segue que o próprio homem seja anterior a si mesmo, pois o homem não é o seu corpo, nem a sua alma. Segue-se que uma parte dele seja anterior à outra. O que não é inconveniente, pois a matéria é anterior no tempo à forma, digo matéria enquanto está em potência para a forma, não enquanto é em ato completada pela forma, pois assim é simultaneamente com a forma. Logo, o corpo humano enquanto está em potência para a alma, na medida em que não tem ainda a alma, é anterior no tempo à alma, mas então não é corpo humano em ato, mas só em potência. Quando é humano em ato, como completado pela alma humana, não é anterior nem posterior à alma, mas simultaneamente com ela.

Neque etiam sequitur, si anima ex virtute seminis non producitur sed solum corpus, quod sit imperfecta operatio tam Dei quam naturae, ut septima ratio procedebat. Virtute enim Dei utrumque fit, et corpus et anima: licet formatio corporis sit ab eo mediante virtute seminis naturali, animam autem immediate producat. Neque etiam sequitur quod actio virtutis seminis sit imperfecta: cum perficiat hoc ad quod est.

Sciendum est etiam in semine virtute contineri omnia illa quae virtutem corpoream non excedunt, sicut faenum, culmus, internodia, et similia. Ex quo concludi non potest quod id hominis quod totam virtutem corpoream excedit, in semine virtute contineatur, ut octava ratio concludebat.

Quod autem operationes animae videntur proficere in processu generationis humanae sicut proficiunt corporis partes, non ostendit animam humanam et corpus idem principium habere, sicut nona ratio procedebat: sed ostendit quod dispositio partium corporis est necessaria ad animae operationem.

Quod autem decimo obiicitur, corpus animae configurari, et ob hoc animam sibi corpus simile praeparare: partim quidem est verum, partim autem falsum. Si enim intelligatur de anima generantis, est verum quod dicitur: falsum autem si intelligatur de anima generati. Non enim virtute animae generati formatur corpus quantum ad primas et praecipuas partes, sed virtute animae generantis, ut supra probatum est. Similiter enim et omnis materia suae formae configuratur: non tamen haec configuratio fit ex actione generati, sed ex actione formae generantis.

Quod autem undecimo obiicitur de seminis vita in principio decisionis: — patet quidem ex dictis non esse vivum nisi in potentia: unde tunc animam actu non habet, sed virtute. In processu autem generationis habet animam vegetabilem et sensibilem ex virtute seminis: quae non manent, sed transeunt, anima rationali succedente.

[*Sétima*] Nem se segue também, se a alma não é produzida pela potência do sêmen, mas só o corpo, que seja imperfeita a operação tanto de Deus quanto da natureza. Com efeito, pela potência de Deus se fazem ambos, o corpo e a alma, embora a formação do corpo venha d'Ele mediante a potência natural do sêmen, já a alma Ele a produz imediatamente. Nem se segue também que a ação da potência do sêmen seja imperfeita, dado que aperfeiçoe aquilo para que está ordenada.

[*Oitava*] Deve-se saber também que no sêmen se contêm em potência todas aquelas coisas que não excedem a potência corpórea, como o feno, o colmo, as hastes, e semelhantes. Do que não se pode concluir que aquilo do homem que excede toda a potência corpórea, esteja contido no sêmen em potência.

[*Nona*] Entretanto, que as operações da alma parecem progredir no processo da geração humana como progridem as partes do corpo, não mostra que a alma humana e o corpo tenham o mesmo princípio, mas mostra que a disposição das partes do corpo é necessária para a operação da alma.

Décima. Objeta-se que o corpo se configura à alma, e por isso a alma prepara um corpo semelhante a si, é em parte verdadeiro, mas em parte falso. Se, com efeito, se entende da alma de quem gera, é verdadeiro o que se diz, mas falso, se se entende da alma do gerado. Com efeito, pela potência da alma do gerado não se forma o corpo quanto às primeiras e principais partes, mas pela potência da alma de quem gera, como acima foi provado. Com efeito, semelhantemente também toda matéria se configura à sua forma, mas essa configuração não se faz por ação do gerado, mas por ação da forma de quem gera.

[*Undécima*] O que se objeta, sobre a vida do sêmen no início da separação, evidencia-se do que foi dito que não é vivo senão em potência; donde então não tem a alma em ato, mas em potência. Entretanto, no processo da geração tem a alma vegetativa e sensível pela potência do sêmen, as quais não permanecem, mas passam, sucedendo a alma racional.

Neque etiam, si formatio corporis animam praecedit humanam, sequitur quod anima sit propter corpus, ut duodecima ratio inferebat. Est enim aliquid propter alterum dupliciter. — Uno modo propter eius operationem, sive conservationem vel quicquid huiusmodi est quod consequitur ad esse: et huiusmodi sunt posteriora eo propter quod sunt; sicut vestimenta sunt propter hominem, et instrumenta propter artificem. — Alio modo est aliquid propter alterum, idest, propter esse eius: et sic quod est propter alterum, est prius tempore et natura posterius. Hoc autem modo corpus est propter animam: sicut et omnis materia propter formam. — Secus autem esset si ex anima et corpore non fieret unum secundum esse: sicut dicunt qui ponunt animam non esse corporis formam.

[*Duodécima*] Se a formação do corpo precede a alma humana também não se segue que a alma seja por causa do corpo. Com efeito, algo é em razão de outro de duplo modo. — De um modo, por causa de sua operação, ou de sua conservação, ou de qualquer coisa semelhante que se segue ao ser, e essas coisas são posteriores àquilo por causa do que são; por exemplo, as roupas são por causa do homem, e os instrumentos por causa do artífice. — De outro modo, algo é por causa de outro, isto é, por causa de seu ser, e assim o que é por causa de outro, é anterior no tempo, e posterior na natureza. É desse modo que o corpo é por causa da alma, como também toda matéria é por causa da forma. — Dar-se-ia o contrário, se da alma e do corpo não se fizesse uma unidade segundo o ser, como dizem os que afirmam que a alma não é forma do corpo.

Capitulum XC

Quod nulli alii corpori nisi humano unitur substantia intellectualis ut forma

Quia vero ostensum est substantiam aliquam intellectualem corpori uniri ut formam, scilicet animam humanam, inquirendum restat utrum alicui alteri corpori aliqua substantia intellectualis ut forma uniatur. Et quidem de corporibus caelestibus, quod sint animata anima intellectuali, superius, est ostensum quid de hoc Aristoteles senserit, et quod Augustinus hoc sub dubio dereliquit. Unde praesens inquisitio circa corpora elementaria versari debet.

Quod autem nulli corpori elementari substantia intellectualis uniatur ut forma nisi humano, evidenter apparet. Si enim alteri corpori uniatur, aut unitur corpori mixto, aut simplici. Non autem potest uniri corpori mixto. Quia oporteret illud corpus maxime esse aequalis complexionis, secundum suum genus, inter cetera corpora mixta: cum videamus tanto corpora mixta nobiliores formas habere quanto magis ad temperamentum mixtionis

Capítulo 90

A substância intelectual não se une como forma a nenhum outro corpo senão ao humano

Uma vez que foi mostrado[431] que uma substância intelectual se une ao corpo como forma, ou seja, a alma humana, resta por inquirir se a algum outro corpo se une uma substância intelectual como forma. E certamente sobre os corpos celestes, que são animados por alma intelectual, foi mostrado[432] o que disso pensou Aristóteles, e Agostinho deixou sob dúvida. Donde a presente inquisição deve versar sobre os corpos elementares.

Com efeito, manifesta-se com evidência que a nenhum corpo elementar a substância intelectual se une como forma, senão ao humano. Se, pois, se une a outro corpo, ou se une a um corpo misto, ou a um simples. Ora, não pode unir-se ao corpo misto. Porque seria necessário que aquele corpo fosse maximamente de igual compleição, segundo seu gênero, entre os outros corpos mistos, pois vemos os corpos mistos ter formas tão mais

431 Cf. cap. 68.
432 Cf. cap. 70.

perveniunt; et sic, quod habet formam nobilissimam, utpote substantiam intellectualem, si sit corpus mixtum, oportet esse temperatissimum. Unde etiam videmus quod mollities carnis et bonitas tactus, quae aequalitatem complexionis demonstrant, sunt signa boni intellectus. — Complexio autem maxime aequalis est complexio corporis humani. Oportet igitur, si substantia intellectualis uniatur alicui corpori mixto, quod illud sit eiusdem naturae cum corpore humano. Forma etiam eius esset eiusdem naturae cum anima humana, si esset substantia intellectualis. Non igitur esset differentia secundum speciem inter illud animal et hominem.

nobres quanto mais chegam ao equilíbrio da mistura, e assim, o que tem forma nobilíssima enquanto substância intelectual, se é corpo misto, é necessário que seja equilibradíssimo. Donde, vemos também que a delicadeza da carne e a bondade do tato, que demonstram a igualdade de compleição, são sinais de bom intelecto. — Ora, a compleição maximamente igual é a compleição do corpo humano. É necessário, portanto, se uma substância intelectual se une a outro corpo misto, que ele seja da mesma natureza que o corpo humano. Sua forma também seria da mesma natureza que a alma humana, se fosse uma substância intelectual. Não haveria, pois, diferença segundo a espécie entre aquele animal e o homem.

Similiter autem neque corpori simplici, puta aeri aut aquae aut igni aut terrae, uniri potest substantia intellectualis ut forma. Unumquodque enim horum corporum est simile in toto et partibus: eiusdem enim naturae et speciei est pars aeris et totus aer, etenim eundem motum habet; et similiter de aliis. Similibus autem motoribus similes formae debentur. Si igitur aliqua pars alicuius dictorum corporum sit animata anima intellectuali, puta aeris, totus aer et omnes partes eius, eadem ratione, erunt animata. Hoc autem manifeste apparet falsum: nam nulla operatio vitae apparet in partibus aeris vel aliorum simplicium corporum. Non igitur alicui parti aeris, vel similium corporum, substantia intellectualis unitur ut forma.

Igualmente, a substância intelectual não se pode unir como forma a nenhum corpo simples, por exemplo, ao ar ou à água ou ao fogo ou à terra. Com efeito, cada um desses corpos é semelhante no todo e nas partes, pois da mesma natureza e espécie é a parte do ar e todo o ar, pois têm o mesmo movimento; e semelhantemente dos outros. Ora, a semelhantes motores são devidas formas similares. Se, pois, uma parte de algum dos mencionados corpos é animada por uma alma intelectual, por exemplo, do ar, todo o ar e todas as suas partes, pela mesma razão, serão animados. Ora, isso se evidencia manifestamente falso, porquanto nenhuma operação de vida se manifesta nas partes do ar ou dos outros corpos simples. Não se une, pois, a substância intelectual, como forma, a nenhuma parte do ar, como de corpos semelhantes.

Adhuc. Si alicui simplicium corporum unitur aliqua substantia intellectualis ut forma, aut habebit intellectum tantum: aut habebit alias potentias, utpote quae pertinent ad partem sensitivam aut nutritivam, sicut est in homine. — Si autem habet intellectum tantum, frustra unitur corpori. Omnis enim forma corporis habet aliquam propriam operationem per corpus. Intellectus autem non habet aliquam operationem ad corpus pertinentem, nisi secundum quod movet corpus: intelligere enim ipsum non est operatio quae

Ainda. Se a algum dos corpos simples se une uma substância intelectual como forma, ou terá só o intelecto, ou terá outras potências, como aquelas que pertencem à parte sensitiva ou nutritiva, como acontece no homem. — Ora, se tem só o intelecto, em vão se une ao corpo. Com efeito, toda forma do corpo tem alguma operação própria por meio do corpo. Ora, o intelecto não tem nenhuma operação pertinente ao corpo, senão enquanto move o corpo: o próprio conhecer, com efeito, não é operação que se realiza por meio de órgão do

per organum corporis exerceatur; et eadem ratione, nec velle. Elementorum etiam motus sunt a moventibus naturalibus, scilicet a generantibus, et non movent seipsa. Unde non oportet quod, propter eorum motum, sint animata. — Si autem habet substantia intellectualis quae ponitur uniri elemento aut parti eius, alias animae partes, cum partes illae sint partes aliquorum organorum, oportebit in corpore elementi invenire diversitatem organorum. Quod repugnat simplicitati ipsius. Non igitur substantia intellectualis potest uniri ut forma alicui elemento aut parti eius.

Amplius. Quanto aliquod corpus est propinquius materiae primae, tanto est ignobilius: utpote magis in potentia existens, et minus in actu completo. Elementa autem ipsa sunt propinquiora materiae primae quam corpora mixta: cum et ipsa sint mixtorum corporum materia proxima. Sunt igitur elementorum corpora ignobiliora secundum suam speciem corporibus mixtis. Cum igitur nobilioris corporis sit nobilior forma, impossibile est quod nobilissima forma, quae est anima intellectiva, sit unita corporibus elementorum.

Item. Si corpora elementorum, aut aliquae partes eorum, essent animata nobilissimis animabus, quae sunt animae intellectivae, oporteret quod, quanto aliqua corpora essent viciniora elementis, essent propinquiora ad vitam. Hoc autem non apparet, sed magis contrarium: nam plantae minus habent de vita quam animalia, cum tamen sint propinquiores terrae; et mineralia, quae sunt adhuc propinquiora, nihil habent de vita. Non igitur substantia intellectualis unitur alicui elemento, vel parti eius, ut forma.

Adhuc. Omnium moventium corruptibilium vita per excellentiam contrarietatis corrumpitur: nam animalia et plantae mortificantur ab excellenti calido et frigido, humido aut sicco. In corporibus autem elementorum praecipue sunt excellentiae harum contrarie-

corpo, e, pela mesma razão, tampouco o querer. Também os movimentos dos elementos procedem de motores naturais, a saber, dos que geram, e não movem a si mesmos. Donde não é necessário que, por causa de seus movimentos, sejam animados. — Se, porém, há uma substância intelectual que se afirma unir-se a um elemento ou a parte dele, e tenha ademais partes da alma, como essas partes são partes de algum órgão, será necessário que se encontre diversidade de órgãos no corpo do elemento. O que repugna à sua simplicidade. Portanto, a substância intelectual não pode unir-se, como forma, a algum elemento ou parte dele.

Ademais. Quanto mais um corpo é próximo da matéria-prima, tanto menos nobre ele é, enquanto mais existente em potência, e menos em ato completo. Ora, os próprios elementos são mais próximos da matéria-prima que os corpos mistos, uma vez que eles são a matéria próxima dos corpos mistos. São, pois, os corpos dos elementos menos nobres, segundo sua espécie, do que os corpos mistos. Portanto, uma vez que a forma do corpo mais nobre é mais nobre, é impossível que a forma mais nobre, que é a alma intelectiva, seja unida aos corpos dos elementos.

Igualmente. Se os corpos dos elementos, ou algumas partes deles, fossem animados pelas almas mais nobres, que são as almas intelectivas, seria necessário que, quanto mais vizinhos alguns corpos fossem dos elementos, fossem mais próximos da vida. Isso, porém, não é manifesto, mas antes o contrário, pois as plantas têm menos de vida que os animais, dado, entretanto, que estão mais próximas da terra, e os minerais, que são ainda mais próximos, nada têm de vida. Portanto, a substância intelectual não se une a elemento algum, ou a parte dele, como forma.

Ainda. A vida de todos os moventes corruptíveis se corrompe por excesso de contrariedade, pois os animais e as plantas morrem por excessivo calor e frio, umidade ou seca. Ora, nos corpos dos elementos há principalmente excessos dessas contrariedades. Por-

tatum. Non igitur est possibile quod in eis sit vita. Impossibile igitur est quod substantia intellectiva uniatur eis ut forma.

tanto, não é possível que haja neles vida. É impossível, pois, que a eles se una a substância intelectiva, como forma.

Amplius. Elementa etsi secundum totum sint incorruptibilia, tamen singulae partes sunt corruptibiles, utpote contrarietatem habentes. Si igitur aliquae partes elementorum habeant sibi unitas substantias cognoscentes, maxime videtur quod assignetur eis vis discretiva corrumpentium. Quae quidem est sensus tactus, qui est discretivus calidi et frigidi et similium contrarietatum: propter quod et, quasi necessarius ad praeservationem a corruptione, omnibus animalibus inest. Hunc autem sensum impossibile est inesse corpori simplici: cum oporteat organum tactus non habere actu contrarietates, sed potentia; quod contingit solum in mixtis et temperatis. Non igitur est possibile aliquas partes elementorum esse animatas anima intellectiva.

Ademais. Embora os elementos, segundo o todo, sejam incorruptíveis, entretanto as partes singulares são corruptíveis, por terem contrariedade. Se, portanto, algumas partes dos elementos têm a si unidas substâncias cognoscitivas, parece maximamente que se determine nelas a força de discernimento das coisas corruptíveis. Esta é certamente o sentido do tato, que discerne o quente e o frio, e semelhantes contrariedades: por causa disso também, como necessário para preservar da corrupção, está presente em todos os animais. Ora, é impossível que esse sentido esteja presente num corpo simples, pois é necessário que o órgão do tato não tenha contrariedades em ato, mas em potência, o que acontece apenas nos mistos e equilibrados[433]. Não é, pois, possível que algumas partes dos elementos sejam animadas por alma intelectiva.

Item. Omne corpus vivens aliquo modo secundum animam localiter movetur: nam corpora caelestia, si tamen sint animata, moventur circulariter; animalia perfecta motu progressivo; ostrea autem motu dilatationis et constrictionis; plantae autem motu augmenti et decrementi, qui sunt aliquo modo secundum locum. Sed in elementis non apparet aliquis motus qui sit ab anima, sed solum motus naturales. Non sunt igitur corpora viventia. — Si autem dicatur quod substantia intellectualis, etsi non uniatur corpori elementi aut parti eius ut forma, unitur tamen ei ut motor. — Primum quidem, in aere hoc dici impossibile est. Cum enim pars aeris non sit per seipsam terminabilis, non potest aliqua pars eius determinata motum proprium habere, propter quem sibi substantia intellectualis uniatur.

Igualmente. Todo corpo vivo de algum modo é movido localmente pela alma, pois os corpos celestes, se de fato são animados, são movidos circularmente e os animais perfeitos pelo movimento progressivo; as ostras, porém, pelo movimento de dilatação e constrição; já as plantas pelo movimento do aumento e da diminuição, que são de algum modo segundo o lugar. Mas nos elementos não se manifesta movimento nenhum que seja da alma, mas apenas movimentos naturais. Não são, pois, vivos os corpos. — Se, entretanto, se disser que a substância intelectual, mesmo que não se una ao corpo do elemento ou à sua parte, como forma, une-se, porém, a ele como motor. — Primeiro, dizer isso do ar é impossível. Dado, com efeito, que a parte do ar não tem por si mesma um termo, não pode uma parte determinada ter movimento próprio, por causa do qual se una a si uma substância intelectual.

Praeterea. Si aliqua substantia intellectualis unitur alicui corpori naturaliter sicut motor proprio mobili, oportet virtutem motivam

Além disso. Se uma substância intelectual se une a um corpo naturalmente como motor próprio ao móvel, é necessário que a força

433 Aristóteles (384-322 a.C.), em *Sobre a Alma* III, 12, 434b, 8-18.

illius substantiae limitari ad corpus mobile cui naturaliter unitur: nam cuiuslibet motoris proprii virtus non excedit in movendo proprium mobile. Ridiculum autem videtur dicere quod virtus alicuius substantiae intellectualis non excedat in movendo aliquam determinatam partem alicuius elementi, aut aliquod corpus mixtum. Non videtur igitur dicendum quod aliqua substantia intellectualis uniatur alicui corpori elementari naturaliter ut motor, nisi sibi etiam uniatur ut forma.

Item. Motus corporis elementaris potest ex aliis principiis causari quam ex substantia intellectuali. Superfluum igitur esset propter huiusmodi motus naturaliter substantias intellectuales corporibus elementaribus uniri. — Per hoc autem excluditur opinio Apuleii, et quorundam Platonicorum, qui dixerunt Daemonia esse animalia corpore aerea, mente rationabilia, animo passiva, tempore aeterna; et quorundam gentilium ponentium elementa esse animata, unde et eis cultum divinum instituebant.

Excluditur etiam opinio dicens Angelos et Daemones habere corpora naturaliter sibi unita, de natura superiorum vel inferiorum elementorum.

Capitulum XCI

Quod sunt aliquae substantiae intellectuales corporibus non unitae

Ex praemissis autem ostendi potest esse aliquas substantias intellectuales corporibus penitus non unitas.

Ostensum est enim supra, corporibus corruptis, intellectus substantiam, quasi perpetuam, remanere. Et si quidem substantia intellectus quae remanet, sit una omnium, sicut quidam dicunt, de necessitate consequitur eam esse secundum suum esse a corpore separatum. Et sic habetur propositum, quod

motora dessa substância seja limitada ao corpo móvel, ao qual naturalmente se une, pois a força de cada motor próprio não excede no mover o próprio móvel. Ora, parece ridículo dizer que a potência de uma substância intelectual não excede, no mover, determinada parte de um elemento, ou algum corpo misto. Não parece, pois, que se deva dizer que uma substância intelectual se une a um corpo elementar naturalmente como motor, a não ser que também a ele se una como forma.

Igualmente. O movimento do corpo elementar pode ser causado por princípios outros que pela substância intelectual. Seria, portanto, supérfluo por causa de semelhante movimento, que as substâncias intelectuais se unissem naturalmente aos corpos elementares. — Ora, em razão disso é excluída a opinião de Apuleio[434], e de alguns Platônicos, que disseram que os demônios seriam animais aéreos de corpo, racionais de mente, passivos de ânimo, eternos no tempo; e de alguns gentios[435] que afirmavam que os elementos eram animados, donde também a eles atribuíam culto divino. Exclui-se também a opinião que afirma que Anjos e Demônios têm corpos naturalmente a si unidos, de natureza dos elementos superiores ou dos inferiores.

Capítulo 91

Há algumas substâncias intelectuais não unidas a corpos

Do exposto pode-se mostrar que há algumas substâncias de nenhum modo unidas a corpos.

Com efeito, foi mostrado[436] que, corrompidos os corpos, a substância do intelecto, como perpétua, permanece. E, se a substância do intelecto, que permanece, é uma em todos, como dizem alguns[437], por necessidade se segue que ela é segundo seu ser separado do corpo. E assim tem-se o proposto que algu-

434 Apuleio (125-180), discípulo de Platão, cf. Santo Agostinho (354-431), em *A cidade de Deus* VIII, 16, ML 41, 241.

435 Cf. Sabedoria 13,1-2.

436 Cf. cap. 79.

437 Cf. cap. 80.

substantia intellectualis aliqua sine corpore subsistat. — Si autem plures animae intellectivae remaneant, corporibus destructis, conveniet aliquibus substantiis intellectualibus absque corpore subsistere: praesertim cum ostensum sit quod animae non transeant de corpore ad corpus. Convenit autem animabus esse a corporibus separatas per accidens: cum naturaliter sint formae corporum. Eo autem quod est per accidens, oportet prius esse id quod est per se. Sunt igitur aliquae substantiae intellectuales, animabus secundum naturam priores, quibus per se inest sine corporibus subsistere.

Amplius. Omne quod est de ratione generis, oportet de ratione speciei esse: sunt autem quaedam quae sunt de ratione speciei, non autem de ratione generis; sicut rationale est de ratione hominis, non autem de ratione animalis. Quicquid autem est de ratione speciei, non autem de ratione generis, non est necesse omnibus speciebus generis inesse: multae enim species sunt irrationabilium animalium. Substantiae autem intellectuali secundum suum genus convenit quod sit per se subsistens, cum habeat per se operationem: sicut superius est ostensum. De ratione autem rei per se subsistentis non est quod alteri uniatur. Non est igitur de ratione substantiae intellectualis secundum suum genus quod sit corpori unita: etsi sit hoc de ratione alicuius intellectualis substantiae, quae est anima. Sunt igitur aliquae substantiae intellectuales corporibus non unitae.

Adhuc. Natura superior in suo infimo contingit naturam inferiorem in eius supremo. Natura autem intellectualis est superior corporali. Attingit autem eam secundum aliquam partem sui, quae est anima intellectiva. Oportet igitur quod, sicut corpus perfectum per animam intellectivam est supremum in genere corporum, ita anima intellectiva, quae unitur corpori, sit infima in genere substan-

ma substância intelectual subsiste sem o corpo. — Se, contudo, muitas almas intelectivas permanecem, destruídos os corpos, convirá a algumas substâncias intelectuais subsistir sem o corpo, principalmente, como foi mostrado[438], que as almas não passam de corpo a corpo. Ora, convém às almas ser separadas dos corpos por acidente, dado que naturalmente são formas dos corpos. Ora, enquanto é por acidente, é necessário que seja anterior àquilo que é por si. Há, pois, algumas substâncias intelectuais, anteriores às almas segundo a natureza, às quais é por si inerente subsistir sem os corpos.

Ademais. Tudo o que é da razão do gênero é necessário que seja da razão da espécie, mas há coisas que são da razão da espécie, não, porém, da razão do gênero, como o racional é da razão do homem, não, porém, da razão do animal. Ora, tudo o que é da razão da espécie, mas não da razão do gênero, não é necessário estar presente em todas as espécies do gênero, pois há muitas espécies de animais irracionais. Ora, à substância intelectual segundo seu gênero convém que seja por si subsistente, já que tem por si a operação, como foi mostrado[439]. Não é, porém, da razão da coisa por si subsistente que se una a outra. Não é, pois, da razão da substância intelectual segundo seu gênero que seja unida ao corpo, embora isso seja da razão de uma substância intelectual, que é a alma. Há, pois, algumas substâncias intelectuais não unidas aos corpos.

Ainda. A natureza superior toca em seu ínfimo a natureza inferior em seu supremo[440]. Ora, a natureza intelectual é superior à corporal. Toca-a, porém, segundo uma parte de si, que é a alma intelectiva. É necessário, portanto, que, como o corpo completado pela alma intelectiva é supremo no gênero dos corpos, assim a alma intelectiva, que se une ao corpo, é ínfima no gênero das substâncias intelectuais.

438 Cf. cap. 83.
439 Cf. cap. 51.
440 Dionísio Areopagita (séc. V-VI), em *Os Nomes Divinos*, 7, 3, MG 3, 872B.

tiarum intellectualium. Sunt igitur aliquae substantiae intellectuales non unitae corporibus, superiores secundum naturae ordinem anima.

Item. Si est aliquid imperfectum in aliquo genere, invenitur ante illud, secundum naturae ordinem, aliquid in genere illo perfectum: perfectum enim natura prius est imperfecto. Formae autem quae sunt in materiis, sunt actus imperfecti: quia non habent esse completum. Sunt igitur aliquae formae quae sunt actus completi per se subsistentes, et speciem completam habentes. Omnis autem forma per se subsistens absque materia, est substantia intellectualis: immunitas enim materiae confert esse intelligibile, ut ex praemissis patet. Sunt ergo aliquae substantiae intellectuales corporibus non unitae: omne enim corpus materiam habet.

Amplius. Substantia potest esse sine quantitate, licet quantitas sine substantia esse non possit: substantia enim aliorum generum prima est tempore, ratione et cognitione. Sed nulla substantia corporea est sine quantitate. Possunt igitur esse quaedam in genere substantiae omnino absque corpore. Omnes autem naturae possibiles in rerum ordine inveniuntur: aliter enim esset universum imperfectum. In sempiternis etiam non differt esse et posse. Sunt igitur aliquae substantiae absque corporibus subsistentes; post primam substantiam, quae Deus est, qui non est in genere, ut supra ostensum est; et supra animam, quae est corpori unita.

Adhuc. Si ex aliquibus duobus invenitur aliquid compositum; et alterum eorum invenitur per se quod est minus perfectum: et alterum, quod est magis perfectum et minus reliquo indigens, per se invenitur. Invenitur autem aliqua substantia composita ex substantia intellectuali et corpore, ut ex praemissis

Há, pois, algumas substâncias intelectuais não unidas aos corpos, superiores à alma segundo a ordem da natureza.

Igualmente. Se algo é imperfeito em algum gênero, encontra-se antes dele, segundo a ordem da natureza, algo perfeito naquele gênero, pois o perfeito por natureza é anterior ao imperfeito. Ora, as formas que estão nas matérias são atos imperfeitos porque não têm o ser completo. Há, pois, algumas formas que são atos completos por si subsistentes, e tendo a espécie completa. Ora, toda forma por si subsistente, sem matéria, é substância intelectual, pois a carência de matéria confere o ser inteligível, como se evidencia do exposto[441]. Há, pois, algumas substâncias intelectuais não unidas aos corpos, uma vez que todo corpo tem matéria.

Ademais. A substância pode ser sem quantidade, embora a quantidade não possa ser sem a substância, pois *a substância dos outros gêneros é primeira no tempo, na razão e no conhecimento*[442]. Mas, nenhuma substância corpórea é sem quantidade. Pode, portanto, haver algumas no gênero da substância totalmente sem corpo. Ora, todas as naturezas possíveis encontram-se na ordem das coisas; do contrário, o universo seria imperfeito. *Nas coisas sempiternas também não diferem o ser e o* poder[443]. Há, pois, algumas substâncias subsistentes sem corpos, após a primeira substância, que é Deus, que não está em gênero, como foi mostrado[444], que estão acima da alma, que é unida ao corpo.

Ainda. Se há alguma coisa composta de outras duas, e uma delas que é menos perfeita é por si mesma, também a outra, que é mais perfeita e menos indigente que a primeira, é por si mesma. Ora, há uma substância composta de substância intelectual e de corpo, como se evidencia do exposto[445]. Ora, o corpo

441 Cf. cap. 32.
442 Aristóteles (384-322 a.C.), em *Metafísica* VI, 1, 1028a, 32-33.
443 Aristóteles (384-322 a.C.), em *Física* III, 4, 203b, 30.
444 Livro I, cap. 25.
445 Cf. cap. 68.

patet. Corpus autem invenitur per se: sicut patet in omnibus corporibus inanimatis. Multo igitur fortius inveniuntur substantiae intellectuales corporibus non unitae.

Item. Substantiam rei oportet esse proportionatam suae operationi: quia operatio est actus et bonum substantiae operantis. Sed intelligere est propria operatio substantiae intellectualis. Oportet igitur substantiam intellectualem talem esse quae competat praedictae operationi. Intelligere autem, cum sit operatio per organum corporeum non exercita, non indiget corpore nisi inquantum intelligibilia sumuntur a sensibilibus. Hic autem est imperfectus modus intelligendi: perfectus enim modus intelligendi est ut intelligantur ea quae sunt secundum naturam suam intelligibilia; quod autem non intelligantur nisi ea quae non sunt secundum se intelligibilia, sed fiunt intelligibilia per intellectum, est imperfectus modus intelligendi. Si igitur ante omne imperfectum oportet esse perfectum aliquid in genere illo, oportet quod ante animas humanas, quae intelligunt accipiendo a phantasmatibus, sint aliquae intellectuales substantiae intelligentes ea quae sunt secundum se intelligibilia, non accipientes cognitionem a sensibilibus, ac per hoc omnino a corporibus secundum suam naturam separatae.

Praeterea. Aristoteles argumentatur sic in XI metaphysicae. Motum continuum, regularem et, quantum in se est, indeficientem, oportet esse a motore qui non movetur neque per se neque per accidens, ut supra probatum est. Plures etiam motus oportet a pluribus motoribus esse. Motus autem caeli est continuus, regularis, et, quantum in se est, indeficiens est: et praeter primum motum, sunt multi tales motus in caelo, sicut per considerationes astrologorum probatur. Oportet igitur esse plures motores qui non moveantur neque per se neque per accidens. Nullum autem corpus movet nisi motum, ut supra probatum

é por si, como se evidencia de todos os corpos inanimados. Portanto, muito mais fortemente são as substâncias intelectuais não unidas aos corpos.

Igualmente. É necessário que a substância da coisa seja proporcionada à sua operação, pois a operação é o ato e o bem da substância operante. Mas, conhecer é a operação própria da substância intelectual. É necessário, portanto, que a substância intelectual seja tal que convenha à mencionada operação. Ora, conhecer, como é operação não realizada por meio de órgão corpóreo, não necessita do corpo senão enquanto são os inteligíveis tomados dos sensíveis. Ora, este é um modo imperfeito de conhecer, pois o modo perfeito de conhecer é que se conheçam aquelas coisas que são segundo sua natureza inteligíveis; ora, que não se conheçam senão aquelas coisas que não são em si inteligíveis, mas se fazem inteligíveis pelo intelecto, é um modo imperfeito de conhecer. Se, pois, antes de todo imperfeito é necessário haver um perfeito naquele gênero, é necessário que, antes das almas humanas, que conhecem recebendo dos fantasmas, haja outras substâncias intelectuais que conheçam aquelas coisas que são em si inteligíveis, não recebendo o conhecimento dos sensíveis, e por isso totalmente separadas dos corpos segundo sua natureza.

Ademais. Aristóteles argumenta assim no livro da *Metafísica*[446]. É preciso que o movimento contínuo, regular e, em quanto é em si não deficiente, provenha de um motor que não é movido nem por si nem por acidente, como foi provado[447]. É necessário que também muitos movimentos provenham de muitos motores. Ora, o movimento do céu é contínuo, regular e, em quanto é em si não deficiente, e, exceto o primeiro movido, há muitos movimentos tais no céu, como se prova pelas considerações dos astrólogos. É necessário, pois, que haja muitos motores que não sejam movidos nem por si nem por acidente.

446 Aristóteles (384-322 a.C.), em *Metafísica* XI, 8, 1073,
447 Livro I, cap. 20.

est. Motor autem incorporeus unitus corpori, movetur per accidens ad motum corporis: sicut patet de anima. Oportet igitur esse plures motores qui neque sint corpora neque sint corporibus uniti. Motus autem caelestes sunt ab aliquo intellectu, ut supra probatum est. Sunt igitur plures substantiae intellectuales corporibus non unitae.

His autem concordat sententia dionysii, IV cap. De div. Nom., dicentis de Angelis quod, sicut immateriales, et incorporei intelliguntur. — Per hoc autem excluditur error sadducaeorum, qui dicebant spiritum non esse. — Et positio antiquorum naturalium, qui dicebant omnem substantiam corpoream esse. — Positio etiam Origenis qui dixit quod nulla substantia, post trinitatem divinam, absque corpore potest subsistere. — Et omnium aliorum ponentium omnes Angelos, bonos et malos, habere corpora naturaliter sibi unita.

— Ora, nenhum corpo move senão movido, como foi provado. Ora, o motor incorpóreo unido ao corpo, é movido por acidente para o movimento do corpo, como se evidencia a respeito da alma. Logo, é necessário que haja muitos motores que nem sejam corpos nem sejam unidos aos corpos. Ora, os movimentos celestes provêm de um intelecto, como foi provado[448]. Há, portanto, muitas substâncias intelectuais não unidas aos corpos.

Com essas coisas concorda a sentença de Dionísio[449], dizendo dos Anjos que, como imateriais, também se entendem incorpóreos. — Por isso é excluído o erro dos saduceus[450], que diziam que não há espírito. — E a opinião dos antigos filósofos da natureza[451], que diziam que toda substância é corpórea. — Também a opinião de Orígenes[452] que afirmou que nenhuma substância, após a trindade divina, pode subsistir sem o corpo. — E de todos os outros que afirmaram que todos os Anjos, bons e maus, têm corpos naturalmente unidos a eles.

Capitulum XCII
De multitudine substantiarum separatarum

Sciendum est autem quod Aristoteles probare nititur non solum esse aliquas substantias intellectuales absque corpore, sed quod sunt eiusdem numeri cuius sunt motus deprehensi in caelo, neque pauciores.

Probat enim quod non sunt aliqui motus in caelo qui a nobis deprehendi non possint, per hoc quod omnis motus qui est in caelo, est propter motum alicuius stellae, quae sensibilis est: orbes enim deferunt stellas; motus autem deferentis est propter motum delati.

Item probat quod non sunt aliquae substantiae separatae a quibus non proveniant aliqui motus in caelo: quia, cum motus caelestes

Capítulo 92
Da multiplicidade das substâncias separadas

Deve-se saber que Aristóteles[453] se esforça por provar não só que há algumas substâncias intelectuais sem corpo, mas que são do mesmo número que o dos movimentos observados no céu, nem mais nem menos.

Com efeito, ele prova que não há outros movimentos no céu que não possam ser observados por nós, porque todo movimento que há no céu é por causa do movimento de alguma estrela, que é sensível, pois as esferas conduzem as estrelas; ora, o movimento do que conduz é por causa do movimento do conduzido.

Igualmente. Prova que não há outras substâncias separadas das quais não provenham outros movimentos no céu, porque, como os

448 Cf. caps. 12 e 70.
449 Dionísio Areopagita (séc. V-VI), em *Os Nomes Divinos*, 4, 1, MG 3, 693 C.
450 Atos 23,8.
451 Livro I, cap. 20.
452 Orígenes (185-253), em *Sobre os Princípios* I, 6, 4, MG 11, 170 BC.
453 Aristóteles (384-322 a.C.), em *Metafísica* XI, 8, 1274a, 15-38.

ordinentur ad substantias separatas sicut ad fines, si essent aliae substantiae separatae quam illae quas numerat, essent aliqui motus in eas ordinati sicut in fines; aliter essent motus imperfecti. Unde ex his concludit quod non sunt plures substantiae separatae quam motus deprehensi, et qui possunt deprehendi, in caelo: praesertim cum non sint plura corpora caelestia eiusdem speciei, ut sic etiam possint esse plures motus nobis incogniti. — Haec autem probatio non habet necessitatem. In his enim quae sunt ad finem, sumitur necessitas ex fine, sicut ipsemet docet in II physicorum: non autem e converso. Unde, si motus caelestes ordinantur in substantias separatas sicut in fines, ut ipsemet dicit, non potest concludi necessario numerus substantiarum praedictarum ex numero motuum.

Potest enim dici quod sunt aliquae substantiae separatae altioris naturae quam illae quae sunt proximi fines motuum caelestium: sicut, si instrumenta artificialia sunt propter homines qui per ea operantur, nihil prohibet esse alios homines qui per instrumenta huiusmodi non operantur immediate, sed imperant operantibus. Et ideo ipse Aristoteles hanc rationem non inducit quasi necessariam, sed tanquam probabilem: dicit enim: quare substantias et principia immobilia rationabile est tot aestimare: necessarium enim dimittatur fortioribus dicere.

Restat igitur ostendendum quod sunt multo plures substantiae intellectuales a corporibus separatae quam sint motus caelestes.

Substantiae enim intellectuales secundum suum genus transcendunt omnem naturam corpoream. Oportet igitur accipere gradum in praedictis substantiis secundum elevationem earum supra corpoream naturam. Sunt autem

movimentos celestes se ordenam às substâncias separadas como a fins, se houvesse outras substâncias separadas além das que enumera, haveria outros movimentos para elas ordenados como para fins; caso contrário, haveria movimentos imperfeitos. Donde, conclui disso que não há muitas substâncias separadas além dos movimentos observados, e que possam ser observados no céu, principalmente porque não há muitos corpos celestes da mesma espécie, de modo que assim pudessem haver muitos movimentos a nós desconhecidos.

— Ora, essa prova é desnecessária. Com efeito, naquelas coisas que são para um fim, toma-se a necessidade a partir do fim, como ele mesmo ensina no livro da *Física*[454], mas não ao contrário. Donde, se os movimentos celestes se ordenam para as substâncias separadas como para fins, como ele mesmo diz, não se pode concluir, de modo necessário, o número das mencionadas substâncias do número dos movimentos.

Com efeito, pode-se dizer que há algumas substâncias separadas de natureza mais elevada que aquelas que são fins próximos dos movimentos celestes; por exemplo, se os instrumentos artificiais são por causa dos homens que operam através deles, nada proíbe que haja alguns homens que não operam imediatamente, através de instrumentos semelhantes, mas dão ordens aos que operam. E assim o mesmo Aristóteles não induz essa razão como necessária, mas como provável, pois diz: *porque é razoável enumerar as substâncias e os princípios, mas dizer o necessário seja deixado aos mais fortes*[455].

Resta, portanto, demonstrar que há muito mais substâncias intelectuais separadas dos corpos que os movimentos celestes.

Com efeito, as substâncias intelectuais segundo seu gênero transcendem toda natureza corpórea. É necessário, pois, admitir o grau nas mencionadas substâncias segundo a elevação delas acima da natureza corpórea. Ora,

---

[454] Aristóteles (384-322 a.C.), em *Física* II, 2, 194a, 27-33.
[455] Aristóteles (384-322 a.C.), em *Metafísica* XI, 8, 1074a, 15-17.

quaedam intellectuales substantiae elevatae supra corpoream substantiam secundum sui generis naturam tantum, quae tamen corporibus uniuntur ut formae, ut ex praemissis patet. Et quia esse substantiarum intellectualium secundum suum genus nullam a corpore dependentiam habet, ut supra probatum est, invenitur altior gradus dictarum substantiarum, quae etsi non uniantur corporibus ut formae, sunt tamen proprii motores aliquorum corporum determinatorum. — Similiter autem natura substantiae intellectualis non dependet a movendo: cum movere sit consequens ad principalem eorum operationem, quae est intelligere. Erit igitur et aliquis gradus altior substantiarum intellectualium, quae non sunt proprii motores aliquorum corporum, sed superiores motoribus.

Amplius. Sicut agens per naturam agit per suam formam naturalem, ita agens per intellectum agit per formam intellectus: ut patet in his qui agunt per artem.

Sicut igitur agens per naturam est proportionatum patienti ratione suae formae naturalis, ita agens per intellectum est proportionatum patienti et facto per formam intellectus: ut scilicet huiusmodi sit forma intellectiva quod possit induci per actionem agentis in materiam recipientem. Oportet igitur proprios motores orbium, qui per intellectum movent, si in hoc opinionem Aristotelis sustinere volumus, tales intelligentias habere quales sunt explicabiles per motus orbium, et producibiles in rebus naturalibus. — Sed supra huiusmodi conceptiones intelligibiles est accipere aliquas universaliores: intellectus enim universalius apprehendit formas rerum quam sit esse earum in rebus; unde videmus quod universalior est forma intellectus speculativi quam practici, et inter artes practicas universalior est conceptio artis imperantis quam exequentis. Oportet autem substantia-

há algumas substâncias intelectuais elevadas acima da substância corpórea segundo a natureza de seu gênero apenas, as quais, porém, se unem aos corpos como formas, como se evidencia do exposto[456]. E porque o ser das substâncias intelectuais, segundo seu gênero, não tem nenhuma dependência do corpo, como foi provado[457], há um grau mais elevado das mencionadas substâncias, que, embora não se unam aos corpos como formas, são, entretanto, motores próprios de alguns corpos determinados. — Semelhantemente, porém, a natureza da substância intelectual não depende do mover, pois o mover é consequente à operação principal delas, que é conhecer. Haverá, portanto, também algum grau mais elevado de substâncias intelectuais, que não são motores próprios de alguns corpos, mas superiores aos motores.

Ademais. Assim como o agente por natureza age por sua forma natural, assim o agente pelo intelecto age pela forma do intelecto, como se evidencia naqueles que agem por arte. Portanto, assim como o agente por natureza é proporcionado ao paciente em razão de sua forma natural, assim o agente pelo intelecto é proporcionado ao paciente e ao efeito pela forma do intelecto, para que seja do mesmo tipo a forma intelectiva que possa ser induzida pela ação do agente à matéria recipiente. Portanto, é necessário que os motores próprios das esferas, que movem pelo intelecto, se nisso queremos manter a opinião de Aristóteles[458], tenham tantas inteligências quantas são explicáveis pelos movimentos das esferas, e realizáveis nas coisas naturais. — Mas acima de semelhantes concepções inteligíveis é de pôr-se umas mais universais, pois o intelecto apreende mais universalmente as formas das coisas do que é o ser delas nas coisas; donde vemos que é mais universal a forma do intelecto especulativo do que do prático, e entre as artes práticas é mais universal a concepção

456 Cf. cap. 68.
457 Cf. capítulo anterior.
458 Cf. cap. 70.

rum intelligibilium gradus accipere secundum gradum intellectualis operationis quae est eis propria. Sunt igitur aliquae substantiae intellectuales supra illas quae sunt proprii et proximi motores determinatorum orbium.

da arte que ordena do que da que executa. É necessário, porém, admitir o grau das substâncias inteligíveis segundo o grau da operação intelectual, que lhes é própria. Há, pois, algumas substâncias intelectuais acima daquelas que são motores próprios e próximos de esferas determinadas.

Adhuc. Ordo universi exigere videtur ut illud quod est in rebus nobilius, excedat quantitate vel numero ignobiliora: ignobiliora enim videntur esse propter nobiliora. Unde oportet quod nobiliora, quasi propter se existentia, multiplicentur quantum possibile est. Et ideo videmus quod corpora incorruptibilia, scilicet caelestia, in tantum excedunt corruptibilia, scilicet elementaria, ut quasi haec non habeant notabilem quantitatem in comparatione ad illa. Sicut autem caelestia corpora digniora sunt elementaribus, ut incorruptibilia corruptibilibus; ita substantiae intellectuales omnibus corporibus, ut immobile et immateriale mobili et materiali. Excedunt igitur in numero intellectuales substantiae separatae omnium rerum materialium multitudinem. Non igitur comprehenduntur numero caelestium motuum.

Ainda. A ordem do universo parece exigir que aquilo que há nas coisas mais nobremente, exceda em quantidade ou número as coisas menos nobres, pois parece que as menos nobres são por causa das mais nobres. Donde é necessário que as mais nobres, como existentes por causa de si mesmas, sejam multiplicadas quanto é possível. E assim vemos que os corpos incorruptíveis, a saber, os celestes, tanto excedem os corruptíveis, a saber, os elementares, que esses não têm uma quantidade notável em comparação com aqueles. Assim como os corpos celestes são mais dignos que os elementares, como os incorruptíveis com relação aos corruptíveis, assim as substâncias intelectuais com relação a todos os corpos, como o imóvel e imaterial com relação ao móvel e material. As substâncias intelectuais separadas excedem, portanto, em número a multiplicidade de todas as coisas materiais. Não são, pois, compreendidas no número dos movimentos celestes.

Item. Species rerum materialium non multiplicantur per materiam, sed per formam. Formae autem quae sunt extra materiam, habent esse completius et universalius quam formae quae sunt in materia: nam formae in materia recipiuntur secundum materiae capacitatem. Non videntur igitur esse minoris multitudinis formae quae sunt extra materiam, quas dicimus substantias separatas, quam sint species materialium rerum. — Non autem propter hoc dicimus quod substantiae separatae sint species istorum sensibilium: sicut Platonici senserunt. Cum enim non possent ad praedictarum substantiarum notitiam pervenire nisi ex sensibilibus, apposuerunt istas substantias esse eiusdem speciei cum is-

Igualmente. As espécies das coisas materiais não se multiplicam pela matéria, mas pela forma. Ora, as formas que estão fora da matéria, têm o ser mais completamente e mais universalmente que as formas que estão na matéria, pois as formas na matéria são recebidas segundo a capacidade da matéria. Não parecem, portanto, ser de menor multiplicidade as formas que estão fora da matéria, que dizemos substâncias separadas, do que são as espécies das coisas materiais. — Entretanto, não dizemos por causa disso que as substâncias separadas são espécies dessas coisas sensíveis, como pensaram os Platônicos[459]. Como não pudessem chegar ao conhecimento das mencionadas substâncias senão pelas

459 Aristóteles (384-322 a.C.), em *Metafísica* I, 6, 987a, 29-988a, 17.

tis, vel magis species istarum: sicut, si aliquis non videret solem et lunam et alia astra, et audiret esse quaedam corpora incorruptibilia, nominaret ea nominibus istorum corporum corruptibilium, existimans ea esse eiusdem speciei cum istis. Quod non esset possibile. — Similiter etiam impossibile est substantias immateriales esse eiusdem speciei cum materialibus, vel species ipsarum: cum materia sit de ratione speciei horum sensibilium, licet non haec materia, quae est proprium principium individui; sicut de ratione speciei hominis sunt carnes et ossa, non autem hae carnes et haeç ossa, quae sunt principia socratis et Platonis. — Sic igitur non dicimus substantias separatas esse species istorum sensibilium: sed esse alias species nobiliores istis, quanto purum est nobilius permixto. Et tunc illas substantias esse plures oportet istis speciebus rerum materialium.

coisas sensíveis, estabeleceram que aquelas substâncias eram da mesma espécie que essas, ou antes espécies dessas; por exemplo, se alguém não visse o sol e a lua e outros astros, e ouvisse haver alguns corpos incorruptíveis, denominá-los-ia com os nomes desses corpos corruptíveis, julgando que eram da mesma espécie que esses. O que não é possível. — Semelhantemente também é impossível que as substâncias imateriais sejam da mesma espécie que as materiais, ou espécies delas, como a matéria é da razão da espécie dessas coisas sensíveis, embora não esta matéria, que é o princípio próprio do indivíduo, assim da razão da espécie do homem são as carnes e os ossos, mas não estas carnes e estes ossos, que são os princípios de Sócrates e Platão. — Assim, pois, não dizemos que as substâncias separadas são espécies destas coisas sensíveis, mas que há outras espécies mais nobres que essas, tanto quanto o puro é mais nobre que o misturado. E então é necessário que aquelas substâncias sejam mais numerosas que essas espécies das coisas materiais.

Adhuc. Magis est aliquid multiplicabile secundum suum esse intelligibile quam secundum suum esse materiale. Multa enim intellectu capimus quae in materia esse non possunt: ex quo contingit quod cuilibet rectae lineae finitae potest mathematice fieri additio, non autem naturaliter; raritas etiam corporum, velocitas motuum, et diversitas figurarum, in infinitum augeri comprehenditur secundum intellectum, quamvis sit impossibile in natura sic esse. Substantiae autem separatae sunt in esse intelligibili secundum suam naturam. Maior igitur multiplicitas in eis est possibilis quam in rebus materialibus, secundum proprietatem et rationem pensatam generis utriusque. In perpetuis autem non differt esse et posse. Excedit igitur multitudo substantiarum separatarum multitudinem materialium corporum.

Ainda. É mais multiplicável algo segundo seu ser inteligível do que segundo seu ser material. Com efeito, captamos pelo intelecto muitas coisas que não podem ser na matéria; por isso acontece que a qualquer linha reta finita pode-se matematicamente fazer uma adição, mas não naturalmente; a subtileza também dos corpos, a velocidade dos movimentos, e a diversidade de figuras compreende-se aumentar ao infinito segundo o intelecto, embora seja impossível ser assim na natureza. Ora, as substâncias separadas estão no ser inteligível, segundo sua natureza. É nelas possível, portanto, uma multiplicidade maior do que nas coisas materiais, segundo a propriedade e a razão considerada do gênero delas. *Nas coisas eternas, porém, não diferem o ser e o poder*[460]. Portanto, a multidão das substâncias separadas excede a multidão dos corpos materiais.

460 Cf. cap. 91.

His autem attestatur sacra Scriptura. Dicitur enim Dan. 7,10: millia millium ministrabant ei, et decies millies centena millia assistebant ei. — Et dionysius, 14 cap. Cael. Hier., dicit quod numerus illarum substantiarum excedit omnem materialem multitudinem. — Per hoc autem excluditur error dicentium substantias separatas secundum numerum motuum caelestium, aut secundum numerum sphaerarum caelestium esse. Et error Rabbi Moysi, qui dixit numerum Angelorum qui in Scriptura ponitur, non esse numerum substantiarum separatarum, sed virtutum in istis inferioribus: sicut si vis concupiscibilis dicatur spiritus concupiscentiae, et sic de aliis.

A Sagrada Escritura confirma essas coisas. Diz-se, com efeito, em Daniel: *milhares de milhares o serviam, e dez mil milhares o assistiam*[461]. — E Dionísio diz que o número daquelas substâncias *excede toda multidão material*[462]. — Por isso também se exclui o erro dos que dizem que as substâncias separadas são segundo o número dos movimentos celestes, ou segundo o número das esferas celestes. E o erro de Rabi Moisés [Maimônides][463], que o número dos Anjos que é colocado na Escritura não é o número das substâncias separadas, mas das potências nessas inferiores, como se a força concupiscível fosse dita espírito da concupiscência, e assim por diante.

Capitulum XCIII

Quod in substantiis separatis non sunt multae unius speciei

Ex his autem quae de istis substantiis praemissa sunt, ostendi potest quod non sunt plures substantiae separatae unius speciei.

Ostensum est enim supra quod substantiae separatae sunt quaedam quidditates subsistentes. Species autem rei est quam significat definitio, quae est signum quidditatis rei. Unde quidditates subsistentes sunt species subsistentes. Plures ergo substantiae separatae esse non possunt nisi sint plures species.

Adhuc. Quaecumque sunt idem specie differentia autem numero, habent materiam: differentia enim quae ex forma procedit, inducit diversitatem speciei; quae autem ex materia, inducit diversitatem secundum numerum. Substantiae autem separatae non habent omnino materiam, neque quae sit pars earum, neque cui uniantur ut formae. Impossibile est igitur quod sint plures unius speciei.

Amplius. Ad hoc sunt plura individua in una specie in rebus corruptibilibus, ut natura

Capítulo 93

Não há muitas substâncias separadas de uma só espécie

Das coisas que sobre essas substâncias foram expostas, pode-se mostrar que não há muitas substâncias separadas de uma só espécie.

Com efeito, foi mostrado[464] que as substâncias separadas são certas quididades subsistentes. Ora, a espécie da coisa é a que a definição significa, que é *sinal da quididade da coisa*[465]. Donde, as quididades subsistentes são espécies subsistentes. Logo, não pode haver muitas substâncias separadas se não houver muitas espécies.

Ainda. Todas as coisas que são idênticas na espécie, mas diferentes em número, têm matéria, pois a diferença que provém da forma, induz a diversidade da espécie, mas a que provém da matéria induz a diversidade segundo o número. Ora, as substâncias separadas não têm em absoluto matéria, nem como parte delas, nem a matéria a que se unem como formas. É impossível, pois, que haja muitas de uma só espécie.

Ademais. Há muitos indivíduos numa espécie, nas coisas corruptíveis, para que a

461 Daniel 7,10.
462 Dionísio Areopagita (séc. V-VI), em *Hierarquia Celeste*, 14, MG 3, 321 A.
463 Maimônides [ou Rabi Moisés] (1135-1204), em *Guia dos Indecisos*, II, 4.
464 Cf. caps. 51 e 91.
465 Aristóteles (384-322 a.C.), em *Tópicos* I, 5, 101b, 39.

speciei, quae non potest perpetuo conservari in uno individuo, conservetur in pluribus: unde etiam in corporibus incorruptibilibus non est nisi unum individuum in una specie. Substantiae autem separatae natura potest conservari in uno individuo: eo quod sunt incorruptibiles, ut supra ostensum est. Non igitur oportet esse plura individua in illis substantiis eiusdem speciei.

Item. Id quod est speciei in unoquoque, dignius est eo quod est individuationis principium, praeter rationem speciei existens. Multiplicatio igitur specierum plus addit nobilitatis universo quam multiplicatio individuorum in una specie. Perfectio autem universi maxime consistit in substantiis separatis. Magis igitur competit ad perfectionem universi quod sint plures secundum speciem diversae, quam quod sint multae secundum numerum in eadem specie.

Praeterea. Substantiae separatae sunt perfectiores quam corpora caelestia. Sed in corporibus caelestibus, propter eorum perfectionem, non invenitur nisi unum individuum unius speciei: tum quia unumquodque eorum constat ex tota materia suae speciei; tum quia in uno individuo est perfecte virtus speciei ad complendum illud in universo ad quod illa species ordinatur, sicut praecipue patet in sole et luna. Multo igitur magis in substantiis separatis non invenitur nisi unum individuum in una specie.

natureza da espécie, que não pode ser conservada perpetuamente num só indivíduo, seja conservada em muitos; donde também nos corpos incorruptíveis não há senão um indivíduo numa só espécie. Ora, a natureza da substância separada pode ser conservada em um só indivíduo, porque são incorruptíveis, como foi mostrado[466]. Não é necessário, pois, haver muitos indivíduos naquelas substâncias da mesma espécie.

Igualmente. Aquilo que é próprio da espécie em cada um, é mais digno do que aquilo que é princípio de individuação, existindo fora da razão da espécie. A multiplicação das espécies, portanto, adiciona mais de nobreza ao universo do que a multiplicação dos indivíduos numa espécie. Ora, a perfeição do universo maximamente consiste nas substâncias separadas. Portanto, pertence mais à perfeição do universo que haja muitas, diversas segundo a espécie, do que haja muitas segundo o número, na mesma espécie.

Além disso. As substâncias separadas são mais perfeitas que os corpos celestes. Mas nos corpos celestes, em razão de sua perfeição, não há senão um indivíduo de uma única espécie, quer porque consta cada um deles de toda matéria de sua espécie, quer porque num só indivíduo está perfeitamente a potência da espécie para realizar no universo aquilo para que aquela espécie se ordena, como principalmente se evidencia no sol e na lua. Portanto, muito mais nas substâncias separadas não há senão um só indivíduo em uma única espécie.

Capitulum XCIV

Quod substantia separata et anima non sunt unius speciei

Ex his autem ulterius ostenditur quod anima non est eiusdem speciei cum substantiis separatis.

Maior enim est differentia animae humanae a substantia separata quam unius substantiae separatae ab alia. Sed substantiae

Capítulo 94

A substância separada e a alma não são de uma só espécie

Dessas coisas se mostra ulteriormente que a alma não é da mesma espécie que as substâncias separadas.

Com efeito, é maior a diferença entre a alma humana e a substância separada que de uma só substância separada e outra. Mas, to-

466 Cf. cap. 55.

separatae omnes ad invicem specie differunt, ut ostensum est.Multo igitur magis substantia separata ab anima.

Amplius. Unaquaeque res habet proprium esse secundum rationem suae speciei: quorum enim est diversa ratio essendi, horum est diversa species. Esse autem animae humanae et substantiae separatae non est unius rationis: nam in esse substantiae separatae non potest communicare corpus, sicut potest communicare in esse animae humanae, quae secundum esse unitur corpori ut forma materiae. Anima igitur humana differt specie a substantiis separatis.

Adhuc. Quod habet secundum seipsum speciem, non potest esse eiusdem speciei cum eo quod non habet secundum se speciem, sed est pars speciei. Substantia autem separata habet per seipsam speciem: anima autem non, sed est pars speciei humanae. Impossibile est igitur quod anima sit eiusdem speciei cum substantiis separatis: nisi forte homo esset eiusdem speciei cum illis, quod patet esse impossibile.

Praeterea. Ex propria operatione rei percipitur species eius: operatio enim demonstrat virtutem, quae indicat essentiam. Propria autem operatio substantiae separatae et animae intellectivae est intelligere. Est autem omnino alius modus intelligendi substantiae separatae et animae: nam anima intelligit a phantasmatibus accipiendo; non autem substantia separata, cum non habeat organa corporea, in quibus oportet esse phantasmata. Non sunt igitur anima humana et substantia separata unius speciei.

Capitulum XCV

Quomodo accipiatur genus et species in substantiis separatis

Oportet autem considerare secundum quid diversificatur species in substantiis separatis. In rebus enim materialibus quae sunt diversarum specierum unius generis existentes, ratio generis ex principio materiali sumitur,

das as substâncias separadas diferem entre si na espécie, como foi mostrado[467]. Logo, muito mais a substância separada difere da alma.

Ademais. Cada coisa tem o ser próprio segundo a razão de sua espécie, pois é diversa a razão de ser das coisas das quais é diversa a espécie. Ora, o ser da alma humana e da substância separada não é de uma só razão, pois do ser da substância separada não pode participar o corpo, como pode participar do ser da alma humana, que segundo o ser se une ao corpo, como forma à matéria. Logo, a alma humana difere em espécie das substâncias separadas.

Ainda. O que por si mesmo tem espécie, não pode ser da mesma espécie com aquele que não tem espécie por si mesmo, mas é parte da espécie. Ora, a substância separada tem espécie por si mesma, a alma, não, mas é parte da espécie humana. É impossível, portanto, que a alma seja da mesma espécie que as substâncias separadas, a não ser que o homem fosse por acaso da mesma espécie que aquelas, o que se evidencia impossível.

Além disso. Da própria operação da coisa percebe-se sua espécie, pois a operação demonstra a potência, que indica a essência. Ora, a operação própria da substância separada e da alma intelectiva é o conhecer. Entretanto, é totalmente outro o modo de conhecer da substância separada e da alma, pois a alma conhece recebendo dos fantasmas, mas não a substância separada, porque não tem órgãos corpóreos, nos quais é necessário estarem os fantasmas. Portanto, a alma humana e a substância separada não são de uma só espécie.

Capítulo 95

Como se toma gênero e espécie nas substâncias separadas

É necessário considerar, agora, como se diversifica a espécie nas substâncias separadas. Nas coisas materiais que são existentes de diversas espécies de um só gênero, a razão de gênero se toma do princípio material, a di-

467 Cf. capítulo anterior.

differentia speciei a principio formali: natura enim sensitiva, ex qua sumitur ratio animalis, est materiale in homine respectu naturae intellectivae, ex qua sumitur differentia specifica hominis, scilicet rationale. Si igitur substantiae separatae non sunt ex materia et forma compositae, ut ex praemissis, patet, non apparet secundum quid in eis genus et differentia specifica accipi possit.

Scire igitur oportet quod diversae rerum species gradatim naturam entis possident. Statim enim in prima entis divisione invenitur hoc quidem perfectum, scilicet ens per se et ens actu: aliud vero imperfectum, scilicet ens in alio et ens in potentia. — Et eodem modo discurrenti per singula apparet unam speciem super aliam aliquem gradum perfectionis adiicere: sicut animalia super plantas, et animalia progressiva super animalia immobilia; in coloribus etiam una species alia perfectior invenitur, secundum quod est albedini propinquior. Propter quod Aristoteles, in VIII metaph., dicit quod definitiones rerum sunt sicut numerus, in quo unitas subtracta vel addita speciem numeri variat: per quem modum in definitionibus, si una differentia subtrahatur vel addatur, diversa species invenitur.

Ratio igitur determinatae speciei consistit in hoc quod natura communis in determinato gradu entis collocatur. Et quia in rebus ex materia et forma compositis forma est quasi terminus, id autem quod terminatur per eam est materia vel materiale: oportet quod ratio generis sumatur ex materiali, differentia vero specifica ex formali. Et ideo ex differentia et genere fit unum sicut ex materia et forma. Et sicut una et eadem est natura quae ex materia et forma constituitur, ita differentia non addit quandam extraneam naturam super genus, sed est quaedam determinatio ipsius naturae generis: ut, si genus accipiatur animal pedes

ferença da espécie, do princípio formal, pois a natureza sensitiva, da qual se toma a razão de animal, é material no homem com relação à natureza intelectiva, da qual se toma a diferença específica do homem, ou seja, a racional. Portanto, se as substâncias separadas não são compostas de matéria e forma, como se evidencia do exposto[468], não se vê como o gênero e a diferença específica possam nelas ser tomados.

É necessário, portanto, saber que as espécies diversas das coisas possuem gradualmente a natureza de ente. Imediatamente, com efeito, na primeira divisão de ente há o ente perfeito, a saber, o ente por si e o ente em ato, mas e outro, imperfeito, ou seja, o ente em outro e o ente em potência. — E do mesmo modo discorrendo pelas coisas singulares manifesta-se que uma espécie acrescenta sobre outra algum grau de perfeição, como os animais sobre as plantas, e os animais que se movem sobre os animais imóveis; também nas cores há uma espécie mais perfeita que outra, enquanto é mais próxima à brancura. Por causa disso, Aristóteles[469] diz que *as definições das coisas são como o número, no qual a unidade subtraída ou acrescentada faz variar a espécie do número*, modo pelo qual nas definições, se se subtrai ou se acrescenta uma diferença, tem-se uma espécie diversa.

A razão, pois, de determinada espécie consiste em que a natureza comum é situada em determinado grau de ente. E porque nas coisas compostas de matéria e forma, a forma é como o termo, e o que termina é matéria ou material, é necessário que a razão de gênero seja tomada do material, mas a diferença específica, do formal. E, assim, da diferença e do gênero faz-se uma unidade, como de matéria e forma. E como uma e a mesma é a natureza, que se constitui de matéria e forma, assim a diferença não acrescenta nenhuma natureza estranha sobre o gênero, mas é certa determinação da mesma natureza do gênero; por

468 Cf. cap. 50.
469 Aristóteles (384-322 a.C.), em *Metafísica* VIII, 3, 1043b, 36-1044a, 2.

habens, differentia eius est animal duos pedes habens; quam quidem differentiam nihil extraneum super genus addere, manifestum est.

Unde patet quod accidit generi et differentiae quod determinatio quam differentia importat, ex alio principio causetur quam natura generis, ex hoc quod natura quam significat definitio, est composita ex materia et forma sicut ex terminante et terminato. — Si igitur est aliqua natura simplex, ipsa quidem per seipsam erit terminata, nec oportebit quod habeat duas partes, quarum una sit terminans et alia terminata. Ex ipsa igitur ratione naturae sumetur ratio generis: ex terminatione autem eius secundum quod est in tali gradu entium, sumetur eius differentia specifica. — Ex quo etiam patet quod, si aliqua natura est non terminata, sed infinita in se, sicut supra ostensum est de natura divina, non est in ea accipere neque genus neque speciem; quod est consonum his quae supra, de Deo ostendimus. — Patet etiam ex praemissis quod, cum diversae species in substantiis separatis accipiantur secundum quod diversos gradus sortiuntur; in una autem specie non sunt plura individua: quod non sunt in substantiis separatis duae aequales secundum ordinem, sed una naturaliter est altera superior.

Unde et iob 38,33 dicitur: numquid nosti ordinem caeli? et dionysius dicit, X cap. Caelestis hierarchiae, quod sicut in tota Angelorum multitudine est hierarchia suprema, media et infima; ita in qualibet hierarchia est ordo supremus, medius et infimus; et in quolibet ordine supremi, medii et infimi.

Per hoc autem excluditur positio Origenis, qui dixit a principio omnes substantias spirituales aequales creatas fuisse, inter quas etiam animas connumerat: diversitas autem quae in

exemplo, se o gênero é tomado como animal que tem pés, a diferença dele é animal que tem dois pés, é manifesto que essa diferença não acrescenta nada estranho sobre o gênero.

Donde evidencia-se que acontece ao gênero e à diferença que a determinação, que a diferença implica, é causada por outro princípio que a natureza do gênero, pelo fato de que a natureza que a definição significa, é composta de matéria e forma, como de terminante e terminado. — Se, pois, há alguma natureza simples, ela certamente será terminada por si mesma, nem será necessário que tenha duas partes, das quais uma seja terminante e a outra, terminada. Portanto, da própria razão de natureza se tomará a razão de gênero, mas de sua terminação, enquanto está em tal grau dos entes, se tomará sua diferença específica. — Do que também se evidencia que, se uma natureza é não terminada, mas em si infinita, como foi mostrado da natureza divina[470], nela não está receber nem o gênero nem a espécie; que isso é conforme àquelas coisas que mostramos sobre Deus[471]. — Evidencia-se, também, do exposto que, como diversas espécies são recebidas nas substâncias separadas na medida em que recebem graus diversos, numa só espécie não há muitos indivíduos: e nas substâncias separadas não há duas iguais segundo a ordem, mas uma é naturalmente superior à outra.

Daí que, também, se diz em Jó: *Por acaso conheceste a ordem do céu?*[472]. E Dionísio diz[473] que *como em toda a multidão dos Anjos há a hierarquia suprema, a média e a ínfima, assim em qualquer hierarquia há a ordem suprema, a média e a ínfima, e em qualquer ordem do supremo, do médio e do ínfimo.*

Por isso, é excluída a opinião de Orígenes[474], que disse que, no princípio, todas as substâncias espirituais foram criadas iguais, entre as quais enumera as almas, mas a diversidade,

470 Livro I, cap. 43.
471 Livro I, cap. 25.
472 Jó 38,33
473 Dionísio Areopagita (séc. V-VI), em *Hierarquia Celeste*, 10, 1-2, MG 3, 272 D-273 B.
474 Orígenes (185-253), em *Sobre os Princípios* II, 9, 5, 6-7, 8, MG 2, 229A, 233 B.

huiusmodi substantiis invenitur, quod quaedam est unita corpori, quaedam non unita, et quaedam altior, quaedam vero inferior, provenit ex differentia meritorum. Ostensum est enim hanc differentiam graduum naturalem esse; et quod anima non est eiusdem speciei cum substantiis separatis; nec ipsae substantiae separatae ad invicem; nec etiam secundum ordinem naturae aequales.

Capitulum XCVI

Quod substantiae separatae non accipiunt cognitionem a sensibilibus

Ex praemissis ostendi potest quod substantiae separatae non accipiunt intellectivam cognitionem de rebus ex sensibilibus.

Sensibilia enim secundum suam naturam nata sunt apprehendi per sensum, sicut intelligibilia per intellectum. Omnis igitur substantia cognoscitiva ex sensibilibus cognitionem accipiens, habet cognitionem sensitivam: et per consequens habet corpus naturaliter unitum, cum cognitio sensitiva sine organo corporeo esse non possit.

Substantiae autem separatae non habent corpora naturaliter sibi unita, ut superius est ostensum. Non igitur intellectivam cognitionem ex rebus sensibilibus sumunt.

Amplius. Altioris virtutis oportet esse altius obiectum. Virtus autem intellectiva substantiae separatae est altior quam vis intellectiva animae humanae: cum intellectus animae humanae sit infimus in ordine intellectuum, ut ex praemissis patet. Intellectus autem animae humanae obiectum est phantasma, ut supra dictum est: quod est superius in ordine obiectorum quam res sensibilis extra animam existens, sicut ex ordine virtutum cognoscitivarum apparet. Obiectum igitur substantiae separatae non potest esse res existens extra animam, ut ab ea immediate accipiat cognitionem; neque phantasma. Relinquitur igitur

que se encontra nessas substâncias, sendo que uma é unida ao corpo, uma não unida, uma mais elevada, outra inferior, provém da diferença dos méritos. Foi mostrado, com efeito, que essa diferença de graus é natural, e que a alma não é da mesma espécie que as substâncias separadas, nem as mesmas substâncias separadas entre si, nem também iguais segundo a ordem da natureza.

Capítulo 96

As substâncias separadas não recebem o conhecimento dos sensíveis

Do exposto, pode-se mostrar que as substâncias separadas não recebem dos sensíveis o conhecimento intelectivo das coisas.

Com efeito, os sensíveis, segundo sua natureza, são determinados a ser apreendidos pelo sentido, como os inteligíveis pelo intelecto. Toda substância cognoscitiva, portanto, recebendo dos sensíveis o conhecimento, tem o conhecimento sensitivo, e, por conseguinte, tem corpo naturalmente unido, pois não pode haver conhecimento sensitivo sem órgão corpóreo. — As substâncias separadas, contudo, não têm corpos naturalmente unidos a si, como foi mostrado[475]. Portanto, não tomam o conhecimento intelectivo das coisas sensíveis.

Ademais. É necessário que da mais elevada potência seja mais elevado o objeto. Ora, a potência intelectiva da substância separada é mais elevada do que a potência intelectiva da alma humana, pois o intelecto da alma humana é o mais baixo na ordem dos intelectos, como se evidencia do exposto[476]. — Ora, o objeto do intelecto da alma humana é o fantasma, como foi dito[477], que é superior na ordem dos objetos às coisas sensíveis existentes fora da alma, como se manifesta da ordem das potências cognoscitivas. Logo, o objeto da substância separada não pode ser a coisa existente fora da alma, de sorte que dela receba

475 Cf. cap. 91.
476 Ibidem.
477 Cf. cap. 60.

quod obiectum intellectus substantiae separatae sit aliquid altius phantasmate. Nihil autem est altius phantasmate in ordine obiectorum cognoscibilium nisi id quod est intelligibile actu. Substantiae igitur separatae non accipiunt cognitionem intellectivam a sensibilibus, sed intelligunt ea quae sunt per seipsa etiam intelligibilia.

Adhuc. Secundum ordinem intellectuum est ordo intelligibilium. Sed ea quae sunt secundum seipsa intelligibilia, sunt superiora in ordine intelligibilium his quae non sunt intelligibilia nisi quia nos facimus ea intelligibilia. Eiusmodi autem oportet esse omnia intelligibilia a sensibilibus accepta: nam sensibilia non sunt secundum se intelligibilia. Huiusmodi autem intelligibilia sunt quae intelligit intellectus noster. Intellectus igitur substantiae separatae, cum sit superior intellectu nostro, non intelligit intelligibilia a sensibilibus accepta, sed quae sunt secundum se intelligibilia actu.

Amplius. Modus operationis propriae alicuius rei proportionaliter respondet modo substantiae et naturae ipsius. Substantia autem separata est intellectus per se existens, non in corpore aliquo. Operatio igitur intellectualis eius erit intelligibilium quae non sunt fundata in aliquo corpore. — Omnia autem intelligibilia a sensibilibus accepta sunt in aliquibus corporibus aliqualiter fundata: sicut intelligibilia nostra in phantasmatibus, quae sunt in organis corporeis. Substantiae igitur separatae non accipiunt cognitionem ex sensibilibus.

Adhuc. Sicut materia prima est infimum in ordine rerum sensibilium, et per hoc est in potentia tantum ad omnes formas sensibiles; ita intellectus possibilis, infimus in ordine intelligibilium existens, est in potentia ad omnia intelligibilia, ut ex praemissis patet. Sed ea quae sunt in ordine sensibilium supra materiam primam, habent in actu suam for-

imediatamente o conhecimento, nem o fantasma. Resta, pois, que o objeto do intelecto da substância separada seja algo mais elevado que o fantasma. Nada, porém, é mais elevado que o fantasma na ordem dos objetos conhecíveis, senão o que é inteligível em ato. As substâncias separadas, pois, não recebem o conhecimento intelectivo dos sensíveis, mas conhecem aquelas coisas que são por si mesmas inteligíveis.

Ainda. Segundo a ordem dos intelectos é a ordem dos inteligíveis. Mas, aquelas coisas que são por si mesmas inteligíveis, são superiores na ordem dos inteligíveis àquelas que não são inteligíveis senão porque as fazemos inteligíveis. Ora, esses inteligíveis são aqueles que nosso intelecto conhece. Portanto, o intelecto da substância separada, como é superior ao nosso intelecto, não conhece os inteligíveis recebidos dos sensíveis, mas aqueles que são segundo si mesmos inteligíveis em ato.

Ademais O modo da operação própria de uma coisa corresponde proporcionalmente ao modo de sua substância e natureza. Ora, a substância separada é intelecto existente por si, não em algum corpo. Logo, a operação intelectual dele será sobre os inteligíveis que não são fundados em algum corpo. — Todos os inteligíveis recebidos dos sensíveis são, de algum modo, fundados em alguns corpos, como nossos inteligíveis nos fantasmas, que estão em órgãos corpóreos. Logo, as substâncias separadas não recebem conhecimento dos sensíveis.

Ainda. Como a matéria-prima é o ínfimo na ordem das coisas sensíveis, e por isso está em potência apenas para todas as formas sensíveis, assim o intelecto possível, ínfimo existente na ordem dos inteligíveis, está em potência para todos os inteligíveis, como se evidencia do exposto[478]. Mas aquelas coisas que estão na ordem dos sensíveis acima da

[478] Cf. cap. 78.

mam, per quam constituuntur in esse sensibili. Substantiae igitur separatae, quae sunt in ordine intelligibilium supra intellectum possibilem humanum, sunt actu in esse intelligibili: intellectus enim accipiens cognitionem a sensibilibus, non est actu in esse intelligibili, sed in potentia. Substantia igitur separata non accipit cognitionem a sensibilibus.

Adhuc. Perfectio naturae superioris non dependet a natura inferiori. Perfectio autem substantiae separatae, cum sit intellectualis, est in intelligendo. Earum igitur intelligere non dependet a rebus sensibilibus, sic quod ab eis cognitionem accipiat. Patet autem ex hoc quod in substantiis separatis non est intellectus agens et possibilis, nisi forte aequivoce. Intellectus enim possibilis et agens in anima intellectiva inveniuntur propter hoc quod accipit cognitionem intellectivam a sensibilibus: nam intellectus agens est qui facit species a sensibilibus acceptas esse intelligibiles actu; intellectus autem possibilis est qui est in potentia ad omnes formas sensibilium cognoscendas. Cum igitur substantiae separatae non accipiant cognitionem a sensibilibus, non est in eis intellectus agens et possibilis. Unde et Aristoteles, in III de anima, intellectum possibilem et agentem inducens, dicit eos in anima oportere poni.

Item manifestum est in eisdem quod localis distantia cognitionem substantiae separatae impedire non potest. Localis enim distantia per se comparatur ad sensum: non autem ad intellectum, nisi per accidens, inquantum a sensu accipit; nam sensibilia secundum determinatam distantiam movent sensum. Intelligibilia autem actu, secundum quod movent intellectum, non sunt in loco, cum sint a materia corporali separata. Cum igitur substantiae separatae non accipiant intellectivam cognitionem a sensibilibus, in eorum cognitionem distantia localis nihil operatur.

matéria-prima, têm em ato sua forma, pela qual são constituídas no ser sensível. Portanto, as substâncias separadas, que estão na ordem dos inteligíveis acima do intelecto possível humano, estão em ato no ser inteligível, pois o intelecto, recebendo o conhecimento dos sensíveis, não está em ato no ser inteligível, mas em potência. Logo, a substância separada não recebe o conhecimento dos sensíveis.

Ainda. A perfeição da natureza superior não depende da natureza inferior. Ora, a perfeição da substância separada, como é intelectual, está em conhecer. O conhecer dela, pois, não depende das coisas sensíveis, de modo que delas receba o conhecimento. Disso evidencia-se, porém, que nas substâncias separadas não há intelecto agente e possível, a não ser talvez equivocamente. Com efeito, há na alma intelectiva o intelecto possível e o agente porque ela recebe o conhecimento intelectivo dos sensíveis, pois o intelecto agente é que faz que as espécies recebidas dos sensíveis sejam inteligíveis em ato, e o intelecto possível é o que está em potência para conhecer todas as formas dos sensíveis. Dado que as substâncias separadas não recebem o conhecimento dos sensíveis, nelas não há intelecto agente e o possível. Donde Aristóteles[479], tratando do intelecto possível e agente, diz que é necessário situá-los na *alma*.

Igualmente. É manifesto neles que a distância local não pode impedir o conhecimento da substância separata. Com efeito, a distância local por si se relaciona ao sentido, não, porém, ao intelecto, senão por acidente, enquanto recebe do sentido; pois os sensíveis movem o sentido segundo determinada distância. Ora, os inteligíveis em ato, enquanto movem o intelecto, não estão em lugar, pois são separados da matéria corporal. Portanto, como as substâncias separadas não recebem o conhecimento intelectivo dos sensíveis, a distância local nada opera no conhecimento delas.

479 Aristóteles (384-322 a.C.), em *Sobre a Alma* III, 5, 430a, 13.

Palam est etiam quod intellectuali operationi eorum non admiscetur tempus.

Sicut enim intelligibilia actu sunt absque loco, ita etiam sunt absque tempore: nam tempus consequitur motum localem; unde non mensurat nisi ea quae aliqualiter sunt in loco. Et ideo intelligere substantiae separatae est supra tempus: operationi autem intellectuali nostrae adiacet tempus, ex eo quod a phantasmatibus cognitionem accipimus, quae determinatum respiciunt tempus.

Et inde est quod in compositione et divisione semper noster intellectus adiungit tempus praeteritum vel futurum: non autem in intelligendo quod quid est. Intelligit enim quod quid est abstrahendo intelligibilia a sensibilium conditionibus: unde secundum illam operationem, neque sub tempore neque sub aliqua conditione sensibilium rerum intelligibile comprehendit. Componit autem aut dividit applicando intelligibilia prius abstracta ad res: et in hac applicatione necesse est cointelligi tempus.

É claro também que o tempo não se leva em conta na operação intelectual delas. Com efeito, como os inteligíveis em ato são sem lugar, também assim são sem tempo, pois o tempo segue o movimento local; donde não mede senão aquelas coisas que, de algum modo, estão em lugar. E assim o conhecer da substância separada está acima do tempo, mas o tempo entra em nossa operação intelectual, pelo fato de que recebemos o conhecimento dos fantasmas, que se relacionam a um tempo determinado. — E daí é que, na composição e na divisão, sempre nosso intelecto acrescenta o tempo passado ou futuro, mas não no conhecer o que a coisa é. Com efeito, conhece o que a coisa é, abstraindo os inteligíveis das condições dos sensíveis; donde segundo aquela operação, não compreende o inteligível nem sob o tempo, nem sob alguma condição das coisas sensíveis. Entretanto, compõe ou divide aplicando os inteligíveis anteriormente abstraídos às coisas, e nessa aplicação é necessário que conheça simultaneamente o tempo.

Capitulum XCVII

Quod intellectus substantiae separatae semper intelligit actu

Ex hoc autem apparet quod intellectus substantiae separatae est semper intelligens actu.

Quod enim est quandoque in actu, quandoque in potentia, mensuratur tempore. Intellectus autem substantiae separatae est supra tempus, ut probatum est. Non est igitur quandoque intelligens actu et quandoque non.

Amplius. Omnis substantia vivens habet aliquam operationem vitae in actu ex sua natura quae inest ei semper, licet aliae quandoque insint ei in potentia: sicut animalia semper nutriuntur, licet non semper sentiant. Substantiae autem separatae sunt substantiae viventes, ut ex praemissis patet: nec habent aliam operationem vitae nisi intelligere.

Capítulo 97

O intelecto da substância separada conhece sempre em ato

Disso, também se manifesta que o intelecto da substância separada está sempre conhecendo em ato.

Com efeito, o que está às vezes em ato, às vezes em potência, é medido pelo tempo. Ora, o intelecto da substância separada está acima do tempo, como foi provado[480]. Portanto, não está às vezes conhecendo em ato e às vezes, não.

Ademais. Toda substância viva tem alguma operação de vida em ato por sua natureza que lhe está sempre presente, embora outras, algumas vezes, lhe estão presentes em potência; por exemplo, os animais sempre se nutrem, embora nem sempre sintam. As substâncias separadas, porém, são substâncias vivas, como se evidencia do exposto[481], nem

480 Cf. capítulo anterior.
481 Cf. cap. 91.

Oportet igitur quod ex sua natura sint sicut intelligentes actu semper.

Item. Substantiae separatae movent per intellectum corpora caelestia, secundum Philosophorum doctrinam. Motus autem corporum caelestium est semper continuus. Intelligere igitur substantiarum separatarum est continuum et semper. Hoc autem idem sequitur etsi non ponantur moventes corpora caelestia: cum sint altiores corporibus caelestibus. Unde, si propria operatio corporis caelestis, quae est motus ipsius, est continua; multo magis propria operatio substantiarum separatarum, quae est intelligere.

Amplius. Omne quod quandoque operatur et quandoque non operatur, movetur per se vel per accidens. Unde et hoc quod nos quandoque intelligimus, quandoque non, provenit ex alteratione quae est circa partem sensibilem, ut dicitur in VIII physicorum. Sed substantiae separatae non moventur per se, quia non sunt corpora: neque moventur per accidens, quia non sunt unitae corporibus. Igitur operatio propria, quae est intelligere, est in eis continua, non intercisa.

têm outra operação de vida senão conhecer. É necessário, pois, que por sua natureza estejam como conhecendo sempre em ato.

Igualmente. As substâncias separadas movem pelo intelecto os corpos celestes, segundo o ensinamento dos filósofos. Ora, o movimento dos corpos celestes é sempre contínuo. Portanto, o conhecer das substâncias separadas é continuo e sempre. Ora, isso mesmo se segue, embora não se admita que movem os corpos celestes, pois são mais elevadas que os corpos celestes. Donde, se a operação própria do corpo celeste, que é o seu movimento, é contínua, muito mais é a operação própria das substâncias separadas, que é conhecer.

Ademais. Tudo o que às vezes opera e às vezes não opera, é movido por si ou por acidente. Donde também, o conhecermos às vezes, às vezes não, provém da alteração que se dá em torno da parte sensível, como se diz no livro da *Física*[482]. Mas, as substâncias separadas não se movem por si, porque não são corpos, nem se movem por acidente, porque não são unidas a corpos. Logo, a operação própria, que é conhecer, é nelas contínua, não intermitente.

Capitulum XCVIII

Quomodo una substantia separata intelligit aliam

Si autem substantiae separatae intelligunt ea quae sunt per se intelligibilia, ut ostensum est; per se autem intelligibilia sunt substantiae separatae, immunitas enim a materia facit aliquid esse per se intelligibile, ut ex superioribus patet: consequitur quod substantiae separatae intelligant, sicut propria obiecta, substantias separatas. Unaquaeque igitur et seipsam et alias cognoscet.

Seipsam quidem unaquaeque earum aliter cognoscit quam intellectus possibilis seipsum. Intellectus enim possibilis est ut potentia existens in esse intelligibili; fit autem actu per

Capítulo 98

Como uma substância separada conhece outra

Se as substâncias separadas conhecem as coisas que são por si inteligíveis, como foi mostrado[483], e os inteligíveis por si são substâncias separadas, pois a carência da matéria faz algo ser por si inteligível, como se evidencia do exposto[484], segue-se que as substâncias separadas conhecem, como objetos próprios, as substâncias separadas. Portanto, cada uma conhece a si mesma e às outras.

Cada uma delas conhece a si mesma de modo diferente que o intelecto possível a si mesmo. Com efeito, o intelecto possível existe como potência no ser inteligível, mas se faz em

482 Aristóteles (384-322 a.C.), em *Física* VIII, 6, 259b, 16-20.
483 Cf. cap. 96.
484 Cf. cap. 82; Livro I, cap. 44.

speciem intelligibilem, sicut materia prima fit actu in esse sensibili per formam naturalem. Nihil autem cognoscitur secundum quod est potentia tantum, sed secundum quod est actu: unde et forma est principium cognitionis rei quae per eam fit actu; similiter autem potentia cognoscitiva fit actu cognoscens per speciem aliquam. Intellectus igitur possibilis noster non cognoscit seipsum nisi per speciem intelligibilem, qua fit actu in esse intelligibili: et propter hoc dicit Aristoteles, in III de anima, quod est cognoscibilis sicut et alia, scilicet per species a phantasmatibus acceptas, sicut per formas proprias. Substantiae autem separatae sunt secundum suam naturam ut actu existentes in esse intelligibili. Unde unaquaeque earum seipsam per essentiam suam cognoscit, non per aliquam speciem alterius rei.

Cum autem omnis cognitio sit secundum quod in cognoscente est similitudo cogniti; una autem substantiarum separatarum sit similis alteri secundum communem naturam generis, differant autem ab invicem secundum speciem, ut ex praemissis apparet: videtur sequi quod una earum aliam non cognoscat quantum ad propriam rationem speciei, sed solum quantum ad communem generis rationem.

Dicunt ergo quidam quod una substantiarum separatarum est causa effectiva alterius. In qualibet autem causa effectiva oportet esse similitudinem sui effectus, et similiter in quolibet effectu oportet esse similitudinem suae causae: eo quod unumquodque agens agit sibi simile. Sic igitur in superiori substantiarum separatarum est similitudo inferioris sicut in causa est similitudo effectus: in inferiori autem similitudo superioris est sicut in effectu est similitudo suae causae. In causis autem non univocis similitudo effectus est in causa eminentius, causae autem in effectu inferiori modo. Tales autem causas oportet esse subs-

ato pela espécie inteligível, como a matéria-prima se faz em ato no ser sensível pela forma natural. Nada, porém, é conhecido enquanto está só em potência, mas enquanto está em ato, donde também a forma é princípio de conhecimento da coisa que por ela se faz em ato; semelhantemente, porém, a potência cognoscitiva faz-se em ato conhecendo por alguma espécie. Portanto, nosso intelecto possível não conhece a si mesmo senão pela espécie inteligível, pela qual se faz em ato no ser inteligível, e por causa disso Aristóteles[485] diz *que é conhecível como as outras coisas*, ou seja, pelas espécies recebidas dos fantasmas, como por formas próprias. Ora, as substâncias separadas são, segundo sua natureza, como existentes em ato no ser inteligível. Donde cada uma delas conhece a si mesma por sua essência, não por alguma espécie de outra coisa.

Como, porém, todo conhecimento se dá segundo está no cognoscente a semelhança do conhecido, e como uma das substâncias separadas é semelhante a outra, segundo a natureza comum do gênero, mas diferem entre si segundo a espécie, como se manifesta pelo exposto[486], parece seguir-se que uma delas não conhece a outra quanto à própria razão de espécie, mas só quanto à razão comum de gênero.

Alguns[487], portanto, afirmam que uma das substâncias separadas é causa eficiente da outra. Ora, em qualquer causa eficiente é necessário que haja semelhança de seu efeito, e semelhantemente em qualquer efeito é necessário que haja semelhança de sua causa, porque *todo agente produz o semelhante a si*. Assim, portanto, na substância separada superior há semelhança da inferior, assim como na causa há semelhança do efeito, mas na inferior a semelhança da superior é como está no efeito a semelhança de sua causa. Ora, nas causas não unívocas, a semelhança do efeito está na causa mais eminentemente, mas da

485 Aristóteles (384-322 a.C.), em *Sobre a Alma* III, 4, 430a, 2-3.
486 Cf. caps. 93 e 95.
487 Avicena (980-1037), em *Metafísica*, tratado 9, cap. 4.

tantias separatas superiores inferiorum: cum non sint unius speciei in diversis gradibus constitutae. Cognoscit igitur substantia separata inferior superiorem secundum modum substantiae cognoscentis, non secundum modum substantiae cognitae, sed inferiori modo: superior autem inferiorem eminentiori modo. Et hoc est quod in libro de causis dicitur, quod intelligentia scit quod est sub se et quod est supra se, per modum suae substantiae: quia alia est causa alterius. Sed cum superius sit ostensum quod substantiae separatae intellectuales non sunt compositae ex materia et forma, non possunt causari nisi per modum creationis. Creare autem solius Dei est, ut supra ostensum est. Non poterit igitur una substantiarum separatarum esse alterius causa.

Praeterea. Ostensum est quod principales partes universi omnes sunt a Deo immediate creatae. Non est igitur una earum ab alia. Unaquaeque autem substantiarum separatarum est de principalibus partibus universi, multo amplius quam sol vel luna: cum unaquaeque earum habeat propriam speciem, et nobiliorem quam quaevis species corporalium rerum. Non igitur una earum causatur ab alia, sed omnes immediate a Deo.

Sic igitur, secundum praedicta, quaelibet substantiarum separatarum cognoscit Deum, naturali cognitione, secundum modum suae substantiae, per quam similes sunt Deo sicut causae. Deus autem cognoscit eas sicut propria causa, earum omnium in se similitudinem habens. Non autem hoc modo una substantiarum separatarum poterit cognoscere aliam: cum una non sit causa alterius. — Considerandum est igitur quod, cum nulla huiusmodi substantiarum secundum suam essentiam sit

causa no efeito, de modo inferior. Ora, é necessário que essas causas das inferiores sejam as substâncias separadas superiores, pois não são de uma só espécie constituída em graus diversos. Portanto, a substância separada inferior conhece a superior, segundo o modo da substância cognoscente, não segundo o modo da substância conhecida, mas de modo inferior, porém a superior conhece a inferior de modo mais eminente. E isso é o que se diz no *Livro das Causas*[488], que *a inteligência conhece o que está abaixo de si e o que está acima de si, por modo de sua substância, pois uma é causa de outra.* Entretanto, como foi mostrado[489] que as substâncias separadas intelectuais não são compostas de matéria e forma, não podem ser causadas senão por modo de criação. Ora, criar só a Deus pertence, como foi mostrado[490]. Portanto, uma das substâncias separadas não poderá ser causa de outra.

Além disso. Foi mostrado[491] que as principais partes do universo são todas criadas imediatamente por Deus. Portanto, uma delas não provém da outra. Ora, cada uma das substâncias separadas é das principais partes do universo, muito mais que o sol ou a lua, dado que cada uma delas tem espécie própria, e mais nobre que qualquer espécie das coisas corporais. Portanto, uma delas não é causada por outra, mas todas imediatamente por Deus.

Assim, pois, segundo o que foi dito, qualquer das substâncias separadas conhece Deus, por conhecimento natural, segundo o modo de sua substância, pela qual são semelhantes a Deus, como causas. Deus, porém, as conhece como causa própria, tendo em si a semelhança delas todas. Entretanto, desse modo, nenhuma das substâncias separadas poderia conhecer a outra, já que uma não é causa da outra. — Deve-se considerar, portanto, que, como nenhuma dessas substâncias segundo sua es-

488 S. Tomás de Aquino (1225-1274), em *Exposição sobre o Livro das Causas*, proposição 8.
489 Cf. caps. 50 e 51.
490 Cf. cap. 21.
491 Cf. cap. 42.

sufficiens principium cognitionis omnium aliarum rerum, unicuique earum, supra propriam substantiam, oportet superaddere quasdam intelligibiles similitudines, per quas quaelibet earum aliam in propria natura cognoscere possit.

Hoc autem sic manifestum esse potest. Est enim proprium obiectum intellectus ens intelligibile: quod quidem comprehendit omnes differentias et species entis possibiles; quicquid enim esse potest, intelligi potest. Cum autem omnis cognitio fiat per modum similitudinis, non potest totaliter suum obiectum intellectus cognoscere nisi habeat in se similitudinem totius entis et omnium differentiarum eius. Talis autem similitudo totius entis esse non potest nisi natura infinita, quae non determinatur ad aliquam speciem vel genus entis, sed est universale principium et virtus activa totius entis: qualis est sola natura divina, ut in primo ostensum est. Omnis autem alia natura, cum sit terminata ad aliquod genus et speciem entis, non potest esse universalis similitudo totius entis. Relinquitur igitur quod solus Deus per suam essentiam omnia cognoscat; quaelibet autem substantiarum separatarum per suam naturam cognoscit, perfecta cognitione, suam speciem tantum; intellectus autem possibilis nequaquam, sed per intelligibilem speciem, ut supra dictum est.

Ex hoc autem quod substantia aliqua est intellectualis, comprehensiva est totius entis. Unde, cum substantia separata per suam naturam non fiat actu comprehendens totum ens, ipsa, in sua substantia considerata, est quasi potentia ad similitudines intelligibiles quibus totum ens cognoscitur, et illae similitudines erunt actus eius inquantum est intellectualis. Non autem est possibile quin istae similitudines sint plures: quia iam ostensum est quod totius entis universalis perfecta similitudo esse non potest nisi infinita; sicut autem natura substantiae separatae non est infinita sed terminata, ita similitudo intelli-

sência é princípio suficiente de conhecimento de todas as outras coisas, a cada uma delas, acima da substância própria, será necessário acrescentar algumas semelhanças inteligíveis, pelas quais qualquer uma delas possa conhecer a outra, na própria natureza.

Isso pode assim ser esclarecido. Com efeito, o objeto próprio do intelecto é o ente inteligível, o qual compreende todas as diferenças e espécies possíveis de ente, assim qualquer coisa que pode ser, pode ser conhecida. Ora, como todo conhecimento se faz por modo de semelhança, ele não pode conhecer totalmente seu objeto a não ser que tenha em si a semelhança de todo ente e de todas as suas diferenças. Entretanto, essa semelhança de todo ente não pode estar senão na natureza infinita, que não é determinada a uma espécie ou gênero de ente, mas é princípio universal e potência ativa de todo ente, qual é só a natureza divina, como foi mostrado[492]. Ora, qualquer outra natureza, uma vez que é terminada por algum gênero e espécie de ente, não pode ser semelhança universal de todo ente. Resta, pois, que só Deus, por sua essência, conhece todas as coisas, porém qualquer uma das substâncias separadas por sua natureza conhece, por conhecimento perfeito, apenas sua espécie; e o intelecto possível, de nenhum modo, mas pela espécie inteligível, como foi dito[493].

Pelo fato de que uma substância é intelectual, é compreensiva de todo o ente. Donde, como a substância separada, por sua natureza, não se faz compreensiva em ato de todo ente, ela, considerada em sua substância, é como potência para as semelhanças inteligíveis, nas quais todo ente é conhecido, e essas semelhanças serão seu ato, enquanto é intelectual. Entretanto, não é possível que sejam muitas essas semelhanças, porque já foi mostrado que a perfeita semelhança de todo o ente universal não pode ser senão infinita, mas assim como a natureza da substância separada não é infinita, mas terminada, assim também a semelhança

492 Livro I, caps. 25, 43 e 50.
493 Neste capítulo.

gibilis in ea existens non potest esse infinita, sed terminata ad aliquam speciem vel genus entis; unde ad comprehensionem totius entis requiruntur plures huiusmodi similitudines. Quanto autem aliqua substantia separata est superior, tanto eius natura est divinae naturae similior; et ideo est minus contracta, utpote propinquius accedens ad ens universale perfectum et bonum; et propter hoc, universaliorem boni et entis participationem habens. Et ideo similitudines intelligibiles in substantia superiori existentes sunt minus multiplicatae et magis universales.

Et hoc est quod dionysius, XII cap. Caelestis hierarchiae, dicit, quod Angeli superiores habent scientiam magis universalem; et in libro de causis dicitur quod intelligentiae superiores habent formas magis universales. Summum autem huius universalitatis est in Deo, qui per unum, scilicet per essentiam suam, omnia cognoscit: infimum autem in intellectu humano, qui ad unumquodque intelligibile indiget specie intelligibili propria et ei coaequata.

Non est igitur per formas universaliores apud substantias superiores imperfectior cognitio, sicut apud nos. Per similitudinem enim animalis, per quam cognoscimus aliquid in genere tantum, imperfectiorem cognitionem habemus quam per similitudinem hominis, per quam cognoscimus speciem completam: cognoscere enim aliquid secundum genus tantum, est cognoscere imperfecte et quasi in potentia, cognoscere autem in specie est cognoscere perfecte et in actu. Intellectus autem noster, quia infimum gradum tenet in substantiis intellectualibus, adeo particulatas similitudines requirit quod unicuique cognoscibili proprio oportet respondere propriam similitudinem in ipso: unde per similitudinem animalis non cognoscit rationale, et per consequens nec hominem, nisi secundum quid. — Similitudo autem intelligibilis quae est in substantia separata, est universalioris

inteligível nela existente não pode ser infinita, mas terminada por alguma espécie, ou gênero de ente; donde para a compreensão de todo ente são requeridas muitas dessas semelhanças. Ora, uma substância separada é superior tanto quanto sua natureza é mais semelhante à natureza divina, e assim é menos limitada, por se aproximar mais do ente universal perfeito e bom e, por causa disso, participa do bem e do ente universal. E assim as semelhanças inteligíveis existentes na substância superior são menos multiplicadas e mais universais.

E isso é o que Dionísio[494] diz, que os Anjos superiores têm ciência mais universal e, no *Livro das Causas*[495] se diz que as inteligências superiores têm formas mais universais. Ora, o sumo da universalidade está em Deus, que por uma coisa só, ou seja, por sua essência, conhece todas as coisas, mas o ínfimo está no intelecto humano, que para cada inteligível necessita de espécie inteligível própria e adequada.

Não há, pois, pelas formas mais universais nas substâncias superiores conhecimento mais imperfeito, assim como em nós. Com efeito, pela semelhança de animal, pela qual conhecemos uma coisa só no gênero, temos o conhecimento mais imperfeito do que pela semelhança de homem, pela qual conhecemos a espécie completa, pois conhecer uma coisa, apenas segundo o gênero, é conhecer imperfeitamente e como em potência, mas conhecer segundo a espécie é conhecer perfeitamente e em ato. Ora, nosso intelecto, porque tem o grau ínfimo nas substâncias intelectuais, requer semelhanças de tal modo particularizadas que a cada cognoscível próprio é necessário corresponder a semelhança própria nele: donde, pela semelhança de animal não conhece o racional, e por conseguinte nem o homem, senão em certo aspecto. — A semelhança inteligível, contudo, que está na

494 Dionísio Areopagita (séc. V-VI), em *Hierarquia Celeste* XII, 2, MG 3, 290 CD.
495 S. Tomás de Aquino (1225-1274), em *Exposição sobre o Livro das Causas*, proposição 10.

virtutis, ad plura repraesentanda sufficiens. Et ideo non facit imperfectiorem cognitionem, sed perfectiorem: est enim universalis virtute, ad modum formae agentis in causa universali, quae quanto fuerit universalior, tanto ad plura se extendit et efficacius producit. Per similitudinem igitur unam cognoscit et animal et differentias animalis: aut etiam universaliori modo et contractiori, secundum ordinem substantiarum praedictarum.

substância separada, tem uma potência mais universal, suficiente para representar muitas coisas. E assim não faz mais imperfeito o conhecimento, mas mais perfeito, pois é universal na potência, a modo de forma agente na causa universal, que será tanto mais universal quanto mais se estende a muitas coisas e mais eficazmente produz. Por uma só semelhança, portanto, conhece tanto o animal quanto as diferenças de animal, ou também de modo mais universal e mais limitado, segundo a ordem das mencionadas substâncias.

Exempla igitur huius ut dictum est, in duobus extremis accipere possumus, scilicet in intellectu divino et humano. Deus enim per unum, quod est sua essentia, cognoscit omnia: homo autem ad diversa cognoscenda diversas similitudines requirit. Qui etiam, quanto altioris fuerit intellectus, tanto ex paucioribus plura cognoscere potest: unde his qui sunt tardi intellectus, oportet exempla particularia adducere ad cognitionem de rebus sumendam.

Podemos, pois, tomar exemplos disso, como foi dito, em dois extremos, ou seja, no intelecto divino e no humano. Com efeito, Deus, por uma só coisa, que é sua essência, conhece todas as coisas, mas o homem requer diversas semelhanças para conhecer coisas diversas. Esse também, quanto mais elevado for o intelecto, tanto mais pode de poucas coisas conhecer muitas; donde, para aqueles que são lentos de intelecto, é necessário aduzir exemplos particulares, para tomar conhecimento das coisas.

Cum autem substantia separata, in sua natura considerata, sit in potentia ad similitudines quibus totum ens cognoscatur, non est aestimandum quod sit denudata ab omnibus huiusmodi similitudinibus: haec est enim dispositio intellectus possibilis antequam intelligat, ut dicitur in III de anima. Neque est etiam aestimandum quod aliquas earum habeat in actu, et alias in potentia tantum: sicut materia prima in corporibus inferioribus habet unam formam in actu et alias in potentia; et sicut intellectus possibilis noster cum iam sumus scientes, est actu secundum aliqua intelligibilia, secundum alia vero in potentia. Cum enim illae substantiae separatae non moveantur neque per se neque per accidens, ut ostensum est, omne quod est in eis in potentia, oportet esse in actu: alias exirent de potentia in actum, et sic moverentur per se vel per accidens. Est igitur in eis potentia et actus quantum ad esse

Ora, como a substância separada, considerada em sua natureza, está em potência para semelhanças pelas quais se conhece todo ente, não se deve julgar que esteja desprovida de todas essas semelhanças, pois tal é a disposição do intelecto possível antes de conhecer, como se diz no livro *Sobre a Alma*[496]. Nem é de julgar que tenha algumas semelhanças em ato, e outras em potência apenas, como a matéria-prima nos corpos inferiores tem uma forma em ato e outras em potência, e como nosso intelecto possível quando já somos conhecedores, está em ato segundo alguns inteligíveis, mas em potência segundo outros. Como, pois, aquelas substâncias separadas não são movidas nem por si nem por acidente, como foi mostrado[497], tudo o que nelas está em potência, é necessário que esteja em ato, do contrário iriam da potência ao ato, e assim seriam movidas por si ou por acidente. Portanto, há

496 Aristóteles (384-322 a.C.), em *Sobre a Alma* III, 4, 429a, 24.
497 Cf. capítulo anterior.

intelligibile, sicut in corporibus caelestibus quantum ad esse naturale. Materia enim corporis caelestis ita perficitur per suam formam quod non remanet in potentia ad aliquas formas: et similiter intellectus substantiae separatae totaliter perficitur per formas intelligibiles, quantum ad cognitionem naturalem. Intellectus autem possibilis noster proportionaliter se habet corporibus corruptibilibus, quibus unitur ut forma: sic enim fit actu habens quasdam formas intelligibiles quod remanet in potentia ad alias. Et propter hoc dicitur in libro de causis, quod intelligentia est plena formis: quia scilicet tota potentialitas intellectus eius est completa per formas intelligibiles. Et sic per huiusmodi intelligibiles species una substantia separata aliam intelligere potest.

Forte autem alicui videri potest quod, cum substantia separata per essentiam sit intelligibilis, non oportet ponere quod per aliquas species intelligibiles una ab alia intelligatur, sed per essentiam ipsius substantiae intellectae. Hoc enim quod substantia aliqua per speciem intelligibilem cognoscatur, videtur accidere substantiis materialibus ex hoc quod non sunt per suam essentiam intelligibiles actu: unde oportet quod per intentiones abstractas intelligantur. Huic etiam videtur consonare dictum Philosophi dicentis, in XI metaph., quod in substantiis separatis a materia non differt intellectus, intelligere, et quod intelligitur. Hoc autem si concedatur, habet dubitationes non paucas. Primo quidem, quia intellectus in actu est intellectum in actu, secundum doctrinam Aristotelis. Difficile est autem videre quomodo una substantia separata sit unum alteri dum intelligit ipsam.

Adhuc. Omne agens vel operans operatur per suam formam, cui operatio respondet,

nelas potência e ato quanto ao ser inteligível, como nos corpos celestes quanto ao ser natural. Com efeito, a matéria do corpo celeste se aperfeiçoa por sua forma de tal modo que não permanece em potência para outras formas e, semelhantemente, o intelecto da substância separada totalmente se aperfeiçoa pelas formas inteligíveis, quanto ao conhecimento natural. Ora, nosso intelecto possível se refere proporcionalmente aos corpos corruptíveis, aos quais se une como forma, pois se faz em ato tendo algumas formas inteligíveis, de tal modo que não permanece em potência com relação a elas. E por causa disso se diz no *Livro das Causas*[498] que *a inteligência está cheia de formas*, porque toda a potencialidade de seu intelecto está preenchida pelas formas inteligíveis.

E assim uma substância separada pode conhecer outra por semelhantes espécies inteligíveis.

Entretanto, pode talvez parecer a alguém que, como a substância separada é por essência inteligível, não é necessário admitir que por algumas espécies inteligíveis uma seja por outra conhecida, mas pela essência da própria substância conhecida. Com efeito, que uma substância seja conhecida por espécie inteligível, parece acontecer às substâncias materiais enquanto não são por sua essência inteligíveis em ato, donde é necessário que sejam conhecidas por intenções abstratas. A isso também parece estar consoante o dito do Filósofo[499] que afirma que *nas substâncias separadas da matéria não diferem o intelecto, o conhecer e o que é conhecido*. Ora, se se concede isso, ficam não poucas dúvidas. Em primeiro lugar, porque *o intelecto em ato é o conhecido em ato*, segundo a doutrina de Aristóteles[500]. Entretanto, é difícil ver como uma substância separada é uma só coisa com outra enquanto a conhece.

Ainda. Todo o que age ou opera, opera por sua forma, à qual corresponde a operação,

498 S. Tomás de Aquino (1225-1274), em *Exposição sobre o Livro das Causas*.
499 Aristóteles (384-322 a.C.), em *Metafísica* XI, 9, 1075a, 2-3.
500 Aristóteles (384-322 a.C.), em *Sobre a Alma* III, 4, 430a, 3-4.

sicut calefactio calori: unde et illud videmus cuius specie visus informatur. Non videtur autem esse possibile quod una substantia separata sit forma alterius: cum habeat unaquaeque esse separatum ab alia.

Impossibile igitur videtur quod una videatur ab altera per essentiam suam.

Amplius. Intellectum est perfectio intelligentis. Non potest autem inferior substantia esse perfectio superioris. Sequeretur igitur quod superior inferiorem non intelligeret, si per essentiam suam unaquaeque intelligeretur, et non per speciem aliam.

Item. Intelligibile est intra intellectum quantum ad id quod intelligitur. Nulla autem substantia illabitur menti nisi solus Deus, qui est in omnibus per essentiam, praesentiam et potentiam. Impossibile igitur videtur quod substantia separata per essentiam suam intelligatur ab alia, et non per similitudinem eius in ipsa.

Et hoc quidem oportet verum esse secundum sententiam Aristotelis, qui ponit quod intelligere contingit per hoc quod intellectum in actu sit unum cum intellectu in actu. Unde substantia separata, quamvis sit per se intelligibilis actu, non tamen secundum se intelligitur nisi ab intellectu cui est unum. Sic autem substantia separata seipsam intelligit per essentiam suam. Et secundum hoc est idem intellectus, et intellectum, et intelligere.

Secundum autem positionem Platonis, intelligere fit per contactum intellectus ad rem intelligibilem. Sic igitur una substantia separata potest aliam per eius essentiam intelligere, dum eam spiritualiter contingit: superior quidem inferiorem, quasi eam sua virtute concludens et continens; inferior vero superiorem, quasi eam capiens ut sui perfectionem.

Unde et dionysius dicit, IV cap. De div. Nom., quod superiores substantiae intelligibiles sunt quasi cibus inferiorum.

como o aquecimento ao calor; donde também vemos aquilo de cuja espécie é a vista informada. Ora, não parece ser possível que uma substância separada seja forma de outra, pois tem cada uma o ser separado da outra. Portanto, parece impossível que uma seja vista por outra, por sua essência.

Ademais. O que é conhecido é a perfeição do que conhece. Ora, não pode uma substância inferior ser a perfeição de uma superior. Seguir-se-ia, assim, que a superior não conheceria a inferior, se cada uma fosse conhecida por sua essência, e não por outra espécie.

Igualmente. O inteligível está no intelecto com referência àquilo que é conhecido. Ora, nenhuma substância se introduz na mente senão Deus[501] apenas, que está em todas as coisas por essência, presença e poder. Parece, portanto, impossível que a substância separada seja conhecida por sua essência por outra, e não pela semelhança dela em si. — E é necessário que isso seja verdadeiro, segundo o pensamento de Aristóteles, que afirma que o conhecer acontece *porque o intelecto em ato é um só com o conhecido em ato*. Donde a substância separada, embora seja por si inteligível em ato, entretanto não é, em si mesma, conhecida, a não ser pelo intelecto com o qual é uma coisa só. Assim, pois, a substância separada conhece a si mesma por sua essência. E, segundo isso, é a mesma coisa e *o intelecto, o conhecido e o conhecer*.

Entretanto, segundo a opinião de Platão, o conhecer se faz pelo contato do intelecto com a coisa inteligível. Assim, portanto, uma substância separada pode, por sua essência, conhecer outra, enquanto a toca espiritualmente: a superior à inferior, como a concluindo por sua potência e contendo; a inferior à superior, como a apreendendo como sua perfeição.

Donde também Dionísio diz[502] que as substâncias inteligíveis superiores são *como alimento das inferiores*.

501 Genádio (séc. V), em *Livro dos Dogmas Eclesiásticos*, 83, ML 58, 999 (ML 42, 1221).
502 Dionísio Areopagita (séc. V-VI), em *Os Nomes Divinos*, 4, MG 3, 696A.

Capitulum XCIX

Quod substantiae separatae cognoscunt materialia

Per dictas igitur formas intelligibiles substantia separata non solum cognoscit alias substantias separatas, sed etiam species rerum corporalium.

Cum enim intellectus earum sit perfectus naturali perfectione, utpote totus in actu existens, oportet quod suum obiectum, scilicet ens intelligibile, universaliter comprehendat. Sub ente autem intelligibili comprehenduntur etiam species rerum corporalium. Eas igitur substantia separata cognoscit.

Adhuc. Cum species rerum distinguantur sicut species numerorum, ut supra habitum est, oportet quod in specie superiori contineatur aliqualiter quod est in inferiori, sicut maior numerus continet minorem. Cum igitur substantiae separatae sint supra substantias corporales, oportet quod ea quae sunt in substantiis corporalibus per modum materialem, sint in substantiis separatis per modum intelligibilem: quod enim est in aliquo, est in eo per modum eius in quo est.

Item. Si substantiae separatae movent corpora caelestia, ut Philosophi ponunt, quicquid provenit ex motu corporum caelestium attribuitur ipsis corporibus sicut instrumentis, eo quod movent mota; substantiis autem separatis moventibus sicut principalibus agentibus. Agunt autem et movent per intellectum. Sunt igitur causantes ea quae fiunt per motum corporum caelestium sicut artifex operatur per sua instrumenta.

Formae igitur eorum quae generantur et corrumpuntur, sunt intelligibiliter in substantiis separatis. Unde et boetius, in libro de trinitate, dicit quod ex formis quae sunt sine materia, venerunt formae quae sunt in materia. Cognoscunt igitur substantiae separatae non solum substantias separatas, sed etiam species rerum materialium. Nam, si cognos-

Capítulo 99

As substâncias separadas conhecem as coisas materiais

Portanto, pelas mencionadas formas inteligíveis, a substância separada não só conhece as outras substâncias separadas, mas também as espécies das coisas corporais.

Com efeito, como o intelecto delas é perfeito por perfeição natural, como existente todo em ato, é necessário que compreenda universalmente seu objeto, ou seja, o ente inteligível. Ora, sob o ente inteligível são compreendidas também as espécies das coisas corporais. Portanto, a substância separada as conhece.

Ainda. Como as espécies das coisas são distinguidas como as espécies dos números, como foi estabelecido[503], é necessário que na espécie superior se contenha de algum modo o que está na inferior, como o número maior contém o menor. Portanto, como as substâncias separadas estão acima das substâncias corporais, é necessário que aquelas coisas que estão nas substâncias corporais por modo material, estejam nas substâncias separadas por modo inteligível, pois o que está numa coisa, está nela por modo daquilo em que está.

Igualmente. Se as substâncias separadas movem os corpos celestes, como afirmam os filósofos, tudo o que provém do movimento dos corpos celestes é atribuído aos mesmos corpos como a instrumentos, porque movem movidos, mas às substâncias moventes como a agentes principais. Ora, agem e movem pelo intelecto. São, pois, causadoras daquelas coisas que se fazem pelo movimento dos corpos celestes, como o artífice opera por seus instrumentos. Portanto, as formas daquelas coisas que são geradas e se corrompem, estão inteligivelmente nas substâncias separadas. Donde Boécio[504] diz também que das formas que são sem matéria, vieram das formas que estão na matéria. Conhecem as substâncias separadas, portanto, não apenas as substâncias separadas, mas também as espécies das coisas ma-

503 Cf. cap. 95.

504 Boécio (480-524), em *Sobre a Trindade*, 2, ML 64, 1250 D.

cunt species generabilium et corruptibilium corporum, tanquam propriorum effectuum, multo magis species corporum caelestium, quasi propriorum instrumentorum.

Quia vero intellectus substantiae separatae est in actu, habens omnes similitudines ad quas est in potentia; habet autem virtutem comprehendendi omnes species et differentias entis: necesse est quod substantia separata quaelibet cognoscat omnes res naturales et totum ordinem earum. Cum autem intellectus in actu perfecto sit intellectum in actu, potest alicui videri quod substantia separata non intelligat res materiales: inconveniens enim videtur quod res materialis sit perfectio substantiae separatae. Sed si recte consideretur, res intellecta est perfectio intelligentis secundum suam similitudinem quam habet in intellectu: non enim lapis qui est extra animam, est perfectio intellectus possibilis nostri. Similitudo autem rei materialis in intellectu substantiae separatae est immaterialiter, secundum modum substantiae separatae, non secundum modum substantiae materialis. Unde non est inconveniens si haec similitudo dicatur esse perfectio intellectus substantiae separatae, sicut propria forma eius.

teriais. Com efeito, se conhecem as espécies dos corpos e dos corruptíveis, como efeitos próprios, muito mais as espécies dos corpos celestes, como instrumentos próprios.

Porque o intelecto da substância separada está em ato, tendo todas as semelhanças para as quais está em potência, e por isso pode compreender todas as espécies e diferenças de ente, é necessário que qualquer substância separada conheça todas as coisas naturais e toda a ordem delas. Ora, *como o intelecto em ato perfeito é o conhecido em ato*[505], pode a alguém parecer que a substância separada não conheça as coisas materiais, pois parece inconveniente que a coisa material seja perfeição da substância separada. Mas, se se considera retamente, a coisa conhecida é perfeição do inteligente, segundo sua semelhança que tem no intelecto, pois a pedra, que está fora da alma, não é perfeição de nosso intelecto possível. Ora, a semelhança da coisa material está imaterialmente no intelecto da substância separada, segundo o modo da substância separada, não segundo o modo da substância material. Donde não há inconveniente se se diz que essa semelhança é perfeição do intelecto da substância separada, como sua forma própria.

Capitulum C
Quod substantiae separatae cognoscunt singularia

Quia vero similitudines rerum in intellectu substantiae separatae sunt universaliores quam in intellectu nostro, et efficaciores ad hoc quod per eas aliquid cognoscatur, per similitudines rerum materialium substantiae separatae non solum cognoscunt res materiales secundum rationem generis vel speciei, sicut intellectus noster, sed etiam secundum individua.

Cum enim species rerum in intellectu existentes oporteat esse immateriales, non poterunt, secundum quod sunt in intellectu nostro, esse principium cognoscendi singularia, quae per materiam individuantur, eo

Capítulo 100
As substâncias separadas conhecem as coisas singulares

Porque as semelhanças das coisas no intelecto da substância separada são mais universais que em nosso intelecto, e mais eficazes para que uma coisa seja por elas conhecida, as substâncias separadas, pelas semelhanças das coisas materiais, não só conhecem as coisas materiais segundo a razão de gênero ou de espécie, como nosso intelecto, mas também segundo os indivíduos.

Com efeito, como é necessário que as espécies das coisas existentes no intelecto sejam imateriais, não poderão, enquanto estão em nosso intelecto, ser princípio de conhecer os singulares, que são individuados pela matéria,

505 Aristóteles (384-322 a.C.), em *Sobre a Alma* III, 4, 430a, 3-4.

quod species intellectus nostri in tantum sunt contractae virtutis quod una ducit solum in cognitionem unius. Unde, sicut similitudo naturae generis non potest ducere in cognitionem generis et differentiae, ut per eam species cognoscatur; ita similitudo naturae speciei non potest ducere in cognitionem principiorum individuantium, quae sunt principia materialia, ut per eam individuum in sua singularitate cognoscatur. — Similitudo vero intellectus substantiae separatae, cum sit universalis virtutis, quasi quaedam una et immaterialis existens, potest ducere in cognitionem principiorum speciei et individuantium, ita quod per eam substantia separata non solum naturam generis et speciei, sed etiam individui, cognoscere possit per suum intellectum. Nec sequitur quod forma per quam cognoscit, sit materialis; vel quod sint infinitae, secundum numerum individuorum.

Adhuc. Quod potest inferior virtus, potest et superior, sed eminentius. Unde virtus inferior operatur per multa, virtus superior operatur per unum tantum. Virtus enim, quanto est superior, tanto magis colligitur et unitur; e contrario vero virtus inferior dividitur et multiplicatur; unde videmus quod diversa genera sensibilium, quae quinque sensus exteriores percipiunt, una vis sensus communis apprehendit. Anima autem humana est inferior ordine naturae quam substantia separata. Ipsa autem cognoscitiva est universalium et singularium per duo principia, scilicet per sensum et intellectum. Substantia igitur separata, quae est altior, cognoscit utrumque altiori modo per unum principium, scilicet per intellectum.

Item. Species rerum intelligibiles contrario ordine perveniunt ad intellectum nostrum, et ad intellectum substantiae separatae. Ad intellectum enim nostrum perveniunt per viam resolutionis, per abstractionem a conditionibus materialibus et individuantibus: unde per eas singularia cognosci non possunt a nobis. Ad intellectum autem substantiae se-

porque as espécies de nosso intelecto são de potência tão limitada que uma leva apenas ao conhecimento de uma. Donde, assim como a semelhança da natureza do gênero não pode levar ao conhecimento do gênero e da diferença, de modo que por ela a espécie seja conhecida, assim a semelhança da natureza da espécie não pode levar ao conhecimento dos princípios individuantes, que são princípios materiais, de modo que por ela o indivíduo seja conhecido em sua singularidade. — A semelhança do intelecto da substância separada, como é de potência universal, existindo como una e imaterial, pode levar ao conhecimento dos princípios da espécie e dos individuantes, de modo que por ela a substância separada pode conhecer por seu intelecto não só a natureza do gênero e da espécie, mas também do indivíduo. Nem se segue que a forma pela qual conhece, seja material, ou que sejam infinitas, segundo o número dos indivíduos.

Ainda. O que pode a potência inferior, pode também a superior, e mais eminentemente. Donde a potência inferior opera por muitas coisas, a potência superior opera por uma apenas. Com efeito, a potência, quanto é superior, tanto mais ela se concentra e se une; ao contrário, porém, a potência inferior se divide e multiplica; donde vemos que os diversos gêneros de sensíveis, que os cinco sentidos exteriores percebem, uma força do sentido comum apreende. Ora, a alma humana é inferior, na ordem da natureza, à substância separada. Ela, entretanto, é conhecedora dos universais e singulares por dois princípios, ou seja, pelo sentido e pelo intelecto. Logo, a substância separada, que é mais elevada, conhece ambos, de modo mais elevado, por um só princípio, isto é, pelo intelecto.

Igualmente. As espécies inteligíveis das coisas, por ordem contrária, chegam ao nosso intelecto e ao intelecto da substância separada. Com efeito, ao nosso intelecto chegam por via de resolução, por abstração das condições materiais e individuantes; donde por meio delas as coisas singulares não podem ser por nós conhecidas. Mas, ao intelecto da substância

paratae perveniunt species intelligibiles quasi per viam compositionis: habet enim species intelligibiles ex assimilatione sui ad primam intelligibilem speciem intellectus divini, quae quidem non est a rebus abstracta, sed rerum factiva. Est autem factiva non solum formae, sed materiae, quae est individuationis principium. Species igitur intellectus substantiae separatae totam rem respiciunt, et non solum principia speciei, sed etiam principia individuantia. Non est igitur singularium cognitio subtrahenda substantiis separatis, licet intellectus noster singularia cognoscere non possit.

Praeterea. Si corpora caelestia moventur a substantiis separatis, secundum Philosophorum positionem, cum substantiae separatae agant et moveant per intellectum, oportet quod cognoscant mobile quod movent: quod est quoddam particulare; nam universalia immobilia sunt. Situs etiam, qui renovantur per motum, sunt quaedam singularia, quae non possunt ignorari a substantia movente per intellectum. Oportet igitur dicere quod substantiae separatae singularia cognoscant istarum materialium rerum.

Capitulum CI

Utrum substantiae separatae naturali cognitione cognoscant omnia simul

Quia vero intellectus in actu est intellectum in actu, sicut sensus in actu est sensibile in actu; idem autem non potest simul esse multa in actu; impossibile videtur quod intellectus substantiae separatae habeat species intelligibilium diversas, sicut iam supra dictum est.Sed sciendum est quod non omne illud est intellectum in actu cuius species intelligibilis actu est in intellectu.

Cum enim substantia intelligens sit etiam volens, ac per hoc sit domina sui actus, in potestate ipsius est, postquam habet speciem

separada chegam as espécies inteligíveis como por via de composição, pois tem as espécies inteligíveis pela assimilação de si da primeira espécie inteligível do intelecto divino, a qual não é abstraída das coisas, mas produtiva das coisas. Ora, é produtiva não só da forma, mas da matéria, que é principio de individuação. Portanto, as espécies do intelecto da substância separada dizem respeito a toda a coisa, e não só aos princípios da espécie, mas também aos princípios individuantes. Portanto, não é de subtrair às substâncias separadas o conhecimento das coisas singulares, embora nosso intelecto não possa conhecer as coisas singulares.

Além disso. Se os corpos celestes são movidos pelas substâncias separadas, segundo a opinião dos filósofos, como as substâncias separadas agem e movem pelo intelecto, é necessário que conheçam o móvel que movem, o qual é um particular, pois os universais são imóveis. Também as posições, que são renovadas pelo movimento, são singulares, não podem ser ignoradas pela substância que move pelo intelecto. Portanto, é necessário dizer que as substâncias separadas conhecem os singulares dessas coisas materiais.

Capítulo 101

Se as substâncias separadas conhecem, por conhecimento natural, todas as coisas, simultaneamente

Como *o intelecto em ato é o inteligível em ato, como o sentido em ato é o sensível em ato*[506], mas a mesma coisa não pode ser simultaneamente muitas em ato, parece impossível que o intelecto da substância separada tenha espécies diversas de inteligíveis, como já foi dito[507]. Entretanto, deve-se saber que nem de tudo o que é conhecido em ato, está sua espécie inteligível em ato no intelecto.

Com efeito, como a substância inteligente é também dotada de vontade, e por isso é senhora de seu ato, está em seu poder, após ter a

506 Aristóteles (384-322 a.C.), em *Sobre a Alma* III, 2, 425b, 25-27.
507 Cf. cap. 98.

intelligibilem, ut ea utatur ad intelligendum actu; vel, si habet plures, ut utatur una ipsarum. Unde et ea quorum scientiam habemus, non omnia actu consideramus.

Substantia igitur intellectualis, per plures species cognoscens, utitur una, qua vult, ac per hoc simul actu cognoscit omnia quae per unam speciem cognoscit: omnia enim sunt ut unum intelligibile inquantum sunt per unum cognita; sicut et intellectus noster simul cognoscit multa ad invicem composita vel relata ut unum quiddam. Ea vero quae per diversas species cognoscit, non cognoscit simul. Et ideo, sicut est intellectus unus, ita est intellectum in actu unum. Est igitur in intellectu substantiae separatae quaedam intelligentiarum successio. Non tamen motus, proprie loquendo: cum non succedat actus potentiae, sed actus actui.

Intellectus autem divinus, quia per unum, quod est sua essentia, omnia cognoscit, et sua actio est sua essentia, omnia simul intelligit. Unde in intelligentia eius non cadit aliqua successio, sed suum intelligere est totum simul perfectum, permanens per omnia saecula saeculorum.

Amen.

espécie inteligível, que dela use para conhecer em ato ou, se tem muitas, que use de uma delas. Donde também não consideramos em ato todas aquelas coisas de que temos ciência.

Portanto, a substância intelectual, conhecendo por muitas espécies, usa de uma, como quer, e por isso simultaneamente conhece em ato todas aquelas coisas que conhece por uma só espécie, pois todas são como um só inteligível, enquanto são conhecidas por uma só coisa, como também nosso intelecto conhece simultaneamente muitas coisas compostas entre elas ou correlacionadas como uma só. Entretanto, aquelas coisas que conhece por diversas espécies, não conhece simultaneamente. E assim como é o intelecto uno, assim é o entendido em ato uno. Portanto, há no intelecto da substância separada uma sucessão dos conhecimentos. Não, porém, o movimento propriamente falando, pois não sucede o ato à potência, mas o ato ao ato.

Ora, o intelecto divino, porque conhece todas as coisas por uma só, que é sua essência, e sua ação é sua essência, conhece simultaneamente todas as coisas. Donde em sua inteligência não recai sucessão nenhuma, mas seu conhecer é todo ao mesmo tempo perfeito, permanecendo por todos os séculos dos séculos.

Amém.

Autores citados

Alexandre de Afrodísias (séc. II-VI), dirigiu o Liceu de 198 a 211
Obra citada: Livro sobre o Intelecto e o Entendido

Algazel [ou Al Ghazali] (1053-1111)
Nasceu em Tus, na Pérsia. Foi professor em Bagdá, É considerado Filósofo, Teólogo, Jurista e Místico. Foi um islamita ortodoxo.
Obras citadas: Destruição dos Filósofos, em especial contra Avicena e de Alfarabi (século X), que foi Mestre de Avicena e promoveu, entre os árabes, as obras de Aristóteles.

Anaxágoras de Clasemena (500-428 a.C.)
Filósofo grego, explica o universo como composto de muitos elementos dependentes em seus movimentos de um princípio, o Nous [a Mente].
Obra citada: Sobre a Natureza (fragmentos).

Apolinário de Laudiceia [Síria] (†390)
Bispo de Laudiceia. Defensor do Concílio de Niceia. Tende para o monofisismo, e assim é condenado por vários concílios.

Apuleio (125-180)
Africano, escritor latino, discípulo de Platão, apaixonado por Filosofia, Ciência e Magia.
Obra citada: Santo Tomás conheceu dele o opúsculo De Deo Socratis.

Arato (315-240 a.C.)
Astronômo e poeta grego de Solos, na Cilícia.

Aristóteles (384-322 a.C.)
Nasceu em Estagira, na Tácia. Santo Tomás o chama de O Filósofo. Em Atenas foi discípulo de Isócrates e depois de Platão, por cerca de vinte anos. Em 335 funda a escola do Liceu que durou treze anos. Com o apoio de Alexandre, de quem por dois anos fora preceptor, forma uma biblioteca com importantes documentos. Sua obra é vastíssima, mas conhecemos apenas um pouco mais de 150. Afastou-se da doutrina das Ideias de Platão e explicou a natureza composta de matéria e forma que se referem como potência e ato. Entender, conhecer, pensar são as atividades mais nobres. Assim, Deus é ato puro, primeiro motor imóvel.
Obras citadas: Analíticos Posteriores; Exposição das Categorias, Ética; Física; Tópicos, Metafísica; Predicamentos; Da Geração dos Animais, Sobre o Céu e o Mundo, Sobre a Geração e a Corrupção, Sobre a Alma, Sobre a Memória, Sobre os Meteoros, Retórica.

Averrois [Ibn Roschd] (1126-1198), o Comentador
Nasceu em Córdoba e faleceu em Marraquesh. Dedicou sua vida ao estudo de Aristóteles. Afirmou que Avicena deformara o pensamento de Aristóteles. Foi condenado pelas autoridades muçulmanas e reabilitado antes da morte. O bispo de Paris, em 1270 e em 1277, condenou o averroismo.
Obras citadas: Comentários às Obras de Aristóteles: Física, Metafísica, Sobre a Alma.

Avicena (980-1037)
Nasceu em Bukhara e faleceu em Hamadan (Irã). Filósofo e médico na Escola de Bagdá. Como filósofo, desenvolveu os estudos sobre Aristóteles com temas platônicos. Como médico, escreveu o Cânon da Medicina, utilizado no Oriente e no Ocidente até o século XVIII como manual de Medicina.
Obra citada: Suficiência; Metafísica; Sobre a Alma; Sobre as Coisas Naturais; Sobre a Natureza Animal;

Boécio (480-524)
Mestre do rei godo, Teodorico, em 520. Acusado de traição foi condenado à prisão e à morte. Cristão familiarizado com Santo Agostinho e com os filósofos gregos, sua obra é importante, em Teologia sobressai o tratado *Sobre a Trindade* e, na Filosofia: *A Consolação Filosófica*, escrita na prisão.
Obra citada: Sobre a Trindade.

Claudio Ptolomeu (90-168)
Cientista grego que viveu em Alexandria, no Egito. Fundado no sistema de Aristóteles, fez um sistema geométrico-numérico para descrever os movimentos do céu.
Obra citada: Almagesto.

Demócrito (470-370 a.C.)
Filósofo grego, segundo Platão refletiu sobre tudo. Sua obra era abundante, mas desapareceu quase inteiramente. Defende o atomismo: O cosmos é formado por infinitos corpos: os átomos que se movem no vazio, são movimentados pela Necessidade.

Dinarco (360-290 a.C.)
Orador grego. Viveu em Atenas. Muitas obras de menor valor são atribuídas a ele.

Dionísio Areopagita (séc V-VI), pseudônimo de um autor do Oriente
Suas obras: A Hierquia Celeste, A Hierarquia Eclesiástica, Os Nomes Divinos (que Santo Tomás de Aquino comentou), e a Teologia Mística influenciaram tanto o Oriente como o Ocidente nos estudos sobre os anjos, sobre a liturgia, sobre Deus e sobre o conhecimento e a prática mística.
Obras citadas: Hierarquia Celeste, Os Nomes Divinos.

Dionísio de Alexandria (200-255)
Nasceu em Alexandria e faleceu na perseguição de Décio e Valeriano, exilado para a Líbia. Discípulo de Orígenes, foi diretor da Escola Catequética e bispo da cidade em 247.

Empédocles (490-430 a.C.)
Legislador e filósofo grego de Agrigento (Sicília). Afirma a água, o ar, o fogo e a terra como os quatro elementos fundamentais da criação. O Amor e o Ódio unem esses elementos e os separam. O mundo é consequência do conflito dessas duas forças.
Obra citada: Da Natureza do Universo e Purificação;

Euclides de Alexandria (360-295 a.C.)
Professor e matemático, que ordenou os elementos da Escola Pitagórica.

Eusébio de Cesareia (263-337)
Historiador, nasceu na Palestina e formou-se na escola fundada por Orígenes. Foi um bispo político, devotíssimo de Constantino. Apresenta em sua obra um ideal de um império em estado cristão.
Obra citada: História Eclesiástica.

Galeno [Cláudio Galeno ou **Hélio Galeno, conhecido como Galeno de Bérgamo**] (129-217)
Médico e filósofo romano de origem grega. É citado por Nemésio de Emessa (séc. V), bispo, em Sobre a Natureza do Homem.

Genádio (séc. V)
Escritor e historiador cristão, presbítero de Marselha.
Obra citada: Livro dos Dogmas Eclesiásticos.

Leucipo de Mileto (séc. V a.C.)
Filósofo grego. Considerado o mestre de Demócrito de Abdera, segundo Aristóteles é o criador do atomismo.
Obra citada: A grande ordem do mundo ou A Grande Cosmologia.

Liber de Causis (Anônimo)
O texto latino é uma tradução de autores árabes. Santo Tomás de Aquino (1225-1274) comentou o texto em Exposição sobre o livro De Causis (Cf. Suma Teológica I, questão 14, artigo 6 em Respondo) e Santo Alberto Magno (1193-1280) em O livro De Causis e o processo do universo.

Maimônides [ou Rabi Moisés] (1135-1204)
Nasceu em Córdoba (Espanha). Rabino judeu, filósofo e médico, viveu em Fez (Marrocos), na Palestina e em Fostat (Velho Cairo) onde se tornou líder da comunidade judia (1171). Em sua obra mais difundida Guia dos Indecisos (*Dux Neutrorum seu Dubiorum*) propõe um acordo entre a razão (a filosofia de Aristóteles) e a fé (a revelação mosaica).
Obras citadas: Guia dos Indecisos, Moreh Nebukim

Maniqueus
Seguidores de Mani (250), sacerdote de Ecbátana, na Pérsia. Santo Agostinho (354-431) por um período aderiu ao maniqueísmo, contra ele depois escreveu obras de polêmica e de refutação, por exemplo em *De Natura Boni contra Manichaeos Liber unus*, ML 42 ou *Contra Epistolam Manichaei quam vocant Fundamenti Liber unus*, ML 42, etc.

Marcião [ou Marcion] (85-160)
Em 144, abandonou a Igreja e reuniu adeptos, os marcionistas, influenciado por Cerdão (†140), professou o gnosticismo judeu-cristão. Contra a sua doutrina, Tertuliano escreveu o poema *Contra Marcião.*

Nemésio de Emessa (séc. V)
Bispo, sucedeu a Eusébio de Cesaréa (263-337).
Obra citada: Sobre a Natureza do Homem.

Orígenes (185-253)
Discípulo de Clemente de Alexandria, foi diretor da Escola Catequética de Alexandria. Resolve os problemas que lhe são colocados pela Escritura. Na perseguição de Décio é torturado e morre pouco depois. Deixou uma obra imensa e, principalmente, o tratado *Sobre os Princípios* é considerado a primeira Suma Teológica da Antiguidade cristã.
Obra citada: Sobre os Princípios.

Pedro Lombardo (1100-1160)
Mestre na Escola de Notre-Damme, em Paris. Em 1159, é escolhido para bispo de Paris. Fiel à tradição dos padres e com uma clara preocupação pedagógica, é fator de união, e assim forma um mosaico de sábios. Foi chamado de Mestre das Sentenças e o seu livro adotado como texto nas aulas de Teologia até o século XVI. Somente no séc. XVII a *Suma* de Santo Tomás de Aquino o substitui.
Obra citada: Livro das Sentenças.

Pitágoras (571-496)
Filósofo e matemático grego. Não deixou nenhum escrito. Foi Euclides de Alexandria (360-295 a.C.), professor e matemático, que ordenou os elementos da Escola Pitagórica.

Platão (± 428-347 a.C.)
Nasceu em Atenas. Iniciou os estudos com os ensinamentos de Hieráclito e aos 20 anos fez-se discípulo de Sócrates por 8 anos. Após a morte de seu mestre (399 a.C.), vai para Megara e hospeda-se na casa de Euclides. Durante vários anos, andou pela Magna Grécia, frequentando os Pitagóricos e depois tentando em vão tomar parte em política. Retorna para Atenas e funda uma escola de Filosofia, a Academia, que é dirigida por ele até a sua morte, durante 40 anos, ajudou inúmeros jovens a encontrar a verdade que têm em si mesmos. Justiniano a dissolverá em 529. Conhecemos 36 Diálogos e 13 Cartas. Nos primeiros séculos, influenciou fortemente o pensamento cristão.
Obras citadas: Alcibíades, Fedon, Fedro, Filebo, Teeteto, Timeu.

Porfírio (233-305 a.C.)
Discípulo de Plotino e seu colaborador. Erudito, adversário do cristianismo, escreveu muito. Seu livro *Isagoge*, traduzido por Boécio, teve muita influência na Idade Média.
Obra citada: Isagoge.

Pugio Fidei (O Punhal da Fé)
É uma obra do teólogo dominicano Ramón Martí (+- 1284), escrita contra os mouros e os judeus. Procura mostrar a falsidade da religião dos judeus. É uma obra polêmica.

Santo Agostinho de Hipona (354-431)
Nasceu em Tagaste e morreu em Hipona (Argélia). Batizado por Santo Ambrósio em 387, foi ordenado bispo de Hipona em 395. Filósofo, teólogo e escritor, tem o título de *Doctor Gratiae*. Seu pensamento marcou o mundo cristão medieval. Santo Tomás cita-o abundantemente.
Obras citadas: A Cidade de Deus, A Doutrina Cristã, Comentário Literal ao Gênese, Enquirídio para Laurencio, Sobre as Heresias, Sobre a Origem da Alma, Sobre a Trindade, Sobre a Verdadeira Religião, Solilóquios. Contra os Maniqueus escreveu vários textos.

Santo Hilário de Poitiers (315-367)
Nasceu e faleceu em Poitiers. Convertido, foi batizado em 345. Ainda casado foi aclamado bispo de Poitiers. As questões arianas ocuparam a sua vida. Em 356, no Sínodo de Béziers, convocado pelo imperador Constâncio, para tratar da questão ariana, Hilário foi condenado e expulso para a Frígia. Aí escreve o *Tratado sobre a Trindade*, uma obra antiariana. Em 360, volta a Poitiers, escreve várias obras e funda um mosteiro em sua diocese, e em partícular *Sobre os Sínodos* em resposta aos colegas do Episcopado Gaulês. É Doutor da Igreja.
Obras citadas: Sobre a Trindade; Sobre os Sínodos.

Santo Tomás de Aquino (1225-1274)
Frade dominicano. Nasceu em Aquino, na Itália. Aos 19 anos, entra na Ordem de Domingos de Gusmão. Formou-se em Paris e Colônia, sendo discípulo de Santo Alberto Magno. Mestre na Universidade de Paris, deixou uma obra filosófica e teológica memorável. Faleceu aos 49 anos. Entre as suas obras sobressaem a *Suma Teológica* e os *Comentários aos Livros de Aristóteles e aos Textos bíblicos do Antigo e do Novo Testamento*.
Obras citadas: Exposição sobre o Livro das Causas, Sobre a Unidade do Intelecto contra os Averroistas, Suma Teológica.

São Basílio (319-379)
Basílio é o líder da resistência antiariana contra o imperador Valente. É homem de governo e servero com os ricos. Após a sua morte tem o título de Magno.
Obra citada: Hora dos Seis Dias.

São Gregório Magno (540-604)
Romano, foi prefeito de Roma. Torna-se monge e em 590, é bispo de Roma. Grande admnistrador, e também grande pastor. Sua obra é abundante, sobressai as *Morais* sobre Jó e as *Homílias*.
Obra citada: Moral sobre Jó.

São Gregório de Nissa (335-394)
Irmão de São Basílio. É um filósofo, teólogo e místico. Sua obra é imensa. Santo Tomás atribui-lhe o tratado *Sobre a Natureza do Homem*, composto por Nemésio, bispo de Emessa.
Obra citada: Sobre a Alma; Sobre a Criação do Homem.

São João Damasceno (675-749)
Nasceu em Damasco, daí o sobrenome. Morreu em Mar Sabas (perto de Jerusalém). Monge, teólogo, combateu os iconoclastas e deixou obras de exegese, de ascética e de moral. Embora se refira apenas

aos padres gregos, ignorando os padres latinos, influenciou os teólogos do período escolástico. É Doutor da Igreja.
Obra citada: A Fé Ortodoxa.

Zenão de Eleia (490-430 a.C.)
Discípulo de Parmênides (530-460 a.C.). É reconhecido como o iniciador da dialética ao colocar as opiniões à prova.
Obra citada: Paradoxos.

Referências bíblicas

Para a tradução das referências bíblicas foi utilizada A BÍBLIA — MENSAGEM DE DEUS, Loyola, São Paulo, Brasil, 1994, reedição, janeiro de 2003.

NOVO TESTAMENTO

Atos, I e II Coríntios, Colossenses, Eclesiástico, Efésios, Hebreus, João, I João, Lucas, Mateus, II Pedro, Romanos, Tiago, I Timóteo.

ANTIGO TESTAMENTO

Amós, Daniel, Deuteronômio, Eclesiastes, Eclesiástico, Êxodo, Gênesis, Habacuc, Isaías, Jeremias, Jó, Lamentações, Malaquias, Números, Provérbios, I Reis, Sabedoria, Salmos, I Samuel, Sofonias, Zacarias.

Índice

LIVRO SEGUNDO

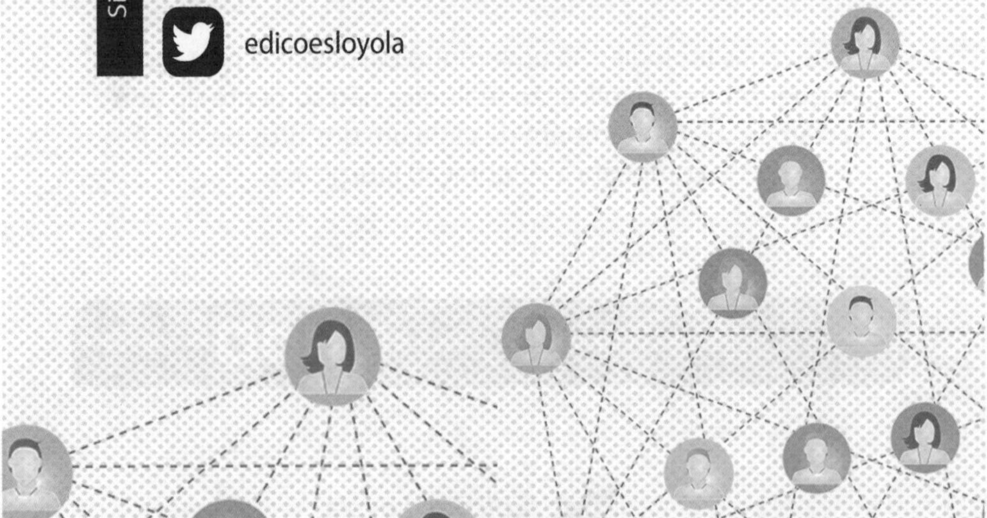

HENRIQUE C. DE LIMA VAZ
Antropologia Filosófica
Antropologia Filosófica
HENRIQUE C. DE LIMA VAZ
Edições Loyola

Edições Loyola

editoração impressão acabamento

rua 1822 nº 341
04216-000 são paulo sp
T 55 11 3385 8500/8501 • 2063 4275
www.loyola.com.br